C Buchhalterische Erfassung betrieblicher Prozesse in Funktionsbereichen ... 116

D Jahresabschluss ... 202

A Aufgaben und Bereiche des Rechnungswesens im Groß- und Außenhandel

1 Aufgaben des Rechnungswesens

Rechnungswesen des Groß- und Außenhandels

Die Hauptaufgabe des Rechnungswesens der Großhandelsbetriebe besteht darin, **das gesamte Unternehmensgeschehen** und insbesondere

- **Einkauf,**
- **Lagerung** und
- **Verkauf von Waren**

zahlenmäßig zu **erfassen**, zu **überwachen** und **auszuwerten.**

Die Hauptaufgaben des Rechnungswesens im Großhandelsunternehmen sind somit:

- **Dokumentationsaufgabe**
  Zeitlich und sachlich geordnete **Aufzeichnung aller Geschäftsfälle aufgrund von Belegen,** die die Vermögenswerte, das Eigen- und Fremdkapital sowie den Jahreserfolg (Gewinn oder Verlust) des Unternehmens verändern.
- **Rechenschaftslegungs- und Informationsaufgabe**
  Aufgrund **gesetzlicher** Vorschriften **jährliche** Rechenschaftslegung und Information der Unternehmenseigner, der Finanzbehörde und evtl. der Gläubiger (Kreditgeber) über die Vermögens-, Schulden- und Erfolgslage des Unternehmens **(Jahresabschluss).**
- **Kontrollaufgabe**
  Ausgestaltung des Rechnungswesens zu einem aussagefähigen Informations- und Kontrollsystem, das der Unternehmensleitung jederzeit eine **Überwachung der Wirtschaftlichkeit** der betrieblichen Prozesse sowie der **Zahlungsfähigkeit** (Liquidität) des Unternehmens ermöglicht.
- **Dispositionsaufgabe**
  Bereitstellung des aufbereiteten Zahlenmaterials als **Grundlage für** alle **Planungen und Entscheidungen,** z. B. über Investitionen u. a.

2 Bereiche des Rechnungswesens

Die Verschiedenheit der Aufgaben bedingt eine Aufteilung des Rechnungswesens:

Bereiche des Rechnungswesens			
Buchführung	**Kosten- und Leistungsrechnung**	**Statistik**	**Planung**

2.1 Buchführung

Zeitrechnung

Die Buchführung erfasst Höhe und Veränderungen der Vermögens- und Kapitalteile des Unternehmens sowie alle Arten von Aufwendungen (Werteverbrauch) und Erträgen (Wertezuwachs) für eine bestimmte **Rechnungsperiode: Geschäftsjahr, Quartal, Monat.** Sie ist also eine Zeitrechnung.

Dokumentation

Die Buchführung dient in erster Linie der Dokumentation (Aufzeichnung) aller Geschäftsfälle, die zu einer **Veränderung des Vermögens und des Eigen- und Fremdkapitals** des Unternehmens führen. Sie erfasst also primär alle Zahlen, die im Unternehmen aufgrund von Belegen anfallen, und zeichnet sie zeitlich und sachlich geordnet entsprechend auf. Die Buchführung, in der Regel auch als **Finanz- oder Geschäftsbuchhaltung** bezeichnet, ist damit der wichtigste Zweig, der das Zahlenmaterial für die drei übrigen Bereiche des Rechnungswesens liefert.

Rechenschaftslegung

Im gesetzlich vorgeschriebenen **Jahresabschluss** (Bilanz und Gewinn- und Verlustrechnung) hat die Buchführung Rechenschaft abzulegen über **Höhe und Zusammensetzung des Vermögens** und des **Kapitals sowie den Erfolg** des Unternehmens im Geschäftsjahr.

2.2 Kosten- und Leistungsrechnung

Betrieb

Im Gegensatz zur Buchführung, die mehr unternehmensbezogen ist, indem sie alle wirtschaftlichen Vorgänge des gesamten Unternehmens festhält, ist die **Kosten- und Leistungsrechnung** betriebsbezogen. Sie befasst sich lediglich mit den wirtschaftlichen Daten des Betriebes als **Stätte des Leistungsprozesses:**

- **Einkauf,**
- **Lagerung** und
- **Absatz der Waren.**

Kosten und Leistungen

Die Kosten- und Leistungsrechnung erfasst somit nur den Teil des **Werteverbrauchs** (= Kosten) und des **Wertezuwachses** (= Leistungen), der durch die Erfüllung der eigentlichen betrieblichen Tätigkeit verursacht wird, und ermittelt daraus das **Betriebsergebnis** (Betriebsgewinn oder Betriebsverlust).

Überwachung der Wirtschaftlichkeit

Die Überwachung der Wirtschaftlichkeit des Leistungsprozesses ist die **wichtigste Aufgabe** der Kosten- und Leistungsrechnung (KLR). Auf der Grundlage der ermittelten **Selbstkosten** ist erst eine Kalkulation des Angebotspreises für das einzelne Erzeugnis (Stückrechnung) möglich.

2.3 Statistik

Aufgaben

Die betriebswirtschaftliche Statistik befasst sich mit der **Aufbereitung und Auswertung der Zahlen** der Buchführung und der Kosten- und Leistungsrechnung mit dem Ziel der Überwachung des Betriebsgeschehens und der Gewinnung von Unterlagen für die unternehmerische Planung und Disposition. **Beschaffungs-, Lager-, Umsatz-, Personal-, Kosten-, Bilanz- und Erfolgsstatistiken** werden übersichtlich in tabellarischer und grafischer Form dargestellt.

Vergleichsrechnung

Durch Vergleich der statistisch aufbereiteten Daten mit früheren Zeitabschnitten **(Zeitvergleich)** oder mit Unternehmen der gleichen Branche **(Betriebsvergleich)** ergeben sich für die Unternehmensleitung wichtige Erkenntnisse.

2.4 Planungsrechnung

Vorschaurechnung

Die Planungsrechnung basiert auf den Zahlen der Buchführung, Kosten- und Leistungsrechnung und Statistik. Ihre Aufgabe ist es, die zukünftige betriebliche Entwicklung in Form von Voranschlägen zu berechnen.

Teilpläne

Teilpläne werden im Rahmen der Planungsrechnung nach entsprechenden Funktionen erstellt: **Investitionsplan, Beschaffungsplan, Absatz- und Finanzplan.** Ein Vergleich der in den Plänen vorgegebenen Zahlen (Sollzahlen) mit den tatsächlichen Ergebnissen (Istzahlen) vermittelt aussagefähige Erkenntnisse über Abweichungen und deren Ursachen. Damit wird die **Planungsrechnung** zu einem echten **Führungs- und Kontrollinstrument** (Controlling im engen Sinn).

Organisation des Rechnungswesens

Die **vier Bereiche des Rechnungswesens** unterscheiden sich zwar in ihrer speziellen Aufgabenstellung, sie stehen aber in enger Verbindung zueinander und ergänzen sich gegenseitig. Diese **enge Verzahnung** bedarf daher einer entsprechenden Organisation des gesamten Rechnungswesens. Sie trägt entscheidend zur **Erhöhung der Wirtschaftlichkeit** bei.

Merke

Das betriebliche Rechnungswesen gliedert sich in vier Bereiche:

- **Buchführung:** Zeitrechnung
- **Kosten- und Leistungsrechnung:** Stück- und Zeitrechnung
- **Statistik:** Vergleichsrechnung
- **Planungsrechnung:** Vorschaurechnung

B Einführung in die Buchführung der Groß- und Außenhandelsunternehmen

1 Bedeutung der Buchführung

1.1 Aufgaben der Buchführung

Geschäftsfälle

In einem Großhandelsunternehmen werden täglich vielfältige Arbeiten ausgeführt: Waren werden eingekauft, gelagert und verkauft, Rechnungen werden geschrieben, eingehende Rechnungen werden geprüft und bezahlt, Löhne und Gehälter werden überwiesen usw. Sofern diese Tätigkeiten

- **Vermögenswerte** und **Schulden** der Unternehmung verändern,
- zu **Geldeinnahmen** oder **Geldausgaben** führen,
- **Werteverzehr (Aufwand)** oder **Wertezuwachs (Ertrag)** darstellen,

nennt man sie **Geschäftsfälle.**

Beleg

Jedem Geschäftsfall muss ein **Beleg** zugrunde liegen, der über **Vorgang**, **Datum** und **Betrag** Auskunft gibt. Der Beleg (Rechnungen, Bankauszüge, Quittungen u. a.) ist der **Nachweis für die Richtigkeit der Aufzeichnung** (Buchung).

Geschäftsfall	Beleg
Einkauf von Waren	Eingangsrechnung
Verkauf von Waren	Ausgangsrechnung
Banküberweisung der Gehälter	Gehaltsliste, Bankauszug

Merke

Zu jedem Geschäftsfall gehört ein Beleg als Nachweis der Buchung.

Aufgaben der Buchführung

Die Buchführung muss alle Geschäftsfälle laufend, lückenlos und sachlich geordnet nach Wareneinkäufen, Warenverkäufen (Umsatzerlösen), Verbindlichkeiten gegenüber Lieferern, Forderungen an Kunden usw. **erfassen und aufzeichnen** (buchen). Ohne eine ordnungsgemäße Aufzeichnung der Geschäftsfälle würde die Unternehmensleitung in kürzester Zeit den Überblick über die Vermögens-, Schulden- und Erfolgslage sowie das gesamte Betriebsgeschehen verlieren. Außerdem fehlten ihr dann die zahlenmäßigen Grundlagen für alle Planungen, Entscheidungen und Kontrollen.

Die Buchführung im Großhandelsunternehmen erfüllt wichtige Aufgaben:

- Sie stellt den **Stand des Vermögens und der Schulden** fest.
- Sie zeichnet **alle Veränderungen** der Vermögens- und Schuldenwerte lückenlos und sachlich geordnet auf.
- Sie ermittelt den **Erfolg des Unternehmens**, also den **Gewinn** oder den **Verlust**, indem sie alle Aufwendungen (Werteverzehr) und Erträge (Wertezuwachs) erfasst.
- Sie liefert die Zahlen für die **Preisberechnung (Kalkulation) der Waren.**
- Sie stellt Zahlen für **innerbetriebliche Kontrollen** zur Verfügung, die der Steigerung der Wirtschaftlichkeit dienen.
- Sie ist die Grundlage zur **Berechnung der Steuern.**
- Sie ist wichtiges **Beweismittel** bei Rechtsstreitigkeiten mit Kunden, Lieferern, Banken, Behörden (Finanzamt, Gerichte) u. a.

Merke

- **Die Buchführung ist die sachlich geordnete und lückenlose Aufzeichnung aller Geschäftsfälle eines Unternehmens aufgrund von Belegen.**
- **Die Buchführung, auch Finanz- oder Geschäftsbuchhaltung genannt, liefert auch die Zahlen für die übrigen Zweige des Rechnungswesens: Kosten- und Leistungsrechnung, Statistik und Planung.**

1.2 Gesetzliche Grundlagen der Buchführung

Buchführungspflicht § 238 [1] HGB, § 140 AO

Die Buchführung erfasst aufgrund von Belegen alle Ausgaben und Einnahmen, Aufwendungen und Erträge des Unternehmens, ermittelt daraus den **Gewinn oder Verlust des Geschäftsjahres** und schafft damit wichtige **Grundlagen für unternehmerische Entscheidungen** und die zu zahlenden **Steuern.** Eine **ordnungsmäßige** Buchführung dient zugleich der Information und dem **Schutz der Gläubiger** des Unternehmens. Das **Handelsgesetzbuch** (§ 238 [1] HGB) und die **Abgabenordnung** (§ 140 AO) verpflichten daher den Kaufmann zur Buchführung.

§ 238 [1] HGB

> **„Jeder Kaufmann ist verpflichtet, Bücher zu führen und in diesen seine Handelsgeschäfte und die Lage seines Vermögens nach den Grundsätzen ordnungsmäßiger Buchführung ersichtlich zu machen."**

§ 241a HGB

Die Vorschriften zur **Buchführungspflicht** betreffen den Kaufmann, der im Handelsregister eingetragen ist. **Befreit von der Buchführungspflicht des § 238 [1] HGB sind Einzelkaufleute** (e. K., e. Kfm. bzw. e. Kffr.), die in **zwei** aufeinander folgenden Geschäftsjahren **nicht mehr** als **500.000,00 € Jahresumsatz** und **nicht mehr** als **50.000,00 € Jahresgewinn** erzielen (§ 241a HGB). Sie dürfen den Gewinn bzw. Verlust des Geschäftsjahres durch einfache **Einnahmenüberschussrechnung** (Betriebseinnahmen – Betriebsausgaben) ermitteln.

§ 141 AO

Neben der o. g. steuerrechtlichen Buchführungspflicht nach § 140 AO sind nach § 141 AO auch **Nichtkaufleute** (Handwerker, Landwirte u. a.) zur Buchführung verpflichtet, wenn deren **Jahresumsatz 500.000,00 €** oder **Jahresgewinn 50.000,00 €** einmalig **übersteigt.**

Merke

- **Im Handelsregister eingetragene Einzelkaufleute, Personengesellschaften (OHG, KG)[1] und Kapitalgesellschaften (AG, KGaA, GmbH)[2] unterliegen der Buchführungspflicht nach § 238 [1] HGB und § 140 AO.**
- **Die Schwellenwerte „Jahresumsatz" und/oder „Jahresgewinn" sind nach § 241a HGB und § 141 AO von besonderer Bedeutung.**

Rechnungslegungsvorschriften nach HGB

Die handelsrechtlichen Vorschriften über die **Buchführung** und den **Jahresabschluss** enthält das **„Dritte Buch"** im Handelsgesetzbuch in **sechs Abschnitten:**

Drittes Buch

- Der **1. Abschnitt (§§ 238–263 HGB)**[3] enthält Vorschriften, die auf **alle Kaufleute** anzuwenden sind. Zu diesen **grundlegenden Vorschriften** zählen die Buchführungspflicht, die Führung von Handelsbüchern, das Inventar, die Pflicht zur Aufstellung des Jahresabschlusses (Bilanz und Gewinn- und Verlustrechnung), die Bewertung der Vermögensteile und Schulden sowie die Aufbewahrung von Buchführungsunterlagen u. a. m.
- Der **2. Abschnitt (§§ 264–335b HGB)**[3] beinhaltet ergänzende Vorschriften für **Kapitalgesellschaften und haftungsbeschränkte Personenhandelsgesellschaften**[4], insbesondere über die Gliederung, Prüfung und Veröffentlichung des Jahresabschlusses.
- Der **3. Abschnitt (§§ 336–339 HGB)** enthält ergänzende Vorschriften für **eingetragene Genossenschaften.**
- Der **4. Abschnitt (§§ 340–341p HGB)** umfasst ergänzende Vorschriften für **Unternehmen bestimmter Geschäftszweige** (Banken, Versicherungen u. a.).
- Der **5. und 6. Abschnitt (§§ 342–342e HGB)** beinhalten Vorschriften über die Anerkennung und die Aufgaben **privater Institutionen der Rechnungslegung.**

Rechtsformspezifische Vorschriften

Rechtsformspezifische Vorschriften der jeweiligen Unternehmensform sind im **Aktiengesetz** (AktG), **GmbH-Gesetz** (GmbHG) und **Genossenschaftsgesetz** (GenG) enthalten.

Steuerrechtliche Vorschriften

Steuerrechtliche Vorschriften über die Buchführung enthalten die **Abgabenordnung** (AO), das **Einkommensteuergesetz** (EStG), **Körperschaftsteuergesetz** (KStG), **Umsatzsteuergesetz** (UStG) sowie die entsprechenden **Durchführungsverordnungen** (EStDV, KStDV, UStDV), **Richtlinien** (EStR, KStR) und **Erlasse** (z. B. UStAE [5]).

1 Offene Handelsgesellschaft, Kommanditgesellschaft
2 Aktiengesellschaft, Kommanditgesellschaft auf Aktien, Gesellschaft mit beschränkter Haftung
3 Siehe HGB-Rechnungslegungsvorschriften, S. 413 ff.
4 Z. B. GmbH & Co. KG
5 Umsatzsteueranwendungserlass

1.3 Ordnungsmäßigkeit der Buchführung

Ordnungsgemäße Buchführung

Die Buchführung gilt als ordnungsgemäß, wenn sie so beschaffen ist, dass sie einem sachverständigen Dritten (Steuerberater, Betriebsprüfer des Finanzamtes) in angemessener Zeit einen **Überblick** über die **Geschäftsfälle** und **Lage des Unternehmens** vermitteln kann (§ 238 HGB, § 145 AO).

GoB

Die Buchführung muss deshalb **allgemein anerkannten** und **sachgerechten Normen** entsprechen, und zwar den **Grundsätzen ordnungsmäßiger Buchführung (GoB).**

Quellen der GoB

Quellen der GoB sind vor allem Wissenschaft und Praxis, die Rechtsprechung sowie Empfehlungen der Wirtschaftsverbände. Zahlreiche Grundsätze haben ihren Niederschlag in handels- und steuerrechtlichen Vorschriften gefunden.

Aufgabe der GoB

Aufgabe der GoB ist es, Unternehmenseigner sowie Gläubiger des Unternehmens vor falschen Informationen und Verlusten zu schützen.

Die wichtigsten Grundsätze ordnungsmäßiger Buchführung

- **Die Buchführung muss klar und übersichtlich sein.**
  - Sachgerechte und überschaubare Organisation der Buchführung
  - Übersichtliche Gliederung des Jahresabschlusses (§§ 243 [2], 266, 275 HGB)
  - Keine Verrechnung zwischen Vermögenswerten und Schulden sowie zwischen Aufwendungen und Erträgen (§ 246 [2] HGB)
  - Buchungen dürfen nicht unleserlich gemacht werden (§ 239 [3] HGB).
- **Ordnungsmäßige Erfassung aller Geschäftsfälle.**
  Die Geschäftsfälle sind **fortlaufend und vollständig, richtig und zeitgerecht** sowie **sachlich** geordnet zu buchen, damit sie leicht überprüfbar sind (§§ 238 [1], 239 [2] HGB). **Kasseneinnahmen und -ausgaben** sind **täglich** aufzuzeichnen (§ 146 [1] AO).
- **Keine Buchung ohne Beleg!**
  Sämtliche Buchungen müssen anhand der Belege jederzeit nachprüfbar sein. Die Belege müssen fortlaufend nummeriert und **geordnet aufbewahrt** werden (§ 257 [1] HGB).
- **Ordnungsmäßige Aufbewahrung der Buchführungsunterlagen.**
  Alle Buchungsbelege, Buchungsprogramme, Konten, Bücher, Inventare, Eröffnungsbilanzen sowie Jahresabschlüsse einschließlich Anhang und Lagebericht sind **zehn Jahre** geordnet aufzubewahren (§ 257 [4] HGB), (§ 147 [3] AO).
  Mit Ausnahme der Eröffnungsbilanz und des Jahresabschlusses können alle Buchführungsunterlagen auf einem **Bildträger** (Mikrofilm) oder auf einem anderen **Datenträger** (CD-ROM, DVD u. a.) aufbewahrt werden.
  Grundsätze ordnungsmäßiger DV-gestützter Buchführungssysteme (GoBS[1]): Die gespeicherten Daten müssen **jederzeit** durch Bildschirm oder Ausdruck **lesbar** zu machen sein (§§ 239, 257 [3] HGB, § 147 AO).

Merke

Nur eine ordnungsmäßige Buchführung besitzt Beweiskraft (§§ 258 f. HGB).

Verstöße gegen die GoB

Verstöße gegen die GoB sowie die handels- und steuerrechtlichen Vorschriften können eine **Schätzung der Besteuerungsgrundlagen** (Umsatz, Gewinn) durch die Finanzbehörden zur Folge haben (§ 162 AO). Mit **Freiheitsstrafe** oder mit **Geldstrafe** wird bestraft, wer Jahresabschlüsse unrichtig wiedergibt oder verschleiert (§ 331 HGB, § 370 ff. AO). Im Insolvenzfall können Verstöße gegen die GoB Strafverfolgung (Freiheitsstrafe) nach sich ziehen (§ 283 Strafgesetzbuch).

Aufgabe 1

1. *Nennen Sie mindestens drei wichtige Aufgaben der Buchführung.*
2. *Nennen Sie mindestens vier Geschäftsfälle mit den zugehörigen Belegen.*
3. *Welche Bedeutung hat die Buchführung für die übrigen Bereichee des Rechnungswesens?*
4. *Welchen Sinn haben die „Grundsätze ordnungsmäßiger Buchführung“?*

1 Siehe auch S. 94.

2 Inventur, Inventar und Bilanz

2.1 Inventur

Feststellen des Vermögens und der Schulden

Nach § 240 HGB sowie §§ 140, 141 AO ist der Kaufmann verpflichtet, **Vermögen** und **Schulden** seines Unternehmens festzustellen, und zwar

- bei **Gründung** oder **Übernahme** eines Unternehmens,
- für den **Schluss eines jeden Geschäftsjahres** (in der Regel zum 31. Dezember),
- bei **Auflösung** oder **Veräußerung** seines Unternehmens.

Die hierzu erforderliche Tätigkeit nennt man **Inventur** (lat. invenire = vorfinden).

Inventur

Die Inventur, auch **Bestandsaufnahme** genannt, erstreckt sich auf **alle Vermögensteile und alle Schulden** des Unternehmens, die jeweils **einzeln** nach ihrer **Art** (Bezeichnung), **Menge** (Stückzahl, nach Gewicht, Länge u. a.) und **Wert** (in Euro) zu einem bestimmten Zeitpunkt (Stichtag) zu erfassen sind. Sie dient auch der **Überprüfung der Buchführung**, weil Differenzen zwischen dem tatsächlichen Ist-Bestand laut Inventur und dem buchmäßigen Soll-Bestand laut Finanzbuchhaltung ersichtlich werden und korrigiert werden können (Inventurdifferenzen[1]).

Merke

Inventur ist die mengen- und wertmäßige Bestandsaufnahme aller Vermögensteile und Schulden eines Unternehmens zu einem bestimmten Zeitpunkt.

Arten der Inventur

Nach der Art ihrer Durchführung unterscheidet man

- **körperliche Inventur** und
- **Buchinventur.**

Körperliche Inventur

Die körperliche Inventur ist die **mengenmäßige Aufnahme** aller körperlichen Vermögensgegenstände (z. B. Technische Anlagen und Maschinen, Fahrzeuge, Betriebs- und Geschäftsausstattung, Bestände an Waren, Barmittel) durch **Zählen, Messen, Wiegen** und notfalls durch **Schätzen mit nachfolgender Bewertung** der Mengen in Euro.

Buchinventur

Die Buchinventur erstreckt sich auf alle **nicht körperlichen** Vermögensteile und Schulden. Forderungen, Bankguthaben sowie alle Arten von Schulden sind **wertmäßig** aufgrund der buchhalterischen **Aufzeichnungen und Belege** (z. B. Kontoauszüge) festzustellen und nachzuweisen. Im Rahmen dieser **buchmäßigen Bestandsaufnahme** werden häufig auch Saldenbestätigungen bei Kunden und Lieferern eingeholt.

Anlagenverzeichnis

Die jährliche körperliche Bestandsaufnahme des **beweglichen** Anlagevermögens (Maschinen, Fahrzeuge u. a.) entfällt, wenn ein **Anlagenverzeichnis** laufend geführt wird (Anlagenbuchführung). Für jeden Anlagegegenstand muss ein gesonderter Datensatz oder eine Anlagenkarte mit folgenden Angaben vorhanden sein: Bezeichnung, Tag der Anschaffung, Anschaffungswert, Nutzungsdauer, jährliche Abschreibung, Tag des Abgangs u. a. (siehe auch S. 182 und R 5.4 [4] Einkommensteuerrichtlinien [EStR]).

Vorbereitung und Durchführung der Inventur

Die körperliche (mengenmäßige) Inventur des Vorratsvermögens (Waren) bedarf vor allem einer sorgfältigen Vorbereitung und Durchführung. Zunächst wird ein **Inventurleiter** ernannt. Der Inventurleiter erstellt einen genauen **Aufnahmeplan.** Dieser Aufnahmeplan legt die einzelnen **Inventurbereiche** sowie die **personelle Besetzung** der Aufnahmegruppen, die **Aufnahmevordrucke und -richtlinien**, die Hilfsmittel (z. B. mobile Datenerfassungsgeräte/Barcodescanner) und den **Zeitpunkt der Inventur** fest. Bestimmte Aufsichtspersonen müssen durch **Stichproben** die Bestandsaufnahme überprüfen.

Merke

- **Körperliche Inventur:** **mengen- und wertmäßige Bestandsaufnahme**
- **Buchinventur:** **nur wertmäßige Bestandsaufnahme aufgrund von Aufzeichnungen und Belegen**

1 Siehe S. 203.

693712

2.2 Inventurverfahren für das Vorratsvermögen

Die Bestandsaufnahme des Warenvorratsvermögens ist in der Regel mit erheblichem Arbeitsaufwand verbunden. Der Gesetzgeber erlaubt deshalb folgende Verfahren zur **Vereinfachung der Inventur** der Lagervorräte (§ 241 HGB, R 5.3 EStR):

Inventurvereinfachungsverfahren

Bei der Stichtagsinventur muss die **mengenmäßige** Bestandsaufnahme der Vorräte nicht am Abschlussstichtag (z. B. 31. Dez.) erfolgen. Sie muss aber **zeitnah** innerhalb einer **Frist von zehn Tagen vor oder nach dem Abschlussstichtag** durchgeführt werden. Zugänge und Abgänge zwischen dem Aufnahmetag und dem Abschlussstichtag werden anhand von Belegen **mengen- und wertmäßig** auf den 31. Dez. **fortgeschrieben bzw. zurückgerechnet. Nachteil:** Die Stichtagsinventur führt zu einem großen Arbeitsanfall innerhalb weniger Tage, der oft Betriebsunterbrechungen zur Folge hat.

Stichtagsinventur = zeitnahe körperliche Bestandsaufnahme

Die vor- bzw. nachverlegte Inventur stellt gegenüber der Stichtagsinventur bereits eine wesentliche Erleichterung dar. Die **körperliche** Bestandsaufnahme erfolgt an einem beliebigen Tag innerhalb der letzten **drei Monate vor oder der ersten zwei Monate nach dem Abschlussstichtag.** Die einzelnen Artikel dürfen zu unterschiedlichen Zeitpunkten aufgenommen werden. Der am Tag der Inventur ermittelte Bestand wird **nur wertmäßig** (nicht mengenmäßig!) auf den Abschlussstichtag fortgeschrieben oder zurückgerechnet:

Verlegte Inventur = vor- bzw. nachverlegte körperliche Bestandsaufnahme

Wertfortschreibung	Wertrückrechnung
Wert am Tag der Inventur (z. B. 15. Okt.)	Wert am Tag der Inventur (z. B. 28. Febr.)
+ Wert der Zugänge vom 15. Okt. – 31. Dez.	– Wert der Zugänge vom 1. Jan. – 28. Febr.
– Wert der Abgänge vom 15. Okt. – 31. Dez.	+ Wert der Abgänge vom 1. Jan. – 28. Febr.
= Wert am Abschlussstichtag (31. Dez.)	**= Wert am Abschlussstichtag (31. Dez.)**

Die permanente Inventur ermöglicht es, den am Abschlussstichtag vorhandenen Bestand des Vorratsvermögens nach Art, Menge und Wert auch ohne gleichzeitige körperliche Bestandsaufnahme festzustellen. Der Bestand für den Abschlussstichtag kann in diesem Fall nach Art und Menge der **Lagerbuchführung oder Lagerkartei** entnommen werden. Für jeden einzelnen Artikel werden alle Mengenbewegungen (Zu- und Abgänge) laufend buchmäßig erfasst. In jedem Geschäftsjahr muss **mindestens einmal** – der Zeitpunkt ist beliebig! – durch **körperliche Bestandsaufnahme** geprüft werden, ob der in der Lagerbuchführung ausgewiesene Buch- bzw. Soll-Bestand des Vorratsvermögens mit dem tatsächlich vorhandenen Bestand (Ist-Bestand) übereinstimmt. Tag und Ergebnis der körperlichen Inventur sind in der Lagerbuchführung zu vermerken. Die Inventuraufzeichnungen müssen unterschrieben werden.

Permanente Inventur = laufende Inventur anhand der Lagerbuchführung

Die permanente Inventur ist ein rationelles und aussagefähiges Inventurverfahren, das der Unternehmensleitung **täglich**, vor allem beim Einsatz von Datenverarbeitungsanlagen, **wichtige Daten** über die Bestandsbewegungen liefert. Ihr besonderer Vorzug liegt darin, dass die körperliche Bestandsaufnahme der einzelnen Gruppen des Vorratsvermögens zu beliebigen Zeitpunkten durchgeführt werden kann.

Bei vollautomatisch gesteuerten Lagersystemen (z. B. Hochregallager) kann eine **Einlagerungsinventur** die körperliche Inventur ersetzen, wenn eine zuverlässige Fortschreibung der Lagerbuchführung entsprechend der automatischen Lagersteuerung gewährleistet ist.

Der Lagerbestand nach Art, Menge und Wert kann auch mithilfe **anerkannter** mathematisch-statistischer Verfahren (z. B. Mittelwertschätzung) aufgrund von Stichproben ermittelt werden. Dabei werden die als **Stichprobe** ausgewählten Lagerpositionen zunächst körperlich aufgenommen und bewertet. Das **Stichprobenergebnis** wird sodann auf den Gesamtinventurwert der Lagervorräte **hochgerechnet.** Die Stichprobeninventur gilt als zuverlässiges, Zeit und Kosten sparendes Hilfsverfahren der Inventur.

Stichprobeninventur mithilfe mathematisch-statistischer Methoden

2.3 Inventar

Die mithilfe der Inventur ermittelten **Bestände der einzelnen Vermögensposten und Schulden** werden in einem besonderen **Bestandsverzeichnis = Inventar** zusammengefasst.

Das Inventar besteht aus **drei Teilen:**

A. Vermögen	B. Schulden	C. Eigenkapital = Reinvermögen

Das **Vermögen** gliedert sich in **Anlage- und Umlaufvermögen.**

Anlagevermögen

Das Anlagevermögen bildet die **Grundlage der Betriebsbereitschaft.** Deshalb gehören dazu alle Vermögensposten, die dem Unternehmen **langfristig** dienen, wie z. B.:

- **Immaterielle Vermögensgegenstände,** z. B. gewerbliche Schutzrechte, Lizenzen
- **Grundstücke und Gebäude**
- **Technische Anlagen und Maschinen**
- **Fahrzeuge** (Fuhrpark)
- **Betriebs- und Geschäftsausstattung** (BGA), z. B. Lager- und Büroeinrichtung

Umlaufvermögen

Das Umlaufvermögen umfasst alle Vermögensposten, die sich **kurzfristig** in ihrer Höhe **verändern,** weil sie sich ständig **„im Umlauf"** befinden: **Waren** werden eingekauft und wieder verkauft. Werden Waren mit einem Zahlungsziel verkauft, entstehen im Unternehmen **Forderungen aus Lieferungen und Leistungen (a. LL).** Begleichen die Kunden ihre Rechnungen durch Banküberweisung, vermindert sich der Forderungsbestand, wobei sich zugleich das **Bankguthaben** erhöht, das wiederum zum Kauf von Waren verwendet werden kann. **Zum Umlaufvermögen rechnen vor allem folgende Posten:**

- **Waren**
- **Forderungen aus Lieferungen und Leistungen** (a. LL)
- **Kassenbestand** (Bargeld)
- **Bankguthaben**

Vermögensposten

Die Vermögensposten werden im Inventar **nach steigender Flüssigkeit** (Liquidität) geordnet, also nach dem Grad, wie schnell sie in Geld umgesetzt werden können. So sind die weniger „flüssigen" (liquiden) Posten, wie z. B. Grundstücke, im Inventar zuerst und die bereits liquiden Mittel, wie Bargeld und Bankguthaben, zuletzt aufzuführen.

Schulden

Die Schulden (Verbindlichkeiten) werden im Inventar nach ihrer **Fälligkeit** geordnet:

- **Langfristige Verbindlichkeiten,** wie z. B. Hypotheken- und Darlehensschulden
- **Kurzfristige Verbindlichkeiten,** wie z. B. Verbindlichkeiten a. LL, Mietschulden

Fremdkapital

Die Verbindlichkeiten stellen das im Unternehmen arbeitende Fremdkapital dar.

Eigenkapital

Das Eigenkapital oder **Reinvermögen** des Unternehmens ergibt sich, indem man die Schulden vom Vermögen abzieht:

	Summe des Vermögens
–	**Summe der Schulden**
=	**Eigenkapital (Reinvermögen)**

Merke

- **Das Inventar weist zu einem bestimmten Tag (Abschlussstichtag) alle Vermögensposten und Schulden eines Unternehmens nach Art, Menge und Wert aus.**
- **Das Vermögen wird in Anlage- und Umlaufvermögen gegliedert, wobei die Vermögensposten nach steigender Flüssigkeit geordnet werden.**
- **Die Schulden bzw. Verbindlichkeiten werden nach ihrer Fälligkeit geordnet.**

693714

Inventar
der Möbelgroßhandlung Kurt Jansen e. K., Nürnberg, für den 31. Dezember 20..

	€	€
A. Vermögen		
I. Anlagevermögen		
1. Grundstücke		260.000,00
2. Gebäude:		
Ausstellungshalle	240.000,00	
Verwaltungsgebäude	270.000,00	
Lagergebäude	110.000,00	620.000,00
3. Fuhrpark lt. Anlagenverzeichnis 1		170.000,00
4. Betriebs- und Geschäftsausstattung lt. Anlagenverzeichnis 2		150.000,00
II. Umlaufvermögen		
1. Warenvorräte:		
Möbel lt. Inventurliste 3	1.645.700,00	
Kleinmöbel lt. Inventurliste 4	412.300,00	
568 Sessel T 8 je 250,00 €	142.000,00	2.200.000,00
2. Forderungen aus Lieferungen und Leistungen (a. LL):		
Schnickmann GmbH, Fürth	145.800,00	
Hamm KG, Würzburg	177.900,00	
Bodo Herms e. K., Erlangen	76.300,00	400.000,00
3. Bankguthaben:		
Sparkasse, Nürnberg	159.000,00	
Deutsche Bank, Nürnberg	35.000,00	194.000,00
4. Kassenbestand		6.000,00
Summe des Vermögens		**4.000.000,00**
B. Schulden		
I. Langfristige Schulden		
1. Hypothekendarlehen der Sparkasse, Nürnberg		700.000,00
2. Darlehen der Deutschen Bank, Nürnberg		600.000,00
II. Kurzfristige Schulden		
Verbindlichkeiten aus Lieferungen und Leistungen:		
Heyn GmbH, München	120.000,00	
Hermanns OHG, Augsburg	80.000,00	
Gellert KG, Frankfurt	100.000,00	300.000,00
Summe der Schulden		**1.600.000,00**
C. Eigenkapital		
Summe des Vermögens		4.000.000,00
– Summe der Schulden		1.600.000,00
= **Eigenkapital** (Reinvermögen)		**2.400.000,00**

Aufbewahrung des Inventars

Inventare sind **zehn Jahre** geordnet aufzubewahren (§ 257 [4] HGB, § 147 [3] AO). Die Aufbewahrung kann auch auf einem **Bildträger** (Mikrofilm) oder auf einem anderen **Datenträger** (CD-ROM, DVD u. a.) erfolgen, wenn sichergestellt ist, dass die Wiedergabe oder die Daten jederzeit lesbar gemacht werden können (§ 257 [3] HGB).

Merke

- **Inventur = Bestandsaufnahme, Inventar = Bestandsverzeichnis.**
- **Das Inventar ist Grundlage eines ordnungsgemäßen Jahresabschlusses.**

Aufgabe 2

Welche Vermögensposten gehören zum Anlagevermögen (I) und zum Umlaufvermögen (II)? Ordnen Sie die folgenden Vermögensposten nach steigender Flüssigkeit.

1. Bankguthaben
2. Maschinen
3. Bargeld
4. Gebäude
5. Warenvorräte
6. Lastkraftwagen
7. Forderungen aus Lieferungen und Leistungen (a. LL)
8. Postbankguthaben
9. Betriebs- und Geschäftsausstattung
10. Grundstücke
11. Förderband
12. Gabelstapler

Aufgabe 3

Ordnen Sie die folgenden Schulden nach ihrer Laufzeit (Fälligkeit) im Bereich der langfristigen (I) und kurzfristigen (II) Schulden:

1. Verbindlichkeiten aus Lieferungen und Leistungen (a. LL)
2. Hypothekenschulden
3. Verbindlichkeiten aus Steuern
4. Darlehensschulden

Aufgabe 4

Die Sanitärgroßhandlung Karl Schnickmann e. K., Erlangen, hat folgende Inventurbestände:

Grundstück 120.000,00 €; Gebäude 440.000,00 €; Technische Anlagen und Maschinen lt. Verzeichnis 1: 61.500,00 €; Fuhrpark lt. Verzeichnis 2: 27.500,00 €; Betriebs- und Geschäftsausstattung lt. Verzeichnis 3: 160.400,00 €;

Warenvorräte lt. Verzeichnis 4: 464.100,00 €; Kundenforderungen an Hans Floßmann e. K., Tübingen, 61.500,00 €, an Fritz Herberts e. K., Offenbach, 12.600,00 €; Kassenbestand 13.400,00 €; Bankguthaben bei der Deutschen Bank, Erlangen, 62.300,00 €, bei der Stadtsparkasse, Erlangen, 40.000,00 €;

Verbindlichkeiten gegenüber Lieferern lt. Verzeichnis 5: 153.400,00 €; Hypothekenschulden 586.000,00 €; Darlehensschulden: bei der Stadtsparkasse, Erlangen, 124.000,00 €, bei der Deutschen Bank, Erlangen, 90.000,00 €.

Stellen Sie das Inventar auf. Wie hoch ist der %-Anteil des Anlagevermögens und des Umlaufvermögens am Gesamtvermögen?

Aufgaben 5, 6

Die Werkzeuggroßhandlung Juliane Hamm e. Kffr., Würzburg, stellte zum 31. Dez. 01[1] (Aufgabe 5) und zum 31. Dez. 02[1] (Aufgabe 6) folgende Inventurwerte fest:

		5	6
Grundstücke		100.000,00	100.000,00
Gebäude:	Verwaltungsgebäude	420.000,00	411.600,00
	Lagergebäude	135.000,00	132.300,00
Technische Anlagen und Maschinen lt. Anlagenverzeichnis 1		170.000,00	236.400,00
Fuhrpark:	1 LKW	32.300,00	27.840,00
	1 PKW	12.700,00	10.160,00
Betriebs- u. Geschäftsausstattung lt. Anlagenverzeichnis 2		91.600,00	76.900,00
Warenvorräte lt. Inventurliste 3		483.300,00	541.400,00
Forderungen a. LL:	Schnell KG, Tübingen	52.800,00	72.800,00
	Rolf Peters e. K., Frankfurt	33.500,00	61.500,00
Postbankguthaben		18.900,00	29.400,00
Bankguthaben bei der Commerzbank, Würzburg		126.700,00	131.000,00
Kasse (Barbestand)		2.800,00	2.600,00
Hypothekenschulden:	Stadtsparkasse, Würzburg	290.000,00	260.000,00
Darlehensschulden:	Stadtsparkasse, Würzburg	160.300,00	120.225,00
	Handelsbank, Frankfurt	120.700,00	90.525,00
Verbindlichkeiten a. LL lt. Verzeichnis 4		89.500,00	146.800,00

1. *Erstellen Sie die Inventare der beiden aufeinander folgenden Geschäftsjahre.*
2. *Vergleichen Sie die beiden Inventare und erklären Sie die Veränderungen im Anlage- und Umlaufvermögen, in den Schulden und im Eigenkapital.*

1 In diesem Lehrbuch bedeuten die Ziffern „00" = Vorjahr, „01" = 1. Jahr, „02" = 2. Jahr usw.

693716

Aufgaben 7, 8

Baumarkt Gärtner OHG, Augsburg, stellte zum 31. Dez. 01 (Aufgabe 7) und zum 31. Dez. 02 (Aufgabe 8) folgende Inventurwerte fest, die in beiden Inventaren entsprechend zu gliedern sind:

	7	8
Grundstücke	200.000,00	200.000,00
Gebäude: Verwaltungsgebäude	550.000,00	528.000,00
Lagergebäude	280.000,00	268.400,00
Warenvorräte lt. Inventurliste 4	396.900,00	420.700,00
Technische Anlagen und Maschinen lt. Verzeichnis 1	161.500,00	256.200,00
Forderungen a. LL lt. Verzeichnis 5	35.000,00	56.700,00
Kassenbestand	4.800,00	3.900,00
Fuhrpark lt. Anlagenverzeichnis 2	37.500,00	31.400,00
Betriebs- und Geschäftsausstattung lt. Anlagenverzeichnis 3	90.300,00	93.900,00
Bankguthaben bei der Deutschen Bank, Augsburg	73.100,00	84.200,00
bei der Stadtsparkasse, Augsburg	51.400,00	55.300,00
Verbindlichkeiten a. LL lt. Verzeichnis 6	48.600,00	67.100,00
Hypothekenschulden	414.000,00	390.000,00
Darlehensschulden: Deutsche Bank, Augsburg	192.000,00	186.400,00
Stadtsparkasse, Augsburg	120.400,00	118.400,00

Vergleichen Sie die beiden Inventare und erklären Sie bedeutende Veränderungen.

Aufgabe 9

In den Aufgaben 7 und 8 wird darauf hingewiesen, dass der Gesamtwert der Warenvorräte der Inventurliste 4 entnommen wurde. In diesem Verzeichnis sind die **einzelnen Warenpositionen** mit ihren **jeweiligen Einzelwerten** erfasst. In der folgenden Aufgabe ist der Inventurwert für die Position „Fliesenkleber“ auf der Grundlage des **gewogenen Durchschnittspreises** aus den Einzelpreisen der zurückliegenden Lieferungen zu berechnen. Der **Inventurbestand an Fliesenkleber beträgt 24 Gebinde zu je 10 kg.**

Datum	Menge	Einzelpreis
1. Jan.	14 Gebinde	22,50 €
5. März	40 Gebinde	22,60 €
12. Juni	50 Gebinde	22,80 €

Datum	Menge	Einzelpreis
21. Aug.	30 Gebinde	22,90 €
9. Okt.	40 Gebinde	23,00 €
10. Dez.	20 Gebinde	23,10 €

Berechnen Sie den Inventurwert des Fliesenklebers im Verzeichnis 4.

Aufgabe 10

Ermitteln Sie im Rahmen der zeitlich verlegten Inventur durch Wertfortschreibung bzw. Wertrückrechnung jeweils den Vorratsbestand an Profileisen U642 zum Abschlussstichtag (31. Dez.):

a) Bestand am Tag der Inventur (1. Okt.): 32.800,00 €; Wert der Zugänge vom 1. Okt. bis 31. Dez.: 58.300,00 €. Wert der Abgänge vom 1. Okt. bis 31. Dez.: 76.300,00 €.

b) Bestand am Aufnahmetag (20. Febr.): 43.600,00 €; Wert der Abgänge vom 1. Jan. bis 20. Febr.: 22.800,00 €; Wert der Zugänge vom 1. Jan. bis 20. Febr.: 15.200,00 €.

Aufgabe 11

1. *Nach welchen Gesetzen ist der Unternehmer zur Buchführung verpflichtet?*
2. *Unterscheiden Sie zwischen Inventur und Inventar.*
3. *Worin unterscheiden sich grundlegend Anlage- und Umlaufvermögen?*
4. *Was versteht man unter körperlicher Bestandsaufnahme?*
5. *Welche Bestände können nur aufgrund einer Buchinventur festgestellt werden?*
6. *Wie lange sind Inventare aufzubewahren?*
7. *Nennen Sie die Nachteile der Stichtagsinventur und die Vorteile der permanenten Inventur.*
8. *Unterscheiden Sie zwischen vorverlegter und nachverlegter Inventur.*

2.4 Erfolgsermittlung durch Eigenkapitalvergleich

Erfolg des Unternehmens

Auf der Grundlage des Inventars lässt sich auf einfache Weise der **Erfolg des Unternehmens,** also der **Gewinn oder Verlust** des Geschäftsjahres, ermitteln. Dies geschieht durch **Eigenkapitalvergleich,** der dem „Betriebsvermögensvergleich" nach § 4 [1] EStG entspricht.

Eigenkapitalvergleich

Man vergleicht zunächst das Eigenkapital vom Ende eines Geschäftsjahres mit dem vom Schluss des vorangegangenen Geschäftsjahres. Hat sich das **Eigenkapital erhöht,** ist das positiv zu sehen und lässt grundsätzlich auf einen im Geschäftsjahr erzielten **Gewinn** schließen. Eine **Verminderung des Eigenkapitals** deutet dagegen grundsätzlich auf einen **Verlust** hin.

Beispiel

Die Möbelgroßhandlung Kurt Jansen e. K. weist in ihrem Inventar auf Seite 15 zum Schluss des Geschäftsjahres 02 ein Eigenkapital von 2.400.000,00 € aus. Zum Schluss des vorangegangenen Geschäftsjahres 01 betrug das Eigenkapital 2.120.000,00 €.

	Eigenkapital zum 31. Dezember 02	2.400.000,00 €
–	Eigenkapital zum 31. Dezember 01	2.120.000,00 €
=	**Erhöhung des Eigenkapitals**	**280.000,00 €**

Privatentnahmen

Die Erhöhung des Eigenkapitals um 280.000,00 € kann nur dann zugleich als Gewinn des Geschäftsjahres gedeutet werden, wenn dem Betriebsvermögen während des Geschäftsjahres weder Vermögensposten für private Zwecke des Unternehmers entzogen noch private Kapitaleinlagen gemacht wurden. Hat der Unternehmer Kurt Jansen im Vorgriff auf den erwarteten Gewinn 60.000,00 € für die Anschaffung eines Sportwagens dem betrieblichen Bankkonto gegen Quittung (Beleg) entnommen, ist im Inventar die Summe des Vermögens und damit auch das Reinvermögen bzw. Eigenkapital um diesen Betrag geringer ausgewiesen. Zur genauen Ermittlung des Jahresgewinns müssen deshalb alle **Privatentnahmen** der Eigenkapitalerhöhung wieder **hinzugerechnet** werden:

Entnahmebeleg

Dem Geschäftskonto 119 233 815 bei der Sparkasse Nürnberg wurden heute durch Überweisung an die Sportcar GmbH 60.000,00 € privat entnommen.

Leverkusen, 10. Nov. 02 *K. Jansen*

	Eigenkapital zum 31. Dezember 02	2.400.000,00 €
–	Eigenkapital zum 31. Dezember 01	2.120.000,00 €
=	Erhöhung des Eigenkapitals	280.000,00 €
+	**Privatentnahme**	**60.000,00 €**
=	**Gewinn zum 31. Dezember 02**	**340.000,00 €**

Privateinlagen

Geld- und Sachwerte, die der Unternehmer während des Geschäftsjahres in das Betriebsvermögen eingebracht hat, sind nicht vom Unternehmen erwirtschaftet worden und stellen somit auch keinen Gewinn dar. Deshalb muss der Möbelgroßhändler Kurt Jansen, der ein geerbtes Grundstück im Wert von 160.000,00 € auf sein Unternehmen übertragen hat, diesen Betrag wieder von der Erhöhung des Eigenkapitals **abziehen:**

Kapitaleinlagebeleg

Das unbebaute Grundstück in Nürnberg, Hansastraße 50–52, wurde lt. Grundbuchauszug vom 15. Dezember 02 von mir zum Zeitwert von 160.000,00 € in das Betriebsvermögen meiner Möbelgroßhandlung eingebracht.

Nürnberg, 19. Dez. 02 *K. Jansen*

693718

Erfolgsermittlung durch Eigenkapitalvergleich

	Eigenkapital zum 31. Dezember 02	2.400.000,00 €
–	Eigenkapital zum 31. Dezember 01	2.120.000,00 €
=	**Erhöhung des Eigenkapitals**	280.000,00 €
+	**Privatentnahme**	60.000,00 €
–	**Privateinlage**	160.000,00 €
=	**Gewinn zum 31. Dezember 02**	**180.000,00 €**

Merke

Gewinn ist der Unterschiedsbetrag zwischen dem Eigenkapital am Schluss des Geschäftsjahres und dem Eigenkapital am Schluss des vorangegangenen Geschäftsjahres, vermehrt um den Wert der Privatentnahmen und vermindert um den Wert der Privateinlagen (§ 4 [1] EStG).

Verzinsung des Eigenkapitals

Setzt man den Jahresgewinn[1] ins Verhältnis zum Anfangseigenkapital, erhält man die Verzinsung (Rentabilität) des im Unternehmen arbeitenden Eigenkapitals. Ein Vergleich des Ergebnisses mit einer anderen langfristigen Kapitalanlage, z. B. in Form von festverzinslichen Wertpapieren (2 % bis 5 %), zeigt, ob sich der Einsatz des Eigenkapitals gelohnt hat.

2.120.000,00 € Eigenkapital = 100 %
180.000,00 € Gewinn = x %

$$x\,\% = \frac{180.000,00\,€ \cdot 100}{2.120.000,00\,€} = 8,49\,\%$$

$$\textbf{Rentabilität des Eigenkapitals} = \frac{\textbf{Jahresgewinn} \cdot \textbf{100}}{\textbf{Anfangseigenkapital}}$$

Aufgabe 12

Die Textilgroßhandlung Janine Kolberg e. Kffr., Leverkusen, weist im Inventar zum 31. Dez. 02 ein Eigenkapital in Höhe von 480.000,00 € aus. Am 31. Dez. 01 betrug das Eigenkapital 450.000,00 €. Im Geschäftsjahr 02 hatte Frau Kolberg insgesamt 72.000,00 € vom Bankkonto des Unternehmens für private Zwecke abgehoben.

Wie hoch ist der Gewinn des Unternehmens zum 31. Dez. 02?

Aufgabe 13

Das Inventar der Möbelgroßhandlung Kurt Jansen e. K. (vgl. S. 15) weist ein Eigenkapital von 2.400.000,00 € aus. Am Ende des darauf folgenden Geschäftsjahres ergibt sich aus dem Inventar ein Eigenkapital von 2.540.000,00 €.

Für Privatzwecke hatte Kurt Jansen dem Geschäftsbankkonto 48.000,00 € entnommen.

a) *Wie hoch ist der Gewinn des Geschäftsjahres?*

b) *Wie hoch ist der Verlust, wenn das Eigenkapital statt 2.540.000,00 € lediglich 2.300.000,00 € beträgt?*

Aufgaben 14, 15

Die Elektrogroßhandlung Ronald Weber e. K. hat am Anfang des Geschäftsjahres ein Reinvermögen (Eigenkapital) von 590.000,00 € (680.000,00 €). Am Ende des Geschäftsjahres betragen lt. Inventur die Vermögensteile 890.000,00 € (985.000,00 €), die Schulden 210.000,00 € (150.000,00 €).

Während des Geschäftsjahres sind als Privatentnahmen 48.000,00 € (36.000,00 €) und als Einlagen 25.000,00 € (20.000,00 €) gebucht worden.

Ermitteln Sie den Erfolg des Unternehmens durch Kapitalvergleich.

1 Aus methodischen Gründen wird zur Berechnung der Rentabilität hier der Jahresgewinn statt des Unternehmergewinns verwendet (siehe S. 286 f.).

2.5 Bilanz

Inventar

Das Inventar ist eine ausführliche Aufstellung der einzelnen Vermögensteile und Schulden nach Art, Menge und Wert, das ganze Bände umfassen kann. Dadurch verliert es erheblich an Übersichtlichkeit.

Bilanz

§ 242 HGB verlangt daher außer der regelmäßigen Aufstellung des Inventars noch eine **kurz gefasste Übersicht**, die es ermöglicht, geradezu mit einem Blick das **Verhältnis zwischen Vermögen und Schulden** des Unternehmens zu überschauen. Eine solche Übersicht ist die **Bilanz.**

Aktiva und Passiva

Die Bilanz ist eine Kurzfassung des Inventars in Kontenform. Sie enthält auf der linken Seite die Vermögensteile, auf der rechten Seite die Schulden bzw. Verbindlichkeiten (Fremdkapital) und das **Eigenkapital als Ausgleich (Saldo).** Beide Seiten der Bilanz (ital. bilancia = Waage) weisen daher die **gleichen Summen** aus. **Aktiva** heißen die Vermögenswerte, **Passiva** die Kapitalwerte. Aktiva werden nach der Flüssigkeit und Passiva nach der Fälligkeit geordnet.

Beispiel

Aus dem Inventar auf Seite 15 ergibt sich folgende **Bilanz:**

Aktiva	**Bilanz zum 31. Dezember 20..**		Passiva
I. Anlagevermögen		**I. Eigenkapital**	2.400.000,00
1. Grundstücke	260.000,00		
2. Gebäude	620.000,00	**II. Schulden** (Fremdkapital)	
3. Fuhrpark	170.000,00	1. Hypothekenschulden	700.000,00
4. Betriebs- und Geschäftsausstattung	150.000,00	2. Darlehen	600.000,00
		3. Verbindlichk. a. LL	300.000,00
II. Umlaufvermögen			
1. Warenvorräte	2.200.000,00		
2. Forderungen a. LL	400.000,00		
3. Bankguthaben	194.000,00		
4. Kassenbestand	6.000,00		
	4.000.000,00		**4.000.000,00**

Nürnberg, 10. Januar 20.. *Kurt Jansen*

Merke

- **Die Bilanz ist eine kurz gefasste Gegenüberstellung von Vermögen (Aktiva) und Kapital (Passiva) in Kontenform.**
- **Grundlage für die Aufstellung der Bilanz ist das Inventar.**
- **Die Bilanz muss klar und übersichtlich gegliedert sein (§ 243 [2] HGB). Anlage- und Umlaufvermögen, Eigenkapital und Verbindlichkeiten sind gesondert auszuweisen und aufzugliedern (§§ 247, 266 HGB siehe Anhang).**

  Vermögensposten (Aktiva): Ordnung nach der Flüssigkeit
  Kapitalposten (Passiva): Ordnung nach der Fälligkeit
- **Der Jahresabschluss (Bilanz und Gewinn- und Verlustrechnung) ist vom Unternehmer unter Angabe des Datums persönlich zu unterzeichnen (§ 245 HGB).**

693720

2.6 Aussagewert der Bilanz

Inhalt der Bilanz

Die Bilanz lässt auf einen Blick erkennen, woher das Kapital stammt und wo es im Einzelnen angelegt (investiert) worden ist:

Aktiva	Bilanz		Passiva
Vermögensformen		**Vermögensquellen**	
Vermögens- oder Aktivseite zeigt die **Formen** des Vermögens:		**Kapital- oder Passivseite** zeigt die **Herkunft** des Vermögens:	
I. Anlagevermögen	1.200.000,00	I. Eigenkapital	2.400.000,00
II. Umlaufvermögen	2.800.000,00	II. Fremdkapital	1.600.000,00
Vermögen	4.000.000,00 =	Kapital	4.000.000,00
Wo ist das Kapital angelegt?		**Woher stammt das Kapital?**	
Investierung		**Finanzierung**	

Merke

- **Die Passivseite der Bilanz gibt Auskunft über die Herkunft der finanziellen Mittel. Sie zeigt also die Mittelherkunft oder Finanzierung.**
- **Die Aktivseite weist dagegen die Anlage bzw. Verwendung des Kapitals aus. Sie gibt also Auskunft über die Mittelverwendung oder Investierung.**

Aussagewert der Bilanz

Die oben dargestellte Kurzfassung der Bilanz zeigt bereits deutlich die **Zusammensetzung (Struktur) des Kapitals und des Vermögens** in absoluten Zahlen. Man erkennt, dass das Unternehmen überwiegend mit eigenen Mitteln arbeitet. Der Unternehmer bewahrt damit seine Unabhängigkeit gegenüber seinen Gläubigern. Außerdem ist die Zinsbelastung durch fremde Mittel nicht zu hoch. Die solide Ausstattung des Unternehmens mit Kapital (die Finanzierung) kommt auch dadurch zum Ausdruck, dass nicht nur das gesamte Anlagevermögen, sondern auch ein Teil des Umlaufvermögens mit Eigenkapital beschafft (finanziert) worden ist. Ausgedrückt wird dies im Verhältnis von Eigenkapital zu Anlagevermögen.

Bilanzstruktur

Die Bilanzstruktur wird noch aussagefähiger, wenn man sie **in Gliederungszahlen (%)** darstellt.[1] Dadurch werden folgende **Verhältnisse** überschaubarer:

AV : UV ↓ EK : AV ↓ EK : FK ↓

Aktiva	Bilanzstruktur				Passiva
Vermögensstruktur	**€**	**%**	**Kapitalstruktur**	**€**	**%**
Anlagevermögen (AV)	1.200.000,00	30 %	Eigenkapital (EK)	2.400.000,00	60 %
Umlaufvermögen (UV)	2.800.000,00	70 %	Fremdkapital (FK)	1.600.000,00	40 %
Gesamtvermögen	4.000.000,00	100 %	Gesamtkapital	4.000.000,00	100 %

Merke

- **Die Bilanz ist eine kurz gefasste Gegenüberstellung von:**
  - **Vermögensformen und Vermögensquellen,**
  - **Mittelverwendung und Mittelherkunft,**
  - **Investierung und Finanzierung.**
- **Die Bilanzstruktur zeigt deutlich den Vermögens- und Kapitalaufbau.**

1 Siehe auch Kapitel F Auswertung des Jahresabschlusses, S. 278 ff.

Rechnerische Gleichheit

Die rechnerische Gleichheit beider Bilanzseiten, also von Vermögen und Kapital, auch in einer Gleichung ausgedrückt werden:

Bilanzgleichung				
Vermögen	**=**	**Kapital**		
Vermögen	**=**	**Eigenkapital**	**+**	**Fremdkapital**
Eigenkapital	**=**	**Vermögen**	**–**	**Fremdkapital**
Fremdkapital	**=**	**Vermögen**	**–**	**Eigenkapital**

Das Eigenkapital ist die Differenz aus Vermögen und Fremdkapital.

2.7 Vergleich zwischen Inventar und Bilanz

Die Inventur ist die Voraussetzung für die Aufstellung des Inventars. Das Inventar bildet die Grundlage für die Erstellung der Bilanz:

Inventur

↓

Inventar

↓

Bilanz

Erstellen von Inventar und Bilanz

Inventar und Bilanz sind aufzustellen:

- bei **Gründung** oder **Übernahme** eines Unternehmens,
- regelmäßig zum **Schluss des Geschäftsjahres**,
- bei **Veräußerung** oder **Auflösung** des Unternehmens.

Inventar und Bilanz zeigen beide den Stand des Vermögens und des Kapitals eines Unternehmens. **Sie unterscheiden sich in der Art der Darstellung:**

Inventar	Bilanz
■ **Ausführliche** Darstellung der einzelnen Vermögens- und Schuldenwerte. ■ Angabe der Mengen, Einzelwerte **und** Gesamtwerte. ■ Darstellung des Vermögens und des Kapitals **untereinander: Staffelform**	■ **Kurz gefasste** überschaubare Darstellung des Vermögens und des Kapitals. ■ **Nur** Angabe der **Gesamtwerte** der einzelnen Bilanzposten. ■ Darstellung des Vermögens und des Kapitals **nebeneinander: Kontenform**

Merke

- **Inventar und Bilanz sind nach § 257 [4] HGB bzw. § 147 [3] AO zehn Jahre aufzubewahren.**
- **Den Jahresabschluss (Bilanz und Gewinn- und Verlustrechnung) unterzeichnen (§ 245 HGB):**
  - **bei der Einzelunternehmung:** **Inhaber persönlich,**
  - **bei der Offenen Handelsgesellschaft (OHG):** **alle Gesellschafter,**
  - **bei der Kommanditgesellschaft (KG):** **alle persönlich haftenden Gesellschafter,**
  - **bei der Aktiengesellschaft (AG):** **alle Mitglieder des Vorstandes,**
  - **bei der Kommanditgesellschaft auf Aktien (KGaA):** **alle persönlich haftenden geschäftsführenden Gesellschafter,**
  - **bei der Gesellschaft mit beschränkter Haftung (GmbH):** **alle Geschäftsführer.**

Aufgaben 16, 17

Beachten Sie die Gliederung der Bilanz auf Seite 20.

Stellen Sie nach folgenden Angaben die Bilanz für die Textilgroßhandlung Heinz Jommersbach e. K., München, zum 31. Dezember .. auf.

	16	17
Gebäude	350.000,00	340.000,00
Betriebs- und Geschäftsausstattung (BGA)	48.000,00	45.000,00
Warenvorräte	575.000,00	485.000,00
Forderungen aus Lieferungen und Leistungen	22.000,00	35.000,00
Bankguthaben	80.000,00	32.000,00
Kasse	5.000,00	3.000,00
Darlehensschulden	385.000,00	290.000,00
Verbindlichkeiten aus Lieferungen und Leistungen	30.000,00	50.000,00

1. *Mit welchem Gesamtkapital, Eigenkapital und Fremdkapital arbeitet die Unternehmung?*
2. *Wie beurteilen Sie das Verhältnis der eigenen zu den fremden Mitteln?*
3. *Reichten die eigenen Mittel zur Beschaffung (Finanzierung) des Anlagevermögens aus?*

Aufgaben 18, 19

Stellen Sie nach folgenden Angaben die Bilanz für die Werkzeuggroßhandlung Marc Gruppe e. K., Leverkusen, zum 31. Dezember .. auf. Ordnen Sie die Vermögens- und Kapitalposten.

	18	19
Warenvorräte	300.000,00	320.000,00
Verbindlichkeiten aus Lieferungen und Leistungen	85.000,00	90.000,00
Kasse	5.000,00	4.000,00
Forderungen aus Lieferungen und Leistungen	40.000,00	70.000,00
Gebäude	420.000,00	400.000,00
Darlehensschulden	70.000,00	150.000,00
Hypothekenschulden	260.000,00	210.000,00
Fuhrpark	42.000,00	35.000,00
Betriebs- und Geschäftsausstattung (BGA)	128.000,00	135.000,00
Bankguthaben	80.000,00	96.000,00

1. *Mit welchem Gesamtkapital, Eigenkapital und Fremdkapital arbeitet die Unternehmung?*
2. *Wie beurteilen Sie das Verhältnis der eigenen zu den fremden Mitteln?*
3. *Reichten die eigenen Mittel zur Beschaffung (Finanzierung) des Anlagevermögens aus?*

Aufgabe 20

Stellen Sie die Bilanz der Großhandlung Karl Schnickmann e. K., Erlangen, aufgrund des Inventars (Aufgabe 4) zum 31. Dezember .. auf.

Mit welchem Gesamtkapital, Eigenkapital und Fremdkapital arbeitet die Unternehmung?

Aufgabe 21

Aufgrund der Inventare sind die Schlussbilanzen folgender Unternehmen aufzustellen:

Juliane Hamm e. Kffr., Würzburg (Aufgaben 5/6),

Gärtner OHG, Augsburg (Aufgaben 7/8).

Aufgabe 22

1. *Stellen Sie für die Bilanzen der Aufgaben 16 bis 21 jeweils die Bilanzstruktur dar, indem Sie den Prozentanteil des Eigen- und Fremdkapitals sowie des Anlage- und Umlaufvermögens an der Bilanzsumme (= 100 %) ermitteln (vgl. auch Muster auf S. 21 unten).*
2. *Beurteilen Sie vor allem das Verhältnis der eigenen zu den fremden Mitteln.*
3. *Wie viel Eigenkapital verbleibt nach Deckung des Anlagevermögens noch für das Umlaufvermögen?*

3 Buchen auf Bestandskonten

3.1 Wertveränderungen in der Bilanz

Bilanz

Bilanz bedeutet **Waage.**

Jeder Geschäftsfall hat Auswirkungen auf die Posten in der Bilanz, und zwar in **doppelter** Weise. Auch wenn nicht jeder Geschäftsfall in der Bilanz dargestellt wird, können wir **vier Möglichkeiten der Bilanzveränderung** unterscheiden.

Aktivtausch

❶ Aktivtausch, d. h., der Geschäftsfall betrifft **nur die Aktivseite** der Bilanz. Die Bilanzsumme ändert sich somit nicht:

Wir kaufen eine EDV-Anlage gegen Bankscheck für 2.000,00 €.	**BGA** +	**Bankguthaben** −

Passivtausch

❷ Passivtausch, d. h., der Geschäftsfall wirkt sich **nur auf der Passivseite** aus. Daher ändert sich die Bilanzsumme nicht:

Eine kurzfristige Liefererschuld wird durch Aufnahme eines Darlehens ausgeglichen: 3.000,00 € (Umschuldung).	**Verbindlichk.** −	**Darlehen** +

Aktiv-Passivmehrung

❸ Aktiv-Passivmehrung, d. h., der Geschäftsfall betrifft **beide Seiten** der Bilanz. Der Erhöhung eines Aktivpostens steht auch die Erhöhung eines Passivpostens gegenüber. Die Bilanzsummen nehmen auf beiden Seiten um den gleichen Betrag zu. Die Bilanzgleichung bleibt somit gewahrt.

Wir kaufen Rohstoffe auf Ziel[1] (Verbindlichkeit) für 4.000,00 €.	**Rohstoffe** +	**Verbindlichk.** +

Aktiv-Passivminderung

❹ Aktiv-Passivminderung, auch hier betrifft der Geschäftsfall **beide Seiten** der Bilanz. Der Verminderung eines Aktivpostens entspricht die Verminderung eines Passivpostens. Die Bilanzgleichung bleibt durch Abnahme der Bilanzsumme auf beiden Seiten gewahrt.

Wir begleichen eine bereits gebuchte Liefererrechnung über 1.500,00 € durch Banküberweisung.	**Bankguthaben** −	**Verbindlichk.** −

Aktiva **Bilanz** **Passiva**

	BGA	Rohstoffe	Bankguthaben	Summe	Summe	Eigenkapital	Darlehensschulden	Verbindlichkeiten
	50.000,00	20.000,00	5.000,00	= 75.000,00	75.000,00 =	51.000,00	15.000,00	9.000,00
❶	52.000,00 ↓	20.000,00	3.000,00 ↓	= 75.000,00	75.000,00 =	51.000,00	15.000,00	9.000,00
❷	52.000,00	20.000,00	3.000,00	= 75.000,00	75.000,00 =	51.000,00	18.000,00 ↓	6.000,00 ↓
❸	52.000,00	24.000,00 ↓	3.000,00	= 79.000,00 ↓	79.000,00 = ↓	51.000,00	18.000,00	10.000,00 ↓
❹	52.000,00	24.000,00	1.500,00 ↓	= 77.500,00 ↓	77.500,00 = ↓	51.000,00	18.000,00	8.500,00 ↓

1 Zielkäufe und Zielverkäufe sind Geschäftsfälle, bei denen ein Zahlungsziel gewährt wird, z. B. „zahlbar innerhalb von 30 Tagen". Bei dem Lieferer entsteht dadurch eine Forderung, bei dem Kunden eine Verbindlichkeit.

Merke

Jeder Geschäftsfall wirkt sich auf mindestens zwei Posten der Bilanz aus.

Möglich sind:

- **Aktivtausch:** – **Tauschvorgang auf der Aktivseite**
- **Passivtausch:** – **Tauschvorgang auf der Passivseite**
- **Aktiv-Passivmehrung:** – **Erhöhung auf beiden Bilanzseiten**
- **Aktiv-Passivminderung:** – **Verminderung auf beiden Bilanzseiten**

Bei allen vier Möglichkeiten der Wertveränderungen bleibt das Gleichgewicht der Bilanzseiten (Bilanzgleichung) erhalten. Es verändert sich lediglich der zahlenmäßige Inhalt bestimmter Bilanzposten.

Bei jedem Geschäftsfall sind folgende Fragen zu beantworten:

1. **Welche Posten der Bilanz werden berührt?**
2. **Handelt es sich um Aktiv- oder/und Passivposten der Bilanz?**
3. **Wie wirkt sich der Geschäftsfall auf die Bilanzposten aus?**
4. **Um welche der vier Arten der Bilanzveränderung handelt es sich?**

Aufgabe 23

Aktiva: Betriebs- und Geschäftsausstattung (BGA) 120.000,00, Fuhrpark 40.000,00, Waren 65.000,00, Forderungen a. LL 25.000,00, Kasse 6.000,00, Bank 48.000,00 €.

Passiva: Eigenkapital ?, Darlehensschulden 60.000,00, Verbindlichkeiten a. LL 30.000,00 €.

Stellen Sie sich für die folgenden Geschäftsfälle zuerst die oben genannten Fragen und nennen Sie jeweils die Art der Wertveränderung. Buchen Sie danach in der Bilanz.

1. Wir kaufen Waren auf Ziel (= mit Zahlungsziel bzw. Kredit des Lieferers) 4.500,00
2. Kauf eines Pkw gegen Bankscheck 18.000,00
3. Wir verkaufen eine gebrauchte EDV-Anlage bar für 2.500,00
4. Wir kaufen Waren gegen Barzahlung für 6.500,00
5. Wir begleichen die gebuchte Eingangsrechnung (Fall 1) durch Bankscheck 4.500,00
6. Ein Kunde begleicht unsere gebuchte Ausgangsrechnung durch Banküberweisung 7.200,00
7. Wir tilgen eine Darlehensschuld durch Banküberweisung 6.000,00

Aufgabe 24

Aktiva: Gebäude 250.000,00, Betriebs- und Geschäftsausstattung (BGA) 160.000,00, Waren 100.000,00, Forderungen a. LL 35.000,00, Kasse 5.000,00, Bank 50.000,00 €.

Passiva: Eigenkapital 400.000,00, Darlehensschulden 140.000,00, Verbindlichkeiten a. LL 60.000,00 €.

Buchen Sie die folgenden Geschäftsfälle und erläutern Sie die Wertveränderungen.

1. Wir begleichen eine gebuchte Eingangsrechnung durch Banküberweisung 3.800,00
2. Kauf einer EDV-Anlage gegen Bankscheck 15.000,00
3. Unser Kunde begleicht eine gebuchte Ausgangsrechnung bar 650,00
4. Eine kurzfristige Liefererschuld wird in eine Darlehensschuld umgewandelt 8.000,00
5. Wir kaufen Waren auf Ziel und erhalten folgende Eingangsrechnung 9.000,00
6. Unser Kunde begleicht eine Ausgangsrechnung durch Banküberweisung 4.500,00
7. Bareinzahlung auf unser Bankkonto durch uns 3.000,00
8. Teilrückzahlung unserer Darlehensschuld mit Bankscheck 12.000,00

3.2 Auflösung der Bilanz in Bestandskonten

Jeder Geschäftsfall wirkt sich auf mindestens zwei Posten der Bilanz aus. In der Praxis ist es aber nicht möglich, die Veränderungen der Aktiv- und Passivposten ständig in einer Bilanz vorzunehmen. Man benötigt eine genaue und übersichtliche

Einzelabrechnung jedes Bilanzpostens (= Konto).

Deshalb löst man die Bilanz in Konten auf. Jeder Bilanzposten erhält sein entsprechendes Konto. **Nach den Seiten der Bilanz** unterscheidet man

- **Aktivkonten = Vermögenskonten,**
- **Passivkonten = Kapitalkonten.**

Bestandskonten

Aktiv- und Passivkonten weisen im Einzelnen die **Bestände an Vermögen und Kapital** des Unternehmens aus und erfassen die **Veränderungen** dieser Bestände aufgrund der Geschäftsfälle. Sie stellen daher Bestandskonten dar. Man spricht von **aktiven und passiven Bestandskonten.** Die **linke** Seite des Kontos wird mit **„Soll" (S)**, die **rechte** Seite mit **„Haben" (H)** bezeichnet.

Eröffnungsbilanz

Aktiva		Passiva	
BGA	120.000,00	Eigenkapital	600.000,00
Waren	500.000,00	Darlehensschulden	150.000,00
Bankguth.	180.000,00	Verbindlichkeiten a. LL	50.000,00
	800.000,00		800.000,00

Aktivkonten

S	BGA	H
AB 120.000,00		

S	Waren	H
AB 500.000,00		

S	Bankguthaben	H
AB 180.000,00		

Passivkonten

S	Eigenkapital	H
		AB 600.000,00

S	Darlehensschulden	H
		AB 150.000,00

S	Verbindlichkeiten a. LL	H
		AB 50.000,00

Links stehen die **Aktivkonten.** Bei ihnen stehen die **Anfangsbestände** auf der **Soll-Seite des Kontos,** weil sie sich auf der linken Seite der Bilanz befinden.

Rechts stehen die **Passivkonten.** Bei ihnen stehen die **Anfangsbestände** auf der **Haben-Seite des Kontos,** weil sie sich auf der rechten Seite der Bilanz befinden.

Soll	Aktivkonto	Haben
AB		– Abgänge
+ Zugänge		SB

Soll	Passivkonto	Haben
– Abgänge		AB
SB		+ Zugänge

Merke

- **Die Zugänge stehen auf der Seite der Anfangsbestände (AB), weil sie diese Bestände erhöhen.**
- **Die Abgänge stehen jeweils auf der entgegengesetzten Seite.**
- **Saldiert man nun die Abgänge mit den Beträgen der Gegenseite, erhält man als Saldo den Schlussbestand (SB), sodass jedes Konto am Ende auf beiden Seiten (Soll und Haben) mit gleicher Summe abschließt.**
- **Aktiv- und Passivkonten sind Bestandskonten.**

693726

Kontoabschluss

Nach Eintragung des Anfangsbestandes und Buchung der Geschäftsfälle wird das Konto folgendermaßen abgeschlossen:

❶ **Addition** der wertmäßig stärkeren Seite (hier: Soll 2.520,00 €).

❷ **Übertragung** dieser Summe auf die wertmäßig **schwächere** Seite (hier: Haben).

❸ **Ermittlung des Saldos** als Unterschiedsbetrag zwischen Soll und Haben, also des Schlussbestandes durch Nebenrechnung (hier: 1.213,00 €), und **Eintragung des Saldos** auf der **schwächeren** Seite, damit das Konto im Soll und Haben summenmäßig gleich ist.

Soll (Einnahmen)			**Kassenkonto**		**Haben** (Ausgaben)
Datum	**Text**	**€**	**Datum**	**Text**	**€**
1. Jan.	Anfangsbestand	1.550,00	5. Jan.	Zahlung an H. Steinbring	850,00
5. Jan.	Bankabhebung	300,00	21. Jan.	Postwertzeichen	120,00
16. Jan.	Zahlung von H. Krüger	260,00	26. Jan.	Bürobedarf	165,00
20. Jan.	Zahlung von Harlinghausen	220,00	28. Jan.	Zeitungsinserat	172,00
29. Jan.	Barverkauf	190,00	31. Jan.	Schlussbestand (Saldo) ❸	1.213,00
	❶	2.520,00		❷	2.520,00
1. Febr.	Saldovortrag	1.213,00			

Aufgabe 25

Führen Sie ein Kassenkonto vom 25. bis 31. Januar.

25. Jan.	Anfangsbestand	2.855,00
25. Jan.	Barzahlung eines Kunden	824,00
26. Jan.	Barzahlung an einen Lieferer	380,00
26. Jan.	Zahlung für eine Zeitungsanzeige	120,00
27. Jan.	Privatentnahme des Inhabers	400,00
28. Jan.	Abhebung von der Bank	2.800,00
28. Jan.	Gehaltsabschlagszahlung	1.620,00
29. Jan.	Zahlung für Bahnfracht	65,00
31. Jan.	Mieteinnahme	1.500,00
31. Jan.	Zahlung für Löhne an Aushilfskräfte	2.900,00

Das Kassenkonto ist abzuschließen. Wie hoch ist der Schlussbestand (Saldo)?

Aufgabe 26

Führen Sie das Konto „Verbindlichkeiten aus Lieferungen und Leistungen" vom 1. bis 6. Februar.

1. Febr.	Anfangsbestand (Saldovortrag)	16.200,00
2. Febr.	Zielkauf von Waren lt. Eingangsrechnung (ER 450)	11.100,00
3. Febr.	Wir begleichen eine Rechnung unseres Lieferers (ER 425) durch die Bank	2.250,00
4. Febr.	Zielkauf von Waren lt. ER 451	3.450,00
5. Febr.	Wir begleichen eine Eingangsrechnung (ER 426) durch Banküberweisung von	980,00
6. Febr.	Wir geben Lieferer einen Bankscheck zum Ausgleich von ER 428	2.300,00

Das Konto ist abzuschließen. Wie hoch ist der Schlussbestand (Saldo) am 6. Februar?

Aufgabe 27

1. *Nennen Sie jeweils einen Geschäftsfall für eine der vier möglichen Wertveränderungen und erläutern Sie die Auswirkung auf die Bilanzsumme.*
2. *Auf welcher Seite des Kontos „Forderungen aus Lieferungen und Leistungen" werden Zugänge (Mehrungen) und auf welcher Abgänge (Minderungen) und der Schlussbestand als Saldo gebucht?*
3. *Auf welcher Seite bucht man bei Darlehensschulden jeweils Zugänge und Abgänge?*

3.3 Buchung von Geschäftsfällen und Abschluss der Bestandskonten

Eröffnung der Aktiv- und Passivkonten

Die zum Abschluss eines Geschäftsjahres erstellte Bilanz heißt **Schlussbilanz.** Sie ist zugleich die **Eröffnungsbilanz** des folgenden Geschäftsjahres und somit Grundlage für die Eröffnung der Aktiv- und Passivkonten. Für jeden Bilanzposten wird das entsprechende Bestandskonto eingerichtet und der **Anfangsbestand** vorgetragen, und zwar bei Aktivkonten im Soll und bei Passivkonten im Haben.

Die folgenden fünf Geschäftsfälle werden auf den entsprechenden Bestandskonten gebucht, wobei jeder Soll-Buchung eine betragsmäßig **gleich hohe** Haben-Buchung auf einem anderen Konto gegenübersteht. Dabei ist jeweils das Gegenkonto anzugeben. Diesen **laufenden** Buchungen müssen entsprechende **Belege** (z. B. Rechnungen) zugrunde liegen.

Vor jeder Buchung sind folgende Überlegungen anzustellen:

1. **Welche Konten werden durch den Geschäftsfall berührt?**
2. **Sind es Aktiv- oder Passivkonten?**
3. **Liegt ein Zugang (+) oder Abgang (–) auf dem jeweiligen Konto vor?**
4. **Sind etwa auf beiden Konten Zugänge oder Abgänge zu buchen?**
5. **Auf welcher Kontenseite ist demnach jeweils zu buchen?**

			Buchung
❶	Kauf einer EDV-Anlage gegen Banküberweisung: 20.000,00 € Rechnungsbetrag.		
	Die Geschäftsausstattung erhöht sich: Das Bankguthaben vermindert sich:	**Aktivkonto:** **Aktivkonto:**	**Soll** **Haben**
❷	Zieleinkauf von Waren für 15.000,00 € lt. Eingangsrechnung.		
	Der Warenbestand nimmt zu: Die Verbindlichkeiten a. LL nehmen auch zu:	**Aktivkonto:** **Passivkonto:**	**Soll** **Haben**
❸	Ein Kunde begleicht eine bereits gebuchte Rechnung durch Banküberweisung über 14.000,00 €.		
	Das Bankguthaben nimmt zu: Der Bestand an Forderungen a. LL nimmt ab:	**Aktivkonto:** **Aktivkonto:**	**Soll** **Haben**
❹	Wir begleichen eine bereits gebuchte Liefererrechnung durch Banküberweisung: 3.000,00 €.		
	Die Verbindlichkeiten a. LL nehmen ab: Das Bankguthaben nimmt ab:	**Passivkonto:** **Aktivkonto:**	**Soll** **Haben**
❺	Eine Liefererverbindlichkeit über 18.000,00 € wird vereinbarungsgemäß in eine Darlehensschuld umgewandelt.		
	Die Verbindlichkeiten a. LL nehmen ab: Die Darlehensschulden erhöhen sich:	**Passivkonto:** **Passivkonto:**	**Soll** **Haben**

Erklären Sie anhand der oben genannten fünf Geschäftsfälle, welche Art der Wertveränderung in der Bilanz vorliegt. Nennen Sie auch jeweils die Auswirkung auf die Bilanzsumme.

Merke

- **Jeder Geschäftsfall wird doppelt gebucht, und zwar zuerst im Soll und danach im Haben.**
- **Bei der Buchung in den Konten wird jeweils das Gegenkonto angegeben.**

693728

Abschluss der Bestandskonten

Sind alle Geschäftsfälle bis zum Jahresende gebucht, wird für jedes Aktiv- und Passivkonto der Schlussbestand ermittelt. Dieser ist mit dem Ergebnis der Inventur abzustimmen. Eine Abweichung zwischen dem tatsächlich im Unternehmen vorhandenen **Ist-Bestand** (Inventurwert) und dem **Soll-Bestand** der Finanzbuchhaltung (Schlussbestand des Kontos) führt zu einer Berichtigung des Bestandskontos durch Buchung der **Inventurdifferenz**[1]. Die ggf. berichtigten Schlussbestände der Bestandskonten werden in die Schlussbilanz übernommen, und zwar stehen die Schlussbestände der Aktivkonten auf der Aktivseite und die Schlussbestände der Passivkonten auf der Passivseite. Die **Schlussbilanz stimmt wertmäßig mit** dem aufgrund der Inventur aufgestellten **Inventar überein** und zeigt somit ebenfalls die im Unternehmen vorhandenen Vermögenswerte und Schulden.

Eröffnungsbilanz

Aktiva		Passiva	
Betriebs- u. Geschäftsausstattg.	270.000,00	Eigenkapital	320.000,00
Waren	60.000,00	Darlehensschulden	102.000,00
Forderungen a. LL	85.000,00	Verbindlichkeiten a. LL	68.000,00
Bank	75.000,00		
	490.000,00		490.000,00

S Betriebs- und Geschäftsausstattung H

S		H	
AB	270.000,00	SB	290.000,00
❶ Bank	20.000,00		
	290.000,00		290.000,00

S Waren H

S		H	
AB	60.000,00	SB	75.000,00
❷ Verb.	15.000,00		
	75.000,00		75.000,00

S Forderungen a. LL H

S		H	
AB	85.000,00	❸ Bank	14.000,00
		SB	71.000,00
	85.000,00		85.000,00

S Bank H

S		H	
AB	75.000,00	❶ BGA	20.000,00
❸ Ford.	14.000,00	❹ Verb.	3.000,00
		SB	66.000,00
	89.000,00		89.000,00

S Eigenkapital H

S		H	
SB	320.000,00	AB	320.000,00
	320.000,00		320.000,00

S Darlehensschulden H

S		H	
SB	120.000,00	AB	102.000,00
		❺ Verb.	18.000,00
	120.000,00		120.000,00

S Verbindlichkeiten a. LL H

S		H	
❹ Bank	3.000,00	AB	68.000,00
❺ Darl.	18.000,00	❷ Waren	15.000,00
SB	62.000,00		
	83.000,00		83.000,00

Schlussbilanz

Aktiva		Passiva	
Betriebs- u. Geschäftsausstattg.	290.000,00	Eigenkapital	320.000,00
Waren	75.000,00	Darlehensschulden	120.000,00
Forderungen a. LL	71.000,00	Verbindlichkeiten a. LL	62.000,00
Bank	66.000,00		
	502.000,00		502.000,00

1 Siehe S. 203.

Von der Eröffnungsbilanz über die Bestandskonten zur Schlussbilanz

Reihenfolge der Buchungsarbeiten:

1. **Eröffnungsbilanz aufstellen**
2. **Anfangsbestände auf Aktiv- und Passivkonten vortragen**
3. **Geschäftsfälle auf den entsprechenden Bestandskonten buchen**
4. **Schlussbestände (Salden) auf den Aktiv- und Passivkonten ermitteln, mit den Inventurwerten abstimmen und bei Abweichungen um Inventurdifferenzen korrigieren**
5. **Konten abschließen**
6. **Schlussbilanz aufstellen**

Belegabkürzungen

ER = Eingangsrechnung **BA = Bankauszug** **KB = Kassenbeleg (z. B. Quittung)**
AR = Ausgangsrechnung

Aufgabe 28

Buchen Sie die Geschäftsfälle und erstellen Sie die Schlussbilanz.

Anfangsbestände

Geschäftsgebäude	210.000,00	Kasse	5.000,00
BGA	170.000,00	Darlehensschulden	20.000,00
Waren	130.000,00	Verbindlichkeiten a. LL	46.000,00
Forderungen a. LL	35.000,00	Eigenkapital	?
Bankguthaben	55.000,00		

Geschäftsfälle

1.	Wir begleichen die bereits gebuchte Eingangsrechnung 402 durch Banküberweisung	11.300,00
2.	Wir kaufen Waren auf Ziel lt. Eingangsrechnung 414	7.200,00
3.	Wir tilgen die Darlehensschuld durch Überweisung lt. Bankauszug	5.000,00
4.	Ein Kunde überweist den bereits gebuchten Rechnungsbetrag auf unser Bankkonto	5.200,00
5.	Unsere Bareinzahlung auf Bankkonto lt. Bankauszug	2.200,00

Abschlussangabe: Die Schlussbestände auf den Konten stimmen mit der Inventur überein.

Aufgabe 29

Buchen Sie die Geschäftsfälle und erstellen Sie die Schlussbilanz.

Anfangsbestände

TA und Maschinen	135.000,00	Kasse	4.500,00
BGA	75.000,00	Darlehensschulden	24.000,00
Waren	122.000,00	Verbindlichkeiten a. LL	20.000,00
Forderungen a. LL	19.000,00	Eigenkapital	?
Bankguthaben	36.000,00		

Geschäftsfälle

1.	ER 422: Eingangsrechnung für Kauf von Waren auf Ziel	2.300,00
2.	BA 120: Kauf einer EDV-Anlage gegen Bankscheck	8.500,00
3.	BA 121: Tilgung einer Darlehensschuld mit Bankscheck	5.000,00
4.	BA 122: Überweisung unseres Kunden zum Rechnungsausgleich	3.400,00
5.	ER 423: Kauf eines Gabelstaplers auf Ziel	12.000,00
6.	BA 123: Ausgleich einer Liefererrechnung durch Banküberweisung	4.300,00
7.	BA 124: Verkauf eines gebrauchten Gabelstaplers gegen Bankscheck	2.400,00

Abschlussangabe: Die Schlussbestände auf den Konten entsprechen den Inventurwerten.

Aufgabe 30

1. *Warum müssen die Schlussbestände auf den Aktiv- und Passivkonten mit den Inventurwerten abgestimmt werden?*
2. *Begründen Sie, dass Aktiv- und Passivkonten als Bestandskonten gelten.*
3. *Was versteht man unter einem Saldo? Wie ermittelt man ihn in Bestandskonten?*
4. *Vervollständigen Sie jeweils das aktive bzw. passive Bestandskonto:*

Soll	? Haben
?	Abgänge
?	?

Soll	? Haben
?	?
?	Zugänge

Aufgabe 31

Nennen Sie jeweils den Geschäftsfall zu den Buchungen im folgenden Konto:

Soll	Bank		Haben
Anfangsbestand (AB)	150.000,00	2. Darlehensschulden	12.600,00
1. Forderungen a. LL	23.000,00	3. Kasse	5.400,00
4. BGA	4.600,00	5. Verbindlichkeiten a. LL	6.700,00
6. Darlehensschulden	120.000,00	Schlussbestand (SB)	272.900,00
	297.600,00		297.600,00

Aufgabe 32

Nennen Sie jeweils den Geschäftsfall zu den Buchungen im folgenden Konto:

Soll	Verbindlichkeiten a. LL		Haben
3. Darlehensschulden	60.000,00	Anfangsbestand (AB)	207.000,00
4. Postbank	10.350,00	1. Waren	5.700,00
Schlussbestand (SB)	156.150,00	2. BGA	13.800,00
	226.500,00		226.500,00

Aufgabe 33

Erläutern Sie den Zusammenhang zwischen den Buchungen 1. und 2. im folgenden Konto:

Soll	Verbindlichkeiten a. LL		Haben
2. BGA	23.000,00	Anfangsbestand (AB)	138.000,00
		1. BGA	23.000,00

Aufgabe 34

Buchen Sie die Geschäftsfälle und erstellen Sie die Schlussbilanz.

Anfangsbestände

Geschäftsgebäude	262.000,00	Postbankguthaben	400,00
BGA	81.000,00	Bankguthaben	39.000,00
Waren	22.000,00	Darlehensschulden	27.000,00
Forderungen a. LL	26.000,00	Verbindlichkeiten a. LL	40.000,00
Kasse	4.500,00	Eigenkapital	?

Geschäftsfälle

1. BA 141: Ausgleich der Liefererrechnung ER 418 durch Banküberweisung	3.200,00
2. ER 432: Eingangsrechnung für Kauf von Waren auf Ziel	9.500,00
3. BA 142: Kunde überweist Rechnungsbetrag auf unser Postbankkonto	1.750,00
4. BA 143: Überweisung vom Postbankkonto auf Bankkonto	1.900,00
5. BA 144: Rechnungsausgleich des Kunden auf unser Bankkonto	2.150,00
6. BA 145: Tilgung einer Darlehensschuld mit Bankscheck	4.000,00
7. KB 82: Verkauf eines nicht mehr benötigten Kopiergerätes bar	250,00
8. BA 146: Unsere Bareinzahlung auf Bankkonto	2.400,00

Abschlussangabe

Die Buchbestände der Aktiv- und Passivkonten stimmen mit den Inventurwerten überein.

3.4 Buchungssatz

3.4.1 Einfacher Buchungssatz

Ordnungsgemäße Buchführung

Eine Buchführung gilt als **ordnungsgemäß**, wenn sich **„die Geschäftsfälle [...] in ihrer Entstehung und Abwicklung verfolgen lassen“** (§ 238 [1] HGB). Deshalb muss jeder Buchung zunächst ein **Beleg** als Nachweis für die Richtigkeit zugrunde liegen. Darüber hinaus sind alle Buchungen nicht nur sachlich, sondern auch zeitlich (chronologisch) zu ordnen.

Sachliche Ordnung

Die **sachliche** Ordnung der Buchungen erfolgt durch Erfassung der Geschäftsfälle auf **Sachkonten.** So werden beispielsweise alle Bargeschäfte auf dem Sachkonto „Kasse“ und alle Wareneinkäufe auf dem Sachkonto „Waren“ erfasst. Die Sachkonten bilden das wichtigste „Buch“ der Buchführung: das **„Hauptbuch“.**

Zeitliche Ordnung

Die **zeitliche** Ordnung der Buchungen erfolgt im **„Grundbuch“**, das auch **„Tagebuch“** oder **„Journal“** (frz. jour = Tag) genannt wird. Hier werden die Geschäftsfälle in chronologischer Reihenfolge in Form von

Buchungsanweisungen bzw. **Buchungssätzen**

erfasst, die kurz das jeweilige Konto mit der Soll- und Haben-Buchung nennen. Das **Grundbuch** bildet damit die **Grundlage** für die Buchungen auf den entsprechenden **Sachkonten des Hauptbuches.**

Beispiel

Fritz Walter e. K., Eisenhandel, erhält folgende Rechnung:

STAHLWERKE GÜNZBERG GMBH

Stahlwerke Günzberg GmbH · Landstraße 144 · 83022 Rosenheim

Eisenhandel
Fritz Walter e. K.
Martinstraße 13
83024 Rosenheim

ER 65

Konto	Soll	Haben
Waren	2.000,00	
Verbindl.		2.000,00
Gebucht: ..-06-13/J58 Dt		

Landstraße 144
83022 Rosenheim
Steuer-Nr. 065 332 85679
USt-IdNr. DE 234 167 958

E-Mail: service@guenzberg-stahl-wvd.com
Internet: www.guenzberg-stahl-wvd.com

Datum: . . -06-08

Rechnungs-Nr. 2 485
Bei Zahlung bitte angeben!

Aufgrund Ihrer Bestellung vom 2. Juni .. lieferten wir Ihnen am 7. Juni .. frei Haus:

550 kg Messingstangen, 12 mm Ø, MS 58 in Längen zu je 350 cm — 2.000,00 €[1]

Sparkasse Rosenheim
Konto 117 346 950
BLZ 711 500 00
IBAN: DE74 7115 0000 0117 3469 50
BIC: BYLADEM1ROS

Buchungssatz

Der Buchungssatz gibt die Sachkonten an, auf denen im Soll bzw. Haben zu buchen ist. Er nennt **zuerst** das Konto, in dem im **Soll** gebucht wird, und **danach** das Konto mit der **Haben**-Buchung. Beide Konten werden durch das Wort **„an“** verbunden. Außer dem **Buchungssatz** werden noch **Buchungsdatum, Kurzbezeichnung und Nummer des jeweiligen Belegs** in das Grundbuch eingetragen.

1 Die Umsatzsteuer wird in den Belegen aus methodischen Gründen erst nach Behandlung des Abschnitts 5.3 (siehe S. 61 f.) ausgewiesen.

693732

Beispiel

Grundbuch				
Datum	**Beleg**	**Buchungssatz**	**Soll**	**Haben**
..-06-13	ER 65	**Waren** an **Verbindlichkeiten a. LL**	2.000,00	 2.000,00

Hauptbuch

Im Hauptbuch erfolgt nun die Eintragung der Buchung auf den **Sachkonten:**

Soll	**Waren**		Haben
Verb. a. LL	2.000,00		

Soll	**Verbindlichkeiten a. LL**		Haben
		Waren	2.000,00

Vorkontierung der Belege

Bevor die Buchungen im Grund- und Hauptbuch erfolgen, werden die Belege mithilfe eines **Buchungsstempels** vorkontiert, der jeweils die Konten und den Betrag im Soll und Haben nennt. Datum, Journalseite und Namenszeichen des Buchhalters bestätigen die Durchführung der Buchung im Grund- und Hauptbuch.

Merke

- **Keine Buchung ohne Beleg!**
- **Der Buchungssatz nennt die Buchung auf den Konten in der Reihenfolge Soll-Konto an Haben-Konto.**
- **Zur Bildung des Buchungssatzes beantwortet man fünf Fragen (siehe S. 28).**
- **Das Grundbuch erfasst die Buchungen in zeitlicher Reihenfolge. Das Hauptbuch übernimmt die sachliche Ordnung der Buchungen auf den Sachkonten.**

Aufgabe 35

In der Finanzbuchhaltung der Büromöbelgroßhandlung Fritz Krüger e. K., Köln, sind am 12. Dezember .. folgende Geschäftsfälle im Grundbuch zu erfassen. *Tragen Sie Buchungsdatum, Beleg und Buchungssatz ein:*

1.	Barverkauf eines gebrauchten Personalcomputers lt. KB 412	450,00
2.	Barabhebung vom Bankkonto lt. BA 210	5.800,00
3.	Zielkauf von Waren lt. ER 469	14.600,00
4.	Umwandlung einer Liefererschuld in eine Darlehensschuld lt. Brief 46	13.500,00
5.	Kunde überweist lt. BA 211 fälligen Rechnungsbetrag auf unser Bankkonto	400,00
6.	Barkauf von Waren lt. KB 413	800,00
7.	Eingangsrechnung (ER 470) für Kauf von Büromöbeln auf Ziel	3.600,00
8.	Kauf einer Verpackungsmaschine für den Versand auf Ziel lt. ER 471	34.700,00
9.	Unsere Überweisung vom Postbankkonto auf Bankkonto lt. BA 212	1.900,00
10.	Wir begleichen eine fällige Rechnung lt. BA 213 durch Banküberweisung	1.800,00
11.	Bareinzahlung auf Bankkonto lt. BA 214	2.800,00
12.	Kunde begleicht lt. BA 215 eine fällige Rechnung (AR 447) durch Überweisung	2.400,00
13.	Kauf eines Kopiergerätes lt. BA 216 gegen Bankscheck	2.850,00
14.	Lt. BA 217 Überweisung an Lieferer zum Ausgleich von ER 468	600,00
15.	Aufnahme eines Hypothekendarlehens bei der Sparkasse lt. BA 218	14.000,00
16.	Kauf eines Baugrundstücks gegen Bankscheck lt. BA 219	166.000,00
17.	Lt. KB 414 Barverkauf eines gebrauchten Geschäfts-Pkw	4.100,00
18.	Lt. BA 220 Tilgung einer Darlehensschuld durch Banküberweisung	12.000,00
19.	Kunde sandte uns lt. BA 221 einen Bankscheck zum Ausgleich von AR 451	12.600,00

Aufgabe 36

Welche Geschäftsfälle liegen folgenden Buchungssätzen zugrunde?

1.	Fuhrpark an Bank	30.000,00
2.	Verbindlichkeiten a. LL an Bank	5.000,00
3.	Bank an Kasse	8.500,00
4.	Waren an Verbindlichkeiten a. LL	11.400,00
5.	Kasse an Bank	2.500,00
6.	Postbank an Forderungen a. LL	3.800,00
7.	Kasse an Betriebs- und Geschäftsausstattung	1.200,00
8.	Bank an Darlehensschulden	40.000,00
9.	Betriebs- und Geschäftsausstattung an Bank	2.300,00
10.	Bank an Postbank	5.400,00
11.	Bank an Forderungen a. LL	6.700,00
12.	Darlehensschulden an Bank	3.800,00

Aufgabe 37

Nennen Sie jeweils den Geschäftsfall und den Buchungssatz zu den Buchungen im folgenden Bankkonto:

Bank

Soll		Haben	
AB	24.000,00	2. Kasse	6.000,00
1. Forderungen a. LL	4.500,00	3. Verbindlichkeiten a. LL	5.300,00
4. Darlehensschulden	50.000,00	5. Hypothekenschulden	6.700,00
6. BGA	1.500,00	SB	62.000,00
	80.000,00		80.000,00

Aufgabe 38

Kontieren Sie für die Elektrogroßhandlung Karl Wirtz e. K. den folgenden Beleg:

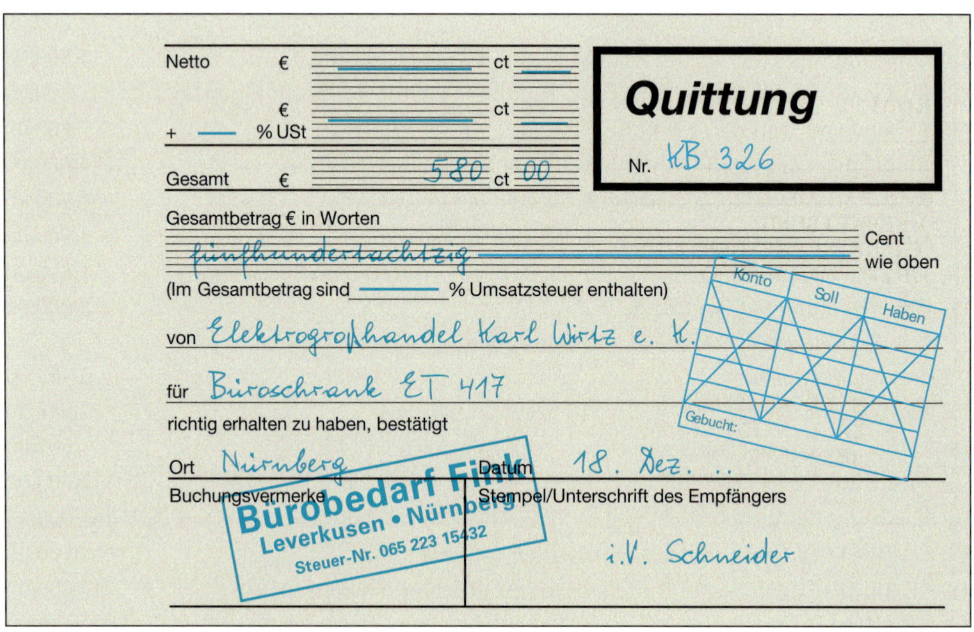
Netto € ct
€ ct
+ % USt
Gesamt € 580 ct 00
Quittung
Nr. KB 326
Gesamtbetrag € in Worten
fünfhundertachtzig
Cent wie oben
(Im Gesamtbetrag sind % Umsatzsteuer enthalten)
von Elektrogroßhandel Karl Wirtz e. K.
für Büroschrank ET 417
richtig erhalten zu haben, bestätigt
Ort Nürnberg Datum 18. Dez. ..
Buchungsvermerke
Stempel/Unterschrift des Empfängers
Bürobedarf Fink
Leverkusen • Nürnberg
Steuer-Nr. 065 223 15432
i.V. Schneider
Konto Soll Haben
Gebucht:

Aufgabe 39

Kontieren Sie die folgenden Belege für die Elektrogroßhandlung Karl Wirtz e. K.:

Herstellung von Elektrogeräten

Franz Schneider KG

Franz Schneider KG, Postfach 12 60, 39104 Magdeburg

Elektrogroßhandel
Karl Wirtz e. K.
Rheinstraße 44
90451 Nürnberg

Konto	Soll	Haben

Gebucht:

Steuer-Nr. 543 812 22467

Eingang: ..-12-15

Ihre Bestellung vom	Unser Auftrag Nr.	Zeit der Leistung	Datum
..-12-02	K 4 089 IV	..-12-12	..-12-13

Rechnung Nr. 2 312 K

USt-IdNr.: DE 231 457 879

Wir sandten für Ihre Rechnung auf Ihre Gefahr:

Artikel Nr.	Gegenstand	Menge/Stück	Stückpreis €	Gesamtpreis €
TS 12	Tischventilator	5	16,00	80,00
W 24	Elektro-Warmluftofen	30	41,00	1.230,00
				1.310,00[1]

Geschäftsräume: Saalestraße 16, 39126 Magdeburg
Telefon: 0391 4869-0
Telefax: 0391 35275
Internet: www.schneider-elektro-wvd.de
E-Mail: info@schneider-elektro-wvd.de

Bankkonto 486 222
Deutsche Bank, Magdeburg
BLZ 810 700 00
IBAN DE08 8107 0000 0000 4862 22
BIC DEUTDE8M

Postbank
Berlin 124 45-101
BLZ 100 100 10
IBAN DE36 1001 0010 0012 4451 01
BIC PBNKDEFF

Kontoauszug

Sparkasse Nürnberg

Konto-Nr.	Datum	Ausz.-Nr.	Blatt	Buchungstag	PN-Nr.	Wert	Umsatz
218 435 717	..-12-27	158	1				
ÜBERWEISUNG				12-22	8744	12-22	1.310,00 S

FRANZ SCHNEIDER KG
39126 MAGDEBURG
RE NR. 2 312 K VOM 13. DEZ. ..

Konto	Soll	Haben

Gebucht:

ELEKTROGROSSHANDEL
KARL WIRTZ E. K.
RHEINSTR. 44
90451 NÜRNBERG

Alter Saldo: H 117.560,00 EUR

Neuer Saldo: H 116.250,00 EUR

1 Aus methodischen Gründen bleibt die Umsatzsteuer noch unberücksichtigt.

3.4.2 Zusammengesetzter Buchungssatz

Bisher wurden durch die Geschäftsfälle jeweils **nur zwei Konten angerufen.** Es handelte sich um **einfache** Buchungssätze.

Zusammengesetzte Buchungssätze

Zusammengesetzte Buchungssätze entstehen, wenn durch einen Geschäftsfall **mehr als zwei Konten** berührt werden. Dabei muss die Summe der Soll-Buchungen stets mit der Summe der Haben-Buchungen übereinstimmen.

Beispiel 1

Wir begleichen die Rechnung unseres Lieferers (ER 66) über 3.000,00 € durch Banküberweisung 2.600,00 € (BA 44) und Postbanküberweisung 400,00 € (BA 45).

Buchung: **Soll:** Verbindlichkeiten a. LL **Haben:** Bank, Postbank

Grundbuch

Datum	Beleg	Buchungssatz	Soll	Haben
..-06-20	ER 66	**Verbindlichkeiten a. LL**	3.000,00	
	BA 44	an **Bank**		2.600,00
	BA 45	an **Postbank**		400,00

Buchung auf den Konten des Hauptbuches:

S	Verbindlichkeiten a. LL		H
Bank/ Postbank	3.000,00	AB	12.000,00

S	Bank		H
AB	14.000,00	Verbindlk.	2.600,00

S	Postbank		H
AB	800,00	Verbindlk.	400,00

Beispiel 2

Ein Kunde begleicht eine Rechnung (AR 1401) über 1.000,00 €, und zwar mit Bankscheck (BA 46) über 700,00 € und bar 300,00 € (KB 86).

Buchung: **Soll:** Bank, Kasse **Haben:** Forderungen a. LL

Grundbuch

Datum	Beleg	Buchungssatz	Soll	Haben
..-06-24	BA 46	**Bank**	700,00	
	KB 86	**Kasse**	300,00	
	AR 1401	an **Forderungen a. LL**		1.000,00

Übertragen Sie die Buchung auf die Konten des Hauptbuches.

Merke

Bei einfachen und zusammengesetzten Buchungssätzen gilt stets:
Summe der Soll-Buchung(en) = Summe der Haben-Buchung(en)

Aufgabe 40

Wie lauten die Buchungssätze für folgende Geschäftsfälle? Tragen Sie die Buchungssätze in das Grundbuch ein.

1. Kauf von Waren gegen bar	500,00	
auf Ziel	11.500,00	12.000,00
2. Kauf eines Baugrundstückes gegen Bankscheck	168.000,00	
gegen bar	2.000,00	170.000,00
3. Verkauf eines gebrauchten Lkw gegen bar	2.000,00	
gegen Bankscheck	14.000,00	16.000,00
4. Kunde begleicht Rechnung durch Banküberweisung	12.000,00	
bar	500,00	12.500,00
5. Kauf von Büromöbeln gegen bar	1.500,00	
gegen Bankscheck	4.000,00	5.500,00
6. Tilgung eines Hypothekendarlehens durch Banküberweisung	17.000,00	
durch Postbanküberweisung	2.000,00	
bar	1.000,00	20.000,00
7. Wir begleichen Rechnungen unseres Lieferers		
durch Banküberweisung	8.000,00	
durch Postbanküberweisung	1.000,00	
bar	500,00	9.500,00
8. Tilgung einer Darlehensschuld durch Banküberweisung	15.000,00	
durch Postbanküberweisung	1.000,00	16.000,00
9. Kauf einer EDV-Anlage gegen Postbanküberweisung	3.000,00	
gegen Banküberweisung	17.000,00	
gegen bar	1.000,00	21.000,00

Aufgabe 41

Welche Geschäftsfälle liegen folgenden Buchungssätzen zugrunde?

	Soll	Haben
1. Kasse	1.000,00	
Bank	12.000,00	
an Fuhrpark		13.000,00
2. Waren	8.000,00	
an Kasse		1.000,00
an Bank		7.000,00
3. Betriebs- und Geschäftsausstattung	4.000,00	
an Bank		3.000,00
an Postbank		1.000,00
4. Darlehensschulden	7.000,00	
an Kasse		1.000,00
an Bank		6.000,00
5. Bank	7.000,00	
Postbank	1.000,00	
Kasse	1.000,00	
an Forderungen a. LL		9.000,00
6. Technische Anlagen und Maschinen	14.000,00	
an Kasse		2.000,00
an Bank		12.000,00
7. Verbindlichkeiten a. LL	22.000,00	
an Bank		19.000,00
an Postbank		2.000,00
an Kasse		1.000,00

3.5 Eröffnungsbilanzkonto (EBK) und Schlussbilanzkonto (SBK)

Doppelte Buchführung

In der **doppelten** Buchführung steht einer Soll-Buchung stets eine Haben-Buchung in gleicher Höhe gegenüber. Dieses **Prinzip der Doppik** muss natürlich auch **für die Buchung der Anfangsbestände** der Aktiv- und Passivkonten gelten. Dazu bedarf es eines **Hilfskontos** im Hauptbuch, das die **Gegenbuchungen** für die Eröffnung der aktiven und passiven Bestandskonten aufnimmt: das

Eröffnungsbilanzkonto (EBK).

Die Eröffnungsbuchungssätze für die aktiven und passiven Bestandskonten lauten:

- **Aktivkonten** an **Eröffnungsbilanzkonto (EBK)**
- **Eröffnungsbilanzkonto (EBK)** an **Passivkonten**

Das **Eröffnungsbilanzkonto** weist somit die Aktivposten im Haben und die Passivposten im Soll aus und ist deshalb das genaue **Spiegelbild der Eröffnungsbilanz:**

Aktiva	**Eröffnungsbilanz**	Passiva
AB der Aktivposten		AB der Passivposten

Soll	**Eröffnungsbilanzkonto (EBK)**	Haben
AB der Passivposten		AB der Aktivposten

Soll	**Aktivkonto**	Haben
Anfangsbestand		

Soll	**Passivkonto**	Haben
		Anfangsbestand

Jahresabschluss

Zum Jahresschluss werden die Aktiv- und Passivkonten abgeschlossen über das

Schlussbilanzkonto (SBK).

Die Abschlussbuchungssätze lauten:

- **Schlussbilanzkonto (SBK)** an **Aktivkonten**
- **Passivkonten** an **Schlussbilanzkonto (SBK)**

Soll	**Schlussbilanzkonto (SBK)**	Haben
SB der Aktivposten		SB der Passivposten

Merke

- **In der Schluss- und Eröffnungsbilanz heißen die Seiten „Aktiva" und „Passiva", im Eröffnungsbilanzkonto und Schlussbilanzkonto dagegen „Soll" und „Haben".**
- **Das Eröffnungsbilanzkonto ist das Hilfskonto zur Eröffnung der Aktiv- und Passivkonten.**
- **Das Schlussbilanzkonto dient dem buchhalterischen Abschluss dieser Bestandskonten.**
- **Vor dem buchhalterischen Abschluss der Bestandskonten über das Schlussbilanzkonto bedarf es der Inventur und der Abstimmung der Schlussbestände der Konten mit den Inventurwerten.**

693738

Inventur zum 31. Dezember 01
↓
Inventar zum 31. Dezember 01
↓
Schlussbilanz zum 31. Dezember 01 ist zugleich die
↓

Aktiva	**Eröffnungsbilanz zum 1. Januar 02**		Passiva
Waren	28.000,00	Eigenkapital	50.000,00
Bank	47.000,00	Verbindlichkeiten a. LL	25.000,00
	75.000,00		75.000,00
Ort, Datum			*Unterschrift*

Hauptbuch

Soll	**Eröffnungsbilanzkonto (EBK)**		Haben
Eigenkapital	50.000,00	Waren	28.000,00
Verbindlichkeiten a. LL	25.000,00	Bank	47.000,00
	75.000,00		75.000,00

S	**Waren**		H
EBK	28.000,00	SBK	48.000,00
❶	20.000,00		
	48.000,00		48.000,00

S	**Eigenkapital**		H
SBK	50.000,00	EBK	50.000,00

S	**Bank**		H
EBK	47.000,00	❷	10.000,00
		SBK	37.000,00
	47.000,00		47.000,00

S	**Verbindlichkeiten a. LL**		H
❷	10.000,00	EBK	25.000,00
SBK	35.000,00	❶	20.000,00
	45.000,00		45.000,00

Soll	**Schlussbilanzkonto (SBK)**		Haben
Waren	48.000,00	Eigenkapital	50.000,00
Bank	37.000,00	Verbindlichkeiten a. LL	35.000,00
	85.000,00		85.000,00

Inventur zum 31. Dezember 02
↓
Inventar zum 31. Dezember 02
↓

Aktiva	**Schlussbilanz zum 31. Dezember 02**		Passiva
Waren	48.000,00	Eigenkapital	50.000,00
Bank	37.000,00	Verbindlichkeiten a. LL	35.000,00
	85.000,00		85.000,00
Ort, Datum			*Unterschrift*

1. *Nennen Sie die Buchungssätze zur Eröffnung der obigen Aktiv- und Passivkonten.*
2. *Nennen Sie die Geschäftsfälle und Buchungssätze zu den Kontenbuchungen* ❶ *und* ❷.
3. *Wie lauten die Abschlussbuchungen der obigen Aktiv- und Passivkonten?*

Merke

Die Schlussbilanz eines Geschäftsjahres ist zugleich die Eröffnungsbilanz des Folgejahres. Beide müssen inhaltlich gleich sein: Grundsatz der Bilanzidentität.

Beachten Sie die Reihenfolge der Buchungs- und Abschlussarbeiten:

1. *Erstellen Sie zunächst die Eröffnungsbilanz (= Schlussbilanz des Vorjahres).*
2. *Eröffnen Sie danach die Bestandskonten mithilfe des Eröffnungsbilanzkontos (EBK).*
3. *Buchen Sie die Geschäftsfälle auf den jeweiligen Bestandskonten.*
4. *Schließen Sie die Bestandskonten über das Schlussbilanzkonto (SBK) ab.*
5. *Erstellen Sie eine ordnungsgemäß gegliederte Schlussbilanz.*

Aufgabe 42

Anfangsbestände

Gebäude	270.000,00	Kasse	6.000,00
BGA	140.000,00	Bankguthaben	32.000,00
Waren	160.000,00	Verbindlichkeiten a. LL	88.000,00
Forderungen a. LL	35.000,00	Eigenkapital	555.000,00

Geschäftsfälle

1. ER 408: Kauf von Waren auf Ziel	12.200,00
2. BA 81: Kauf einer Büroschrankwand gegen Bankscheck	1.600,00
3. Kunde begleicht lt. BA 82 eine fällige Rechnung mit Bankscheck	1.800,00
4. ER 409: Zielkauf von Schreibtischen	2.100,00
5. Lt. BA 83 Bareinzahlung auf Bankkonto	1.300,00
6. BA 84: Wir begleichen die fällige Rechnung eines Lieferers durch Banküberweisung	1.700,00
7. Kauf von Waren lt. ER 410 auf Ziel	4.000,00
8. Lt. BA 85 Ausgleich einer fälligen Kundenrechnung durch Überweisung	2.400,00

Abschlussangabe: Die Schlussbestände auf den Konten entsprechen den Inventurwerten.

Aufgabe 43

Anfangsbestände

Geschäftsgebäude	670.000,00	Postbankguthaben	13.400,00
BGA	130.000,00	Bankguthaben	39.000,00
Waren	184.000,00	Darlehensschulden	240.000,00
Forderungen a. LL	34.000,00	Verbindlichkeiten a. LL	55.000,00
Kasse	6.000,00	Eigenkapital	781.400,00

Geschäftsfälle

1. Lt. BA 112 Aufnahme eines Darlehens bei der Bank	42.600,00
2. Zielkauf von Waren lt. ER 510	4.000,00
3. Lt. AR 156 Zielverkauf einer gebrauchten Verpackungsanlage zum Buchwert	12.100,00
4. Zielkauf von Waren lt. ER 511	2.950,00
5. Lt. BA 113 Überweisung an Lieferer zum Ausgleich von ER 499	8.150,00
6. Lt. KB 93 Barkauf eines Aktenvernichters	300,00
7. Lt. BA 114 Bareinzahlung auf Bankkonto	1.200,00
8. Zieleinkauf von Waren lt. ER 512	1.200,00
9. Lt. BA 115 Überweisung vom Postbankkonto auf Bankkonto	1.400,00
10. Lt. BA 116 Darlehenstilgung durch Bankscheck	14.000,00
11. Kunde begleicht lt. BA 117 fällige Rechnung durch Überweisung	4.400,00

Abschlussangabe: Die Schlussbestände auf den Konten entsprechen den Inventurwerten.

Aufgabe 44

1. *Begründen Sie, weshalb Aktiv- und Passivkonten Bestandskonten darstellen.*
2. *Unterscheiden Sie zwischen a) Grundbuch und b) Hauptbuch.*
3. *Erklären Sie den Grundsatz der Bilanzidentität.*
4. *Worin unterscheiden sich Schlussbilanz und Schlussbilanzkonto? Welcher Zusammenhang besteht zwischen beiden?*

693740

4 Buchen auf Erfolgskonten

4.1 Aufwendungen und Erträge

Erfolg

Bisher haben wir lediglich Geschäftsfälle auf den Bestandskonten gebucht. Das Eigenkapital blieb davon unberührt, d.h., diese Geschäftsfälle hatten keinen Einfluss auf den **Erfolg (Gewinn oder Verlust)** des Unternehmens. Nun bringen aber vor allem **Einkauf**, **Lagerung** und **Verkauf von Waren** Geschäftsfälle mit sich, die sich auf den Erfolg und damit auf das **Eigenkapital** in einem Handelsbetrieb auswirken. Man spricht von „Aufwendungen“ und „Erträgen“.

Aufwendungen

Der Unternehmer zahlt z. B. Miete für die von ihm gemieteten Geschäftsräume, er leistet Gehaltszahlungen an die von ihm eingestellten Arbeitnehmer und er hat für die Abnutzung der Anlagegüter Abschreibungen zu buchen. Durch diese Vorgänge werden Werte (Geld, Anlagevermögen) verzehrt, ohne dass unmittelbar entsprechende Gegenwerte in Form von Vermögenszuwachs oder Schuldenverringerung zufließen. **Jeden Werteverzehr an Gütern und Diensten** in einem Unternehmen bezeichnet man als **Aufwand**. Aufwendungen **vermindern das Eigenkapital**. Zu den Aufwendungen zählen z. B.:

- **Der Warenaufwand** bzw. **Wareneinsatz**, d.h. der Wert der eingekauften und an die Kunden verkauften Waren (siehe S. 50)
- **Aufwendungen für den Einsatz von Arbeitskräften:**
  - **Löhne** für alle Arbeiter des Unternehmens
  - **Gehälter** für alle kaufmännischen und technischen Angestellten
  - **Gesetzliche und freiwillige Sozialabgaben**
- **Wertminderungen des Anlagevermögens (Abschreibungen)**
- **Aufwendungen für Miete, Betriebsteuern**
- **Aufwendungen für Büromaterial, Porto, Telekommunikation, Werbung**
- **Aufwendungen für Instandhaltungen, Vertriebsprovisionen** u. a. m.

Merke

- **Aufwendungen stellen den gesamten Werteverzehr eines Unternehmens an Gütern, Diensten und Abgaben während einer Abrechnungsperiode (Monat, Quartal, Geschäftsjahr) dar.**
- **Aufwendungen vermindern das Eigenkapital.**

Erträge

Erträge sind **alle Wertzuflüsse** in das Unternehmen, die das **Eigenkapital erhöhen**. Den **Hauptertrag** eines Großhandelsunternehmens bilden natürlich die **Erlöse aus dem Verkauf der Waren**. Diese **Umsatzerlöse** sollen nicht nur die entstandenen Aufwendungen decken, sondern darüber hinaus auch einen angemessenen Gewinn erzielen. Neben den Umsatzerlösen fallen in einem Unternehmen noch weitere Erträge an, wie z. B. **Zinserträge**, **Erträge aus Vermietung und Verpachtung**, **Provisionserträge** u. a. m.

Merke

- **Erträge sind alle Wertzuflüsse, die den Gewinn des Unternehmens erhöhen. Die Umsatzerlöse (Verkaufserlöse) bilden den wichtigsten Ertragsposten in einem Großhandelsunternehmen.**
- **Erträge erhöhen das Eigenkapital.**

4.2 Erfolgskonten als Unterkonten des Eigenkapitalkontos

Notwendigkeit der Erfolgskonten (Ergebniskonten)

Aufwendungen und Erträge wären an sich unmittelbar auf dem Eigenkapitalkonto zu buchen, und zwar Aufwendungen als Kapitalminderung im Soll, Erträge als Mehrung des Kapitals im Haben. Das hätte aber den Nachteil, dass das Eigenkapitalkonto unübersichtlich würde. Aus Gründen der Klarheit und Übersichtlichkeit ist es notwendig, die **einzelnen Aufwands- und Ertragsarten** kontenmäßig gesondert aufzuzeigen, damit die

Quellen des Erfolges

Aufwands- und Ertragskonten

deutlich erkennbar werden. Deshalb werden **Erfolgskonten als Unterkonten** des Eigenkapitalkontos eingerichtet, die die einzelnen Arten der Aufwendungen **(Aufwandskonten)** und Erträge **(Ertragskonten)** aufnehmen.

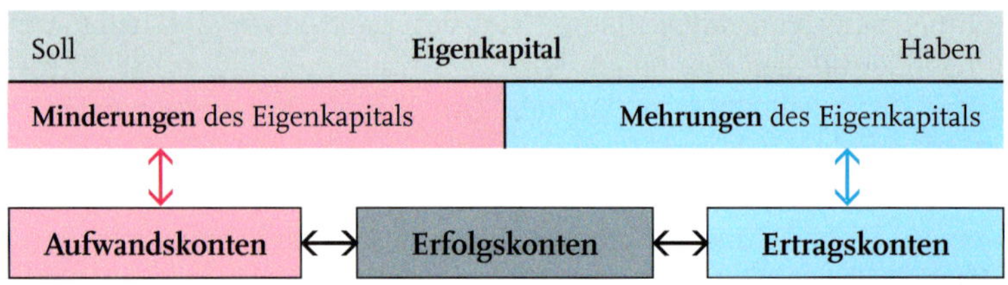

S	Löhne	H
Aufwand	...	

S	Umsatzerlöse	H
	Ertrag	...

Merke

Die Erfolgskonten sind Unterkonten des Kapitalkontos. Sie bewegen sich wie das Eigenkapitalkonto: Man bucht deshalb

- **auf den Aufwandskonten im Soll: die Minderungen des Eigenkapitals,**
- **auf den Ertragskonten im Haben: die Mehrungen des Eigenkapitals.**

Beispiele für die Buchung von Aufwendungen und Erträgen

Beispiel 1

Für eine Werbeanzeige zahlen wir bar: 450,00 €.

		Soll	Haben
Buchung:	**Werbeaufwendungen**	**450,00**	
	an **Kasse**		**450,00**

S	Werbeaufwendungen		H
Kasse	450,00		

S	Kasse		H
AB	8.600,00	Werbung	450,00

Beispiel 2

Wir bezahlen Löhne 5.000,00 € und Gehälter 10.000,00 € durch Banküberweisung.

		Soll	Haben
Buchung:	**Löhne**	**5.000,00**	
	Gehälter	**10.000,00**	
	an **Bank**		**15.000,00**

S	Löhne		H
Bank	5.000,00		

S	Bank		H
AB	60.000,00	L/G	15.000,00

S	Gehälter		H
Bank	10.000,00		

693742

Beispiel 3

Im Betrieb entstehen weitere Aufwendungen. Banküberweisung für: Büromaterial 800,00 €, Reparaturen 300,00 €, Betriebsteuern 400,00 €.

		Soll	Haben
Buchung:	**Bürobedarf**	800,00	
	Instandhaltung	300,00	
	Sonstige Betriebsteuern	400,00	
	an **Bank**		1.500,00

S	**Bürobedarf**		H
Bank	800,00		

S	**Bank**		H
AB	60.000,00	L/G	15.000,00
		Diverse	1.500,00

S	**Instandhaltung**		H
Bank	300,00		

S	**Sonstige Betriebsteuern**		H
Bank	400,00		

Beispiel 4

Für verkaufte Waren[1] stellen wir dem Kunden 14.000,00 € in Rechnung.[2]

		Soll	Haben
Buchung:	**Forderungen a. LL**	14.000,00	
	an **Warenverkauf**		14.000,00

S	**Forderungen a. LL**		H
Warenverk.	14.000,00		

S	**Warenverkauf**		H
		Ford. a. LL	14.000,00

Beispiel 5

Im Betrieb entstehen weitere Erträge: Wir erhalten Provision durch Banküberweisung 5.000,00 €. Unserem Bankkonto werden 1.500,00 € Zinsen gutgeschrieben.

		Soll	Haben
Buchung:	**Bank**	6.500,00	
	an **Provisionserträge**		5.000,00
	an **Zinserträge**		1.500,00

S	**Bank**		H
AB	60.000,00	Löhne/ Gehälter	15.000,00
Prov.-/ Zinserträge	6.500,00	Diverser Aufwand	1.500,00

S	**Provisionserträge**		H
		Bank	5.000,00

S	**Zinserträge**		H
		Bank	1.500,00

Merke

- **Aufwands- und Ertragskonten = Erfolgskonten**
- **Aktiv- und Passivkonten = Bestandskonten**

1 Der Einkauf und Verkauf von Waren wird auf S. 50 ff. vertieft.
2 Aus methodischen Gründen bleibt die Umsatzsteuer noch unberücksichtigt.

4.3 Gewinn- und Verlustkonto als Abschlusskonto der Erfolgskonten

Feststellen des Unternehmenserfolgs

Am Ende des Geschäftsjahres müssen

Aufwendungen und **Erträge**

einander **gegenübergestellt** werden, um den **Erfolg** des Unternehmens festzustellen.

Diese Aufgabe übernimmt das

Konto „Gewinn und Verlust“ (GuV).

Alle Aufwands- und Ertragskonten werden daher über das Gewinn- und Verlustkonto abgeschlossen. Die Buchungssätze lauten:

- **GuV-Konto** an **alle Aufwandskonten**
- **Alle Ertragskonten** an **GuV-Konto**

Das Gewinn- und Verlustkonto weist somit auf der Soll-Seite die gesamten **Aufwendungen** aus, auf der Haben-Seite dagegen die **Erträge.** Aus dieser Gegenüberstellung ergibt sich als **Saldo** der Erfolg des Unternehmens: ein **Gewinn oder Verlust,** je nachdem, ob die Erträge oder die Aufwendungen überwiegen:

S Gewinn- und Verlustkonto	H
Aufwendungen	Erträge
Gewinn	

S Gewinn- und Verlustkonto	H
Aufwendungen	Erträge
	Verlust

- **Erträge > Aufwendungen = Gewinn**
- **Erträge < Aufwendungen = Verlust**

Abschluss des Gewinn- und Verlustkontos über Eigenkapitalkonto

Der ermittelte Gewinn oder Verlust wird sodann auf das Eigenkapitalkonto übertragen.

Die **Abschlussbuchungen** lauten:

- bei **Gewinn:** **GuV-Konto** an **Eigenkapitalkonto**
- bei **Verlust:** **Eigenkapitalkonto** an **GuV-Konto**

S Eigenkapital	H
Schlusskapital	Anfangskapital
	Gewinn

S Eigenkapital	H
Verlust	Anfangskapital
Schlusskapital	

Merke

- **Der Gewinn erhöht das Eigenkapital.**
- **Der Verlust vermindert das Eigenkapital.**

Das GuV-Konto ist somit ein unmittelbares **Unterkonto des Eigenkapitalkontos.** Im Beispiel hat sich das Eigenkapital durch den Gewinn um 3.550,00 € erhöht (siehe S. 45).

Abschluss der Erfolgskonten

Aufwendungen ↔ Erfolg ↔ Erträge

S	Werbeaufwendungen		H
Bank	450,00	GuV	450,00

S	Warenverkauf		H
GuV	14.000,00	Ford. a. LL	14.000,00

S	Löhne		H
Bank	5.000,00	GuV	5.000,00

S	Provisionserträge		H
GuV	5.000,00	Bank	5.000,00

S	Gehälter		H
Bank	10.000,00	GuV	10.000,00

S	Zinserträge		H
GuV	1.500,00	Bank	1.500,00

S	Bürobedarf		H
Bank	800,00	GuV	800,00

S	Instandhaltung		H
Bank	300,00	GuV	300,00

S	Sonstige Betriebsteuern		H
Bank	400,00	GuV	400,00

S	Gewinn- und Verlustkonto		H
Werbeaufwendungen	450,00	Warenverkauf	14.000,00
Löhne	5.000,00	Provisionserträge	5.000,00
Gehälter	10.000,00	Zinserträge	1.500,00
Bürobedarf	800,00		
Instandhaltung	300,00		
Betriebsteuern	400,00		
Gewinn (EK)	**3.550,00**		
	20.500,00		20.500,00

S	Eigenkapital		H
SBK	153.550,00	EBK	150.000,00
		Gewinn (GuV)	**3.550,00**
	153.550,00		153.550,00

Merke

- **Das Gewinn- und Verlustkonto ist das unmittelbare Unterkonto des Eigenkapitalkontos.**
- **Das Gewinn- und Verlustkonto sammelt auf der Soll-Seite alle Aufwendungen, auf der Haben-Seite alle Erträge.**
- **Der Saldo des GuV-Kontos ergibt den Gewinn oder Verlust der Rechnungsperiode, der dem Eigenkapitalkonto zugeführt wird.**
- **Das Gewinn- und Verlustkonto zeigt die Quellen des Erfolges.**

4.4 Geschäftsgang mit Bestands- und Erfolgskonten

Bestandskonten

Aus der Bilanz des vorhergehenden Geschäftsjahres stehen folgende Anfangsbestände für das neue Geschäftsjahr zur Verfügung:

Aktiva	Schlussbilanz zum 31. Dezember des Vorjahres		Passiva
I. Anlagevermögen		**I. Eigenkapital**	102.000,00
BGA	100.000,00	**II. Fremdkapital**	
II. Umlaufvermögen		1. Darlehensschulden	30.000,00
1. Bankguthaben	50.000,00	2. Verbindlichkeiten a. LL	20.000,00
2. Kasse	2.000,00		
	152.000,00		152.000,00
Ort, Datum			*Unterschrift*

Erfolgskonten

Die nachstehenden Erfolgskonten sind zu führen: Gehälter, Zinsaufwendungen, Provisionserträge, Mieterträge.

Geschäftsfälle

1. Barkauf eines Klimagerätes 600,00
2. Wir erhalten Miete bar 800,00
3. Wir erhalten Provision durch Bankscheck 16.300,00
4. Wir zahlen Darlehenszinsen durch Banküberweisung 2.000,00
5. Gehaltsabschlagszahlung bar 1.800,00
6. Wir begleichen eine Rechnung des Lieferers durch Banküberweisung 9.000,00

Reihenfolge der buchungstechnischen Arbeiten

I. Eröffnungsbuchungen für die Anfangsbestände über Eröffnungsbilanzkonto
- a) Aktivkonten an Eröffnungsbilanzkonto
- b) Eröffnungsbilanzkonto an Passivkonten

II. Buchung der Geschäftsfälle
1. Betriebs- und Geschäftsausstattung an Kasse 600,00
2. Kasse an Mieterträge 800,00
3. Bank an Provisionserträge 16.300,00
4. Zinsaufwendungen an Bank 2.000,00
5. Gehälter an Kasse 1.800,00
6. Verbindlichkeiten a. LL an Bank 9.000,00

III. Abschlussbuchungen
1. Abschluss der **Erfolgskonten** über Gewinn- und Verlustkonto
   - a) Gewinn- und Verlustkonto an Aufwandskonten
   - b) Ertragskonten an Gewinn- und Verlustkonto
2. Abschluss des **Gewinn- und Verlustkontos** über Eigenkapitalkonto
   - a) bei Gewinn: Gewinn- und Verlustkonto an Eigenkapitalkonto
   - b) bei Verlust: Eigenkapitalkonto an Gewinn- und Verlustkonto
3. Abschluss der **Bestandskonten** über Schlussbilanzkonto nach Abstimmung mit den Inventurwerten
   - a) Schlussbilanzkonto an Aktivkonten
   - b) Passivkonten an Schlussbilanzkonto

IV. Aufstellung der Schlussbilanz mit Ort, Datum und Unterschrift.

Soll	Eröffnungsbilanzkonto		Haben
Eigenkapital	102.000,00	BGA	100.000,00
Darlehensschulden	30.000,00	Bankguthaben	50.000,00
Verbindlichkeiten a. LL	20.000,00	Kasse	2.000,00
	152.000,00		152.000,00

S	BGA		H
EBK	100.000,00	SBK	100.600,00
Kasse	600,00		
	100.600,00		100.600,00

S	Eigenkapital		H
SBK	115.300,00	EBK	102.000,00
		Gewinn	13.300,00
	115.300,00		115.300,00

S	Bankguthaben		H
EBK	50.000,00	Zinsaufw.	2.000,00
Prov.-		Verb. a. LL	9.000,00
Erträge	16.300,00	SBK	55.300,00
	66.300,00		66.300,00

S	Darlehensschulden		H
SBK	30.000,00	EBK	30.000,00

S	Kasse		H
EBK	2.000,00	BGA	600,00
Miet-		Gehälter	1.800,00
erträge	800,00	SBK	400,00
	2.800,00		2.800,00

S	Verbindlichkeiten a. LL		H
Bank	9.000,00	EBK	20.000,00
SBK	11.000,00		
	20.000,00		20.000,00

S	Gehälter		H
Kasse	1.800,00	GuV	1.800,00

S	Provisionserträge		H
GuV	16.300,00	Bank	16.300,00

S	Zinsaufwendungen		H
Bank	2.000,00	GuV	2.000,00

S	Mieterträge		H
GuV	800,00	Kasse	800,00

Soll	Gewinn- und Verlustkonto		Haben
Gehälter	1.800,00	Provisionserträge	16.300,00
Zinsaufwendungen	2.000,00	Mieterträge	800,00
Gewinn (EK)	13.300,00		
	17.100,00		17.100,00

Soll	Schlussbilanzkonto		Haben
BGA	100.600,00	Eigenkapital	115.300,00
Bankguthaben	55.300,00	Darlehensschulden	30.000,00
Kasse	400,00	Verbindlichkeiten a. LL	11.000,00
	156.300,00		156.300,00

Aktiva	Schlussbilanz zum 31. Dezember des Berichtsjahres		Passiva
I. Anlagevermögen		**I. Eigenkapital**	115.300,00
BGA	100.600,00	**II. Fremdkapital**	
II. Umlaufvermögen		1. Darlehensschulden	30.000,00
1. Bankguthaben	55.300,00	2. Verbindlichkeiten a. LL	11.000,00
2. Kasse	400,00		
	156.300,00		156.300,00
Ort, Datum			*Unterschrift*

Beachten Sie die Reihenfolge der Buchungsarbeiten:

1. *Richten Sie die Bestands- und Erfolgskonten ein.*
2. *Eröffnen Sie die Bestandskonten über das Eröffnungsbilanzkonto (EBK).*
3. *Bilden Sie zu den Geschäftsfällen die Buchungssätze (Grundbuch).*
4. *Übertragen Sie die Buchungen auf die Bestands- und Erfolgskonten (Hauptbuch).*
5. *Schließen Sie die Erfolgskonten über das GuV-Konto ab und übertragen Sie den Gewinn oder Verlust auf das Eigenkapitalkonto. Nennen Sie jeweils den Buchungssatz.*
6. *Erst zum Schluss werden alle Bestandskonten zum Schlussbilanzkonto (SBK) abgeschlossen, sofern die Inventur keine Abweichungen zwischen Buch- und Istbeständen ergibt.*

Aufgabe 45

Anfangsbestände

Betriebs- u. Geschäftsausstattung	80.000,00	Bankguthaben	60.000,00
Forderungen a. LL	40.000,00	Verbindlichkeiten a. LL	50.000,00
Kasse	10.000,00	Eigenkapital	140.000,00

Kontenplan: Außer den oben genannten Bestandskonten einschließlich Schlussbilanzkonto sind folgende **Erfolgskonten** einzurichten: Bürobedarf, Mietaufwendungen, Werbekosten, Zinserträge, Provisionserträge, GuV-Konto.

Geschäftsfälle

1. Zinsgutschrift auf dem Bankkonto	600,00
2. Rechnung über Büromaterial wird mit Bankscheck bezahlt	240,00
3. Unsere Banküberweisung für Geschäftsmiete	3.500,00
4. Werbeanzeige wird bar bezahlt	140,00
5. Wir erhalten Provision durch Banküberweisung	4.000,00

Abschlussangabe: Die Buchbestände stimmen mit den Inventurwerten überein.

Aufgabe 46

Anfangsbestände

BGA	60.000,00	Bankguthaben	40.000,00
Forderungen a. LL	30.000,00	Darlehensschulden	25.000,00
Kasse	12.000,00	Verbindlichkeiten a. LL	20.000,00
Postbankguthaben	9.000,00	Eigenkapital	106.000,00

Kontenplan: Außer den oben genannten Bestandskonten einschließlich Schlussbilanzkonto sind folgende **Erfolgskonten** einzurichten: Bürobedarf, Portokosten, Kosten der Telekommunikation, Gewerbesteuer, Beiträge, Zinsaufwendungen, Mietaufwendungen, Löhne, Provisionserträge, Zinserträge, GuV-Konto.

Geschäftsfälle

1. Ein Kunde begleicht Rechnung durch Banküberweisung	1.000,00
2. Zahlung der Gewerbesteuer[1] durch Banküberweisung	2.000,00
3. Postbanküberweisung für Telekommunikationsrechnung	190,00
4. Die Bank belastet uns mit Darlehenszinsen	1.500,00
5. Begleichung einer Liefererrechnung durch Banküberweisung	1.900,00
6. Wir erhalten Provision durch Banküberweisung	7.000,00
7. Die Bank schreibt uns Zinsen gut	1.200,00
8. Barzahlung für Porto	400,00
9. Wir zahlen Geschäftsmiete durch Banküberweisung	1.800,00
10. Lohnzahlung bar an diverse Aushilfsfahrer	4.500,00
11. Büromaterial wird durch Bankscheck bezahlt	260,00
12. Zahlung des Handelskammerbeitrages durch Banküberweisung	1.200,00

Abschlussangabe: Die Buchbestände entsprechen der Inventur.

1 Beachten Sie: Die Gewerbesteuer muss handelsrechtlich als Aufwand gebucht werden (§ 242 [2] HGB) und mindert damit den Gewinn der Handelsbilanz. Zur Ermittlung des steuerpflichtigen Gewinns muss aber die Gewerbesteuer, die keine Betriebsausgabe ist (§ 4 [5b] EStG), außerhalb der Buchführung dem handelsrechtlichen Gewinn wieder hinzugerechnet werden. Siehe auch S. 178.

Aufgabe 47

Anfangsbestände

Gebäude	300.000,00	Bankguthaben	42.000,00
BGA	110.000,00	Darlehensschulden	180.000,00
Forderungen a. LL	65.000,00	Verbindlichkeiten a. LL	59.000,00
Kasse	13.000,00	Eigenkapital	291.000,00

Kontenplan: Die oben angeführten **Bestandskonten** sind einschließlich Schlussbilanzkonto einzurichten; außerdem folgende **Erfolgskonten**: Bürobedarf, Portokosten, Kosten der Telekommunikation, Gewerbesteuer, Instandhaltung, Löhne, Zinsaufwendungen, Beiträge, Zinserträge, Mieterträge, Provisionserträge, Gewinn- und Verlustkonto.

Geschäftsfälle

1.	Begleichung einer Liefererrechnung durch Banküberweisung	9.500,00
2.	Büromaterial wird bar gekauft	480,00
3.	Zinsgutschrift der Bank	3.650,00
4.	Bankgutschrift für Mieteinnahmen	6.500,00
5.	Unsere Banküberweisung für Gewerbesteuer[1]	1.100,00
6.	Bankgutschrift für erhaltene Provisionen	7.200,00
7.	Kunde bezahlt Rechnung durch Banküberweisung	7.500,00
8.	Barzahlung für Paketgebühren	180,00
9.	Unser Bankscheck für Darlehenszinsen	800,00
10.	Banküberweisung für Löhne	7.500,00
11.	Banküberweisung für Beitrag an die Industrie- und Handelskammer	1.100,00
12.	Reparaturkosten für Kopiergerät, bar	450,00
13.	Telekommunikationsgebühren werden durch Bank überwiesen	850,00
14.	Ein Kunde wird mit Verzugszinsen belastet	35,00

Abschlussangabe: Die Buchwerte entsprechen der Inventur.

Ermitteln Sie auch den Erfolg durch Kapitalvergleich, indem Sie das Eigenkapital der Eröffnungsbilanz mit dem der Schlussbilanz vergleichen.

Die Kontenkreise der doppelten Buchführung

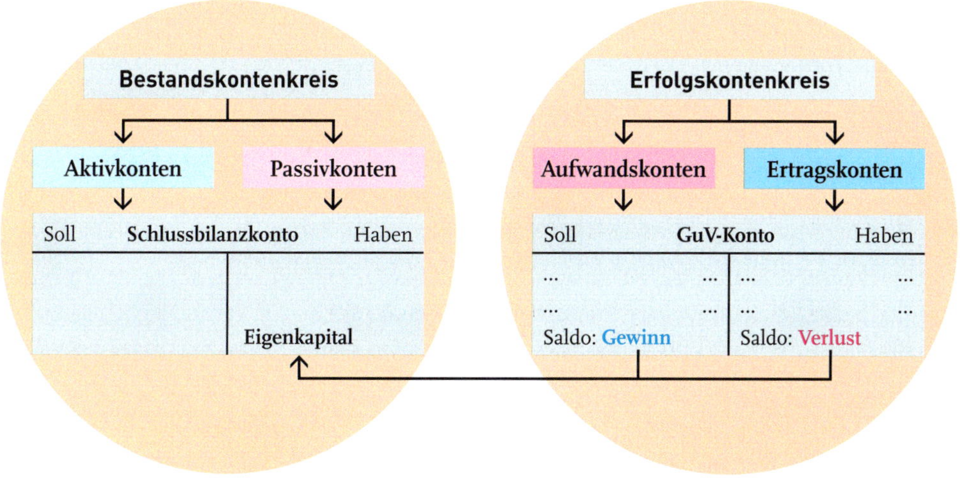

Merke

- **Bestands- und Erfolgskonten bilden in der Buchführung je einen eigenen Kontenkreis. Das Eigenkapitalkonto ist das Bindeglied beider Kreise.**
- **Die Buchführung weist den Jahreserfolg auf zweifache Weise nach:**
  1. **durch Gegenüberstellung der Aufwendungen und Erträge im Gewinn- und Verlustkonto (Erfolgsquellen),**
  2. **durch Eigenkapitalvergleich (vgl. S. 18 f.).**

  Daher: Doppelte Buchführung beinhaltet doppelte Erfolgsermittlung.

1 Siehe Fußnote auf S. 48.

4.5 Buchungen beim Einkauf und Verkauf von Waren

4.5.1 Wareneinkauf und Warenverkauf ohne Bestandsveränderung an Waren

Hauptaufgabe des Handelsbetriebes ist die **Gewinnerzielung aus dem Warengeschäft: Einkauf, Lagerung** und **Verkauf von Waren.**

Getrennte Warenkonten

Aus Gründen der Klarheit werden **Einkauf und Verkauf** von Waren sowie der **Bestand** an Waren jeweils auf gesonderten Konten gebucht:

S	Wareneingang	H
Einkauf von Waren		
Aufwandskonto		

S	Warenverkauf	H
	Verkauf von Waren	
Ertragskonto		

S	Warenbestände	H
AB an Waren	SB an Waren	
Bestandskonto		

Beispiel

Ein Fahrzeuggroßhandel hat in seinem **ersten** Geschäftsjahr **1 000 Fahrräder** zum Stückpreis von 150,00 € = 150.000,00 € **eingekauft**. Bis zum Schluss des Geschäftsjahres wurden **alle Fahrräder** zum Preis von je 200,00 € = 200.000,00 € **verkauft**. *Wie hoch ist buchhalterisch der Warengewinn?*

Der **Einkauf von Waren** wird **direkt als Aufwand** auf dem **Aufwandskonto „Wareneingang"** erfasst. Die **Eingangsrechnungen** (ER) weisen die erforderlichen Buchungsdaten aus: Rechnungsnummer, Datum, Betrag, Name des Lieferers, Skonto[1] u. a.

Buchung: Wareneingang .... an **Verbindlichkeiten a. LL** **150.000,00**

S	Wareneingang		H
Verb. a. LL	150.000,00		

S	Verbindlichkeiten a. LL		H
		WE	150.000,00

Der **Verkauf von Waren** wird als **Ertrag** auf dem **Ertragskonto „Warenverkauf"** gebucht. Die **Ausgangsrechnungen** (AR) enthalten die entsprechenden Daten.

Buchung: Forderungen a. LL .... an **Warenverkauf** **200.000,00**

S	Forderungen a. LL		H
Erlöse	200.000,00		

S	Warenverkauf		H
		Ford. a. LL	200.000,00

Der Warengewinn (Rohgewinn) wird ermittelt, indem man dem Erlös der verkauften Ware (= Ertrag) den darauf entfallenden Einkaufswert (= Aufwand) gegenüberstellt:

	Erlöse der verkauften **1 000** Fahrräder zu je 200,00 € = ...	200.000,00 €
–	**Einkaufswert** der verkauften **1 000** Fahrräder zu je 150,00 € = ...	150.000,00 €
=	**Warengewinn** bzw. **Rohgewinn**	**50.000,00 €**

Wareneinsatz/ Aufwendungen für Waren

Da alle im Geschäftsjahr eingekauften Fahrräder im gleichen Jahr auch verkauft wurden, entspricht der **Einkauf** von Waren dem **Einsatz** bzw. **Aufwand** an Waren. Das Unternehmen musste 150.000,00 € (= 1 000 Fahrräder zu je 150,00 €) aufwenden, um **Erträge** von 200.000,00 € (= Erlöse für 1 000 Fahrräder zu je 200,00 €) und damit einen Warengewinn von 50.000,00 € zu erzielen.

Merke

- **Erlös der verkauften Waren = Ertrag → Konto „Warenverkauf"**
- **Einkaufswert der verkauften Waren/Wareneinsatz = Aufwand → Konto „Wareneingang"**

1 Siehe S. 138 ff.

Abschluss des Wareneingangs- und Warenverkaufskontos

Die Erfolgskonten „Wareneingang" und „Warenverkauf" werden über das Gewinn- und Verlustkonto abgeschlossen:

Abschlussbuchungen:	**Warenverkauf**	an	**GuV-Konto**	200.000,00
	GuV-Konto	an	**Wareneingang**	150.000,00

S	Wareneingang		H
Verb. a. LL	150.000,00	GuV	150.000,00

S	Warenverkauf		H
GuV	200.000,00	Ford. a. LL	200.000,00

S	Gewinn- und Verlustkonto		H
Wareneinsatz/Aufwend. f. Waren	150.000,00	Warenverkaufserlöse	200.000,00

50.000,00 € Saldo = Waren- bzw. Rohgewinn

Merke

- **Das GuV-Konto weist die Quellen des Warenerfolgs (Roherfolg) aus: Wareneinsatz/Aufwendungen für Waren und Warenverkaufserlöse**
- **Die Konten „Wareneingang" und „Warenverkauf" sind die wichtigsten Erfolgskonten eines Handelsbetriebes.**

Der Gewinn (Verlust) des Unternehmens (Reingewinn/Reinverlust) ergibt sich erst unter Berücksichtigung aller übrigen Aufwendungen (z. B. Gehälter u. a.) und der übrigen Erträge (z. B. Zinserträge u. a.) als **Saldo des Gewinn- und Verlustkontos:**

Rohgewinn aus dem Warenhandelsgeschäft
\+ übrige Erträge des Unternehmens
– übrige Aufwendungen
= Gewinn (Verlust) des Unternehmens

Aufgabe 48

1. *Buchen Sie auf den Konten Wareneingang, Warenverkauf, Verbindlichkeiten a. LL, Forderungen a. LL, Gewinn und Verlust und schließen Sie die Warenkonten ab:*
   - Zieleinkäufe von Waren lt. ER: 3 000 Stück zu je 200,00 € Einkaufspreis
   - Zielverkäufe von Waren lt. AR: 3 000 Stück zu je 250,00 € Verkaufspreis
2. *Nennen Sie die Buchungssätze für die Ein- und Verkäufe der Waren sowie den Abschluss der Warenkonten.*
3. *Ermitteln Sie das Rohergebnis. Unterscheiden Sie zwischen Roh- und Reingewinn.*
4. *Warum ergibt sich zum Schluss des Geschäftsjahres kein Warenbestand?*

Aufgabe 49

Einkäufe von Waren zum Einkaufspreis lt. ER auf Ziel	600.000,00
Verkäufe von Waren zum Verkaufspreis lt. AR auf Ziel	750.000,00

Zum 1. Januar und 31. Dezember gibt es keinen Warenlagerbestand.

1. *Buchen Sie auf den in Aufgabe 48 genannten Konten und ermitteln Sie den Rohgewinn.*
2. *Beziehen Sie den Rohgewinn auf den Wareneinsatz und ermitteln Sie den Kalkulationszuschlag in %:*

$$\textbf{Kalkulationszuschlag in \% } = \frac{\textbf{Rohgewinn} \cdot \textbf{100}}{\textbf{Wareneinsatz}}$$

3. *Ermitteln Sie den Gewinn der Unternehmung (Reingewinn), wenn die übrigen Aufwendungen lt. GuV-Konto 120.000,00 € und die Zins- und Mieterträge 10.000,00 € betragen.*

Aufgabe 50

Zieleinkäufe von Waren zum Einkaufspreis lt. ER	850.000,00
Zielverkäufe von Waren zum Verkaufspreis lt. AR	800.000,00

Lagerbestände an Waren sind lt. Inventur weder zum 1. Jan. noch zum 31. Dez. vorhanden.

Ermitteln und beurteilen Sie den Erfolg der Unternehmung, wenn die übrigen Aufwendungen 100.000,00 € und die sonstigen Erträge 120.000,00 € betragen.

4.5.2 Wareneinkauf und Warenverkauf mit Bestandsveränderung

Beispiel 1

Der o.g. Fahrzeuggroßhandel **kauft** in seinem **zweiten** Geschäftsjahr **3000 Fahrräder** zu je 150,00 € = 450.000,00 € ein. Im gleichen Zeitraum werden aber nur **2000 Fahrräder** zu je 200,00 € = 400.000,00 € **verkauft**. Der **Schlussbestand** zum 31. Dez. 02 beträgt somit: **1000 Fahrräder** zu je 150,00 € = 150.000,00 €. Zum 1. Jan. 02 gab es keinen Lagerbestand.

Wie hoch ist der Rohgewinn zum 31. Dez.?

Die Warenein- und -verkäufe wurden aufgrund der Ein-/Ausgangsrechnungen erfasst:

❶ **Buchung der ER: Wareneingang** .... an **Verbindlichkeiten a. LL** **450.000,00**
❷ **Buchung der AR: Forderungen a. LL** ... an **Warenverkauf** **400.000,00**

Die Bestände an Waren werden auf dem Aktivkonto **„Warenbestände"** erfasst. Dieses Konto nimmt zu Beginn des Geschäftsjahres den Anfangsbestand an Waren im Soll auf und am Ende des Geschäftsjahres **im Haben den Schlussbestand** lt. Inventur:

❸ **Buchung: Schlussbilanzkonto** .... an **Warenbestände** **150.000,00**

Bestandserhöhung

Im zweiten Geschäftsjahr wurden mehr Fahrräder eingekauft als verkauft. Dadurch **erhöht** sich der **Lagerbestand** um 1000 Fahrräder zu je 150,00 € = 150.000,00 €:

SB > AB => Warenbestandserhöhung ⟷ Einkaufsmenge > Verkaufsmenge

Der Wareneinsatz kann nur unter Beachtung der **Bestandsveränderung** ermittelt werden:

	Wareneinkäufe:	3000 Fahrräder zu je 150,00 € = ...	450.000,00 €
–	**Bestandserhöhung:**	1000 Fahrräder zu je 150,00 € = ...	150.000,00 €
=	**Wareneinsatz:**	2000 Fahrräder zu je 150,00 € = ...	**300.000,00 €**
	Verkaufserlöse:	2000 Fahrräder zu je 200,00 € = ...	400.000,00 €
=	**Rohgewinn**		**100.000,00 €**

Zur buchhalterischen Ermittlung des Wareneinsatzes ist die Bestandserhöhung (= **Saldo** im Soll des Kontos „Warenbestände") auf das Wareneingangskonto **umzubuchen**:

❹ **Buchung: Warenbestände** .... an **Wareneingang** **150.000,00**

Im Wareneingangskonto stehen nun den Einkäufen des Geschäftsjahres (3000 Fahrräder = 450.000,00 €) **als Korrektur im Haben** die auf Lager genommenen 1000 Fahrräder = 150.000,00 €, also die **Bestandserhöhung**, gegenüber. Der **Saldo ist der Wareneinsatz** (= Warenaufwand) von 2000 Fahrrädern zu je 150,00 € = 300.000,00 €.

S Warenbestände H

S		H	
EBK	–	SBK ❸	150.000,00
WE	150.000,00		
	150.000,00		150.000,00

S Schlussbilanzkonto H

S		H	
WB ❸	150.000,00		

❹ Bestandserhöhung

S Wareneingang H

S		H	
Verb. ❶	450.000,00	WB ❹	150.000,00
		GuV	300.000,00
	450.000,00		450.000,00

S Warenverkauf H

S		H	
GuV	400.000,00	Ford. ❷	400.000,00

S Gewinn- und Verlustkonto H

S		H	
Wareneinsatz	300.000,00	Warenverkaufserlöse	400.000,00

Beispiel 2

Der Warenschlussbestand des 2. Geschäftsjahres ist zugleich der **Anfangsbestand** des 3. Geschäftsjahres: 1 000 Fahrräder zu je 150,00 € = **150.000,00 €**. Im **dritten** Geschäftsjahr werden **2 000 Fahrräder** zu je 150,00 € = 300.000,00 € **eingekauft**. Im gleichen Zeitraum werden jedoch **2 800 Fahrräder** zu je 200,00 € = 560.000,00 € **verkauft**. Der **Schlussbestand** zum 31. Dez. 03 beträgt somit nur noch 200 Fahrräder zu je 150,00 € = **30.000,00 €**.

Wie hoch ist der Rohgewinn?

❶ Buchung der ER:	Wareneingang	an	Verbindlichkeiten a. LL	300.000,00
❷ Buchung der AR:	Forderungen a. LL	an	Warenverkauf	560.000,00

Buchung der Warenbestände zum 1. Januar und 31. Dezember 03:

❸ Anfangsbestand:	Warenbestände	an	Eröffnungsbilanzkonto	150.000,00
❹ Schlussbestand:	Schlussbilanzkonto	an	Warenbestände	30.000,00

Bestandsminderung

Nach Buchung des Schlussbestandes weist das **Konto „Warenbestände"** als **Saldo** auf der Haben-Seite eine **Verminderung des Warenlagerbestandes** von **120.000,00 €** (= 800 Fahrräder zu je 150,00 €) aus. Im dritten Geschäftsjahr wurden also mehr Fahrräder verkauft (2 800) als eingekauft (2 000):

SB < AB => Warenbestandsminderung ⟷ Verkaufsmenge > Einkaufsmenge

	Wareneinkäufe:	2 000 Fahrräder zu je 150,00 € =	300.000,00 €
+	**Bestandsminderung:**	800 Fahrräder zu je 150,00 € =	120.000,00 €
=	**Wareneinsatz:**	2 800 Fahrräder zu je 150,00 € =	**420.000,00 €**
	Verkaufserlöse:	2 800 Fahrräder zu je 200,00 € =	560.000,00 €
=	**Rohgewinn**		**140.000,00 €**

Zur buchhalterischen Ermittlung des Wareneinsatzes (Warenaufwandes) muss die **Bestandsminderung** im Konto „Warenbestände" auf das Wareneingangskonto **umgebucht** werden:

❺ Buchung:	Wareneingang	an	Warenbestände	120.000,00

Das Wareneingangskonto weist nun auf der Soll-Seite außer den Wareneinkäufen im Geschäftsjahr (2 000 Fahrräder zu je 150,00 € = 300.000,00 €) auch die 800 Fahrräder zu je 150,00 € = 120.000,00 € aus, die aus dem Lagerbestand des Vorjahres verkauft wurden. Der **Wareneinsatz** beträgt somit 420.000,00 €.

S Warenbestände H

S		H	
EBK ❸	150.000,00	SBK ❹	30.000,00
		WE	120.000,00
	150.000,00		150.000,00

❺ Bestandsminderung

S Wareneingang H

S		H	
Verb. ❶	300.000,00	GuV	420.000,00
WB	120.000,00		
	420.000,00		420.000,00

S Eröffnungsbilanzkonto H

S		H	
		WB ❸	150.000,00

S Schlussbilanzkonto H

S		H	
WB ❹	30.000,00		

S Warenverkauf H

S		H	
GuV	560.000,00	Ford. ❷	560.000,00

S Gewinn- und Verlustkonto H

S		H	
Wareneinsatz	420.000,00	Warenverkaufserlöse	560.000,00

Merke

Bestandsveränderungen sind bei Ermittlung des Warenaufwandes zu berücksichtigen:

- **Wareneinkäufe – Bestandserhöhung = Wareneinsatz/Warenaufwand**
- **Wareneinkäufe + Bestandsminderung = Wareneinsatz/Warenaufwand**

Merke

Wenn Einkaufs- und Verkaufsmenge der Waren in einem Geschäftsjahr nicht übereinstimmen, kann der Wareneinsatz (Warenaufwand) erst unter Berücksichtigung der Bestandsveränderungen ermittelt werden. Die Umbuchungen lauten bei

Bestandserhöhung:

Warenbestände an Wareneingang

S Warenbestände	H
Anfangsbestand	Schlussbestand
Bestands**erhöhung**	

S Wareneingang	H
Wareneinkäufe im Geschäftsjahr	Bestands**erhöhung**
	Wareneinsatz

Bestandsminderung:

Wareneingang an Warenbestände

S Warenbestände	H
Anfangsbestand	Schlussbestand
	Bestands**minderung**

S Wareneingang	H
Wareneinkäufe im Geschäftsjahr	**Wareneinsatz**
Bestands**minderung**	

Nennen Sie den Abschlussbuchungssatz für das Konto „Wareneingang".

Aufgabe 51

Ein Handelsbetrieb weist für das Geschäftsjahr 01 folgende Zahlen aus:

Anfangsbestand an Waren zum 1. Jan. 01	200.000,00
Wareneinkäufe vom 1. Jan. bis 31. Dez. 01 lt. ER auf Ziel	900.000,00
Warenverkäufe vom 1. Jan. bis 31. Dez. 01 lt. AR auf Ziel	1.200.000,00
Schlussbestand an Waren lt. Inventur zum 31. Dez. 01	300.000,00

1. *Buchen Sie auf den entsprechenden Konten den Anfangs- und Schlussbestand an Waren sowie die Ein- und Verkäufe von Waren. Richten Sie folgende Konten ein: Warenbestände, Wareneingang, Warenverkauf, Forderungen a. LL, Verbindlichkeiten a. LL, Eröffnungsbilanzkonto, Schlussbilanzkonto, Gewinn- und Verlustkonto.*
2. *Führen Sie den Abschluss der Konten Warenbestände, Wareneingang und Warenverkauf durch. Nennen Sie auch jeweils den Buchungssatz.*
3. *Ermitteln Sie die vorliegende Bestandsveränderung zum 31. Dez. 01 in % und erläutern Sie diese.*
4. *Ermitteln Sie rechnerisch den Rohgewinn und den Kalkulationszuschlag.*

Aufgabe 52

Der in Aufgabe 51 genannte Handelsbetrieb weist für das Geschäftsjahr 02 folgende Daten aus:

	a)	b)
Anfangsbestand an Waren zum 1. Jan. 02	?	?
Wareneingang vom 1. Jan. 02 bis 31. Dez. 02 lt. ER	820.000,00	880.000,00
Verkaufserlöse vom 1. Jan. 02 bis 31. Dez. 02 lt. AR	1.350.000,00	1.050.000,00
Schlussbestand an Waren lt. Inventur zum 31. Dez. 02	120.000,00	320.000,00

Bearbeiten Sie die Aufgabe entsprechend der obigen Aufgabenstellung (Aufgabe 51).

Aufgabe 53

In einem Geschäftsjahr beträgt der Wareneinsatz zum 31. Dezember 600.000,00 €.

Ermitteln Sie den Wareneingang, wenn zum 31. Dezember

1. *ein Mehrbestand an Waren in Höhe von 150.000,00 € und*
2. *ein Minderbestand an Waren über 100.000,00 € vorliegt.*

693754

Aufgabe 54

Buchen Sie auf den Warenkonten und schließen Sie diese entsprechend ab:

	a)	b)
Anfangsbestand an Waren	95.000,00	250.000,00
Zieleinkäufe von Waren	34.000,00	163.000,00
Barverkäufe von Waren	7.000,00	12.000,00
Zielverkäufe von Waren	84.000,00	85.000,00
Warenverkauf gegen Bankscheck	19.000,00	18.000,00
Warenschlussbestand lt. Inventur	59.000,00	280.000,00

Aufgabe 55

Anfangsbestände

Betriebs- und Geschäftsausstattung	85.000,00
Warenbestände	145.000,00
Forderungen a. LL	72.000,00
Postbankguthaben	9.900,00
Bankguthaben	113.500,00
Kasse	14.200,00
Darlehensschulden	35.000,00
Verbindlichkeiten a. LL	65.000,00
Eigenkapital	339.600,00

Kontenplan

Bestandskonten: Betriebs- und Geschäftsausstattung, Warenbestände, Forderungen a. LL, Postbank, Bank, Kasse, Darlehensschulden, Verbindlichkeiten a. LL, Eigenkapital, Schlussbilanzkonto.

Erfolgskonten: Wareneingang, Löhne, Gehälter, Bürobedarf, Kosten der Telekommunikation, Zinsaufwendungen, Zinserträge, Warenverkauf, Gewinn- und Verlustkonto.

Geschäftsfälle

1. Verkauf von Waren auf Ziel lt. AR	4.500,00
2. Kunde begleicht Rechnung durch Banküberweisung	9.500,00
3. Zielkauf von Waren lt. ER	8.200,00
4. Verkauf von Waren gegen Bankscheck	15.300,00
5. Barkauf von Büromaterial	350,00
6. Unsere Banküberweisung für Darlehenszinsen	1.200,00
7. Zielverkauf von Waren lt. AR	18.800,00
8. Banküberweisung für Gehälter	4.800,00
9. Zinsgutschrift der Bank	3.100,00
10. Postbanküberweisung für Löhne	3.200,00
11. Liefererrechnung wird durch Banküberweisung beglichen	11.500,00
12. Kauf einer EDV-Anlage gegen Bankscheck	5.500,00
13. Telekommunikationsgebühren werden durch Postbanküberweisung beglichen	850,00
14. Tilgung eines Darlehens durch Banküberweisung	10.000,00

Abschlussangaben

1. Warenbestand lt. Inventur 130.000,00
2. Alle übrigen Bestände stimmen mit den Inventurwerten überein.

Auswertung

1. *Ermitteln Sie die Lagerbestandsveränderung in % des Warenanfangsbestandes. Worauf lässt die Veränderung schließen?*
2. *Wie hoch ist der Warenrohgewinn?*
3. *Ermitteln Sie den Kalkulationszuschlag in %.*

Aufgabe 56

Anfangsbestände

Betriebs- und Geschäftsausstattung	65.000,00
Warenbestände	98.000,00
Forderungen a. LL	34.000,00
Postbankguthaben	8.300,00
Bankguthaben	53.000,00
Kasse	19.500,00
Darlehensschulden	24.500,00
Verbindlichkeiten a. LL	32.000,00
Eigenkapital	221.300,00

Kontenplan

Bestandskonten: Betriebs- und Geschäftsausstattung, Forderungen a. LL, Bank, Postbank, Kasse, Warenbestände, Darlehensschulden, Verbindlichkeiten a. LL, Eigenkapital, Schlussbilanzkonto.

Erfolgskonten: Wareneingang, Löhne, Mietaufwendungen, Gewerbesteuer, Provisionserträge, Zinserträge, Warenverkauf, Gewinn- und Verlustkonto.

Geschäftsfälle

1. Kauf von Büroschränken gegen Bankscheck	2.650,00
2. Zielverkauf von Waren lt. AR	12.500,00
3. Zielkauf von Waren lt. ER	9.300,00
4. Lohnzahlung bar an Aushilfskräfte im Lager	3.800,00
5. Wir erhalten Provision auf Postbankkonto	2.500,00
6. Gewerbesteuer[1] wird durch Banküberweisung bezahlt	12.800,00
7. Unsere Mietzahlung für Büroräume durch Banküberweisung	1.900,00
8. Die Bank schreibt uns Zinsen gut	1.100,00
9. Verkauf von Waren lt. AR auf Ziel	11.200,00
10. Verkauf von Waren gegen Bankscheck	16.300,00
11. Kauf von Waren lt. ER auf Ziel	4.400,00
12. Kunde begleicht Rechnung über … durch Banküberweisung.	6.500,00
13. Banküberweisung an Lieferer	6.600,00
14. Wir nehmen ein Darlehen über … bei unserer Hausbank auf.	28.500,00
15. Darlehenstilgung durch Bank	17.000,00

Abschlussangaben

1. Warenbestand lt. Inventur	80.000,00
2. Alle übrigen Bestände stimmen mit den Inventurwerten überein.	

Aufgabe 57

1. *Warum bezeichnet man den Warengewinn als Rohgewinn, den Warenverlust als Rohverlust? Unterscheiden Sie Rohgewinn und Reingewinn bzw. Rohverlust und Reinverlust.*
2. Das Gewinn- und Verlustkonto weist einen Warenrohgewinn von 20.000,00 €, jedoch einen Reinverlust von 5.000,00 € aus. *Erklären Sie den Tatbestand.*
3. *Nennen Sie jeweils die Auswirkung auf den Warenlagerschlussbestand:*
   a) Wareneinkaufsmenge = Warenverkaufsmenge
   b) Wareneinkaufsmenge > Warenverkaufsmenge
   c) Wareneinkaufsmenge < Warenverkaufsmenge

Aufgabe 58

In einem Großhandelsunternehmen beträgt der Anfangsbestand an Waren 200.000,00 €. Die Wareneinkäufe während des Geschäftsjahres beliefen sich auf 560.000,00 €. Der Wareneinsatz (Einkaufswert der verkauften Waren) betrug 620.000,00 €. Die Warenverkaufserlöse betrugen im gleichen Abrechnungszeitraum 590.000,00 €.

Ermitteln Sie den buchmäßigen Warenschlussbestand und das Rohergebnis aus dem Warenhandelsgeschäft.

1 Siehe Fußnote auf S. 48.

693756

4.6 Lagerkennzahlen

Überwachung der Wirtschaftlichkeit

Je länger eine Ware gelagert wird, desto höher sind die Lagerkosten (Zinsen, Verwaltungskosten, Schwund u. a.). Jeder Großhandelsbetrieb muss daher die Lagerdauer so kurz wie möglich halten. Für die Überwachung der **Wirtschaftlichkeit der Lagerhaltung** werden wichtige **Kennzahlen aus Wareneinsatz und Warenbestand** ermittelt. Die Buchführung liefert dazu die notwendigen Zahlen.

Durchschnittlicher Lagerbestand

Der durchschnittliche Lagerbestand[1] einer Waren**gruppe** oder des gesamten Warenlagers wird berechnet, indem man den Anfangs- und den Endbestand einer Rechnungsperiode addiert und die Summe durch 2 dividiert:

$$\textbf{Durchschnittlicher Lagerbestand} = \frac{\textbf{Anfangsbestand + Endbestand}}{\textbf{2}}$$

Bezieht sich die Rechnung auf ein Geschäftsjahr, so gelangt man zu genaueren Ergebnissen, wenn man die Summe aus Anfangsbestand und 12 Monatsendbeständen durch 13 dividiert:

$$\textbf{Durchschnittlicher Lagerbestand} = \frac{\textbf{Anfangsbestand + 12 Monatsendbestände}}{\textbf{13}}$$

Lagerumschlagshäufigkeit

Die Lagerumschlagshäufigkeit[1] der Warenbestände errechnet sich aus dem Verhältnis von **Wareneinsatz** (vgl. S. 50 ff.) zum **durchschnittlichen Lagerbestand** an Waren. Sie gibt an, **wie oft** in einer Rechnungsperiode (z. B. Jahr) der durchschnittliche Lagerbestand umgesetzt, d. h. verkauft und ersetzt wurde.

$$\textbf{Lagerumschlagshäufigkeit} = \frac{\textbf{Wareneinsatz}}{\textbf{ø Lagerbestand an Waren}}$$

Durchschnittliche Lagerdauer

Die durchschnittliche Lagerdauer[1] ergibt sich, indem man das Jahr mit 360 Tagen ansetzt und diese Zahl durch die Umschlagshäufigkeit dividiert:

$$\textbf{Durchschnittliche Lagerdauer} = \frac{\textbf{360 Tage}}{\textbf{Lagerumschlagshäufigkeit}}$$

Beispiel

Fahrzeuggroßhandel (siehe Beispiel S. 53); Warengruppe: Fahrräder

Warenbestand zum 1. Januar 03:	150.000,00 €
Warenbestand zum 31. Dezember 03:	30.000,00 €
Wareneinsatz lt. Gewinn- und Verlustkonto:	420.000,00 €

$$\textbf{Durchschnittlicher Lagerbestand} = \frac{\textbf{150.000,00 € + 30.000,00 €}}{\textbf{2}} = \textbf{90.000,00 €}$$

$$\textbf{Lagerumschlagshäufigkeit} = \frac{\textbf{420.000,00 €}}{\textbf{90.000,00 €}} = \textbf{4,7}$$

$$\textbf{Durchschnittliche Lagerdauer} = \frac{\textbf{360 Tage}}{\textbf{4,7}} \approx \textbf{77 Tage}$$

1 Siehe auch S. 290.

Lagerumschlags-häufigkeit und -dauer

Lagerumschlagshäufigkeit und -dauer sind im Vergleich mehrerer Geschäftsjahre wichtige Kennzahlen zur Kontrolle der betrieblichen Umsatzprozesse. Eine **Erhöhung der Umschlagshäufigkeit** trägt dazu bei, dass das durch den Lagerbestand **gebundene Kapital geringer** wird, da über die Umsatzerlöse das **Kapital in kürzeren Zeitabständen zurückfließt.** Dadurch werden die **Zinsbelastung und die Lagerkosten geringer,** was sich positiv auf die Wirtschaftlichkeit und die Rentabilität auswirkt.

Beispiel

Durch die verstärkte Nachfrage nach Fahrrädern gelingt es dem Fahrzeuggroßhändler, die durchschnittliche Lagerdauer **auf 60 Tage** zu senken.

1. **Auswirkung auf die Umschlagshäufigkeit:**

$$\textbf{Umschlagshäufigkeit} = \frac{360 \text{ Tage}}{60 \text{ Tage}} = \mathbf{6}$$

Die Verkürzung der Lagerdauer bewirkt zugleich eine Erhöhung der Umschlagshäufigkeit.

2. **Auswirkung auf den durchschnittlichen Lagerbestand bei unverändertem Wareneinsatz (420.000,00 €):**

$$\textbf{Durchschnittlicher Lagerbestand} = \frac{420.000,00 \text{ €}}{6} = \mathbf{70.000,00 \text{ €}}$$

Durch die Erhöhung der Umschlagshäufigkeit lässt sich also der gleiche Wareneinsatz mit erheblich geringerem Kapital erreichen.

3. **Auswirkung auf den Wareneinsatz bei unverändertem Lagerbestand (90.000,00 €):**

Wareneinsatz = 90.000,00 € · 6 = **540.000,00 €**

Durch Erhöhung der Umschlagshäufigkeit wird trotz gleichem Kapital (Lagerbestand) der Wareneinsatz erheblich vergrößert.

Merke

Je höher die Umschlagshäufigkeit des Lagerbestandes ist, desto

- **kürzer ist die Lagerdauer,**
- **geringer sind der Kapitaleinsatz und das Lagerrisiko,**
- **geringer sind die Kosten für die Lagerhaltung (Zinsen, Schwund, Verwaltungskosten),**
- **höher ist die Wirtschaftlichkeit und**
- **höher ist letztlich der Gewinn und damit die Rentabilität.**

Aufgabe 59

Die Jahresabschlüsse eines Großhandelsunternehmens weisen folgende Zahlen aus:

Warenbestände	1. Jahr	2. Jahr	3. Jahr
Anfangsbestand in €	80.000,00	120.000,00	140.000,00
Schlussbestand in €	120.000,00	140.000,00	100.000,00
Wareneinsatz in €	800.000,00	1.170.000,00	1.440.000,00

1. *Berechnen Sie jeweils a) den Durchschnittsbestand und b) die Lagerumschlagshäufigkeit und Lagerdauer. Beurteilen Sie die Entwicklung in den Vergleichsjahren.*
2. *Begründen Sie, inwiefern die Lagerumschlagshäufigkeit Kapitalbedarf, Kosten, Risiko, Wirtschaftlichkeit und damit die Rentabilität des Unternehmens beeinflusst.*

5 Umsatzsteuer beim Einkauf und Verkauf

5.1 Wesen der Umsatzsteuer (Mehrwertsteuer)

Mehrwert

Viele zum Verkauf angebotene Waren legen meist einen langen Weg zurück: vom Betrieb der Urerzeugung über Betriebe der Weiterverarbeitung, des Groß- und Einzelhandels bis zum Endverbraucher. Menschen und Kapital schaffen **auf jeder Stufe** dieses Warenwegs „mehr Wert". Diesen **Mehrwert**, der sich jeweils aus der **Differenz zwischen Verkaufs- und Einkaufspreis** der Ware ergibt, besteuert der Staat mit der **„Mehrwertsteuer[1]"**, deren Grundlage das **Umsatzsteuergesetz** ist. Die Mehrwertsteuer heißt deshalb auch offiziell **Umsatzsteuer.** Der **allgemeine** Umsatzsteuersatz beträgt **19 %**, der **ermäßigte 7 %**, z. B. für Lebensmittel und Bücher.

Beispiel

Eine Wohnzimmerschrankwand, die in einem Möbeleinzelhandelsgeschäft an einen Privatkunden für **11.900,00 €** (10.000,00 € **Warenwert** + 1.900,00 € **Umsatzsteuer**) verkauft wurde, legt in der Regel vier Umsatzstufen zurück. Der Forstbetrieb mit angeschlossenem Sägewerk liefert das Holz an die Möbelwerke, die daraus die Schrankwand herstellen und an den Möbelgroßhändler verkaufen, der wiederum das Möbeleinzelhandelsgeschäft beliefert. Von dem **auf jeder Umsatzstufe** entstandenen **Mehrwert** werden **19 % Umsatzsteuer** berechnet und als **Zahllast** an das Finanzamt abgeführt. Das sind für alle vier Umsatzstufen **insgesamt 1.900,00 € Umsatzsteuer**, also genau der Betrag, den der **Privatkunde als Endverbraucher** an Umsatzsteuer **zu tragen und zu zahlen** hat:

Umsatzstufen	Einkaufspreis lt. ER	Verkaufspreis lt. AR	Mehrwert	Zahllast: 19 % USt vom Mehrwert
Forstbetrieb ↓	0,00 €	2.000,00 €	**2.000,00 €**	**380,00 € USt**
Möbelwerke ↓	2.000,00 €	6.500,00 €	**4.500,00 €**	**855,00 € USt**
Möbelgroßhandel ↓	6.500,00 €	8.000,00 €	**1.500,00 €**	**285,00 € USt**
Möbeleinzelhandel	8.000,00 €	10.000,00 €	**2.000,00 €**	**380,00 € USt**
Privatkunde zahlt an Einzelhandel:		**11.900,00 €**	**= 10.000,00 €**	**+ 1.900,00 € USt**

Die Umsatzsteuer, die auf jeder Stufe des Warenwegs an das Finanzamt abgeführt wird, **belastet nicht die Unternehmen**, sondern, wie das Beispiel zeigt, **allein den Privatkunden**, der die Rechnung des Möbeleinzelhändlers einschließlich der Umsatzsteuer im **Preis von 11.900,00 €** bezahlt. Der Einzelhändler vereinnahmt die Umsatzsteuer im Namen des Finanzamtes und führt sie entsprechend ab.

Merke

- **Auf jeder Stufe des Warenwegs entsteht ein Mehrwert.**
- **Nettoverkaufspreis > Nettoeinkaufspreis = Mehrwert**
- **Jeder Unternehmer hat zwar die Umsatzsteuer von seiner Mehrwertschöpfung als Zahllast an das Finanzamt abzuführen, sie belastet ihn jedoch nicht.**
- **Die Umsatzsteuer wird ausschließlich vom Privatkunden getragen.**

1 Weitere Ausführungen auf S. 75 f. und S. 150 f.

5.2 Ermittlung der Zahllast aus Umsatzsteuer und Vorsteuer

Umsatzsteuer-Zahllast

Wenn die Umsatzsteuer auf allen Rechnungen offen ausgewiesen wird, kann die an das Finanzamt abzuführende **Umsatzsteuer-Zahllast auf jeder Stufe des Warenwegs** sehr **schnell ermittelt** werden, wie das folgende Beispiel zeigt:

Beispiel

Die Möbelwerke A. Klein e. K. verkaufen eine in ihrem Betrieb hergestellte Wohnzimmerschrankwand an den Möbelgroßhandel Schnell KG aufgrund der Ausgangsrechnung:

Ausgangsrechnung der Möbelwerke Klein:	
Wohnzimmerschrankwand S 404, netto	6.500,00 €
+ 19 % Umsatzsteuer	1.235,00 €
Rechnungsbetrag	**7.735,00 €**

Der Möbelgroßhandel Schnell KG verkauft die Wohnzimmerschrankwand an den Möbeleinzelhandel Probst GmbH aufgrund der nebenstehenden Ausgangsrechnung:

Ausgangsrechnung d. Möbelgroßhhandl. Schnell:	
Schrankwand, netto	8.000,00 €
+ 19 % Umsatzsteuer	1.520,00 €
Rechnungsbetrag	**9.520,00 €**

Die **Warenlieferung** der Möbelwerke an den Möbelgroßhandel **unterliegt nach § 1 Umsatzsteuergesetz der Umsatzsteuer.** Die Möbelwerke **schulden** dem Finanzamt somit **1.235,00 € Umsatzsteuer,** die sie aber vom Möbelgroßhandel zurückhaben wollen. Deshalb ist der Lieferer der Ware gesetzlich verpflichtet, die **Umsatzsteuer** in der **Ausgangsrechnung** neben dem Warenwert (Nettowert) **gesondert auszuweisen.**

Die Ausgangsrechnung der Möbelwerke ist zugleich die **Eingangsrechnung** des Möbelgroßhandels. Die in der Eingangsrechnung genannte Umsatzsteuer (1.235,00 €) darf der Möbelgroßhandel als **Vorsteuer** von der aufgrund seiner Ausgangsrechnung geschuldeten Umsatzsteuer (1.520,00 €) abziehen. **Die Vorsteuer,** also die Umsatzsteuer auf Eingangsrechnungen, **stellt** damit eine **Forderung gegenüber dem Finanzamt dar.**

Aus der Differenz zwischen den Umsatzsteuerschulden aufgrund der Ausgangsrechnungen **und den Vorsteuern** aufgrund der Eingangsrechnungen ergibt sich die an das Finanzamt abzuführende **Umsatzsteuer-Zahllast,** sofern die Schulden das Vorsteuerguthaben überwiegen. Die Umsatzsteuer-Zahllast ist dem Finanzamt in Form einer **Umsatzsteuervoranmeldung** grundsätzlich **vierteljährlich** und bei einer Vorjahres-Umsatzsteuer von mehr als 7.500,00 € **monatlich online** mitzuteilen (§ 18 [2] UStG). Vereinfacht ergibt sich für das Beispiel des Möbelgroßhandels Folgendes:

	Umsatzsteuerverbindlichkeiten aufgrund der Ausgangsrechnung	1.520,00 €
–	Vorsteuerguthaben aufgrund der Eingangsrechnung	1.235,00 €
=	**Umsatzsteuer-Zahllast**	**285,00 €**

Durch den Abzug der Vorsteuer erreicht man, dass jeweils **nur der Mehrwert besteuert wird,** wie ein Vergleich mit der Tabelle auf Seite 59 zeigt. Der **Möbelgroßhandel** wird durch die Umsatzsteuer **nicht belastet.** Er vereinnahmt vom Einzelhandel 1.520,00 € Umsatzsteuer, von der er 1.235,00 € Vorsteuer an die Möbelwerke und 285,00 € Zahllast an das Finanzamt abführt.

Merke

- **Die Umsatzsteuerbeträge auf Ausgangsrechnungen sind Verbindlichkeiten gegenüber dem Finanzamt.**
- **Die Umsatzsteuerbeträge auf Eingangsrechnungen sind Vorsteuern, die Forderungen gegenüber dem Finanzamt darstellen.**
- **Die Zahllast wird meist monatlich ermittelt und bis zum 10. des Folgemonats abgeführt: Umsatzsteuer aus AR > Vorsteuer aus ER = Zahllast.**
- **Nur Unternehmen und Selbstständige sind zum Vorsteuerabzug berechtigt.**

5.3 Die Umsatzsteuer – ein durchlaufender Posten der Unternehmen

Umsatzsteuer

Der Umsatzsteuer unterliegen nach § 1 UStG alle **Lieferungen und Leistungen**, die im **Inland** gegen **Entgelt** von einem **Unternehmen** erbracht werden. Auch **unentgeltliche Entnahmen** von Sachgütern und sonstigen Leistungen des Unternehmens durch den Unternehmer (z. B. für Privatzwecke)[1] sind umsatzsteuerpflichtig. **Der gewerbliche Erwerb von Gütern aus EU-Mitgliedstaaten** gegen Entgelt, der sog. **„Innergemeinschaftliche Erwerb"**, unterliegt ebenfalls der **deutschen Umsatzsteuer.** Während der **Export in Nicht-EU-Staaten**, in sog. Drittländer (z. B. Schweiz), **von der Umsatzsteuer befreit** ist, ist für den **Import** aus diesen Staaten **Einfuhrumsatzsteuer** zu zahlen.[2]

Durchlaufender Posten

Wie die Grunderwerbsteuer und die Versicherungsteuer zählt auch die **Umsatzsteuer** in der verwaltungsrechtlichen Einteilung der Steuern zu den **Verkehrsteuern**, die rechtliche oder wirtschaftliche Vorgänge besteuern, wie z. B. die Lieferung einer Ware oder den Erwerb eines Grundstücks. Von ihrer Wirkung aus müsste man die **Umsatzsteuer** eigentlich zu den **Verbrauchsteuern** rechnen, weil sie den **Verbrauch der privaten Haushalte belastet,** wie z. B. die Tabaksteuer, Energiesteuer, Biersteuer. **Für alle Unternehmen und Selbstständige** (Industrie- und Handelsunternehmen, Handwerker, Notare, Anwälte, Handelsvertreter u. a.) ist die **Umsatzsteuer** lediglich ein **durchlaufender Posten,** da sie die ihren Kunden in Rechnung gestellte Umsatzsteuer im Namen des Finanzamtes vereinnahmen, sie als Vorsteuer an ihre Vorlieferanten und als Zahllast an das Finanzamt abführen. Damit das korrekt geschieht und für das Finanzamt nachprüfbar wird, gibt es die gesetzliche Vorschrift, die **Umsatzsteuer** auf allen Ausgangsrechnungen **offen auszuweisen.** Diese Zusammenhänge werden noch einmal in unserem Umsatzstufenbeispiel verdeutlicht:

Beispiel

Umsatzstufen	Ausgangsrechnung/ Eingangsrechnung			Umsatzsteuer	Vorsteuer	Zahllast
Forstbetrieb		Nettopreis	2.000,00 €			
	+	19 % USt	380,00 €	380,00 €	0,00 €	**380,00 €**
		Bruttopreis	2.380,00 €			
Möbelwerke		Nettopreis	6.500,00 €			
	+	19 % USt	1.235,00 €	1.235,00 €	380,00 €	**855,00 €**
		Bruttopreis	7.735,00 €			
Großhandel		Nettopreis	8.000,00 €			
	+	19 % USt	1.520,00 €	1.520,00 €	1.235,00 €	**285,00 €**
		Bruttopreis	9.520,00 €			
Einzelhandel		Nettopreis	10.000,00 €			
	+	19 % USt	1.900,00 €	1.900,00 €	1.520,00 €	**380,00 €**
		Bruttopreis	11.900,00 €			
Privatkunde	**bezahlt brutto**		**11.900,00 €**	**5.035,00 €**	**3.135,00 €**	**1.900,00 €**
			Probe:	**Schuld**	**– Forderung =**	**Zahllast**

Umsatzsteuer-Jahreserklärung

Die aufgrund der **Umsatzsteuervoranmeldungen** abgeführten Zahllasten stellen lediglich **Vorauszahlungen** an das Finanzamt dar. Deshalb ist für das abgelaufene Geschäftsjahr noch eine **Umsatzsteuer-Jahreserklärung** zu erstellen, die zusammen mit der Einkommen- bzw. Körperschaftsteuererklärung **bis zum 31. Mai des Folgejahres** beim Finanzamt einzureichen ist.

1 Siehe auch S. 75 f.
2 Siehe auch S. 150 f.

Vorsteuerüberhang

Sind die Vorsteuern eines Monats, Quartals oder Jahres **höher** als die Umsatzsteuer, erstattet das Finanzamt diesen **Vorsteuerüberhang** durch Überweisung.

Beispiel

Die Umsatzsteuervoranmeldung des Möbelgroßhandels Schnell KG weist zum 31. März folgende Zahlen aus:

	Umsatzsteuer	112.000,00 €
–	Vorsteuer	136.000,00 €
=	**Vorsteuerguthaben** zum 31. März	**24.000,00 €**

Merke

- **Bemessungsgrundlage der Umsatzsteuer ist das Entgelt[1], also der Nettopreis der bezogenen Lieferung oder Leistung zuzüglich aller Nebenkosten.**
- **Die Umsatzsteuer ist auf allen Ausgangsrechnungen gesondert auszuweisen, sofern diese auf Unternehmen oder Selbstständige ausgestellt sind.**
- **Bei Kleinbetragsrechnungen bis zu 150,00 € einschl. USt (z. B. Tankstellenbeleg) genügt die Angabe des Steuersatzes für die im Bruttobetrag enthaltene Umsatzsteuer.**
- **Die Umsatzsteuervoranmeldung ist grundsätzlich vierteljährlich und bei einer Vorjahres-Umsatzsteuer von mehr als 7.500,00 € monatlich online beim Finanzamt einzureichen.**
- **Für jedes Geschäftsjahr ist eine Umsatzsteuer-Jahreserklärung abzugeben.**
- **Ein Vorsteuerüberhang (Vorsteuer > Umsatzsteuer) wird vom Finanzamt erstattet.**
- **Bei Unternehmen und Selbstständigen ist die Umsatzsteuer ein durchlaufender Posten.**

5.4 Buchung der Umsatzsteuer im Einkaufs- und Verkaufsbereich

5.4.1 Buchung beim Einkauf von Waren u. a.

Umsatzsteuer im Einkauf

Der Einkauf von Waren, Roh-, Hilfs- und Betriebsstoffen[2] wird aufgrund einer Eingangsrechnung (ER) gebucht. Sie weist den **Nettowert** der bezogenen Ware und die darauf entfallende **Umsatzsteuer** gesondert aus. In unserem Stufenbeispiel auf Seite 61 erhält der Möbelgroßhandel für die Lieferung der Schrankwand von den Möbelwerken Klein folgende Rechnung:

Eingangsrechnung des Möbelgroßhandels Schnell KG

	Wohnzimmerschrankwand S 404, netto	6.500,00 €
+	19 % Umsatzsteuer	1.235,00 €
	Rechnungsbetrag	**7.735,00 €**

Aktivkonto Vorsteuer

Die in der **Eingangsrechnung** ausgewiesene Umsatzsteuer – die sog. **Vorsteuer** – begründet für den Möbelgroßhandel eine **Forderung gegenüber dem Finanzamt**; daher wird die beim **Einkauf** der Ware in Rechnung gestellte Vorsteuer zunächst im

Aktivkonto „Vorsteuer“

auf der Soll-Seite gebucht. Im „Wareneingangskonto“ wird im Soll nur der Nettobetrag erfasst. Der Rechnungsbetrag wird auf dem Konto „Verbindlichkeiten a. LL“ im Haben gebucht.

Der Buchungssatz aufgrund der **Eingangsrechnung** lautet:

Wareneingang	6.500,00	
Vorsteuer	1.235,00	
an **Verbindlichkeiten a. LL**		7.735,00

1 Nach § 10 UStG ist Entgelt alles, was der Leistungsempfänger aufwendet, um die Leistung zu erhalten, jedoch abzüglich der Umsatzsteuer.
2 Rohstoffe bilden den Hauptbestandteil eines Erzeugnisses (z. B. Holz), Hilfsstoffe sind Nebenbestandteile (z. B. Leim), Betriebsstoffe sind Treibstoffe (z. B. Heizöl, Benzin).

693762

S	Wareneingang		H
Verb. a. LL	6.500,00		

S	Vorsteuer		H
Verb. a. LL	1.235,00		

S	Verbindlichkeiten a. LL		H
		Wareneingang/ Vorsteuer	7.735,00

Merke

Die Umsatzsteuer in der Eingangsrechnung ist die Vorsteuer. Das Konto „Vorsteuer" ist ein Aktivkonto. Es weist ein Guthaben, d. h. eine Forderung gegenüber dem Finanzamt aus.

5.4.2 Buchung beim Verkauf von Waren u. a.

Umsatzsteuer im Verkauf

Der Verkauf von Waren (Erzeugnissen) wird aufgrund einer Ausgangsrechnung (AR) gebucht. Sie weist den **Nettopreis** der Waren und die darauf entfallende **Umsatzsteuer** gesondert aus. In unserem Beispiel kauft der Möbelgroßhandel Schnell eine von den Möbelwerken Klein hergestellte Wohnzimmerschrankwand und verkauft diese an den Möbeleinzelhändler Probst auf Ziel (Nettopreis 8.000,00 €). Der Möbelgroßhandel Schnell schickt dem Möbeleinzelhändler Probst folgende Rechnung:

Ausgangsrechnung des Möbelgroßhandels Schnell KG	
Wohnzimmerschrankwand S 404, netto	8.000,00 €
+ 19 % Umsatzsteuer	1.520,00 €
Rechnungsbetrag	**9.520,00 €**

Passivkonto Umsatzsteuer

Der Möbelgroßhandel Schnell belastet den Einzelhändler Probst auf dem Konto „Forderungen a. LL" mit dem Rechnungsbetrag von 9.520,00 €, denn der Möbeleinzelhändler ist verpflichtet, dem Möbelgroßhandel den Nettowert der Ware und dessen Umsatzsteuerverbindlichkeiten aus dieser Lieferung zu bezahlen. Das Konto „Warenverkauf" übernimmt im Haben den Nettopreis von 8.000,00 €. Die darauf entfallende Umsatzsteuer, also die Umsatzsteuer aus dem **Verkauf** der Ware, wird dem Finanzamt auf dem

Passivkonto „Umsatzsteuer"

im Haben gutgeschrieben.

Der Buchungssatz aufgrund der **Ausgangsrechnung** lautet:

Forderungen a. LL	9.520,00	
an **Warenverkauf**		8.000,00
an **Umsatzsteuer**		1.520,00

S	Forderungen a. LL		H
Warenverkauf/ USt	9.520,00		

S	Warenverkauf		H
		Ford. a. LL	8.000,00

S	Umsatzsteuer		H
		Ford. a. LL	1.520,00

Merke

Das Konto „Umsatzsteuer" ist ein Passivkonto. Es weist Umsatzsteuerverbindlichkeiten gegenüber dem Finanzamt aus.

5.4.3 Vorsteuerabzug und Ermittlung der Zahllast

Ermittlung der Zahllast

Mit dem Verkauf der Wohnzimmerschrankwand an den Möbeleinzelhändler Probst entsteht für den Möbelgroßhandel Schnell zunächst eine **Umsatzsteuerschuld** in Höhe von 1.520,00 € gegenüber dem Finanzamt. Der Möbelgroßhandel hat jedoch durch die beim Einkauf der Ware geleistete Vorsteuer ein **Guthaben**, d. h. eine Forderung an das Finanzamt in Höhe von 1.235,00 €. Er braucht also nur noch den **Unterschiedsbetrag** zwischen der Umsatzsteuer beim Verkauf und der Umsatzsteuer beim Einkauf (= Vorsteuer) an das Finanzamt zu zahlen **(= Zahllast):**

	Umsatzsteuerverbindlichkeit aus dem Verkauf	1.520,00 €
–	Vorsteuerguthaben aus dem Einkauf	1.235,00 €
=	Zahllast	285,00 €

Die Zahllast in Höhe von 285,00 € entspricht somit 19 % der eigenen Mehrwertschöpfung (19 % von 1.500,00 € = 285,00 €).

Zum Schluss des Umsatzsteuervoranmeldungszeitraums[1] ist der Saldo des Kontos „Vorsteuer" (= sonstige Forderung) auf das Konto „Umsatzsteuer" (= sonstige Verbindlichkeit) zu übertragen, um die Zahllast buchhalterisch zu ermitteln:

Buchung: Umsatzsteuer an **Vorsteuer** **1.235,00**

S	Vorsteuer		H
Verb. a. LL	1.235,00	Saldo	1.235,00

→

S	Umsatzsteuer		H
VSt	1.235,00	Ford. a. LL	1.520,00
Zahllast	285,00		

Überweisung der Zahllast

Nach dieser Umbuchung weist nun der Saldo des Kontos „Umsatzsteuer" die Zahllast aus, die **spätestens bis zum 10. des folgenden Monats** an das Finanzamt abzuführen ist:

Buchung: Umsatzsteuer an **Bank** **285,00**

S	Bank		H
...	25.000,00	USt	285,00

←

S	Umsatzsteuer		H
VSt	1.235,00	Ford. a. LL	1.520,00
Bank	285,00		
	1.520,00		1.520,00

Merke

- **Zur buchhalterischen Ermittlung der Zahllast wird das Konto „Vorsteuer" über das Konto „Umsatzsteuer" abgeschlossen.**
- **Nach der Verrechnung zeigt der Saldo auf dem Konto „Umsatzsteuer" den an das Finanzamt abzuführenden Betrag: die Zahllast.**

Bei einem Steuersatz von 19 % entspricht der Rechnungs- oder Bruttobetrag stets 119 %: Warennettobetrag (= 100 %) + 19 % Umsatzsteuer. Aus dem Bruttobetrag lässt sich der Anteil der Umsatzsteuer wie folgt herausrechnen:

119 % ≙ Bruttobetrag
19 % ≙ x

$$x = \text{Steueranteil in €} = \frac{\text{Bruttobetrag in €} \cdot 19}{119}$$

1 Siehe S. 60 und S. 62.

5.5 Bilanzierung der Zahllast und des Vorsteuerüberhangs

Passivierung der Zahllast

Zum 31. Dezember ist die Zahllast des Monats Dezember als **„Sonstige Verbindlichkeit" in die Schlussbilanz** einzusetzen, also zu **passivieren.**

S	Vorsteuer		H
...	120.000,00	USt	120.000,00

S	Umsatzsteuer		H
VSt	120.000,00	...	140.000,00
SBK	20.000,00		
	140.000,00		140.000,00

S	Schlussbilanzkonto		H
		USt-Z	20.000,00

Buchungen zum 31. Dezember:

❶	Umsatzsteuer	an	Vorsteuer	120.000,00
❷	Umsatzsteuer	an	Schlussbilanzkonto	20.000,00

Aktivierung des Vorsteuerüberhangs

Entsprechend ist ein Vorsteuerüberhang zum 31. Dezember als **„Sonstige Forderung" in der Schlussbilanz** auszuweisen, also zu **aktivieren.** In diesem Fall ist das Konto „Umsatzsteuer" über das Konto „Vorsteuer" abzuschließen.

S	Vorsteuer		H
...	80.000,00	USt	50.000,00
		SBK	30.000,00
	80.000,00		80.000,00

S	Umsatzsteuer		H
VSt	50.000,00	...	50.000,00

S	Schlussbilanzkonto		H
VSt	30.000,00		

Buchungen zum 31. Dezember:

❶	Umsatzsteuer	an	Vorsteuer	50.000,00
❷	Schlussbilanzkonto	an	Vorsteuer	30.000,00

Merke

Zum Bilanzstichtag (31. Dezember) ist im Schlussbilanzkonto

- **die Zahllast als „Sonstige Verbindlichkeit" auszuweisen (zu passivieren),**
- **ein Vorsteuerüberhang als „Sonstige Forderung" zu aktivieren.**

Aufgabe 60

Ein Unternehmen der Grundstoffindustrie verkauft an einen Industriebetrieb Rohstoffe im Wert von 2.000,00 € netto. Der Industriebetrieb erstellt aus den Rohstoffen fertige Erzeugnisse und verkauft diese für 6.000,00 € an den Großhandel. Der Großhandel veräußert diese Waren an den Einzelhandel für 7.600,00 €. Der Einzelhandel setzt die Waren an verschiedene Konsumenten für 11.000,00 € ab. Die Preise sind **Nettopreise**, allgemeiner Steuersatz.

Erstellen Sie ein Stufenschema (siehe S. 61), das den Rechnungsbetrag, die Umsatzsteuer beim Verkauf, die Vorsteuer und die Zahllast enthält. Buchen Sie auf jeder Stufe.

Aufgabe 61

Ein Großhandelsunternehmen hat im Monat Oktober insgesamt Warenverkäufe von netto 500.000,00 € und Einkäufe von Waren von netto 300.000,00 € getätigt. Allgemeiner Steuersatz.

Konten: Wareneingang, Vorsteuer, Verbindlichkeiten a. LL, Warenverkauf, Umsatzsteuer, Forderungen a. LL, Bank (Anfangsbestand 10.000,00 €).

1. *Buchen Sie a) die Warenverkäufe, b) die Wareneinkäufe, c) die Ermittlung der Zahllast (31. Oktober).*
2. *Bis wann ist die Zahllast an das Finanzamt zu überweisen? Buchen Sie die Überweisung.*

Aufgabe 62

Buchen Sie den folgenden Beleg

1. als Ausgangsrechnung in der Deutschen Papier AG und
2. als Eingangsrechnung in der Papiergroßhandlung Kern KG:

Deutsche Papier AG

Leipzig

Deutsche Papier AG · Buchenstraße 22–32 · 04129 Leipzig

Papiergroßhandlung
Kern KG
Bonner Wall 45 - 55
50677 Köln

EINGEGANGEN ..-05-15

Telefon	0341 53514
Telefax	0341 441244
E-Mail	service@deutschepapier-wvd.de
Internet	www.deutschepapier-wvd.de
USt-IdNr.	DE 268 375 513

Rechnung 39 456 ..-05-10

Ihre Bestellung vom 30. April ..

Wir lieferten Ihnen am 8. Mai .. auf Ihre Rechnung und Gefahr

30 Paletten Druckpapier je 1.400,00 € netto	42.000,00 €
+ 19 % Umsatzsteuer	7.980,00 €
	49.980,00 €

Zahlungsbedingungen: 30 Tage netto Kasse
Commerzbank AG, Leipzig, Konto 345 678 90, BLZ 860 400 00
IBAN: DE19 8604 0000 0034 5678 90, BIC: COBADEFF

Aufgabe 63

In der Papiergroßhandlung Kern KG liegen folgende Belege zur Buchung vor:

Beleg 1

Quittung Nr. KB 153

	€	ct
Netto	370	00
+ 19 % USt	70	30
Gesamt	440	30

Gesamtbetrag € in Worten: vierhundertvierzig — Cent wie oben

(Im Gesamtbetrag sind 19 % Umsatzsteuer enthalten)

von Papiergroßhandlung Kern KG

für Reparaturarbeiten an der Heizungsanlage

richtig erhalten zu haben, bestätigt

Ort Köln Datum ..-12-30

Buchungsvermerke

Stempel/Unterschrift des Empfängers: Germann GmbH Sanitär und Heizung Sonnenweg 15 51061 Köln St.-Nr. 065 343 22860 Götz

Beleg 2

TANK – RAST
S. Gunkel GmbH
Slabystrasse 54
50735 Koeln
Steuer-Nr.
065 163 23546

* SÄULEN-NR. 10
* Diesel
* Liter 64,06 x 1,499 EUR

TOTAL 96,02 EUR

Im Gesamtbetrag sind 19 % Umsatzsteuer enthalten.

VIELEN DANK
GUTE FAHRT!

Nennen Sie zu den Belegen 1 und 2 jeweils den Buchungssatz.

 693766

Aufgabe 64

Im Dezember hatte die Handels-GmbH, Düsseldorf, folgende Umsätze: Verkäufe netto 600.000,00 €, Einkäufe netto 800.000,00 €, allgemeiner Steuersatz.

1. *Buchen Sie die Vorgänge summarisch.*
2. *Warum ergibt sich zum 31. Dezember keine Zahllast?*
3. *Wohin gelangt der Vorsteuerüberhang beim Jahresabschluss? Buchen Sie.*
4. *Inwiefern stellt die Vorsteuer eine Forderung an das Finanzamt dar? Begründen Sie.*

Aufgabe 65

Anfangsbestände

BGA	30.000,00	Kasse	6.000,00
Fuhrpark	90.000,00	Bankguthaben	35.000,00
Waren	128.000,00	Verbindlichkeiten a. LL	43.000,00
Forderungen a. LL	34.000,00	Eigenkapital	280.000,00

Kontenplan

Bestandskonten: BGA, Fuhrpark, Warenbestände, Forderungen a. LL, Vorsteuer, Kasse, Bank, Verbindlichkeiten a. LL, Umsatzsteuer, Eigenkapital, Schlussbilanzkonto.

Erfolgskonten: Wareneingang, Warenverkauf, Löhne, Gewinn- und Verlustkonto.

Geschäftsfälle

1. Zielkauf von Waren lt. ER 11–14

Nettopreis	11.000,00
+ Umsatzsteuer	2.090,00
Rechnungsbeträge	13.090,00

2. Zielkauf eines Lieferfahrzeugs lt. ER 15

Nettopreis	40.000,00
+ Umsatzsteuer	7.600,00
Rechnungsbetrag	47.600,00

3. Banküberweisung an Lieferer, Rechnungsbeträge ... 8.925,00
4. Barzahlung von Löhnen an Aushilfskräfte bei der Inventur ... 4.400,00
5. Zielkauf von Waren lt. ER 16

Nettopreis	2.500,00
+ Umsatzsteuer	475,00
Rechnungsbetrag	2.975,00

6. Zielverkauf von Waren lt. AR 10–12

Nettopreis	23.000,00
+ Umsatzsteuer	4.370,00
Rechnungsbeträge	27.370,00

7. Banküberweisung von Kunden, Rechnungsbeträge ... 5.950,00
8. Zielverkauf von Waren lt. AR 13–18

Nettopreis	60.400,00
+ Umsatzsteuer	11.476,00
Rechnungsbeträge	71.876,00

9. Banküberweisung für ER 15, vgl. Geschäftsfall 2 ... 47.600,00

Abschlussangaben

1. Die Zahllast für die Umsatzsteuer ist zu ermitteln und auf die Passivseite des Schlussbilanzkontos einzustellen, d. h. zu passivieren.
2. Inventurbestand an Waren ... 82.000,00
3. Die übrigen Buchwerte stimmen mit den Inventurwerten überein.

Aufgabe 66

Der Elektrogroßhandel Dirk Bach e. K. hat lt. ER 123 Büromaterial für brutto 178,50 €, also einschließlich 19 % Umsatzsteuer, gegen Barzahlung erworben.

Ermitteln Sie aus dem Bruttopreis (= 119 %)

1. die darin enthaltene Umsatzsteuer (= 19 %) und
2. den Nettopreis (= 100 %).

Aufgabe 67

Im Monat Juli wurden Waren für brutto 297.500,00 € eingekauft. Im gleichen Zeitraum betrugen die Bruttoverkaufserlöse für Waren 380.800,00 €.

Ermitteln Sie jeweils a) den Nettobetrag, b) die Vor- bzw. Umsatzsteuer und c) die Zahllast zum 31. Juli.

Aufgabe 68

Anfangsbestände

BGA	115.000,00	Kasse	13.500,00
Waren	180.000,00	Darlehensschulden	42.000,00
Forderungen a. LL	95.000,00	Verbindlichk. a. LL	75.000,00
Bankguthaben	135.000,00	Umsatzsteuer	8.500,00
Postbankguthaben	9.800,00	Eigenkapital	422.800,00

Kontenplan

Bestandskonten: BGA, Warenbestände, Forderungen a. LL, Vorsteuer, Postbank, Bank, Kasse, Darlehensschulden, Verbindlichkeiten a. LL, Umsatzsteuer, Eigenkapital, Schlussbilanzkonto.

Erfolgskonten: Wareneingang, Personalaufwendungen, Mietaufwendungen, Bürobedarf, Beiträge, Zinsaufwendungen, Zinserträge, Warenverkauf, Gewinn- und Verlustkonto.

Geschäftsfälle

1.	Umsatzsteuerzahlung an das Finanzamt durch Banküberweisung (Ausgleich der Zahllast des letzten Monats)	8.500,00
2.	Barzahlung für Büromaterial, brutto	952,00
3.	Warenverkäufe auf Ziel, AR 1–45, brutto	149.940,00
4.	Beitrag für die Industrie- und Handelskammer wird durch Postbanküberweisung beglichen	2.250,00
5.	Banküberweisung von Kunden	22.015,00
6.	Wareneinkäufe auf Ziel, ER 1–36, Rechnungsbeträge	80.920,00
7.	Banküberweisung an Lieferer	19.873,00
8.	Unsere Darlehenstilgung durch Bankscheck	15.000,00
9.	Zinsgutschrift der Bank für unser Bankguthaben	2.900,00
10.	Darlehenszinsen werden durch Postbanküberweisung beglichen	2.200,00
11.	Miete für unsere Geschäftsräume wird durch Banküberweisung beglichen	2.100,00
12.	Lohnzahlung durch Banküberweisung	4.800,00

Abschlussangaben

1. Warenbestand lt. Inventur 139.900,00
2. Die übrigen Buchbestände stimmen mit den Inventurwerten überein.

Aufgabe 69

Das Möbelgroßhandelsunternehmen Werner Theuer e. Kfm. hat in der Buchhandlung Badicke das Fachbuch „Die Umsatzbesteuerung im innergemeinschaftlichen Warenverkehr“ für brutto 64,20 € gegen Barzahlung erworben. Der Beleg enthält den Hinweis: „Im Betrag sind 7 % Umsatzsteuer enthalten.“

Ermitteln Sie aus dem Bruttobetrag 1. den Nettowert und 2. die Umsatzsteuer.

Aufgabe 70

1. *Wie errechnet man die USt-Zahllast? Für welchen Zeitraum wird sie in der Regel ermittelt? Bis zu welchem Termin ist die USt-Zahllast spätestens an das Finanzamt abzuführen?*
2. Im Monat Dezember beträgt die Vorsteuer 156.000,00 €, die Umsatzsteuer aufgrund der Ausgangsrechnungen nur 104.000,00 €. *Buchen Sie den Abschluss zum 31. Dezember.*
3. *Erläutern Sie, inwiefern die Umsatzsteuer für das Unternehmen grundsätzlich ein „durchlaufender“ Posten ist.*

Aufgabe 71

Zum 31. Dezember weisen die Konten „Vorsteuer“ und „Umsatzsteuer“ folgende Beträge aus:

S	Vorsteuer		H
...	230.000,00	...	200.000,00

S	Umsatzsteuer		H
...	520.000,00	...	600.000,00

1. *Schließen Sie die obigen Konten ab. Richten Sie dazu das Schlussbilanzkonto ein.*
2. *Nennen Sie die Buchungssätze.*
3. *Was sagt Ihnen der Saldo zum 31. Dezember?*

Aufgabe 72

Die nachstehenden Konten weisen zum 31. Dezember folgende Summen aus:

S	Vorsteuer		H
...	450.000,00	...	360.000,00

S	Umsatzsteuer		H
...	730.000,00	...	770.000,00

1. *Schließen Sie die obigen Konten ab. Richten Sie dazu das Schlussbilanzkonto ein.*
2. *Nennen Sie die Buchungssätze.*
3. *Was sagt Ihnen der Saldo zum 31. Dezember?*

Aufgabe 73

Ergänzen Sie folgende Aussagen:

1. Die Umsatzsteuer ist nur vom ... zu tragen. Sie belastet das ... nicht.
2. Nur Unternehmen und Personen, die umsatzsteuerpflichtige Lieferungen und Leistungen im ... gegen ... erbringen, sind zum Abzug der ... berechtigt.
3. Die Vorsteuer stellt eine ... gegenüber dem Finanzamt dar. Die Umsatzsteuer ist dagegen eine ... gegenüber dem Finanzamt.
4. Die Zahllast wird in der Regel ... ermittelt und bis zum ... des ... an das Finanzamt überwiesen.
5. Die Zahllast des Monats Dezember ist in der Schlussbilanz zu ... . Ein Vorsteuerüberhang ist zum 31. Dezember zu ... .
6. Mehrwert ist der ... zwischen dem Nettoverkaufs- und Nettoeinkaufspreis. Durch den Vorsteuerabzug wird erreicht, dass auf jeder Stufe des Warenwegs nur der ... dieser Stufe besteuert wird.
7. In Rechnungen an ... ist die Umsatzsteuer ... auszuweisen. Die Rechnungen enthalten den ..., die ... und den ... .
8. In Kleinbetragsrechnungen bis ... € (einschließlich Umsatzsteuer) genügt die Angabe des im Rechnungsbetrag enthaltenen ... .

Aufgabe 74

Ordnen Sie die Begriffe Zahllast, Vorsteuerüberhang, Aktivierung und Passivierung entsprechend zu.

1. Umsatzsteuer des Monats Dezember > Vorsteuer des Monats Dezember
2. Umsatzsteuer des Monats Dezember < Vorsteuer des Monats Dezember

Aufgabe 75

1. Sowohl Lieferungen als auch Leistungen unterliegen nach § 1 UStG der Umsatzsteuer. *Nennen Sie jeweils einige Beispiele.*
2. *Ergänzen Sie:*
   a) Die Umsatzsteuer in der Eingangsrechnung ist die ...steuer. Das Konto ...steuer ist ein ...konto.
   b) Die Umsatzsteuer in der Ausgangsrechnung ist die ...steuer. Das Konto ...steuer ist ein ...konto.
3. *Erläutern Sie die Bemessungsgrundlage für die Umsatzsteuer.*

6 Einführung in die Abschreibung der Sachanlagen

6.1 Ursachen, Buchung und Wirkung der Abschreibung

Sachanlagen

Das Anlagevermögen ist dazu bestimmt, dem Unternehmen **langfristig** zu dienen. Bei **abnutzbaren Anlagegütern** (z. B. Gebäude, Maschinen, Computer) ist die Nutzungsdauer jedoch begrenzt. Der Wert dieser **Sachanlagen** mindert sich durch

- **Nutzung** (Gebrauch),
- **natürlichen Verschleiß,**
- **technischen Fortschritt** und
- **außergewöhnliche Ereignisse.**

Diese Wertminderungen werden in der Regel zum Jahresschluss direkt als **Aufwand** auf dem Konto

Abschreibungen auf Sachanlagen (SA)

erfasst.[1] Statt Abschreibung heißt es im Steuerrecht „Absetzung für Abnutzung" (**AfA**).

Beispiel

Die Anschaffungskosten einer Maschine, die eine Nutzungsdauer von zehn Jahren hat, betragen 120.000,00 €. Die Maschine kann somit **jährlich gleich bleibend (linear)** mit 12.000,00 € (120.000,00 € : 10) abgeschrieben werden. Dadurch vermindert sich der Gewinn des Unternehmens um 12.000,00 €.

S	Techn. Anlagen und Maschinen		H
AB	120.000,00	Abschr.	12.000,00
		SBK	108.000,00

S	Abschreibungen auf Sachanlagen		H
TA und Maschinen	12.000,00	GuV-Konto	12.000,00

S	Schlussbilanzkonto		H
TA und Maschinen	108.000,00		

S	GuV-Konto		H
...	200.000,00	...	250.000,00
Abschr.	12.000,00		
Gewinn	?		

Buchungen:

❶	Abschreibungen auf SA	an	TA und Maschinen	12.000,00
❷	GuV-Konto	an	Abschreibungen auf SA	12.000,00
❸	Schlussbilanzkonto	an	TA und Maschinen	108.000,00

Merke

- **Die Wertminderung der Anlagegüter wird durch Abschreibungen erfasst.**
- **Durch die Abschreibung werden die Anschaffungskosten eines Anlagegutes auf seine Nutzungsdauer (Jahre) verteilt.**
- **Abschreibungen mindern als Aufwand den Gewinn und somit auch die gewinnabhängigen Steuern, wie z. B. die Einkommensteuer.**

Abschreibungen

In der Kalkulation der Verkaufspreise der Waren werden die **Abschreibungen als Kosten** eingesetzt. **Über die Verkaufserlöse fließen** die einkalkulierten **Abschreibungsbeträge** in Form von liquiden Mitteln (Geld) in das Unternehmen **zurück**. Diese Mittel stehen nun wiederum für **Anschaffungen (Investitionen)** im Sachanlagevermögen zur Verfügung. Das Unternehmen finanziert somit die Anschaffung von Sachanlagegütern in erster Linie aus **Abschreibungsrückflüssen**. Die Abschreibung stellt deshalb ein bedeutendes **Mittel der Finanzierung** dar.

Abschreibungskreislauf

Abschreibungen bewegen sich nahezu in einem Kreislauf. Aus dem Anlagevermögen fließen sie über die Verkaufserlöse in das Umlaufvermögen (Bank) und von dort durch Neuanschaffungen in das Anlagevermögen zurück.

Merke

Über Abschreibungen werden Investitionen in Sachanlagen finanziert.

1 Siehe ausführliche Behandlung der direkten Abschreibungen auf Sachanlagen auf S. 185 ff. Zu den indirekten Abschreibungen auf Sachanlagen siehe: http://www.winklers.de/downloadsplus.

6.2 Berechnung der Abschreibung

Jährlicher Abschreibungsbetrag

Der jährliche Abschreibungsbetrag wird in der Regel aufgrund **handelsrechtlicher** Vorschriften nach der linearen oder degressiven Methode berechnet. In unserem Ausgangsbeispiel soll die Maschine jeweils zum Jahresschluss **linear mit 10 %** der Anschaffungskosten bzw. **degressiv mit 25 %** vom jeweiligen Buchwert (Restwert) abgeschrieben werden. Im ersten Fall ergeben sich jährlich **gleich bleibende** und im zweiten **fallende** Abschreibungsbeträge. Durch die Abschreibung verringert sich jährlich der Buch- bzw. Restwert des Anlagegutes:

Beispiel

Lineare Abschreibung	Ermittlung des Buchwertes	Degressive Abschreibung
120.000,00 €	Anschaffungswert	120.000,00 €
– 12.000,00 €	– AfA am Ende des 1. Jahres	– 30.000,00 €
= 108.000,00 €	= Buchwert am Ende des 1. Jahres	= 90.000,00 €
– 12.000,00 €	– AfA am Ende des 2. Jahres	– 22.500,00 €
= 96.000,00 €	= Buchwert am Ende des 2. Jahres	= 67.500,00 €
10 % Abschreibung von den **Anschaffungskosten**	*Führen Sie das Beispiel zu Ende.*	**25 % Abschreibung** vom **Buchwert**

Lineare Abschreibung

Bei der linearen Abschreibung erfolgt die Abschreibung in jedem Jahr der Nutzung von den **Anschaffungskosten** des Anlagegutes. Die **Abschreibungsbeträge** sind daher **gleich hoch**. Nach Ablauf der Nutzungsdauer ist der Buchwert gleich null. Sollte sich das Anlagegut danach weiterhin im Betrieb befinden, ist es mit einem **Erinnerungswert von 1,00 €** im Anlagekonto auszuweisen. Im Beispiel wären dann am Ende des 10. Jahres nur 11.999,00 € abzuschreiben.

$$\text{Abschreibungsbetrag} = \frac{\text{Anschaffungskosten}}{\text{Nutzungsjahre}} = \frac{120.000,00\ €}{10\ \text{Jahre}} = 12.000,00\ €/\text{Jahr}$$

$$\text{Abschreibungssatz in \%} = \frac{100\ \%}{\text{Nutzungsjahre}} = \frac{100\ \%}{10\ \text{Jahre}} = 10\ \%/\text{Jahr}$$

Degressive Abschreibung

Bei der degressiven Abschreibung wird die Abschreibung nur im ersten Nutzungsjahr von den Anschaffungskosten vorgenommen, in den folgenden Jahren dagegen vom jeweiligen **Buch- oder Restwert**. Dadurch ergeben sich **jährlich fallende Abschreibungsbeträge**. Bei der degressiven Abschreibung wird der Nullwert des Anlagegutes nach Ablauf der Nutzungsdauer nie erreicht. Der **Abschreibungssatz** sollte daher bei degressiver Abschreibung **höher** sein als bei linearer Abschreibung, wodurch insbesondere auch einer **Wertminderung durch technischen Fortschritt** (z. B. Modellwechsel) Rechnung getragen wird.

Steuerrechtliche Regelung

Handelsrechtlich sind beide Abschreibungsmethoden zugelassen. Im **Steuerrecht** ist die degressive Abschreibung abgeschafft worden. Abnutzbare Anlagegüter, die im Jahr 2008 oder ab 2011 angeschafft wurden, müssen daher für die Steuerbilanz linear abgeschrieben werden. Auf Anschaffungen aus den Jahren vor 2008 sowie 2009 und 2010 dürfen auch für steuerliche Zwecke weiter degressive Abschreibungen verrechnet werden, wobei je nach Zugangsjahr unterschiedliche Prozentsätze und Höchstbeträge zulässig sind (siehe S. 187).

Merke

- **Handelsrechtlich dürfen abnutzbare Anlagegüter über ihre Nutzungsdauer linear oder degressiv abgeschrieben werden.**
- **Steuerrechtlich ist für Zugänge von beweglichen Wirtschaftsgütern in 2008 und ab 2011 die degressive Abschreibungsmethode abgeschafft, sodass linear abgeschrieben werden muss.**
- **Abschreibungsgrundlage sind die Anschaffungs- bzw. Herstellungskosten.**

Beispiele

Nutzungsdauer (Jahre) von Anlagegütern lt. AfA-Tabelle:

1. Betriebliche Gebäude	25–33	6. Personalcomputer	3
2. Lagereinrichtungen	14	7. Drucker, Scanner u. a.	3
3. Hochregallager	15	8. Registrierkassen	6
4. Büromöbel	13	9. Lastkraftwagen	9[1]
5. Großrechner	7	10. Personenwagen	6[1]

Ermitteln Sie die entsprechenden Abschreibungssätze (in Prozent).

$$\text{Abschreibungsbetrag} = \frac{\text{Anschaffungskosten}}{\text{Nutzungsdauer}} \qquad \text{Abschreibungssatz \%} = \frac{100\ \%}{\text{Nutzungsdauer}}$$

Aufgabe 76

Die Anschaffungskosten einer Maschine, die am 3. Januar 2010 angeschafft wurde, belaufen sich auf 400.000,00 €. Die Nutzungsdauer beträgt zehn Jahre.

a) *Ermitteln Sie bei linearer Abschreibung jeweils den Abschreibungsbetrag und -satz.*

b) *Welcher AfA-Satz ist steuerlich für die degressive Abschreibung anzuwenden?*

c) *Stellen Sie die Abschreibungsbeträge bei linearer und degressiver Abschreibung wenigstens für die ersten vier Jahre in einer Tabelle gegenüber und ermitteln Sie für jedes Jahr den Buch- bzw. Restwert.*

d) *Buchen Sie für das erste Jahr die Abschreibung auf Maschinen (lineare Abschreibung). Richten Sie dazu folgende Konten ein: TA und Maschinen, Abschreibungen auf Sachanlagen, Schlussbilanzkonto, GuV-Konto.*

e) *Wie hätte sich der Maschinenkauf in 2013 steuerlich ausgewirkt?*

Aufgabe 77

Es sind folgende Konten einzurichten:
TA und Maschinen 290.000,00 €, Betriebs- und Geschäftsausstattung 120.000,00 €, Abschreibungen auf Sachanlagen, GuV-Konto, Schlussbilanzkonto.

Buchen Sie die Abschreibungen auf TA und Maschinen 58.000,00 €, auf Betriebs- und Geschäftsausstattung 12.000,00 €. Schließen Sie die Bestandskonten und das Konto Abschreibungen auf Sachanlagen ab und stellen Sie danach das Schlussbilanzkonto auf.

Aufgabe 78

Folgende Konten sind einzurichten:
TA und Maschinen 220.000,00 €, Betriebs- und Geschäftsausstattung 90.000,00 €, Fuhrpark 140.000,00 €, Abschreibungen auf Sachanlagen, GuV-Konto, Schlussbilanzkonto.

Lt. Inventur sind folgende Schlussbestände vorhanden:
TA und Maschinen 196.000,00 €, Betriebs- und Geschäftsausstattung 81.000,00 €, Fuhrpark 113.000,00 €.

Buchen Sie die Abschreibungen und schließen Sie diese Konten ab.

Aufgabe 79

Anfangsbestände
TA und Maschinen 120.000,00 €, Betriebs- und Geschäftsausstattung 35.000,00 €, Fuhrpark 30.000,00 €, Waren 44.000,00 €, Forderungen a. LL 9.000,00 €, Kasse 8.000,00 €, Bank 48.000,00 €, Verbindlichkeiten a. LL 24.000,00 €, Darlehensschulden 30.000,00 €, Eigenkapital 240.000,00 €.

Bestandskonten: TA und Maschinen, Betriebs- und Geschäftsausstattung, Fuhrpark, Warenbestände, Forderungen a. LL, Kasse, Bank, Verbindlichkeiten a. LL, Darlehensschulden, Eigenkapital, Umsatzsteuer, Vorsteuer, Schlussbilanzkonto.

Erfolgskonten: Wareneingang, Löhne, Gewerbesteuer, Abschreibungen auf Sachanlagen, Warenverkauf, Gewinn- und Verlustkonto.

Geschäftsfälle

1. Kauf von Waren auf Ziel, netto	3.800,00
+ Umsatzsteuer	722,00

1 Bei besonders starker Belastung ist eine Verkürzung der Nutzungsdauer möglich.

2.	Banküberweisung eines Kunden	3.332,00
3.	Banküberweisung an einen Lieferer	2.380,00
4.	Banküberweisung für Gewerbesteuer[1]	950,00
5.	Lohnzahlung durch Banküberweisung	4.100,00
6.	Teilrückzahlung eines Darlehens durch Banküberweisung	3.500,00
7.	Verkauf von Waren auf Ziel, netto	68.200,00
	+ Umsatzsteuer	12.958,00

Abschlussangaben

1. Abschreibungen: TA und Maschinen 12.000,00 €, BGA 2.500,00 €, Fuhrpark 3.000,00 €.
2. Endbestand an Waren lt. Inventur 11.650,00
3. Die übrigen Inventurwerte stimmen mit den Buchwerten überein.

Auswertung

1. *Wie hoch sind die gesamten Aufwendungen der Abrechnungsperiode?*
2. *Welche Erträge stehen diesen Aufwendungen gegenüber?*
3. *Wie hoch ist demnach der Erfolg (Gewinn oder Verlust)?*
4. *Wie wirkt sich ein Gewinn bzw. Verlust auf das Eigenkapital aus?*
5. *Weisen Sie den Erfolg auch durch Kapitalvergleich nach, indem Sie das Eigenkapital am Ende des Geschäftsjahres mit dem zu Beginn des Jahres vergleichen.*

Aufgabe 80

Anfangsbestände

TA und Maschinen 150.000,00 €, Betriebs- und Geschäftsausstattung 40.000,00 €, Fuhrpark 50.000,00 €, Waren 38.000,00 €, Forderungen a. LL 20.000,00 €, Kasse 9.500,00 €, Bank 38.000,00 €, Verbindlichkeiten a. LL 28.000,00 €, Darlehensschulden 40.000,00 €, Eigenkapital 277.500,00 €.

Kontenplan: wie in Aufgabe 79, zusätzlich Konto „Gehälter".

Geschäftsfälle

1.	Verkauf von Waren auf Ziel, brutto	32.011,00
2.	Kauf einer Maschine gegen Bankscheck, netto	5.000,00
	+ Umsatzsteuer	950,00
3.	Aufnahme eines Darlehens bei der Bank	25.000,00
4.	Lohnabschlagszahlung bar	5.100,00
5.	Banküberweisung eines Kunden	2.975,00
6.	Banküberweisung für Gewerbesteuer[1]	900,00
7.	Zieleinkauf von Waren, Rechnungsbetrag	17.850,00
8.	Gehaltsabschlagszahlung bar	3.500,00
9.	Verkauf von Waren, gegen bar, brutto	7.735,00
	auf Ziel, brutto	45.458,00

Abschlussangaben

1. Abschreibungen: TA und Maschinen 6.000,00 €, BGA 3.000,00 €, Fuhrpark 7.000,00 €.
2. Inventurbestand an Waren 12.800,00

Aufgabe 81

1. *Unterscheiden Sie zwischen linearer und degressiver Abschreibung.*
2. *Erläutern Sie die Gewinnauswirkung bei beiden Abschreibungsmethoden im Jahr der Anschaffung des Anlagegegenstandes.*
3. *Welchen besonderen Vorteil hat die degressive Abschreibung?*
4. *Erläutern Sie den Kreislauf der Abschreibung.*
5. *Inwiefern ist die Abschreibung ein Mittel der Selbstfinanzierung?*

1 Siehe Fußnote auf S. 48.

7 Privatentnahmen und Privateinlagen

7.1 Privatkonten

Zum Lebensunterhalt entnimmt der persönlich haftende Unternehmer seinem Unternehmen Geld- und Sachwerte. Überweisungen für Privatzwecke erfolgen oft über die betrieblichen Bankkonten, wie z. B. Zahlungen für Lebens- und Krankenversicherung, Einkommen- und Kirchensteuer u. a. Diese **Privatentnahmen**, die meist im Vorgriff auf den zu erwartenden Jahresgewinn erfolgen, **mindern** jedoch zunächst das im Unternehmen arbeitende **Eigenkapital**. Zuweilen bringt der Unternehmer aber auch Geld- oder Sachwerte aus seinem Privatvermögen in das Unternehmen ein, wie z. B. ein Grundstück aus einer Erbschaft. Diese **Privateinlagen erhöhen das Eigenkapital** seines Unternehmens.

Privatkonten

Privatentnahmen und Privateinlagen verändern das Eigenkapital. Aus Gründen der Übersichtlichkeit werden sie aber nicht direkt über das Eigenkapitalkonto, sondern zunächst auf **Unterkonten des Eigenkapitalkontos** gebucht, den Konten

Privatentnahmen und **Privateinlagen**.[1]

Das Konto „Privatentnahmen" erfasst im Soll die Entnahmen und das Konto „Privateinlagen" im Haben die Einlagen. Zum Jahresschluss werden die Privatkonten über das Eigenkapitalkonto abgeschlossen.

Abschlussbuchungen:

- **Eigenkapital** an **Privatentnahmen**
- **Privateinlagen** an **Eigenkapital**

Beispiele

❶ Großhändler Kurz entnimmt dem betrieblichen Bankkonto 22.000,00 € für Privatzwecke.
Buchung:
Privatentnahmen .... an **Bank** **22.000,00**

❷ Kurz bringt seinen Privat-PKW ins Betriebsvermögen ein: 10.000,00 € Zeitwert.
Buchung:
Fuhrpark .... an **Privateinlagen** **10.000,00**

S	Privatentnahmen		H
Bank	22.000,00	EK	22.000,00

S	Privateinlagen		H
EK	10.000,00	Fuhrpark	10.000,00

S	Eigenkapital		H
Privatentnahmen	22.000,00	Anfangsbestand	200.000,00
Schlussbestand	238.000,00	Privateinlagen	10.000,00
		Gewinn (GuV)	50.000,00
	260.000,00		260.000,00

Merke

- **Das Privatkonto ist ein Unterkonto des Eigenkapitalkontos.**
- **Das Eigenkapital verändert sich durch**
  - **Privatentnahmen und Einlagen aus dem Privatvermögen sowie durch den**
  - **Gewinn oder Verlust des Geschäftsjahres.**

1 Die Privatkonten können nur für den Einzelunternehmer oder den unbeschränkt haftenden Gesellschafter einer Offenen Handelsgesellschaft (OHG) oder Kommanditgesellschaft (KG) eingerichtet werden.

693774

7.2 Unentgeltliche Entnahme von Waren, sonstigen Gegenständen und Leistungen

Entnahme
§ 3 [1b] und [9a] UStG

Der **Umsatzsteuer unterliegen** nicht nur Lieferungen und Leistungen eines Unternehmens gegen Entgelt, sondern auch **unentgeltliche Entnahmen von Sachgütern und sonstigen Leistungen** des Unternehmens durch den Unternehmer **zu unternehmensfremden (z. B. privaten) Zwecken.** Dabei handelt es sich im Wesentlichen um

- Privatentnahmen von Gegenständen wie Waren und Anlagegütern,
- den privaten Einsatz betrieblicher Gegenstände wie Fahrzeuge, Werkzeuge, Maschinen,
- die private Inanspruchnahme betrieblicher Leistungen wie Reparaturarbeiten,

sofern die entnommenen oder genutzten Gegenstände zum Vorsteuerabzug berechtigt haben. Der **Unternehmer** wird dadurch umsatzsteuerlich **dem Endverbraucher gleichgestellt.** Die genannten Vorgänge werden im Haben der Ertragskonten

„Entnahme von Waren" sowie
„Entnahme von sonstigen Gegenständen und Leistungen" **(kurz: ... v. s. G. u. L.)**

gebucht. Für jede Entnahme ist ein **Eigenbeleg** zu erstellen, der den Nettoentnahmewert sowie die Umsatzsteuer ausweist.

Beispiel 1

Möbelgroßhändler Kurz entnimmt dem Warenlager den Esstisch TE 56 zum Einstandswert von 700,00 € + 19 % Umsatzsteuer für Privatzwecke.

Buchungen:

❶ **Privatentnahmen**	833,00	an	**Entnahme von Waren**	700,00
		an	**Umsatzsteuer**	133,00
❷ **Entnahme von Waren**		an	**GuV-Konto**	700,00

Möbel-großhandel Werner KURZ e. K.

Privatentnahme Esstisch TE 56

Einstandswert	700,00 €
+ 19 % Umsatzsteuer	133,00 €
Entnahme, brutto	833,00 €

Stuttgat, ..-08-10 Werner Kurz

S	Privatentnahmen		H
❶ Entn./USt	833,00		

S	Entnahme von Waren		H
❷ GuV	700,00	❶ Privatentn.	700,00

S	Umsatzsteuer		H
		❶ Privatentn.	133,00

S	GuV-Konto		H
		❷ Entn.	700,00

Beispiel 2

Möbelgroßhändler Kurz lässt die Heizung seines Wohnhauses durch den eigenen Betrieb warten. **Die Buchungsanweisung für diese private Inanspruchnahme einer betrieblichen Leistung lautet:**

7,5 Arbeitsstunden zu je 40,00 €	300,00 €
+ 19 % Umsatzsteuer	57,00 €
Entnahme, brutto	**357,00 €**

Buchung:	**Privatentnahmen**	**357,00**	an	**Entnahme v. s. G. u. L.**	300,00
			an	**Umsatzsteuer**	57,00

Private Nutzung des Geschäftswagens

Die private Nutzung des Geschäftswagens wird durch Führung eines **Fahrtenbuchs oder nach der 1 %-Bruttolistenpreisregelung** nachgewiesen und ermittelt. Der **private Nutzungsanteil** unterliegt der **Umsatzsteuer.** Bei Anschaffung des Fahrzeugs kann der **volle Vorsteuerabzug** geltend gemacht werden. **Buchung:** Fuhrpark und Vorsteuer an Verbindlichkeiten a. LL.

Bei der Ermittlung des umsatzsteuerpflichtigen privaten Nutzungsanteils an den Fahrzeugkosten bleiben die **vorsteuerfreien** Kosten (z. B. Kfz-Steuer/-Versicherung) **außer Ansatz.**

Der private Nutzungsanteil an den Geschäftswagenkosten kann **ermittelt werden**

1. **durch Einzelnachweis:** Die zurückgelegten Kilometer sind jeweils für Dienst- und Privatfahrten getrennt in einem Fahrtenbuch ordnungsgemäß nachzuweisen;
2. **alternativ mithilfe der 1 %-Bruttolistenpreisregelung:** Die private Nutzung muss **für jeden Kalendermonat mit 1 % des inländischen Listenpreises des Fahrzeugs zum Zeitpunkt der Erstzulassung zuzüglich Sonderausstattung und einschließlich Umsatzsteuer** angesetzt werden. Diese Ein-Prozent-Pauschalmethode kann nur angewendet werden, wenn die **betriebliche Nutzung** des Firmenwagens **mehr als 50 %** beträgt.

Das Ergebnis aus beiden Berechnungsmethoden ist **umsatzsteuerpflichtig (19 %).**

Beispiel

Die Gesamtkosten eines Geschäftswagens des Möbelgroßhändlers Kurz (z. B. AfA, Wartungs- und Treibstoffkosten u. a.) betragen in einem Geschäftsjahr nach Abzug der vorsteuerfreien Kosten 10.000,00 €. Herr Kurz nutzt das Fahrzeug lt. Fahrtenbuch zu 25 % privat.

	Nutzungsentnahme, netto	2.500,00 €
+	19 % Umsatzsteuer	475,00 €
	Nutzungsentnahme, brutto	**2.975,00 €**

Buchung:	**Privatentnahmen**	**2.975,00**	an	**Entnahme v. s. G. u. L.**	**2.500,00**
			an	**Umsatzsteuer**	**475,00**

Der private Anteil an den laufenden Telekommunikationskosten (Telefonmiete[1], Grund-/Gesprächsgebühren) ist **keine umsatzsteuerpflichtige Leistungsentnahme** (A 3.4 [4] und A 15.2 [21] Nr. 1 UStAE). Deshalb sind die **Telekommunikationskosten** und die **Vorsteuer** um den **privaten Anteil zu korrigieren.**

Beispiel

Möbelgroßhändler Kurz nutzt das Geschäftstelefon zu 10 % privat. Januar-Telefonrechnung:

	Miete, Grund-/Gesprächsgebühren	1.000,00 €
+	19 % Umsatzsteuer	190,00 €
	Rechnungsbetrag	**1.190,00 €**

Buchungen:

❶	**Kosten d. Telekommunikation**	**1.000,00**			
	Vorsteuer	**190,00**	an	**Bank**	**1.190,00**
❷	**Privatentnahmen**	**119,00**	an	**Kosten d. Telekommunikation**	**100,00**
			an	**Vorsteuer**	**19,00**

Merke

Unentgeltliche Entnahmen von vorsteuerabzugsberechtigten Gegenständen und sonstigen Leistungen eines Unternehmens durch den Unternehmer zu unternehmensfremden Zwecken sind grundsätzlich umsatzsteuerpflichtig (§ 3 [1b] und [9a] UStG).

Aufgabe 82

Richten Sie das Bankkonto (AB 200.000,00 €), das Konto „Unbebaute Grundstücke“ (AB 0,00 €), das Eigenkapitalkonto (AB 300.000,00 € + 80.000,00 € Gewinn lt. GuV-Konto) und die Privatkonten ein. Buchen Sie für den Möbelgroßhandel W. Kurz e. K. unter Nennung des jeweiligen Buchungssatzes die folgenden Geschäftsfälle auf den genannten Konten:

1. W. Kurz zahlt aus seinem Privatvermögen 20.000,00 € auf das betriebliche Bankkonto ein.
2. W. Kurz überweist 2.800,00 € Miete für ein Ferienhaus vom Geschäftsbankkonto.
3. Für private Ausgaben entnimmt W. Kurz 2.500,00 € dem Geschäftsbankkonto.
4. W. Kurz begleicht seine Zahnarztrechnung über das Geschäftsbankkonto: 640,00 €.
5. W. Kurz hat sein Erbgrundstück ins Betriebsvermögen eingebracht: 160.000,00 € Zeitwert.
6. W. Kurz überweist seine Einkommen- und Kirchensteuervorauszahlung in Höhe von 36.500,00 € über das Geschäftsbankkonto an das Finanzamt.

Schließen Sie die Privatkonten unter Nennung der Buchungssätze ab, ermitteln Sie danach den Schlussbestand im Eigenkapitalkonto und erläutern Sie die Veränderungen in diesem Konto.

1 Bei gekauften Telefonanlagen sind die Abschreibungen in Höhe der Privatnutzung anteilig als umsatzsteuerpflichtige Entnahme zu buchen: Privatentnahmen an Entnahme v. s. G. u. L. und Umsatzsteuer.

693776

Aufgabe 83

Richten Sie die Konten Eigenkapital, Gewinn und Verlust, Privatentnahmen und Privateinlagen ein und übertragen Sie die folgenden Buchungsbeträge:

	a)	b)
Anfangsbestand des Eigenkapitalkontos	500.000,00	400.000,00
Gesamtaufwendungen	650.000,00	580.000,00
Gesamterträge	790.000,00	540.000,00
Privatentnahmen	120.000,00	60.000,00
Privateinlagen	40.000,00	50.000,00

1. *Schließen Sie das Gewinn- und Verlustkonto und die Privatkonten ab.*
2. *Ermitteln Sie im Eigenkapitalkonto den Schlussbestand.*
3. *Erläutern Sie die Auswirkungen der privaten Vorgänge und des Gewinn- und Verlustkontos auf den Anfangsbestand des Eigenkapitals.*

Aufgabe 84

Erläutern Sie jeweils die Auswirkung auf das Anfangseigenkapital:

1. Gewinn > Entnahmen
2. Gewinn < Entnahmen
3. Verlust < Einlagen
4. Verlust > Einlagen

Aufgabe 85

Richten Sie für den Möbelgroßhandel W. Kurz e. K. folgende Konten ein: Fuhrpark, Privatentnahmen, Privateinlagen, Bank (AB 95.000,00 €), Vorsteuer, Umsatzsteuer, Entnahme von Waren, Entnahme v. s. G. u. L., Kosten der Telekommunikation, GuV-Konto. Buchen Sie jeweils unter Nennung des Buchungssatzes die folgenden Geschäftsfälle auf Konten und schließen Sie die Konten „Entnahme von Waren", „Entnahme v. s. G. u. L.", „Privatentnahmen" und „Privateinlagen" ab.

1. Die Telefonrechnung für Februar (gemietete Anlage) wird mit 1.785,00 € (1.500,00 € netto + 285,00 € USt) durch Bankabbuchung beglichen. Der private Nutzungsanteil beträgt 250,00 € netto + USt.
2. W. Kurz entnimmt einen Schrank S 345 zum Einstandswert von 600,00 € für Privatzwecke.
3. Das neu angeschaffte Geschäftsfahrzeug (50.000,00 € Anschaffungskosten + 19 % USt) wird von Herrn Kurz auch privat genutzt (Gesamtkosten 12.000,00 €, privater Nutzungsanteil lt. Fahrtenbuch 25 %). *Buchen Sie die Anschaffung und die private Nutzung des Fahrzeugs.*
4. W. Kurz überweist die Rechnung für den Kauf eines Kleinwagens seiner Tochter in Höhe von 10.500,00 € über das Geschäftsbankkonto.
5. Das Geschäftsbankkonto weist für Herrn Kurz eine Gutschrift für erstattete Einkommen- und Kirchensteuer aus: 12.800,00 €.
6. Herr Kurz lässt das Unkraut im Garten seines Privathauses von einem Angehörigen seines Betriebes beseitigen. Kosten: 150,00 € netto + USt.

Aufgabe 86

Nennen Sie als Buchhalter/-in des Möbelgroßhandels W. Kurz e. K. die Buchungssätze zu folgenden fünf Belegen:

Beleg 1

Möbel-großhandel Werner KURZ e. K.

Quittung

Barentnahme für den Haushalt 2.000,00 €.

Stuttgart, ..-12-12

Werner Kurz

Beleg 2

Möbel-großhandel Werner KURZ e. K.

Entnahme für Privatzwecke

Schreibtisch ST 306	
Einstandswert	400,00 €
+ 19 % Umsatzsteuer ...	76,00 €
	476,00 €

Stuttgart, ..-12-13 Werner Kurz

Beleg 3

Beleg / Quittung für den Auftraggeber

Konto-Nr. des Auftraggebers: 723 544 32

Empfänger
Hermann-Gmeiner-Fonds Deutschland e. V.
Menzinger Straße 23, 80638 München

Konto-Nr. des Empfängers
1 111 111 Deutsche Bank, München

Spende zur Förderung der SOS-Kinderdörfer in aller Welt

€ 650,00

Auftraggeber/Einzahler (genaue Anschrift)

Möbelgroßhandel
Werner Kurz e. K.
Industriestraße 30 – 36
70565 Stuttgart

Beleg 4

€uro-Überweisung

LBBW Landesbank Baden-Württemberg

Nur für Überweisungen in Deutschland, in andere EU-/EWR-Staaten und in die Schweiz in Euro.
Bitte Meldepflicht gemäß Außenwirtschaftsverordnung beachten!

Angaben zum Begünstigten: Name, Vorname/Firma (max. 27 Stellen, bei maschineller Beschriftung max. 35 Stellen)
Dr. med. Heinz Klein

IBAN
DE24600501010065034244

BIC des Kreditinstituts (8 oder 11 Stellen)
SOLADEST600

Betrag: Euro, Cent
450,00

Kunden-Referenznummer – Verwendungszweck, ggf. Name und Anschrift des Überweisenden – (nur für Begünstigten)
Arztrechn. vom 28. Nov. ..

noch Verwendungszweck (insgesamt max. 2 Zeilen à 27 Stellen, bei maschineller Beschriftung max. 2 Zeilen à 35 Stellen)

Angaben zum Kontoinhaber: Name, Vorname/Firma, Ort (max. 27 Stellen, keine Straßen- oder Postfachangaben)
Möbelgroßhandel W. Kurz e.K.

IBAN
DE14600501010072381479 16

Datum ..-12-12

Unterschrift(en) Werner Kurz

€URO-ÜBERWEISUNG (SEPA)

Beleg 5

Beleg Nr. 604

Möbelgroßhandel Werner KURZ e. K.

Buchungsanweisung

Privater Anteil an den Nov.-Telefonkosten: netto 150,00 € + 28,50 € USt. Die bereits gebuchte Telekom-Rechnung (gemietete Anlage) lautete über netto 3.000,00 € + 570,00 € USt.

Stuttgart, ..-12-13 W. Kurz

Aufgabe 87

Anfangsbestände

Geschäftsausstattung	180.000,00	Bankguthaben	33.000,00
Fuhrpark	45.000,00	Kasse	8.000,00
Waren	87.000,00	Verbindlichkeiten a. LL	48.000,00
Forderungen a. LL	44.000,00	Umsatzsteuer	6.000,00
		Eigenkapital	343.000,00

Kontenplan

Weitere einzurichtende Konten: Eröffnungsbilanzkonto, Vorsteuer, Wareneingang, Löhne, Instandhaltung, Bürobedarf, Mietaufwendungen, Abschreibungen auf Sachanlagen, Warenverkauf, Entnahme von Waren, Entnahme v. s. G. u. L., Gewinn- und Verlustkonto, Privatentnahmen, Privateinlagen, Schlussbilanzkonto.

Geschäftsfälle

1.	BA 1: Unsere Banküberweisung für Miete: Betrieb	1.200,00
	privat	300,00
2.	BA 2: Banküberweisung an Lieferer: Rechnungsbetrag	14.756,00
3.	KB 1: Privatentnahme in bar	350,00
4.	Zielverkauf von Waren lt. AR 966–978, netto	54.800,00
	+ Umsatzsteuer	10.412,00
5.	KB 2: Barzahlung der Prämie für die private Lebensversicherung	700,00
6.	BA 3: Banküberweisung der Umsatzsteuer-Zahllast	6.000,00
7.	Zielkauf von Waren lt. ER 806–809, netto	9.500,00
	+ Umsatzsteuer	1.805,00
8.	KB 3: Barentnahme des Inhabers für Urlaubsreise	1.200,00
9.	KB 4: Barzahlung von Löhnen an Putzhilfen	4.200,00
10.	KB 5: Barkauf von Schreibmaterial, brutto	297,50
11.	KB 6: Barzahlung der Fahrzeugreparatur, brutto	476,00
12.	PE 1: Privatentnahme von Waren, Nettowert	1.200,00
13.	Die Heizungsanlage im Einfamilienhaus des Geschäftsinhabers wurde durch den eigenen Betrieb instand gesetzt. Kosten	500,00
	+ Umsatzsteuer	95,00
14.	BA 4: Kapitaleinlage des Geschäftsinhabers durch Bankeinzahlung	20.000,00

Abschlussangaben

1. Abschreibungen: Geschäftsausstattung 8.000,00 €, Fuhrpark 2.000,00 €.
2. Inventurbestand an Waren 70.000,00

Ermitteln Sie auch den Erfolg durch Kapitalvergleich.

Aufgabe 88

1. *Welcher Zusammenhang besteht zwischen Gewinn und Privatentnahmen?*
2. *Was versteht man im Sinne des Umsatzsteuergesetzes unter „Entnahmen"?*
3. *Begründen Sie, weshalb die unentgeltlichen Entnahmen umsatzsteuerpflichtig sind.*
4. *Begründen Sie, weshalb privat entnommene Waren zum Einstandspreis (Bezugspreis) und nicht zum Verkaufspreis gebucht werden müssen.*
5. *Wie bucht der Einzelunternehmer seine Barspende an das Rote Kreuz?*

8 Organisation der Buchführung

8.1 Kontenrahmen des Groß- und Außenhandels

8.1.1 Aufgaben und Aufbau des Kontenrahmens

Anforderungen an ein Kontenordnungssystem

Früher konnte jeder Kaufmann seine Buchführung nach eigenem Ermessen aufbauen und die Konten nach Art, Bezeichnung und Zahl selbst bestimmen. Dadurch herrschte in den Buchhaltungen der Unternehmen ein ungeordnetes Vielerlei, das einerseits Vergleiche mit früheren Rechnungsperioden **(Zeitvergleiche)** erschwerte und andererseits Vergleiche mit branchengleichen Betrieben **(Betriebsvergleiche)** unmöglich machte. Nun soll aber gerade die Buchführung **kontenmäßig** die **Grundlagen** schaffen **für Zeit- und Betriebsvergleiche**, für die **Kosten- und Leistungsrechnung**, **Statistik** und **Planungsrechnung** sowie für den nach gesetzlichen Gliederungsvorschriften zu erstellenden **Jahresabschluss**. Dazu bedarf es eines **Kontenordnungssystems**, das die **Konten** nach bestimmten Gesichtspunkten **gliedert**, **einheitlich bezeichnet**, für die EDV **datengerecht** gestaltet und darüber hinaus auch die Belange des jeweiligen **Wirtschaftszweiges** berücksichtigt. Es gibt deshalb Kontenrahmen für den Groß- und Außenhandel, den Einzelhandel, die Industrie, das Handwerk, Banken und Versicherungen.

Der erste Kontenrahmen für den Groß- und Außenhandel (1937) entsprach bereits weitgehend den Anforderungen, die an ein einheitliches und übersichtliches Kontenordnungssystem gestellt werden. Dieser Kontenrahmen musste jedoch den durch das **Bilanzrichtlinien-Gesetz** (1985) eingetretenen Änderungen, insbesondere in den Gliederungsvorschriften für den Jahresabschluss, angepasst werden. In der 1988 vom „Bundesverband des Deutschen Groß- und Außenhandels e. V. (BGA)“ herausgegebenen **Neufassung des Kontenrahmens** entsprechen nunmehr auch die Kontenbezeichnungen den Posten der Bilanz (§ 266 HGB) und Gewinn- und Verlustrechnung (§ 275 HGB).

Aufbau des Großhandelskontenrahmens

Der Kontenrahmen für den Groß- und Außenhandel[1] ist wie alle Kontenrahmen nach dem **Zehnersystem** (Dezimal-Klassifikation) aufgebaut. Die **Konten** werden zunächst **nach Sachgruppen** in

10 Klassen von 0 bis 9

geordnet. Die **Reihenfolge der Kontenklassen** entspricht dabei weitgehend dem **Betriebsablauf in einem Großhandelsbetrieb** (Prozessgliederungsprinzip):

Kontenklasse	Inhalt der Kontenklassen
0	Anlage- und Kapitalkonten
1	Finanzkonten
2	Abgrenzungskonten
3	Wareneinkaufs- und Warenbestandskonten
4	Konten der Kostenarten
5	Konten der Kostenstellen
6	Konten für Umsatzkostenverfahren
7	frei
8	Warenverkaufskonten (Umsatzerlöse)
9	Abschlusskonten

1 Siehe Anlage im Anhang.

8.1.2 Kontenrahmen und Kontenplan

Im Kontenrahmen lässt sich jede der zehn Konten**klassen** (**ein**stellige Ziffer) in zehn Konten**gruppen** (**zwei**stellige Ziffer), jede Kontengruppe in zehn Konten**arten** (**drei**stellige Ziffer) und jede Kontenart in zehn Konten**unterarten** (**vier**stellige Ziffer) untergliedern.

Beispiel

Aus der Kontennummer 1311 erkennt man die

Kontenklasse:	1	Finanzkonten	**Kontenrahmen**
Kontengruppe:	13	Banken	
Kontenart:	131	Kreditinstitute	
Kontenunterart:	1311	Kreissparkasse	**Kontenplan**
(= Konten des Unternehmens)	1312	Deutsche Bank	

Kontenplan

Der Kontenrahmen für den Groß- und Außenhandel bildet die **einheitliche Grundordnung** für die Aufstellung **betriebsindividueller Kontenpläne** der Unternehmen dieses Wirtschaftszweiges. **Aus dem Kontenrahmen** entwickelt jedes Unternehmen seinen **eigenen Kontenplan**, der auf seine **besonderen Belange** (Branche, Struktur, Größe, Rechtsform) ausgerichtet ist. So lässt sich im Kontenplan eine weitere Untergliederung der Kontenarten in Kontenunterarten entsprechend den Bedürfnissen des Unternehmens vornehmen. Der Kontenplan enthält somit nur die im Unternehmen geführten Konten.

Vereinfachung der Buchungsarbeit

Der Kontenplan vereinfacht die Buchungen im Grund- und Hauptbuch, da die Kontenbezeichnungen durch Kontennummern ersetzt werden.

Beispiel

Geschäftsfall: Herr Kurz entnimmt der Geschäftskasse für Privatzwecke 1.800,00 €.

Buchungssatz

statt: **Privatentnahmen** an **Kasse** **1.800,00**

kurz: **1610** an **1510** **1.800,00**

S	**1610 Privatentnahmen**		H
1510	1.800,00		

S	**1510 Kasse**		H
...	7.500,00	1610	1.800,00

EDV-Kontenrahmen

Soll der Kontenrahmen des Groß- und Außenhandels zugleich auch als EDV-Kontenrahmen verwendet werden (wie für dieses Lehrbuch vorgesehen), ist jedes **Sachkonto des Hauptbuches** in der Regel mit einer **vierstelligen** Kontenziffer zu versehen. **Personenkonten** (Kunden- und Liefererkonten) haben stets **fünfstellige** Kontenziffern.

Merke

- **Der Kontenrahmen bildet für alle Unternehmen eines Wirtschaftszweiges die einheitliche Grundordnung für die Gliederung und Bezeichnung der Konten. Der Kontenrahmen ermöglicht damit**
  - **eine Vereinfachung und Vereinheitlichung der Buchungs- und Abschlussarbeiten sowie**
  - **Zeit- und Betriebsvergleiche zur Überwachung der Wirtschaftlichkeit.**
- **Der Kontenplan enthält nur die im Unternehmen geführten Konten.**

693780

8.1.3 Kontenrahmen des Groß- und Außenhandels im Überblick

Anlage- und Kapitalkonten — Klasse 0

Die Kontenklasse 0 enthält die Anlage- und Kapitalkonten. Sie bilden die **Grundlage des Groß- und Außenhandelsunternehmens** und sind im Wesentlichen nach dem **Bilanzgliederungsschema** des § 266 HGB (siehe Anhang) gegliedert. Die Kontengruppe **„06 Eigenkapital" berücksichtigt die Rechtsform** des Unternehmens und enthält Eigenkapitalkonten für Einzelkaufleute, Personenhandelsgesellschaften und Kapitalgesellschaften.

Finanzkonten — Klasse 1

Die Kontenklasse 1 enthält die Finanzkonten des Unternehmens. Sie geben Auskunft über die Liquidität und erfassen den Geldverkehr über **Kasse, Bank und Postbank** und den kurzfristigen Kreditverkehr mit den Kunden **(Forderungen a. LL)** und Lieferern **(Verbindlichkeiten a. LL)** sowie dem Finanzamt im Hinblick auf **Vorsteuer und Umsatzsteuer**. Zu den Finanzkonten rechnen auch sonstige Verbindlichkeiten sowie die Konten **„1610 Privatentnahmen"** und **„1620 Privateinlagen"**.

Abgrenzungskonten — Klasse 2

Die Kontenklasse 2 enthält die Konten, die eine **sachliche** Abgrenzung der Aufwendungen und Erträge gegenüber dem reinen **Warenhandelsgeschäft** als dem eigentlichen **Betriebszweck** ermöglichen sollen. Die Abgrenzungskonten erfassen im Wesentlichen die **neutralen** (betriebsfremden, außerordentlichen und periodenfremden) **Aufwendungen und Erträge** und bilden damit eine wichtige **Vorstufe der Kosten- und Leistungsrechnung**, in der erst eine exakte **Abgrenzungsrechnung** durchgeführt werden kann, und zwar **in tabellarischer Form**, um das reine **„Betriebsergebnis"** und das **„Neutrale Ergebnis"** des Unternehmens zu ermitteln (siehe S. 303 f.). Die Klasse 2 enthält auch Konten für sonstige betriebliche Erträge, wie z. B. die **Entnahme von sonstigen Gegenständen und Leistungen**.
Die **Abgrenzungskonten** der Kontenklasse 2 werden **direkt** über das **Gewinn- und Verlustkonto** abgeschlossen.

Wareneinkaufs- und Warenbestandskonten — Klasse 3

In der Kontenklasse 3 werden die Waren**eingänge** und die Waren**bestände** (Anfangs- und Schlussbestand) auf **getrennten** Konten erfasst. Erst unter Berücksichtigung der **Warenbestandsveränderung** lässt sich auf dem Wareneingangskonto der **Wareneinsatz** ermitteln. Wareneingänge und Warenbestände können **nach Warengruppen** gegliedert werden. Da die Wareneingänge nach § 255 [1] HGB zu ihren Anschaffungskosten zu erfassen sind, müssen in dieser Kontenklasse auch die **Warenbezugskosten** als Anschaffungsnebenkosten, die **Warenrücksendungen** und **alle Anschaffungskostenminderungen** (Nachlässe, Boni und Skonti von Lieferern) auf entsprechenden **Unterkonten** des Wareneingangskontos gebucht werden.

Konten der Kostenarten — Klasse 4

Die Konten der Klasse 4 erfassen nur bedingt die im Rahmen des Warenhandelsgeschäftes anfallenden **betriebsnotwendigen** Aufwendungen = **Kosten**. Zur **genauen Ermittlung des Betriebsergebnisses** und für Zwecke der Kostenrechnung bevorzugt man die **tabellarische Form** der Abgrenzung und Erfassung aller Kosten einschließlich der kalkulatorischen Kostenarten im Rahmen der Kosten- und Leistungsrechnung (siehe S. 303 ff., S. 310 ff.).
Die Kostenkonten der Klasse 4 werden direkt zum Gewinn- und Verlustkonto abgeschlossen.

Konten der Kostenstellen — Klasse 5

In der Kontenklasse 5 können für die Kostenstellen des Betriebes Konten eingerichtet werden: z. B. Einkauf, Lager, Vertrieb, Verwaltung, Fuhrpark u. a. **Branchen- und betriebsbedingt** sind **unterschiedliche Aufteilungen** erforderlich. In der Praxis wird die **Kostenstellenrechnung** in der Regel nicht kontenmäßig, sondern **tabellarisch** durchgeführt (siehe S. 358 ff.).

Klasse 6 **Konten für Umsatzkostenverfahren**

Kapitalgesellschaften, die ihre **Gewinn- und Verlustrechnung** in Form des Umsatzkostenverfahrens **veröffentlichen** (siehe Anhang: § 275 [3] HGB), können in der Kontenklasse 6 die dazu erforderlichen Konten einrichten.

Klasse 7 **Frei**

Klasse 8 **Warenverkaufskonten (Umsatzerlöse)**

In der Kontenklasse 8 werden die eigentlichen **betrieblichen Erträge** des Groß- und Außenhandelsunternehmens erfasst: die **Erlöse aus Warenverkäufen**. Die Gliederung nach **Warengruppen** muss mit den Wareneingangs- und Warenbestandskonten der Klasse 3 korrespondieren. **Warenrücksendungen** der Kunden und **Erlösberichtigungen** durch Nachlässe, Boni und Skonti an Kunden sind entsprechenden **Unterkonten** zuzuordnen.
In der Kontenklasse 8 wird auch die unentgeltliche **Entnahme von Waren** erfasst. Die Entnahme von sonstigen Gegenständen und Leistungen wird in der Klasse 2 gebucht. Die Konten der Klasse 8 werden in der Regel direkt über das **GuV-Konto** abgeschlossen.

Klasse 9 **Abschlusskonten**

Die Kontenklasse 9 enthält das **Eröffnungsbilanzkonto 9100** und die Abschlusskonten **„9300 Gewinn und Verlust“** und **„9400 Schlussbilanzkonto“**. Nach Bedarf kann dem GuV-Konto noch das Konto **„9200 Warenabschluss“** (siehe S. 147 f.) vorgeschaltet werden.

Merke

Dem Kontenrahmen für den Groß- und Außenhandel liegt das Prozessgliederungsprinzip zugrunde.

Aufgabe 89

Wie lauten die Kontenbezeichnungen und Geschäftsfälle?

1. 0330 und 1410 an 1710
2. 3010 und 1410 an 1710
3. 1010 an 8010 und 1810
4. 4000 an 1310
5. 4710 und 1410 an 1510
6. 4400 und 1410 an 1310
7. 1710 an 1310
8. 1610 an 8710 und 1810
9. 1310 an 1010

Aufgabe 90

Anfangsbestände

BGA	160.000,00	Kasse	3.000,00
Fuhrpark	120.000,00	Waren	120.000,00
Forderungen a. LL	78.000,00	Verbindlichkeiten a. LL	88.000,00
Bankguthaben	107.000,00	Eigenkapital	500.000,00

Kontenplan: 0330, 0340, 0610, 1010, 1310, 1410, 1510, 1610, 1710, 1810, 3010, 3910, 4020, 4100, 4810, 4910, 8010, 8710, 9100, 9300, 9400.

Geschäftsfälle

1.	Wareneinkäufe lt. ER 73–78, brutto	15.232,00
2.	Kauf eines Pkw (Betrieb) gegen Bankscheck, brutto	22.253,00
3.	Gehaltszahlung durch Banküberweisung	4.800,00
4.	Warenverkäufe lt. AR 92–96 auf Ziel, brutto	80.920,00
5.	Banküberweisung an Lieferer zum Ausgleich von ER 71	16.898,00
6.	Privatentnahme von Waren lt. Entnahmebeleg, Warenwert	450,00
7.	Barabhebung bei der Bank	2.100,00
8.	Unsere Geschäftsmiete wird durch Bank überwiesen	7.800,00
9.	Barkauf von Schreibmaterial einschließlich USt	416,50
10.	Banküberweisung eines Kunden zum Ausgleich von AR 89	19.278,00

Abschlussangaben

1. Warenendbestand lt. Inventur 98.420,00
2. Abschreibungen lt. Anlagenkartei: BGA 3.200,00 €, Fuhrpark 2.400,00 €.

693782

8.2 Die Belegorganisation

8.2.1 Bedeutung und Arten der Belege

Die Richtigkeit der Buchungen kann nur anhand der Belege überprüft werden. Deshalb muss jeder Buchung ein entsprechender Beleg zugrunde liegen. Der wichtigste **Grundsatz ordnungsmäßiger Buchführung** (§ 238 [2] HGB) lautet deshalb:

Keine Buchung ohne Beleg! — Merke

Nach der Herkunft der Belege unterscheidet man zwischen **externen** Belegen (= Fremdbelege) und **internen** Belegen (= Eigenbelege).

Belegarten

Externe Belege (Fremdbelege) werden von Außenstehenden ausgestellt.	**Interne Belege (Eigenbelege)** werden im Unternehmen ausgestellt.
Beispiele: ■ Eingangsrechnungen ■ Quittungen ■ Gutschriftsanzeige des Lieferers für Warenrücksendung und nachträglichen Preisnachlass ■ Begleitbriefe zu erhaltenen Schecks ■ Erhaltene sonstige Geschäftsbriefe über z. B. nachträgliche Belastungen ■ Bankbelege (z. B. Kontoauszüge, Kontrollmitteilungen u. a.) ■ Postbelege (z. B. Quittungen über Einzahlungen, Versand u. a.)	**Beispiele:** ■ Kopien von Ausgangsrechnungen ■ Quittungsdurchschriften ■ Durchschrift der Gutschriftsanzeige an Kunden für Warenrücksendung und nachträglichen Preisnachlass ■ Durchschriften von Begleitbriefen zu weitergegebenen Schecks ■ Durchschriften von abgesandten sonstigen Geschäftsbriefen ■ Lohn- und Gehaltslisten ■ Belege über Privatentnahmen (Entnahme von Waren, Entnahme v. s. G. u. L.) ■ Belege über Storno- und Umbuchungen sowie Abschlussbuchungen

Ersatzbelege

Ersatzbelege sind auszustellen, wenn ein **Originalbeleg abhanden gekommen** ist oder ein Fremdbeleg nicht zu erhalten war. Bei verloren gegangenen Fremdbelegen wird man in der Regel eine Abschrift erbitten. Fehlen z. B. über eine Taxifahrt oder von auswärts geführte Ferngespräche die erforderlichen Belege, so ist ein Ersatzbeleg zu erstellen, der **Zeitpunkt, Grund und Höhe der Ausgabe** enthält.

8.2.2 Bearbeitung der Belege

Folgende Arbeitsstufen umfasst die Bearbeitung der Belege in der Buchhaltung:

- **Vorbereitung** der Belege zur Buchung
- **Buchung** der Belege im Grund- und Hauptbuch
- **Ablage** und Aufbewahrung der Belege

Vorbereitung der Belege

Die sorgfältige Vorbereitung der Belege ist unerlässliche Voraussetzung ordnungsmäßiger Buchführung. Dazu gehören:

- **Überprüfung der Belege** auf ihre **sachliche und rechnerische Richtigkeit.**
- **Bestimmung des Buchungsbeleges.** Gehören zu einem Geschäftsfall mehrere Belege (z. B. bei Banküberweisungen: Überweisungsvordruck und Kontoauszug/Kontrollmitteilung), muss vorab bestimmt werden, welcher Beleg als Buchungsunterlage verwendet werden soll, um mehrfache Buchungen zu vermeiden.
- **Ordnen der Belege nach Belegarten (Belegsortierung)** als **Voraussetzung für Sammelbuchungen** und eine ordnungsmäßige Ablage und **Aufbewahrung** der Belege:
  - Ausgangsrechnungen
  - Gutschriften an Kunden
  - Eingangsrechnungen
  - Gutschriften von Lieferern
  - Lohn- und Gehaltslisten
  - Bankbelege
  - Postbelege
  - Kassenbelege
  - Privatentnahmen/-einlagen
  - Sonstige Belege
- **Fortlaufende Nummerierung** der Belege innerhalb jeder Belegart.
- **Vorkontierung der Belege,** indem man mithilfe eines Kontierungsstempels die Buchungssätze bereits auf den Belegen angibt.

Belegvermerk/ Buchungsvermerk

Jede Buchung im Grund- und Hauptbuch enthält den Hinweis auf die **Belegart und die Belegnummer.** Dieser **Belegvermerk** (z. B. AR 15) stellt sicher, dass zu jeder Buchung der zugehörige Beleg sofort auffindbar ist. Umgekehrt muss nach jeder Buchung der **Buchungsvermerk auf dem Beleg** eingetragen werden, der die Journalseite, das Buchungsdatum sowie das Zeichen des Buchhalters angibt. Durch diese **wechselseitigen Hinweise** wird der **Beleg zum Bindeglied** zwischen Geschäftsfall und Buchung.

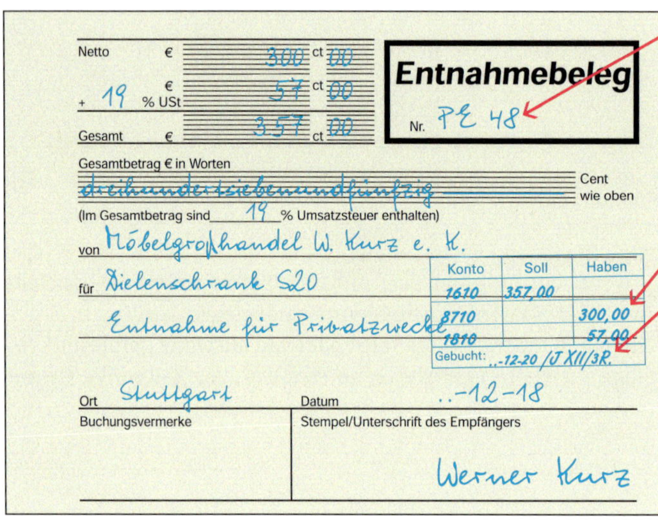
Entnahmebeleg Nr. PE 48

Netto € 300 ct 00
+ 19 % USt € 57 ct 00
Gesamt € 357 ct 00

Gesamtbetrag € in Worten: dreihundertsiebenundfünfzig — Cent wie oben

(Im Gesamtbetrag sind 19 % Umsatzsteuer enthalten)

von Möbelgroßhandel W. Kurz e. K.

für Dielenschrank S20 – Entnahme für Privatzwecke

Konto	Soll	Haben
1610	357,00	
8710		300,00
1810		57,00
Gebucht: ..-12-20 / J XII/3R.		

Ort Stuttgart Datum ..-12-18

Buchungsvermerke

Stempel/Unterschrift des Empfängers: Werner Kurz

Belegvermerk:
PE = Privatentnahmen
48 = Belegnummer

Vorkontierung

Buchungsvermerk:
J XII/3 = Eintragung im Grundbuch (Journal) für Dezember auf Seite 3
R = Kurzzeichen des Buchhalters

Belegaufbewahrung

Nach der Buchung müssen die Belege sorgfältig abgelegt und **zehn Jahre** aufbewahrt werden, **gerechnet vom Schluss des Kalenderjahres,** in dem der Beleg entstanden ist (§ 257 [4] HGB, § 147 [3] AO). **Für jede Belegart** wird in der Regel **ein Ordner** angelegt, in dem die Belege nach fortlaufender Nummer abgeheftet sind. Bei einer **Mikrofilmablage** oder der **Ablage auf sonstigen Datenträgern** muss die jederzeitige Wiedergabe der mikroverfilmten Belege bzw. der gespeicherten Daten sichergestellt sein (vgl. S. 11).

Merke **Die Belegorganisation ist die Grundlage ordnungsmäßiger Buchführung.**

693784

8.3 Die Bücher der Finanzbuchhaltung

Die Buchungen müssen **jederzeit nachprüfbar** sein. Sie sind deshalb jeweils

- in **zeitlicher Reihenfolge** zu erfassen,
- nach **sachlichen Gesichtspunkten** zu ordnen und
- gegebenenfalls **durch Nebenaufzeichnungen zu erläutern.**

Diese Ordnung der Buchungen erfolgt in bestimmten **„Büchern"** der Buchführung.

8.3.1 Das Grundbuch

Grundbuch (Journal)

Im Grundbuch (Journal) werden die Buchungen in **zeitlicher (chronologischer) Reihenfolge** erfasst. Im Einzelnen nimmt das Grundbuch folgende Buchungen auf:

1. **Eröffnungsbuchungen über EBK**
2. **Laufende Buchungen** aufgrund der vorkontierten Belege
3. **Vorbereitende Abschlussbuchungen**, die auch **Umbuchungen** genannt werden:
   - Buchung der Abschreibungen
   - Abschluss der Unterkonten (z. B. Privat)
   - Verrechnung der Vor- und Umsatzsteuer
4. **Abschlussbuchungen**
   - Abschluss der **Erfolgskonten** über das GuV-Konto
   - Abschluss des **GuV-Kontos** über das Eigenkapitalkonto
   - Abschluss der **Bestandskonten** über das Schlussbilanzkonto

Wichtige Daten sind im Grundbuch bzw. Journal auszuweisen: Belegdatum, Belegvermerk, Buchungstext, Kontierung und der Buchungsbetrag:

Journal		**Monat November ..**				**Seite ...**
Datum	**Beleg**	**Buchungstext**	**Kontierung**		**Betrag in €**	
			Soll	Haben	Soll	Haben
12. Nov. ..		Übertrag von Seite ...			...	...
12. Nov. ..	BA 158	Überweisung an Vits KG	1710	1310	4.760,00	4.760,00
13. Nov. ..	AR 896	Verkauf an Holzen OHG	1010	8010	7.140,00	6.000,00
				1810		1.140,00
14. Nov. ..	BA 159	Überweisung von Decker	1310	1010	2.856,00	2.856,00
...	...	...				
...	...	...				

Bedeutung des Grundbuches

Die chronologischen Aufzeichnungen im Journal ermöglichen es, jeden einzelnen Geschäftsfall während der Aufbewahrungsfristen schnell bis zum Beleg zurückzuverfolgen und damit nachzuweisen.

Buchungsverfahren

Jede Grundbuchung muss auf dem entsprechenden **Sachkonto des Hauptbuches** und gegebenenfalls auf dem Konto bzw. der Karteikarte eines **Nebenbuches** (Lagerkartei, Kunden- und Liefererkonto u. a.) erfasst werden. Ob die Grundbuchungen **vor** der Übertragung auf die Konten **(= Übertragungsbuchführung)** oder **im Durchschreibeverfahren (= Durchschreibebuchführung)** oder **automatisch** mit der Buchung auf den Konten **(= EDV-Buchführung)** erfolgen, ist eine Frage des jeweils angewandten **Buchungsverfahrens.** Die beiden zuerst genannten Buchungsverfahren sind nur noch von **historischer** Bedeutung.

8.3.2 Das Hauptbuch

Sachliche Ordnung

Aus dem Grundbuch lässt sich der Stand der einzelnen Vermögensteile und Schulden nicht erkennen. Deshalb müssen die Geschäftsfälle noch in **sachlicher** Ordnung auf entsprechenden **Sachkonten** gebucht werden, z. B. alle Gehaltszahlungen auf einem Konto „Gehälter", alle Bargeschäfte auf einem Kassenkonto u. a. Die Sachkonten stellen wegen ihrer Bedeutung für die Buchführung das **Hauptbuch** dar. Sie werden in der Regel auf losen Formblättern oder EDV-mäßig geführt.

Sachkonten

Die Sachkonten sind die **im Kontenplan** des Betriebes **verzeichneten Bestands- und Erfolgskonten.** Ihr Abschluss führt zur Gewinn- und Verlustrechnung und Bilanz. Bei jeder Buchung auf einem Sachkonto müssen ähnlich wie im Grundbuch vermerkt werden: Datum, Belegvermerk, Buchungstext, Gegenkonto, Betrag im Soll und im Haben:

Konto: 1310 Bank					
Beleg-datum	Beleg-vermerk	Buchungstext	Gegen-konto	Betrag in €	
				Soll	Haben
12. Nov. ..	BA 158	Überweisung an Vits KG	1710	–	4.760,00
14. Nov. ..	BA 159	Überweisung von Decker	1010	2.856,00	–
...	...	...			
...	...	...			

Zusammenhang zwischen Belegen, Grund- und Hauptbuch

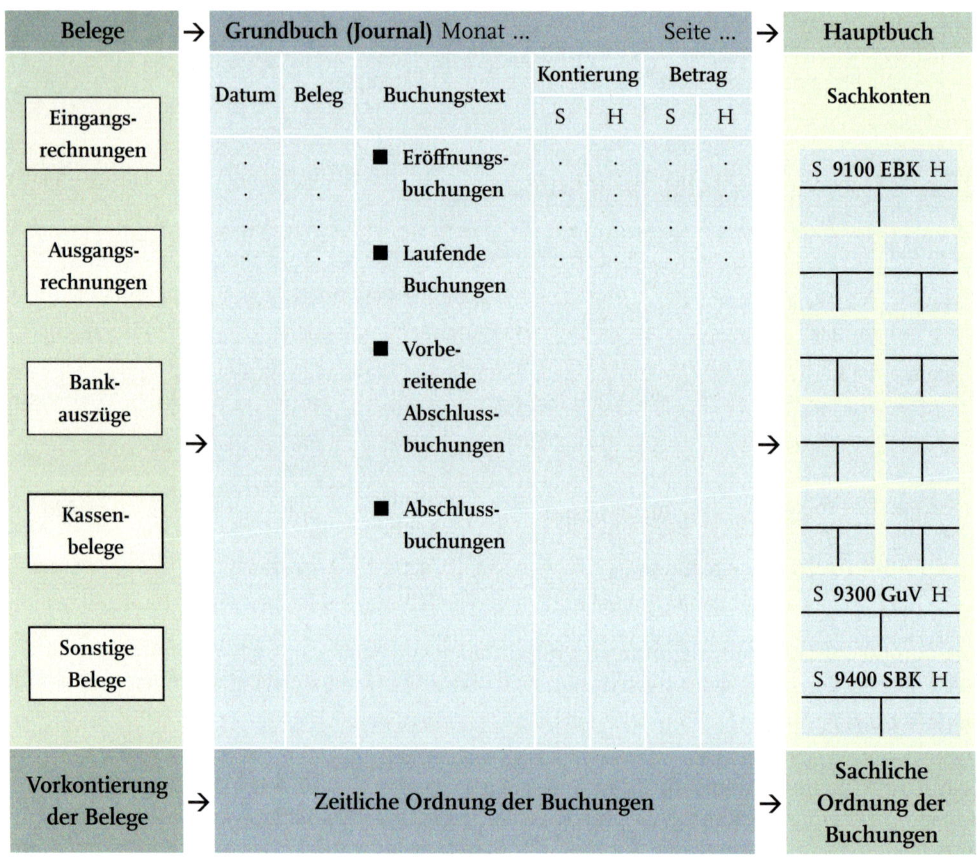

Merke

- **Das Grundbuch (Journal) erfasst die Geschäftsfälle in zeitlicher Reihenfolge.**
- **Das Hauptbuch erfasst die Geschäftsfälle in sachlicher Ordnung auf Sachkonten.**

8.3.3 Die Nebenbücher im Überblick

Bestimmte Sachkonten des Hauptbuches müssen **näher erläutert** werden, um **wichtige Einzelheiten** zu erfahren. Das geschieht in entsprechenden **Nebenbüchern.**

Sachkonten	Nebenbücher
Forderungen a. LL, Verbindlichkeiten a. LL	**Kontokorrentbuch** erfasst den unbaren Geschäftsverkehr mit jedem einzelnen Kunden und Lieferer.
Warenbestände	**Lagerbuchführung oder -kartei** erfasst für jede Warenart Zugänge und Abgänge und ermittelt jederzeit (permanent) den Buchbestand; siehe S. 92.
Löhne und Gehälter	**Lohn-/Gehaltsbuchhaltung** Für jeden Arbeitnehmer wird ein Lohn- bzw. Gehaltskonto geführt; siehe S. 160 ff.
Anlagekonten	**Anlagenverzeichnis** Für jeden Anlagegegenstand gibt es einen Datensatz oder eine Anlagenkarte mit Bezeichnung, Tag der Anschaffung, Anschaffungskosten, Nutzungsdauer, Abschreibung und Buchwert zum 31. Dezember; siehe S. 182.

Die Nebenbücher dienen der Erläuterung bestimmter Sachkonten im Hauptbuch. **Merke**

8.3.3.1 Kontokorrentbuchhaltung

Kunden- und Liefererkonten

Die Kontokorrentbuchhaltung erfasst den Geschäftsverkehr mit Kunden und Lieferern. Die Einrichtung von **Personenkonten für Kunden und Lieferer** ist erforderlich, weil aus den Sachkonten „1010 Forderungen a. LL“ und „1710 Verbindlichkeiten a. LL“ nicht zu ersehen ist, wie hoch die Forderungen gegenüber den einzelnen **Kunden (Debitoren)** und die Schulden gegenüber den einzelnen **Lieferern (Kreditoren)** sind. Die Kunden- und Liefererkonten dienen vor allem der **Überwachung der Zahlungstermine.** Sie bilden das Kontokorrentbuch[1].

Kundenkonto: Petra Klein e. Kffr., Südallee 2, 50858 Köln						**Kontonummer:** 10001
Datum	**Beleg**	**Buchungstext**	**Journalseite**	**Soll**	**Haben**	**Saldo**
2. Jan. ..	–	Saldovortrag	J 1	4.760,00	–	4.760,00
4. Jan. ..	BA 1	Banküberweisung	J 1	–	3.570,00	1.190,00
12. Jan. ..	AR 38	Verkauf Artikel-Nr. 567	J 3	2.856,00	–	4.046,00
...	...	...				

Konventionelle Buchhaltung

Bei konventioneller Buchhaltung (Übertragungsbuchführung) **muss jede Buchung auf den Sachkonten 1010 und 1710 zugleich auf dem entsprechenden Kunden- und Liefererkonto vermerkt werden.** Beim Abschluss werden die Salden der Kunden- und Liefererkonten jeweils in eine **Saldenliste für Debitoren bzw. Kreditoren** übertragen, deren Summe mit dem Saldo des Kontos 1010 bzw. 1710 übereinstimmen muss.

EDV-Buchführung

In der EDV-Buchführung wird **nur** auf den **Personenkonten** gebucht. Die dort erfassten Buchungen werden **automatisch** auf die **Sachkonten** 1010 und 1710 **übertragen.**

1 ital.: conto corrente = laufende Rechnung

Sachkonten sind in der Regel vierstellig, **Personenkonten fünfstellig.**

Debitoren:	10000–59999	z. B. 10000 Kunde A,	10001 Kunde B, usw.
Kreditoren:	60000–99999	z. B. 60000 Lieferer A,	60001 Lieferer B, usw.

Kundenkonten erhalten z. B. an der **fünften** Stelle (die EDV-Anlage liest die Kennziffern von rechts nach links) die **Kennziffern 1 bis 5**, **Liefererkonten** die Ziffern **6 bis 9.**

Beispiel

Im Möbelgroßhandel Kurz weisen die Saldenlisten der Kunden- und Liefererkonten sowie die Sachkonten 1010 und 1710 zum 31. Dezember folgende Zahlen aus:

Konto-Nr.	Kunden	Salden
10001	Möbelladen Hein e. K.	115.000,00
10002	Möbelcenter MC	86.250,00
10003	SB-Möbelmarkt GmbH	165.000,00
	Saldensumme	**366.250,00**

Konto-Nr.	Lieferer	Salden
60001	Küchentechnikwerke KG	135.000,00
60002	Polstermöbelwerke AG	247.250,00
60003	Büromöbelwerke OHG	143.750,00
	Saldensumme	**526.000,00**

1010 Forderungen a. LL				
Datum	**Beleg**	**Text**	**Soll**	**Haben**
31. Dez.	–	...	2.875.000,00	2.508.750,00
		Saldo	–	366.250,00
			2.875.000,00	2.875.000,00

1710 Verbindlichkeiten a. LL				
Datum	**Beleg**	**Text**	**Soll**	**Haben**
31. Dez.	–	...	1.889.000,00	2.415.000,00
		Saldo	526.000,00	–
			2.415.000,00	2.415.000,00

Merke

Die Saldensumme der Kundenkonten (Debitoren) und Liefererkonten (Kreditoren) im Kontokorrentbuch muss jeweils mit dem Saldo des Sachkontos „1010 Forderungen a. LL" bzw. „1710 Verbindlichkeiten a. LL" im Hauptbuch übereinstimmen.

Aufgabe 91

In der Finanzbuchhaltung des Möbelgroßhandels Kurz weisen die **Kundenkonten** Möbelladen Hein und Möbelcenter MC folgende **offene Posten**, also noch nicht bezahlte Rechnungen, aus:

S	10001 Möbelladen Hein e. K.	H
AR 407	23.800,00	
AR 409	11.900,00	

S	10002 Möbelcenter MC	H
AR 408	35.700,00	
AR 410	5.950,00	

Richten Sie außer den Kundenkonten noch folgende Sachkonten ein: 1010 Forderungen a. LL (AB 77.350,00 €), 1310 Bank (AB 109.500,00 €), 1810 Umsatzsteuer, 8010 Warenverkauf.

Buchen Sie die folgenden Geschäftsfälle auf den Sachkonten und nehmen Sie zugleich die entsprechenden Eintragungen auf den Kundenkonten vor:

1. Kunde Möbelladen Hein begleicht AR 407 lt. BA 12		23.800,00
2. Zielverkauf von 20 Eicheschränken ES 44 lt. AR 411 an das Möbelcenter MC, netto	50.000,00	
+ Umsatzsteuer	9.500,00	59.500,00
3. Möbelcenter MC begleicht lt. BA 13 die fällige AR 408		35.700,00
4. Zielverkauf von Schreibtischen ST 45 an den Möbelladen Hein lt. AR 412, netto	15.000,00	
+ Umsatzsteuer	2.850,00	17.850,00

1. *Ermitteln Sie die Salden der Kundenkonten und stellen Sie diese in einer Saldenliste „Debitoren" zusammen.*
2. *Ermitteln Sie den Saldo im Sachkonto 1010 Forderungen a. LL und stimmen Sie diesen mit der Summe der Salden der Debitoren-Saldenliste ab.*

Aufgabe 92

Die **Liefererkonten** Küchentechnikwerke KG und Polstermöbelwerke AG des Möbelgroßhandels Kurz weisen folgende **offene Posten** aus:

S	**60001 Küchentechnikwerke KG**		H
		ER 580	29.750,00
		ER 582	14.280,00

S	**60002 Polstermöbelwerke AG**		H
		ER 581	47.600,00
		ER 583	20.230,00

Richten Sie noch folgende Sachkonten ein:

1310 Bank (AB 167.000,00 €), 1410 Vorsteuer, 1710 Verbindlichkeiten a. LL (AB 111.860,00 €), 3010 Wareneingang.

Buchen Sie die folgenden Geschäftsfälle auf den erforderlichen Sachkonten und ergänzen Sie entsprechend die beiden Liefererkonten:

1.	ER 580 wird bei Fälligkeit beglichen. BA 45		29.750,00
2.	Zieleinkauf von Fernsehsesseln FS 200 lt. ER 584		
	bei Polstermöbelwerke AG, netto	44.000,00	
	+ Umsatzsteuer	8.360,00	52.360,00
3.	Ausgleich von ER 581 lt. BA 46		47.600,00
4.	Zieleinkauf von Einbauküchen LS 405 bei		
	Küchentechnikwerke KG lt. ER 585, netto	68.500,00	
	+ Umsatzsteuer	13.015,00	81.515,00

1. *Ermitteln Sie die Salden der Liefererkonten und des Kontos 1710 Verbindlichkeiten a. LL.*
2. *Erstellen Sie die Kreditoren-Saldenliste und nehmen Sie die Abstimmung mit dem Sachkonto 1710 vor.*

Aufgabe 93

1. *Erläutern Sie Aufgaben und Bedeutung der Bücher der Buchführung:*
   a) Grundbuch,
   b) Hauptbuch,
   c) Nebenbücher.
2. *Inwiefern ist der Beleg Bindeglied zwischen Geschäftsfall und Buchung?*
3. Belege lassen sich nach ihrer Entstehung in
   a) Fremd- bzw. externe Belege und
   b) Eigen- bzw. interne Belege unterscheiden.
   Nennen Sie Beispiele.
4. *Nennen Sie die Aufbewahrungsfrist für Geschäftsbelege, die Bücher der Buchführung, das Inventar und die Bilanz.*
5. *Von welchem Zeitpunkt an beginnt die Aufbewahrungsfrist?*
6. *Welche Möglichkeiten der Belegaufbewahrung bestehen?*

Aufgabe 94

Geschäftsgänge mit Grund-, Haupt-, Kontokorrent- und Bilanzbuch

1. *Richten Sie die Sachkonten ein und tragen Sie die Beträge der Summenbilanz vor.*
2. *Richten Sie die Personenkonten ein und tragen Sie die Soll- und Habenbeträge vor.*
3. *Buchen Sie die Geschäftsfälle für Dezember auf den entsprechenden Konten.*
4. *Erstellen Sie zum 31. Dezember die Saldenlisten der Personenkonten und stimmen Sie diese mit den Sachkonten „1010 Forderungen a. LL" und „1710 Verbindlichkeiten a. LL" ab.*
5. *Führen Sie den kontenmäßigen Jahresabschluss im Hauptbuch durch.*
6. *Erstellen Sie eine ordnungsmäßig gegliederte Bilanz.*

Belegabkürzungen: AR (Ausgangsrechnung), ER (Eingangsrechnung), BA (Bankauszug), KB (Kassenbeleg), PE (Privatentnahmebeleg), SB (Sonstige Belege).

Kundenkonten der Textilgroßhandlung Edgar Tuch e. K.	**Soll**	**Haben**
10000 F. Walter e. Kffr., Leverkusen	344.500,00	322.400,00
10001 Kühn KG, Köln	241.250,00	221.400,00
10002 R. Schulze e. Kfm., Bergheim	225.000,00	175.580,00
Summe	810.750,00	719.380,00

Liefererkonten der Textilgroßhandlung Edgar Tuch e. K.	**Soll**	**Haben**
60000 M. Blau e. K., Rheine	189.400,00	224.600,00
60001 S. Schneider e. K., Emsdetten	180.200,00	215.800,00
60002 Weber GmbH, Soest	155.400,00	184.480,00
Summe	525.000,00	624.880,00

Sachkonten der Textilgroßhandlung Edgar Tuch e. K.	**Soll**	**Haben**
0330 Betriebs- und Geschäftsausstattung	218.000,00	13.000,00
0610 Eigenkapital	–	429.000,00
1010 Forderungen a. LL	810.750,00	719.380,00
1310 Bank	790.158,00	646.570,00
1320 Postbankguthaben	69.343,00	14.000,00
1410 Vorsteuer	99.586,50	83.140,00
1510 Kasse	28.940,00	21.180,00
1610 Privatentnahmen	40.000,00	–
1710 Verbindlichkeiten a. LL	525.000,00	624.880,00
1810 Umsatzsteuer	83.140,00	150.907,50
3010 Wareneingang	460.000,00	–
3910 Warenbestände	189.000,00	–
4000 Personalkosten	102.000,00	–
4100 Mietaufwendungen	45.070.00	–
4800 Allgemeine Verwaltung	35.320,00	–
8010 Warenverkauf	–	780.150,00
8710 Entnahme von Waren	–	14.100,00
Weitere Konten: 4910, 9300, 9400	3.496.307,50	3.496.307,50

Geschäftsfälle ab 18. Dezember bis 31. Dezember ..

Datum	**Beleg**	**Buchungstext**	**€**
18. Dez.	AR 949	Zielverkauf an F. Walter e. Kffr., netto	8.800,00
		+ Umsatzsteuer	1.672,00
19. Dez.	ER 468	Zieleinkauf bei M. Blau e. K., netto	12.300,00
		+ Umsatzsteuer	2.337,00
20. Dez.	BA 91	Überweisung von Kühn KG	13.685,00
		Überweisung an S. Schneider e. K.	23.205,00
21. Dez.	KB 248	Barkauf von Postwertzeichen	650,00
	PE 35	Private Warenentnahme, netto	750,00
23. Dez.	ER 469	Zieleinkauf bei Weber GmbH, netto	11.800,00
		+ Umsatzsteuer	2.242,00
27. Dez.	KB 249	Privatentnahme, bar	800,00
28. Dez.	AR 950	Zielverkauf an R. Schulze e. Kfm., netto	15.600,00
		+ Umsatzsteuer	2.964,00
29. Dez.	BA 92	Überweisung von R. Schulze e. Kfm.	28.560,00
		Überweisung der Gehälter	6.400,00
		Überweisung der Telekommunikationsgebühren, netto	1.200,00
		+ Umsatzsteuer	228,00
30. Dez.	KB 250	Barkauf von Büromaterial, brutto	535,50
31. Dez.	KB 251	Barverkäufe von Waren (Tageslosung), brutto	6.664,00

Abschlussangaben

31. Dez.	SB 189	Warenbestand lt. Inventur	168.000,00
31. Dez.	Anlagenkartei: Abschreibungen auf BGA		25.000,00
31. Dez.	Inventar	Buchbestände = Inventurbestände	

693790

Aufgabe 95

Die Personen- und Sachkonten der Textilgroßhandlung Edgar Tuch e. K. sind zum 18. Dez. .. einzurichten (vgl. Aufgabe 94). Folgende Geschäftsfälle sind noch bis zum 31. Dezember .. zu buchen:

Datum	Beleg	Buchungstext	€
18. Dez.	BA 92	Unsere Zahlung der Miete für Büroräume	4.500,00
	BA 93	Barabhebung für Geschäftskasse	1.800,00
19. Dez.	AR 951	Verkauf an Kühn KG auf Ziel, netto	15.600,00
		+ Umsatzsteuer	2.964,00
20. Dez.	ER 470	Zielkauf eines Kleincomputers gegen Rechnung, netto	1.200,00
		+ Umsatzsteuer	228,00
20. Dez.	BA 94	Abbuchung der Telekommunikationsrechnung, netto	750,00
		+ Umsatzsteuer	142,50
21. Dez.	ER 471	Einkauf bei S. Schneider e. K. auf Ziel, netto	5.800,00
		+ Umsatzsteuer	1.102,00
22. Dez.	BA 95	Überweisung von F. Walter e. Kffr.	11.900,00
		von Kühn KG	8.330,00
		von R. Schulze e. Kfm.	28.560,00
23. Dez.	KB 252	Warenverkäufe, bar, brutto	6.545,00
24. Dez.	KB 253	Privatentnahme, bar	700,00
27. Dez.	BA 96	Überweisung an Dr. med. Baier zum Ausgleich der Arztrechnung	440,00
28. Dez.	AR 952	Zielverkauf an F. Walter e. Kffr., netto	15.600,00
		+ Umsatzsteuer	2.964,00
28. Dez.	ER 472	Zieleinkauf bei M. Blau e. K., netto	14.400,00
		+ Umsatzsteuer	2.736,00
29. Dez.	BA 97	Unsere Bareinzahlung aus der Geschäftskasse	2.500,00
29. Dez.	PE 36	Privatentnahme von Waren, netto	450,00
		+ Umsatzsteuer	85,50
30. Dez.	BA 98	Unsere Überweisung für Lagerraummiete	6.400,00
31. Dez.	BA 99	Überweisung an M. Blau e. K.	34.510,00
		an Weber GmbH	17.255,00

Abschlussangaben

31. Dez.	SB 190	Warenschlussbestand lt. Inventur	176.000,00
31. Dez.	SB 191	Abschreibung auf BGA	38.000,00
31. Dez.	Im Übrigen entsprechen die Buchwerte der Inventur.		

Aufgabe 96

1. *Worin unterscheiden sich Kontenrahmen und Kontenplan?*
2. *Unterscheiden Sie Kontenklasse, Kontengruppe, Kontenart, Kontenunterart.*
3. *Ordnen Sie die Kontenklassen des Großhandelskontenrahmens nach a) Bestandskonten und b) Erfolgskonten.*
4. *Begründen Sie die Notwendigkeit eines Kontenrahmens.*
5. *Welches Prinzip liegt dem Aufbau des Großhandelskontenrahmens zugrunde?*
6. *Weshalb ist es sinnvoll, die Warenkonten der Klasse 3 und die Warenverkaufskonten der Klasse 8 nach Warengruppen (z. B. Kühlschränke, Elektroherde u. a.) zu gliedern?*

8.3.3.2 Waren- oder Lagerbuch (Lagerbuchführung)

Ermittlung des Soll-Bestandes

In der Lagerbuchführung wird für **jeden** Artikel eine **Lagerkarte** (Warenkarte) geführt, die die **Zugänge und Abgänge in Mengeneinheiten** (Stück, kg, m u. a.) erfasst. Dadurch kann der **Bestand** an einem Artikel **jederzeit buchmäßig**, also ohne zeitaufwändige körperliche Inventur, festgestellt werden (vgl. permanente Inventur auf S. 13).

Ist-Bestand

Der Soll- bzw. Buchbestand der Lagerkartei muss aber mindestens **einmal** im Geschäftsjahr durch eine körperliche Bestandsaufnahme überprüft werden. **Unterschiede zwischen Soll- und Ist-Beständen** können auf Diebstahl, Verderb, Schwund oder nicht erfasste Eingangs- und Ausgangsrechnungen zurückzuführen sein. Die Lagerkarte und das Sachkonto „Warenbestände“ sind dann entsprechend zu berichtigen[1].

Überwachung des Lagerbestandes

Die Lagerkartei dient nicht nur der täglichen Erfassung, sondern vor allem auch der Überwachung des Lagerbestandes der **einzelnen** Artikel und Warengruppen. Die Lagerkarte enthält deshalb auch wichtige Angaben für das **Bestellwesen.** Sie weist sowohl den **Mindest-** als auch den **Höchstbestand** für den einzelnen Artikel aus.

Lagerkarte

Artikel Nr.:	0458			**Mindestbestand:**	18	
Artikel:	Kühlschrank L 200			**Höchstbestand:**	45	
Lieferer:	60005			**Lagerort:**	C I 4	
Datum	**Beleg**	**EP je Einheit**	**Zugang**	**Abgang**	**Bestand**	**Bemerkungen**
..-01-01	Vortrag	200,00	-	-	20	
..-01-05	ER 12	220,00	10	-	30	
..-01-10	AR 24	-	-	8	22	
..-01-14	AR 36	-	-	3	19	
..-01-18	ER 56	230,00	15	-	34	

EDV

Die Lagerkartei wurde früher überwiegend in Loseblattform geführt. Heute bedienen sich nahezu alle Unternehmen zur Erfassung und Überwachung der Lagerbestände der elektronischen Datenverarbeitung (EDV). Die Lagerbuchführung wird dadurch wesentlich vereinfacht. Die gewünschten Daten können schnellstens über den **Bildschirm** oder den **Drucker** abgerufen werden.

Merke

Die Lagerbuchführung bzw. Lagerkartei dient der buchmäßigen Ermittlung und Überwachung der einzelnen Warenbestände.

Aufgabe 97

1. *Führen Sie die Lagerkarte für DVD-Rekorder M 48, Artikel Nr.: 0456.*
   Lieferer: Interton GmbH, Frankfurt a. M., 60041
   Mindestbestand: 12 Stück; Höchstbestand: 40 Stück. Einstands- bzw. Bezugspreis 190,00 €.
   1. Jan. Anfangsbestand lt. Inventurliste vom 31. Dezember des Vorjahres 14 Stück;
   ER 112 vom 12. Jan. 20 Geräte; Lieferung am 13. Jan. lt. AR 98 10 Geräte;
   ER 114 vom 25. Jan. 15 Geräte; 31. Jan. Lieferung lt. AR 168 14 Geräte.
2. *Worin liegen die betriebswirtschaftlichen Vorteile der permanenten Inventur?*
3. *Nennen Sie andere Verfahren der Inventur der Warenvorräte.*

1 Siehe Inventurdifferenzen, S. 203.

693792

9 Buchen mit Finanzbuchhaltungsprogrammen

9.1 Finanzbuchhaltung in der betrieblichen Praxis

EDV-gestützte Buchführung

Die Zahl der täglichen Geschäftsfälle ist selbst in kleineren Unternehmen so groß, dass **nur eine EDV-gestützte Buchführung es ermöglicht,**

- **eine Vielzahl von Buchungsdaten in kürzester Zeit zu erfassen,**
- **automatisch zu verarbeiten,**
- **auszuwerten und zu speichern sowie**
- **die Ergebnisse jederzeit abzurufen.**

Drei Schritte kennzeichnen **die Arbeitsweise der EDV** in der Buchführung:

EINGABE	→	VERARBEITUNG	→	AUSGABE
der Daten über: ■ **Bildschirm mit Eingabetastatur** ■ **CD-ROM-/DVD-Laufwerk** ■ **Magnetbandgerät** ■ **Belegleser**		der Daten in der **Zentraleinheit:** ■ **Hauptspeicher** ■ **Steuerwerk** ■ **Rechenwerk**		der Daten über: ■ **Bildschirm** ■ **Drucker**

9.1.1 Merkmale kommerzieller Finanzbuchhaltungssoftware

Standard- oder Individualsoftware

Zur Steuerung und Verwaltung der betrieblichen Prozesse wird in der Praxis i. d. R. betriebswirtschaftliche **Standard- oder Individualsoftware** eingesetzt.[1] Diese **Programme** beinhalten neben den prozesssteuernden Modulen (Warenwirtschafts- und Planungssystem) auch kaufmännische Module wie die Finanzbuchhaltung, die Kostenrechnung oder das Personalwesen. Im Folgenden werden die Merkmale der betrieblichen Finanzbuchhaltungssoftware kurz dargestellt:

- Die Programme haben eine **komfortable Benutzerführung.** Die Menüstruktur ist schnell erkennbar, die Eingabemasken sind übersichtlich gestaltet. Eingabefehler werden teilweise durch Plausibilitätskontrollen abgefangen.
- Die für den Betrieb einzurichtenden **Stammdaten** können **flexibel** gestaltet werden. Konten, Bilanzstruktur, GuV-Aufbau usw. lassen sich veränderten betrieblichen Bedingungen oder neuen gesetzlichen Bestimmungen schnell anpassen.
- Das **Buchen von Eingangs- und Ausgangsrechnungen** erfolgt im Rahmen einer **Offene-Posten-Buchhaltung.** Es wird also nicht auf einem Konto „Forderungen“ oder „Verbindlichkeiten“ gebucht, sondern auf **einzelnen Debitoren- und Kreditorenkonten,** deren Salden in ihrer Summe den Forderungen bzw. Verbindlichkeiten entsprechen.
- **Bestimmte Buchungen** werden **automatisch** durchgeführt. Die **Umsatzsteuer bzw. Vorsteuer,** aber auch die **Steuerberichtigungen** bei Skontozahlungen oder Gutschriften werden in der Regel automatisch aufgrund der Einstellungen in den Stammdaten gebucht.
- Buchungen lassen sich als **Dialog-** oder als **Stapelbuchungen** erfassen. Bei einer **Dialogbuchung** wird jede Buchung **sofort** nach ihrer Eingabe **auf** die entsprechenden **Konten übertragen.** Die Erfassung als **Stapelbuchung** hat den Vorteil, dass die **erfassten Daten** zunächst nur als Text gespeichert werden und damit **ohne Stornierung korrigiert** werden können.

1 Anbieter für branchenneutrale betriebswirtschaftliche Software sind u. a. SAP, Sage und Lexware.

- Die Programme bieten umfangreiche **Auswertungen.** Neben der Bilanz und der GuV-Rechnung werden **Saldenlisten, Offene-Posten-Listen, Mahnlisten, Fälligkeitslisten** usw. gedruckt. Die monatliche **Umsatzsteuer-Voranmeldung** (Voraussetzung für die Überweisung der Zahllast an das Finanzamt) und so genannte **betriebswirtschaftliche Auswertungen** wie Bilanzkennziffern können jederzeit erstellt werden.
- Die **Benutzeroberfläche des Moduls Finanzbuchhaltung** entspricht den Oberflächen der anderen betriebswirtschaftlichen Anwendungen (Kostenrechnung, Bestellwesen, Fakturierung, Gehaltsabrechnung u. a.). Welcher Benutzer (Mitarbeiter, User) welches Modul mit welchen Rechten nutzen darf, wird über **Passwörter** geregelt.
- Die **Daten sämtlicher betriebswirtschaftlicher Anwendungen** werden in einer **zentralen Datenbank** gehalten, sodass von vielen Arbeitsplätzen und unterschiedlichen Anwendungen auf aktuelle Daten zugegriffen werden kann. Zum Beispiel werden die Daten der mithilfe des Programmmoduls Fakturierung in der Verkaufsabteilung erstellten Ausgangsrechnungen an das Programmmodul Finanzbuchhaltung übergeben und dort automatisch gebucht.
- Zu beachten sind bei der Arbeit mit Finanzbuchhaltungsprogrammen neben den **Grundsätzen ordnungsmäßiger Buchführung (GoB**, siehe S. 11) die seit 1995 geltenden **Grundsätze ordnungsmäßiger DV-gestützter Buchführungssysteme (GoBS).**[1]

9.1.2 Buchen der laufenden Geschäftsfälle

Arbeitsablauf

Der **typische** Arbeitsablauf für die Buchung der laufenden Geschäftsfälle beinhaltet:

1. **Sortieren der Belege.** Belege gleicher Art bilden „Stapel“. Ein Beispiel für einen sinnvollen Stapel sind die Eingangsrechnungen der beiden letzten Tage, die den Einkauf von Waren betreffen.
2. **Vorkontierung der Belege.** Auf dem Beleg werden die Konten, i. d. R. auch die Kostenstellen, manuell vermerkt.
3. **Ermitteln einer Buchungskontrollsumme.** Die Endbeträge der zu buchenden Belege des Stapels werden summenmäßig erfasst.
4. **Erfassen der Kontierungsdaten am Bildschirmarbeitsplatz über „Stapelbuchen“.** Das Modul Finanzbuchhaltung der betriebswirtschaftlichen Software wird aufgerufen und das **Menü „Buchungserfassung“** gewählt. Die Kontierungsdaten jedes einzelnen Beleges werden mithilfe der **Erfassungsmaske** eingegeben.
5. **Abstimmen der Kontrollsumme.** Bei Abweichung ist eine Fehlersuche notwendig. Das heißt konkret: Eine Mitarbeiterin bzw. ein Mitarbeiter liest die Daten der gebuchten Belege vor, eine andere (ein anderer) hakt die Buchungen im Journal ab.
6. **Übernahme der Buchungen und Drucken des Journals.** Sofern keine offensichtlichen Fehler vorliegen, wird der Stapel „ausgebucht“, das heißt, die Buchungen werden in das Finanzbuchhaltungssystem übernommen. Anschließend kann das Journal (Grundbuch) gedruckt und abgeheftet werden.

Erstellen von Auswertungen

Das Erstellen von **Auswertungen** (Offene-Posten-Listen, Zahlungsvorschlagslisten, Umsatzsteuer-Voranmeldung, vorläufige Bilanz, GuV-Rechnung und andere) wird von den dafür jeweils zuständigen Mitarbeitern angefordert. Die Auswertungen können mithilfe der Finanzbuchhaltungssoftware jederzeit zur Verfügung gestellt werden.

Merke

- **In der betrieblichen Praxis wird die Finanzbuchhaltung mithilfe kommerzieller Finanzbuchhaltungssoftware durchgeführt.**
- **Das Modul Finanzbuchhaltung ist Bestandteil integrierter kaufmännischer Software.**

1 Zu den Grundsätzen zählen vor allem: Zuverlässigkeit des eingesetzten Programms, Nachprüfbarkeit der Daten, Gewährleistung der Datensicherheit, Sicherstellung der jederzeitigen Datenwiedergabe.

Merke

- **Konten, Bilanzstruktur und GuV-Aufbau können in der Stammdatenpflege jederzeit verändert werden.**
- **Wesentlicher Bestandteil des Finanzbuchhaltungssystems ist die Offene-Posten-Buchhaltung.**
- **Buchungen werden in eine Buchungserfassungsmaske eingetragen. Die Auswirkungen der Buchungen werden von der Finanzbuchhaltungssoftware als Auswertungen erstellt.**
- **Für das Erstellen von Auswertungen, wie z. B. Bilanz und GuV-Rechnung, werden keine Konten abgeschlossen. Die Salden bleiben erhalten.**

9.2 Offene-Posten-Buchhaltung

Offene Posten

Bei Buchung einer Eingangs- bzw. Ausgangsrechnung wird jeweils ein **offener Posten** angelegt. Bei der Buchung des Zahlungsausgangs bzw. Zahlungseingangs wird die **Belegnummer** des entsprechenden offenen Postens angegeben und der offene Posten wird ausgeglichen. Die Sachkonten **1010 Forderungen a. LL** und **1710 Verbindlichkeiten a. LL** können **nicht manuell** angebucht werden, da sie als **Sammelkonten** die Buchungen auf den Personenkonten **automatisch**, also softwarebedingt, aufnehmen.

Beispiel

Die Baustoffgroßhandlung Hans Roggenbach e. K. (siehe Aufgabe 100) erhält am 15. Januar .. von dem Lieferanten Westfälische Zementwerke GmbH die folgende **Rechnung**, die die **Belegnummer 101** erhält:

Menge	Bezeichnung	Einzelpreis in €	Gesamtpreis in €
500 Sack	Zement 433	7,00	3.500,00
		Rechnungspreis netto	3.500,00
		+ 19 % Umsatzsteuer	665,00
		Rechnungspreis brutto	4.165,00

Die Baustoffgroßhandlung Hans Roggenbach bezahlt die Rechnung am 20. Januar per **Banküberweisung.** Die **Belegnummer des Kontoauszuges ist 102.**

Die Buchungen lauten:

101 3010 Wareneingang **3.500,00**
1410 Vorsteuer .... **665,00** an **60001 Westfälische Zementwerke GmbH** (Kreditorenkonto) **4.165,00**

102 60001 Westfälische Zementwerke GmbH (Kreditorenkonto) .... **4.165,00** an **1310 Bank** **4.165,00**

Dialogbuchen

Sollen beide Buchungen **sofort** nacheinander erfasst werden, ist es sinnvoll, die Methode **„Dialogbuchen"** zu wählen.

Kontierungsbogen

Bevor die Buchungen mithilfe eines Finanzbuchhaltungsprogramms erfasst werden, sollten die Eingabedaten in einen **Kontierungsbogen** eingetragen werden. Der Kontierungsbogen ist wie die Buchungsmaske der eingesetzten Software aufgebaut.

9.2.1 Einsatz der Finanzbuchhaltungssoftware „Lexware Buchhalter"

Der Kontierungsbogen weist nach Eintragung der o. g. Buchungen Folgendes aus:

Datum	Beleg-Nr.	Buchungstext	Betrag in €	Soll-konto	Haben-konto	USt-Text	OP-Nr.
15. Jan.	101	Eingangsrechnung	4.165,00	3010	60001	VoSt19	
20. Jan.	102	Zahlungsausgang	4.165,00	60001	1310		101

Die Buchungserfassungsmaske weist die erfassten **Daten der Eingangsrechnung** aus:

Der Schalter vor dem Betragsfeld ermöglicht die Eingabe des Brutto- oder Nettobetrages **(Voreinstellung „brutto“).** Mit der Eintragung der Kontonummern erscheinen die Kontobezeichnung und der Saldo einschl. der aktuell erfassten Buchung. In den Stammdaten des Kontos „3010 Wareneingang“ ist der **Steuertext VSt. 19%** (19 % Vorsteuer) eingetragen. Der Text erscheint **automatisch** im Feld „Steuer“. Anhand des Steuertextes ermittelt die Software den Steuerbetrag. Steuersatz und Steuerbetrag werden angezeigt. Mit Betätigen der **Schaltfläche „Buchen“** wird die Buchung in das **Journal** übertragen und im unteren Teil angezeigt.

Das unten stehende Bild zeigt die **Buchung des Zahlungsausgangs** vor Betätigen der OP-Schaltfläche:

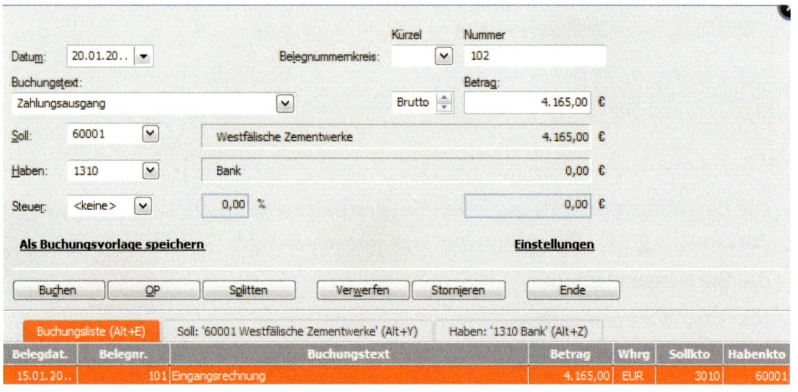

Nach Klicken auf die OP-Schaltfläche erscheinen in einem weiteren Fenster die **offenen Posten des** in der Buchung angegebenen **Personenkontos:**

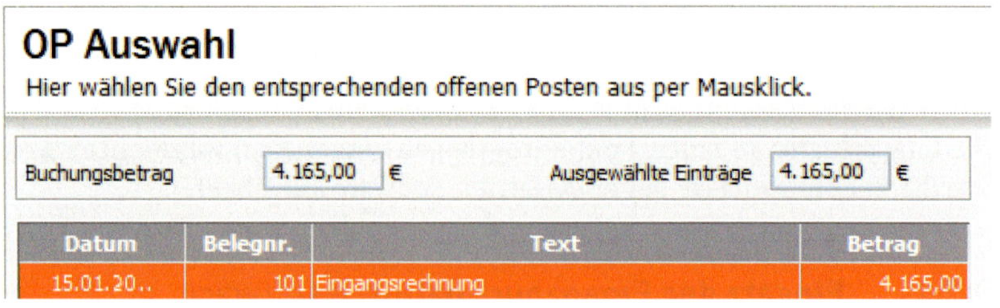

Im obigen Beispiel liegt nur **ein** offener Posten vor. Erfasster Zahlungsbetrag und offener Posten sind identisch. Der offene Posten wird markiert und nach Klicken auf die Schaltfläche „Buchen“ ist der Zahlungsausgang gebucht.

Sollte der Buchungsbetrag nicht mit dem Betrag des gewählten offenen Postens identisch sein, bietet das Programm in einem weiteren Fenster die Auswahl „Weiterführen“ oder „Ausbuchen“ an. **Weiterführen** wird gewählt, wenn der Restbetrag als offener Posten weiterhin bestehen soll. Es handelt sich um eine Teilzahlung. **Ausbuchen** wird gewählt, wenn der offene Posten ausgeglichen ist, zum Beispiel bei Skontoabzug.

9.2.2 Einsatz der Finanzbuchhaltungssoftware „Sage New Classic"

Die Eintragung in den Kontierungsbogen sollte folgendermaßen erfolgen:

Soll-konto	Beleg-Nr.	Beleg-Datum	Haben-konto	Betrag	SA	SC	Buchungstext	OP-Nr.
S3010	101	15. Jan.	K60001	4.165,00	VS	101	Eingangsrechnung	101
K60001	102	20. Jan.	S1310	4.165,00			Zahlungsausgang	101

Die unten stehende Darstellung zeigt die erfassten Daten der Eingangsrechnung in der **Buchungserfassungsmaske:**

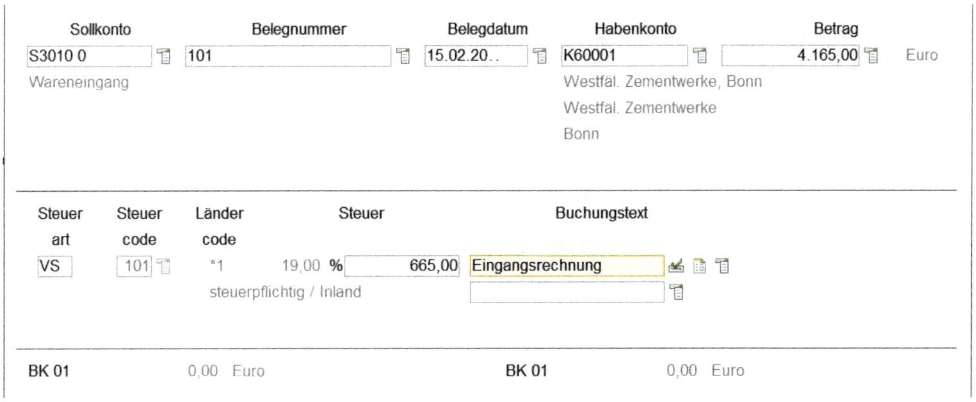

Nach Aufrufen der Buchungserfassungsmaske (*Finanzbuchhaltung → Buchen → Buchungserfassung → Buchungserfassung*) ist ein **Buchungskreis** (in der Regel 01) **und** die **Buchungsperiode** (aktueller Monat) einzutragen. Anschließend steht die Erfassungsmaske zur Verfügung.

Jede Eingabe in ein Datenfeld wird mit der Eingabetaste bestätigt. Nach **Eingabe der Kontonummer** wird die Bezeichnung des Kontos eingeblendet. Gleichzeitig wird unterhalb der Buchungserfassungsmaske der **aktuelle Saldo des Kontos** angezeigt.

Bei Kontonummern brauchen nachfolgende Nullen nicht eingegeben zu werden. Die Kontonummern können vollständig über den numerischen Block der Tastatur eingegeben werden. Das „D" für **Debitoren** wird mit einer **„1"**, das **„K"** für **Kreditoren** wird mit einer **„2"** und das **„S"** für **Sachkonten** wird mit einer **„3"** eingegeben.

Bei der **Anzeige der aktuellen Salden** werden Soll-Salden ohne Vorzeichen und Haben-Salden mit einem Minuszeichen hinter dem Betrag dargestellt.

In den **Datenfeldern „Steuerart"** und **„Steuercode"** werden die **Voreinstellungen** (VS: Vorsteuer Soll) und 101 (Steuersatz: 19 %) aus den Stammdaten des Kontos „3010 Wareneingang" angezeigt. Wird, wie in diesem Beispiel, bei der Buchung ein offener Posten angelegt, erscheint nach Eingabe des Buchungstextes ein weiteres Fenster für die **Daten des offenen Postens:**

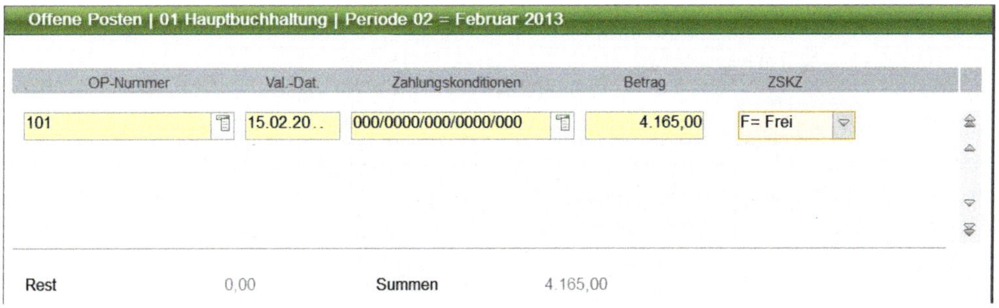

Als Belegnummer wird die interne **Nummer** der Firma und als OP-Nummer die Belegnummer des Lieferanten angegeben.

Es kann eine **Zahlungsbedingung** erfasst werden (Tage Skonto, Skontosatz, Tage Ziel). In den Feldern „Betrag“ und „Valuta-Datum“ werden die Voreinstellungen normalerweise übernommen. Bei der Buchung auf Personenkonten erscheint anschließend in einem weiteren Fenster die Frage: **„Buchung abschließen und speichern?“.** Nach Klicken auf „Ja“ ist die Buchung erfolgt.

Der unten stehende Bildschirmausdruck zeigt die Buchung des Zahlungsausgangs:

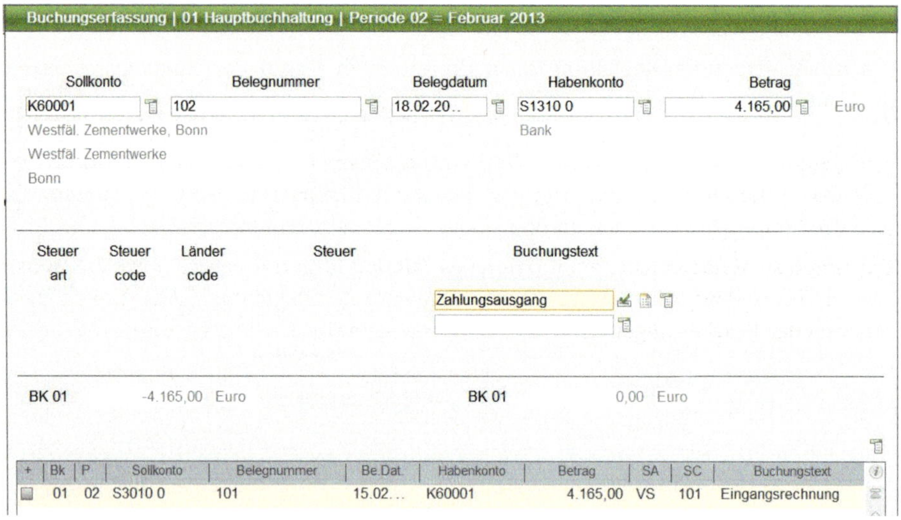

Die zuletzt erfassten Buchungen werden im unteren Teil des Erfassungsbildschirmes angezeigt. Nach Eingabe des Buchungstextes werden in einem gesonderten Fenster die **offenen Posten des Kreditorenkontos,** auf dem im Soll gebucht wird, angezeigt.

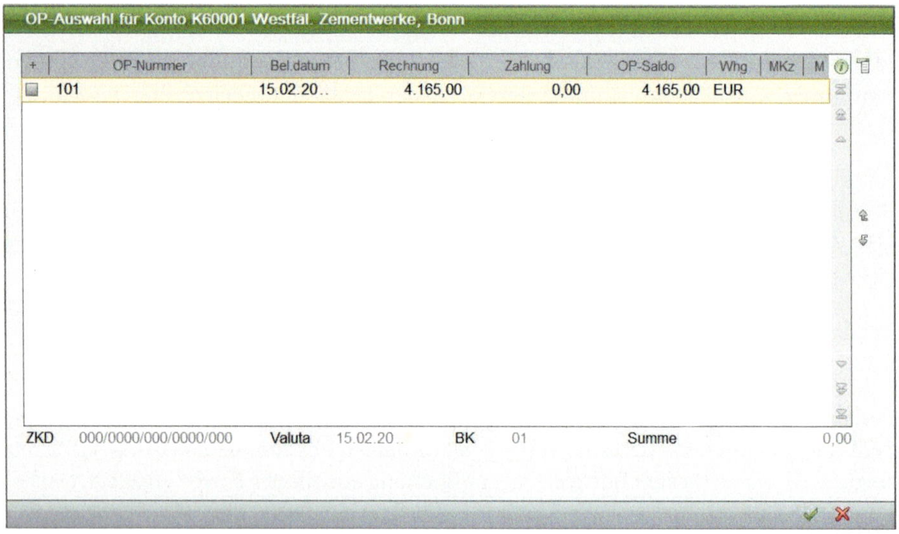

Die durch die Zahlung auszugleichende **Rechnung wird markiert.** Nach Bestätigen mit der Eingabetaste werden die **OP-Daten in die Buchungserfassungsmaske** übernommen. Mit Übernahme dieser Daten wird die **Buchung gespeichert.**

Falls Buchungsbetrag und Betrag des offenen Postens nicht übereinstimmen, wird der **Restbetrag** angezeigt. Soll dieser Restbetrag „ausgebucht“ werden (OP ist ausgeglichen, Zahlung ist vollständig erfolgt), wird der **Restbetrag als Skonto** eingetragen. Wird in das Skontofeld nichts eingetragen, bleibt der **Restbetrag als Verbindlichkeit** (bei Kunden als Forderung) bestehen. Die Voreinstellung des Datenfeldes „Skonto“ hängt von der erfassten Zahlungskondition bei Buchung der zu zahlenden Rechnung ab.

693798

Merke

- **Bei der Buchung von Eingangs- und Ausgangsrechnungen werden offene Posten angelegt.**
- **Zahlungen an Lieferanten und Zahlungen von Kunden werden jeweils einem vorher gebuchten offenen Posten zugeordnet.**
- **Die Offene-Posten-Buchhaltung der Kreditoren (Lieferer) unterstützt die Entscheidungen bei eigenen Zahlungen (Zeitpunkt, Nutzen von Skonto, ...).**
- **Die Offene-Posten-Buchhaltung der Debitoren (Kunden) unterstützt das Mahnwesen.**
- **Alle Debitoren werden dem Sammelkonto „Forderungen a. LL", alle Kreditoren dem Sammelkonto „Verbindlichkeiten a. LL" zugewiesen.**

9.3 Stammdatenpflege im Rahmen der Finanzbuchhaltung

Kommerzielle Finanzbuchhaltungsprogramme zeichnen sich dadurch aus, dass der Kontenplan des Unternehmens völlig frei gestaltet werden kann. Das heißt, Sachkonten, Debitoren und Kreditoren können jederzeit neu eingerichtet bzw. verändert werden.

Das unten stehende Fenster zeigt **Daten des Kunden Jürgen Alberts e. Kfm. des Baustoffgroßhandels Hans Roggenbach e. K.**, erstellt mit **„Lexware Buchhalter"**. Am rechten Rand ist die Auswahl der Bearbeitungsmasken für die Kundenstammdaten aufgeführt.

Das unten stehende Beispiel, erstellt mit der **„Sage-New-Classic"-Finanzbuchhaltung**, zeigt die **Stammdaten des Sachkontos „3910 Warenbestände"**. Über das Auswertungskennzeichen BAU3 wird gesteuert, dass der Saldo des Kontos in der Bilanz unter der Position „3. Fertige Erzeugnisse und Waren" erscheint.

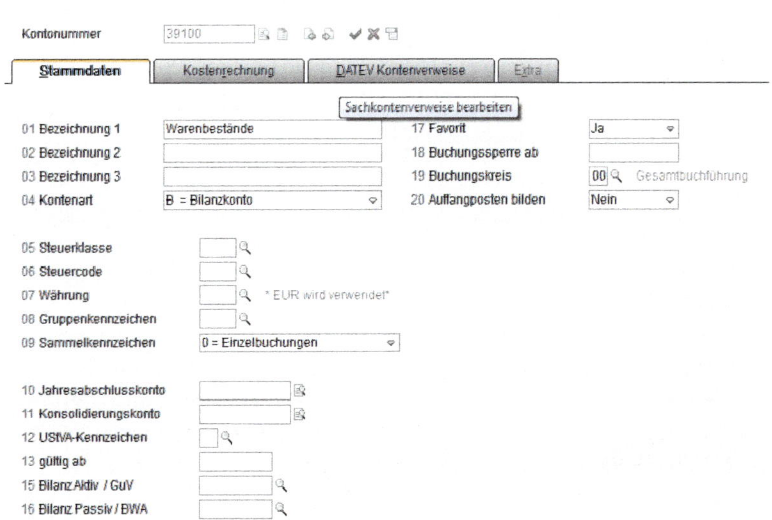

Merke

- **Die Konten (Debitoren, Kreditoren, Sachkonten) werden in der Finanzbuchhaltung als Stammdaten geführt.**
- **Bei der Erfassung eines neuen Kunden werden neben dem Debitorenkonto auch Daten für andere Module (Kundenadresse für die Fakturierung) erfasst.**
- **Alle Sachkonten müssen genau einer Position in der Bilanz (Bestandskonten) oder einer Position in der GuV-Rechnung (Erfolgskonten) zugeordnet werden.**
- **Weitere wichtige Stammdaten sind Steuerschlüssel, Zahlungsbedingungen und vorformulierte Buchungssätze.**

Aufgabe 98

Sie sind Mitarbeiter/-in in der Finanzbuchhaltung der Baustoffgroßhandlung Hans Roggenbach e. K. Der folgende Geschäftsgang ist im November des aktuellen Geschäftsjahres zu buchen. Den Kontenplan der Baustoffgroßhandlung Roggenbach können Sie der Aufgabe 100 entnehmen.

Geschäftsfälle (Hinweis: Der Umsatzsteuersatz beträgt in allen Fällen 19 %.)

Nr.	*Datum*	*Text*	
101	10. Nov.	Ausgangsrechnung an den Kunden Werner Peters e. K. für die Lieferung diverser Baumaterialien, brutto	13.090,00
102	10. Nov.	Eingangsrechnung f. Zement von den Westf. Zementwerken, brutto	4.760,00
103	15. Nov.	Privateinlage des Inhabers bar	2.000,00
104	15. Nov.	Werner Peters e. K. bezahlt AR 101 durch Banküberweisung	13.090,00
105	15. Nov.	Zahlung einer Reparatur bar, brutto	59,50
106	15. Nov.	Banküberweisung für Werbeanzeige, brutto	357,00
107	15. Nov.	Banküberweisung an die Westfälischen Zementwerke GmbH. Ausgleich der ER 102	4.760,00
108	15. Nov.	Eingangsrechnung f. Maurermörtel v. d. Westf. Zementw., brutto	1.785,00
109	17. Nov.	Eingangsrechnung f. Fassadenfarbe v. d. Farbwerken Wirtz, brutto	3.927,00
110	20. Nov.	Banküberweisung der Gehälter	4.320,00
111	20. Nov.	Privatentnahme des Inhabers bar	500,00
112	20. Nov.	Abbuchung der Bank für Kfz-Versicherung	750,00

Arbeitsanweisungen

1. *Buchen Sie die Geschäftsfälle im Grundbuch.*
2. *Führen Sie die Konten „Umsatzsteuer" und „Vorsteuer" und ermitteln Sie die Zahllast.*
3. *Tragen Sie die Buchungen in einen Kontierungsbogen ein. Die Struktur des Kontierungsbogens ist abhängig von der Software, die Ihnen zur Verfügung steht.*
4. *Erfassen Sie die Buchungen mithilfe eines kommerziellen Finanzbuchhaltungsprogramms (z. B. Lexware oder Sage KHK).*
5. *Erstellen Sie folgende Auswertungen:*
   a) Journal des Monats November,
   b) Saldenliste Sachkonten zum 30. November,
   c) Saldenliste Kreditoren zum 30. November,
   d) Offene-Posten-Liste Kreditoren zum 30. November,
   e) Umsatzsteuer-Voranmeldung für November.

Aufgabe 99

1. *Sie richten für ein kommerzielles Finanzbuchhaltungsprogramm das Konto 4810 Bürobedarf neu ein. Warum ist es sinnvoll, einen Steuertext bzw. Steuercode zu erfassen?*
2. Kommerzielle Finanzbuchhaltungsprogramme kennen das Konto SBK nicht. Dafür lässt sich jederzeit eine Saldenliste erstellen. *Worin unterscheidet sich die Auswertung „Saldenliste Sachkonten" von dem Konto SBK?*
3. *Welche Informationen enthält die Offene-Posten-Liste Kreditoren im Vergleich zur Saldenliste Kreditoren?*
4. Die Sachkonten 1010 Forderungen a. LL und 1710 Verbindlichkeiten a. LL sind eingerichtet. Sie haben auf diesen Konten jedoch nicht gebucht. Trotzdem weisen diese Konten in der Saldenliste Buchungen auf. *Welche sind das?*
5. Die Umsatzsteuer-Voranmeldung weist die Zahllast bzw. den Vorsteuer-Überhang aus. *Welche anderen wesentlichen Daten werden ausgedruckt?*

6937100

10 Beleggeschäftsgang 1 – computergestützt

Aufgabe 100

Monatsabschluss

In der Finanzbuchhaltung der **Baustoffgroßhandlung Hans Roggenbach e. K.**, Am Steinsgraben 34–38, 37085 Göttingen, Bankverbindung: Sparkasse Göttingen, **IBAN** DE83 2605 0001 0118 3024 05, **BIC** NOLADE21GDE, werden regelmäßig Monatsabschlüsse gemacht. Das Geschäftsjahr entspricht dem Kalenderjahr. In dem folgenden Beleggeschäftsgang soll zum 31. Januar der Abschluss erfolgen. Die Sach- und Personenkonten weisen die Salden zum 27. Januar aus. Für die Zeit vom 28. bis 31. Januar sind die Geschäftsfälle anhand der Belege 1–17 zu buchen.

Konventionelle und EDV-gestützte Bearbeitung

Der Beleggeschäftsgang 1 kann sowohl konventionell im Arbeitsheft als auch computergestützt gebucht werden. Bei EDV-Anwendung sind die Stamm- und Bewegungsdaten dem jeweiligen Finanzbuchhaltungsprogramm entsprechend (siehe S. 93 f.) einzugeben.

Eröffnung der Konten

- Die Salden der Sach- und Personenkonten stellen den Stand zum 27. Januar dar. Bei konventioneller Buchführung werden sie einfach auf die entsprechenden Konten ohne Gegenbuchung übertragen. In der EDV-Fibu ist jedoch für die Eröffnungsbuchungen das **Hilfs- bzw. Gegenkonto „9150 Saldenvorträge“** erforderlich.

Personenkonten

- Geschäftsfälle, die Kunden und Lieferer betreffen, werden bei **computergestütztem** Buchen **nur** auf den entsprechenden **Personenkonten** gebucht. Die dort erfassten Buchungen werden **automatisch** auf die entsprechenden Hauptbuchkonten „Forderungen a. LL“ bzw. „Verbindlichkeiten a. LL“ übertragen, die somit reine **Sammelkonten** sind. Bei Eröffnung der Konten sind deshalb nur die Salden der Personenkonten zu buchen und nicht die der genannten Sammelkonten.

Kontenplan und Salden der Sachkonten zum 27. Januar ..	Soll	Haben
0200 Grundstücke und Gebäude	754.200,00	–
0310 Technische Anlagen und Maschinen	250.000,00	–
0330 Betriebs- und Geschäftsausstattung	140.000,00	–
0610 Eigenkapital	–	800.000,00
0820 Darlehensschulden	–	355.750,00
1010 Forderungen aus Lieferungen und Leistungen	47.600,00	–
1310 Bankguthaben	117.560,00	–
1410 Vorsteuer	164.698,00	–
1510 Kasse	24.400,00	–
1610 Privatentnahmen	13.000,00	–
1710 Verbindlichkeiten aus Lieferungen und Leistungen	–	89.250,00
1810 Umsatzsteuer	–	220.704,00
2110 Zinsaufwendungen	22.100,00	–
3010 Wareneingang	717.000,00	–
3910 Warenbestände	118.880,00	–
4020 Gehälter	153.700,00	–
4710 Instandhaltung	15.600,00	–
4730 Sonstige Betriebskosten	10.366,00	–
4810 Bürobedarf	55.800,00	–
4822 Kosten der Telekommunikation	22.400,00	–
4910 Abschreibungen auf Sachanlagen	–	–
8010 Warenverkauf	–	1.157.100,00
8710 Entnahme von Waren	–	4.500,00
Abschlusskonten: 9300, 9400	2.627.304,00	2.627.304,00

Offene-Posten-Listen

Die Personenkonten weisen zum 27. Januar .. im Einzelnen die unten stehenden **offenen Posten** (= unbezahlte Rechnungen) und **Salden** aus:

Offene-Posten-Liste Kunden					
Konto	**Kunde**	**Datum**	**Rechnungs-Nr.**	**Betrag**	**Salden**
10 001	Heinz Schneider e. K. Stettiner Straße 21 69124 Heidelberg	..-01-06 ..-01-19	4 201 4 206	16.660,00 7.140,00	**23.800,00**
10 002	Jürgen Alberts e. Kfm. Rhönplatz 18 34134 Kassel	..-01-18 ..-01-21	4 203 4 207	4.760,00 3.570,00	**8.330,00**
10 003	Werner Peters e. K. Holzstraße 26–28 46147 Oberhausen	..-01-07 ..-01-23	4 202 4 208	5.950,00 9.520,00	**15.470,00**
Saldensumme der Kundenkonten (Abstimmung mit Konto 1010)					**47.600,00**

Offene-Posten-Liste Lieferer					
Konto	**Lieferer**	**Datum**	**Rechnungs-Nr.**	**Betrag**	**Salden**
60 001	Westfälische Zementwerke GmbH Postfach 14 12 53111 Bonn	..-01-04 ..-01-10	45 190 45 340	16.660,00 24.990,00	**41.650,00**
60 002	Furnier- und Holzwerke GmbH Postfach 12 03050 Cottbus	..-01-19 ..-01-22	25 115 25 317	20.825,00 8.925,00	**29.750,00**
60 003	Farbwerke Wirtz GmbH Lagerhausstraße 36–44 06749 Bitterfeld	..-01-21	4 403	17.850,00	**17.850,00**
Saldensumme der Liefererkonten (Abstimmung mit Konto 1710)					**89.250,00**

Aufgaben

1. *Eröffnung der Sach- und Personenkonten mit den Salden zum 27. Januar ..*
2. *Vorkontierung der Belege nach folgendem Erfassungsschema:*

Soll-konto	Beleg-nummer	Beleg-datum	Haben-konto	Betrag	SA	SC	OP-Nr.	B-Text

3. Angaben für den Monatsabschluss zum 31. Januar ..:
   Beleg 16: Monatliche Abschreibung auf Sachanlagen:
   Gebäude 1.400,00
   Technische Anlagen und Maschinen 2.200,00
   Betriebs- und Geschäftsausstattung 1.500,00
   Beleg 17: Minderbestand an Waren lt. Inventur 105.000,00
   Im Übrigen entsprechen die Buchwerte der Inventur.
4. *Der Monatsabschluss in Form der Bilanz und Gewinn- und Verlustrechnung ist konventionell oder computergestützt zum 31. Januar .. zu erstellen.*

6937102

Beleg 1

Hans Roggenbach e. K.

Baustoffe · Farben
Bodenbeläge · Glas

Baustoffgroßhandel H. Roggenbach e. K. · Postfach 30 06 47 · 37081 Göttingen

Bauunternehmung
Heinz Schneider e. K.
Stettiner Str. 21
69124 Heidelberg

GROSSHANDEL

Am Steinsgraben 34–38 · 37085 Göttingen
Telefon 0551 4909-0
Telefax 0551 490949
E-Mail: roggenbach@baustoffe-wvd.de
Internet: www.roggenbach-wvd.de
USt-IdNr.: DE 768 549 877

Bitte bei Zahlung angeben:

Rechnung-Nr.:	Kunden-Nr.:	**Datum**
4 213	10 001	..-01-28

Rechnung

Auftrags-Nr.:	Liefertag	Lieferschein
192/..	..-01-26	146 826

Wir danken für Ihren Auftrag und berechnen Ihnen wie folgt:

Menge	Bezeichnung	Einzelpreis	Betrag in €
600 Meter	Klebefolie 45 cm breit	2,00	1.200,00
100 Rollen	Teerpappe	15,00	1.500,00
800 Stück	Schalbretter	11,00	8.800,00

Warenwert	11.500,00
Umsatzsteuer 19 %	2.185,00
Endsumme	13.685,00

Zahlungsbedingung:
30 Tage netto

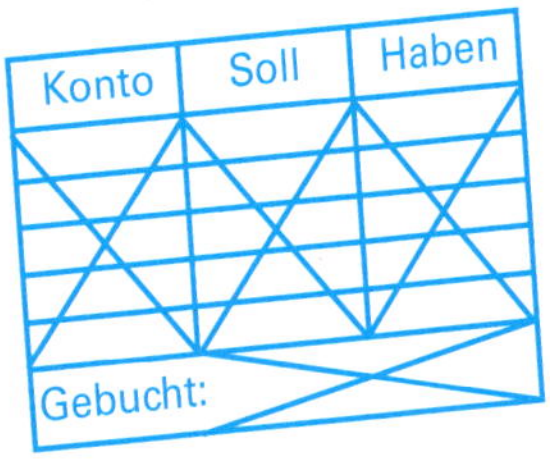

Sparkasse Göttingen, Konto-Nr. 118 302 405, BLZ 260 500 01
IBAN: DE83 2605 0001 0118 3024 05
BIC: NOLADE21GOE

Gerichtsstand: Göttingen
Eigentumsvorbehalt gem. § 455 BGB

Beleg 2

Furnier- und Holzwerke GmbH
Cottbus

Holzwerke GmbH · Postfach 12 · 03050 Cottbus

Baustoffgroßhandel
Hans Roggenbach e. K.
Am Steinsgraben 34 - 38
37085 Göttingen

Eingang: ..-01-28

Ihre Bestellung Nr./Tag/Zeich.	Unsere Auftrags-Nr./Zeich.	Zeit der Leistung/ Liefertag	**Datum**
..-01-23	RS 4 500 y	..-01-26	..-01-27

Rechnung Nr.
25 612

Wir sandten für Ihre Rechnung und auf Ihre Gefahr:

USt-IdNr.: DE 273 241 348

Zeichen und Nr.	Gegenstand	Menge und Einheit	Preis je Einheit €	Betrag €	Für Empfänger-vermerke
SP, 52	Spanplatten	100	40,00	4.000,00	
FT, 86	Furnierplatten	240	30,00	7.200,00	
LS, 43	Latten 2 m	1 000	3,00	3.000,00	
	Warenwert			14.200,00	
	+ 19 % Umsatzsteuer			2.698,00	
				16.898,00	

Konto	Soll	Haben

Gebucht:

Zahlungsbedingung: 30 Tage rein netto

Telefon: 0355 286929
Telefax: 0355 286931

E-Mail: Holzwerke@gmbh-wvd.de
Internet: www.holzwerke-gmbh-wvd.de

Geschäftszeit
08:30–17:00 Uhr

Bankkonto
VR Bank Lausitz eG
6 03 45, BLZ 180 927 94
IBAN: DE58 1809 2794 0000 0603 45
BIC: GENODEF1FWA

6937104

Beleg 3

Sparkasse Göttingen 260 500 01

Empfangsbescheinigung
über Bar-Einzahlung auf eigenes Konto

Kontonummer	Kontoinhaber
118 302 405	Baustoffgroßh. H. Roggenbach e. K.

Betrag: Euro, Cent
1.500,00------

..-01-27 1.500,00

Sparkasse Göttingen *Kurz*

Für den Einzahlungstag und den Betrag ist der Maschinendruck maßgebend.

Kontoauszug zu Beleg 3

Kontoauszug Sparkasse Göttingen

Konto-Nr.	Datum	Ausz.-Nr.	Blatt	Buchungstag	PN-Nr.	Wert	Umsatz
118 302 405	..-01-27	8	1				
EINZAHLUNG				01-27	8744	01-27	1.500,00 H

Konto | Soll | Haben
Gebucht:

BAUSTOFFGROSSHANDEL
HANS ROGGENBACH E. K.
AM STEINSGRABEN 34-38
37085 GÖTTINGEN

AlterSaldo
H 117.560,00 EUR

Neuer Saldo
H 119.060,00 EUR

Beleg 4

Quittung

Nr. KB 37

	€	ct
Netto	——	——
+ —— % USt	——	——
Gesamt	600	00

Gesamtbetrag € in Worten

sechshundert —— Cent wie oben

(Im Gesamtbetrag sind —— % Umsatzsteuer enthalten)

von Geschäftskasse

für private Zwecke

richtig erhalten zu haben, bestätigt

Ort Göttingen Datum 29. Jan. ..

Buchungsvermerke

Stempel/Unterschrift des Empfängers

H. Roggenbach

Konto

Gebucht:

Beleg 5

FWW

Farbwerke Wirtz GmbH · Bitterfeld

Wirtz GmbH · Lagerhausstr. 36–44 · 06749 Bitterfeld

Eingang: ..-01-31

Baustoffgroßhandel
H. Roggenbach e. K.
Am Steinsgraben 34-38
37085 Göttingen

USt-IdNr.: DE 874 362 443

Ihr Auftrag vom	Kunden-Nr.	Liefertag	Datum
..-01-16	70 016	..-01-27	..-01-28

Rechnung Nr. 4 573

Menge	Artikel	Einzelpreis	Betrag in €
800 l	Fassadenfarbe X 404	15,00 €/10 l	1.200,00
400 l	Fassadenfarbe X 408	16,00 €/10 l	640,00
			1.840,00
	+ 19 % Umsatzsteuer		349,60
			2.189,60

Konto Soll Haben

Gebucht:

Telefon: 03493 53514
Telefax: 03493 441244

E-Mail: farbwerke@wirtz-wvd.de
Internet: www.farbwerke-wirtz-wvd.de

Kreissparkasse Anhalt-Bitterfeld
Konto-Nr. 11 241 302
BLZ 800 537 22
IBAN: DE58 8005 3722 0011 2413 02
BIC: NOLADE21BTF

Geschäftsführer:
H. Wirtz

6937106

Beleg 6

Netto	€ 440	ct 00
+ 19 % USt	€ 83	ct 60
Gesamt	€ 523	ct 60

Quittung

Nr. KB 38

Gesamtbetrag € in Worten fünfhundertdreiundzwanzig Cent wie oben

(Im Gesamtbetrag sind 19 % Umsatzsteuer enthalten)

von Baustoffgroßhandel Hans Roggenbach e. K.

für Reparaturarbeiten an der Abfüllanlage Turbo

richtig erhalten zu haben, bestätigt

Ort Göttingen Datum 30. Jan. ..

Konto	Soll	Haben

Gebucht:

Buchungsvermerke

Stempel/Unterschrift des Empfängers

Kundendienst
Turbo GmbH
47249 Duisburg
Steuer-Nr. 065 322 65431

Zeiler

Beleg 7

WINKELMANN

SCHREIBWAREN · BÜROBEDARF

Burgstraße 9
37073 GÖTTINGEN
Tel. 0551 131211
Steuer-Nr. 065 860 33482

KB 39

Mausmatte	4,61	
x 10		46,10
Ordner A4	2,45	
x 20		49,00
Klarsichthülle	0,12	
x 100		12,00

Betrag	EUR	107,10
Netto	EUR	90,00
19 % USt	EUR	17,10

Konto	Soll	Haben

Gebucht:

VIELEN DANK FÜR IHREN EINKAUF.

..-01-29 083524 15:28

Beleg 8

Kontoauszug — Sparkasse Göttingen

Konto-Nr.	Datum	Ausz.-Nr.	Blatt	Buchungstag	PN-Nr.	Wert	Umsatz
118 302 405	..-01-28	9	1				
ÜBERWEISUNG WESTFÄLISCHE ZEMENTWERKE, BONN, RE 45 190 VOM 4. JAN. .. (KONTO 60 001)				01-28	8744	01-29	16.660,00 S

BAUSTOFFGROSSHANDEL
HANS ROGGENBACH E. K.
AM STEINSGRABEN 34-38
37085 GÖTTINGEN

Konto | Soll | Haben
Gebucht:

Alter Saldo: H 119.060,00 EUR
Neuer Saldo: H 102.400,00 EUR

Beleg 9

Kontoauszug — Sparkasse Göttingen

Konto-Nr.	Datum	Ausz.-Nr.	Blatt	Buchungstag	PN-Nr.	Wert	Umsatz
118 302 405	..-01-29	10	1				
GUTSCHRIFT WERNER PETERS, OBERHAUSEN RE 4 202 VOM 7. JAN. .. (KONTO 10 003)				01-29	8744	01-29	5.950,00 H

BAUSTOFFGROSSHANDEL
HANS ROGGENBACH E. K.
AM STEINSGRABEN 34-38
37085 GÖTTINGEN

Konto | Soll | Haben
Gebucht:

Alter Saldo: H 102.400,00 EUR
Neuer Saldo: H 108.350,00 EUR

6937108

Beleg 10

Deutsche Telekom AG
37070 Göttingen

DV 01 0,55

Hans Roggenbach e. K.
Baustofgroßhandel
Am Steinsgraben 34–38
37085 Göttingen

Datum ..-01-21
Seite 1 von4

Kundennummer 298 100 9725
Rechnungsnummer 913 685 3071
Buchungskonto 476 020 3885

Haben Sie noch Fragen zu Ihrer Rechnung? www.telekom.de/rechnungshilfe

Telefon 0800 33 01000

Ihre Rechnung für Januar 20..

Die Leistungen im Überblick (Summen)		Beträge (Euro)
Monatliche Beträge		33,36
Verbindungen Deutsche Telekom		717,40
Beträge anderer Anbieter		4,24
Summe der oben angeführten Beträge		**755,00**
Umsatzsteuer 19 % auf ...	755,00 Euro	143,45
Rechnungsbetrag		898,45

Der Rechnungsbetrag wird nicht vor dem 7. Tag nach Zugang der Rechnung von Ihrem Konto 118 302 405, BLZ 260 500 01 abgebucht

Auf einen Blick alles Wichtige -
mehr Details sehen Sie auf der Rückseite dieser Rechnung.

Kontoauszug zu Beleg 10 und Beleg 11

Kontoauszug Sparkasse Göttingen

Konto-Nr.	Datum	Ausz.-Nr.	Blatt	Buchungstag	PN-Nr.	Wert	Umsatz
118 302 405	..-01-30	11	1				
ABBUCHUNG TELEKOM JAN. ..				01-29	8744	01-29	898,45 S
GUTSCHRIFT[1] JÜRGEN ALBERTS, KASSEL, RE 4 203 VOM 18.JAN... (KONTO 10 002)				01-29	8744	01-29	4.760,00 H

Konto Soll Haben

Konto Soll Haben Gebucht:

BAUSTOFFGROSSHANDEL
HANS ROGGENBACH E. K.
AM STEINSGRABEN 34-38
37085 GÖTTINGEN

Alter Saldo
H 108.350,00 EUR

Neuer Saldo
H 112.211,55 EUR

1 = Beleg 11

Beleg 12

€uro-Überweisung

Sparkasse Göttingen

Nur für Überweisungen in Deutschland, in andere EU-/EWR-Staaten und in die Schweiz in Euro.
Bitte Meldepflicht gemäß Außenwirtschaftsverordnung beachten!

€URO-ÜBERWEISUNG (SEPA)

Angaben zum Begünstigten: Name, Vorname/Firma (max. 27 Stellen, bei maschineller Beschriftung max. 35 Stellen)
Dr. med. Heiler, Göttingen

IBAN
DE63610400140121245416

BIC des Kreditinstituts (8 oder 11 Stellen)
COBADEFF

Betrag: Euro, Cent
450,00

Kunden-Referenznummer - Verwendungszweck, ggf. Name und Anschrift des Überweisenden - (nur für Begünstigten)
Rechnung vom 18. Jan. ..

noch Verwendungszweck (insgesamt max. 2 Zeilen à 27 Stellen, bei maschineller Beschriftung max. 2 Zeilen à 35 Stellen)
Behandlung Tochter Ulrike

Angaben zum Kontoinhaber: Name, Vorname/Firma, Ort (max. 27 Stellen, keine Straßen- oder Postfachangaben)
Hans Roggenbach e.K., Gött.

IBAN
DE83260500010118302405

16

Datum
..-01-30

Unterschrift(en)
Hans Roggenbach

Kontoauszug zu Beleg 12

Kontoauszug

Sparkasse Göttingen

Konto-Nr.	Datum	Ausz.-Nr.	Blatt	Buchungstag	PN-Nr.	Wert	Umsatz
118 302 405	..-01-31	12	1				
DR. MED. HEILER, GÖTTINGEN RE VOM 18. JAN. ..				01-31	8744	01-31	450,00 S

Konto | Soll | Haben
Gebucht:

BAUSTOFFGROSSHANDEL
HANS ROGGENBACH E. K.
AM STEINSGRABEN 34-38
37085 GÖTTINGEN

Alter Saldo
H 112.211,55 EUR

Neuer Saldo
H 111.761,55 EUR

6937110

Beleg 13

Westfälische Zementwerke GmbH

Zementwerke GmbH · Postfach 14 12 · 53111 Bonn

Eingang: ..-01-31

Baustoffgroßhandel
Hans Roggenbach e. K.
Am Steinsgraben 34-38
37085 Göttingen

Ihre Bestellung vom/Zeich.	Unsere Auftrags-Nr./Zeich.	Zeit der Leistung/ Liefertag	Datum
..-01-21	Z 812	..-01-27	..-01-30

Rechnung Nr. 45 867

Wir sandten für Ihre Rechnung und auf Ihre Gefahr:

USt-IdNr.: DE 428 367 849

Artikel Nr.	Gegenstand	Menge Stück	Stückpreis €	Gesamtpreis €
Z 1 244	Zement	2 000	7,25	14.500,00
K 2 627	Kalk	2 500	7,00	17.500,00
				32.000,00
		- 5 %	Mengenrabatt	1.600,00
			netto	30.400,00
		+ 19 %	Umsatzsteuer	5.776,00
				36.176,00
				=========

Konto	Soll	Haben

Gebucht:

Telefon 0228 36445
Telefax 0228 52735

E-Mail: zementwerke@gmbh-wvd.de
Internet: westf.zementwerke-wvd.de

Bankkonto 482 222
Deutsche Bank, Bonn
BLZ 380 700 59
IBAN: DE83 3807 0059 0000 4822 22
BIC: DEUTDEDK380

Postbank
Köln 124 45-503
BLZ 370 100 50
IBAN: DE92 3701 0050 0012 4455 03
BIC: PBNKDEFF370

Beleg 14

Hans Roggenbach e. K.

Baustoffe · Farben
Bodenbeläge · Glas

Baustoffgroßhandel H. Roggenbach e. K. · Postfach 30 06 47 · 37081 Göttingen

Baudienste
Werner Peters e. K.
Holzstr. 26 - 28
46147 Oberhausen

GROSSHANDEL

Am Steinsgraben 34–38 · 37085 Göttingen
Telefon 0551 4909-0
Telefax 0551 490949
E-Mail: roggenbach@baustoffe-wvd.de
Internet: www.roggenbach-wvd.de
USt-IdNr.: DE 768 549 877

Bitte bei Zahlung angeben:

Rechnung-Nr.:	Kunden-Nr.:	**Datum**
4 214	10 003	..-01-31

Rechnung

Auftrags-Nr.:	Liefertag	Lieferschein
193/..	..-01-30	146 827

Wir danken für Ihren Auftrag und berechnen Ihnen wie folgt:

Menge	Bezeichnung	Einzelpreis	Betrag in €
400 Sack	Zement 433	7,90	3.160,00
40 m	Band X 366	21,00	840,00
		Warenwert	4.000,00
		Umsatzsteuer 19 %	760,00
		Endsumme	4.760,00

Zahlungsbedingung:
30 Tage netto

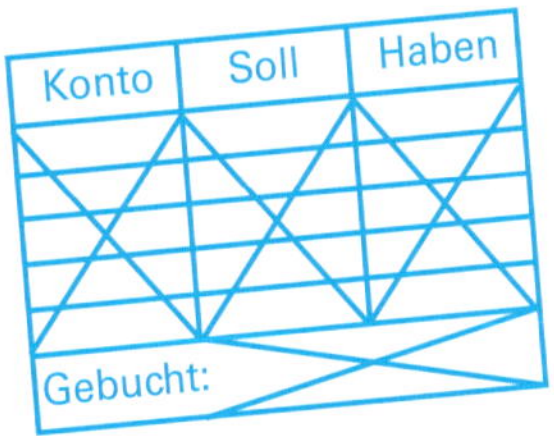

Sparkasse Göttingen, Konto-Nr. 118 302 405, BLZ 260 500 01
IBAN: DE83 2605 0001 0118 3024 05
BIC: NOLADE21GOE

Gerichtsstand: Göttingen
Eigentumsvorbehalt gem. § 455 BGB

Beleg 15

Entnahmebeleg 8

Zur privaten Verwendung wurden heute dem Lager entnommen:

200 l Fassadenfarbe X 404, Warenwert	300,00 €
+ 19 % Umsatzsteuer	57,00 €
	357,00 €

Göttingen, 30. Jan. ..

H. Roggenbach

Beleg 16

Buchungsanweisung Datum: ..-01-31 Beleg-Nr.:

Betreff: Abschreibungen auf Sachanlagen

Gebucht:
Datum:

Buchungstext	Soll		Haben	
	Konto	Betrag	Konto	Betrag
Gebäude				
Technische Anlagen				
BGA				

Beleg 17

Buchungsanweisung Datum: ..-01-31 Beleg-Nr.:

Betreff: Umbuchungen/Vorbereitende Abschlussbuchungen

Gebucht:
Datum:

Buchungstext	Soll		Haben	
	Konto	Betrag	Konto	Betrag
Vorsteuerverrechnung				
Privatentnahmen				
Warenminderbestand				

11 Aufgaben zur Wiederholung

Aufgabe 101

1. *Nennen Sie die wichtigsten Aufgaben der Finanzbuchhaltung.*
2. *Welcher Zusammenhang besteht zwischen Inventur, Inventar, Schluss- und Eröffnungsbilanz?*
3. *Nennen Sie Beispiele für eine körperliche und buchmäßige Inventur.*
4. *Was bedeutet der Grundsatz der Bilanzidentität?*
5. *Erklären Sie jeweils anhand eines Beispiels die vier typischen Wertveränderungen der Bilanzposten und ihre Auswirkung auf die Bilanzsumme.*
6. *Um welche Art der Wertveränderung handelt es sich bei folgenden Buchungen:*
   a) Abschreibungen an Betriebs- und Geschäftsausstattung,
   b) Forderungen a. LL an Warenverkauf und Umsatzsteuer,
   c) Gehälter an Bank,
   d) Bank an Zinserträge,
   e) Verbindlichkeiten a. LL an Darlehensschulden?
7. *Erläutern Sie Aufgaben und Zusammenhang der Bücher der Buchführung.*
8. *Erklären Sie den Zusammenhang zwischen Sach- und Personenkonten.*

Aufgabe 102

Die Konten „1410 Vorsteuer“ und „1810 Umsatzsteuer“ weisen zum 31. Dezember folgende Zahlen aus:

S	1410 Vorsteuer		H
...	182.800,00	...	172.600,00

S	1810 Umsatzsteuer		H
...	168.000,00	...	176.200,00

Wie lauten die Buchungssätze zum Abschluss der beiden Konten?

Aufgabe 103

Erläutern Sie in folgenden Fällen jeweils den Buchungsvorgang:

1. 0610 an 9300
2. 3910 an 3010
3. 1310 an 1620
4. 8710 an 9300
5. 9400 an 3910
6. 9300 an 3010
7. 1620 an 0610
8. 0610 an 1610
9. 1610 an 2780 und 1810
10. 1810 an 1410
11. 1610 an 8710 und 1810
12. 4910 an 0330
13. 9400 an 1410
14. 9300 an 0610
15. 1810 an 9400
16. 1310 an 1710

Aufgabe 104

Erklären Sie, ob nachstehende Geschäftsfälle den Jahresgewinn einer Unternehmung a) mindern, b) mehren oder c) nicht verändern:

1. Ausgleich einer Eingangsrechnung durch Banküberweisung.
2. Privatentnahme bar.
3. Zahlung der Gehälter und Löhne.
4. Unentgeltliche Entnahme von Waren.
5. Warenbestandserhöhung zum 31. Dezember.
6. Verkauf von Waren auf Ziel.
7. Inhaber leistet Kapitaleinlage durch Bankeinzahlung.
8. Kassenfehlbetrag lt. Inventur.
9. Überweisung der Umsatzsteuer an das Finanzamt.
10. Bankgutschrift für Provisionserlöse.
11. Abschreibung auf Gebäude.
12. Verkauf eines nicht mehr benötigten Lkw zum Buchwert.

6937114

Aufgabe 105

1. *Erläutern Sie die Notwendigkeit des Eröffnungsbilanzkontos.*
2. *Worin unterscheiden sich Eröffnungsbilanzkonto und Eröffnungsbilanz?*
3. *Unterscheiden Sie grundlegend zwischen Anlage- und Umlaufvermögen.*
4. *Beurteilen Sie kritisch: Privatentnahmen > Jahresgewinn.*

Aufgabe 106

1. *Worin unterscheiden sich lineare und degressive Abschreibung?*
2. *Erläutern Sie die Auswirkung der Abschreibung a) auf den Gewinn und b) auf den Verlust des Unternehmens.*
3. *Kann man durch Abschreibungen Steuern (z. B. Einkommensteuer) sparen?*
4. *Warum wird in der Praxis handelsrechtlich in der Regel die degressive Abschreibung bevorzugt?*

Aufgabe 107

Nach § 1 (1) Nr. 1 UStG unterliegen u. a. „die Lieferungen und sonstigen Leistungen, die ein Unternehmer im Inland gegen Entgelt im Rahmen seines Unternehmens" ausführt, der Umsatzsteuer.

Nennen Sie Beispiele 1. für Lieferungen und 2. für sonstige Leistungen.

Aufgabe 108

Der Unternehmer Marc Schneider in Frankfurt verkauft an den Unternehmer Harald Richter in Darmstadt seinen Privatwagen für 21.000,00 €.

Prüfen und begründen Sie, ob diese Lieferung gemäß § 1 (1) Nr. 1 UStG der Umsatzsteuer unterliegt.

Aufgabe 109

Nach § 1 (1) Nr. 2 UStG unterliegen auch die „unentgeltlichen Entnahmen im Inland" der Umsatzsteuer.

1. *Nennen Sie die drei Möglichkeiten einer steuerpflichtigen Entnahme.*
2. *Bilden Sie jeweils ein Beispiel zu 1.*

Aufgabe 110

Wie wirken sich folgende Geschäftsfälle auf die Bilanzsumme aus? Begründen Sie die Veränderungen.

1. Wareneinkauf auf Ziel: 25.000,00 € netto + 4.750,00 € USt = 29.750,00 €
2. Unser Kunde begleicht AR 4567 durch Banküberweisung.
3. Barkauf von Büromaterial: 500,00 € + 95,00 € USt = 595,00 €
4. Banküberweisung der Gehälter: 27.000,00 €
5. Verkauf von Waren auf Ziel: 45.000,00 € + 8.550,00 € USt = 53.550,00 €
6. Der Jahresgewinn beträgt lt. GuV-Rechnung 120.000,00 €.
7. Der Jahresverlust beträgt lt. GuV-Rechnung 40.000,00 €.
8. Privatentnahme bar
9. Privateinlage durch Bankeinzahlung
10. Unentgeltliche Entnahme von Waren: 2.000,00 € netto + 380,00 € USt = 2.380,00 €

Aufgabe 111

Erläutern Sie:

1. Aufwendungen > Erträge
2. Vorsteuer < Umsatzsteuer
3. Eigenkapital > Anlagevermögen
4. Warenanfangsbestand < Warenschlussbestand
5. Erträge > Aufwendungen
6. Umsatzsteuer < Vorsteuer
7. Warenschlussbestand < Warenanfangsbestand
8. Warenbestände an Wareneingang
9. Eigenkapital an GuV
10. Wareneingang an Warenbestände

C Buchhalterische Erfassung betrieblicher Prozesse in Funktionsbereichen

1 Beschaffungs- und Absatzbereich

1.1 Bezugskalkulation

Aufgabe

Die Bezugskalkulation ist eine Preisberechnung, die der Käufer einer Ware – z. B. zur Ermittlung des günstigsten Angebotes – durchführt. Sie geht vom Listenpreis aus und schließt nach Berücksichtigung aller Abzüge (= Nachlässe) und Zurechnungen (= Bezugskosten) mit dem **Einstandspreis** (= Bezugspreis) ab.

Merke

Der Einstandspreis ist der vom Käufer aufzuwendende Preis bis zum Eintreffen der Ware in seinem Lager. Er entspricht den Anschaffungskosten nach § 255 [1] HGB.

1.1.1 Nachlässe auf den Listenpreis

Einkaufspreis

Der **Listenpreis** ist der vom Lieferer **kalkulierte Warenwert je Mengeneinheit**; er wird dem Kunden im Angebot genannt. Je nach der gekauften Menge und der Warenart werden vom Lieferer Abzüge auf die Warenmenge **(= Mengenabzüge)** oder auf den Warenwert **(= Wertabzüge)** gewährt. Nach Herausrechnung aller Abzüge (vgl. Beispiel S. 119) ergibt sich der **Einkaufspreis** (= Anschaffungspreis).

Listenpreis – Abzüge = Einkaufspreis

	Übersicht über die wesentlichen Abzüge beim Wareneinkauf	
Wertabzüge	**Liefererrabatt**	In einem Prozentsatz angegebener Abzug vom Listenpreis, den der Lieferer als **Mengen-, Treue-, Wiederverkäufer- oder Sonderrabatt bei Rechnungserteilung** gewährt. **Rabatte werden also buchmäßig nicht erfasst.**
	Liefererskonto	In einem Prozentsatz angegebener Abzug vom Rechnungspreis (= Zieleinkaufspreis) für Zahlung innerhalb einer vereinbarten Zahlungsfrist.
Mengenabzüge	**Tara**	Abzug vom Bruttogewicht für Verpackung. Die Tara kann bestimmt werden als: a) wirkliche Tara (= tatsächliches Verpackungsgewicht), b) handelsübliche Tara aufgrund von Erfahrungswerten oder Handelsbrauch, c) durchschnittliche Tara durch Rückschluss von Stichproben auf das Gewicht der gesamten Sendung.
	Leckage	Abzug vom Warengewicht für Verluste, die beim Umfüllen von Flüssigkeiten entstehen.
	Gutgewicht	Abzug vom Warengewicht für Verluste, die beim Umpacken und Einwiegen von Schüttgütern in Kleinverpackungen entstehen.
	Refaktie	Abzug vom Warengewicht für fehlerhafte, unreine oder verdorbene Warenbestandteile.

Merke

- **Mengen- und Wertabzüge vermindern den Einkaufspreis. Nicht bei jedem Wareneinkauf treten alle Abzüge auf.**
- **„Sofortrabatte" werden buchmäßig nicht gesondert erfasst.**
- **Skonti sind Anschaffungspreisminderungen.**

6937116

1.1.2 Bezugskosten beim Wareneinkauf

Bezugskosten als Anschaffungsnebenkosten

Nach der gesetzlichen Regelung beim Handelskauf ist der Käufer verpflichtet, die Waren auf seine Kosten beim Lieferer abzuholen oder abholen zu lassen. Sofern also im Kaufvertrag keine von der gesetzlichen Regelung abweichende Vereinbarung getroffen wurde, **erhöht** sich der **Einkaufspreis** für den Käufer **um** die zusätzlich zum Kaufpreis anfallenden **Nebenkosten** (= Bezugskosten). In der nachfolgenden Übersicht sind die wesentlichen Nebenkosten beim Wareneinkauf als **Gewichts- und Wertspesen** zusammengestellt:

Übersicht über die wichtigsten Nebenkosten beim Wareneinkauf (Bezugskosten)		
Porto	Beförderungsentgelt für Sendungen des Postdienstes (z. B. Deutsche Post AG) und der Paketdienste.	**Gewichtsspesen**
Lkw- und Bahnfracht	Beförderungsgebühr für Warensendungen. Die Höhe richtet sich nach der Art der Sendung, dem Gewicht und der Entfernung.	
Hausfracht	Beförderungsgebühr für die Zustellung der Ware vom Empfangsbahnhof zum Wohnsitz des Empfängers.	
Verlade-, Umlade- und Lagerkosten	Gebühr für die genannten Dienste. Die Höhe richtet sich nach Gewicht, Stückzahl und Dauer.	
Versicherungskosten	Gebühr (= Prämie) für die Versicherung der zu transportierenden Ware. Berechnungsgrundlage ist der **Versicherungswert** (= Rechnungspreis + Transportkosten + erwarteter Gewinn, aufgerundet auf volle 100,00 €).	**Wertspesen**
Einfuhrzölle	Grenzabgabe bei der Einfuhr einer Ware aus einem Nicht-EU-Land. Bemessungsgrundlage ist der **Zollwert** (= Rechnungspreis + Transportkosten – Skonto).	
Vermittlungsgebühren	Hierzu zählen die Provisionen der Handelsvertreter und Gebühren der Handelsmakler.	
Verpackungskosten	Aufwendungen, die der Kunde für die gesondert auf der Rechnung ausgewiesene Versandverpackung zu tragen hat.	
Kursdifferenzen	Bei Importgeschäften auf Fremdwährungen beeinflusst die Differenz zwischen dem Devisenkassamittelkurs am Kauftag und dem Devisenkassamittelkurs am Tag des Rechnungsausgleichs die Anschaffungskosten der importierten Waren.	

Anschaffungskosten

Bezugskosten stellen **Anschaffungsnebenkosten** dar. Zusammen mit dem Kaufpreis der Ware (Anschaffungspreis nach Abrechnung der Mengen- und Wertabzüge) bilden sie handelsrechtlich die **Anschaffungskosten der Ware** (§ 255 [1] HGB). Beim Einkauf sind die Waren zu ihren Anschaffungskosten zu buchen. Die Vorsteuer gehört nicht zu den Anschaffungskosten. Sie ist als Forderung gegenüber dem Finanzamt auf dem Konto „1410 Vorsteuer" zu buchen.

Merke

- **Wareneinkäufe sind mit ihren Anschaffungskosten zu erfassen (§ 255 [1] HGB):**

	Anschaffungspreis der Ware (= Einkaufspreis)
+	**Anschaffungsnebenkosten (= Bezugskosten)**
–	**Anschaffungspreisminderungen (z. B. Skonto)**
=	**Anschaffungskosten (= Bezugs- oder Einstandspreis)**

- **Bezugskosten fallen in Form von Gewichts- oder Wertspesen an. Sie erhöhen in der Kalkulation den aufzuwendenden Einkaufspreis.**

1.1.3 Angebotsvergleich – Ermittlung des Bezugspreises

Sortimentserweiterung

Bei einer beabsichtigten Sortimentserweiterung besteht der erste Schritt der Beschaffungshandlung in der Ermittlung geeigneter Lieferanten aus Lieferantenverzeichnissen (z. B. „Wer liefert was?"), Fachzeitschriften, Lieferantennachweisen der IHK usw. Anschließend werden die Lieferanten angeschrieben (= Anfrage), um Angebote zu erhalten und vergleichen zu können.

Beispiel

Die Papierwarengroßhandlung Kern KG, Köln, beabsichtigt ihre Warengruppe „Hygienepapiere" um den Artikel „Küchenrollen" zu erweitern. Auf ihre Anfragen bei deutschen und ausländischen Herstellern liegen ihr drei Angebote vor, deren wesentliche Inhalte in der folgenden Übersicht zusammengefasst sind:

Angebotsinhalt	1. Angebot Zendermühle AG, Düsseldorf	2. Angebot Papeteries le Belgique S. A., Brüssel	3. Angebot Rättvik Bruks AB, Rättvik, Sverige
Warenbezeichnung, Qualität	Saugtuch, weiß, perforiert und auf Rollen gewickelt, 26 cm breit, mit Baumwollzusatz zur besseren Saugfähigkeit, Gewicht/Rolle ca. 200 g.	Saugtuch, bedruckt, perforiert und auf Rollen gewickelt, 26 cm breit, ohne Baumwollzusatz, Gewicht/Rolle ca. 200 g.	Saugtuch, bedruckt, perforiert und auf Rollen gewickelt, 26 cm breit, ohne Baumwollzusatz, Gewicht/Rolle ca. 200 g.
angefragte Menge	20 000 Rollen	20 000 Rollen	20 000 Rollen
Packungseinheit	2 Rollen/Packung	4 Rollen/Packung	2 Rollen/Packung
Listenpreis je Packung	1,25 €	2,23 €	10,50 skr (Kurs 8,097 skr/€)[1]
Rabattstaffel	10 % bei mindestens 1 000 Packungen 15 % bei mindestens 1 500 Packungen 20 % ab mindestens 5 000 Packungen	5 % bei mindestens 1 000 Packungen 10 % ab mindestens 2 000 Packungen	15 % bei mindestens 5 000 Packungen
Zahlungsbedingungen	2,5 % Skonto in 10 Tagen, ohne Abzug in 40 Tagen	ohne Abzug in 30 Tagen	2 % Skonto in 15 Tagen, ohne Abzug in 40 Tagen
Lieferungs-bedingungen	Anlieferung durch Lkw; unfrei: Lkw-Fracht 300,00 €	frei Haus durch Lkw	frachtfrei Hafen Hamburg, Ladegebühren und Lkw-Fracht insgesamt 400,00 €
Verpackung	in Kartons zu je 100 Packg., je Karton werden 4,00 € berechnet.	in Kartons zu je 50 Packg., je Karton werden 1,75 € berechnet.	in Kartons zu je 100 Packg., ohne gesonderte Berechnung
Lieferzeit	3 Wochen	ca. 14 Tage	ca. 3–4 Wochen

1 Vgl. S. 149.

6937118

Kalkulationsschema	1. Angebot		2. Angebot		3. Angebot	
Listenpreis		12.500,00 €		11.150,00 €	10,50 skr · 10 000 Pckg. = 105.000,00 skr / 8,097	= 12.967,77 €
– **Liefererrabatt**	20 %	2.500,00 €	10 %	1.115,00 €	15 %	1.945,17 €
= **Zieleinkaufspreis** (= Rechnungspreis)		10.000,00 €		10.035,00 €		11.022,60 €
– **Liefererskonto**	2,5 %	250,00 €		–	2 %	220,45 €
= **Bareinkaufspreis**		9.750,00 €		10.035,00 €		10.802,15 €
+ Bezugskosten:						
Verpackung		400,00 €		175,00 €		–
Lkw-Fracht		300,00 €		–		400,00 €
= **Einstandspreis insg.**		**10.450,00 €**		**10.210,00 €**		**11.202,15 €**
= **Einstandspreis/Rolle**		**0,52 €**		**0,51 €**		**0,56 €**

Lieferantenauswahl

Wegen der **besseren Qualität** (Baumwollanteil zur besseren Saugfähigkeit) und der **Nähe des Lieferanten** zum Abnehmer entscheidet sich die Papierwarengroßhandlung Kern KG für das Angebot der Zendermühle AG, obwohl dieses Angebot **nicht das preisgünstigste** ist.

Merke

- **Durch die Bezugskalkulation wird der Einstandspreis einer Ware ermittelt. Der Einstandspreis entspricht den Anschaffungskosten einer Ware gemäß § 255 [1] HGB.**
- **Die Bezugskalkulation dient dem Angebotsvergleich.**

Aufgabe 112

Eine Großgärtnerei hat zwei Angebote über Düngetorf vorliegen:

1. 4 000 Ballen Düngetorf, Listenpreis 12,60 € je Ballen; 12,5 % Liefererrabatt; 1,5 % Liefererskonto; 26,00 € Fracht je 100 Ballen Torf.
2. 4 000 Ballen Düngetorf, Listenpreis 14,20 € je Ballen; 15 % Liefererrabatt; 2 % Liefererskonto; 27,00 € Fracht je 100 Ballen Torf.

Berechnen Sie den Einstandspreis für einen Ballen und entscheiden Sie sich für einen Lieferer.

Aufgabe 113

Der Fahrradgroßhändler Theo Schmitz e. K. erhält folgende Angebote über Tourenräder:

1. Ein deutscher Hersteller bietet an: Listenpreis 120,00 €/Stück. Bei Abnahme von 400 Stück 15 % Rabatt. Zahlbar innerhalb von 10 Tagen mit 1 % Skonto, nach spätestens 30 Tagen netto. Die Verpackung wird mit 1,25 € je Fahrrad berechnet; Frachtkosten für die gesamte Sendung 608,00 €.
2. Ein Hersteller aus den USA bietet an: Listenpreis 112,50 €/Stück. Bei Abnahme von 400 Stück 20 % Rabatt. Zahlbar innerhalb von 60 Tagen ohne Abzug, FOB. Der Seespediteur berechnet 2.890,00 US-$ (Devisenkassamittelkurs 1,2835 US-$/€)[1]; Lkw-Fracht 340,00 €. Die Verpackung wird mit 1,30 US-$/Fahrrad berechnet (Devisenkassamittelkurs 1,2835 US-$/€).

Erstellen Sie einen Angebotsvergleich.

1 Währungskurse unterliegen ständigen und oft erheblichen Schwankungen. Kassakurse werden täglich an der Frankfurter Devisenbörse ermittelt. Aus Briefkurs und Geldkurs wird der Mittelwert bestimmt.

1.1.4 Buchung der Eingangsrechnung

Beispiel

Aufgrund ihrer Bestellung erhält die Kern KG, Köln, zugleich mit der Ware folgende Rechnung der Zendermühle AG, Düsseldorf:

Zendermühle AG
Düsseldorf

Zendermühle AG, Postfach 3 26 45, 40489 Düsseldorf

Telefon 0211 868513-0
Telefax 0211 868513-26
E-Mail vertrieb@zendermuehle-wvd.de
Internet www.zendermuehle-wvd.de
USt-IdNr. DE 116 238 911

Papiergroßhandlung
Kern KG
Industriestraße 42–44
50735 Köln

Unser Angebot vom	Ihre Bestellung vom	Liefertag	Datum
..-06-17	..-06-27	..-07-03	..-07-05

Rechnung Nr. 48 321/..

Pos.	Menge	Artikel	Einzelpreis	Rabatt	Gesamtpreis
1	10 000	Küchenrollen (2er-Packung)	1,25 €/Pack.	20 %	10.000,00 €
		+ Verpackung			400,00 €
		+ Lkw-Fracht			300,00 €

					10.700,00 €
		+ 19 % Umsatzsteuer			2.033,00 €

					12.733,00 €
					===========

Zahlungsbedingungen: Der Rechnungsbetrag ist innerhalb von 10 Tagen mit 2,5 % Skonto oder nach spätestens 40 Tagen ohne Abzug zu begleichen.

Bankverbindung:
Deutsche Bank AG, Düsseldorf, Konto-Nr. 3 440 532, BLZ 300 700 10
IBAN DE12 3007 0010 0003 4405 32, BIC DEUTDEDD

Buchung

Bezugskosten können **direkt** auf dem Konto „**3010 Wareneingang**" (= Aufwendungen für Waren) gebucht werden. Für die Kalkulation der Warenpreise ist es jedoch übersichtlicher, sie zunächst **gesondert** auf einem **Unterkonto des Wareneingangskontos** zu erfassen:

3020 Warenbezugskosten

Warengruppen

Werden in einer Großhandlung mehrere Warengruppen geführt (z. B. Hygienepapiere, Einschlagpapiere, Verpackungsmaterial, Büropapiere), so wird für jede Warengruppe ein eigenes Warenbezugskostenkonto eingerichtet. Damit lässt sich der Bezugs- oder Einstandspreis für jede Warengruppe ermitteln:

3010 Wareneingang I	**3110 Wareneingang II**	**3210 Wareneingang III**
3020 Warenbezugskosten	**3120 Warenbezugskosten**	**3220 Warenbezugskosten**

6937120

Beispiel

Fortsetzung

Buchung der Eingangsrechnung:

❶ 3010 Wareneingang	10.000,00	
3020 Warenbezugskosten	700,00	
1410 Vorsteuer	2.033,00	
an 1710 Verbindlichkeiten a. LL		12.733,00

Die Warenbezugskosten werden monatlich oder vierteljährlich auf das entsprechende Wareneingangskonto umgebucht. Dadurch wird erreicht, dass auf dem Wareneingangskonto – entsprechend der Bestimmung des HGB – die Anschaffungskosten (= Einstandspreise) ausgewiesen werden.

Umbuchung der Bezugskosten:

❷ 3010 Wareneingang	700,00	
an 3020 Warenbezugskosten		700,00

S	3010 Wareneingang	H
❶	10.000,00	
❷	700,00	

S	1710 Verbindlichkeiten a. LL		H
		❶	12.733,00

S	3020 Warenbezugskosten		H
❶	700,00	❷	700,00

S	1410 Vorsteuer	H
❶	2.033,00	

Merke

Bezugskosten sind Anschaffungsnebenkosten. Sie werden auf das Wareneingangskonto umgebucht, damit die Ware zu Anschaffungskosten ausgewiesen wird:

	Einkaufspreis, netto	10.000,00 €
+	Bezugskosten	700,00 €
=	**Einstandspreis (= Anschaffungskosten)**	**10.700,00 €**

Aufgabe 114

Eine Sanitärgroßhandlung bezieht von einem Hersteller 12 000 Fliesen der Größe 20 x 20 cm. Der Hersteller gewährt 2 % Abzug für Bruch und berechnet 100 Fliesen zum Preis von 60,00 € + USt. Als Mengenrabatt werden 5 % in Abzug gebracht. Bei Zahlung innerhalb von 10 Tagen erhält der Kunde 1 % Skonto. Die Speditionsrechnung macht 820,00 € + USt aus.

1. *Wie hoch ist der Bezugspreis für 1 m² Fliesen?*
2. *Buchen Sie die Eingangsrechnung und nennen Sie jeweils den Buchungssatz.*
3. *Schließen Sie das Warenbezugskostenkonto ab und nennen Sie den Buchungssatz.*

Aufgabe 115

Die in der Aufgabe 114 genannte Großhandlung erhält folgendes Angebot von einem anderen Fliesenhersteller:

Abzug für Bruch: 1,5 %, Listenpreis je 100 Stück 70,00 €, bei Abnahme von 8 000 Stück 10 % Rabatt, bei Abnahme von 12 000 Stück 15 % Rabatt. Zahlung unter Abzug von 2 % Skonto innerhalb von 10 Tagen. An Frachtkosten sind 35,00 € je 1 000 Fliesen anzusetzen.

1. *Wie hoch ist der Bezugspreis für 1 m² bei Abnahme von 8 000 Stück und 12 000 Stück?*
2. *Vergleichen Sie das Angebot mit den Bedingungen des Herstellers aus Aufgabe 114.*

Aufgabe 116

Eine Ladenkette importiert aus Japan 500 Digitalkameras, Listenpreis 3.450.000 Yen. Mengenrabatt: 10 %. Devisenkassamittelkurs 123,6750 Yen/€. Die Lieferung erfolgt CIF Hamburg. Der Lkw-Spediteur berechnet für den Transport aus dem Freihafen bis zum Empfänger 835,00 € Fracht. Der Rechnungsausgleich erfolgt nach 10 Tagen mit 2 % Skontoabzug.

1. *Wie hoch ist der Bezugspreis für eine Kamera?*
2. *Buchen Sie die Eingangsrechnungen und schließen Sie das Warenbezugskostenkonto ab.*

Leihverpackungen

Leihverpackungen (Fässer, Kisten), für die meist ein Pfand berechnet wird, werden in der Regel auf einem Sonderkonto erfasst:

3030 Leihemballagen

Beispiel

Eingangsrechnung ER 185:

	8 Fässer Öl à 300,00 € netto	2.400,00 €
+	8 Leihemballagen	200,00 €
		2.600,00 €
+	19 % Umsatzsteuer	494,00 €
	Rechnungsbetrag	**3.094,00 €**

Buchung aufgrund der Eingangsrechnung ER 185:

		Soll	Haben
❶	**3010 Wareneingang**	**2.400,00**	
	3030 Leihemballagen	**200,00**	
	1410 Vorsteuer	**494,00**	
	an **1710 Verbindlichkeiten a. LL**		**3.094,00**

Rückgabe von Leihverpackung

Bei Rückgabe der in Rechnung gestellten Leihverpackung erfolgt seitens des Lieferers entweder eine vollständige oder teilweise **Gutschrift.** Diese Gutschrift führt zu einer entsprechenden **Verminderung der Vorsteuer.**

Gutschriftsanzeige des Lieferers:

	Gutschrift für zurückgesandte Leihemballagen, netto	150,00 €
+	19 % Umsatzsteuer (Steuerberichtigung)	28,50 €
	Gutschrift, brutto	**178,50 €**

Buchung aufgrund der Gutschriftsanzeige des Lieferers:

		Soll	Haben
❷	**1710 Verbindlichkeiten a. LL**	**178,50**	
	an **3030 Leihemballagen**		**150,00**
	an **1410 Vorsteuer**		**28,50**

Anschaffungsnebenkosten

Der auf dem Konto „3030 Leihemballagen" verbleibende **nicht rückvergütete Pfandbetrag** von 50,00 € wird **als Anschaffungsnebenkosten** auf das Wareneingangskonto umgebucht.

Umbuchung der Anschaffungsnebenkosten:

		Soll	Haben
❸	**3010 Wareneingang**	**50,00**	
	an **3030 Leihemballagen**		**50,00**

S	3010 Wareneingang		H
❶	2.400,00		
❸	50,00		

S	3030 Leihemballagen		H
❶	200,00	❷	150,00
		❸	50,00

S	1410 Vorsteuer		H
❶	494,00	❷	28,50

S	1710 Verbindlichkeiten a. LL		H
❷	178,50	❶	3.094,00

	Anschaffungspreis	2.400,00 €
+	Anschaffungsnebenkosten	50,00 €
=	**Anschaffungskosten**	**2.450,00 €**

Merke

- **Bei Rückgabe der Leihverpackung gegen Gutschrift des Lieferers ist auch die Vorsteuer entsprechend zu berichtigen.**
- **Der vom Lieferer nicht gutgeschriebene Betrag der Leihverpackung stellt zu aktivierende Anschaffungsnebenkosten dar.**

6937122

Aufgabe 117

Für eine Warenlieferung liegt folgende Rechnung vor:

	Listenpreis	4.500,00 €	
–	33 $^{1}/_{3}$ % Wiederverkäuferrabatt	1.500,00 €	3.000,00 €
–	10 % Sonderrabatt		300,00 €
			2.700,00 €
+	19 % Umsatzsteuer		513,00 €
	Rechnungsbetrag		**3.213,00 €**

Buchen Sie die Rechnung 1. als Ausgangsrechnung und 2. als Eingangsrechnung.

Aufgabe 118

a) Eingangsrechnung 4285:

	16 Fernsehgeräte VST 88 zu je 550,00 € ab Werk	8.800,00 €	
–	25 % Rabatt	2.200,00 €	6.600,00 €
+	Verpackung	150,00 €	
+	Fracht	400,00 €	
+	Transportversicherung	50,00 €	600,00 €
			7.200,00 €
+	19 % Umsatzsteuer		1.368,00 €
	Rechnungsbetrag		**8.568,00 €**

b) Barzahlung der Hausfracht 100,00 € + 19,00 € Umsatzsteuer.

1. *Buchen Sie die Fälle a) und b) auf den entsprechenden Konten.*
2. *Schließen Sie das Konto „3020 Warenbezugskosten" ab und ermitteln Sie die Anschaffungskosten der Warensendung insgesamt.*
3. *Wie hoch ist der Einstandspreis (Anschaffungskosten) eines Fernsehgerätes?*

Aufgabe 119

Die Baustoffgroßhandlung E. Wette OHG, Hannover, liefert einem Kunden 400 Sack Zement je 4,00 € ab Lager. Der Kunde erhält 25 % Händlerrabatt und 5 % Sonderrabatt. Außerdem werden in Rechnung gestellt: Transportkosten 150,00 €, Verlade- und Ausladekosten 100,00 € sowie die Umsatzsteuer.

1. *Erstellen Sie die Rechnung und buchen Sie auf den entsprechenden Konten.*
2. *Ermitteln Sie die Anschaffungskosten bzw. den Einstandspreis je Sack Zement.*

Aufgabe 120

Die Eingangsrechnung ER 4 284 über 4.400,00 € netto, Verpackungskosten 100,00 € netto und 855,00 € Umsatzsteuer wurde wie folgt gebucht:

3010 Wareneingang	4.400,00	
3030 Leihemballagen	100,00	
1810 Umsatzsteuer	855,00	
an 1710 Verbindlichkeiten a. LL		5.355,00

Erstellen Sie einen Beleg für die Berichtigung der Falschbuchung (Stornobuchung).

Aufgabe 121

a) Die Baustoffgroßhandlung E. Wette OHG erhält folgende Eingangsrechnung:

	8 Fässer Öl 1004/8 zu je 150,00 €	1.200,00 €	
+	Leihverpackung	200,00 €	1.400,00 €
+	19 % Umsatzsteuer		266,00 €
	Rechnungsbetrag		**1.666,00 €**

b) Gutschrift des Lieferers für die Rückgabe der Fässer 59,50 € einschließlich Umsatzsteuer.

1. *Buchen Sie die Fälle a) und b) und schließen Sie das Konto 3030 ab.*
2. *Wie hoch ist die Vergütung in % für die Rückgabe der Leihverpackung?*
3. *Nennen Sie den Einstandspreis (Anschaffungskosten) je Fass Öl.*

Aufgabe 122

a) Eingangsrechnung 4984: Warenwert 8.200,00 €, berechnete Leihverpackung 400,00 €, Fracht 500,00 € zuzüglich Umsatzsteuer.
b) Barzahlung der Hausfracht 119,00 € einschließlich Umsatzsteuer.
c) Für die Rückgabe der Verpackung wurden 80 % des berechneten Wertes gutgeschrieben.

1. *Buchen Sie die Fälle a) bis c).*
2. *Ermitteln Sie die Anschaffungskosten.*

Aufgabe 123

Vorläufige Summenbilanz der Großhandlung E. Wette OHG	Soll	Haben
0330 BGA	83.000,00	2.500,00
0610 Eigenkapital	–	371.500,00
1010 Forderungen a. LL	865.216,00	782.300,00
1310 Bank	938.400,00	712.800,00
1410 Vorsteuer	108.378,00	78.600,00
1510 Kasse	65.200,00	53.400,00
1610 Privatentnahmen	48.400,00	–
1710 Verbindlichkeiten a. LL	463.400,00	542.100,00
1810 Umsatzsteuer	78.600,00	171.494,00
3010 Wareneingang	540.400,00	–
3020 Warenbezugskosten	32.600,00	–
3030 Leihemballagen	8.700,00	5.600,00
3910 Warenbestände	110.000,00	–
4890 Diverse Aufwendungen	280.600,00	–
4910 Abschreibungen auf Sachanlagen	–	–
8010 Warenverkauf	–	890.600,00
8710 Entnahme von Waren	–	12.000,00
Abschlusskonten: 9300 und 9400	3.622.894,00	3.622.894,00

Geschäftsfälle

1. Eingangsrechnung 53 456, Warenwert	8.500,00	
Verpackungskosten	200,00	
Fracht	450,00	
Umsatzsteuer	1.738,50	10.888,50
2. Barzahlung der Hausfracht hierauf einschließlich Umsatzsteuer		238,00
3. ER 53 457, Warenwert	5.700,00	
Leihverpackung	800,00	
Fracht	450,00	
Transportversicherung	100,00	
Umsatzsteuer	1.339,50	8.389,50
4. Für die Rücksendung der Leihverpackung schreibt der Lieferer 75 % des berechneten Wertes gut, netto	?	
+ Umsatzsteuer	?	?
5. Privatentnahme von Waren einschließlich Umsatzsteuer		595,00
6. Gutschriftsanzeige des Lieferers für die Rückgabe der Leihbehälter aus ER 53 449, brutto (einschließlich USt)		833,00

Abschlussangaben

1. Warenendbestand lt. Inventur	160.000,00
2. Abschreibungen auf BGA	15.000,00
3. Im Übrigen entsprechen die Buchwerte der Inventur.	

Aufgaben

1. *Bilden Sie die Buchungssätze und buchen Sie auf den Konten des Hauptbuches.*
2. *Nennen Sie die Umbuchungen.*
3. *Ermitteln Sie a) den Einstandswert (Anschaffungskosten) der Waren, b) den Wareneinsatz und c) den Warenrohgewinn.*

6937124

1.2 Nebenkosten beim Warenverkauf

Vertriebskosten

Beim Warenverkauf fallen Vertriebskosten an, die für den Großhändler **betrieblichen Aufwand** darstellen. So kauft der Großhändler z. B. Verpackungsmaterial ein oder übernimmt die Ausgangsfracht. Wichtige Vertriebskosten sind:

4500 Vertriebsprovisionen	**4620 Ausgangsfrachten**
4610 Verpackungsmaterial	**4630 Gewährleistungen**

Belastung des Kunden mit Vertriebskosten

Vielfach gehen die Vertriebskosten nicht zulasten des Verkäufers, sondern werden dem Kunden **in der Rechnung weiterbelastet.** In diesem Fall **veranlasst der Verkäufer auf Kosten des Käufers** die Verpackung und den Versand der Ware und bucht die Aufwendungen (vgl. nachfolgendes Beispiel). Diese Aufwendungen sind danach **als Bestandteil der Verkaufserlöse zu buchen**, da sie nach § 10 UStG zum **umsatzsteuerlichen Entgelt** gehören (siehe S. 126).

Beispiel

Die Kern KG bezahlt die Fracht in Höhe von 264,00 € + 50,16 € Umsatzsteuer für eine Warensendung an die Handelskontor Erfurt GmbH bar.

Buchung aufgrund der Frachtrechnung des Spediteurs:

❶ **4620 Ausgangsfrachten**	264,00	
1410 Vorsteuer	50,16	
an **1510 Kasse**		314,16

1.2.1 Berechnung des Verkaufspreises

Angebotspreis

Bei Kundenanfragen und -bestellungen wird der Verkäufer zunächst den Angebotspreis (= Listenverkaufspreis) berechnen.

Beispiel

Der Kern KG, Köln, liegt eine Bestellung der Handelskontor Erfurt GmbH über 3 000 Packungen (= 6 000 Rollen) Saugpapier mit Baumwollzusatz vor. Die Kern KG ermittelt aufgrund folgender Angaben den Verkaufspreis (= Angebotspreis):

Die betriebsinterne Kalkulation hat einen **Barverkaufspreis** für eine Packung (= zwei Rollen) Saugpapier von **2,00 €** ergeben.

Zahlungsbedingung: Bei Zahlung innerhalb von 10 Tagen 2 % Skonto.

Bei Abnahme von mehr als 1 000 Packungen wird ein Rabatt von 10 % gewährt.

Kalkulation des Verkaufspreises			
Barverkaufspreis/Packung	**2,00 €**	≙ 98 % ↓	
+ 2 % Kundenskonto	0,04 €	≙ 2 %	
= **Zielverkaufspreis**	**2,04 €**	≙ **100 %**	≙ **90 %** ↓
+ 10 % Kundenrabatt	0,23 €		≙ 10 %
= **Angebotspreis** (= Listenpreis)	**2,27 €**		≙ **100 %**

Erläuterung:

Kundenskonto:	98 % ~ 2,00 € 2 % ~ x €	$x = \frac{2{,}00\,€ \cdot 2\,\%}{98\,\%} = \mathbf{0{,}04\,€}$
Kundenrabatt:	90 % ~ 2,04 € 10 % ~ x €	$x = \frac{2{,}04\,€ \cdot 10\,\%}{90\,\%} = \mathbf{0{,}23\,€}$

Merke

- **Grundlage für die Berechnung des Kundenskontos (und der Vertriebsprovision) ist der Zielverkaufspreis.**
- **Grundlage für die Berechnung des Kundenrabatts ist der Angebotspreis.**

1.2.2 Buchung der Ausgangsrechnung

Beispiel

Aufgrund der Verkaufskalkulation (vgl. S. 125) erstellt die Kern KG folgende Ausgangsrechnung an die Handelskontor Erfurt GmbH:

Kern KG · Papiergroßhandlung
Köln

Kern KG · Postfach 23 47 11 · 50668 Köln

Telefon 0221 235439-0
Telefax 0221 235439-26
E-Mail vertrieb@kern-wvd.com
Internet www.kern-wvd.com
USt-IdNr. DE 326 186 275

Handelskontor
Erfurt GmbH
Greifswalder Str. 17
99085 Erfurt

Unser Angebot vom	Ihre Bestellung vom	Liefertag	Datum
	..-07-01	..-07-05	..-07-06

Rechnungs-Nr. 12 675/.. **Kunden-Nr.** 10 008

Pos.	Menge	Artikel	Einzelpreis	Rabatt	Gesamtpreis
1	3 000	Küchenrollen im Zweierpack	2,27 €	10 %	6.129,00 €
		+ Lkw-Fracht			264,00 €
					6.393,00 €
		+ 19 % Umsatzsteuer			1.214,67 €
					7.607,67 €

Zahlungsbedingungen: Zahlbar in 10 Tagen mit 2 % Skonto, nach 30 Tagen ohne Abzug.

Bankverbindung:
Deutsche Bank Köln, Konto-Nr. 129 376 880, BLZ 370 700 60
IBAN DE95 3707 0060 0129 3768 80, BIC DEUTDEDK

Buchung der Ausgangsrechnung:

		Soll	Haben
❷	**1010 Forderungen a. LL**	**7.607,67**	
	an **8010 Warenverkauf**		**6.393,00**
	an **1810 Umsatzsteuer**		**1.214,67**

Zusammen mit der zuvor gebuchten ❶ Frachtrechnung (vgl. S. 125) ergibt sich folgendes Kontenbild:

S	4620 Ausgangsfrachten	H
❶ 264,00		

S	1410 Vorsteuer	H
❶ 50,16		

S	1510 Kasse	H
		❶ 314,16

S	1010 Forderungen a. LL	H
❷ 7.607,67		

S	8010 Warenverkauf	H
		❷ 6.393,00

S	1810 Umsatzsteuer	H
		❷ 1.214,67

Merke

- **Vertriebskosten (z. B. Verpackung, Ausgangsfrachten) stellen für den Verkäufer betriebliche Aufwendungen dar.**
- **Die dem Kunden in Rechnung gestellten Vertriebskosten sind buchhalterisch als Verkaufserlöse zu behandeln (§ 10 UStG).**

6937126

Warenexport

Bei Anfragen ausländischer Kunden werden die Angebote in der Regel in ausländischer Währung abgegeben. Hierbei ist die Umrechnung in ausländische Währung vorzunehmen.[1]

Beispiel

Die Kern KG erhält die Anfrage eines Schweizer Kunden über 2 000 Packungen Küchenrollen.

Zu welchem Preis in sfrs kann die Ware angeboten werden (Devisenkassamittelkurs 1,4887 sfrs/€)?

Lösung über Dreisatz:

1,00 € ~ 1,4887 sfrs
2,27 € ~ x sfrs

$$x = \frac{2{,}27\ € \cdot 1{,}4887\ \text{sfrs}}{1{,}00\ €} = \mathbf{3{,}38\ sfrs}$$

Bei 2 000 Packungen wird der Angebotspreis auf 3,38 sfrs · 2 000 = 6.760,00 sfrs lauten.

Aufgabe 124

Der Barverkaufspreis für 20 000 m Verpackungsfolie beträgt 30.500,00 €. Das Angebot an einen Kunden wird mit 3 % Kundenskonto und 15 % Mengenrabatt kalkuliert.

1. *Wie hoch ist der Angebotspreis insgesamt und für 100 m Folie?*

Die Bestellung des Kunden wird „frei Haus" ausgeführt. Die Rechnung des Spediteurs beläuft sich auf netto 420,00 € + Umsatzsteuer.

Den Kunden belasten wir in der Rechnung mit Verpackung in Höhe von 340,00 € netto.

2. *Buchen Sie die Spediteurrechnung (die Rechnung wird innerhalb von acht Tagen beglichen).*
3. *Erstellen Sie die Ausgangsrechnung an den Kunden und buchen Sie.*

Aufgabe 125

Ein Großhändler kalkuliert den Barverkaufspreis für einen Büroschrank mit 316,00 €.

1. *Berechnen Sie den Angebotspreis bei 6 % Vertriebsprovision, 3 % Skonto und 15 % Rabatt.*

Ein Kunde bestellt fünf Schränke. Der Auftrag wird „ab Lager" mit eigenen Fahrzeugen ausgeführt; die Frachtkosten von 120,00 € netto sind dem Kunden in der Rechnung zu belasten.

2. *Erstellen Sie die Ausgangsrechnung und buchen Sie den Vorgang.*
3. Von einem englischen Kunden liegt ein Auftrag über zehn Schränke vor.
   Zu welchem Preis (Devisenkassamittelkurs 0,9025 GB-£/€) können die Schränke angeboten werden?

Aufgabe 126

Nennen Sie die Buchungssätze zu folgenden Geschäftsfällen:

1. Ausgangsrechnung 4567: Warenwert	15.000,00	
+ Umsatzsteuer	2.850,00	17.850,00
2. Ausgangsfracht hierauf bar, netto	500,00	
+ Umsatzsteuer	95,00	595,00
3. ER 2345: Verpackungsmaterial für den Versand, netto	7.500,00	
+ Umsatzsteuer	1.425,00	8.925,00
4. ER 2346: Reparaturkosten für verkaufte Waren werden von uns aus Garantieverpflichtung übernommen, netto	2.500,00	
+ Umsatzsteuer	475,00	2.975,00
5. ER 2347: Unser Handelsvertreter stellt uns an Verkaufsprovisionen in Rechnung, netto	4.500,00	
+ Umsatzsteuer	855,00	5.355,00
6. ER 2348: Spediteur berechnet für Warenlieferung an Kunden, netto	650,00	
+ Umsatzsteuer	123,50	773,50

1 Vgl. S. 149.

Aufgabe 127

a) Barzahlung der Ausgangsfracht für AR 607: netto 350,00 € + 66,50 € Umsatzsteuer

b) **Ausgangsrechnung 607:**

	Warenwert		7.650,00 €
+	Verpackungskosten	200,00 €	
+	Verladekosten	150,00 €	
+	Fracht	350,00 €	700,00 €
			8.350,00 €
+	19 % Umsatzsteuer		1.586,50 €
	Rechnungsbetrag		**9.936,50 €**

1. *Buchen Sie aus der Sicht des Lieferers.*
2. *Wie hoch sind die Verkaufserlöse?*

Aufgabe 128

a) Die Aufgabe 127 b) ist als Eingangsrechnung beim Kunden zu buchen.
b) Der Kunde zahlt die Hausfracht bar: 250,00 € netto + 47,50 € Umsatzsteuer.

1. *Wie lauten die Buchungssätze für die Fälle a) und b)?*
2. *Ermitteln Sie die Anschaffungskosten der Warensendung.*

Aufgabe 129

Ausgangsrechnung 608:

	20 Behälter Chlor zu je 125,00 €	2.500,00 €	
	abzüglich 20 % Rabatt	500,00 €	2.000,00 €
+	Transportversicherung	80,00 €	
+	Fracht	220,00 €	300,00 €
			2.300,00 €
+	19 % Umsatzsteuer		437,00 €
	Rechnungsbetrag		**2.737,00 €**

Buchen Sie den Vorgang und erläutern Sie die Höhe und Zusammensetzung der Verkaufserlöse.

Aufgabe 130

a) Die Aufgabe 129 ist beim Kunden auf den entsprechenden Konten zu buchen.
b) Barzahlung der Hausfracht 190,40 € einschließlich Umsatzsteuer.

Nennen Sie die Buchungssätze und ermitteln Sie den Einstandswert.

Aufgabe 131

1. *Nennen Sie die Buchungssätze zu a) und b).*

a) **Ausgangsrechnung 609:**

	Warenwert	2.000,00 €
+	Leihverpackung	300,00 €
+	Fracht	200,00 €
		2.500,00 €
+	19 % Umsatzsteuer	475,00 €
	Rechnungsbetrag	**2.975,00 €**

b) **Gutschriftsanzeige:**

	Rückgabe der Leihverpackung (50 %)	150,00 €
+	19 % Umsatzsteuer	28,50 €
	Gutschrift	**178,50 €**

2. *Buchen Sie auf den entsprechenden Konten.*
3. *Wie hoch ist der effektive Verkaufsumsatz?*

6937128

Aufgabe 132

Kern KG · Papiergroßhandlung
Köln

Kern KG · Postfach 23 47 11 · 50668 Köln

Telefon 0221 235439-0
Telefax 0221 235439-26
E-Mail vertrieb@kern-wvd.com
Internet www.kern-wvd.com
USt-IdNr. DE 326 186 275

Magro-Großmarkt
Krefelder Straße 43
41063 Mönchengladbach

Unser Angebot vom	Ihre Bestellung vom	Liefertag	Datum
	..-08-01	..-08-22	..-08-23

Rechnungs-Nr. 12 893/.. **Kunden-Nr.** 10 016

Pos.	Menge	Artikel	Einzelpreis	Rabatt	Gesamtpreis
1	10 Rollen	Einschlagpapier	180,00 €	10 %	1.620,00 €
2	500 Stück	Faltkarton, G. III	3,40 €	15 %	1.445,00 €
3	200 m	Verpackungsfolie	2,60 €	0	520,00 €
					3.585,00 €
		+ Frachtpauschale			255,00 €
		+ Transportversicherung			60,00 €
					3.900,00 €
		+ 19 % Umsatzsteuer			741,00 €
					4.641,00 €

Zahlungsbedingungen: Zahlbar in 10 Tagen mit 2 % Skonto, nach 30 Tagen ohne Abzug.

Bankverbindung:
Deutsche Bank Köln, Konto-Nr. 129 376 880, BLZ 370 700 60
IBAN: DE95 3707 0060 0129 3768 80, BIC: DEUTDEDK

1. *Buchen Sie die Ausgangsrechnung für die Kern KG.*
2. *Geben Sie die Buchung der Eingangsrechnung für den Kunden Magro-Großmarkt an.*

Aufgabe 133

Der Elektrogroßhandlung Eisengeb KG liegt die Bestellung eines Warenhauses über 100 Kaffeemaschinen „SANTOS II“, 80 Toaster „Thermofix“ und 60 Eierkocher „Superegg“ vor. Die Eisengeb KG hat folgende Barverkaufspreise der Artikel kalkuliert:

Kaffeemaschine „SANTOS II“,	Stückpreis 42,50 €,	15 % Rabatt bei Abnahme von 100 Stück,
Toaster „Thermofix“,	Stückpreis 32,50 €,	10 % Rabatt bei Abnahme von 80 Stück,
Eierkocher „Superegg“,	Stückpreis 21,25 €,	8 % Rabatt bei Abnahme von 60 Stück.

Die Eisengeb KG gewährt bei Zahlungen innerhalb von 10 Tagen 3 % Skonto.

Die Lieferung erfolgt unfrei. Für Fracht zahlt die Eisengeb KG bei Auslieferung an den Spediteur 340,00 € bar (zuzüglich Umsatzsteuer). Diesen Betrag belastet sie in der Ausgangsrechnung weiter an den Kunden.

1. *Kalkulieren Sie die Angebotspreise für die drei Artikel.*
2. *Erstellen Sie die Ausgangsrechnung an das Warenhaus.*
3. *Buchen Sie den Vorgang für die Eisengeb KG einschließlich der Frachtrechnung.*

1.3 Rücksendungen

Steuerberichtigung

Berechnungsgrundlage für die Umsatzsteuer ist der jeweilige **Nettobetrag** der Rechnung. Eine **nachträgliche Minderung** dieses Betrages **wegen** einer teilweisen oder vollständigen **Rücksendung** der erhaltenen oder gelieferten Waren führt somit auch zwangsläufig zu einer entsprechenden **Minderung (Berichtigung)** der bereits gebuchten **Vorsteuer bzw. Umsatzsteuer.**

Unterkonten

Aufgrund von Mängelrügen **zurückgesandte Waren** könnten direkt über das Wareneingangs- bzw. Warenverkaufskonto gebucht werden. Aus Gründen der Übersicht erfasst man sie jedoch zunächst auf den **Unterkonten**

3050 Rücksendungen an Lieferer und
8050 Rücksendungen vom Kunden,

die über die Konten „3010 Wareneingang“ und „8010 Warenverkauf“ abzuschließen sind.

1.3.1 Rücksendungen an Lieferer

Mangelhafte Lieferung

Schicken wir Waren an die Lieferer zurück, weil sie **falsch oder mit Mängeln behaftet** geliefert wurden, so verringert sich deren Bestand mengen- und wertmäßig auf der Haben-Seite des Wareneingangskontos. Die **Vorsteuer** ist somit **anteilig** im Haben des Kontos 1410 zu berichtigen **(zu kürzen).** Die Verbindlichkeiten a. LL vermindern sich entsprechend im Soll.

Beispiel

Nach teilweiser Auslieferung der von der Zendermühle AG gekauften Küchenrollen (vgl. Beispiel S. 120) stellt man in der Papiergroßhandlung Kern KG einen versteckten Mangel fest: Ein Teil des Saugpapiers hat sich beim Aufrollen verzogen und ist eingerissen. Eine genaue Überprüfung zeigt, dass insgesamt **240 Packungen** unbrauchbar sind. Mit dem Lieferer wird die Rücksendung der fehlerhaften Ware vereinbart.

Aufgrund der Rücksendung erteilt die Zendermühle AG folgende **Gutschrift:**

	Rücknahme von 240 Packungen Küchenrollen zum Nettopreis von 1,25 € (vgl. S. 120)	300,00 €
+	19 % Umsatzsteuer	57,00 €
	Gutschrift, brutto	**357,00 €**

Buchung aufgrund der Eingangsrechnung (vgl. S. 120):

❶	**3010 Wareneingang**	**10.000,00**			
	3020 Warenbezugskosten	**700,00**			
	1410 Vorsteuer	**2.033,00**	an	**1710 Verbindlichkeiten a. LL**	**12.733,00**

Buchung der Rücksendung aufgrund der Gutschriftsanzeige des Lieferers:

❷	**1710 Verbindlichkeiten a. LL**	**357,00**	an	**3050 Rücksendungen an Lieferer**	**300,00**
			an	**1410 Vorsteuer**	**57,00**

Umbuchung:

❸	**3050 Rücksendungen an Lieferer**		an	**3010 Wareneingang**	**300,00**

S **3010 Wareneingang** H

Soll		Haben	
❶	10.000,00	❸	300,00
3020	700,00		

S **3020 Warenbezugskosten** H

Soll		Haben	
❶	700,00	3010	700,00

S **1410 Vorsteuer** H

Soll		Haben	
❶	2.033,00	❷	57,00

S **3050 Rücksendungen an Lieferer** H

Soll		Haben	
❸	300,00	❷	300,00

S **1710 Verbindlichkeiten a. LL** H

Soll		Haben	
❷	357,00	❶	12.733,00

Merke

Bei Rücksendungen an die Lieferer ist die Vorsteuer anteilig zu berichtigen.

1.3.2 Rücksendungen von Kunden

Senden Kunden beanstandete Waren zurück, **vermindern** sich die **Umsatzerlöse** im Soll des Kontos 8010. Zugleich verringert sich unsere **Umsatzsteuerschuld im Soll** des Kontos 1810. Die Forderungen a. LL nehmen im Haben entsprechend ab.

Beispiel

Der bei den Küchenrollen entdeckte Mangel (s. o.) veranlasst die Kern KG ihren Kunden, die „Handelskontor Erfurt GmbH" (vgl. S. 126), um genaue Prüfung zu bitten. Die Handelskontor Erfurt GmbH teilt mit, dass **120 der gekauften 3 000 Packungen Mängel aufweisen.** Die Kern KG erteilt nach Rücksendung folgende **Gutschrift:**

	Rücknahme von 120 Packungen zum Nettopreis von 2,04 €	244,80 €
+	19 % Umsatzsteuer	46,51 €
	Gutschrift, brutto	**291,31 €**

Buchung aufgrund der Ausgangsrechnung (vgl. S. 126): *Nennen Sie die Buchung zu* ❶.

Buchung der Rücksendung durch den Kunden aufgrund unserer Gutschriftsanzeige:

		Soll	Haben
❷	**8050 Rücksendungen von Kunden**	**244,80**	
	1810 Umsatzsteuer	**46,51**	
	an **1010 Forderungen a. LL**		**291,31**

Umbuchung:

		Soll	Haben
❸	**8010 Warenverkauf**	**244,80**	
	an **8050 Rücksendungen von Kunden**		**244,80**

S	8050 Rücksendungen von Kunden		H
❷	244,80	❸	244,80

S	8010 Warenverkauf		H
❸	244,80	❶	6.393,00

S	1810 Umsatzsteuer		H
❷	46,51	❶	1.214,67

S	1010 Forderungen a. LL		H
❶	7.607,67	❷	291,31

Merke

Bei Rücksendungen von Kunden ist die Umsatzsteuer(schuld) zu berichtigen.

Aufgabe 134

Ermitteln Sie für die folgenden Geschäftsfälle jeweils den Rechnungs- bzw. Gutschriftsbetrag und nennen Sie den Buchungssatz. Buchen Sie auf den Konten 1010, 1410, 1710, 1810, 3010, 3050, 8010, 8050 und schließen Sie die Unterkonten ab.

1. ER 2356 für Waren: Listenpreis 20.000,00 €, gewährter Mengenrabatt 15 % + USt
2. Rücksendung beschädigter Waren (ER 2356), Nettowert 5.000,00 € + USt
3. AR 3456: Verkauf von Waren, Listenpreis 40.000,00 €, 25 % Wiederverkäuferrabatt + USt
4. Kunde (AR 3456) sendet uns beschädigte Waren zurück, Nettowert 4.000,00 €
5. AR 3457: Verkauf von Waren, Nettopreis 2.500,00 € + USt
6. Kunde (AR 3457) erhält Gutschrift wegen Falschlieferung, netto 1.300,00 €

1. Begründen Sie, warum in Gutschriftsanzeigen die Umsatzsteuer gesondert auszuweisen ist.
2. Welche Rechte können im Falle einer rechtzeitigen Mängelrüge geltend gemacht werden?

1.4 Nachlässe

1.4.1 Nachträgliche Preisnachlässe im Beschaffungsbereich

Nachlässe

Nachlässe, die uns nachträglich in Form von

- **Preisnachlässen aufgrund von Mängelrügen,**
- **Boni** (nachträglich gewährte Rabatte) oder
- **Skonti**[1]

von Lieferern gewährt werden, **mindern** die **Anschaffungs- bzw. Einstandspreise** der bezogenen Waren **und** damit auch die darauf entfallende **Vorsteuer.** Aus Gründen der besseren Übersicht werden diese Nachlässe zunächst auf einem **Unterkonto des betreffenden Wareneingangskontos** erfasst:

3010 Wareneingang		
3060 Nachlässe von Lieferern	3070 Liefererboni	3080 Liefererskonti

Umbuchung

Zum Monats- bzw. Jahresschluss werden diese Konten über das entsprechende Wareneingangskonto abgeschlossen, das dann die **berichtigten Anschaffungspreise** ausweist.

Netto- oder Bruttobuchung

Nachlässe können netto oder brutto gebucht werden, je nachdem, ob man die **Vorsteuer sofort oder erst später** berichtigt.

Beispiel

Angenommen, die von der Zendermühle AG gelieferten Küchenrollen (vgl. S. 120) sind nur mit einem geringen Mangel behaftet: Sie sind z. T. nicht sauber geschnitten, können aber **mit einem Preisnachlass noch verkauft werden.** Aufgrund der Mängelrüge der Kern KG gewährt die Zendermühle AG einen **Preisnachlass von netto 250,00 €** und erteilt folgende **Gutschrift:**

	Preisnachlass auf mangelhafte Ware, netto	250,00 €
+	19 % Umsatzsteuer	47,50 €
	Gutschrift, brutto	**297,50 €**

Nettobuchung

Wird der Nachlass buchhalterisch **direkt** mit dem **Nettobetrag** erfasst, muss die anteilige **Steuerberichtigung** sogleich ermittelt und gebucht werden.

	Nachlass, netto	250,00 €
+	Steuerberichtigung	47,50 €
=	**Bruttonachlass**	**297,50 €**

Buchung aufgrund der Eingangsrechnung (vgl. S. 121):

		Soll	Haben
❶	**3010 Wareneingang**	**10.000,00**	
	3020 Warenbezugskosten	**700,00**	
	1410 Vorsteuer	**2.033,00**	
	an **1710 Verbindlichkeiten a. LL**		**12.733,00**

Nettobuchung des Preisnachlasses aufgrund der Gutschriftsanzeige:

		Soll	Haben
❷	**1710 Verbindlichkeiten a. LL**	**297,50**	
	an **3060 Nachlässe von Lieferern**		**250,00**
	an **1410 Vorsteuer**		**47,50**

Umbuchung am Ende der Rechnungsperiode:

		Soll	Haben
❸	**3060 Nachlässe von Lieferern**	**250,00**	
	an **3010 Wareneingang**		**250,00**

1 Siehe ausführliche Behandlung der Skonti auf S. 138 ff.

6937132

S	3010 Wareneingang		H
❶	10.700,00	❸	250,00

S	3060 Nachlässe von Lieferern		H
❸	250,00	❷	250,00

S	1410 Vorsteuer		H
❶	2.033,00	❷	47,50

S	1710 Verbindlichkeiten a. LL		H
❷	297,50	❶	12.733,00

	Anschaffungspreis	10.700,00 €
–	Preisminderung	250,00 €
=	**Anschaffungskosten**	**10.450,00 €**

Bruttobuchung

Hierbei werden die Nachlässe zunächst **brutto** erfasst:

Buchung: ❶ **1710 Verbindlichkeiten a. LL** .. an **3060 Nachlässe von Lieferern** 297,50

Steuerberichtigung am Monatsende

Erst am Ende des Monats, wenn die Zahllast ermittelt wird, werden die Konten „3060 Nachlässe“ und „1410 Vorsteuer“ um den anteiligen Steuerbetrag berichtigt. Die **Steuerberichtigung** wird aus dem **Bruttobetrag** ermittelt:[1]

119 % ~ 297,50 €
19 % ~ x €

$$x = \frac{297{,}50\ € \cdot 19\ \%}{119\ \%} = 47{,}50\ €$$

Buchung: ❷ **3060 Nachlässe von Lieferern** an **1410 Vorsteuer** 47,50

S	3060 Nachlässe von Lieferern		H
❷	47,50	❶	297,50

S	1410 Vorsteuer		H
1710	2.033,00	❷	47,50

S	1710 Verbindlichkeiten a. LL		H
❶	297,50	3010, 1410	12.733,00

Merke

Bei der Nettobuchung der Nachlässe wird die Steuer jeweils sofort, bei der Bruttobuchung dagegen erst am Ende des Monats summarisch berichtigt.[1]

Die Anschaffungskosten ergeben sich nach Umbuchung im Wareneingangskonto:

	Anschaffungspreis	10.000,00 €
+	Anschaffungsnebenkosten	700,00 €
–	Anschaffungspreisminderung	250,00 €
=	**Anschaffungskosten** (§ 255 [1] HGB)	**10.450,00 €**

Nachträgliche Rabatte (Boni) von Lieferern

Der Bonus ist ein **Mengen-, Treue- oder Umsatzrabatt**, der **am Ende einer Periode** (Quartal, Halbjahr oder Jahr) für den insgesamt erreichten **Warenumsatz** zusätzlich gewährt wird. Die uns von Lieferern gewährten Boni **mindern** ebenfalls **nachträglich den Anschaffungspreis** der Waren.

Beispiel

Die Zendermühle AG gewährt der Kern KG für das 1. Quartal eine Umsatzvergütung von 3 % auf 80.000,00 € Warenumsatz. Die **Gutschriftsanzeige** des Lieferers lautet: 2.400,00 € Nettobonus + 456,00 € USt = 2.856,00 €.

Buchung:	**1710 Verbindlichkeiten a. LL**	2.856,00	
	an **3070 Liefererboni**		2.400,00
	an **1410 Vorsteuer**		456,00

Wie lautet der Buchungssatz für den Abschluss des Kontos „3070 Liefererboni“?

Merke

Preisnachlässe und Boni von Lieferern mindern nachträglich die Anschaffungspreise der eingekauften Waren, die Vorsteuer und die Verbindlichkeiten a. LL.

1 In der EDV erfolgt die Steuerberichtigung mit Eingabe des Bruttobetrages automatisch (Programmfunktion).

1.4.2 Nachträgliche Preisnachlässe im Absatzbereich

Erlösberichtigungen

Dem Kunden gewährte **Preisnachlässe** wegen Mängelrüge, Boni sowie Skonti **schmälern die Umsatzerlöse.** Sie werden auf **Unterkonten** erfasst:

8010 Warenverkauf		
8060 Nachlässe an Kunden	8070 Kundenboni	8080 Kundenskonti

Umbuchung

Am Ende der Rechnungsperiode werden die Unterkonten über das Konto **„8010 Warenverkauf“** abgeschlossen, das dann die **berichtigten Erlöse** ausweist.

Netto- oder Bruttobuchung

Auch die Erlösberichtigungen können entweder netto oder brutto gebucht werden.

Beispiel

Die Kern KG gewährt ihrem Kunden Handelskontor Erfurt GmbH wegen Mängelrüge einen Preisnachlass von 120,00 € und erteilt folgende **Gutschrift:**

	Preisnachlass auf 120 Küchenrollen je 1,00 €, netto	120,00 €
+	19 % Umsatzsteuer	22,80 €
	Gutschrift, brutto	**142,80 €**

Buchung aufgrund der Ausgangsrechnung (vgl. S. 126):

	Soll	Haben
❶ **1010 Forderungen a. LL**	**7.607,67**	
an **8010 Warenverkauf**		**6.393,00**
an **1810 Umsatzsteuer**		**1.214,67**

Nettobuchung

Nettobuchung des dem Kunden gewährten Preisnachlasses:

	Soll	Haben
❷ **8060 Nachlässe an Kunden**	**120,00**	
1810 Umsatzsteuer	**22,80**	
an **1010 Forderungen a. LL**		**142,80**

Umbuchung am Ende der Rechnungsperiode:

	Soll	Haben
❸ **8010 Warenverkauf**	**120,00**	
an **8060 Nachlässe an Kunden**		**120,00**

S	1010 Forderungen a. LL		H
❶	7.607,67	❷	142,80

S	8010 Warenverkauf		H
❸	120,00	❶	6.393,00

S	8060 Nachlässe an Kunden		H
❷	120,00	❸	120,00

S	1810 Umsatzsteuer		H
❷	22,80	❶	1.214,67

	Umsatzerlöse	6.393,00 €
–	Preisminderung	120,00 €
=	**Berichtigte Erlöse**	**6.273,00 €**

Bruttobuchung

Bruttobuchung:

	Soll	Haben
❶ **8060 Nachlässe an Kunden**	**142,80**[1]	
an **1010 Forderungen a. LL**		**142,80**[1]

Steuerberichtigung:

	Soll	Haben
❷ **1810 Umsatzsteuer**	**22,80**[1]	
an **8060 Nachlässe an Kunden**		**22,80**[1]

S	1010 Forderungen a. LL			H
8010, 1810	7.607,67	8060		142,80

S	8060 Nachlässe an Kunden		H
1010	142,80	1810	22,80

S	1810 Umsatzsteuer		H
8060	22,80	1010	1.214,67

Merke

Nachträgliche Preisnachlässe bedingen entsprechende Steuerberichtigungen.

1 In der EDV erfolgt die Steuerberichtigung mit Eingabe des Bruttobetrages automatisch (Programmfunktion).

Aufgabe 135

a) Ein Warenlieferer gewährt uns wegen Mängelrüge einen Preisnachlass von 10 % des Rechnungsbetrages. Der Rechnungsbetrag (ER 488) lautete über 11.900,00 €.

b) Wir gewähren einem Kunden aufgrund seiner Mängelrüge nachträglich einen Preisnachlass von 20 % des Rechnungsbetrages. Die Ausgangsrechnung (AR 811) weist einen Rechnungsbetrag von 17.850,00 € aus.

1. *Ermitteln Sie jeweils die Gutschrift und die Steuerberichtigung.*
2. *Erstellen Sie die entsprechende Gutschriftsanzeige.*
3. *Nennen Sie den Buchungssatz aufgrund der Gutschriftsanzeige der Fälle a) und b).*

Aufgabe 136

Gutschrift über eine Umsatzvergütung von 3 % auf den Nettowarenumsatz des 2. Halbjahres in Höhe von 350.000,00 €.

1. *Erstellen Sie die Gutschriftsanzeige.*
2. *Wie bucht a) der Lieferer und b) der Kunde?*
3. *Erläutern Sie die Auswirkung der Boni im Ein- und Verkaufsbereich.*

Aufgabe 137

Buchen Sie den folgenden Beleg in der Finanzbuchhaltung der Möbelgroßhandlung Jörg Breuer.

Jörg Breuer e. K. MÖBELGROSSHANDEL

Möbelgroßhandel Jörg Breuer e. K., Karlstraße 44, 51379 Leverkusen

Möbelfachgeschäft
Werner Theuer e. Kfm
Am Gierlichshof 15
51381 Leverkusen

Konto | Soll | Haben
Gebucht:

Ihr Zeichen, Ihre Nachricht vom	Unser Zeichen	Telefon, Name 02171 56356-	Datum
WG ..-12-20	L/by	42	..-12-28

Rechnung Nr. 1 315

Sehr geehrte Damen und Herren,

aufgrund Ihrer Beanstandung schreiben wir Ihnen gut:

10 % von 10.000,00 € Warenwert	
lt. o. g. Rechnung	1.000,00 €
19 % Umsatzsteuer	190,00 €
	1.190,00 €

Mit freundlichen Grüßen

MÖBELGROSSHANDEL
JÖRG BREUER E. K.

i. A. *Schreiner*
(Schreiner)

Geschäftsräume
Karlstraße 44
51379 Leverkusen
Steuer-Nr. 065 262 44119

Telefon: 02171 56356-0
Telefax: 02171 56739
E-Mail: service@moebelbreuer-wvd.de
Internet: www.moebelbreuer-wvd.de

Sparkasse Leverkusen
Konto-Nr. 218 435 717
BLZ 375 514 40
IBAN: DE59 3755 1440 0218 4357 17
BIC: WELADEDLLEV

Postbank Köln
Konto-Nr. 9987 96-500
BLZ 370 100 50
IBAN: DE49 3701 0050 0998 7965 00
BIC: PBNKDEFF370

Aufgabe 138

Buchen Sie im Grund- und Hauptbuch. Erstellen Sie den Jahresabschluss zum 31. Dezember.

Kontenplan und vorläufige Saldenbilanz zum 27. Dez.	Soll	Haben
0330 Betriebs- und Geschäftsausstattung	248.000,00	–
0340 Fuhrpark	84.000,00	–
0610 Eigenkapital	–	450.000,00
1010 Forderungen a. LL	217.724,00	–
1310 Bank	140.000,00	–
1410 Vorsteuer	105.542,00	–
1510 Kasse	19.200,00	–
1610 Privatentnahmen	72.000,00	–
1710 Verbindlichkeiten a. LL	–	224.700,00
1810 Umsatzsteuer	–	249.166,00
3010 Wareneingang	808.400,00	–
3020 Warenbezugskosten	20.800,00	–
3030 Leihemballagen	4.600,00	–
3050 Rücksendungen an Lieferer	–	5.000,00
3060 Nachlässe von Lieferern	–	3.500,00
3070 Liefererboni	–	1.500,00
3910 Warenbestände	150.000,00	–
4100 Mietaufwendungen	62.000,00	–
4620 Ausgangsfrachten	8.500,00	–
4700 Betriebskosten, Instandhaltung	16.800,00	–
4800 Allgemeine Verwaltungskosten	132.700,00	–
4890 Diverse Aufwendungen	155.000,00	–
4910 Abschreibungen auf Sachanlagen	–	–
8010 Warenverkauf	–	1.357.500,00
8050 Rücksendungen von Kunden	48.400,00	–
8060 Nachlässe an Kunden	7.100,00	–
8070 Kundenboni	2.900,00	–
8710 Entnahme von Waren	–	12.300,00
Abschlusskonten: 9300 und 9400	2.303.666,00	2.303.666,00

Geschäftsfälle vom 27. Dezember bis 31. Dezember

1. Zieleinkäufe von Waren, ab Werk, ER 460–466		
Warenwert	18.900,00	
+ Leihverpackung	800,00	
+ Umsatzsteuer	3.743,00	23.443,00
2. Eingangsfrachten hierauf bar, Nettofrachtbetrag	850,00	
+ Umsatzsteuer	161,50	1.011,50
3. Rücksendung mangelhafter Waren an Lieferer (ER 462)		
Warenwert	900,00	
+ Umsatzsteuer	171,00	1.071,00
4. Lieferer schreibt uns für Rückgabe der Leihverpackung einschließlich Umsatzsteuer gut, brutto		714,00
5. Zielverkäufe von Waren, frei dort, AR 962–968		
Warenwert	52.400,00	
+ Verpackungskosten	800,00	
+ Umsatzsteuer	10.108,00	63.308,00
6. Ausgangsfrachten hierauf bar, brutto		1.666,00
7. Lastschrift der Bank für Mietüberweisung		6.500,00
Darin enthalten ist die Miete für die Wohnung des Inhabers		900,00
8. Gutschriftsanzeige (Mängelrüge) an Kunden (AR 963), brutto		714,00
9. Kunde erhält von uns einen Bonus, netto		1.500,00
10. Gutschriftsanzeige (Mängelrüge) eines Lieferers (ER 465), brutto		416,50

6937136

11. Kunde sendet mangelhafte Waren zurück (AR 964), brutto 952,00
12. Lieferer gewährt uns einen Bonus von netto 2.000,00

Abschlussangaben
1. 25 % Abschreibung vom Buchwert auf 0330 und 0340
2. Warenendbestand lt. Inventur 200.000,00
3. Im Übrigen entsprechen die Buchwerte der Inventur.

Aufgabe 139

Kontenplan und vorläufige Saldenbilanz der Aufgabe 138

Geschäftsfälle

1. Banküberweisung für Ausgangsfrachten (AR 978–982) einschließlich Umsatzsteuer		1.190,00
2. Zielverkäufe von Waren, ab hier, AR 978–982		
Warenwert	24.800,00	
+ Frachten	1.000,00	
+ Leihverpackung	1.200,00	
+ Umsatzsteuer	5.130,00	32.130,00
3. Einem Kunden (AR 966) werden aufgrund seiner Mängelrüge gutgeschrieben, brutto		1.130,50
4. Privatentnahme von Waren, Warenwert		600,00
5. Gutschrift an Kunden für Rückgabe der Leihverpackungen (AR 978–982), brutto		1.071,00
6. Rücksendung beschädigter Waren (ER 458), Warenwert		700,00
7. Zieleinkäufe von Waren, ab Werk, ER 489–490		
Warenwert	15.400,00	
+ Fracht und Transportversicherung	600,00	
+ Umsatzsteuer	3.040,00	19.040,00
8. Barzahlung der Hausfracht hierauf einschließlich USt		238,00
9. Gutschriftsanzeige des Lieferers aufgrund unserer Mängelrüge (ER 432) einschließlich Umsatzsteuer		892,50
10. Banküberweisung für Fahrzeugreparatur, netto	2.800,00	
+ Umsatzsteuer	532,00	3.332,00
11. Kunde sendet wegen Falschlieferung Waren (AR 980) zurück und erhält von uns eine Gutschrift einschließlich USt		2.975,00
12. Banküberweisung der Lebensversicherungsprämie des Geschäftsinhabers		860,00
13. Lieferer gewährt uns einen Bonus, brutto		3.570,00

Abschlussangaben
1. Abschreibungen auf BGA: 32.000,00 €; auf Fuhrpark: 18.000,00 €.
2. Inventurwert des Warenschlussbestandes 250.000,00

Aufgabe 140

1. *Wie hoch sind in den Aufgaben 138/139 jeweils a) die berichtigten Umsatzerlöse, b) der Wareneinsatz, c) der Rohgewinn und d) der Reingewinn?*
2. *Halten Sie die Höhe des Reingewinns für angemessen, wenn man für die Arbeitsleistung des Geschäftsinhabers einen Unternehmerlohn (= Vergütung für eine vergleichbare Tätigkeit) von 90.000,00 € je Geschäftsjahr zugrunde legt?*
3. *Welche Gründe sprechen für die gesonderte buchhalterische Erfassung der Bezugskosten, Rücksendungen, Nachlässe und Boni?*
4. *Erläutern Sie die Zusammensetzung der Anschaffungskosten nach § 255 [1] HGB.*

1.5 Skonti

Bedeutung des Skontos

Die Zahlungsbedingungen auf Eingangs- und Ausgangsrechnungen sehen oft **Skontoabzüge** vor. Sie können z. B. lauten: „Der Rechnungsbetrag ist innerhalb von 10 Tagen mit 2 % Skonto oder nach spätestens 30 Tagen ohne Abzug zu zahlen." Der Skonto ist also eine **Zinsvergütung für Zahlung innerhalb einer angegebenen Frist.** Er enthält auch eine **Prämie für die Ersparung von Risiko und Aufwand,** die mit Zielverkäufen verbunden sind.

Entgeltminderung

Nach **Umsatzsteuerrecht** sind Skonti nachträglich vorgenommene **Entgeltminderungen** (vgl. Abschnitt 10.3 UStAE[1]), die zu einer **Berichtigung der Vor- und Umsatzsteuer** führen (vgl. § 17 UStG). Nach **HGB** stellen die beim Wareneinkauf gewährten Skonti **Anschaffungspreisminderungen** (§ 255 [1] HGB, vgl. S. 183 f., S. 222) dar.

Je nach der Art der Skonti unterscheiden wir:

Liefererskonti

- Der Skonto, der uns von Lieferern gewährt wird, **mindert** nachträglich den **Anschaffungspreis** der eingekauften Waren und muss deshalb auch auf einem **Unterkonto des Wareneingangskontos** gebucht werden: **„3080 Liefererskonti"**.

Kundenskonti

- Skonti, die wir den Kunden gewähren, **schmälern** die **Umsatzerlöse.** Sie sind auf einem **Unterkonto des Erlöskontos** zu erfassen: **„8080 Kundenskonti"**.

1.5.1 Liefererskonti

Beispiel

Die Kern KG, Köln, begleicht die Eingangsrechnung der Zendermühle AG (vgl. S. 120) unter Abzug von 2,5 % Skonto durch Banküberweisung.

	Rechnungsbetrag der Eingangsrechnung	12.733,00 €
–	2,5 % Skonto (brutto)	318,33 €
=	**Überweisungsbetrag** an Zendermühle AG	**12.414,67 €**

Nettobuchung

Der vom Lieferer gewährte Skonto wird direkt beim Rechnungsausgleich mit dem **Nettobetrag** gebucht, wobei die darauf entfallende **Vorsteuerberichtigung sofort** vorgenommen wird. Die folgende Übersicht erklärt den Zusammenhang:

	100 % Nettopreis	10.700,00 €	–	**2,5 % Nettoskonto**	267,50 €	=	10.432,50 €
+	**19 % Vorsteuer**	2.033,00 €	–	**2,5 % Vorsteuerberichtigung**	50,83 €	=	1.982,17 €
=	**119 % Bruttopreis**	**12.733,00 €**	–	**2,5 % Bruttoskonto**	**318,33 €**	=	**12.414,67 €**

Buchung aufgrund der Eingangsrechnung (vgl. S. 121): ❶

Buchung des Rechnungsausgleichs:

	Soll	Haben
❷ **1710 Verbindlichkeiten a. LL**	**12.733,00**	
an **3080 Liefererskonti**		**267,50**
an **1410 Vorsteuer**		**50,83**
an **1310 Bank**		**12.414,67**

Abschlussbuchung:

	Soll	Haben
❸ **3080 Liefererskonti**	**267,50**	
an **3010 Wareneingang**		**267,50**

1 UStAE = Umsatzsteueranwendungserlass

6937138

S	3010 Wareneingang		H
❶	10.700,00	❸	267,50

S	3080 Liefererskonti		H
❸	267,50	❷	267,50

S	1410 Vorsteuer		H
❶	2.033,00	❷	50,83

S	1310 Bank		H
		❷	12.414,67

S	1710 Verbindlichkeiten a. LL		H
❷	12.733,00	❶	12.733,00

Nach der Umbuchung des Nettoskontos weist das Wareneingangskonto die Anschaffungskosten aus:

	Anschaffungspreis	10.700,00 €
–	Liefererskonti, netto	267,50 €
=	**Anschaffungskosten**	**10.432,50 €**

Bruttobuchung

Der Skonto kann auch **brutto** gebucht werden:

Buchung der Eingangsrechnung (vgl. S. 121): ❶

Buchung des Zahlungsausgleichs mit Bruttoskonto:

❷ **1710 Verbindlichkeiten a. LL**	**12.733,00**	an **3080 Liefererskonti**	**318,33**
		an **1310 Bank**	**12.414,67**

Steuerberichtigung

Erst am Monatsende – bei der Ermittlung der Zahllast – wird der Vorsteueranteil **aus der Summe der Bruttoskonti** ermittelt und umgebucht.[1]

Berechnung des im Bruttoskonto enthaltenen Steuerberichtigungsbetrages:

119 % Bruttoskonto ~ 318,33 €
19 % Steuerberichtigung ~ x €

$$x = \frac{318{,}33\ € \cdot 19}{119} = 50{,}83\ €$$

$$\textbf{Steuerberichtigungsbetrag} = \frac{\textbf{Bruttoskonto} \cdot 19}{119}$$

Umbuchung des Steuerberichtigungsbetrages:

❸ 3080 Liefererskonti .... an 1410 Vorsteuer	50,83

Abschlussbuchung:

❹ 3080 Liefererskonti .... an 3010 Wareneingang	267,50

S	3010 Wareneingang		H
❶	10.700,00	❹	267,50

S	3080 Liefererskonti		H
❸	50,83	❷	318,33
❹	267,50		

S	1410 Vorsteuer		H
❶	2.033,00	❸	50,83

S	1310 Bank		H
		❷	12.414,67

S	1710 Verbindlichkeiten a. LL		H
❷	12.733,00	❶	12.733,00

Merke

- **Bei Liefererskonto ist die Vorsteuer zu berichtigen.**
- **Liefererskonti mindern die Anschaffungspreise der Waren:**

	Anschaffungspreis
–	**Liefererskonti, netto**
=	**Anschaffungskosten**

1 In der EDV erfolgt die Steuerberichtigung mit Eingabe des Bruttobetrages automatisch (Programmfunktion).

1.5.2 Kundenskonti

Beispiel

Die Kern KG bucht den Zahlungseingang für die Rechnung an den Kunden Handelskontor Erfurt GmbH mit Skontoabzug (vgl. Rechnung S. 126). Auf der Überweisungsdurchschrift ist vermerkt:

	Rechnungsbetrag lt. AR 12 675/.. vom 6. Juli ..	7.607,67 €
–	2 % Skonto (brutto)	152,15 €
	Überweisungsbetrag	**7.455,52 €**

Berechnung der Steuerberichtigung[1]: ❶

$$\textbf{Steuerberichtigungsbetrag} = \frac{152{,}15\ € \cdot 19}{119} = \textbf{24,29 €}$$

Buchung der Ausgangsrechnung (vgl. S. 126): ❷

Buchung des Zahlungseingangs (netto):

		Soll	Haben
❸	**1310 Bank**	7.455,52	
	8080 Kundenskonti	127,86	
	1810 Umsatzsteuer	24,29	
	an **1010 Forderungen a. LL**		7.607,67

Abschlussbuchung:

		Soll	Haben
❹	**8010 Warenverkauf**	127,86	
	an **8080 Kundenskonti**		127,86

S	**1010 Forderungen a. LL**		H
❷	7.607,67	❸	7.607,67

S	**8010 Warenverkauf**		H
❹	127,86	❷	6.393,00

S	**1810 Umsatzsteuer**		H
❸	24,29	❷	1.214,67

S	**1310 Bank**		H
❸	7.455,52		

S	**8080 Kundenskonti**		H
❸	127,86	❹	127,86

	Umsatzerlöse	6.393,00 €
–	Kundenskonti, netto	127,86 €
=	**Berichtigte Erlöse**	**6.265,14 €**

Aufgabe: *Führen Sie für das vorliegende Beispiel die Bruttobuchung des Kundenskontos durch.*

Merke

- **Bei Kundenskonto ist die Umsatzsteuer zu berichtigen.**
- **Kundenskonti mindern die Umsatzerlöse:**

	Umsatzerlöse
–	**Kundenskonti, netto**
=	**Berichtigte Erlöse**

- **In der EDV-Buchführung wird der Skonto stets brutto gebucht. Nach Eingabe des Bruttobetrages wird die Steuerberichtigung durch das Programm automatisch errechnet und entsprechend gebucht.**

1 Vgl. S. 139.

Merke

Die Umsatzsteuer-Zahllast kann am Ende des USt-Voranmeldungszeitraums erst nach Vornahme der anteiligen Berichtigungen auf den Steuerkonten ermittelt werden:

S	1410 Vorsteuer H
Vorsteuerbeträge aufgrund von Eingangsrechnungen	**Berichtigungen** ■ Rücksendungen an Lieferer ■ Preisnachlässe von Lieferern ■ Liefererboni ■ Liefererskonti

S	1810 Umsatzsteuer H
Berichtigungen ■ Rücksendungen von Kunden ■ Preisnachlässe an Kunden ■ Kundenboni ■ Kundenskonti	**Umsatzsteuerbeträge** aufgrund von Ausgangsrechnungen

Aufgabe 141

Die Eingangsrechnung 8857 über 2.975,00 € (Warenwert 2.500,00 € + 475,00 € USt) wird unter Abzug von 2 % Skonto durch Banküberweisung an den Lieferer beglichen.
Konten: 1310 (AB 85.000,00 €), 1410, 1710, 3010, 3080.

1. *Buchen Sie den Eingang der Waren aufgrund der ER 8857.*
2. *Ermitteln Sie die Steuerberichtigung und buchen Sie beim Rechnungsausgleich den Skonto a) netto und b) brutto.*
3. *Wie lauten die entsprechenden Buchungen beim Lieferer?*

Aufgabe 142

Der Kunde begleicht unsere Ausgangsrechnung 4459 über 17.850,00 € (Warenwert 15.000,00 € + 2.850,00 € USt) abzüglich 2 % Skonto durch Postbanküberweisung.
Konten: 1010, 1320, 1810, 8010, 8080.

1. *Buchen Sie den Verkauf der Waren aufgrund der AR 4459.*
2. *Buchen Sie den Skonto beim Zahlungseingang a) netto und b) brutto.*
3. *Nennen Sie die entsprechenden Buchungen zu 1. und 2. auch beim Kunden.*

Aufgabe 143

Auszug aus der vorläufigen Summenbilanz	Soll	Haben
1410 Vorsteuer	52.500,00	48.350,00
1810 Umsatzsteuer	72.150,00	83.450,00
3080 Liefererskonti (brutto)	?	3.808,00
8080 Kundenskonti (brutto)	2.975,00	?

1. *Ermitteln Sie am Monatsende die Steuerberichtigungen und buchen Sie.*
2. *Ermitteln Sie nach den Berichtigungsbuchungen die Umsatzsteuer-Zahllast.*

Aufgabe 144

Auszug aus der vorläufigen Summenbilanz	Soll	Haben
1410 Vorsteuer	28.640,00	14.450,00
1810 Umsatzsteuer	43.560,00	66.350,00
3080 Liefererskonti (brutto)	?	5.474,00
8080 Kundenskonti (brutto)	6.307,00	?

Ermitteln und buchen Sie die Steuerberichtigungen. Wie hoch ist die Zahllast?

Aufgabe 145

Buchen Sie die Skonti in der folgenden Aufgabe a) netto und b) brutto.

Bestände: Forderungen a. LL 29.750,00 €, Bankguthaben 225.600,00 €, Vorsteuer 2.400,00 €, Verbindlichkeiten a. LL 28.560,00 €, Umsatzsteuer 5.800,00 €.

Konten: 1010, 1310, 1410, 1710, 1810, 3080, 8080.

Geschäftsfälle

1. Kunde begleicht AR 256 durch Banküberweisung abzüglich 2 % Skonto. Rechnungsbetrag	5.950,00
2. Banküberweisung an den Lieferer zum Ausgleich von ER 456 abzüglich 2 % Skonto. Rechnungsbetrag	26.775,00
3. Banküberweisung der Umsatzsteuer-Zahllast an das Finanzamt	?

1.5.3 Effektiver Zinssatz bei Liefererskonto

Anwendung

Bei Zahlungsbedingungen mit Skontoabzug **belastet** der Lieferer den Kunden mit einem **Zinszuschlag** für die Zeit, für die er den **Lieferantenkredit in Anspruch** nimmt.

Beispiel 1

Die Kern KG bezieht Küchenrollen von der Zendermühle AG[1] unter folgenden Zahlungsbedingungen: „Der Rechnungsbetrag ist innerhalb von zehn Tagen mit 2,5 % Skonto oder nach spätestens 40 Tagen ohne Abzug zu begleichen."

Wie hoch ist der effektive Zinssatz, der diesen Bedingungen zugrunde liegt?

1. In diesem Beispiel gelten die ersten zehn Tage als sog. **Barzahlungszeitraum**, in dem der Kunde den vom Lieferer **in den Warenwert eingerechneten Zinszuschlag (= Skonto) nicht bezahlen muss.**
2. Zahlt der Kunde erst nach Ablauf von zehn Tagen und bis spätestens 40 Tage nach Rechnungserhalt, so hat er den **vollen Rechnungsbetrag** (einschließlich des Zinszuschlags) zu begleichen.
3. Der Lieferer räumt also ein **Zahlungsziel von 30 Tagen** ein und berechnet **für diese Zeit einen Skontozuschlag von 2,5 %.**

0. Tag	10. Tag	40. Tag
← Zahlung mit Skontoabzug →	← Zahlung des vollen Rechnungsbetrags ohne Skontoabzug = Kreditgewährung des Lieferers →	

Näherungsweise Lösung

Bei der näherungsweisen Lösung werden die tatsächliche Zahlung und der Skontoabzug in Euro nicht berücksichtigt, sondern nur der **Skontosatz und die Kreditzeit:**

Lösung über den Dreisatz:

30 Tage ≙ 2,5 % Skonto
360 Tage ≙ p % Skonto

$$p = \frac{2{,}5\ \% \cdot 360\ \text{Tage}}{30\ \text{Tage}} = 30\ \%$$

Der auf **ein Jahr** umgerechnete Skontosatz beträgt **30 %.**

Genaue Lösung

Die genaue Lösung berücksichtigt die tatsächliche Zahlung und den Skontoabzug in Euro: Der Skontoabzug beträgt 12.733,00 € · 0,025 = 318,33 €; die Zahlung macht demnach (12.733,00 € – 318,33 €) = 12.414,67 € aus.

$$p = \frac{Z \cdot 360}{K \cdot t} = \frac{318{,}33\ € \cdot 360\ \text{Tage}}{12.414{,}67\ € \cdot 30\ \text{Tage}} = 0{,}3077 = 30{,}77\ \%$$

Bei genauer Rechnung liegt der effektive Skontosatz höher als bei verkürzter Rechnung.

Merke

- **Der effektive Zinssatz bei Skonto kann überschlagsmäßig bestimmt werden, indem man den für die Laufzeit des Lieferantenkredits geltenden Skontosatz (= Zeitprozentsatz) auf den Jahreszinssatz umrechnet.**
- **Für die genaue Bestimmung des effektiven Skontosatzes sind Skontobetrag und tatsächliche Zahlung zu berücksichtigen.**

1 Vgl. Eingangsrechnung, S. 120.

Beispiel 2

Die Kern KG hat eine Warenrechnung über 28.560,00 € zu begleichen. Die Zahlungsbedingung lautet: „Zahlbar innerhalb von zehn Tagen mit 1,5 % Skonto oder spätestens nach 50 Tagen ohne Abzug."

Da die Kern KG zur Begleichung der Rechnung zurzeit über kein Bankguthaben verfügt, wird überlegt,

- ob sich die Aufnahme eines Kontokorrentkredits zur Begleichung der Rechnung unter Skontoabzug lohnt, oder
- ob es günstiger wäre, auf die Skontierung zu verzichten, die Rechnung also erst nach Ablauf der Zahlungsfrist zu begleichen, um die Zinsen des Kontokorrentkredits einzusparen.

Die Bank berechnet **12,5 % Zinsen/Jahr** für die Inanspruchnahme des Kontokorrentkredits.

Berechnung des effektiven Zinssatzes bei Skonto

1. 28.560,00 € – 428,40 € Skonto = 28.131,60 € tatsächliche Zahlung
2. Zeitraum des Lieferantenkredits = 50 Tage – 10 Tage = 40 Tage
3. $$p = \frac{428{,}40\ € \cdot 360\ \text{Tage}}{28.131{,}60\ € \cdot 40\ \text{Tage}} = 0{,}137 = \mathbf{13{,}7\ \%\ \text{effektiver Zinssatz}}$$

Das Ergebnis besagt, dass die Kern KG **bei Skontoausnutzung einen Zinsvorteil von 13,7 %** hat, während die Bank nur einen Zins von 12,5 % verlangt. In diesem Fall ist es günstiger, den Kontokorrentkredit in Anspruch zu nehmen und die Rechnung unter Ausnutzung von Skonto innerhalb von zehn Tagen zu begleichen.

4. **Berechnung des Finanzierungsvorteils:**

Skontoabzug (1,5 % von 28.560,00 €) =	428,40 €
– Kreditzinsen $\left(\frac{28.131{,}60\ € \cdot 40\ \text{Tage} \cdot 12{,}5\ \%}{100\ \% \cdot 360\ \text{Tage}}\right)$ =	390,72 €
= **Finanzierungsvorteil durch Skontoausnutzung**	**37,68 €**

Merke

Die Ausnutzung von Skonto lohnt sich auch dann, wenn der Rechnungsausgleich durch einen kurzfristigen Kredit finanziert werden muss, sofern der effektive Skontosatz höher als der Kreditzinssatz ist.

Aufgabe 146

Die Zahlungsbedingungen auf einer Rechnung lauten: „Zahlbar innerhalb von 15 Tagen mit 2,5 % Skonto oder nach spätestens 40 Tagen ohne Abzug."

1. *Bestimmen Sie – nach vereinfachter Rechnung – den effektiven Skontosatz.*
2. Die Rechnung lautet über brutto 18.564,00 €. *Wie hoch ist der effektive Skontosatz?*
3. Für die Begleichung der Rechnung soll ein Kontokorrentkredit zu 13 %/Jahr aufgenommen werden. *Weisen Sie nach, dass sich die Kreditaufnahme zur Skontoausnutzung lohnt, und berechnen Sie den Finanzierungsvorteil.*

Aufgabe 147

Die Großhandlung Müller GmbH schuldet aus einer Warenlieferung 19.278,00 €. Die Rechnung ist innerhalb zehn Tagen mit 1 % Skonto oder nach 60 Tagen ohne Abzug zu begleichen.

Die Müller GmbH überlegt, ob zur Skontoausnutzung ein Kontokorrentkredit zu 11,5 %/Jahr aufgenommen werden soll oder ob es günstiger ist, auf den Skontoabzug zu verzichten und die Rechnung erst nach 60 Tagen zu begleichen.

Zeigen Sie, welche Zahlungsmöglichkeit günstiger ist.

1.6 Anzahlungen an Lieferer und von Kunden

Bei Großaufträgen und Aufträgen mit Sonderanfertigungen werden in der Regel **Anzahlungen (Vorauszahlungen)** vereinbart. Dadurch entsteht eine **Forderung auf Warenlieferung** gegenüber dem Lieferer oder eine **Schuld auf Lieferung der Ware** gegenüber dem Kunden, je nachdem, ob es sich um eine **geleistete (eigene) oder erhaltene** Anzahlung handelt. Anzahlungen sind auf besonderen Konten zu erfassen:

- **1140 Geleistete Anzahlungen auf Vorräte**[1] bei **Anzahlungen an Lieferer**
- **1750 Erhaltene Anzahlungen auf Bestellungen** bei **Anzahlungen von Kunden**

Bestandskonten

Das Konto 1140 ist ein **Aktivkonto**, das Konto 1750 ein **Passivkonto.**

Anzahlungen sind umsatzsteuerpflichtig. Deshalb hat der Unternehmer, der die Anzahlung erhält, eine Anzahlungsrechnung mit gesondertem Ausweis der Umsatzsteuer auszustellen (§§ 13, 15 UStG).

1.6.1 Geleistete Anzahlungen auf Vorräte

Beispiel

Vertragsgemäß wurde am 1. Juli auf eine Papierlieferung über 80.000,00 € Warenwert + 15.200,00 € USt = 95.200,00 € eine Anzahlung von 25 % durch Bankscheck lt. **Anzahlungsrechnung** geleistet: 20.000,00 € Anzahlung + 3.800,00 € USt = 23.800,00 €.

Für die am 31. Juli erfolgte Lieferung erhalten wir folgende **Endabrechnung:**

	Warenwert, netto	80.000,00 €	
+	19 % Umsatzsteuer	15.200,00 €	95.200,00 €
–	Anzahlung	20.000,00 €	
+	19 % Umsatzsteuer	3.800,00 €	23.800,00 €
=	**Restzahlung**		**71.400,00 €**

Buchung der geleisteten Anzahlung lt. Anzahlungsrechnung:

❶	1140 Geleistete Anzahlungen auf Vorräte	20.000,00	
	1410 Vorsteuer	3.800,00	
	an 1310 Bank		23.800,00

Buchungen aufgrund der Endabrechnung nach Eingang der Warenlieferung:

❷	3010 Wareneingang	80.000,00	
	1410 Vorsteuer	15.200,00	
	an 1710 Verbindlichkeiten a. LL		95.200,00
❸	1710 Verbindlichkeiten a. LL	23.800,00	
	an 1140 Geleistete Anzahlungen auf Vorräte		20.000,00
	an 1410 Vorsteuer		3.800,00
❹	1710 Verbindlichkeiten a. LL	71.400,00	
	an 1310 Bank		71.400,00

S 1140 Geleistete Anzahlungen auf V. H

S		H	
❶	20.000,00	❸	20.000,00

S 1410 Vorsteuer H

S		H	
❶	3.800,00	❸	3.800,00
❷	15.200,00		

S 3010 Wareneingang H

S		H	
❷	80.000,00		

S 1310 Bank H

S		H	
		❶	23.800,00
		❹	71.400,00

S 1710 Verbindlichkeiten a. LL H

S		H	
❸	23.800,00	❷	95.200,00
❹	71.400,00		

Die Buchungen ❸ und ❹ können auch zusammengefasst werden.

Merke

Eine geleistete (eigene) Anzahlung stellt eine Forderung auf Warenlieferung dar.

1 Anzahlungen auf Sachanlagen sind auf dem Konto „0350 Geleistete Anzahlungen auf Sachanlagen" zu buchen.

6937144

1.6.2 Erhaltene Anzahlungen auf Bestellungen

Das vorstehende Beispiel wird nun aus der Sicht des Lieferers spiegelbildlich gebucht.

Beispiel

Buchung nach Eingang der Anzahlung auf dem Bankkonto:

		Soll	Haben
❶	1310 Bank	23.800,00	
	an 1750 Erhaltene Anzahlungen auf Bestellungen		20.000,00
	an 1810 Umsatzsteuer		3.800,00

Buchungen nach erfolgter Lieferung aufgrund der Endabrechnung:

		Soll	Haben
❷	1010 Forderungen a. LL	95.200,00	
	an 8010 Warenverkauf		80.000,00
	an 1810 Umsatzsteuer		15.200,00
❸	1750 Erhaltene Anzahlungen auf Bestellungen	20.000,00	
	1810 Umsatzsteuer	3.800,00	
	an 1010 Forderungen a. LL		23.800,00
❹	1310 Bank	71.400,00	
	an 1010 Forderungen a. LL		71.400,00

S	1310 Bank		H
❶	23.800,00		
❹	71.400,00		

S	1010 Forderungen a. LL		H
❷	95.200,00	❸	23.800,00
		❹	71.400,00

S	1750 Erhaltene Anzahlungen auf B.		H
❸	20.000,00	❶	20.000,00

S	1810 Umsatzsteuer		H
❸	3.800,00	❶	3.800,00
		❷	15.200,00

S	8010 Warenverkauf		H
		❷	80.000,00

Die Buchungen ❸ und ❹ können auch zusammengefasst werden.

Merke

Eine erhaltene Anzahlung stellt eine Schuld auf Warenlieferung dar.

Aufgabe 148

Bei einer Stahlbestellung über 24.000,00 € + 4.560,00 € USt leisten wir eine Anzahlung durch Banküberweisung in Höhe von 8.000,00 € + 1.520,00 € USt = 9.520,00 € brutto.

Erstellen Sie die Rechnung nach Lieferung und buchen Sie aufgrund der
a) Anzahlungsrechnung und
b) Eingangsrechnung.

Aufgabe 149

Die Aufgabe 148 ist aus der Sicht des Lieferers zu buchen. Bilden Sie die Buchungssätze.

Aufgabe 150

Für die Lieferung von Waren über 90.000,00 € netto + USt zum 31. März 02 leisten wir bei Auftragserteilung am 10. Dez. 01 10 % Anzahlung + USt vom Nettobetrag durch Banküberweisung.

Bilden Sie die Buchungssätze und buchen Sie auf den Konten a) die Anzahlung am 10. Dez. 01, b) den Abschluss des Anzahlungskontos, c) die Eingangsrechnung und d) den Rechnungsausgleich.

Aufgabe 151

Die Aufgabe 150 ist aus der Sicht des Lieferers zu buchen.

Bilden Sie die Buchungssätze und buchen Sie auf den Konten.

Aufgabe 152

Wie lauten die Buchungen der Aufgabe 151 bei einer 30%igen Anzahlung? Eine entsprechende Anzahlungsrechnung liegt vor.

Merke

Anzahlungen sind gesondert zu bilanzieren:

- **eigene Anzahlungen → aktivieren**
- **erhaltene Anzahlungen → passivieren**

Aufgabe 153

Kontenplan und vorläufige Saldenbilanz	Soll	Haben
0330 Betriebs- und Geschäftsausstattung	210.000.00	–
0340 Fuhrpark	78.000,00	–
0610 Eigenkapital	–	400.000,00
1010 Forderungen aus Lieferungen und Leistungen	249.016,00	–
1310 Bank	270.600,00	–
1410 Vorsteuer	59.278,00	–
1510 Kasse	8.400,00	–
1610 Privatentnahmen	76.000,00	–
1710 Verbindlichkeiten aus Lieferungen und Leistungen	–	198.000,00
1810 Umsatzsteuer	–	277.894,00
3010 Wareneingang	899.200,00	–
3020 Warenbezugskosten	18.800,00	–
3050 Rücksendungen an Lieferer	–	8.500,00
3070 Liefererboni	–	3.400,00
3080 Liefererskonti	–	19.300,00
3910 Warenbestände	120.000,00	–
4890 Diverse Aufwendungen	380.400,00	–
4910 Abschreibungen auf Sachanlagen	–	–
8010 Warenverkauf	–	1.535.000,00
8060 Nachlässe an Kunden	26.900,00	–
8070 Kundenboni	17.500,00	–
8080 Kundenskonti	28.000,00	–
Abschlusskonten: 9300 und 9400	2.442.094,00	2.442.094,00

Geschäftsfälle

1. Banküberweisungen von Kunden: Rechnungsbeträge	33.320,00	
– Bruttoskonti (2 %)	666,40	32.653,60
2. Gutschriftsanzeige an Kunden für Boni:		
2,5 % von 480.000,00 € Jahres-Nettoumsatz	12.000,00	
+ Umsatzsteuer	2.280,00	14.280,00
3. Die Eingangsrechnung ER 1406		
Warenwert	22.500,00	
+ Umsatzsteuer	4.275,00	26.775,00
wurde versehentlich als Ausgangsrechnung gebucht. Stornieren Sie die Falschbuchung und buchen Sie ER 1406.		
4. AR 1450–1460, Warenwert	78.600,00	
+ Transportkosten	3.400,00	
+ Umsatzsteuer	15.580,00	97.580,00
5. Banküberweisungen an Lieferer: Rechnungsbeträge	29.750,00	
– Bruttoskonti (2 %)	595,00	29.155,00
6. Kunde erhält Preisnachlass wegen Mängelrüge, brutto		595,00
7. Lieferer schreiben uns Boni gut:		
3 % auf den Jahres-Nettoumsatz von 680.000,00 €	20.400,00	
+ Umsatzsteuer	3.876,00	24.276,00
8. Rücksendung beschädigter Waren an Lieferer, Warenwert		3.500,00

Abschlussangaben

1. Abschreibungen auf BGA: 52.000,00 €; auf Fuhrpark: 15.600,00 €.
2. Warenschlussbestand lt. Inventur 80.000,00 €.

Auswertung

1. *Wie hoch ist a) der Rohgewinn und b) der Reingewinn des Unternehmens?*
2. *Ermitteln und beurteilen Sie die Rentabilität (Verzinsung) des Eigenkapitals in %, indem Sie den Reingewinn nach Abzug eines jährlichen Unternehmerlohnes in Höhe von 108.000,00 € zum eingesetzten Eigenkapital (400.000,00 €) in Beziehung setzen.*
3. *Wie beurteilen Sie das Verhältnis zwischen Eigenkapital und Fremdkapital?*
4. *Welche Vermögensteile werden durch eigene Mittel (Eigenkapital) gedeckt (finanziert)?*

6937146

1.7 Gliederung der Warenkonten nach Warengruppen

Warengruppenkonten

In den Großhandelsbetrieben werden in der Regel verschiedene Warensortimente geführt (z. B. Hygienepapiere, Einschlagpapiere, Büropapiere, Faltkartons). Diese Aufteilung ist aus folgenden Gründen notwendig:

Betriebswirtschaftliche Gründe	Ermittlung betriebswirtschaftlicher Kennzahlen (z. B. Lagerkennzahlen, Umsatzrentabilität) zur gewinnoptimalen Ausrichtung des Sortimentes.
Kalkulatorische Gründe	Die nach Warengruppen getrennte Ermittlung von Zuschlagssätzen (vgl. S. 356 f.) führt zu einer genaueren (verursachungsgerechteren) Kalkulation.
Steuerliche Gründe	Die Waren eines Gesamtsortiments können mit unterschiedlichen Umsatzsteuersätzen belastet sein. Dann ist es u. U. sinnvoll, Waren mit gleichen Steuersätzen zu Gruppen zusammenzufassen.

Konteneinteilung

Für jede einzelne Warengruppe wird jeweils ein eigenes **Warenbestands-, Wareneingangs- und Warenverkaufskonto** geführt; zusätzlich erhalten die Wareneingangs- und Warenverkaufskonten entsprechende **Unterkonten** (z. B. für Bezugskosten, Preisnachlässe/Rücksendungen, Boni und Skonti).

S — 3910 Warenbestand I — H

S		H	
AB	60.000,00	SB	80.000,00
Wareneing.	20.000,00		
	80.000,00		80.000,00

S — 3010 Wareneingang I — H

S		H	
Einkäufe	340.000,00	Nachlässe	4.200,00
Bez.-K.	5.800,00	Warenbest.	20.000,00
		GuV	321.600,00
	345.800,00		345.800,00

S — 3920 Warenbestand II — H

S		H	
AB	68.000,00	SB	42.000,00
		Wareneing.	26.000,00
	68.000,00		68.000,00

S — 3110 Wareneingang II — H

S		H	
Einkäufe	420.000,00	Nachlässe	8.100,00
Bez.-K.	12.300,00	GuV	450.200,00
Warenbest.	26.000,00		
	458.300,00		458.300,00

S — 8010 Warenverkauf I — H

S		H	
Minderg.	6.300,00	Verkäufe	425.400,00
GuV	419.100,00		
	425.400,00		425.400,00

S — 8110 Warenverkauf II — H

S		H	
Minderg.	16.600,00	Verkäufe	594.500,00
GuV	577.900,00		
	594.500,00		594.500,00

S — 9300 Gewinn- und Verlustkonto — H

S		H	
Wareneinsatz I	321.600,00	Warenverkauf I	419.100,00
Wareneinsatz II	450.200,00	Warenverkauf II	577.900,00
Warenrohgewinn	225.200,00		
	997.000,00		997.000,00

Der Umsatzerfolg jeder Warengruppe ist aus dem GuV-Konto klar zu erkennen:

	Warengruppe I		Warengruppe II	
Umsatzerlöse	419.100,00 €	100,0 %	577.900,00 €	100,0 %
– **Warenaufwand** (= Wareneinsatz)	321.600,00 €	76,7 %	450.200,00 €	77,9 %
= **Warenrohgewinn** je Warengruppe	**97.500,00 €**	**23,3 %**	**127.700,00 €**	**22,1 %**

Aufgabe: *Mit wie viel Prozent ist jede Warengruppe am Gesamt-Rohgewinn beteiligt?*

Warenabschlusskonto

Der Abschluss der nach Warengruppen gegliederten Einkaufs- und Verkaufskonten kann auch über ein **Zwischenkonto „9200 Warenabschluss“** erfolgen, das als **Unterkonto des GuV-Kontos** zu führen ist. Der Saldo dieses Kontos stellt den **Gesamtrohgewinn** aller Warengruppen dar und ist auf das GuV-Konto umzubuchen.

Kapitalgesellschaften, die ihren Jahresabschluss veröffentlichen müssen, bevorzugen den Abschluss der Warenkonten über das Warenabschlusskonto. Da die Gewinn- und Verlustrechnung lediglich den **Rohgewinn** ausweist, bleibt der Konkurrenz der Einblick in die **Quellen des Warenrohgewinns**, nämlich die Warenaufwendungen und die Umsatzerlöse, **verborgen.**[1]

Merke

- **Die kontenmäßige Gliederung der Warenkonten nach Warengruppen ermöglicht einen klaren Einblick in den Umsatzerfolg jeder Warengruppe.**
- **Der Abschluss der nach Warengruppen gegliederten Einkaufs- und Verkaufskonten erfolgt in der Regel direkt über das Gewinn- und Verlustkonto.**

Aufgabe 154

Summen der Warenkonten zum 31. Dezember	Soll	Haben
3010 Wareneingang I	497.400,00	–
Warenbestandsmehrung 90.800,00 €		
3020 Warenbezugskosten	18.000,00	–
3060 Nachlässe von Lieferern	–	12.800,00
3070 Liefererboni	–	24.700,00
3110 Wareneingang II	458.000,00	–
Warenbestandsminderung 38.000,00 €		
3120 Warenbezugskosten	24.000,00	–
3160 Nachlässe von Lieferern	–	8.400,00
3170 Liefererboni	–	14.600,00
8010 Warenverkauf I	–	772.600,00
8060 Nachlässe an Kunden	22.600,00	–
8070 Kundenboni	14.800,00	–
8110 Warenverkauf II		738.600,00
8160 Nachlässe an Kunden	18.400,00	–
8170 Kundenboni	19.700,00	–

1. *Ermitteln Sie für jede Warengruppe die berichtigten Verkaufserlöse, den Wareneinsatz und den Rohgewinn.*
2. *Schließen Sie die Einkaufs- und Verkaufskonten ab.*
3. *Ermitteln Sie je Warengruppe den %-Anteil des Wareneinsatzes und des Rohgewinns an den Umsatzerlösen (= 100 %).*
4. *Berechnen Sie den %-Anteil des Rohgewinns jeder Warengruppe am Gesamt-Rohgewinn.*
5. *Ermitteln Sie den Reingewinn des Unternehmens, wenn die übrigen Aufwendungen 390.000,00 € und die übrigen Erträge 35.000,00 € betragen.*

1 Dieses Recht haben nur mittelgroße Kapitalgesellschaften (siehe S. 252 und S. 257).

6937148

2 Buchungen im Außenhandel

Im Außenhandel ist **umsatzsteuerrechtlich** zu unterscheiden zwischen

- **Warenverkehr im EU-Binnenmarkt** und
- **Warenverkehr mit Drittländern.** Drittlandsgebiet ist das Gebiet, das **nicht EU-Gebiet** ist, wie z. B. USA, Schweiz u. a.

Der Warenverkehr zwischen den EU-Mitgliedstaaten gilt umsatzsteuerrechtlich nicht als Ein- bzw. Ausfuhr von Waren, sondern als ein **innergemeinschaftlicher Vorgang**, der beim **Erwerber** der **Umsatzsteuer** unterliegt (siehe Kapitel 2.1).

Der Warenverkehr mit Drittländern ist dagegen umsatzsteuerrechtlich als **Ein- und Ausfuhr** zu verstehen:

- **Die Einfuhr** von Gegenständen aus dem Drittlandsgebiet in das Zollgebiet der Bundesrepublik Deutschland unterliegt der **Einfuhrumsatzsteuer.**
- **Die Ausfuhr** von Gegenständen in ein Drittland ist **umsatzsteuerfrei.**

Umrechnung in inländische Währung (€)

Im Außenhandel werden Ein- und Ausgangsrechnungen sowohl in inländischer als auch in ausländischer Währung ausgestellt. Bei **Fakturierung in fremder Währung** müssen die Rechnungen auf der Grundlage der **Devisenkassamittelkurse** in inländische Währung (€) umgerechnet werden (vgl. § 256 a HGB). Der Devisenkassamittelkurs wird als arithmetisches Mittel aus (niedrigerem) Geld- und (höherem) Briefkurs berechnet. Zum **Geldkurs** kaufen Banken Euro an (Euroankaufskurs), wenn das Unternehmen Euro in fremde Währung tauscht (umrechnet). Zum **Briefkurs** verkaufen Banken Euro (Euroverkaufskurs), wenn das Unternehmen fremde Währung in Euro tauscht (umrechnet).

Beispiel

Der Wechselkurs drückt bei der **Mengennotierung** aus, wie viele ausländische Währungseinheiten das Unternehmen für 1 Euro bekommt (Geldkurs) oder für 1 Euro geben muss (Briefkurs):[1]

Die Kursangabe 1,23 (Geldkurs) bei Schweizer Franken (sfrs) bedeutet:
Das Unternehmen kauft Schweizer Franken bei der Bank und bekommt für 1 € 1,23 sfrs.

Die Kursangabe 1,24 (Briefkurs) bei Schweizer Franken (sfrs) bedeutet:
Das Unternehmen verkauft Schweizer Franken an die Bank und zahlt für 1 € 1,24 sfrs.

Für die Ermittlung der Anschaffungskosten der importierten Waren ist stets der **Devisenkassamittelkurs zum Zeitpunkt der Anschaffung** maßgebend. Gleiches gilt für den Ausweis der Umsatzerlöse aus dem Exportgeschäft.

Devisenumrechnungskosten (Maklergebühr, Abwicklungsgebühr) sind **als Aufwand** auf dem Konto

4860 Kosten des Geldverkehrs

zu erfassen.

Kursunterschiede zwischen dem **Tag des Rechnungseingangs** und dem **Tag des Rechnungsausgleichs** werden **als Aufwand bzw. Ertrag** auf den folgenden Konten gebucht:

2150 Aufwendungen aus Kursdifferenzen

2650 Erträge aus Kursdifferenzen

Merke

- **Die Anschaffungskosten der Importwaren basieren auf dem Devisenkassamittelkurs zum Anschaffungszeitpunkt.**
- **Umrechnungskosten und Kursdifferenzen sind erfolgswirksam zu buchen.**

1 Währungskurse unterliegen ständigen und oft erheblichen Schwankungen. Kassakurse werden täglich an der Frankfurter Devisenbörse ermittelt.

2.1 Umsatzsteuer im EU-Binnenmarkt

Am 1. Januar 1993 hat für die **Mitgliedstaaten** der Europäischen Union der **EU-Binnenmarkt** begonnen. Von diesem Zeitpunkt an gilt eine Lieferung aus einem Mitgliedstaat in einen anderen weder als Einfuhr (Import) noch als Ausfuhr (Export), sondern als **innergemeinschaftlicher Vorgang.** Das bedeutet somit, dass im Rahmen des **innergemeinschaftlichen Warenverkehrs** auch **keine Einfuhrumsatzsteuer** mehr erhoben werden darf. An den Grenzübergängen zwischen den Mitgliedstaaten der EU entfallen außerdem die steuerlichen Grenzkontrollen. Damit wurde ein wichtiger Schritt auf dem Weg zur wirtschaftlichen und politischen Einheit Europas getan.

Merke

Lieferungen zwischen den EU-Mitgliedstaaten gelten weder als Einfuhr noch als Ausfuhr, sondern als innergemeinschaftlicher Warenverkehr.

Besteuerung nach dem Bestimmungslandprinzip

Um den EU-Mitgliedstaaten Einnahmeausfälle durch den Wegfall der Einfuhrumsatzsteuer im innergemeinschaftlichen Warenverkehr zu ersparen, wird für eine Übergangszeit **der innergemeinschaftliche Erwerb** der Waren der **Umsatzsteuer des jeweiligen Bestimmungslandes** unterworfen. Nicht die Lieferung, sondern der Erwerb der Ware ist umsatzsteuerpflichtig. Das geschieht insbesondere wegen der **unterschiedlichen Umsatzsteuersätze** in den EU-Staaten.

Normalsteuersätze in den 27 EU-Mitgliedstaaten[1]

Staaten	Steuersatz	Staaten	Steuersatz
Belgien	21,0 %	Luxemburg	15,0 %
Bulgarien	20,0 %	Malta	18,0 %
Dänemark	25,0 %	Niederlande	21,0 %
Deutschland	19,0 %	Österreich	20,0 %
Estland	20,0 %	Polen	23,0 %
Finnland	24,0 %	Portugal	23,0 %
Frankreich	20,0 %	Rumänien	24,0 %
Griechenland	23,0 %	Schweden	25,0 %
Großbritannien	20,0 %	Slowakische Republik	20,0 %
Irland	23,0 %	Slowenien	22,0 %
Italien	22,0 %	Spanien	21,0 %
Kroatien	25,0 %	Tschechische Republik	21,0 %
Lettland	21,0 %	Ungarn	27,0 %
Litauen	21,0 %	Zypern	18,0 %9

Merke

Im innergemeinschaftlichen (gewerblichen) Warenverkehr unterliegt nicht die Lieferung, sondern der Erwerb der Ware der Umsatzsteuer des jeweiligen Bestimmungslandes (§ 1 [1] Nr. 5 UStG). Bemessungsgrundlage ist das Entgelt.

Der innergemeinschaftliche Erwerb setzt nach § 1a [1] UStG Folgendes voraus:

1. **Der Gegenstand gelangt** bei seiner Lieferung an den Erwerber **aus dem Gebiet eines Mitgliedstaates** in das Gebiet eines **anderen Mitgliedstaates.**
2. **Die Lieferung an den Erwerber** wird **durch** einen **Unternehmer** gegen **Entgelt** im Rahmen seines **Unternehmens** ausgeführt.
3. **Der Erwerber muss** den Gegenstand **für sein Unternehmen erwerben.**
4. **Der Erwerber** darf **kein Kleinunternehmer** sein, der von der USt befreit ist (§ 19 UStG).

Beispiel

Ein Unternehmer in Düsseldorf erwirbt von einem Unternehmer in Brüssel eine Maschine für 300.000,00 €. Die Maschine wird vereinbarungsgemäß von Brüssel nach Düsseldorf versendet.

Der deutsche Unternehmer in Düsseldorf **bewirkt einen innergemeinschaftlichen Erwerb,** da alle Voraussetzungen des § 1 a [1] UStG erfüllt sind. Der Erwerb unterliegt in Deutschland der Umsatzsteuer mit 19 % = 57.000,00 €. Für den Unternehmer in Brüssel ist die Lieferung steuerfrei.

1 Stand Januar 2014.

6937150

Vorsteuerabzug

Der Erwerber kann die für den innergemeinschaftlichen Erwerb geschuldete Umsatzsteuer als Vorsteuer abziehen, wenn er vorsteuerabzugsberechtigter Unternehmer ist. Diese Vorsteuer sollte aus Gründen der Klarheit auf einem **gesonderten Konto** erfasst werden:

1411 Vorsteuer für innergemeinschaftliche Erwerbe (i. E.).

Buchungen:

❶ **0310 TA und Maschinen**	**300.000,00**	
an **1710 Verbindlichkeiten a. LL**		**300.000,00**
❷ **1411 Vorsteuer für i. E.**	**57.000,00**	
an **1811 Umsatzsteuer für i. E.**		**57.000,00**

In der Umsatzsteuer-Voranmeldung sind die steuerpflichtigen innergemeinschaftlichen Erwerbe und die darauf entfallende Vorsteuer **gesondert** auszuweisen.

Für Privatpersonen gilt die Besteuerung nach dem Bestimmungslandprinzip nicht. Sie werden mit der **Umsatzsteuer des jeweiligen Einkaufslandes** belastet. Eine Ausnahme besteht lediglich beim Kauf eines neuen Fahrzeugs.

Beispiel

Ein deutscher Tourist erwirbt auf seiner Reise in Frankreich und Spanien verschiedene Gegenstände.

Die Lieferungen der Gegenstände sind in Frankreich mit 20,0 % und in Spanien mit 21 % umsatzsteuerpflichtig. Die Mitnahme oder Versendung der Waren unterliegt deshalb auch keinen Grenzformalitäten.

Eine innergemeinschaftliche Güterbeförderung gilt grundsätzlich **dort** als ausgeführt, wo die Beförderung des Gegenstandes **beginnt.** Sie unterliegt deshalb allgemein im **Abgangsland** der Umsatzsteuer und muss dort vom befördernden Unternehmer versteuert werden.

Beispiel

Eine Speditionsfirma in Köln befördert im Auftrag eines Kölner Unternehmens Waren nach Paris.

Da die Beförderung in einem Mitgliedstaat (Deutschland) beginnt und in einem anderen Mitgliedstaat (Frankreich) endet, liegt eine innergemeinschaftliche Beförderung vor, die im „Abgangsland" Deutschland zu versteuern ist.

Kontrollsystem

Um eine wirksame Kontrolle der Umsatzsteuer im innergemeinschaftlichen Wirtschaftsverkehr zu gewährleisten, wird allen zum Vorsteuerabzug berechtigten Unternehmern jeweils eine

Umsatzsteuer-Identifikationsnummer (USt-IdNr.)

zugeteilt, die mit einem Ländercode (z. B. DE für Deutschland) beginnt.

In den Ausgangsrechnungen sind die eigene **Identifikationsnummer** und die des Kunden, also des Erwerbers der Ware, sowie die **Steuerfreiheit der Lieferung** zu vermerken. Außerdem müssen die Unternehmer, die innergemeinschaftliche Lieferungen ausführen, monatlich (bei einer Bemessungsgrundlage von nicht mehr als 50.000,00 € vierteljährlich) **zusammenfassende Meldungen** an das **Bundesamt für Finanzen** (Außenstelle Saarlouis) abgeben, was einen schnellen Informationsaustausch mit den Finanzbehörden der übrigen Mitgliedstaaten ermöglicht.

Merke

- **Rechnungen im innergemeinschaftlichen (gewerblichen) Wirtschaftsverkehr müssen die USt-Identifikationsnummern des Lieferers und Erwerbers enthalten.**
- **Ausfuhr und Einfuhr sind nach EU-Umsatzsteuerrecht nur mit einem Drittland (z. B. USA, Schweiz u. a.) möglich. Drittlandsgebiet ist also das Gebiet, das nicht Gemeinschaftsgebiet ist.**
- **Eine Ausfuhrlieferung in ein Drittland ist stets umsatzsteuerfrei, während die Einfuhr aus einem Drittland der Einfuhrumsatzsteuer unterliegt.**

Aufgabe 155

1. *Welche Staaten bilden das Gemeinschaftsgebiet der EU, d. h. den EU-Binnenmarkt?*
2. Im Umsatzsteuerrecht aller EU-Mitgliedstaaten unterscheidet man die Begriffe a) Inland, b) Gemeinschaftsgebiet und c) Drittlandsgebiet (übriges Ausland).

   Ordnen Sie entsprechend zu:
   1. Niedersachsen, 2. Schweiz, 3. Stuttgart, 4. Italien, 5. Kanada, 6. Paris.

Aufgabe 156

1. *Ergänzen Sie:*

   Nach § 1 [1] Nr. 5 UStG unterliegt ab ... auch der innergemeinschaftliche ... im ... gegen ... der Umsatzsteuer.
2. *Welche Voraussetzungen müssen nach § 1 [1] UStG für die Besteuerung des innergemeinschaftlichen Erwerbs im Einzelnen vorliegen?*
3. *Wo wird der innergemeinschaftliche Erwerb besteuert?*
4. *Warum unterliegt in der EU nicht die innergemeinschaftliche Lieferung, sondern der innergemeinschaftliche Erwerb der Ware der Umsatzsteuer?*
5. *Wie werden Privatkäufe umsatzsteuerrechtlich in der EU behandelt?*
6. *Wo unterliegen innergemeinschaftliche Güterbeförderungen der Umsatzsteuer?*

Aufgabe 157

1. *Ergänzen Sie:*
   a) Was aus der Sicht des vorsteuerabzugsberechtigten Verkäufers eine innergemeinschaftliche Lieferung ist, wird spiegelbildlich beim vorsteuerabzugsberechtigten Abnehmer zu einem innergemeinschaftlichen ... .
   b) Die Lieferung im Ausgangsland ist stets steuer... , der Erwerb im Bestimmungsland ist steuer... .
   c) Der Erwerber kann die geschuldete Umsatzsteuer als ... abziehen.
2. *Welche Maßnahmen haben die EU-Staaten getroffen, um die Besteuerung des innergemeinschaftlichen Erwerbs wirksam zu überwachen?*

Aufgabe 158

Ein Textilgroßhändler in Stuttgart hat von einer Textilfabrik in Eindhoven (Niederlande) Waren im Nettowert von 250.000,00 € bezogen. Die Ware wurde per Bahn versendet.

1. *Beurteilen Sie den Geschäftsfall umsatzsteuerrechtlich für a) den Lieferer und b) den Kunden.*
2. *Wie lauten die Buchungen für den Erwerber der Waren?*
3. *Wie lautet die Buchung beim Lieferer aufgrund der Ausgangsrechnung?*

Aufgabe 159

Ein Elektrogroßhändler hat von einer Lampenfabrik in Amsterdam für sein Privathaus eine wertvolle Lampe als Sonderanfertigung gekauft. Die Lampe wurde von ihm mit eigenem Fahrzeug abgeholt.

Beurteilen Sie den Fall umsatzsteuerrechtlich.

Aufgabe 160

Ein Autohändler in Frankfurt hat von einer Autofabrik in Japan Ersatzteile für 200.000,00 € bezogen.

1. *Beurteilen Sie den Geschäftsfall umsatzsteuerrechtlich.*
2. *Wie lauten die Buchungen beim Autohändler in Frankfurt?*

Aufgabe 161

Ein Möbelgroßhändler in Hamburg liefert an ein Unternehmen in Paris Büromöbel im Wert von 150.000,00 €. Das Speditionsunternehmen stellt dem französischen Unternehmen für die Fracht 5.000,00 € netto in Rechnung.

1. *Wie lautet die Buchung des Möbelgroßhändlers aufgrund der Ausgangsrechnung?*
2. *Ermitteln Sie den Rechnungsbetrag des Speditionsunternehmens.*
3. *Buchen Sie die Rechnung im Speditionsunternehmen.*

6937152

2.2 Warenimport aus Drittländern

Bei der Einfuhr von Gütern aus Drittländern (= Nicht-EU-Staaten) wird unter bestimmten Voraussetzungen Zoll erhoben. Außerdem ist **Einfuhrumsatzsteuer** zu entrichten.

Zölle dienen vor allem dem **Schutz inländischer Erzeugnisse** vor billigeren Importwaren. Mit vielen Drittländern bestehen Abkommen über wechselseitige Zollfreiheit oder Zollermäßigungen bei der Ein- und Ausfuhr von Waren.

Zollwert

Bemessungsgrundlage der Zollabgabe ist der Zollwert. Bei seiner Ermittlung wird von den Zollämtern meist sofort eine **mögliche Rechnungsskontierung berücksichtigt**, unabhängig davon, ob der Skontoabzug erfolgt oder nicht:

	Warenwert
+	**Verpackungskosten**
+	**Transportkosten (Auslandsfracht)**
–	**möglicher Skontoabzug**
=	**Zollwert (= Bezugspreis)**

Die **Zollsätze** liegen je nach Eintarifierung der Produkte zwischen 2,5 % und 17 %. Die **Zollschuld** wird nach § 37 Zollgesetz (ZG) mit Bekanntgabe des Zollbescheides fällig und kann auf Antrag bei entsprechender Sicherheitsleistung (z. B. Zoll-Aval als selbstschuldnerische Bankbürgschaft) gestundet werden.

Einfuhrumsatzsteuer (EUSt)

Nach § 1 [1] Nr. 4 UStG unterliegt die Einfuhr von Gegenständen **aus Drittländern** der Umsatzsteuer. Die Einfuhrumsatzsteuer ist gemäß § 21 [1] UStG eine Verbrauchsteuer, die die importierten Waren in der gleichen Weise belasten soll wie die inländischen Erzeugnisse. Sie wird nach § 23 Abgabenordnung (AO) nicht von den Finanzämtern, sondern von den **Zollbehörden** erhoben. Die Einfuhrumsatzsteuer ist nach § 15 [1] UStG **als Vorsteuer abzugsfähig** und wird am Monats- oder Quartalsende bei der Ermittlung der Umsatzsteuer-Zahllast entsprechend berücksichtigt.

Bemessungsgrundlage der EUSt

Die Einfuhrumsatzsteuer wird im Wege der Selbstveranlagung vom Importeur ermittelt:

	Zollwert (= Bezugspreis)
+	**Zollabgabe**
+	**Verbrauchsteuern (z. B. Kaffeesteuer)**
+	**Beförderungskosten (bis zum ersten Bestimmungsort innerhalb der EU)**
=	**Bemessungsgrundlage der EUSt**

Der **Steuersatz** der Einfuhrumsatzsteuer entspricht mit 19 % bzw. 7 % dem jeweils geltenden Umsatzsteuersatz.

Merke

- **Zölle sind als Anschaffungsnebenkosten entweder direkt auf dem Konto „3810 Wareneinfuhr" oder über das Konto „3820 Warenbezugskosten" oder ein gesondertes Unterkonto des Wareneingangskontos zu buchen.**
- **Die Einfuhrumsatzsteuer (EUSt) ist als abzugsfähige Vorsteuer auf dem Sonderkonto „1430 Einfuhrumsatzsteuer" zu erfassen.**
- **Bei Devisenkursänderungen und Skontoabzügen erfolgt in der Buchungspraxis keine Korrektur der Zollabgaben und der Einfuhrumsatzsteuer.**
- **Bei der Ein- und Ausfuhr von Gegenständen sind Frachten und sonstige Leistungen umsatzsteuerfrei (§ 4 Nr. 3 UStG).**

Beispiel 1

Wareneinfuhr bei Wertverlust des Euro gegenüber dem US-Dollar

Import von Waren aus USA zum Rechnungsbetrag von 15.000,00 US-$ CIF Hamburg. Die Ware wird mit eigenem Lkw vom Freihafen abgeholt.
Der Zollsatz beträgt 15 %, die Einfuhrumsatzsteuer 19 %.

10. Mai ..: Rechnungseingang zum Devisenkassamittelkurs von 1,2865 US-$/€.
25. Mai ..: Rechnungsausgleich durch Banküberweisung zum Devisenkassamittelkurs von 1,2675 US-$/€ unter Abzug von 2 % Skonto.

Die Bank berechnet an Abwicklungs- und Umrechnungsgebühren 48,00 €.

Buchung der Eingangsrechnung zum 10. Mai ..: 15.000,00 US-$ zu 1,2865 US-$/€ = 11.659,54 €

❶ **3810 Wareneinfuhr** .... an **1710 Verbindlichkeiten a. LL** .. **11.659,54**

Buchung der Zollverbindlichkeit:

	Warenwert	11.659,54 €
–	2 % möglicher Skontoabzug	233,19 €
=	**Zollwert**	**11.426,35 €**
	hierauf 15 % Zollabgabe	1.713,95 €

❷ **3810 Wareneinfuhr** .... an **1980 Zollverbindlichkeiten** **1.713,95**
oder **3820 Warenbezugskosten** .... an **1980 Zollverbindlichkeiten** **1.713,95**

Buchung der Einfuhrumsatzsteuer:

	Zollwert	11.426,35 €
+	Zollabgabe	1.713,95 €
=	**Bemessungsgrundlage**	**13.140,30 €**
	davon 19 % EUSt	2.496,66 €

❸ **1430 Einfuhrumsatzsteuer** .... an **1980 Zollverbindlichkeiten** **2.496,66**

Buchung des Rechnungsausgleichs zum 25. Mai .. :

Die Änderung des Devisenkassamittelkurses von 1,2865 US-$/€ auf 1,2675 US-$/€ bedeutet eine Erhöhung der zu zahlenden Verbindlichkeiten a. LL. Die Kursdifferenz führt zu einem Aufwand.

Wert bei Rechnungseingang:	15.000,00 US-$ zu 1,2865 US-$/€ = 11.659,54 €
Wert bei Zahlung:	15.000,00 US-$ zu 1,2675 US-$/€ = 11.834,32 €

❹ **2150 Aufw. aus Kursdifferenzen** .... an **1710 Verbindlichkeiten a. LL** .. **174,78**

Buchung des Rechnungsausgleichs mit 2 % Skontoabzug:

❺ **1710 Verbindlichkeiten a. LL** **11.834,32**
an **1310 Bank** **11.597,63**
an **3880 Liefererskonti** **236,69**

Buchung der Umrechnungs- und Abwicklungsgebühren:

❻ **4860 Kosten des Geldverkehrs** .... an **1310 Bank** **48,00**

S	3810 Wareneinfuhr		H
❶	11.659,54	❼	236,69
❷	1.713,95		

S	1710 Verbindlichkeiten a. LL		H
❺	11.834,32	❶	11.659,54
		❹	174,78

S	1430 Einfuhrumsatzsteuer		H
❸	2.496,66		

S	4860 Kosten des Geldverkehrs		H
❻	48,00		

S	1980 Zollverbindlichkeiten		H
		❷	1.713,95
		❸	2.496,66

S	1310 Bank		H
		❺	11.597,63
		❻	48,00

S	2150 Aufw. aus Kursdifferenzen		H
❹	174,78		

S	3880 Liefererskonti		H
❼	236,69	❺	236,69

Wie hoch sind die Anschaffungskosten der importierten Waren?

Beispiel 2

Wareneinfuhr bei Werterhöhung des Euro gegenüber dem US-Dollar

Das Beispiel 1 ist mit folgender Änderung zugrunde zu legen:

Der Devisenkassamittelkurs beträgt am Tag des Rechnungsausgleichs 1,3150 US-$/€ (Anschaffungskurs 1,2865 US-$/€). Somit ändern sich lediglich die Buchungen ❹ und ❺:

Buchung des Rechnungsausgleichs zum 25. Mai:
Die Änderung des Devisenkassamittelkurses von 1,2865 US-$/€ auf 1,3150 US-$/€ bedeutet eine Minderung der zu zahlenden Verbindlichkeiten a. LL. Die Kursdifferenz führt zu einem Ertrag.

Wert bei Rechnungseingang:	15.000,00 US-$ zu 1,2865 US-$/€ = 11.659,54 €
Wert bei Zahlung:	15.000,00 US-$ zu 1,3150 US-$/€ = 11.406,84 €

❹ **1710 Verbindlichkeiten a. LL**	an **2650 Erträge aus Kursdifferenzen**		174,78

Buchung des Rechnungsausgleichs mit 2 % Skontoabzug:

❺ **1710 Verbindlichkeiten a. LL**	11.406,84	
an **1310 Bank**		11.178,70
an **3880 Liefererskonti**		228,14

Wie hoch sind nunmehr die Anschaffungskosten der importierten Waren?

Merke

- **Wertverluste des Euro (Kurserhöhungen) stellen Aufwendungen aus Kursdifferenzen dar.**
- **Werterhöhungen des Euro (Kursminderungen) sind Erträge aus Kursdifferenzen.**

Aufgabe 162

Ein Großhändler bezieht elektronische Schachspiele aus den USA frei deutsche Grenze zum Rechnungsbetrag von 26.000,00 US-$.

Die Zollabgabe beträgt 1.150,00 € und die Einfuhrumsatzsteuer 19 %.

Rechnungseingang am 10. April zum Devisenkassamittelkurs von 1,2760 US-$/€.

Der Rechnungsausgleich erfolgt am 10. Mai zum Devisenkassamittelkurs von 1,2640 US-$/€ durch Banküberweisung. Für Umrechnungs- und Abwicklungskosten berechnet die Bank 49,00 €.

1. *Buchen Sie auf den Konten 1310, 1430, 1710, 1980, 2150, 3810, 3820, 4860.*
2. *Nennen Sie den Buchungssatz für den Abschluss des Kontos 3820.*
3. *Wie hoch sind die Anschaffungskosten der importierten Waren?*

Aufgabe 163

Die Aufgabe 162 ist mit folgender Abänderung zugrunde zu legen: Der Rechnungsausgleich erfolgt zum Devisenkassamittelkurs von 1,2845 US-$/€.

1. *Buchen Sie auf den Konten 1310, 1430, 1710, 1980, 2650, 3810, 3820, 4860.*
2. *Ermitteln Sie die Anschaffungskosten der importierten Waren.*

Aufgabe 164

Die Rechnung einer Warenlieferung aus den USA ist in Euro fakturiert und lautet über 28.500,00 € FOB New York. Außerdem erhalten wir folgende Spediteur-Rechnungen: Hafenspediteur New York 450,00 €, See-Fracht New York – Rotterdam 3.000,00 €, Rhein-Fracht Rotterdam – Duisburg 850,00 €.

Alle Rechnungen werden mit 2 % Skontoabzug überwiesen. Die Bank belastet uns mit Abwicklungsgebühren: 68,00 €.

1. *Ermitteln Sie den Zollwert, die Zollabgabe bei einem Zollsatz von 5 %, die Bemessungsgrundlage für die EUSt und die Einfuhrumsatzsteuer bei 19 %.*
2. *Buchen Sie auf den Konten 1310, 1430, 1710, 1980, 3810, 3820, 3880, 4860.*
3. *Schließen Sie die Konten 3820 und 3880 entsprechend ab.*
4. *Wie hoch sind die Anschaffungskosten der importierten Waren?*

Aufgabe 165

Wir importieren aus Japan optische Geräte zu einem Rechnungswert von 8.500.000 Yen. Der Devisenkassamittelkurs beträgt am Tag der Buchung der Rechnung 123,7800 Yen/€.

Die Lieferung erfolgt CIF Rotterdam. Der Lkw-Spediteur berechnet für den Transport bis zu unserem Betrieb 1.400,00 €.

Es sind 10 % Zoll und 19 % Einfuhrumsatzsteuer zu entrichten.

Der Rechnungsausgleich erfolgt nach 14 Tagen mit 2 % Skontoabzug durch Banküberweisung. Der Devisenkassamittelkurs am Tag der Zahlung wird mit 121,5500 Yen/€ notiert. Die Bank belastet uns mit 55,00 € Umrechnungsgebühren.

Buchen Sie auf den Konten 1310, 1430, 1710, 1980, 2150, 3810, 3820, 3880, 4860.

Aufgabe 166

Aus der Schweiz beziehen wir eine Sendung Elektroartikel. Die Rechnung lautet über 15.000,00 sfrs. Devisenkassamittelkurs am Buchungstag: 1,5010 sfrs/€.

Nach 14 Tagen erfolgt der Rechnungsausgleich durch Bank zu einem Devisenkassamittelkurs von 1,5120 sfrs/€. Einfuhrumsatzsteuer 19 %. 10 % Zoll.

Buchen Sie auf den entsprechenden Konten.

Aufgabe 167

Aus Dänemark importieren wir eine Sendung Butter. Die Eingangsrechnung lautet über 600.000,00 dkr frei deutsche Grenze. Die Rechnung des dänischen Spediteurs für den Transport bis zu unserem Betrieb lautet über 750,00 €. Die Umsatzsteuer beträgt 7 %.

Devisenkassamittelkurs bei Rechnungseingang: 8,2500 dkr/€. Bei Zahlung (Bank) beträgt der Devisenkassamittelkurs 7,7500 dkr/€.

Buchen Sie auf den entsprechenden Konten.

Aufgabe 168

Die Eingangsrechnung 487 weist einen Rechnungsbetrag von 11.655,00 £ aus für eine Warenlieferung aus England. Devisenkassamittelkurs bei Rechnungseingang 0,9085 £/€. Umsatzsteuer 7 %.

Der englische Spediteur berechnet an Transportkosten 1.400,00 € und für das Ausladen der Ware 100,00 €.

1. *Buchen Sie den Eingang der Rechnungen.*
2. 10 Tage nach Buchung der Rechnung erhalten wir aufgrund unserer Mängelrüge einen Preisnachlass von 30 Prozent auf den Rechnungsbetrag. *Buchen Sie die erforderlichen Korrekturen.*
3. Die Zahlung des Restbetrages durch Bank erfolgt zu einem Devisenkassamittelkurs von 0,8950 £/€. *Wie lautet die Buchung?*

Aufgabe 169

Import von Fischkonserven aus Kanada. Die Eingangsrechnung lautet über 35.000,00 kan. $ CIF Hamburg. 8 % Zoll und 7 % Einfuhrumsatzsteuer sind anzusetzen.

1. *Buchen Sie die Eingangsrechnung zum Devisenkassamittelkurs von 1,6150 kan. $/€, die Zollabgabe und die Einfuhrumsatzsteuer.*
2. Wenige Tage nach Buchung der Rechnung erhalten wir nachträglich einen Rabatt von 10 % auf den bereits gebuchten Rechnungsbetrag. *Ermitteln und buchen Sie die erforderlichen Korrekturen.*
3. Der Restbetrag wird fristgerecht durch die Bank überwiesen (keine Kursänderung). Die Bank belastet uns mit 30,00 € Umrechnungskosten. *Buchen Sie entsprechend*

Aufgabe 170

1. *Woraus setzt sich der Zollwert als Bemessungsgrundlage der Zollabgabe zusammen?*
2. *Was umfasst im Einzelnen die Bemessungsgrundlage der Einfuhrumsatzsteuer?*
3. *Erläutern Sie die Ermittlung der Anschaffungskosten bei Importwaren.*
4. *Warum erfolgt in der Praxis bei Skontoabzügen buchhalterisch keine Korrektur der Zollabgaben sowie der Einfuhrumsatzsteuer?*
5. Die Zollabgabe von 10.000,00 € für eine Importsendung wurde bereits an die Zollverwaltung abgeführt. Sie vermindert sich durch einen nachträglich gewährten Rabatt um 1.000,00 €. *Nennen Sie den Buchungssatz.*

2.3 Warenexport in Drittländer

Steuerbefreiung

Ausfuhrlieferungen, also Lieferungen in Nicht-EU-Staaten (Drittländer), sind aus Gründen der **Exportförderung** von der Umsatzsteuer befreit (§ 4 Nr. 1 UStG in Verbindung mit § 6 UStG).

Ausfuhrnachweis

Voraussetzung für die Steuerbefreiung ist gemäß § 6 UStG der Nachweis der Ausfuhrlieferung. Innerhalb der EU besteht für alle Beförderungswege ein einheitliches **elektronisches Ausfuhrverfahren**, bei dem der Exporteur seine Waren und die Ausgangszollstelle elektronisch anmeldet. Die Ausgangszollstelle überwacht den Warenausgang in das Drittlandsgebiet und übermittelt dem deutschen Ausfuhrzollamt auf elektronischem Weg einen entsprechenden **Ausgangsvermerk** oder stellt diesen als Druckversion zur Verfügung.

Exportnebenkosten

Exportnebenkosten wie Frachten, Versicherungen und sonstige Leistungen, die dem Exportunternehmen in Rechnung gestellt werden, sind wie die Ausfuhrlieferungen **steuerfrei** (§ 4 Nr. 3 UStG) und über das Konto

4620 Ausgangsfrachten

zu buchen. Die **dem Kunden in Rechnung gestellten Exportnebenkosten** werden buchhalterisch als **Verkaufserlöse** (Umsatzerlöse) behandelt.

Vorsteuerüberhang

Wegen der steuerfreien Ausfuhrlieferungen entsteht in der Regel bei exportintensiven Unternehmen ein Vorsteuerüberhang, der vom Finanzamt nach Abgabe der Umsatzsteuervoranmeldung erstattet wird.

Beispiel 1

Warenausfuhr bei Wertverlust des Euro gegenüber dem Schweizer Franken

Export von Waren in die Schweiz mit eigenem Lkw. Ausfuhrnachweis liegt vor. Am 30. April werden dem Kunden in Rechnung gestellt: Warenwert 73.000,00 sfrs + Transportkosten 2.000,00 sfrs (Devisenkassamittelkurs 1,5060 sfrs/€).

Am 28. Mai wird die Rechnung fristgerecht durch Banküberweisung beglichen (Devisenkassamittelkurs 1,4850 sfrs/€). Die Bank belastet uns mit 65,00 € Umrechnungsgebühren.

Buchung der Ausgangsrechnung am 30. April: 75.000,00 sfrs zu 1,5060 sfrs/€ = 49.800,80 €

❶ **1010 Forderungen a. LL** .... an **8820 Erlöse aus Warenausfuhr** **49.800,80**

Buchung des Rechnungsausgleichs zum 28. Mai:

Das Unternehmen erhält beim Zahlungseingang einen höheren Euro-Betrag, als beim Rechnungsausgang gebucht wurde. Es entsteht ein Ertrag aus Kursdifferenzen.

Wert bei Rechnungsausgang: 75.000,00 sfrs zu 1,5060 sfrs/€ = 49.800,80 €
Wert bei Zahlungseingang: 75.000,00 sfrs zu 1,4850 sfrs/€ = 50.505,05 €

❷ **1310 Bank** **50.505,05**
an **1010 Forderungen a. LL** **49.800,80**
an **2650 Erträge aus Kursdifferenzen** **704,25**

Buchung der Devisenumrechnungskosten:

❸ **4860 Kosten des Geldverkehrs** .... an **1310 Bank** **65,00**

S	1010 Forderungen a. LL		H
❶	49.800,80	❷	49.800,80

S	1310 Bank		H
❷	50.505,05	❸	65,00

S	4860 Kosten des Geldverkehrs		H
❸	65,00		

S	8820 Erlöse aus Warenausfuhr		H
		❶	49.800,80

S	2650 Erträge aus Kursdifferenzen		H
		❷	704,25

Beispiel 2

Warenausfuhr bei Werterhöhung des Euro gegenüber dem Schweizer Franken

Das Beispiel 1 wird wie folgt geändert:

Der Rechnungsbetrag wird zum Devisenkassamittelkurs 1,5350 sfrs/€ von der Bank gutgeschrieben. Das Unternehmen erhält beim Zahlungseingang einen niedrigeren Euro-Betrag, als beim Rechnungsausgang gebucht wurde. Es entsteht ein Aufwand aus Kursdifferenzen. Somit ändert sich lediglich die 2. Buchung:

Rechnungsausgleich zum Devisenkassamittelkurs von 1,5350 sfrs/€:

❷	**1310 Bank**	48.859,93	
	2150 Aufwendungen aus Kursdifferenzen	940,87	
	an **1010 Forderungen a. LL**		49.800,80

Aufgabe: *Nennen Sie den Buchungssatz bei Bankgutschrift unter Abzug von 2 % Skonto.*

Merke

- **Ausfuhrlieferungen in sog. Drittländer (Nicht-EU-Staaten) sind umsatzsteuerfrei.**
- **Auch Exportnebenkosten (z. B. Frachten) sind von der Umsatzsteuer befreit.**
- **Der Ausfuhrnachweis ist Voraussetzung für die Steuerbefreiung.**

Aufgabe 171

Die Werkzeugmaschinenhandelsgesellschaft m. b. H. exportiert eine Maschine zur Herstellung von Spezialwerkzeugen an einen Automobilhersteller in den USA. Die Rechnung lautet über 155.000,00 US-$ CIF New York. Der Seehafenspediteur stellt für Lager- und Verladekosten, Versicherung, Seefracht und Erledigung aller Zollformalitäten 7.500,00 € in Rechnung.

Der Devisenkassamittelkurs beträgt am Tag der Buchung der Ausgangsrechnung 1,2840 US-$/€. Der Kunde überweist fristgerecht auf das Bankkonto zum Devisenkassamittelkurs von 1,2785 US-$/€. Die Bank berechnet 250,00 € Umrechnungskosten.

1. *Buchen Sie auf den Konten 1010, 1310, 1710, 2650, 4620, 4860, 8820.*
2. *Wie hoch sind die erzielten Exporterlöse?*

Aufgabe 172

Die Aufgabe 171 ist mit folgender Abänderung zugrunde zu legen:

1. Dem Kunden wird nachträglich noch ein Rabatt von 10 % gewährt.
2. Der Devisenkassamittelkurs bei Zahlungseingang beträgt 1,2890 US-$/€.
3. Der Kunde überweist den von ihm geschuldeten Betrag vereinbarungsgemäß unter Abzug von 2 % Skonto.

1. *Wie lauten die Buchungssätze?*
2. *Buchen Sie auf den entsprechenden Konten.*

Aufgabe 173

Ein Großhandelsunternehmen für Werbeartikel versendet nach England Waren zum Rechnungsbetrag von 15.000,00 £. Für Fracht und sonstige Kosten werden dem Großhändler 2.400,00 € + USt in Rechnung gestellt.

Der Devisenkassamittelkurs am Tag der Rechnungsbuchung beträgt 0,8675 £/€. Der Kunde zahlt termingerecht unter Abzug von 2 % Skonto. Die Bank schreibt den Überweisungsbetrag zum Devisenkassamittelkurs von 0,8850 £/€ gut und berechnet 60,00 € an Gebühren.

1. *Bilden Sie die Buchungssätze und buchen Sie auf den erforderlichen Konten.*
2. *Wie hoch sind die Erlöse aus dem Geschäft?*
3. *Wo muss die Ware der Umsatzsteuer unterworfen werden?*

6937158

Aufgabe 174

Export von Büromöbeln an einen Schweizer Kunden. Unsere Ausgangsrechnung lautet über 25.000,00 sfrs. Der Devisenkassamittelkurs bei Buchung der Rechnung lautet 1,5550 sfrs/€.

Die Sendung muss aus Mangel an eigener Lagerfläche fünf Tage vor dem Versandtermin im Spediteur-Lager zwischengelagert werden. Der Spediteur stellt uns für die Lagerung 300,00 € und für den Transport 1.400,00 € in Rechnung.

Der Kunde zahlt nach acht Tagen unter Abzug von 2 % Skonto.

Devisenkassamittelkurs bei Bankgutschrift 1,5050 sfrs/€. Die Bank berechnet 40,00 € Gebühren.

1. *Buchen Sie auf den entsprechenden Konten.*
2. *Ermitteln Sie die Exporterlöse.*

Aufgabe 175

Wir senden einem norwegischen Kunden die Rechnung für die im September abgerufene Teillieferung der vereinbarten Jahresmenge. Der Rechnungsbetrag lautet über 150.000,00 nkr (Devisenkassamittelkurs: 7,7640 nkr/€).

Der Kunde zahlt fristgerecht abzüglich 2 % Skonto. Die Bank schreibt den Überweisungsbetrag zum Devisenkassamittelkurs von 7,5550 nkr/€ gut.

Bilden Sie die Buchungssätze und buchen Sie auf den erforderlichen Konten.

Aufgabe 176

Warenexport an einen australischen Kunden. Die Ausgangsrechnung lautet über 120.000,00 austr. $ FOB Rotterdam. Devisenkassamittelkurs: 1,6560 austr. $/€.

Die Bankgutschrift erfolgt zum Devisenkassamittelkurs von 1,6750 austr. $/€. Außerdem stellt die Bank 2,5 ‰ Inkasso- und Umrechnungsgebühren in Rechnung.

Der Lkw-Spediteur berechnet 1.500,00 € Frachtkosten für den Transport der Waren zum Freihafen Rotterdam und 750,00 € für die Schiffsverladung.

Wie lauten die Buchungen?

Aufgabe 177

Lieferung von Waren an einen holländischen Kunden im Gesamtwert von 20.000,00 €.

Der Kunde erhält aufgrund einer berechtigten Mängelrüge einen Preisnachlass von 2.000,00 €.

Der Restbetrag wird vom Kunden rechtzeitig überwiesen (Bankgutschrift).

Bilden Sie die Buchungssätze.

Aufgabe 178

Zum 30. April weisen die Konten 1410, 1430 und 1810 eines Groß- und Außenhandelsunternehmens folgende Summen aus:

	S	H
1410 Vorsteuer	210.000,00	5.000,00
1430 Einfuhrumsatzsteuer	25.000,00	–
1810 Umsatzsteuer	6.000,00	136.000,00

1. *Ermitteln Sie buchhalterisch das Ergebnis der Umsatzsteuervoranmeldung für den Monat April.*
2. *Das Finanzamt erstattet den Vorsteuerüberhang durch Banküberweisung. Die Bankgutschrift erfolgt zum 15. Mai. Wie lautet der Buchungssatz?*

Aufgabe 179

1. *Warum sind Ausfuhrlieferungen in nahezu allen Staaten umsatzsteuerfrei?*
2. *Nennen Sie die grundlegende Voraussetzung für eine steuerfreie Ausfuhrlieferung.*
3. *Wodurch kann die Ausfuhrlieferung nachgewiesen werden?*
4. *Inwiefern entsteht bei exportintensiven Unternehmen in der Regel ein Vorsteuerüberhang?*

3 Personalbereich

3.1 Die Ermittlung der Abzüge vom Bruttoverdienst

Löhne und Gehälter

Das Arbeitsentgelt eines Arbeiters bezeichnet man als Lohn, das des Angestellten als Gehalt. Löhne und Gehälter sind für den Arbeitnehmer **Einkommen**, für den Arbeitgeber hingegen **Aufwendungen** (= Personalkosten).

Abzüge

Der Arbeitgeber ist gesetzlich verpflichtet, vom Bruttoverdienst der Arbeitnehmer

- die **Lohnsteuer**, den **Solidaritätszuschlag** und die **Kirchensteuer** sowie
- den **Anteil der Arbeitnehmer** an der gesetzlichen **Kranken-, Pflege-, Renten-** und **Arbeitslosenversicherung (= 50 % + Zuschläge)**[1]

einzubehalten. Nach Abzug der o. g. Posten ergibt sich der **Nettoverdienst** des Arbeitnehmers:

Bruttolohn/-gehalt	Abzüge
– **Steuern**	■ Lohnsteuer (LSt) ■ Solidaritätszuschlag (5,5 % der LSt) ■ Kirchensteuer (8 % bzw. 9 % der LSt)
– **Arbeitnehmeranteil zur gesetzlichen Sozialversicherung**[1]	■ Krankenversicherung ■ Pflegeversicherung ■ Rentenversicherung ■ Arbeitslosenversicherung
= **Nettolohn/-gehalt (= Auszahlung)**	

Die Sozialversicherungsbeiträge (Arbeitnehmer- **und** Arbeitgeberanteil) sind spätestens **am drittletzten Bankarbeitstag** des laufenden Monats **fällig.** Bis zu diesem Zeitpunkt muss die zuständige Krankenkasse die **Sozialbeiträge durch Bankeinzug** (Lastschriftverfahren) vereinnahmt haben. Deshalb sind die Arbeitgeber gesetzlich verpflichtet, den betreffenden Kassen die **fälligen Sozialbeiträge** rechtzeitig und papierlos, also durch **Datenübertragung** mittels spezieller Software[2], zu **melden.** Die abgebuchte SV-Vorauszahlung wird auf dem Konto **„1170 SV-Vorauszahlung"** erfasst und bei der Buchung der Löhne und Gehälter und des SV-Arbeitgeberanteils **verrechnet.**[3]

Die einbehaltenen Steuerabzüge werden auf dem Konto **„1910 Verbindlichkeiten aus Steuern"** gebucht und **bis zum 10. des Folgemonats** an das Finanzamt **überwiesen.**[3]

3.1.1 Lohn- und Kirchensteuerabzug

Lohn- und Kirchensteuer

Der Lohnsteuer unterliegen alle Einkünfte aus **nicht selbstständiger Arbeit.** Sie richtet sich nach **Lohnhöhe, Steuerklasse** und möglichen **Freibeträgen** (z. B. für Behinderte). Das Existenzminimum **(Grundfreibetrag)** ist **lohnsteuerfrei:** 8.354,00 €[4] für Ledige und 16.708,00 €[4] für Verheiratete und Lebenspartner. Es gibt **sechs Lohnsteuerklassen:**

Steuerklasse	Zuordnung der Arbeitnehmer[5]
I	Nicht verheiratete, verwitwete oder geschiedene Arbeitnehmer sowie Verheiratete, die ständig getrennt leben.
II	Arbeitnehmer der Steuerklasse I, sofern sie mindestens ein Kind haben.
III	Verheiratete, nicht ständig getrennt lebende Arbeitnehmer, deren Ehegatte keinen Arbeitslohn bezieht oder die Steuerklasse V hat.
IV	Verheiratete, nicht ständig getrennt lebende Arbeitnehmer, wenn beide Arbeitslohn beziehen.
V	Verheiratete, nicht ständig getrennt lebende Ehegatten, die beide Arbeitslohn beziehen, wobei ein Ehegatte auf gemeinsamen Antrag in Steuerklasse III ist.
VI	Arbeitnehmer, die Arbeitslohn von mehreren Arbeitgebern beziehen, für den Steuerabzug aus dem zweiten und weiteren Dienstverhältnissen.

1 Siehe S. 163. 2 Beispielsweise Lexware, LODAS (Datev) 3 Siehe S. 167. 4 Stand 2014
5 Die Klassifizierung von Verheirateten bzw. Ehegatten ist auch auf Lebenspartner und Lebenspartnerschaften anzuwenden.

6937160

Steuerpflichtiges Arbeitsentgelt

Grundsätzlich sind alle Einnahmen, die ein Arbeitnehmer aus einem Arbeitsverhältnis erzielt, lohnsteuerpflichtig.

Lohnsteuerpflichtiger Arbeitslohn	
■ Löhne und Gehälter ■ Zulagen (z. B. Schmutzzulage) ■ Zuschläge (z. B. für Überstunden)[1]	■ Urlaubsgeld ■ Weihnachtsgratifikationen ■ Beihilfen jeder Art

Solidaritätszuschlag

Zur Finanzierung der deutschen Einheit wird ein Solidaritätszuschlag in Höhe von zz. 5,5 %[2] der Lohnsteuer erhoben.

Kirchensteuer

Die Kirchensteuer ist **nicht** in allen Bundesländern **einheitlich** hoch. Sie beträgt

- in Baden-Württemberg und Bayern **8 %** und
- in den übrigen Bundesländern **9 % der Lohnsteuer.**

Kinderfreibetrag

Im Gegensatz zur Lohnsteuer wird **bei der Bemessung der Kirchensteuer und des Solidaritätszuschlages** die **Anzahl der Kinder** einbezogen. Jedes Kind wird mit dem Zähler 0,5 (= 292,00 € monatlicher Kinderfreibetrag einschließlich Bedarfsfreibetrag) berücksichtigt. Der Zähler erhöht sich auf 1,0 (= 584,00 €) bei verheirateten und nicht dauernd getrennt lebenden Arbeitnehmern.[2]

Kindergeld

Das Kindergeld wird **von der Familienkasse** der Agentur für Arbeit **ausgezahlt.** Es beträgt für das erste und das zweite Kind je 184,00 €, für das dritte Kind 190,00 € und für jedes weitere Kind je 215,00 €.[2]

Elektronische Lohnsteuerkarte

Der Arbeitgeber benötigt die **Lohnsteuerabzugsmerkmale** seines Arbeitnehmers, um die Lohnsteuer und ggf. die Kirchensteuer berechnen und an das Finanzamt abführen zu können. Dabei handelt es sich um Informationen wie Steuerklasse, Anzahl der Kinder, Höhe der Freibeträge und Religionszugehörigkeit des Arbeitnehmers. Bisher waren diese Angaben auf der Vorderseite der **Lohnsteuerkarte** vermerkt. Die Papier-Lohnsteuerkarte wurde am 1. Januar 2013 durch die so genannte **elektronische Lohnsteuerkarte** ersetzt. Im Rahmen einer Übergangsfrist durften die Arbeitgeber den Zeitpunkt für die erstmalige Teilnahme an dem elektronischen Verfahren selbst wählen. Allerdings musste wenigstens für einen Lohnzahlungszeitraum des Jahres 2013 das elektronische Verfahren angewendet werden. Bis dahin behielt die Papier-Lohnsteuerkarte ihre Gültigkeit. Darüber hinaus ist sie vom Arbeitgeber bis Ende 2014 aufzubewahren bzw. dem Arbeitnehmer auszuhändigen, falls das Arbeitsverhältnis innerhalb dieses Zeitraums endet.

Elektronische LohnSteuerAbzugs-Merkmale (ELStAM)

Für die **Arbeitgeber** werden die **E**lektronischen **L**ohn**St**euer**A**bzugs**M**erkmale **(ELStAM)** in einer **Datenbank der Finanzverwaltung** beim Bundeszentralamt für Steuern zur Verfügung gestellt. Der Zugriff auf die gespeicherten Daten setzt eine einmalige Registrierung des Arbeitgebers im ElsterOnline-Portal voraus. Danach können die Lohnsteuerabzugsmerkmale mit Angabe der Steuernummer des Betriebs sowie des Geburtsdatums und der steuerlichen Identifikationsnummer des Arbeitnehmers abgerufen werden.

Den **Arbeitnehmern** sind die Elektronischen Lohnsteuerabzugsmerkmale im Jahr 2011 zur Überprüfung mitgeteilt worden. Änderungen sind aus der Lohn- bzw. Gehaltsabrechnung ersichtlich. Außerdem können die gespeicherten Lohnsteuerabzugsmerkmale bei den Finanzämtern erfragt oder im ElsterOnline-Portal nach Authentifizierung mit der persönlichen steuerlichen Identifikationsnummer abgerufen werden. Dort ist für den Arbeitnehmer auch ersichtlich, welche Arbeitgeber seine Lohnsteuerabzugsmerkmale innerhalb der letzten zwei Jahre abgerufen haben.

Die **Änderung der Lohnsteuerabzugsmerkmale** (z. B. Steuerklassenänderung, Eintragung von Freibeträgen) muss der Arbeitnehmer seinem Finanzamt mitteilen. Anschriftenänderungen

1 außer Zuschläge für Sonn- und Feiertagsarbeit bei einem Stundenlohn bis 25,00 €
2 Stand 2014

und standesamtliche Veränderungen wie Eheschließung, Geburt eines Kindes, Kircheneintritt oder Kirchenaustritt werden von den Bürgerbüros der Städte und Gemeinden an die Finanzverwaltung übermittelt, damit dort die entsprechende Änderung der persönlichen Lohnsteuerabzugsmerkmale des Arbeitnehmers erfolgen kann. Der Arbeitgeber wird durch Änderungslisten von der Finanzverwaltung darüber informiert.

Zu Beginn des Arbeitsverhältnisses hat der Arbeitnehmer dem Arbeitgeber sein Geburtsdatum und seine steuerliche Identifikationsnummer mitzuteilen sowie anzugeben, ob es sich um ein Hauptarbeitsverhältnis (Steuerklasse I bis V) oder ein Nebenarbeitsverhältnis (Steuerklasse VI) handelt. Der Arbeitgeber muss den Arbeitnehmer im ELStAM-Verfahren anmelden, dessen Lohnsteuerabzugsmerkmale abrufen und diese in das Lohnkonto übernehmen. **Nach Beendigung des Arbeitsverhältnisses** meldet der Arbeitgeber den Arbeitnehmer ab.

Lohnsteuer- und Sozialversicherungsabzüge

Diese Abzüge werden in der Regel **nicht mehr** aus offiziellen Lohnsteuer-/Sozialversicherungstabellen **abgelesen**, sondern **online** mithilfe von **Abgabenrechnern** oder PC-Programmen, z. B. Lexware Lohnauskunft, **individuell** für jeden Lohn/jedes Gehalt **berechnet**.

Beispiel

Der kaufmännische Angestellte Herbert Till, geb. 1976, wohnhaft In den Mummelswiesen 30 in 64380 Roßdorf, ist verheiratet und hat ein Kind. Seine Ehefrau bezieht keinen Arbeitslohn. Beide Ehepartner gehören der katholischen Kirche an. Lohn- und Kirchensteuer sowie der Solidaritätszuschlag ergeben sich wie folgt:

Tarifgehalt nach der Gehaltstafel	2.985,00 €
Steuerklasse	III
Kinderfreibetragszahl	1,0
Lohnsteuer	217,50 €
Solidaritätszuschlag	0,00 €
Kirchensteuer	7,57 €
Steuerabzüge insgesamt	**225,07 €**

Lohnkonto

In der Lohn- und Gehaltsbuchhaltung wird **für jeden Arbeitnehmer** ein besonderes **Lohnkonto** geführt, das monatlich **folgende Daten** erfasst:

Lohn bzw. Gehalt, Zulagen, Zuschläge, Bruttoverdienst; Abzüge: Lohnsteuer, Solidaritätszuschlag, Kirchensteuer, Krankenversicherung, Pflegeversicherung, Rentenversicherung, Arbeitslosenversicherung; Vorschuss, Nettoauszahlung.

Lohn- und Gehaltsliste

Lohnabrechnungen werden in **Lohnlisten**, **Gehaltsabrechnungen** in **Gehaltslisten** zusammengestellt. Lohn- und Gehaltslisten bilden dann **Sammelbelege für die Buchung der Löhne und Gehälter** (siehe Beispiel auf S. 170).

Für die **schnelle Ermittlung der Steuerlast** steht unter www.abgabenrechner.de ein Werkzeug des Bundesministeriums der Finanzen zur Verfügung. Hier lässt sich unter Berücksichtigung der jeweiligen Steuerklasse, der Freibeträge und der zu berücksichtigenden Familienangehörigen **die persönliche Lohnsteuer** errechnen, ebenso wie **die Gesamtbelastung**, bei der die individuellen Sozialversicherungsbeiträge berücksichtigt werden.

Ergänzt wird diese Veröffentlichung durch die Möglichkeit, eine tatsächliche, individuelle Lohnsteuertabelle zu erstellen, in der sich die Veränderung der Steuerlast bei verändertem Einkommen verfolgen lässt.

6937162

Aufgabe 180

In der Elektrogroßhandlung Haas OHG, Stuttgart, sind sieben Angestellte beschäftigt. Die folgende Tabelle weist für den Monat Januar das jeweilige Bruttogehalt und die persönlichen Daten der Angestellten aus:

Nr.	Name	Geb.-jahr	Tarifgehalt	Familienstand	Sonstige Hinweise
1	W. Beyer	1980	2.990,00 €	verheiratet, 1,0 Kinder-Freibetrag	St.-Kl. V für Ehefrau
2	A. Fellner	1987	2.970,00 €	ledig	–
3	B. Hübner	1974	2.985,00 €	geschieden, 0,5 Kinder-Freibetrag	–
4	G. Lamper	1968	3.000,00 €	verheiratet, keine Kinder	St.-Kl. IV für Ehefrau
5	R. Schmidt	1964	2.975,00 €	ledig	–
6	J. Steiner	1958	2.995,00 €	verheiratet, keine Kinder	–
7	H. Winter	1952	2.980,00 €	verwitwet, keine Kinder	–

1. Bestimmen Sie für jeden Angestellten die Lohnsteuerklasse.

2. Ermitteln Sie anhand www.abgabenrechner.de für jeden Angestellten
a) die Lohnsteuer, b) den Solidaritätszuschlag und c) die Kirchensteuer.

3.1.2 Sozialversicherungsabzüge

Gesetzliche Sozialversicherung

Die gesetzliche Sozialversicherung besteht aus der Krankenversicherung, der Pflegeversicherung, der Rentenversicherung und der Arbeitslosenversicherung. Der **Sozialversicherungsbeitrag** für den einzelnen Arbeiter und Angestellten wird im Allgemeinen **je zur Hälfte** vom Arbeitnehmer und Arbeitgeber getragen. Der **Arbeitnehmeranteil** wird vom Bruttoverdienst **einbehalten.** Der **Arbeitgeberanteil** zum Sozialversicherungsbeitrag **ist zusätzlicher Personalaufwand,** ebenso die Beiträge zur **gesetzlichen Unfallversicherung** der Arbeitnehmer bei der Berufsgenossenschaft.

Für die Berechnung der Beiträge werden in der Regel von Jahr zu Jahr bestimmte **Beitragsprozentsätze** und **Beitragsbemessungsgrenzen** (= Höchstgrenzen) festgelegt:

Versicherungszweig	Beitragssatz in %[1]	Beitragsbemessungsgrenze[1]
■ **Krankenversicherung (KV)**	15,5 %	4.050,00 € monatlich
■ **Pflegeversicherung (PV)**	2,05 %	4.050,00 € monatlich
■ **Rentenversicherung (RV)**	18,9 %	5.950,00 € monatlich
■ **Arbeitslosenversicherung (AV)**	3,0 %	5.950,00 € monatlich

Die Beiträge zu den o. g. Sozialversicherungen werden unter Beachtung der Beitragsbemessungsgrenzen vom **Bruttoarbeitsentgelt** berechnet und vom Arbeitnehmer und Arbeitgeber mit Ausnahme der Zuschläge für Kranken- und Pflegeversicherung zu **gleichen** Teilen getragen.[2] Jede **Lohnberechnungssoftware** enthält entsprechende **Tabellen.**

Für gesetzlich versicherte Arbeitnehmer beträgt der **Krankenkassenbeitragssatz** ab 1. Januar 2011 **einheitlich 15,5 %.** Davon haben der **Arbeitgeber** einen festgeschriebenen Anteil von **7,3 %** und der **Arbeitnehmer zz. 8,2 %** (einschließlich **0,9 % Zuschläge**) zu tragen.

Zuschlag für Kranken- und Pflegeversicherung

Gesetzlich versicherte Arbeitnehmer müssen **zusätzlich** zum **Krankenkassenbeitrag** einen Zuschlag für **Zahnersatz** (0,4 %) und für **Krankengeld** (0,5 %) zahlen, also einen vom **Bruttoarbeitsentgelt** berechneten Beitragssatz von insgesamt **0,9 %,** an dem sich der Arbeitgeber nicht beteiligt. Außerdem müssen **kinderlose** Arbeitnehmer zwischen 23 und 64 Jahren einen um **0,25 %** erhöhten Beitrag zur **Pflegeversicherung** leisten. Der **Arbeitnehmeranteil** steigt somit von 1,025 % auf **1,275 %.**

1 Stand 2014. In den neuen Bundesländern beträgt die Bemessungsgrenze für die Renten- und Arbeitslosenversicherung zz. 5.000,00 €.
2 In Sachsen wird die Pflegeversicherung von 2,05 % zu 1,525 % vom Arbeitnehmer und zu 0,525 % vom Arbeitgeber getragen.

Beispiel

Fortsetzung

Der 35-jährige Herbert Till (vgl. S. 162) ist im Außendienst eines in Hessen angesiedelten Unternehmens, der Elektrogroßhandlung Winter GmbH, angestellt. Er bezieht ein steuerpflichtiges Bruttogehalt von 2.985,00 € je Monat. Er ist verheiratet, hat ein Kind und gehört der katholischen Religionsgemeinschaft an. Seine Frau ist nicht berufstätig. Zusätzlich zu seinem Bruttogehalt hat er im Abrechnungsmonat August ein Urlaubsgeld von 250,00 € erhalten.

Für den Monat August 01 erstellt sein Arbeitgeber die folgende Gehaltsabrechnung:

Gehaltsabrechnung August 01

Herbert Till, III/1,0, römisch-katholisch

Bruttogehalt	2.985,00 €	
Urlaubsgeld	250,00 €	
Steuer- und sozialversicherungspflichtiges Gehalt		**3.235,00 €**
– Lohnsteuer	270,83 €	
– Solidaritätszuschlag	0,00 €	
– Kirchensteuer (9 %)	11,63 €	
= Steuern insgesamt		**282,46 €**
– Krankenversicherung (8,2 %)	265,27 €	
– Pflegeversicherung	33,16 €	
– Rentenversicherung	305,71 €	
– Arbeitslosenversicherung	48,53 €	
= Sozialabgaben insgesamt		**652,67 €**
Nettogehalt = Auszahlungsbetrag/Überweisung		**2.299,87 €**

Übersicht über die vom Arbeitnehmer Herbert Till und von seinem Arbeitgeber zu zahlenden Sozialversicherungsbeiträge:

Steuer- und sozialversicherungspflichtiges Gehalt 3.235,00 €	**Arbeitnehmer**		**Arbeitgeber**		**insgesamt**
Krankenversicherung	8,2 %	265,27 €	7,3 %	236,16 €	501,43 €
Pflegeversicherung	1,025 %	33,16 €	1,025 %	33,16 €	66,32 €
Rentenversicherung	9,45 %	305,71 €	9,45 %	305,71 €	611,42 €
Arbeitslosenversicherung	1,5 %	48,53 €	1,5 %	48,53 €	97,06 €
Summe		**652,67 €**		**623,56 €**	**1.276,23 €**

Zusatzbeitrag zu gesetzlichen Krankenkassen

Einige gesetzliche Krankenkassen erheben von ihren Versicherten einen **Zusatzbeitrag**, wenn die finanziellen Mittel, die sie aus dem Gesundheitsfonds erhalten, nicht ausreichen, um die Leistungen an die Versicherten und die Verwaltungskosten zu decken. Der Zusatzbeitrag ist allein vom Arbeitnehmer zu tragen und muss von diesem direkt an die Krankenkasse gezahlt werden. Er wird also nicht wie die Sozialversicherungsbeiträge durch Lohn- oder Gehaltsabzug einbehalten. Die Belastung des Arbeitnehmers durch einen Zusatzbeitrag kann höchstens 2 % seines beitragspflichtigen Jahreseinkommens betragen.

6937164

Merke

- **Arbeitnehmer sind grundsätzlich mit allen Einkünften aus nicht selbstständiger Arbeit lohnsteuer- und sozialversicherungspflichtig.**
- **Die Höhe der Lohnsteuer ist abhängig von der Höhe des Arbeitslohnes, der Steuerklasse und möglichen Freibeträgen. Kirchensteuer und Solidaritätszuschlag berücksichtigen zusätzlich die Zahl der Kinder.**
- **Zur Sozialversicherung zählen die**
  - **Krankenversicherung,**
  - **Pflegeversicherung,**
  - **Rentenversicherung und**
  - **Arbeitslosenversicherung.**
- **Für die Sozialversicherungen bestehen Beitragsbemessungsgrenzen (siehe S. 163).**
- **Mit wenigen Ausnahmen, z. B. bei den Zuschlägen zur Kranken- und Pflegeversicherung (siehe S. 163), tragen Arbeitnehmer und Arbeitgeber die Beiträge zur Sozialversicherung zur Hälfte. Der Arbeitgeberanteil stellt zusätzlichen Aufwand des Betriebes dar.**
- **Die einzubehaltenden Sozialabgaben sowie der Arbeitgeberanteil zur Sozialversicherung müssen in voraussichtlicher Höhe spätestens bis zum drittletzten Bankarbeitstag des Monats, in dem die Beschäftigung ausgeübt wird, von der jeweiligen Krankenkasse im Lastschriftverfahren vereinnahmt werden. Vorab sind die Daten vom Arbeitgeber mittels Software an die Kasse zu übertragen (siehe S. 160).**
- **Die einbehaltenen Steuern sind bis zum 10. des Folgemonats an das Finanzamt abzuführen.**
- **Lohn- und Gehaltslisten, die die Einzelabrechnungen aller Arbeitnehmer monatlich zusammenfassen, bilden den Buchungssammelbeleg (siehe S. 170).**

Die nachfolgenden Aufgaben 181–183 sind mit einem Online-Lohnrechner-Programm, z. B. www.abgabenrechner.de, zu lösen.

Aufgabe 181

Berechnen Sie für die in Aufgabe 180, Seite 163, genannten Angestellten W. Beyer und A. Fellner die Sozialversicherungsbeiträge unter Berücksichtigung möglicher Zuschläge.

1. *Wie viel Euro Nettogehalt werden beiden Angestellten überwiesen?*
2. *Wie viel Prozent betragen jeweils die Gesamtabzüge vom Bruttogehalt?*

Aufgabe 182

Der kaufm. Angestellte R. Hemmerle (geb.1969) ist in der Textilgroßhandlung Brückner KG in verantwortlicher Position tätig (Gehaltsgruppe V). Sein Tarifgehalt beträgt 2.975,00 €. Er ist verheiratet und hat ein Kind. Seine Ehefrau ist nicht erwerbstätig. Für seine mehr als zehnjährige Betriebszugehörigkeit erhält Herr Hemmerle eine monatliche Treueprämie von 30,00 €.

1. *Ermitteln Sie die von Herrn Hemmerle zu zahlende Lohn- und Kirchensteuer (9 %) sowie den Solidaritätszuschlag.*
2. *Bestimmen Sie den Sozialversicherungsbeitrag für Herrn Hemmerle.*
3. *Berechnen Sie den Prozentsatz der Gesamtabzüge vom Bruttogehalt.*
4. *Stellen Sie in einer Gehaltsabrechnung das Nettogehalt fest.*

Aufgabe 183

Das Unternehmen Schätzke GmbH beschäftigt den Angestellten A. Wagner im Außendienst. Herr Wagner ist 36 Jahre alt (St.-Kl. I/0). Sein Tarifgehalt beträgt 4.255,00 €. Zusätzlich erhält er einen steuerpflichtigen Zuschuss für Kleidung von monatlich 50,00 €. Als Sachbezug sind monatlich 195,00 € für die kostenlose Unterkunft in einer Werkswohnung anzusetzen.

Für die Berechnung der Sozialversicherungsbeiträge wird das steuerpflichtige Bruttogehalt zugrunde gelegt. Der Kirchensteuersatz beträgt 9 %.

1. *Berechnen Sie das steuerpflichtige Bruttogehalt.*
2. *Ermitteln Sie das Nettogehalt und den Auszahlungsbetrag.*

Aufgabe 184

1. *Welche vertraglichen Grundlagen sind für die Gehaltsberechnung maßgeblich?*
2. *Was zählt im Einzelnen zum steuerpflichtigen Arbeitseinkommen?*
3. *Nennen Sie Beispiele für „Zulagen" und „Zuschläge".*
4. *Nennen Sie die in die Lohnsteuertabelle eingearbeiteten Freibeträge.*
5. *Welche Merkmale liegen vor, wenn ein Arbeitnehmer nach Steuerklasse III besteuert wird?*
6. *Erläutern Sie den Begriff „Beitragsbemessungsgrenze".*
7. *Welche Unterschiede bestehen zwischen dem Beitrag zu einer gesetzlichen Krankenkasse (Sozialversicherung) und dem Zusatzbeitrag zu einer gesetzlichen Krankenkasse?*

3.2 Der Einsatz von Lohnberechnungsprogrammen

Lohnberechnung am PC

Die Lohnberechnung am PC mithilfe eines geeigneten Programms ist in Personalabteilungen der Unternehmen sowie in Steuerberaterpraxen unverzichtbar. Sie ermöglicht nicht nur eine schnelle und übersichtliche Lohn- und Gehaltsabrechnung der Mitarbeiter bzw. Klientel, sondern liefert auch aussagefähige Zahlen für die Belastung des Arbeitgebers. Alle erforderlichen **Abzugstabellen für Steuern und Sozialabgaben** (Grund-, Splitting- und Gesamtabzugstabellen) sind in das Programm **integriert** und gewähren z. B. durch Vergleich der Steuerklassen oder bei geplanten Tariferhöhungen rationelle Fallentscheidungen. Die Zahlen der Lohnbuchhaltung werden gespeichert und stehen damit dem betrieblichen Rechnungswesen für unternehmerische Entscheidungen zur Verfügung.

Die vielfältigen Lohnberechnungsprogramme unterscheiden sich weniger in der Systematik ihres Aufbaues als in der Praktikabilität ihrer Einsatzmöglichkeiten. Sie sind grundsätzlich nach dem gleichen Schema aufgebaut, wobei der **Bildschirm in zwei Bereiche** aufgeteilt ist. Im **linken** Bereich befindet sich das Fenster, in dem die persönlichen **Daten zur Lohnberechnung** des Mitarbeiters eingegeben werden, während im **rechten** Fenster nach jeder Dateneingabe sofort das jeweilige **Ergebnis der Lohnberechnung**, z. B. die errechnete Lohnsteuer, ausgewiesen wird. Die Lohnberechnung führt somit in wenigen Minuten vom Ausweis des Bruttolohnes und der einzelnen Steuer- und Sozialabgaben bis zum **Nettolohnausweis.** Mit der Speicherung wird die Lohn- bzw. Gehaltsabrechnung des Mitarbeiters ausgedruckt. Mit einem Klick auf ein bestimmtes Symbol erscheint sofort die **Gesamtbelastung des Arbeitgebers.**

Bildschirm	
Dateneingabe zur Lohnberechnung	**Ausgabe der Berechnungsergebnisse**
■ Name des Mitarbeiters ■ Monat, Jahr ■ Bundesland (8 %/9 % KiSt) ■ Bruttogehalt ■ weitere Zulagen, Abzüge ■ Steuerklasse, Kinder ■ LSt, SolZ, KiSt ■ KV, PV, RV, AV ■ Zuschläge zu KV/PV	■ Bruttogehalt ■ Einmalzahlungen ■ Dienstwagen ■ Gesamt-Brutto ■ LSt, SolZ, KiSt ■ KV, PV, RV, AV ■ Zuschläge zu KV/PV ■ sonstige Zuschläge ■ Summe der Abzüge ■ Nettoauszahlung

6937166

3.3 Buchung der Löhne und Gehälter

Bruttolöhne und **Bruttogehälter** werden monatlich erfasst im Soll der Aufwandskonten
4010 Löhne und **4020 Gehälter.**

Die einbehaltenen Steuerabzüge (Lohn- und Kirchensteuer, Solidaritätszuschlag) werden als „Sonstige Verbindlichkeit gegenüber Finanzbehörden" auf dem Konto **„1910 Verbindlichkeiten aus Steuern"** erfasst und bis zum **10. des Folgemonats** überwiesen.

Der einzubehaltende Arbeitnehmeranteil zur SV wird **mit** dem **Arbeitgeberanteil** der Krankenkasse **vorzeitig gemeldet** und von dieser spätestens bis zum **drittletzten** Bankarbeitstag des laufenden Monats durch **Bankeinzug** vereinnahmt (siehe auch S. 160). Diese Vorauszahlung wird auf dem Konto **„1170 SV-Vorauszahlung"** erfasst und bei der Buchung der Gehälter bzw. Löhne und des Arbeitgeberanteils jeweils **verrechnet.**

Der Arbeitgeberanteil zur SV wird als zusätzlicher Aufwand gesondert auf dem Konto **„4040 Gesetzliche soziale Aufwendungen"** gebucht und auf dem Verrechnungskonto **„1170 SV-Vorauszahlung"** gegengebucht.

Beispiel

Auszug aus der Gehaltsliste Monat August: Gehaltsabrechnung Herbert Till (siehe S. 164)

Name	Steuerklasse	Bruttogehalt	Abzüge					Gesamtabzüge	Nettogehalt (Ausz.)
			LSt	SolZ	KiSt	Steuerabzüge	SV		
Till, H.	III/1,0	3.235,00	270,83	0,00	11,63	282,46	652,67	935,13	2.299,87

SV-Meldung an die Krankenkasse: 652,67 € AN-Anteil + 623,56 € AG-Anteil[1]
SV-Bankeinzug der Krankenkasse: 1.276,23 €

Buchung des Bankeinzugs der SV-Beiträge:

❶ **1170 SV-Vorauszahlung**	an **1310 Bank**		**1.276,23**

Buchung bei Gehaltszahlung:

❷ **4020 Gehälter**	**3.235,00**	
an **1910 Verbindlichkeiten aus Steuern**		**282,46**
an **1170 SV-Vorauszahlung**		**652,67**
an **1310 Bank**		**2.299,87**

Buchung des Arbeitgeberanteils zur Sozialversicherung:

❸ **4040 Gesetzliche soziale Aufw.**	an **1170 SV-Vorauszahlung**	**623,56**[1]

Überweisung der einbehaltenen und noch abzuführenden Steuerabzüge:

❹ **1910 Verbindlichkeiten aus Steuern**	an **1310 Bank**	**282,46**

S	4020 Gehälter		H
❷	3.235,00		

S	4040 Gesetzliche soziale Aufw.		H
❸	623,56		

S	1910 Verbindlichkeiten aus Steuern		H
❹	282,46	❷	293,52

S	1170 SV-Vorauszahlung		H
❶	1.276,23	❷	652,67
		❸	623,56

S	1310 Bank		H
		❶	1.276,23
		❷	2.299,87
		❹	282,46

	Bruttogehalt	3.235,00 €
+	Arbeitgeberanteil SV	623,56 €
=	**Personalkosten**	**3.858,56 €**

Die aufgrund von Lohn- und Gehaltspfändungen einbehaltenen Beträge werden auf der Habenseite des Kontos **„1940 Sonstige Verbindlichkeiten"** gebucht.

1 Siehe S. 164.

3.4 Vorschüsse

Vorschüsse

Vorschüsse sind Darlehen, die Arbeitnehmern kurzfristig gewährt und bei späteren Lohn- und Gehaltszahlungen verrechnet werden. Sie werden gebucht auf dem Konto

1160 Forderungen an Mitarbeiter.

Beispiel

Der Angestellte Herbert Till (vgl. S. 162) erhält im Februar 01 einen Vorschuss von 1.500,00 € bar, der bei den folgenden Gehaltszahlungen monatlich mit 300,00 € einbehalten wird.

Buchung im Februar 01: 1160 Forderungen an Mitarbeiter ... an **1510 Kasse** **1.500,00**

Verrechnung des Vorschusses

	Bruttogehalt März 01	2.985,00 €
–	Lohn- und Kirchensteuer (kein Solidaritätszuschlag)	225,07 €
–	Sozialversicherung	602,22 €
=	Nettogehalt	2.157,70 €
–	Vorschuss	300,00 €
=	**Auszahlung** (Bank)	**1.857,70 €**
	Arbeitgeberanteil zur SV	575,36 €

Buchungen:

❶	**1170 SV-Vorauszahlung**		an **1310 Bank**	1.177,58
❷	**4020 Gehälter**	2.985,00		
			an **1160 Forderungen an Mitarbeiter**	300,00
			an **1910 Verbindlichkeiten aus Steuern**	225,07
			an **1170 SV-Vorauszahlung**	602,22
			an **1310 Bank**	1.857,70
❸	**4040 Gesetzl. soziale Aufw.**		an **1170 SV-Vorauszahlung**	575,36
❹	**1910 Verbindlichkeiten a. Steuern**		an **1310 Bank**	225,07

3.5 Sonstige geldliche und Sachwertbezüge

Sonstige geldliche Bezüge

Sonstige geldliche Bezüge umfassen **einmalige** Arbeitslohnzahlungen, die **zusätzlich** zum laufenden Arbeitslohn gezahlt werden. Sie **werden auf den Lohn- oder Gehaltskonten** der Arbeitnehmer **gebucht** und unterliegen der Lohnsteuer. Zu ihnen zählen u. a.:

Weihnachtsgeld, Urlaubsgeld, 13. und 14. Monatsgehalt, Gratifikationen, Jubiläumszuwendungen, Heiratsbeihilfe, Geburtsbeihilfe, sonstige Beihilfen.

Zuwendungen des Arbeitgebers zu Firmenjubiläen, Betriebsveranstaltungen sowie zu betrieblichen Fort- und Weiterbildungsmaßnahmen liegen im eigenbetrieblichen Interesse und **gehören** deshalb in der Regel **nicht zu den sonstigen Bezügen.**

Beispiele

❶ Der 25-jährige ledige Arbeiter Krause (St.-Kl. I/0) erhält im Juli zu seinem laufenden Lohn in Höhe von 1.760,00 € eine Erholungsbeihilfe von 200,00 €. Diese Zuwendung ist ein „sonstiger Bezug" und wird gemäß § 39b EStG als „laufender Arbeitslohn" besteuert. Abzüge: 227,85 € LSt/SolZ/KiSt, 400,33 € SV. Der Arbeitgeberanteil zur Sozialversicherung beträgt 377,79 €.

❷ Zuschuss des Betriebes für eine Betriebsfeier: 1.500,00 € bar.

Buchungen:

❶	**1170 SV-Vorauszahlung**		an **1310 Bank**	778,12
	4010 Löhne	1.960,00		
			an **1910 Verbindlichkeiten aus Steuern**	227,85
			an **1710 SV-Vorauszahlung**	400,33
			an **1310 Bank**	1.331,82
	4040 Gesetzl. soziale Aufwendungen		an **1170 SV-Vorauszahlung**	377,79
❷	**4050 Freiw. soziale Aufwendungen**		an **1510 Kasse**	1.500,00

6937168

Gewährung von geldwerten Vorteilen

Wenn Arbeitnehmer zu ihrem Lohn oder Gehalt noch **Sachbezüge** erhalten, wie z. B. ständige private Nutzung von Dienstfahrzeugen, freie oder verbilligte Mahlzeiten und Wohnungen sowie kostenlose Überlassung von Waren (Deputate), so **erhöhen** diese geldwerten Vorteile deren lohnsteuer- und sozialversicherungspflichtigen **Bruttobezüge.** Für den Arbeitgeber ist die Gewährung solcher geldwerten Vorteile grundsätzlich **umsatzsteuerpflichtig.**

Beispiel

Der Angestellte Kreiber erhält ein Bruttogehalt von 2.500,00 € und wird nach III/0 besteuert. Herrn Kreiber steht kostenlos ein firmeneigener Pkw zur privaten Nutzung zur Verfügung, dessen Listeneinkaufspreis inkl. USt 23.857,00 € beträgt. Nach Steuerrecht ist diese **Nutzung als Sachbezug** mit 1 % des auf volle 100,00 € abgerundeten Bruttolistenpreises **dem Gehalt hinzuzurechnen,** also 238,00 €. Die darin enthaltene Umsatzsteuer von 38,00 € hat der Arbeitgeber an das Finanzamt abzuführen. Der Nettobetrag von 200,00 € wird auf dem Konto „2460 Sonstige Erträge" ausgewiesen.

Gehaltsabrechnung

	Bruttogehalt	2.500,00 €
+	Sachbezug (private Pkw-Nutzung)	238,00 €
=	**steuer- und sozialversicherungspflichtiges Gehalt**	2.738,00 €
–	Lohn- und Kirchensteuer sowie SolZ	179,57 €
–	Arbeitnehmeranteil zur Sozialversicherung	559,24 €
–	Sachbezug	238,00 €
=	**Auszahlung** (Bank)	**1.761,19 €**[1]

Buchung:	**4020 Gehälter**	**2.738,00**	
	an **1910 Verbindlichkeiten aus Steuern**		**179,57**
	an **1170 SV-Vorauszahlung**		**559,24**
	an **2460 Sonstige Erträge**		**200,00**
	an **1810 Umsatzsteuer**		**38,00**
	an **1310 Bank**		**1.761,19**

Merke

Ein geldwerter Vorteil erhöht als Sachbezug das lohnsteuer- und sozialversicherungspflichtige Bruttoentgelt des Arbeitnehmers und ist grundsätzlich umsatzsteuerpflichtig.

Verrechnung erworbener Sachgüter

Erwerben Mitarbeiter Waren des eigenen Betriebes zum Vorzugspreis, die **mit ihrem Nettolohn oder -gehalt verrechnet** werden, sind der Nettowert der Waren als Umsatzerlös und die Umsatzsteuer gesondert zu buchen.

Beispiel

Herbert Till ist Angestellter der Elektrogroßhandlung Winter GmbH. Er erhält von seinem Arbeitgeber einen Kühlschrank zum Vorzugspreis von 250,00 € netto zuzüglich 47,50 € Umsatzsteuer, der mit seinem Gehalt verrechnet wird:

	Bruttogehalt	2.985,00 €
–	Lohn- und Kirchensteuer (kein Solidaritätszuschlag)	225,07 €
–	Arbeitnehmeranteil zur Sozialversicherung	602,22 €
=	Nettogehalt	2.157,70 €
–	Warenwert	250,00 €
–	Umsatzsteuer	47,50 €
=	**Auszahlung** (Bank)	**1.860,20 €**[1]

Buchung:	**4020 Gehälter**	**2.985,00**	
	an **1910 Verbindlichkeiten aus Steuern**		**225,07**
	an **1170 SV-Vorauszahlung**		**602,22**
	an **8010 Warenverkauf**		**250,00**
	an **1810 Umsatzsteuer**		**47,50**
	an **1310 Bank**		**1.860,20**

1 SV-Bankeinzug und Verrechnung eines Arbeitgeberanteils werden vorausgesetzt.

Aufgabe 185

Gehaltsliste Monat Januar

Name	Steuer-klasse	Brutto-gehalt	Abzüge					Netto-gehalt
			Lohn-steuer	Solidaritäts-zuschlag	Kirchen-steuer (9 %)	Steuer-abzüge	Sozialver-sicherung	
1. Tierjung, V.	III/2,0	3.540,00	337,66	0,00	5,69	343,35	714,20	2.482,45
2. Steinbring, W.	I	2.770,00	396,00	21,78	35,64	453,42	565,77	1.750,81
3. Walter, F.	II/0,5	3.296,00	505,25	22,73	37,20	565,18	664,97	2.065,86
		9.606,00	**1.238,91**	**44,51**	**78,53**	**1.361,95**	**1.944,94**	**6.299,12**

Der Arbeitgeberanteil zur SV beträgt 1.851,56 €. SV-Bankeinzug der Krankenkasse 3.796,50 €.

Buchen Sie auf den Konten 1170, 1310 (AB 35.000,00 €), 1910, 4020 und 4040

1. den SV-Bankeinzug,
2. die Gehaltsabrechnung lt. Gehaltsliste zum 31. Januar (Banküberweisung),
3. den Arbeitgeberanteil zur Sozialversicherung,
4. die Überweisung der einbehaltenen Steuerabzüge im Februar.

Wie hoch sind die Personalkosten des Betriebes?

Aufgabe 186

Buchen Sie auf den Konten 1160, 1170, 1310 (AB 32.000,00 €), 1910, 4010 und 4040

1. Zahlung eines Lohnvorschusses durch Banküberweisung: 4.000,00 €,
2. SV-Bankeinzug 3.200,00 €,
3. Lohnabrechnung mit Verrechnung des Vorschusses in Höhe von 250,00 € monatlich:

Brutto-löhne	LSt/SolZ/KiSt	Sozial-versicherung	Verrechneter Vorschuss	Auszahlung (Bank)	Arbeitgeber-anteil
7.800,00	860,00	1.590,00	250,00	5.100,00	1.500,00

4. Banküberweisung der einbehaltenen Steuerabzüge im Folgemonat.

Aufgabe 187

Zahlung der Gehälter durch Banküberweisung zum 31. Dezember.

Buchen Sie auf den Konten 1160 (AB 8.000,00 €), 1170, 1310 (AB 160.000,00 €), 1910, 4020, 4040, 9100, 9300 und 9400:

1. SV-Bankeinzug .... ?
2. Gehälter lt. Gehaltsliste für den Monat Dezember:
   Bruttobeträge 55.800,00
   Lohn- und Kirchensteuer sowie Solidaritätszuschlag 10.050,00
   Sozialversicherungsbeiträge der Arbeitnehmer 11.765,00
3. Verrechnung von Vorschüssen 2.500,00
4. Arbeitgeberanteil 11.245,00
5. Die einbehaltenen Steuerabzüge werden erst Anfang Januar nächsten Jahres an das Finanzamt überwiesen.

1. Nennen Sie die Buchungen bis zum Jahresabschluss.
2. Wie lauten
   a) die Eröffnungsbuchung zum 1. Januar nächsten Jahres und
   b) die Überweisungsbuchung?
3. Wie hoch sind die gesamten Personalkosten des Betriebes für Dezember?

Aufgabe 188

Zum 31. Dezember weisen die nachstehenden Konten folgende Salden aus:

1160 Forderungen an Mitarbeiter 16.000,00
1910 Verbindlichkeiten aus Steuern 12.600,00

Bilden Sie die Abschlussbuchungssätze.

Aufgabe 189

Die Miete der Arbeitnehmer für Werkswohnungen wird mit den Gehältern verrechnet. Die Nettogehälter werden durch Banküberweisung ausgezahlt:

Bruttogehälter lt. Gehaltsliste	66.300,00
Lohn- und Kirchensteuer sowie Solidaritätszuschlag	11.300,00
Sozialversicherungsbeiträge der Arbeitnehmer	12.600,00
des Arbeitgebers	11.950,00
Einbehaltene Mieten für Werkswohnungen	3.600,00

Ermitteln Sie den SV-Bankeinzug sowie die Nettoauszahlung und buchen Sie auf den entsprechenden Konten die Gehaltsabrechnung, den Arbeitgeberanteil zur Sozialversicherung und die Überweisung der Steuerabzüge. Konten: 1170, 1310 (50.000,00 € Bestand), 1910, 2421, 4020 und 4040.

Aufgabe 190

Bruttogehälter lt. Gehaltsliste	28.730,00
Abzüge: Lohn- und Kirchensteuer sowie SolZ	4.310,00
Arbeitnehmeranteil zur Sozialversicherung	5.680,00
Verrechnung von Vorschüssen	1.800,00
Einbehaltene Mieten für Werkswohnungen	1.750,00
Einbehaltene Beträge aufgrund von Gehaltspfändungen	1.450,00
Banküberweisung der Nettogehälter für Dezember am 30. Dezember ..	?
Arbeitgeberanteil zur Sozialversicherung	5.430,00

1. *Erstellen Sie die Gehaltsabrechnung einschließlich Arbeitgeberanteil.*
2. *Wie hoch sind die gesamten Personalkosten? Wie hoch ist der SV-Bankeinzug?*
3. *Bilden Sie die Buchungssätze.*
4. *Buchen Sie auf den Konten 1160 (12.000,00 € Bestand), 1170, 1310 (80.000,00 € Bestand), 1910, 1940, 2421, 4020 und 4040.*
5. *Wie lautet der Abschlussbuchungssatz für die einbehaltenen Steuern?*

Aufgabe 191

Bilden Sie die Buchungssätze:

1. Banküberweisung der Beiträge zur Berufsgenossenschaft: 1.200,00 €.
2. Ein Angestellter erhält einen Vorschuss durch Banküberweisung: 2.000,00 €.
3. *Beurteilen Sie:* Eine Angestellte erhält als Geburtsbeihilfe 300,00 € (Banküberweisung).
4. *Beurteilen Sie:* Einem Arbeiter wird eine Heiratsbeihilfe überwiesen: 200,00 €.

Aufgabe 192

Ein Angestellter eines Großhandelsbetriebes (geb. 1962, 2.850,00 € Bruttogehalt, 271,73 € Steuerabzüge [St.-Kl. III/0], SV-Abzüge Arbeitnehmer: 630,89 €, Arbeitgeberanteil: 595,37 €) nutzt das Dienstfahrzeug auch privat. Der Listenpreis des Pkw betrug einschließlich Umsatzsteuer 23.880,00 €.

1. *Berechnen Sie den monatlichen Sachbezug bzw. geldwerten Vorteil des Angestellten.*
2. *Erstellen Sie die Gehaltsabrechnung und nennen Sie die Buchungssätze (Banküberweisung).*

Aufgabe 193

Nach einer Gehaltserhöhung beträgt das Bruttogehalt des Angestellten (Aufgabe 192) nunmehr 2.980,00 €. 303,60 € Steuerabzüge, SV-Abzüge Arbeitnehmer: 657,44 €, Arbeitgeberanteil: 620,42 €. Der geldwerte monatliche Vorteil aus der privaten Nutzung des Geschäftsfahrzeuges ist zu berücksichtigen. Darüber hinaus sind noch vom Arbeitgeber erworbene Waren im Wert von 300,00 € netto zuzüglich 57,00 € Umsatzsteuer mit dem Gehalt zu verrechnen.

1. *Erstellen Sie die Gehaltsabrechnung. Wie hoch ist der SV-Bankeinzug?*
2. *Nennen Sie die Buchungssätze (Banküberweisung).*
3. *Buchen Sie auf den Konten 1170, 1310 (AB 9.000,00 €), 1810, 1910, 2460, 4020, 4040 und 8010.*

Aufgabe 194

Beim Vergleich von Großhandelsbetrieben ist die

$$\textbf{Lohnquote in \%} = \frac{\textbf{Personalkosten} \cdot 100}{\textbf{Umsatzerlöse}}$$

besonders aussagefähig. Diese Kennzahl zeigt den Anteil der gesamten Personalkosten an den Umsatzerlösen und gibt Aufschluss über die Wirtschaftlichkeit des Leistungsprozesses.

Großhandelsbetriebe	A	B	C	D	E	F
Personalkosten in T€	630	1.056	684	1.196	703	943
Umsatzerlöse in T€	3.500	4.800	3.600	5.200	3.800	4.600

Ermitteln und beurteilen Sie die Lohnquoten im Betriebsvergleich.

Aufgabe 195

Kontenplan und vorläufige Saldenbilanz	Soll	Haben
0330 Betriebs- und Geschäftsausstattung	208.000,00	–
0340 Fuhrpark	72.000,00	–
0610 Eigenkapital	–	640.000,00
1010 Forderungen a. LL	271.436,00	–
1160 Forderungen an Mitarbeiter	2.800,00	–
1170 SV-Vorauszahlung	–	–
1310 Bank	237.300,00	–
1410 Vorsteuer	84.413,00	–
1510 Kasse	18.900,00	–
1610 Privatentnahmen	82.400,00	–
1710 Verbindlichkeiten a. LL	–	200.900,00
1810 Umsatzsteuer	–	271.149,00
1910 Verbindlichkeiten aus Steuern	–	–
1940 Sonstige Verbindlichkeiten	–	6.800,00
3010 Wareneingang I	467.600,00	–
3020 Warenbezugskosten I	15.000,00	–
3070 Liefererboni I	–	4.800,00
3110 Wareneingang II	509.000,00	–
3120 Warenbezugskosten II	18.400,00	–
3180 Liefererskonti II	–	20.000,00
3910 Warenbestände I	102.000,00	–
3920 Warenbestände II	95.000,00	–
4010 Löhne	59.400,00	–
4020 Gehälter	85.800,00	–
4040 Gesetzliche soziale Aufwendungen	16.600,00	–
4050 Freiwillige soziale Aufwendungen	26.300,00	–
4100 Mietaufwendungen	107.800,00	–
4620 Ausgangsfrachten	8.300,00	–
4800 Allgemeine Verwaltungskosten	82.300,00	–
4910 Abschreibungen auf Sachanlagen	–	–
8010 Warenverkauf I	–	781.500,00
8050 Rücksendungen von Kunden I	51.000,00	–
8070 Kundenboni I	7.900,00	–
8080 Kundenskonti I	16.500,00	–
8110 Warenverkauf II	–	750.000,00
8150 Rücksendungen von Kunden II	29.000,00	–
Richten Sie noch folgende Konten ein: 9300, 9400	2.675.149,00	2.675.149,00

6937172

Geschäftsfälle

1. Gehaltsvorschuss an einen Angestellten, bar 1.500,00
2. Banküberweisung des Beitrages an die Berufsgenossenschaft 960,00
3. Zuschuss des Betriebes für einen Betriebsausflug, bar 2.100,00
4. SV-Bankeinzug durch gesetzliche Krankenkasse 5.265,00
5. Lohnzahlung durch Banküberweisung lt. Lohnliste:

Bruttolöhne	LSt/SolZ/KiSt	Sozialvers.	Nettolöhne	Arbeitgeberanteil
5.400,00	680,00	1.080,00	3.640,00	1.030,00

6. Gutschriftsanzeige an einen Kunden für Bonus (Waren I), netto 1.600,00
7. Banküberweisung von Kunden, Rechnungsbeträge (Waren I) 9.520,00
   – 2 % Skonto, brutto 190,40
8. Kunden senden wegen Mängelrüge Waren zurück:
   Warengruppe I (AR 1623), Warenwert 2.800,00
   Warengruppe II (AR 1588), Warenwert 1.500,00
9. Banküberweisung der Gehälter lt. Gehaltsliste:

Brutto-gehälter	LSt/SolZ/KiSt	Sozial-versicherung	Verrechneter Vorschuss	Netto-auszahlung	Arbeitgeber-anteil
7.800,00	1.050,00	1.600,00	500,00	4.650,00	1.520,00

10. Gutschriftsanzeige eines Lieferers für Bonus (Waren I), netto 700,00
11. Zielverkauf von Waren der Warengruppe II lt. AR 1698:
    Warenwert 4.820,00
    + Verpackungskosten 80,00
    + Umsatzsteuer .... ?
12. Barzahlung der Ausgangsfracht auf diese Sendung (AR 1698) 350,00
    + Umsatzsteuer .... ?
13. Banküberweisung an Lieferer, Rechnungsbeträge (Waren II) 3.570,00
    – 2 % Skonto, brutto 71,40

Abschlussangaben

1. Abschreibung auf BGA: 31.000,00 €, auf Fuhrpark: 18.000,00 €.
2. Inventurbestände: Warengruppe I: 189.000,00 €, Warengruppe II: 177.000,00 €.
3. Im Übrigen entsprechen die Buchbestände der Inventur.

Auswertung

1. *Ermitteln Sie jeweils den Rohgewinn der Warengruppen I und II.*
2. *Errechnen Sie den %-Anteil des Rohgewinns jeder Warengruppe am Gesamtgewinn.*
3. *Ermitteln Sie die gesamten Personalkosten und die Lohnquote.*

Aufgabe 196

1. *Welche Bedeutung haben die Steuerklassen für den Arbeitnehmer?*
2. *Welche Zweige der Sozialversicherung unterscheidet man?*
3. *Nennen Sie Beispiele für gesetzliche soziale Aufwendungen des Arbeitgebers, die auf dem Konto 4040 zu buchen sind.*
4. *Freiwillige soziale Aufwendungen des Betriebes erhalten Arbeitnehmer in Form von a) direkten und b) indirekten Sondervergütungen. Nennen Sie Beispiele.*
5. *Warum werden direkte Sondervergütungen in der Praxis auf dem Lohn- bzw. Gehaltskonto des betreffenden Arbeitnehmers gebucht?*
6. *Nennen Sie die Zahlungsfrist für die einbehaltenen Steuerabzüge.*
7. *Woraus setzen sich die gesamten Personalkosten des Betriebes zusammen?*

Aufgabe 197

Buchen Sie für die Metallwarengroßhandlung Thomas Berg e. K. folgende Belege:

Beleg 1

€uro-Überweisung

LB≡BW Landesbank Baden-Württemberg

Nur für Überweisungen in Deutschland, in andere EU-/EWR-Staaten und in die Schweiz in Euro.
Bitte Meldepflicht gemäß Außenwirtschaftsverordnung beachten!

Angaben zum Begünstigten: Name, Vorname/Firma (max. 27 Stellen, bei maschineller Beschriftung max. 35 Stellen)
Finanzamt Stuttgart

IBAN
DE87600501010064452080

BIC des Kreditinstituts (8 oder 11 Stellen)
SOLADEST600

Betrag: Euro, Cent
28829,00

Kunden-Referenznummer - Verwendungszweck, ggf. Name und Anschrift des Überweisenden - (nur für Begünstigten)
Steuernummer: 0651584321 8

noch Verwendungszweck (insgesamt max. 2 Zeilen à 27 Stellen, bei maschineller Beschriftung max. 2 Zeilen à 35 Stellen)
Lohnsteuer Juni ..

Angaben zum Kontoinhaber: Name, Vorname/Firma, Ort (max. 27 Stellen, keine Straßen- oder Postfachangaben)
Thomas Berg e.K., Stuttgart

IBAN
DE14600501010072354432 16

€URO-ÜBERWEISUNG (SEPA)

Datum: ..-07-09

Unterschrift(en): Thomas Berg

Beleg 2

€uro-Überweisung

LB≡BW Landesbank Baden-Württemberg

Nur für Überweisungen in Deutschland, in andere EU-/EWR-Staaten und in die Schweiz in Euro.
Bitte Meldepflicht gemäß Außenwirtschaftsverordnung beachten!

Angaben zum Begünstigten: Name, Vorname/Firma (max. 27 Stellen, bei maschineller Beschriftung max. 35 Stellen)
Allg. Versicherung AG

IBAN
DE58600501010024376567

BIC des Kreditinstituts (8 oder 11 Stellen)
SOLADEST600

Betrag: Euro, Cent
9600,00

Kunden-Referenznummer - Verwendungszweck, ggf. Name und Anschrift des Überweisenden - (nur für Begünstigten)
Haftpflichtversicherung

noch Verwendungszweck (insgesamt max. 2 Zeilen à 27 Stellen, bei maschineller Beschriftung max. 2 Zeilen à 35 Stellen)
Nr.: HPV 1234

Angaben zum Kontoinhaber: Name, Vorname/Firma, Ort (max. 27 Stellen, keine Straßen- oder Postfachangaben)
Thomas Berg e.K., Stuttgart

IBAN
DE14600501010072354432 16

€URO-ÜBERWEISUNG (SEPA)

Datum: ..-07-09

Unterschrift(en): Thomas Berg

Lohnsteueranmeldung zu Beleg 1 (Auszug)

Arbeitgeber - Anschrift der Betriebsstätte - Telefonnummer - E-Mail

Metallwaren Thomas Berg e. K.
Industriestraße 22-28
70565 Stuttgart
Telefon 0711 245671-0
service@berg-metall-wvd.de

14 05 Mai		14 11 Nov.	
14 06 Juni	X	14 12 Dez.	

bei jährlicher Abgabe bitte ankreuzen: 14 19 Kalenderjahr

		Kz.	EUR	Ct
	Berichtigte Anmeldung (falls ja, bitte eine „1" eintragen).........	10		
	Zahl der Arbeitnehmer (einschl. Aushilfs- und Teilzeitkräfte)................	86	29	
17	Summe der einzubehaltenden Lohnsteuer 1) 2)	42	25.400	00
18	Summe der pauschalen Lohnsteuer - ohne § 37b EStG - 1)	41	—	—
19	Summe der pauschalen Lohnsteuer nach § 37b EStG 1)	44	—	—
20	abzüglich an Arbeitnehmer ausgezahltes Kindergeld	43	—	—
21	abzüglich Kürzungsbetrag für Besatzungsmitglieder von Handelsschiffen	33	—	—
22	Verbleiben 1)	48	25.400	00
23	Solidaritätszuschlag 1) 2)	49	1.397	00
24	pauschale Kirchensteuer im vereinfachten Verfahren	47	—	—
25	Evangelische Kirchensteuer 1) 2)	61	576	00
26	Römisch-Katholische Kirchensteuer 1) 2)	62	1.456	00
32	**Gesamtbetrag** 1)	83	28.829	00

1) Negativen Beträgen ist ein **Minuszeichen** voranzustellen
2) Nach Abzug der im Lohnsteuer-Jahresausgleich erstatteten Beträge

6937174

3.6 Vermögenswirksame Leistungen

Das **Fünfte Vermögensbildungsgesetz** erbringt vielen Arbeitnehmern eine **doppelte staatliche Sparzulage**, wenn sie ihr Geld **für mindestens sieben Jahre vermögenswirksam anlegen, z. B.** in einem **Bausparvertrag** und/oder in **Beteiligungen am Produktivkapital**, wie z. B. Investmentfonds mit einem Aktienanteil von mindestens 60 % am Fondsvermögen oder Kapitalbeteiligungen am Unternehmen des Arbeitgebers (Belegschaftsaktien oder stille Beteiligung).

Sparzulage

Die Sparzulage beträgt

- für **Bausparbeiträge bis zu 470,00 € im Jahr 9 %**, also 43,00 € pro Jahr, und
- für **Beteiligungen am Produktivkapital bis zu 400,00 €** im Jahr **20 %**, also höchstens 80,00 €.

Einkommensgrenzen

Die Einkommensgrenze für die Sparzulage bildet das **zu versteuernde Einkommen: bei Beteiligungen am Produktivkapital 20.000,00 €** bei **Ledigen** und **40.000,00 €** bei **Ehepaaren und Lebenspartnerschaften. Bei den übrigen Anlageformen** beträgt die Einkommensgrenze **17.900,00 €/35.800,00 €**. Für Kinder gibt es entsprechende Zulagen.

Beantragung

Die Beantragung der Sparzulage muss der Arbeitnehmer **jedes Jahr** zusammen mit der Steuererklärung und einer Bescheinigung des Anlageinstituts **beim Finanzamt** vornehmen. **Nach Ablauf der Sperrfrist** überweist das Finanzamt die **Sparzulage in einer Summe** auf das betreffende Anlagekonto.

Die vermögenswirksamen Geldleistungen werden entweder **allein vom Arbeitnehmer oder nur vom Arbeitgeber** aufgrund eines Tarifvertrages oder einer Betriebsvereinbarung **oder von beiden gemeinsam** erbracht. Der **Arbeitgeber überweist** die vermögenswirksamen Leistungen an das Anlageinstitut einschließlich der Beträge, die der Arbeitnehmer zahlt. Der vermögenswirksame **Anteil des Arbeitgebers erhöht die Personalkosten und zugleich das lohnsteuerpflichtige Gehalt (Lohn)** des Arbeitnehmers.

Der Anteil des Arbeitgebers zur Vermögensbildung wird in der Regel auf dem Konto

4070 Vermögenswirksame Leistungen

erfasst. Er kann **auch direkt auf den Lohn- und Gehaltskonten** gebucht werden.

Die an das Anlageinstitut abzuführenden vermögenswirksamen Beträge werden im Haben des folgenden Kontos gebucht:

1950 Verbindlichkeiten aus Vermögensbildung.

Merke

Die Vermögensbildung vieler Arbeitnehmer wird durch hohe staatliche Sparzulagen gefördert, wenn sie Geldleistungen sieben Jahre vermögenswirksam anlegen in Bausparverträgen, Unternehmensbeteiligungen oder in Wertpapier-Sparverträgen (Aktien).

Beispiel

Der Angestellte Heinz Klein, geb. 1981, verheiratet, keine Kinder (St.-Kl. III/0), bezieht ein Monatsgehalt von 2.841,00 €. Er hat einen Bausparvertrag abgeschlossen. Laut Tarifvertrag erhält er vom Arbeitgeber zusätzlich zu seinem Gehalt 19,00 € vermögenswirksame Leistung, die einschließlich seiner eigenen Sparleistung von 20,00 € auf sein Konto bei der Bausparkasse überwiesen werden.

Gehaltsabrechnung

	Tarifgehalt	2.841,00 €
+	vermögenswirksame Leistung des Arbeitgebers	19,00 €
=	**steuer- und sozialversicherungspflichtige Bruttobezüge**	**2.860,00 €**
–	Lohn- und Kirchensteuer sowie SolZ	212,05 €
–	Arbeitnehmeranteil zur Sozialversicherung	584,16 €
		2.063,79 €
–	vermögenswirksame Sparleistung insgesamt	39,00 €
=	**Nettogehalt** (= Auszahlung)	**2.024,79 €**
	Arbeitgeberanteil zur Sozialversicherung	551,27 €

Buchungen:

❶	**1170 SV-Vorauszahlung** an **1310 Bank**		**1.135,43**
❷	**4020 Gehälter**	**2.841,00**	
	4070 Vermögenswirksame Leistungen	**19,00**	
	an **1910 Verbindlichkeiten aus Steuern**		**212,05**
	an **1170 SV-Vorauszahlung**		**584,16**
	an **1950 Verbindlichkeiten aus Vermögensbildung**		**39,00**
	an **1310 Bank**		**2.024,79**
❸	**4040 Gesetzliche soziale Aufwendungen** an **1170 SV-Vorauszahlung**		**551,27**
❹	Überweisung der Steuern und der Sparleistung:		
	1910 Verbindlichkeiten aus Steuern	**212,05**	
	1950 Verbindlichkeiten aus Vermögensbildung	**39,00**	
	an **1310 Bank**		**251,05**

Merke

- **Die vermögenswirksame Leistung des Arbeitgebers erhöht das Bruttoentgelt des Arbeitnehmers und ist somit steuer- und sozialversicherungspflichtig.**
- **Die gesamte Sparleistung wird vom Gehalt (Lohn) einbehalten und der Vermögensanlage des Arbeitnehmers zugeführt.**

Aufgabe 198

Das Gehalt eines Angestellten, verheiratet, ein Kind (St.-Kl. III/1), beträgt 2.650,00 €. Für einen Bausparvertrag spart er selbst monatlich 39,00 €, während sein Arbeitgeber ihm 30,00 € zum Aktiensparen gewährt. Somit werden 69,00 € an die Anlageinstitute überwiesen. Seine Abzüge für Lohn- und Kirchensteuer betragen 157,07 € und für Sozialversicherung 540,69 €. Der Arbeitgeberanteil beträgt 516,57 €. *Erstellen Sie die Gehaltsabrechnung und buchen Sie.*

Aufgabe 199

Ein Angestellter, geschieden (St.-Kl. I/0), mit einem Tarifgehalt von 2.580,00 € hat mit einer Bausparkasse einen vermögenswirksamen Sparvertrag mit einer monatlichen Sparleistung von 39,00 € abgeschlossen. Aufgrund einer Betriebsvereinbarung beteiligt sich der Arbeitgeber mit 50 % (19,50 €) an der vermögenswirksamen Leistung. Lohn- und Kirchensteuer sowie SolZ 403,40 €; Sozialversicherungsanteil Arbeitnehmer: 530,94 €, Arbeitgeber: 501,04 €.
Erstellen Sie die Gehaltsabrechnung und buchen Sie.

Aufgabe 200

Das Gehalt einer Angestellten, ledig (St.-Kl. I/0), beträgt 2.466,00 €. Lt. Arbeitsvertrag erhält sie von ihrem Arbeitgeber zusätzlich zu ihrem Gehalt 33,00 € vermögenswirksame Leistung, die zum Erwerb von Anteilen an einem Aktienfonds überwiesen werden. Lohn- und Kirchensteuer sowie SolZ 374,59 €, Arbeitnehmeranteil zur Sozialversicherung 510,43 €, Arbeitgeberanteil 481,69 €.
Erstellen Sie die Gehaltsabrechnung und buchen Sie.

6937176

4 Buchhalterische Behandlung der Steuern

Hinsichtlich ihrer buchhalterischen Behandlung unterscheidet man bei den Steuern **aktivierungspflichtige, abzugsfähige, nicht abzugsfähige** und **durchlaufende Steuern.**

4.1 Aktivierungspflichtige Steuern

Bestimmte Steuern und Abgaben sind als **Anschaffungsnebenkosten** auf den entsprechenden Bestandskonten zu buchen **(zu aktivieren):**

- **Grunderwerbsteuer** beim Kauf von inländischen Grundstücken und Gebäuden.[1]
- **Zölle** bei der **Einfuhr** von Erzeugnissen, Maschinen u. a. aus Nicht-EU-Staaten.

Beispiel

Kauf eines Grundstücks gegen Bankscheck für 100.000,00 €. Die Grunderwerbsteuer über 3,5 % des Kaufpreises = 3.500,00 €, die Notariatskosten über 1.500,00 € netto + 19 % USt, die Vermessungskosten über 1.200,00 € netto + 19 % USt sowie die Grundbuchkosten in Höhe von 300,00 € werden durch die Bank überwiesen. Die Nebenkosten sind Teil der Anschaffungskosten (§ 255 [1] HGB):

	Anschaffungspreis des Grundstücks		**100.000,00 €**
+	**Anschaffungsnebenkosten**		
	3,5 % Grunderwerbsteuer	3.500,00 €	
	Notariats-, Grundbuch- und Vermessungskosten	3.000,00 €	**6.500,00 €**
=	**Anschaffungskosten** des Grundstücks		**106.500,00 €**

Buchung:	**0210 Grundstücke**	**106.500,00**			
	1410 Vorsteuer	**513,00**	an	**1310 Bank**	**107.013,00**

Merke

Grunderwerbsteuern und Einfuhrzölle sind Anschaffungsnebenkosten (§ 255 [1] HGB).

4.2 Abzugsfähige Steuern

Abzugsfähige Steuern (Betriebsteuern) stellen handels- und steuerrechtlich gewinnmindernden **Aufwand** dar und sind auf folgenden Aufwandskonten zu erfassen:

■ **Kfz-Steuer**	**4220**
■ **Grundsteuer**	**4230**
■ **Sonstige Betriebsteuern**	**4240**

Kraftfahrzeugsteuer fällt jährlich für **Fahrzeuge des Fuhrparks** an. Sie fließt dem Bund zu. **Grundsteuer** zahlt das Unternehmen vierteljährlich für **betrieblich genutzte Grundstücke** an die Gemeinde. **Sonstige Betriebsteuern** sind beispielsweise **Verbrauchsteuern** (Energiesteuer, Stromsteuer, Tabaksteuer, Kaffeesteuer, Branntweinsteuer u. a.), die der Bund vereinnahmt (Ausnahme: Biersteuer/Bundesländer). Verbrauchsteuern entstehen bei der Herstellung, Lagerung oder dem Handel verbrauchsteuerpflichtiger Güter wie z. B. Mineralöl, Strom, Tabakwaren oder Kaffee. Sie werden erhoben, wenn die Waren im Anschluss an ihre Herstellung und Lagerung dem Wirtschaftskreislauf und damit dem Verbraucher zugeführt werden. Verbrauchsteuern sind Bestandteile der Verkaufspreise und werden auf den Verbraucher abgewälzt.

Merke

- **Abzugsfähige Steuern sind betrieblich veranlasst (Betriebsteuern) und mindern als Aufwand den Gewinn des Unternehmens.**
- **Betriebsteuern gehen als Kosten in die Kalkulation der Waren ein.**

1 Bei bebauten Grundstücken ist die Grunderwerbsteuer anteilig auf Grundstück und Gebäude aufzuteilen. Der Steuersatz beträgt nach § 11 Grunderwerbsteuergesetz 3,5 %. Er kann von den Bundesländern in abweichender Höhe festgesetzt werden.

4.3 Nichtabzugsfähige Steuern

Nichtabzugsfähige Steuern dürfen den zu versteuernden Gewinn des Unternehmens nicht mindern und sind deshalb **aus dem Gewinn vor Steuern zu zahlen**. Dazu gehören zum einen die buchhalterisch als **Steuern vom Einkommen und Ertrag** zu erfassenden Beträge und zum anderen die als Privatentnahme zu buchenden **Privatsteuern** der Einzelunternehmer und Gesellschafter von Personengesellschaften (OHG, KG):

Steuern vom Einkommen und Ertrag		Privatsteuern	
■ Gewerbesteuer	4210	■ Einkommensteuer sowie SolZ und Kirchensteuer	1610
■ Körperschaftsteuer sowie Solidaritätszuschlag	2210	■ Kapitalertragsteuer[1]	1610
■ Kapitalertragsteuer[1]	2230	■ Erbschaft-/Schenkungsteuer[1]	1610

Steuern vom Einkommen und vom Ertrag sind zur Ermittlung des **steuerpflichtigen Gewinns** außerhalb der Buchführung zu dem Gewinn der Handelsbilanz hinzuzurechnen, weil die unterjährig gezahlten Steuervorauszahlungen als Aufwand gebucht wurden.

Gewerbesteuer

Gewerbesteuerpflichtig sind nach § 2 Gewerbesteuergesetz (GewStG) alle inländischen **Gewerbebetriebe.** Dazu zählen gewerbliche Einzelunternehmen und Personengesellschaften sowie Kapitalgesellschaften und Genossenschaften. Besteuert wird der **Gewerbeertrag**, der durch Hinzurechnungen (z. B. Zinsen) und Kürzungen (z. B. 1,2 % des Einheitswerts von Betriebsgrundstücken) aus dem steuerpflichtigen Gewinn des Unternehmens abgeleitet wird. Da die Gewerbesteuer den Gemeinden zufließt, können diese den Gewerbesteuer-Hebesatz festlegen. Nach § 16 [4] GewStG beträgt der Hebesatz mindestens 200 %.

Bei **Einzelunternehmen und Personengesellschaften** wird nach § 11 [1] Nr. 1 GewStG ein **Freibetrag** von 24.500,00 € abgezogen. Außerdem vermindert sich die **Einkommensteuer** der Einzelunternehmer und Gesellschafter von Personengesellschaften um das **3,8-Fache des Gewerbesteuer-Messbetrags** (§ 35 [1] EStG).

Beispiel

Ermittlung der Gewerbe- und Einkommensteuer eines Einzelunternehmers:

Gewerbesteuer		Einkommensteuer	
Gewinn aus Gewerbebetrieb	100.000,00	**Einkünfte aus Gewerbebetrieb**	100.000,00
– Freibetrag	24.500,00	– Sonderausgaben	12.400,00
= **Gewerbeertrag**	**75.500,00**	= **zu versteuerndes Einkommen**	**87.600,00**
· Steuermesszahl (3,5 %)	· 0,035	Einkommensteuer lt. Grundtabelle, ohne Kirchensteuer	28.620,00
= **Gewerbesteuer-Messbetrag**	**2.642,50**	– 3,8-facher Gewerbesteuer-Messbetrag (2.642,50 · 3,8)	**10.041,50**
· Gewerbesteuer-Hebesatz (400 %)	· 4	= **Einkommensteuerzahlung**	**18.578,50**
= **Gewerbesteuer**	**10.570,00**	+ **5,5 % Solidaritätszuschlag**	**1.021,82**

Körperschaftsteuer

Juristische Personen mit Geschäftsleitung oder Sitz im Inland wie z. B. Kapitalgesellschaften, Genossenschaften oder Vereine (§ 1 Körperschaftsteuergesetz) zahlen auf ihren zu versteuernden Gewinn **15 % Körperschaftsteuer** zzgl. 5,5 % Solidaritätszuschlag (SolZ). Aus dem handelsrechtlichen Jahresüberschuss wird der **körperschaftsteuerliche Gewinn** ermittelt, indem außerhalb der Finanzbuchhaltung **Korrekturen aufgrund spezieller steuerrechtlicher Regelungen** durchgeführt werden. Beispielsweise müssen die steuerlich nicht abzugsfähigen Ausgaben wieder hinzugerechnet werden. Dazu zählen die als Aufwand gebuchten Körperschaft- und Gewerbesteuervorauszahlungen und steuerlich nicht zulässige Abschreibungen oder Rückstellungen.

1 Siehe Steuerbuchungen im Anhang.

Privatsteuern sind die vom betrieblichen Bankkonto an das Finanzamt überwiesenen **privaten Steuerschulden** (Einkommen-, Kirchen-, Erbschaft- und Schenkungsteuer sowie Solidaritätszuschlag) des **Einzelunternehmers** bzw. der **Gesellschafter von Personengesellschaften**. Diese Beträge sind als **Privatentnahme** über das **Privatkonto** zu buchen.

Einkommensteuer

Das **Einkommen von natürlichen Personen** mit Wohnsitz oder gewöhnlichem Aufenthalt im Inland unterliegt der **Einkommensteuer** zuzüglich 5,5 % Solidaritätszuschlag (SolZ). Bei Einzelunternehmern und Gesellschaftern von Personengesellschaften besteht das Einkommen aus dem (anteiligen) Unternehmensgewinn (Einkünfte aus Gewerbebetrieb) sowie gegebenenfalls weiteren Einkünften z. B. aus Vermietung und Verpachtung; Sonderausgaben wie Beiträge zur Lebens- und Krankenversicherung dürfen abgezogen werden. Die **Höhe der Einkommensteuer** ist abhängig von der Höhe des zu versteuernden Einkommens sowie persönlichen Merkmalen. Die Einkommensteuersätze bewegen sich zurzeit zwischen 14 % und 45 %.

Kirchensteuer

Die Kirchensteuer (KiSt) beträgt je nach Bundesland 8 % bzw. 9 % der Einkommensteuer.

Merke

Nichtabzugsfähige Steuern dürfen den steuerpflichtigen Gewinn nicht mindern.

4.4 Durchlaufende Steuern

Durchlaufende Posten

Die **Unternehmen** sind gesetzlich **verpflichtet, bestimmte Steuern** von anderen Steuerpflichtigen **im Auftrag des Finanzamtes einzuziehen** und abzuführen. Diese Steuern (z. B. die Umsatzsteuer als Bestandteil der Verkaufspreise) stellen für die Unternehmen **durchlaufende Posten** dar und sind als **„Sonstige Verbindlichkeiten gegenüber dem Finanzamt“** auszuweisen:

■ Umsatzsteuer	1410 und 1810
■ Vom Arbeitnehmer einbehaltene Lohn- und Kirchensteuer sowie SolZ	1910

Merke

Durchlaufende Steuern werden durch die Unternehmen im Auftrag des Finanzamtes eingezogen und an das Finanzamt abgeführt.

4.5 Steuernachzahlung, -erstattung und Steuerberatung

Nicht durch Rückstellungen (S. 213 ff.) gedeckte **Steuernachzahlungen**[1] werden wie folgt erfasst:

- bei **abzugsfähigen Steuern** (Betriebsteuern) auf einem Unterkonto der Kontenart 425 **„4250 Betriebsteuernachzahlungen – Vorjahre“** z. B. bei Grundsteuernachzahlungen,
- bei **Steuern vom Einkommen und Ertrag** auf dem Konto **„2250 Steuernachzahlungen – Vorjahre“** z. B. bei Körperschaftsteuernachzahlungen oder **„4211 Gewerbesteuernachzahlungen – Vorjahre“** bei Gewerbesteuernachzahlungen.

Steuererstattungen[1] werden folgendermaßen gebucht:

- bei **abzugsfähigen Steuern** (Betriebsteuern) auf einem Unterkonto der Kontenart 425 **„4251 Betriebsteuererstattungen – Vorjahre“** z. B. bei Kfz-Steuererstattungen,
- bei **Steuern vom Einkommen und Ertrag** auf dem Konto **„2251 Steuererstattungen – Vorjahre“** z. B. bei Körperschaftsteuererstattungen oder **„4212 Gewerbesteuererstattungen – Vorjahre“** bei Gewerbesteuererstattungen.

Beispiele

Aufgrund einer Betriebsprüfung ist für die vergangenen vier Jahre Gewerbesteuer in Höhe von 10.000,00 € durch Banküberweisung nachzuzahlen.

Buchung: 4211 Gewerbesteuernachzahlungen – Vorjahre ..... an **1310 Bank** **10.000,00**

Für in Vorjahren zu viel gezahlte Gewerbesteuer werden 2.000,00 € durch Banküberweisung erstattet.

Buchung: 1310 Bank ...... an **4212 Gewerbesteuererstattungen – Vorjahre** **2.000,00**

1 Siehe Seite 213, Fußnote 1.

Steuerberatungskosten **Betriebliche Steuerberatungskosten** werden auf dem Konto **„4840 Rechts- und Beratungskosten“** erfasst. **Steuerberatungskosten** im Zusammenhang mit **Privatsteuern** sind über das **Privatkonto** zu buchen.

Säumnis- und Verspätungszuschläge Steuerstrafen wie **Säumnis- und Verspätungszuschläge** werden wie die betroffene Steuerart behandelt. Steuerstrafen auf abzugsfähige Steuern sind daher gewinnmindernder Aufwand, der auf dem Konto **„2140 Zinsähnliche Aufwendungen“** erfasst wird. Vom Unternehmen gezahlte Steuerstrafen bei Privatsteuern sind als Privatentnahme zu buchen.

Aufgabe 201

Bilden Sie die Buchungssätze für folgende Zahlungen (Bank):

1. Einbehaltene Lohn- und Kirchensteuer sowie SolZ	20.000,00	8. Betriebsprüfung: Nachzahlung von Gewerbesteuer	12.000,00
2. Einkommensteuer, KiSt, SolZ	22.000,00	9. Umsatzsteuervorauszahlung	29.800,00
3. Grunderwerbsteuer (Betrieb)	14.000,00	10. Energiesteuer	6.000,00
4. Grundsteuer (Betrieb)	8.000,00	11. Gewerbesteuer	4.000,00
5. Nachzahlung von Privatsteuern	12.000,00	12. Erbschaftsteuer des Inhabers	5.000,00
6. Rechnung des Steuerberaters:		13. Kfz-Steuer (Betrieb)	3.600,00
		(privat)	500,00
Erstellen der Steuerbilanz[1]	20.700,00	14. Schenkungsteuer (Inhaber)	2.500,00
Einkommensteuererklärung[1]	2.300,00	15. Erstattung von Gewerbesteuer	6.000,00
7. Säumniszuschlag für nicht fristgerechte Zahlung d. Grundsteuer	100,00	Vorsteuerguthaben	8.000,00
		Einkommensteuer	9.000,00

Aufgabe 202

Auszug aus der Summenbilanz zum 31. Dezember ..	Soll	Haben
1410 Vorsteuer	186.400,00	2.200,00
1810 Umsatzsteuer	3.100,00	223.800,00

1. *Schließen Sie die Konten zum 31. Dezember ab und nennen Sie die Buchungssätze.*
2. *Buchen Sie die Banküberweisung der Umsatzsteuerzahllast zum 8. Januar nächsten Jahres.*

Aufgabe 203

Auszug aus der Summenbilanz zum 31. Dezember ..	Soll	Haben
1410 Vorsteuer	243.500,00	1.600,00
1810 Umsatzsteuer	1.300,00	202.800,00

1. *Nennen Sie die Buchungen zum Abschluss der Konten.*
2. Das Finanzamt überweist das Vorsteuerguthaben auf unser Bankkonto. *Buchen Sie.*

Aufgabe 204

Bilden Sie die Buchungssätze:

1. Die Erbschaftsteuer des Geschäftsinhabers in Höhe von 4.800,00 € wurde wie folgt gebucht: 4240 Sonstige Betriebsteuern an 1310 Bank.
2. Der Buchhalter hat die Einkommensteuervorauszahlung des Geschäftsinhabers über das Konto „4280 Gebühren und sonstige Abgaben“ gebucht: 12.800,00 €.
3. Aufgrund einer Betriebsprüfung müssen für die letzten drei Geschäftsjahre nachgezahlt werden (Banküberweisung):
   a) Einkommensteuer 12.800,00 €,
   b) Kirchensteuer 1.152,00 €,
   c) Gewerbesteuer 16.448,00 €.

Aufgabe 205

Die Instandhaltungsaufwendungen des Geschäftsjahres betragen insgesamt 78.000,00 €. 1,5 % davon entfallen auf Reparaturen im Privathaus des Inhabers.

1. *In welcher Höhe liegt eine umsatzsteuerpflichtige Entnahme vor?*
2. *Begründen Sie die Besteuerung.*
3. *Erstellen Sie den Buchungsbeleg (Entnahmebeleg).*
4. *Buchen Sie zum 31. Dezember ..*

1 Nettobetrag

Aufgabe 206

1. Buchen Sie den Eingang der Honorarrechnung des Steuerberaters für:

a) Erstellen der Einkommensteuererklärung	1.600,00	
+ Umsatzsteuer	304,00	1.904,00
b) Erstellen der Gewerbesteuererklärung	800,00	
c) Erstellen der Steuerbilanz (Jahresabschluss)	2.600,00	3.400,00
+ Umsatzsteuer		646,00

2. Buchen Sie den Rechnungsausgleich (Fall 1) durch Banküberweisung. 5.950,00

Aufgabe 207

Ein Großhandelsbetrieb erwirbt für den geplanten Bau einer Lagerhalle ein Baugrundstück zum Kaufpreis von 250.000,00 € gegen Bankscheck. Die Grunderwerbsteuer (Steuersatz: 3,5 %), Notariatskosten in Höhe von 2.000,00 € netto + USt, Vermessungskosten 2.800,00 € netto + USt und Grundbuchkosten von 450,00 € werden durch die Bank überwiesen.

1. *Ermitteln Sie die Anschaffungskosten des Grundstücks.*
2. *Mit welchem Wert werden Anlagegüter zum Zeitpunkt ihres Erwerbs bilanziert?*
3. *Buchen Sie die Anschaffung des Baugrundstücks.*
4. *Warum gibt es bei Grundstücken grundsätzlich keine Abschreibungen? Kennen Sie Ausnahmen?*

Aufgabe 208

Buchen Sie die folgenden Geschäftsfälle:

1. Wegen verspäteter Überweisung der Vorauszahlungen zum 10. März sind Säumniszuschläge zu zahlen (Banküberweisung):
   a) Einkommen- und Kirchensteuer 120,00 €;
   b) Gewerbesteuer 80,00 €.
2. Wegen Steuerhinterziehung wird der Inhaber eines Großhandelsunternehmens gemäß Abgabenordnung mit einer Geldstrafe von 7.500,00 € belegt. Postbanküberweisung.
3. Der Großhändler (Fall 2) wird auf einer Fahrt zur Möbelmesse wegen Geschwindigkeitsübertretung belangt. Das Bußgeld von 150,00 € wird durch Banküberweisung gezahlt.

Aufgabe 209

Begründen Sie die Buchungen für folgende Geschäftsfälle:

1. Der Inhaber eines Großhandelsunternehmens schenkt seinem Sohn einen bis auf 1,00 € abgeschriebenen Geschäfts-Pkw, dessen Zeitwert 1.000,00 € beträgt.
2. Der Geschäftsinhaber (Fall 1) entnimmt Waren für den Haushalt: Warenwert 1.200,00 €.
3. Der Privat-Pkw des Inhabers wird im eigenen Betrieb repariert: 3.500,00 €.
4. Die Heizölrechnung wurde als Betriebsausgabe gebucht:

4300 Energie/Betriebsstoffe	18.800,00		
1410 Vorsteuer	3.572,00	an 1310 Bank	22.372,00

25 % des Heizöls werden für das Einfamilienhaus des Inhabers benötigt.

Aufgabe 210

Buchen Sie die folgenden Geschäftsfälle:

1. Aufgrund der Steuerbescheide für das abgelaufene Geschäftsjahr erhalten wir folgende Erstattungen (Banküberweisung):
   a) Einkommen- und Kirchensteuer 2.592,00 €;
   b) Gewerbesteuer 1.240,00 €.
2. Die Webwaren-Großhandel GmbH überweist zum 10. März die Körperschaftsteuervorauszahlung für das laufende Geschäftsjahr in Höhe von 15.000,00 €.
3. Die Rechnung über das Gutachten eines Fachanwaltes für Steuerrecht in einer Frage der Gewerbesteuer wird durch Bank beglichen: 4.500,00 € + Umsatzsteuer.

Aufgabe 211

1. *Nennen Sie Beispiele für a) aktivierungspflichtige Steuern, b) abzugsfähige Steuern, c) Steuern vom Einkommen, d) Privatsteuern, e) durchlaufende Steuern.*
2. *Nennen Sie die Konten, auf denen die unter 1. a) bis e) genannten Steuern erfasst werden.*
3. *Welche der unter 1. genannten Steuerarten ist a) erfolgswirksam und b) erfolgsneutral?*

5 Sachanlagenbereich

5.1 Anlagenbuchhaltung (Anlagenkartei)

Anlagevermögen

Zum Anlagevermögen eines Unternehmens zählen alle Vermögensgegenstände, die nach § 247 [2] HGB dazu bestimmt sind, dem Geschäftsbetrieb **dauernd** bzw. langfristig zu dienen. Es gliedert sich nach § 266 [2] HGB in **drei Hauptgruppen**[1]:

Immaterielle Vermögensgegenstände	Sachanlagen	Finanzanlagen
■ Konzessionen ■ Schutzrechte ■ Lizenzen ■ gekaufter Geschäfts- oder Firmenwert	■ Grundstücke und Bauten ■ Technische Anlagen und Maschinen ■ Andere Anlagen/Betriebs- und Geschäftsausstattung	■ Beteiligungen ■ Wertpapiere des Anlagevermögens ■ sonstige Ausleihungen

Zweck der Anlagenbuchhaltung

Die **Anlagekonten des Hauptbuches** werden **als Sammelkonten geführt.** Sie enthalten z. B. die **Anlagegruppen:** Grundstücke, Gebäude, Technische Anlagen und Maschinen, Betriebs- und Geschäftsausstattung, Fuhrpark u. a. Diese **Anlagegruppen setzen sich aus zahlreichen Einzelgegenständen und -werten zusammen.** Um bei der Vielfalt der Anlagegegenstände die **Abschreibungen** im Rahmen der Inventur zum Bilanzstichtag richtig ermitteln zu können, ist eine **Anlagenbuchführung als Nebenbuchhaltung** erforderlich (siehe auch S. 12).

Anlagenkarte

Für jeden einzelnen Anlagegegenstand ist daher eine besondere Anlagenkarte zu führen, die auf der Vorderseite alle wichtigen Daten (vgl. Muster) ausweist. Die Rückseite enthält meist technische Angaben über den Anlagegegenstand.

Anlagenkartei

Alle Anlagenkarten bilden zusammen die Anlagenkartei, in der sie nach den Sachkonten der Klasse 0 entsprechend geordnet sind.

Beispiel

Muster einer Anlagenkarteikarte

Inventar-Nr.: 418		**Bezeichnung der Anlage:** Verpackungsautomat			**Baujahr:** . .	
Anlagen-Kto.: 0310		**Kostenstelle:** Vertrieb		**Anschaffungsdatum:** . .-01-10		
Lieferant: Schneider GmbH, München				**Bestellnummer:** 3 648 **Garantie:** 2 Jahre		
Voraussichtl. Nutzungsdauer: 10 Jahre			**Voraussichtlicher Schrottwert:** –			
Anschaffungskosten: 98.000,00 €			**Versicherungswert:** 100.000,00 €			
Jahr	**Abschreibungen** (degressiv)[2]			**Reparaturen**		
	%satz	Betrag	Restbuchwert	Tag	Art	€
. .-12-31	25 %[2]	24.500,00	73.500,00			

Merke

Die Anlagenkartei erläutert und ergänzt als Nebenbuchhaltung die einzelnen Anlagekonten des Hauptbuches. Sie lässt sich auch mithilfe der EDV führen.

1 Siehe auch Bilanz gemäß § 266 HGB auf S. 254 sowie im Anhang des Lehrbuches und Anlagenspiegel auf S. 200.
2 Siehe S. 71 und S. 189.

6937182

5.2 Anschaffung von Anlagegegenständen

Gegenstände des Anlagevermögens sind zum Zeitpunkt des Erwerbs mit ihren **Anschaffungskosten** auf dem entsprechenden Anlagekonto zu **aktivieren.** Nach § 255 [1] HGB setzen sie sich zusammen aus:

	Anschaffungspreis
+	**Anschaffungsnebenkosten**
–	**Anschaffungskostenminderungen**
=	**Anschaffungskosten**

Anschaffungspreis

Der Anschaffungspreis ist der **Nettowert** des Anlagegutes. Die Vorsteuer zählt nicht zu den Anschaffungskosten, weil sie von der Umsatzsteuer abgesetzt wird.

Anschaffungsnebenkosten

Anschaffungsnebenkosten sind alle Ausgaben und Aufwendungen, die neben dem Kaufpreis des Anlagegutes **sofort oder nachträglich anfallen, um das Anlagegut zu erwerben und in einen betriebsbereiten Zustand zu versetzen**, wie z. B.

- **Kosten** der Überführung und Zulassung **beim Kauf eines Kraftfahrzeugs;** Transport-, Fundamentierungs- und Montagekosten **bei Maschinen** u. a.
- **Kosten** der Vermittlung und Beurkundung sowie die Grunderwerbsteuer als auch Vermessungskosten **beim Erwerb von Grundstücken und Gebäuden.**

Handels- und Steuerrecht schreiben die **Aktivierung der Nebenkosten** vor, um sie **über** die **Abschreibungen** als Aufwand **auf** die gesamte **Nutzungsdauer** des Anlagegutes zu **verteilen. Die Erfolgsrechnungen** der einzelnen Nutzungsjahre werden somit **gleichmäßig belastet**, Gewinnverschiebungen treten nicht ein (siehe auch S. 222).

Anschaffungskostenminderungen

Anschaffungskostenminderungen sind alle **Preisnachlässe**, die beim Erwerb des Anlagegutes **sofort oder nachträglich** gewährt werden, wie **Rabatte, Boni** und **Skonti.**

Beispiel

Kauf eines Verpackungsautomaten auf Ziel zum Nettopreis von 94.000,00 € zuzüglich Transport- und Montagekosten in Höhe von netto 6.000,00 €. Die Umsatzsteuer beträgt lt. Rechnung 19.000,00 €. ❶

Rechnungsausgleich mit 2 % Skontoabzug durch Banküberweisung. ❷

Ermittlung der Anschaffungskosten des Verpackungsautomaten:

	Anschaffungspreis	94.000,00 €
+	**Anschaffungsnebenkosten**	6.000,00 €
		100.000,00 €
–	**Anschaffungskostenminderung:** 2 % Skonto	2.000,00 €
=	**aktivierungspflichtige Anschaffungskosten**	**98.000,00 €**

Buchung bei Anschaffung des Verpackungsautomaten lt. Eingangsrechnung:

		Soll	Haben
❶	**0310 Technische Anlagen und Maschinen**	**100.000,00**	
	1410 Vorsteuer	**19.000,00**	
	an **1710 Verbindlichkeiten a. LL**		**119.000,00**

Buchung beim Rechnungsausgleich:

		Soll	Haben
❷	**1710 Verbindlichkeiten a. LL**	**119.000,00**	
	an **0310 TA und Maschinen** (Nettoskonto)		**2.000,00**
	an **1410 Vorsteuer** (Steuerberichtigung)		**380,00**
	an **1310 Bank**		**116.620,00**

Merke

Beim Erwerb von Anlagegütern ist der Nettoskonto auf der Haben-Seite des entsprechenden Anlagekontos als Minderung der Anschaffungskosten zu buchen.

S	0310 TA und Maschinen		H
❶	100.000,00	❷	2.000,00

S	1710 Verbindlichkeiten a. LL		H
❷	119.000,00	❶	119.000,00

S	1410 Vorsteuer		H
❶	19.000,00	❷	380,00

S	1310 Bank		H
		❷	116.620,00

Bemessungsgrundlage für die Abschreibungen (im Steuerrecht Absetzung für Abnutzung: **AfA**) bilden die aktivierungspflichtigen **Anschaffungskosten** des Anlagegutes.

Merke

- **Anlagegüter sind bei Erwerb mit den Anschaffungskosten zu bewerten.**
- **Finanzierungskosten gehören nicht zu den Anschaffungskosten.**
- **Nachlässe mindern die Anschaffungskosten des Anlagegutes und sind deshalb unmittelbar auf dem entsprechenden Anlagekonto zu buchen.**
- **Die Anschaffungskosten bilden die Bemessungsgrundlage für die Abschreibungen (AfA).**

Aufgabe 212

Kauf einer Verpackungsmaschine zum Nettopreis von 50.000,00 € + USt; Transportkosten 2.500,00 € + USt; Montagekosten 4.500,00 € + USt.

1. *Ermitteln Sie die Anschaffungskosten des Anlagegutes.*
2. *Buchen Sie die vorstehenden Eingangsrechnungen auf den entsprechenden Konten.*

Aufgabe 213

Auf den Nettopreis der Verpackungsmaschine (Aufgabe 212) erhalten wir nachträglich wegen eines versteckten Mangels einen Nachlass von 10 %.

1. *Ermitteln Sie die aktivierungspflichtigen Anschaffungskosten.*
2. *Buchen Sie den Preisnachlass.*
3. *Buchen Sie die Zahlungen (Banküberweisung).*

Aufgabe 214

Die „Fahrzeughandelsgesellschaft mbH" stellt uns für den Kauf eines Lastkraftwagens in Rechnung (ER 1412): Nettopreis 84.650,00 €, Spezialaufbau 9.500,00 €, Sonderlackierung mit Werbeaufschrift 3.100,00 €, Anhängerkupplung 1.400,00 €, Überführungskosten 1.200,00 €, Zulassungskosten 150,00 €, zuzüglich Umsatzsteuer vom Gesamtbetrag.

Die Kraftfahrzeugsteuer über 400,00 € und die Haftpflichtversicherung mit 1.200,00 € werden von uns durch Banküberweisung bezahlt.

Die erste Tankfüllung wird bar bezahlt: 200,00 € netto + USt.

1. *Begründen Sie, welche und warum Anschaffungsnebenkosten zu aktivieren sind.*
2. *Ermitteln Sie die Anschaffungskosten des Lastkraftwagens.*
3. *Buchen Sie die Geschäftsfälle auf den entsprechenden Konten.*

Aufgabe 215

Die Eingangsrechnung (ER 1412) der Aufgabe 214 wird unter Abzug von 2 % Skonto von uns durch Banküberweisung beglichen.

1. *Ermitteln Sie die Anschaffungskosten und buchen Sie den Rechnungsausgleich.*
2. *Begründen Sie die Buchungsweise der Nachlässe beim Erwerb von Anlagegütern.*

Aufgabe 216

Beim Kauf eines Betriebsgrundstückes zum Preis von 250.000,00 € fallen weitere Kosten an: 3,5 % Grunderwerbsteuer vom Kaufpreis, Vermessungskosten 3.800,00 € + USt, Maklergebühr 10.000,00 € + USt, Notariatskosten 2.600,00 € + USt, Kosten für die Eintragung in das Grundbuch des zuständigen Amtsgerichts 450,00 €. Für ein Entwässerungsgutachten wurden in Rechnung gestellt 1.500,00 € + USt. Für den Anschluss an den städtischen Kanal schickt uns die Tiefbaufirma eine Rechnung über 8.000,00 € + USt.

Für das laufende Quartal werden für das Grundstück an die Gemeinde überwiesen: Grundsteuer 750,00 €, Kanalbenutzungsgebühren 480,00 €.

1. *Entscheiden Sie, welche Kosten aktivierungspflichtige Anschaffungsnebenkosten sind.*
2. *Ermitteln Sie die Anschaffungskosten des Grundstücks und buchen Sie entsprechend.*

6937184

5.3 Abschreibungen auf Sachanlagen

5.3.1 Planmäßige und außerplanmäßige Abschreibungen

Abschreibungen

Abschreibungen erfassen **Wertminderungen der Sachanlagen**, die **durch Nutzung, technischen Fortschritt, wirtschaftliche Überholung** und **außergewöhnliche Ereignisse verursacht** werden (siehe auch S. 70 ff.).

Abschreibungen sind Aufwendungen, die den **Gewinn und die gewinnabhängigen Steuern mindern**, wie z. B. die Einkommen-, Körperschaft- und Gewerbesteuer[1].

Bei der Abschreibung von Sachanlagen muss man zunächst unterscheiden zwischen **abnutzbaren** Sachanlagen (z. B. Gebäude) und **nicht abnutzbaren** Sachanlagen (z. B. Grundstücke).

Im ersten Fall ist die **Nutzung zeitlich begrenzt**, im zweiten nicht begrenzt. Deshalb unterscheidet man auch zwischen **planmäßiger** und **außerplanmäßiger Abschreibung.**

Planmäßige Abschreibung (AfA)

Abnutzbare Sachanlagen sind nach § 253 [3] HGB planmäßig, d. h. **nach ihrer betriebsgewöhnlichen Nutzungsdauer, abzuschreiben.** Die Anschaffungs- oder Herstellungskosten werden je nach **Abschreibungsmethode linear, degressiv** oder **nach Leistungseinheiten** auf die Nutzungsjahre verteilt. Die planmäßige Abschreibung wird gebucht auf dem Konto

4910 Abschreibungen auf Sachanlagen (SA).

Die Anlagenkarte (vgl. S. 182) bildet den „Plan“ und **weist alle wichtigen Daten des abnutzbaren Anlagegegenstandes aus:** Anschaffungskosten, Herstellungskosten (z. B. bei Gebäuden), Zeitpunkt der Anschaffung oder Herstellung, Nutzungsdauer, Abschreibungsmethode, Abschreibungssatz in %, Restbuchwert je Nutzungsjahr u. a. Grundlage für die Ermittlung der Nutzungsdauer sind die **AfA-Tabellen** der Finanzverwaltung (vgl. S. 193).

Außerplanmäßige Abschreibung

Außerplanmäßige Abschreibungen müssen **bei abnutzbaren Sachanlagen** im Falle einer **außergewöhnlichen und dauernden Wertminderung neben** der **planmäßigen Abschreibung** vorgenommen werden. Bei einem Brandschaden muss beispielsweise nach § 253 [3] HGB eine **zusätzliche** außerplanmäßige Abschreibung erfolgen. **Nicht abnutzbare Anlagegegenstände** unterliegen keiner zeitlichen Nutzungsbegrenzung und können deshalb auch **nur außerplanmäßig** abgeschrieben werden, wenn eine dauerhafte Wertminderung eintritt. Außerplanmäßige Abschreibungen werden erfasst auf dem Konto

4920 Außerplanmäßige Abschreibungen.

Wertaufholungsgebot

Wenn die Gründe für eine außerplanmäßige Abschreibung nicht mehr bestehen, muss auf den höheren Wert zugeschrieben werden (§ 253 [5] HGB). Obergrenze sind die Anschaffungs- oder Herstellungskosten bzw. die fortgeführten Anschaffungs- oder Herstellungskosten.

Merke

- **Abnutzbare Sachanlagen werden planmäßig nach ihrer Nutzungsdauer abgeschrieben. Daneben müssen außerplanmäßige Abschreibungen für außergewöhnliche und dauernde Wertminderungen vorgenommen werden.**
- **Nicht abnutzbare Anlagen können nur außerplanmäßig abgeschrieben werden.**

1 Siehe S. 177 ff.

Bewertung der abnutzbaren Anlagegüter

Nach den handelsrechtlichen (§ 253 [3] HGB) und steuerrechtlichen Vorschriften (§ 6 f. EStG) sind abnutzbare Anlagegüter mit ihren **fortgeführten Anschaffungskosten** (Herstellungskosten) in das Inventar und die Schlussbilanz aufzunehmen, also zu den Anschaffungskosten (Herstellungskosten) abzüglich **planmäßiger** und gegebenenfalls **außerplanmäßiger** Abschreibungen.

Beispiel

Eine Maschine, deren Anschaffungskosten 100.000,00 € betragen, hat eine Nutzungsdauer von fünf Jahren und wird linear mit 20.000,00 € abgeschrieben.

Zum 31. Dez. des zweiten Jahres bietet der Maschinenhersteller ein verbessertes Modell zu einem niedrigeren Preis an. Dadurch sinkt der Wert der Maschine auf 45.000,00 €.

Neben der planmäßigen Abschreibung muss nun wegen der zusätzlich eingetretenen **dauernden** Wertminderung auch noch eine außerplanmäßige Abschreibung auf den **niedrigeren** Wert von 45.000,00 € vorgenommen werden **(= „Niederstwertprinzip“).** Der Rest von 45.000,00 € ist in der Restnutzungsdauer von drei Jahren abzuschreiben: 45.000,00 € : 3 = 15.000,00 €.

	Anschaffungskosten	100.000,00 €
–	planmäßige Abschreibung zum 31. Dez. des 1. Nutzungsjahres	20.000,00 €
=	**fortgeführte Anschaffungskosten** zum 31. Dez. des 1. Nutzungsjahres	80.000,00 €
–	planmäßige Abschreibung zum 31. Dez. des 2. Nutzungsjahres	**20.000,00 €**
–	außerplanmäßige Abschreibung zum 31. Dez. des 2. Nutzungsjahres	**15.000,00 €**
=	**fortgeführte Anschaffungskosten** zum 31. Dez. des 2. Nutzungsjahres	**45.000,00 €**
–	planmäßige Abschreibung zum 31. Dez. des 3. Nutzungsjahres	15.000,00 €
=	**fortgeführte Anschaffungskosten** zum 31. Dez. des 3. Nutzungsjahres	**30.000,00 €**

Buchung: 4910 Abschreibungen auf SA 20.000,00
4920 Außerplanm. Abschr. 15.000,00 an **0310 TA und Maschinen 35.000,00**

Bewertung der nicht abnutzbaren Anlagegüter

Die Bewertung der nicht abnutzbaren Anlagegüter darf **höchstens** zu **Anschaffungskosten** erfolgen. Ist der Wert jedoch am Bilanzstichtag **nachhaltig** niedriger, so muss das Anlagegut mit dem **niedrigeren Tageswert** (Niederstwertprinzip!) angesetzt werden (§ 253 [3] HGB). Das bedingt eine **außerplanmäßige** Abschreibung.

Beispiel

Bei einem Betriebsgrundstück, das mit 250.000,00 € Anschaffungskosten zu Buch steht, tritt durch Straßenverlegung eine dauernde Wertminderung ein. Der Tageswert beträgt zum 31. Dezember 100.000,00 €.

	Anschaffungskosten des Grundstücks	250.000,00 €
–	außerplanmäßige Abschreibung	150.000,00 €
=	**Wertansatz zum 31. Dezember**	**100.000,00 €**

Buchung: 4920 Außerplanmäßige Abschreibungen an **0210 Grundstücke 150.000,00**

Merke

- **Wertansätze für abnutzbare Anlagegüter in der Jahresbilanz:**

Anschaffungskosten	**Herstellungskosten**
– Abschreibungen	**– Abschreibungen**
= fortgeführte Anschaffungskosten	**= fortgeführte Herstellungskosten**

- **Nicht abnutzbare Anlagegüter sind höchstens zu Anschaffungskosten in der Schlussbilanz zu bewerten.**
- **Anlagegüter dürfen bei einer nur vorübergehenden Wertminderung nicht außerplanmäßig abgeschrieben werden (Ausnahme: Finanzanlagen). Bei einer voraussichtlich dauernden Wertminderung sind außerplanmäßige Abschreibungen zwingend erforderlich (Strenges Niederstwertprinzip).**

6937186

5.3.2 Planmäßige Abschreibungen im Zugangs-/Abgangsjahr

Planmäßige Abschreibungen im Zugangsjahr

Planmäßige Abschreibungen auf das Anlagevermögen sind **zeitanteilig** (pro rata temporis) vorzunehmen. Im Zugangsjahr beginnt die Abschreibung des Vermögensgegenstands mit dem Monat der Anschaffung oder Herstellung. Für den Zugangsmonat ist die Abschreibung in voller Höhe anzusetzen, auch wenn das Anlagegut erst im Laufe des Monats angeschafft oder hergestellt wurde[1].

Beispiel

Der Elektrogroßhandel Haas OHG, Stuttgart, schafft für den Arbeitsplatz ihres Angestellten J. Steiner am 25. August 01 einen neuen PC für 1.800,00 € netto an. Die voraussichtliche Nutzungsdauer beträgt drei Jahre.

Die planmäßigen Abschreibungen beginnen mit dem Zugangsmonat August 01 und enden 3 Jahre bzw. 36 Monate später mit dem Juli 04. Für den August 01 wird eine volle Monatsabschreibung angesetzt. Für das Jahr 01 beträgt der Abschreibungsbetrag somit 5/12 der Jahresabschreibung, für das Jahr 04 werden 7/12 der Jahresabschreibung verrechnet.

Jahr 01	Jahr 02	Jahr 03	Jahr 04
8 9 10 11 12	1 2 3 4 5 6 7 8 9 10 11 12	1 2 3 4 5 6 7 8 9 10 11 12	1 2 3 4 5 6 7
5 Monate	12 Monate	12 Monate	7 Monate

$$\textbf{Abschreibungsbetrag pro Jahr} = \frac{\textbf{Anschaffungskosten}}{\textbf{Nutzungsdauer}} = \frac{\textbf{1.800,00 €}}{\textbf{3 Jahre}} = \textbf{600,00 €/Jahr}$$

Während der dreijährigen Nutzungsdauer werden für den PC folgende Abschreibungsbeträge pro Jahr angesetzt:

Jahr 01 (anteilig für 5 Monate)	Jahr 02 (Jahresabschreibung 12 Monate)	Jahr 03 (Jahresabschreibung 12 Monate)	Jahr 04 (anteilig für 7 Monate)	gesamt
$600{,}00\text{ €} \cdot \frac{5}{12}$			$600{,}00\text{ €} \cdot \frac{7}{12}$	
= 250,00 €	600,00 €	600,00 €	= 350,00 €	1.800,00

Planmäßige Abschreibungen im Abgangsjahr

Bei einem Abgang von Anlagevermögen während der Nutzungsdauer, beispielsweise durch Verkauf oder Entnahme, sind planmäßige Abschreibungen im Abgangsjahr ebenfalls nur **zeitanteilig** vorzunehmen. Da bei einer Anschaffung oder Herstellung im Laufe eines Monats der Zugangsmonat voll abgeschrieben, also „aufgerundet" wird, scheint es folgerichtig, den angefangenen Abgangsmonat nicht mehr abzuschreiben, sondern „abzurunden". Möglich ist bei dem Ausscheiden eines Wirtschaftsguts jedoch auch den Ansatz einer vollen Monatsabschreibung[2]. Wegen der außerdem vorzunehmenden Restbuchwertabschreibung (vgl. Beispiel S. 188 und S. 195) ergibt sich im Allgemeinen keine Auswirkung auf den Gewinn, so dass es im Ermessen des Unternehmens liegt, ob der Abgangsmonat auf- oder abgerundet wird.

1 Vgl. § 7 Abs. 1 Satz 4 EStG.
2 Vgl. R 7.4 Abs. 8 EStR und z. B. Beck'scher Bilanzkommentar, 8. Aufl., 2012, § 253, Anm. 228.

Beispiel

Der PC des Angestellten J. Steiner wird am 05. April 02 in der Folge eines Blitzeinschlags in das Leitungsnetz unbrauchbar und daher verschrottet. Die Elektrogroßhandling Haas OHG kann auf planmäßige Abschreibungen für den angefangenen Abgangsmonat April 02 verzichten (Fall 1) oder eine volle Monatsabschreibung für April 02 vornehmen (Fall 2):

	Jahr 01					Jahr 02			
	August	September	Oktober	November	Dezember	Januar	Februar	März	April
Nutzung									
Fall 1:									
Fall 2:									

Es werden folgende Abschreibungsbeträge angesetzt:

	Fall 1		Fall 2	
Anschaffungskosten PC		**1.800,00 €**		**1.800,00 €**
Jahr 1: Planmäßige Abschreibungen	600,00 € · 5/12	– 250,00 €	600,00 € · 5/12	– 250,00 €
Jahr 2: Planmäßige Abschreibungen	600,00 € · 3/12	– 150,00 €	600,00 € · 4/12	–200,00 €
Restbuchwert		**1.400,00 €**		**1.350,00 €**
Außerplanmäßige Abschreibung des Restbuchwerts		– 1.400,00 €		– 1.350,00 €
		0,00 €		0,00 €
Summe der Abschreibungen		**1.800,00 €**		**1.800,00 €**

6937188

5.3.3 Methoden der planmäßigen Abschreibung

Die Berechnung der planmäßigen Abschreibung erfolgt nach folgenden **Methoden:**

- linear,
- degressiv,
- nach Leistungseinheiten.

5.3.3.1 Lineare (gleich bleibende) Abschreibung

Die **Abschreibung** erfolgt stets in einem **gleich bleibenden Prozentsatz von den Anschaffungs- oder Herstellungskosten** des Anlagegegenstandes. Die **Anschaffungskosten** (Herstellungskosten) werden somit „planmäßig" **in gleichen Beträgen auf** die **Nutzungsjahre verteilt.** Deshalb ist der Anlagegegenstand bei linearer Abschreibung am Ende der Nutzungsdauer **voll** abgeschrieben. Bei linearer Abschreibung wird also eine gleichmäßige Nutzung und Wertminderung des Anlagegegenstandes unterstellt.

Beispiel

Bei Anschaffungskosten einer Maschine von 50.000,00 € und einer Nutzungsdauer von zehn Jahren betragen der jährliche Abschreibungsbetrag 5.000,00 € und der Abschreibungssatz 10 %:

$$\text{Abschreibungsbetrag} = \frac{\text{Anschaffungskosten}}{\text{Nutzungsdauer}} \qquad \text{Abschreibungssatz \%} = \frac{100\ \%}{\text{Nutzungsdauer}}$$

5.3.3.2 Degressive Abschreibung (Buchwertabschreibung)

Die Abschreibung wird nur im ersten Jahr von den Anschaffungskosten des Anlagegegenstandes berechnet, in den folgenden Jahren dagegen mit einem gleich bleibenden **Prozentsatz vom jeweiligen Restbuchwert** (daher: Buchwertabschreibung). Da der Buchwert von Jahr zu Jahr kleiner wird, ergeben sich **fallende Abschreibungsbeträge.** Am Ende der Nutzungsdauer bleibt ein **Restwert.** Diese **Buchwertabschreibung** nennt man auch **geometrisch-degressive Abschreibung.**

Der degressive Abschreibungssatz muss höher sein als bei linearer Abschreibung, um nach Ablauf der Nutzungsdauer einen **möglichst niedrigen Restwert** zu erzielen. Dieser Restwert ist im letzten Nutzungsjahr mit der laufenden Jahresabschreibung abzuschreiben.

Vorteile der Buchwertabschreibung

Die degressive Abschreibung führt **in den ersten Jahren** der Nutzung des Anlagegegenstandes zu **wesentlich höheren Abschreibungsbeträgen** als die lineare Abschreibung und bewirkt einen starken **Investitionsanreiz** (vgl. Tabelle auf S. 190). **Außergewöhnliche Wertminderungen,** bedingt durch wirtschaftliche und technische Entwicklungen, **werden** somit **stärker berücksichtigt.** Der höhere Abschreibungsaufwand bewirkt zudem eine **stärkere Minderung des steuerpflichtigen Gewinns.** Die geringeren Steuerzahlungen **erhöhen** zugleich die **Liquidität** des Unternehmens. Die degressive Abschreibungsmethode wird daher in der Praxis bevorzugt, sofern sie steuerlich zulässig ist.

Der gültige degressive Abschreibungssatz des entsprechenden Jahres gilt für die gesamte Nutzungsdauer, d. h., ein Wirtschaftsgut, das beispielsweise im Jahr 2007 angeschafft wurde, kann degressiv während der gesamten Nutzungsdauer mit 30 % abgeschrieben werden.

Entwicklung der degressiven AfA für die Steuerbilanz im Laufe der Jahre[1]:

Anschaffungs- bzw. Herstellungsjahr	Höchstprozentsatz	höchstens
2001 bis 31. Dez. 2005	20 %	das Doppelte der linearen AfA
2006 bis 31. Dez. 2007	30 %	das Dreifache der linearen AfA
2008	abgeschafft	
2009 bis 31. Dez. 2010	25 %	das Zweieinhalbfache der linearen AfA
ab 2011	abgeschafft	

1 In der Handelsbilanz kann in begründeten Fällen von diesen steuerlichen AfA-Sätzen abgewichen werden.

Wechsel der Abschreibungsmethode

Ein Wechsel von der degressiven zur linearen Abschreibung ist grundsätzlich erlaubt und zu empfehlen, damit der Anlagegegenstand am Ende seiner Nutzungsdauer voll abgeschrieben ist. **Der günstigste Zeitpunkt** des Wechsels ist gegeben, wenn der **Abschreibungsbetrag bei linearer Restabschreibung gleich** bzw. **größer** ist **als bei** fortgeführter **degressiver Abschreibung.** Das ist im folgenden Beispiel bei Anlagegütern mit einer Nutzungsdauer von 10 Jahren im 7. Jahr der Fall. Der Restbuchwert wird **in gleichen Beträgen** auf die verbleibenden Jahre verteilt:

$$\textbf{Abschreibungsbetrag} = \frac{\textbf{Restbuchwert zum Zeitpunkt des Wechsels}}{\textbf{Restnutzungsjahre}}$$

Beispiel

Anschaffungskosten einer Maschine 50.000,00 €, Nutzungsdauer nach AfA-Tabelle 10 Jahre. Das Anlagegut wird **linear mit 10 %** und **degressiv mit 25 %** abgeschrieben.

Die nachstehende Übersicht macht Folgendes deutlich:

1. Die **lineare Abschreibung** erreicht nach Ablauf der zehnjährigen Nutzungsdauer den **Nullwert.** Die **degressive** Buchwertabschreibung endet dagegen mit einem **Restwert** von **2.815,67 €.**
2. Deshalb empfiehlt sich **im 7. Nutzungsjahr der Übergang** von der degressiven zur linearen Abschreibung: Linearer Abschreibungsbetrag = bzw. > degressiver Abschreibungsbetrag:

Degressiver Abschreibungsbetrag	= 25 % von 8.898,92 € Buchwert	**= 2.224,73 €**
Linearer Abschreibungsbetrag	= 8.898,92 € Buchwert : 4 (Restjahre)	**= 2.224,73 €**

	Lineare Abschreibung 10 %	Degressive Abschreibung 25 %	Übergang degressiv → linear
Anschaffungskosten Abschreibung: 1. Jahr	50.000,00 5.000,00	50.000,00 12.500,00	**Berechnung:** $i = \left(n - \frac{100}{p}\right) + 1$
Buchwert Abschreibung: 2. Jahr	45.000,00 5.000,00	37.500,00 9.375,00	i = Übergangsjahr
Buchwert Abschreibung: 3. Jahr	40.000,00 5.000,00	28.125,00 7.031,25	n = Nutzungsdauer p = Abschreibungssatz
Buchwert Abschreibung: 4. Jahr	35.000,00 5.000,00	21.093,75 5.273,44	$i = \left(10 - \frac{100}{25}\right) + 1$
Buchwert Abschreibung: 5. Jahr	30.000,00 5.000,00	15.820,31 3.955,08	$i = 7$
Buchwert Abschreibung: 6. Jahr	25.000,00 5.000,00	11.865,23 2.966,31	
			Lineare Abschreibung
Buchwert Abschreibung: 7. Jahr	20.000,00 5.000,00	8.898,92 **2.224,73**	8.898,92 **2.224,73**
Buchwert Abschreibung: 8. Jahr	15.000,00 5.000,00	6.674,19 1.668,55	6.674,19 **2.224,73**
Buchwert Abschreibung: 9. Jahr	10.000,00 5.000,00	5.005,64 1.251,41	4.449,46 **2.224,73**
Buchwert Abschreibung: 10. Jahr	5.000,00 5.000,00	3.754,23 938,56	2.224,73 **2.224,73**
Restbuchwert	0,00	2.815,67	0,00

Merke

- **Bewegliche Wirtschaftsgüter des Anlagevermögens, die in 2008 und ab 2011 angeschafft oder hergestellt worden sind, dürfen steuerlich nicht degressiv abgeschrieben werden.**
- **Die degressive AfA darf bei Wirtschaftsgütern, die vor 2008 oder in den Jahren 2009 und 2010 angeschafft oder hergestellt wurden, während der gesamten Nutzungsdauer mit dem im Anschaffungs- oder Herstellungsjahr gültigen AfA-Satz weiter fortgeführt werden.**
- **Ein Wechsel von der degressiven zur linearen Abschreibung ist erlaubt.**

6937190

5.3.3.3 Abschreibung nach Leistungseinheiten (Leistungsabschreibung)

Die Abschreibung kann bei **Anlagegegenständen, deren Leistung** in der Regel **erheblich schwankt** und deren Verschleiß dementsprechend wesentliche Unterschiede aufweist, auch **nach Maßgabe der Inanspruchnahme oder Leistung** (km, Stunden u. a.) vorgenommen werden. Diese auch **steuerrechtlich zulässige Abschreibungsmethode** kommt der technischen Abnutzung am nächsten.

Beispiel

Betragen die Anschaffungskosten eines Lkw 80.000,00 € und die voraussichtliche Gesamtleistung 200 000 km, so ergibt sich daraus ein Abschreibungsbetrag je Leistungseinheit (km) von: 80.000 : 200 000 = 0,40 €/km. Den **Jahresabschreibungsbetrag** erhält man, indem man die jährliche **Fahrtleistung, nachzuweisen durch Fahrtenbuch**, mit dem Abschreibungsbetrag von 0,40 € je km multipliziert.

1. Jahr: 40 000 km · 0,40 € = **16.000,00 €**	**3. Jahr:** 35 000 km · 0,40 € = **14.000,00 €**
2. Jahr: 60 000 km · 0,40 € = **24.000,00 €**	**4. Jahr:** 65 000 km · 0,40 € = **26.000,00 €**

Merke

Bei Anwendung der Leistungsabschreibung ist die jährliche Leistung nachzuweisen.

5.3.4 Geringwertige Wirtschaftsgüter (GWG)

Wirtschaftsgüter des Anlagevermögens, die **selbstständig nutzbar**, **bewertbar** sowie **beweglich** und **abnutzbar** sind, werden **steuerlich** als **„Geringwertige Wirtschaftsgüter"** bezeichnet, wenn ihre **Anschaffungs- bzw. Herstellungskosten** (AK bzw. HK) bestimmte **Nettowerte des § 6 [2, 2a] EStG** nicht überschreiten:[1]

1. **GWG**, deren AK bzw. HK **410,00 € netto nicht überschreiten**, können im Jahr der Anschaffung oder Herstellung **in voller Höhe als Betriebsausgabe abgesetzt** werden. Sie werden in der Regel **vorab** auf dem Konto **„0370 GWG" aktiviert**. In diesem Fall verzichtet der Unternehmer auf die Einrichtung eines GWG-Sammelpostens (siehe unter 2.).

Beispiel

Kauf eines Bürowagens gegen Banküberweisung: 250,00 € netto + 47,50 € USt = 297,50 € brutto

Buchungen:	❶ 0370 GWG	250,00			
	1410 Vorsteuer	47,50	an	1310 Bank	297,50
	❷ 4910 Abschreibungen auf SA		an	0370 GWG	250,00

2. **GWG im Nettowert von über 150,00 € bis 1.000,00 €** dürfen alternativ zu 1. in einem **jährlichen Sammelposten** (Pool) **„0371 GWG-Sammelposten"** erfasst werden (Wahlrecht). „Der Sammelposten ist im Wirtschaftsjahr der Bildung und den folgenden vier Jahren mit jeweils einem Fünftel gewinnmindernd aufzulösen" (§ 6 [2a] EStG), d. h. mit jährlich 20 % linear abzuschreiben. **Für jedes Geschäftsjahr** ist ein **eigenes Sammelkonto** zu bilden, das nur durch Zugänge und die Jahresabschreibung verändert werden darf, nicht aber durch Abgänge (Entnahme und Verkauf). Der Verkauf eines geringwertigen Wirtschaftsgutes würde dann lediglich als Ertrag gebucht. Die Jahres-Sammelposten sind selbstverständlich ordnungsgemäß aufzubewahren.

Beispiel

Kauf eines Laptops gegen Banküberweisung: 1.000,00 € netto + 190,00 € USt = 1.190,00 € brutto ❶. Das Konto 0371 zeigt zum Jahresschluss den Bestand von 10.000,00 €. 20 % AfA. ❷

Buchungen:	❶ 0371 GWG-Sammelposten	1.000,00			
	1410 Vorsteuer	190,00	an	1310 Bank	1.190,00
	❷ 4911 Abschr. auf GWG-Sammelposten		an	0371 GWG-Sammelp.	2.000,00

Merke

- **Die buchhalterische Erfassung der GWG richtet sich nach der Höhe der AK bzw. HK.**
- **Der je Geschäftsjahr gebildete GWG-Sammelposten ist linear in fünf Jahren abzuschreiben.**
- **Der GWG-Sammelposten darf nicht durch Entnahmen und Verkäufe verändert werden.**

1 Gesetzliche Grundlage: § 6 [2, 2a] EStG, R 6.13 [2] EStR

Merke

Zu den planmäßigen Abschreibungen zählen folgende Methoden:

lineare Abschreibung	degress. Abschreibung	Leistungsabschreibung
gleich bleibende Abschreibungsbeträge	fallende Abschreibungsbeträge	schwankende Abschreibungsbeträge

Aufgabe 217

Anschaffungskosten einer Maschine 220.000,00 € in 2005. Nutzungsdauer zehn Jahre.

1. *Stellen Sie in einer tabellarischen Übersicht a) die lineare Abschreibung, b) die degressive Abschreibung mit dem steuerrechtlich zulässigen Höchstsatz vergleichend gegenüber.*
2. *Nennen Sie die Vorteile a) der linearen und b) der degressiven Abschreibung.*

Aufgabe 218

Die Abschreibungsmethoden der Aufgabe 217 sind als Abschreibungskurven in einem Koordinatenkreuz (Abszisse: Nutzungsjahre; Ordinate: Abschreibungsbeträge) darzustellen. *Erläutern Sie den Verlauf der Abschreibungskurven.*

Aufgabe 219

Die Anschaffungskosten eines Lkw betragen 125.000,00 €. Die Gesamtleistung wird auf 250 000 km geschätzt. Nutzungsdauer: acht Jahre.

1. *Nennen Sie die Voraussetzung für die steuerliche Anerkennung der Abschreibung nach Leistungseinheiten (Leistungsabschreibung) und ermitteln Sie die Abschreibungen für:* 1. Nutzungsjahr: 48 000 km, 2. Jahr: 30 000 km, 3. Jahr: 31 000 km, 4. Jahr: 27 000 km, 5. Jahr: 32 000 km, 6. Jahr: 24 000 km, 7. Jahr: 30 000 km, 8. Jahr: 28 000 km.
2. *Stellen Sie den Verlauf der Leistungsabschreibung grafisch in einem Koordinatenkreuz dar.*
3. *Was spricht betriebswirtschaftlich für und gegen eine Abschreibung nach Maßgabe der Leistung?*

Aufgabe 220

Eine Verpackungsanlage wurde am 2. Mai für 120.000,00 € angeschafft. Sie hat eine Nutzungsdauer von fünf Jahren und wird linear abgeschrieben.

1. *Ermitteln Sie die zeitanteilige Abschreibung.*
2. *Wie hoch sind die fortgeführten Anschaffungskosten am Ende des 4. Nutzungsjahres?*

Aufgabe 221

Eine Maschine mit einer Nutzungsdauer von fünf Jahren, die linear abgeschrieben wurde, hatte zum 31. Dezember des 2. Nutzungsjahres noch einen Restbuchwert (fortgeführte Anschaffungskosten) von 60.000,00 €. Zum Jahresende wird gleichzeitig bekannt, dass in den nächsten Monaten ein verbessertes Nachfolgemodell zu einem wesentlich günstigeren Preis angeboten wird. Dadurch sinkt der Wert der Maschine auf 45.000,00 € zum 31. Dezember.

1. *Wie hoch waren die Anschaffungskosten und die bisherigen Abschreibungen?*
2. *Was empfehlen Sie dem Unternehmen?*
3. *Ermitteln Sie für die Restnutzungsdauer die Abschreibung je Jahr.*

Aufgabe 222

Eine Maschine mit Anschaffungskosten von 150.000,00 € und einer Nutzungsdauer von zehn Jahren soll unter Beachtung der steuerlichen Höchstgrenzen ab 2009 abgeschrieben werden.

1. *Welche Abschreibungsmethode empfehlen Sie dem Unternehmen? Begründen Sie.*
2. *Erstellen Sie den Abschreibungsplan für die Nutzungsdauer der Maschine.*
3. *Ist ein Wechsel von einer Abschreibungsmethode zu einer anderen steuerrechtlich möglich?*
4. *Welche Gründe sprechen für einen Wechsel von der degressiven zur linearen Abschreibung?*
5. *In welchem Jahr sollte Ihrer Meinung nach ein Wechsel vorgenommen werden?*
6. *Führen Sie den Wechsel in den Abschreibungsmethoden rechnerisch durch.*

Aufgabe 223

Kauf a) eines Kopiergerätes bzw. b) eines PC-Druckers[1] gegen Bankscheck am 2. Januar 2010: 250,00 € + USt. *Begründen Sie jeweils Ihre Buchung 1. bei der Anschaffung und 2. zum 31. Dezember.*

Aufgabe 224

Barkauf einer Heftmaschine am 18. Juni: 159,00 € + USt. *Buchen und begründen Sie.*

Aufgabe 225

Kauf einer Hängeregistratur am 20. Mai: 500,00 € netto + 45,00 € Versandspesen + 103,55 € Umsatzsteuer. Der Rechnungsbetrag wird abzüglich 2 % Skonto durch die Bank überwiesen. *Ermitteln Sie 1. die Anschaffungskosten und 2. buchen und begründen Sie a) die Anschaffung, b) den Rechnungsausgleich, c) zum 31. Dezember die Abschreibung.*

1 Siehe AfA-Tabelle S. 193.

6937192

Aufgabe 226

Auszug aus der AfA-Tabelle für nicht branchengebundene Anlagegüter		
Anlagegegenstand	**Nutzungsdauer (Jahre)**	**Lineare AfA (%)**
Geschäftsgebäude	25–33	4–3,03
Einrichtungen für Lager (Hochregallager)	15	6,67
Waagen	11	9,09
Pkw	6	16,67
Lkw	9	11,11
Sonstige Fahrzeuge (Stapler)	8	12,5
Büromöbel	13	7,69
Büromaschinen und Organisationsmittel	6–10	16,67–10
Personalcomputer, PC-Drucker u. a.	3	33,33

1. *Bei welchen Anlagegütern würden Sie eine degressive Buchwertabschreibung empfehlen?*
2. *Ermitteln Sie jeweils den steuerrechtlich höchstmöglichen degressiven AfA-Satz in %. (Legen Sie die AfA-Regelung für 2010 zugrunde.)*

Aufgabe 227

Ein Unternehmen hat vor vier Jahren ein Grundstück erworben und seitdem zu Anschaffungskosten von 150.000,00 € bilanziert. Zum 31. Dezember des laufenden Jahres ist der Tageswert (Verkehrswert) des Grundstücks a) auf 180.000,00 € gestiegen, b) auf 50.000,00 € wegen Wegfalls der Verkehrsverbindung gefallen.

1. *Begründen Sie Ihre Bewertung.*
2. *Nennen Sie gegebenenfalls auch die Buchung.*

Aufgabe 228

Eine Maschine, Anschaffungskosten 180.000,00 €, hat eine Nutzungsdauer von zehn Jahren.

1. *Erstellen Sie den tabellarischen Abschreibungsplan des Jahres 2007 für die gesamte Nutzungsdauer bei höchstzulässiger degressiver Abschreibung. (Beträge sind zu runden.)*
2. *In welchem Jahr ist ein Übergang zur linearen Abschreibung zu empfehlen?*

Aufgabe 229

Eine Maschine, Anschaffungskosten 500.000,00 €, wurde bei einer zehnjährigen Nutzungsdauer linear abgeschrieben. Die Maschine ist zum Schluss des 8. Nutzungsjahres nicht mehr verwendbar. Sie hat nur noch einen Wert von 20.000,00 € und soll bald veräußert werden.

1. *Ermitteln Sie aufgrund der planmäßigen Abschreibungen den Buchwert zum 31. Dezember 08.*
2. *Wie hoch ist die außerplanmäßige Wertminderung zum gleichen Zeitpunkt?*
3. *Buchen Sie die planmäßige und außerplanmäßige Abschreibung zum 31. Dezember 08.*

Aufgabe 230

Ein Unternehmen schließt im Geschäftsjahr .. mit einem Gesamtverlust von 80.000,00 € ab. Geringwertige Wirtschaftsgüter wurden im laufenden Geschäftsjahr für insgesamt 25.000,00 € angeschafft und über Konto „0371 GWG-Sammelposten“ gebucht.

1. *Begründen Sie Ihre Entscheidung hinsichtlich der Bewertung der GWG zum 31. Dezember.*
2. *Erklären Sie die Voraussetzungen für die steuerrechtliche Anerkennung als GWG.*

Aufgabe 231

1. *Nennen Sie Beispiele für a) abnutzbare und b) nicht abnutzbare Anlagegüter.*
2. *Unterscheiden Sie zwischen a) planmäßiger und b) außerplanmäßiger Abschreibung.*
3. *Nennen und unterscheiden Sie die Methoden der planmäßigen Abschreibung.*
4. *Welche Abschreibungsmethode berücksichtigt die tatsächliche Abnutzung des Anlagegutes?*
5. *Bei welchen Anlagegütern ist steuerrechtlich die degressive Abschreibung erlaubt?*
6. *Kann man durch Abschreibungen Steuern sparen? Begründen Sie.*

Aufgabe 232

1. *Bei welchen Anlagegütern sind neben der planmäßigen Abschreibung auch außerplanmäßige Abschreibungen vorzunehmen?*
2. *Zu welchem Höchstwert sind a) abnutzbare und b) nicht abnutzbare Anlagegüter zum Jahresabschluss in das Inventar und die Schlussbilanz einzustellen?*
3. *Welchen Vorteil sieht die Praxis in der Anwendung der degressiven Abschreibung?*
4. *Nennen Sie wesentliche Unterschiede zwischen linearer und degressiver Abschreibung.*
5. *Warum können nicht abnutzbare Anlagegüter nicht planmäßig abgeschrieben werden?*
6. *Wodurch entstehen stille Reserven im Anlagevermögen?*

Aufgabe 233

Kontenplan und vorläufige Saldenbilanz	Soll	Haben
0210 Grundstücke	280.000,00	–
0230 Gebäude	780.000,00	–
0310 Technische Anlagen und Maschinen	275.000,00	–
0330 Betriebs- und Geschäftsausstattung	680.000,00	–
0371 GWG-Sammelposten	6.000,00	–
0610 Eigenkapital	–	1.300.000,00
0820 Darlehen	–	680.000,00
1010 Forderungen a. LL	309.160,00	–
1310 Bank	370.000,00	–
1410 Vorsteuer	126.905,00	–
1510 Kasse	3.000,00	–
1610 Privatentnahmen	62.000,00	–
1710 Verbindlichkeiten a. LL	–	230.200,00
1810 Umsatzsteuer	–	259.065,00
2460 Sonstige Erträge	–	–
2770 Sonstige betriebliche Erträge	–	37.400,00
3010 Wareneingang	420.000,00	–
3020 Bezugskosten	3.000,00	–
3070 Liefererboni	–	15.380,00
3080 Liefererskonti	–	3.120,00
3910 Warenbestände	155.600,00	–
4890 Diverse Aufwendungen	418.000,00	–
4910 Abschreibungen auf Sachanlagen	–	–
4920 Außerplanmäßige Abschreibungen	–	–
4911 Abschreibungen auf GWG-Sammelposten	–	–
8010 Warenverkauf	–	1.350.000,00
8070 Kundenboni	3.220,00	–
8080 Kundenskonti	8.780,00	–
8710 Entnahme von Waren	–	25.500,00
Weitere Konten: 9300 und 9400.	3.900.665,00	3.900.665,00

Abschlussangaben zum Bilanzstichtag (31. Dezember)

1. Die Anschaffung einer Heftmaschine (GWG), Anschaffungskosten 500,00 €, wurde irrtümlich über das Konto „0310 TA und Maschinen" gebucht.
2. Die Steuerberichtigungen sind noch zu ermitteln und zu buchen:
   a) Liefererskonti, brutto: 952,00 €;
   b) Kundenskonti, brutto: 1.428,00 €.
3. Die Bonus-Gutschriftsanzeige unseres Lieferers ist noch zu buchen: 1.011,50 € brutto.
4. Ein Kunde erhält noch eine Bonus-Gutschriftsanzeige über 1.785,00 € brutto.
5. Kassenüberschuss lt. Inventur 300,00 € (Ursache ungeklärt).
6. Private Entnahme von Waren: netto 1.500,00 €.
7. Planmäßige Abschreibungen: Gebäude: 2 % von 900.000,00 € Herstellungskosten. TA und Maschinen: 25 % degressiv; BGA: 10 % von 720.000,00 € Anschaffungskosten; 20 % auf 0371 GWG-Sammelposten.
8. Außerplanmäßige Abschreibung: Das mit 280.000,00 € bilanzierte unbebaute Grundstück hat lt. Gutachten nur noch einen Wert von 220.000,00 €.
9. Schlussbestand lt. Inventur: Waren 180.000,00 €
   Im Übrigen entsprechen die Buchwerte der Inventur.

Ermitteln Sie die Rentabilität des Eigenkapitals.

Aufgabe 234

1. *Wann gilt im steuerlichen Sinne ein Wirtschaftsgut als „geringwertig"?*
2. *Ist ein Wechsel zwischen den Abschreibungsmethoden möglich?*
3. *Kann man durch Abschreibungen Ersatzinvestitionen finanzieren? Begründen Sie.*

5.4 Ausscheiden von Anlagegütern

Der Abgang von Anlagegütern durch Verkauf oder Entnahme stellt einen **steuerpflichtigen Umsatz** dar. Grundlage für die Berechnung der Umsatzsteuer ist im Falle des Verkaufs der **Nettoverkaufspreis**, im Falle der Entnahme der **Teilwert (§ 6 [1] EStG)**, der dem **Tageswert** (Wiederbeschaffungswert) entspricht. Verkäufe und Entnahmen von Grundstücken und Gebäuden sind umsatzsteuerfrei, da der Erwerber hierfür bereits eine andere Verkehrsteuer, nämlich Grunderwerbsteuer, zu zahlen hat.

Erfolgsauswirkung

Der Buchwert des ausscheidenden Anlagegutes stimmt nur selten mit dem erzielten Nettoverkaufspreis oder mit dem Tageswert überein. In der Regel sind **Nettoverkaufspreis und Tageswert** entweder **höher oder niedriger als der Buchwert.** Im ersten Fall entsteht für das Unternehmen ein **Gewinn**, im zweiten Fall dagegen ein **Verlust.**

Ermittlung des Buchwertes

Anlagegüter scheiden in der Regel **während des Geschäftsjahres** aus, sodass die **Abschreibung noch zeitanteilig** vorzunehmen ist (siehe S. 187 f.). Nur so sind der Buchwert und damit die Erfolgsauswirkung aus dem Anlagenabgang genau zu ermitteln.

Merke

Scheidet ein Anlagegut während des Geschäftsjahres durch Verkauf oder Entnahme aus, muss es noch zeitanteilig abgeschrieben werden.

5.4.1 Verkauf von Anlagegütern

Umsatzsteuer- und EDV-gerechtes Buchen ist gegeben, wenn **umsatzsteuerpflichtige Erlöse sowie die unentgeltlichen Entnahmen** kontenmäßig **gesondert erfasst** und zugleich durch die EDV-Anlage gespeichert werden. Der Verkauf eines Anlagegutes ist deshalb über das Zwischenkonto

2700 Erlöse aus Anlagenabgängen

zu buchen. Da die **Erlöskonten in der EDV** meist mit der **Programmfunktion „Umsatzsteuerautomatik"** ausgestattet sind, wird die Umsatzsteuer nach Eingabe des Bruttobetrages automatisch errechnet und umgebucht sowie der Nettoerlös dem **Nettoumsatzspeicher** zugeführt. So lassen sich die **steuerpflichtigen Umsätze** schnell **überprüfen** (§ 22 [2] UStG) und die **Umsatzsteuervoranmeldung automatisch** erstellen.

Bruttoabschluss

Anlagenabgänge werden in der Praxis mit ihrem Restbuchwert über das Aufwandskonto

2080 Anlagenabgänge

gebucht und den **Erlösen aus Anlagenverkäufen** (Konto 2700) **im GuV-Konto „brutto" gegenübergestellt,** wodurch der **Gewinn oder Verlust aus Anlagenverkäufen** deutlich wird. Diese praxisgerechte Buchungsmethode nennt man **„Bruttoabschluss".** Sie entspricht § 246 [2] HGB (siehe Fußnote auf S. 197) und ermöglicht eine schnelle **USt-Verprobung.**

Beispiel

Kauf eines Bürowagens gegen Banküberweisung: 250,00 € netto + 47,50 € USt = 297,50 € brutto

Die o. g. Verpackungsanlage, deren Buchwert zum Zeitpunkt des Ausscheidens aus dem Betrieb 16.000,00 € beträgt, wird gegen Bankscheck verkauft, und zwar für:

1. netto 16.000,00 € + 3.040,00 € USt = **19.040,00 €; Nettoverkaufspreis = Buchwert**

Buchung des Erlöses:

❶	**1310 Bank**	**19.040,00**	an **2700 Erlöse aus Anlagenabgängen**	**16.000,00**
			an **1810 Umsatzsteuer**	**3.040,00**

Buchung des Buchwertabganges:

❷	**2080 Anlagenabgänge**		an **0310 TA und Maschinen**	**16.000,00**

Abschluss der Konten 2700 und 2080 über 9300 GuV-Konto:

❸	**2700 Erlöse aus Anlagenabgängen**		an **9300 GuV-Konto**	**16.000,00**
	9300 GuV-Konto		an **2080 Anlagenabgänge**	**16.000,00**

Beispiel

S	0310 TA und Maschinen		H
1. Jan.	24.000,00	4910	8.000,00
		❷	16.000,00

S	1310 Bank		H
❶	19.040,00		

S	2080 Anlagenabgänge		H
❷	16.000,00	❸ 9300	16.000,00

S	2700 Erlöse aus Anlagenabgängen		H
❸ 9300	16.000,00	❶	16.000,00

S	9300 GuV-Konto		H
❸ 2080	16.000,00	❸ 2700	16.000,00

S	1810 Umsatzsteuer		H
		❶	3.040,00

Erläutern Sie die Zahlen des GuV-Kontos.

2. netto 22.000,00 € + 4.180,00 € USt = 26.180,00 €; Nettoverkaufspreis > Buchwert

Buchung des Erlöses:

❶ **1310 Bank**	**26.180,00**	an	**2700 Erlöse aus Anlagenabgängen**	**22.000,00**
		an	**1810 Umsatzsteuer**	**4.180,00**

Buchung des Buchwertabganges:

❷ **2080 Anlagenabgänge**		an	**0310 TA und Maschinen**	**16.000,00**

❸ **Abschluss der Konten 2700 und 2080:** *Nennen Sie die Buchungssätze.*

S	0310 TA und Maschinen		H
1. Jan.	24.000,00	4910	8.000,00
		❷	16.000,00

S	1310 Bank		H
❶	26.180,00		

S	2080 Anlagenabgänge		H
❷	16.000,00	❸ 9300	16.000,00

S	2700 Erlöse aus Anlagenabgängen		H
❸ 9300	22.000,00	❶	22.000,00

S	9300 GuV-Konto		H
❸ 2080	16.000,00	❸ 2700	22.000,00

S	1810 Umsatzsteuer		H
		❶	4.180,00

Ermitteln Sie den Gewinn bzw. Verlust aus dem Anlagenabgang.

3. netto 15.000,00 € + 2.850,00 € USt = 17.850,00 €; Nettoverkaufspreis < Buchwert

Buchungen:

❶ **1310 Bank**	**17.850,00**	an	**2700 Erlöse aus Anlagenabgängen**	**15.000,00**
		an	**1810 Umsatzsteuer**	**2.850,00**
❷ **2080 Anlagenabgänge**		an	**0310 TA und Maschinen**	**16.000,00**

❸ **Abschluss der Konten 2700 und 2080:** *Nennen Sie die Buchungssätze.*

S	0310 TA und Maschinen		H
1. Jan.	24.000,00	4910	8.000,00
		❷	16.000,00

S	1310 Bank		H
❶	17.850,00		

S	2080 Anlagenabgänge		H
❷	16.000,00	❸ 9300	16.000,00

S	2700 Erlöse aus Anlagenabgängen		H
❸ 9300	15.000,00	❶	15.000,00

S	9300 GuV-Konto		H
❸ 2080	16.000,00	❸ 2700	15.000,00

S	1810 Umsatzsteuer		H
		❶	2.850,00

Ermitteln Sie den Gewinn bzw. Verlust aus dem Anlagenabgang.

6937196

Nettomethode als ungeeignete Alternative zur praxisgerechten Bruttomethode[1]:
Die Erlöse sind zunächst wie oben bei der Bruttomethode zu buchen. Danach:
Fall 1: 2700 an 0310 ... 16.000,00 €; Fall 2: 2700 ... 22.000,00 € an 0310 ... 16.000,00 € und 2710 ... 6.000,00 €; Fall 3: 2700 ... 15.000,00 € und 2040 ... 1.000,00 € an 0310 ... 16.000,00 €.

5.4.2 Entnahme von Anlagegütern

Unentgeltliche Entnahme

Wird ein Anlagegut in das Privatvermögen übernommen, handelt es sich um einen umsatzsteuerpflichtigen Tatbestand (siehe auch S. 75 f.). Die Entnahme ist zum **Tageswert (Teilwert)** anzusetzen und unterliegt mit diesem Wert der Umsatzsteuer. Zum Zwecke der **Umsatzsteuerverprobung** erfolgt die Buchung über Konto

2780 Entnahme v. s. G. u. L.

Beispiel

Ein betriebseigener Pkw wird am 10. Januar privat entnommen. Der Buchwert beträgt 2.000,00 €, der Tageswert 3.000,00 €. 19 % USt von 3.000,00 € = 570,00 €.

Buchungen:

❶ **1610 Privatentn.**	**3.570,00**	an	**2780 Entnahme v. s. G. u. L.**	**3.000,00**
		an	**1810 Umsatzsteuer**	**570,00**
❷ **2080 Anlagenabgänge**		an	**0340 Fuhrpark**	**2.000,00**

❸ **Abschluss der Konten 2780 und 2080:** *Nennen Sie die Buchungssätze.*

S	0340 Fuhrpark		H
1. Jan.	2.000,00	❷	2.000,00

S	1610 Privatentnahmen		H
❶	3.570,00		

S	2080 Anlagenabgänge		H
❷	2.000,00	❸ 9300	2.000,00

S	2780 Entnahme v. s. G. u. L.		H
❸ 9300	3.000,00	❶	3.000,00

S	9300 GuV-Konto		H
❸ 2080	2.000,00	❸ 2780	3.000,00

S	1810 Umsatzsteuer		H
		❶	570,00

Erläutern Sie das Ergebnis im GuV-Konto.

Merke

Bei Verkauf und Entnahme von Anlagegütern ist der steuerpflichtige Umsatz (Erlös, Entnahmewert) buchhalterisch gesondert zu erfassen (§ 22 [2] UStG).

5.4.3 Inzahlungnahme von Anlagegütern

Bei Anschaffung eines neuen Anlagegutes wird oft ein gebrauchtes in Zahlung gegeben. Es ist buchhalterisch klarer, zunächst den **Kauf** des neuen Anlagegegenstandes **als Verbindlichkeit zu buchen.** Die Gutschrift über das in Zahlung gegebene Anlagegut wird dann über das Konto „1710 Verbindlichkeiten a. LL" gebucht. Der Saldo des Kontos „1710 Verbindlichkeiten a. LL" weist den zu zahlenden Restkaufpreis aus.

Beispiel

Kauf eines neuen Kleintransporters: 50.000,00 € + USt. Ein gebrauchter Pkw, der noch mit 1,00 € zu Buch steht, wird mit 2.000,00 € netto + USt in Zahlung gegeben.

Eingangsrechnung:

	Kleintransporter		50.000,00 €
+	19 % Umsatzsteuer		9.500,00 €
			59.500,00 €
–	Gutschrift für Pkw, netto	2.000,00 €	
+	19 % Umsatzsteuer	380,00 €	2.380,00 €
	Restbetrag		**57.120,00 €**

1 Beachten Sie: Nur die Bruttomethode entspricht § 246 [2] HGB, wonach Aufwendungen nicht mit Erträgen verrechnet werden dürfen.

Beispiel

Buchung der Anschaffung:[1]

❶ **0340 Fuhrpark**	**50.000,00**			
1410 Vorsteuer	**9.500,00**	an	**1710 Verbindlichkeiten a. LL**	**59.500,00**

Buchung des Rechnungsausgleichs:[1]

❷ **1710 Verbindlichk. a. LL**	**59.500,00**	an	**2700 Erlöse aus Anlagenabgängen**	**2.000,00**
		an	**1810 Umsatzsteuer**	**380,00**
		an	**1310 Bank**	**57.120,00**

Buchung des Buchwertabgangs:

❸ **2080 Anlagenabgänge**		an	**0340 Fuhrpark**	**1,00**

❹ **Abschluss der Konten 2700 und 2080:** *Nennen Sie die Buchungssätze.*

S	0340 Fuhrpark		H
9100	1,00	❸	1,00
❶	50.000,00		

S	1410 Vorsteuer		H
❶	9.500,00		

S	2080 Anlagenabgänge		H
❸	1,00	❹	1,00

S	9300 GuV-Konto		H
❹	1,00	❹	2.000,00

S	1710 Verbindlichkeiten a. LL		H
❷	59.500,00	❶	59.500,00

S	2700 Erlöse aus Anlagenabgängen		H
❹	2.000,00	❷	2.000,00

S	1810 Umsatzsteuer		H
		❷	380,00

S	1310 Bank		H
		❷	57.120,00

Merke

Gutschriften für Inzahlungnahmen sind über „Verbindlichkeiten a. LL" zu verrechnen.

Aufgabe 235

Ein Lkw, der zum Zeitpunkt des Ausscheidens einen Buchwert von 20.000,00 € hat, wird gegen Bankscheck verkauft für

a) 20.000,00 € + USt, b) 25.000,00 € + USt, c) 18.000,00 € + USt.

1. *Ermitteln Sie die Erfolgsauswirkung in den Fällen a), b) und c).*
2. *Wie hoch ist der jeweils gesondert auszuweisende steuerpflichtige Umsatz?*
3. *Nennen Sie die Buchungssätze. Buchen Sie auf den Konten 0340, 1310, 1810, 2080, 2700, 9300.*
4. *Inwiefern ist es vorteilhaft, den umsatzsteuerpflichtigen Erlös gesondert zu erfassen?*

Aufgabe 236

Eine Maschine, Anschaffungskosten 300.000,00 €, Nutzungsdauer zehn Jahre, wurde linear abgeschrieben. Sie wird am 8. November des 9. Nutzungsjahres gegen Bankscheck verkauft, und zwar

a) zum Buchwert + USt,
b) 50 % über Buchwert + USt,
c) 20 % unter Buchwert + USt.

1. *Ermitteln Sie die zeitanteilige Abschreibung und den Buchwert der Maschine zum Zeitpunkt ihres Ausscheidens aus dem Betriebsvermögen.*
2. *Buchen Sie die zeitanteilige Abschreibung.*
3. *Nennen Sie in den Fällen a), b) und c) jeweils die auszuweisenden steuerpflichtigen Erlöse.*
4. *Wie lauten die Buchungen in den Fällen a), b) und c)?*

1 Die Buchungen ❶ und ❷ lassen sich ohne das Konto „1710 Verbindlichkeiten a. LL" zusammenfassen.

6937198

Aufgabe 237

Eine nicht mehr benötigte Maschine wird am 12. Oktober .. gegen Bankscheck verkauft. Nettopreis 45.000,00 € + Umsatzsteuer.
Der Buchwert der Maschine betrug am 1. Januar des gleichen Jahres 48.000,00 €. Sie wurde linear mit jährlich 10 % = 24.000,00 € abgeschrieben.

1. *Wie hoch waren die Anschaffungskosten der Maschine?*
2. *Ermitteln Sie den Buchwert der Maschine. Buchen Sie die zeitanteilige Abschreibung.*
3. *Ermitteln Sie die Erfolgsauswirkung. Nennen Sie die erforderlichen Buchungen.*

Aufgabe 238

Der Geschäftsinhaber schenkt seinem Sohn einen PC, der zum Betriebsvermögen gehört und zum Zeitpunkt der Entnahme mit 1,00 € zu Buch steht. Der Tageswert beträgt 300,00 €.

1. *Begründen Sie die Umsatzsteuerpflicht.*
2. *Erstellen Sie den Entnahmebeleg.*
3. *Nennen Sie die Buchungssätze. Buchen Sie auf den Konten 0330, 1610, 1810, 2080, 2780, 9300.*

Aufgabe 239

Ein betriebseigener Pkw wird am 10. Mai zum Tageswert in das Privatvermögen übernommen. Zum 1. Januar betrug der Buchwert 24.000,00 €. Jährliche Abschreibung: 12.000,00 €.

1. *Ermitteln Sie rechnerisch und buchmäßig den Buchwert des Pkw zum 10. Mai.*
2. *Die Entnahme erfolgt zu folgenden Tageswerten:*
   a) Buchwert = Tageswert, b) 30.000,00 €, c) 15.000,00 €. *Wie lauten die Buchungen?*
3. *Nennen Sie die verschiedenen Arten der umsatzsteuerpflichtigen Entnahmen.*

Aufgabe 240

Anschaffung einer neuen EDV-Anlage: 60.000,00 € + USt. Eine gebrauchte EDV-Anlage, die noch mit 5.000,00 € zu Buch steht, wird mit 10.000,00 € netto + USt in Zahlung gegeben. Restzahlung erfolgt durch Banküberweisung.

1. *Erstellen Sie die Rechnung und erläutern Sie die Erfolgsauswirkung.*
2. *Nennen Sie die Buchungssätze und buchen Sie auf den entsprechenden Konten.*

Aufgabe 241

Die in Aufgabe 240 genannte EDV-Anlage wird mit 3.000,00 € netto in Zahlung gegeben.
Erläutern Sie die Erfolgsauswirkung und nennen Sie die Buchungssätze.

Aufgabe 242

1. *Was versteht man unter dem Wertbegriff „Anschaffungskosten"?*
2. *In welchem Gesetz ist der Begriff der Anschaffungskosten definiert?*
3. *Nennen Sie Beispiele für aktivierungspflichtige Anschaffungsnebenkosten.*
4. *Nennen Sie Beispiele für Anschaffungspreisminderungen.*
5. *Warum rechnet die Vorsteuer nicht zu den Anschaffungsnebenkosten?*
6. *Begründen Sie, warum das HGB die Aktivierung der Anschaffungsnebenkosten vorschreibt.*
7. *Begründen Sie, warum das Umsatzsteuergesetz (§ 22 [2] UStG) buchhalterisch den vollen Ausweis sowohl der steuerpflichtigen Umsätze als auch der Entnahmen verlangt.*
8. *Zu welchem Wert sind unentgeltliche Entnahmen von Vermögensgegenständen aus dem Betriebsvermögen anzusetzen? Begründen Sie die Umsatzsteuerpflicht.*
9. *Erläutern Sie am Beispiel eines Anlagenverkaufs den Begriff „Stille Reserve".*
10. *Nennen Sie die wichtigsten Sachanlagen eines Großhandelsunternehmens.*
11. *Nennen Sie zwei Beispiele für immaterielle Gegenstände des Anlagevermögens.*
12. *Nennen Sie ein Beispiel für das Finanzanlagevermögen eines Unternehmens.*

Aufgabe 243

Eine Verpackungsmaschine wurde zu Beginn des Geschäftsjahres angeschafft. Die Anschaffungskosten betragen 300.000,00 €. Die Nutzungsdauer ist mit zehn Jahren anzusetzen. Die Maschine wird zum 31. Dez. linear abgeschrieben.

1. *Nennen Sie den Buchungssatz für die Abschreibung.*
2. *Buchen Sie auf den entsprechenden Konten und schließen Sie diese ab.*
3. Die Maschine wird Ende Dezember des 9. Jahres verkauft (Bank): 50.000,00 € + USt.
   Buchen Sie entsprechend.

5.6 Der Anlagenspiegel (Anlagengitter) als Bestandteil des Jahresabschlusses der Kapitalgesellschaften

§ 268 [2] HGB

„In der Bilanz oder im Anhang ist die Entwicklung der einzelnen Posten des Anlagevermögens darzustellen. Dabei sind, ausgehend von den gesamten Anschaffungs- und Herstellungskosten, die Zugänge, Abgänge, Umbuchungen und Zuschreibungen des Geschäftsjahres sowie die Abschreibungen in ihrer gesamten Höhe gesondert aufzuführen. Die Abschreibungen des Geschäftsjahres sind entweder in der Bilanz bei dem betreffenden Posten zu vermerken oder im Anhang in einer der Gliederung des Anlagevermögens entsprechenden Aufgliederung anzugeben."

Diese Vorschrift gilt nur für den **Jahresabschluss der mittelgroßen und großen Kapitalgesellschaften** (AG, KGaA, GmbH; siehe S. 253 f.). Die geforderte „Gliederung des Anlagevermögens mit der entsprechenden Aufgliederung" erfolgt in der Regel aus Gründen der Übersicht nicht in der Bilanz, sondern in Form des **Anlagenspiegels**, auch **Anlagengitter** genannt, **im Anhang des Jahresabschlusses der Kapitalgesellschaft.**

Beispiel

Die Anlagenkartei der Metallhandels-GmbH weist in der Bilanzposition „Technische Anlagen und Maschinen" im Geschäftsjahr .. folgende Zahlen aus:

Anschaffungskosten aller technischen Anlagen und Maschinen zum 1. Jan.	4.000 T€
Anschaffung einer Verpackungsanlage im 1. Halbjahr ..: Anschaffungskosten	300 T€
Kumulierte (angesammelte) Abschreibungen bis zum 31. Dez. des Vorjahres	2.400 T€
Abschreibungen des Berichtsjahres zum 31. Dez.	430 T€
Buchwert zum 31. Dez. des Vorjahres	1.600 T€

Anlagenspiegel in T€ zum 31. Dezember ..

Anlageposten	Anschaffungs- bzw. Herstellungskosten AK/HK	Zugänge zu AK/HK +	Abgänge zu AK/HK –	Umbuchungen zu AK/HK +/–	Zuschreibungen +	Kumulierte Abschreibungen –	Buchwert am 31. Dez. des Berichtsjahres	Buchwert am 31. Dez. des Vorjahres	Abschreibungen des Berichtsjahres
0	1	2	3	4	5	6	7	8	9
TA u. Masch.	4.000	300	–	–	–	2.830	1.470	1.600	430

Spalten	Erläuterung der Spalten des Anlagenspiegels
1 **Anschaffungs-/Herstellungskosten (AK/HK)**	Hier werden die ursprünglichen (historischen) Anschaffungs- bzw. Herstellungskosten aller zum 1. Jan. vorhandenen Anlagegüter der entspr. Bilanzposten ausgewiesen.
2 **Zugänge zu AK/HK**	Hier werden die AK/HK der im Berichtsjahr angeschafften bzw. hergestellten Anlagegüter eingetragen. Um diesen Wert erhöhen sich im nächsten Geschäftsjahr die gesamten Anschaffungs-/Herstellungskosten der Spalte 1.
3 **Abgänge zu AK/HK**	Anlagenabgänge durch Verkauf, Entnahmen oder Verschrottung sind hier mit den entsprechenden Anschaffungs- bzw. Herstellungskosten anzusetzen. Um diesen Wert vermindern sich im folgenden Jahr die AK/HK der Spalte 1.
4 **Umbuchungen zu AK/HK**	Ein im Bau befindliches Gebäude des Kontos „Anlagen im Bau" wird z. B. nach Fertigstellung auf das Konto „Gebäude" umgebucht.
5 **Zuschreibungen**	Zuschreibungen erfolgen aufgrund von Wertaufholungen, wenn z. B. eine außerplanmäßige Abschreibung korrigiert wird.
6 **Kumulierte Abschreibungen**	Sie bestehen aus Abschreibungen der Vorjahre zuzüglich der Abschreibungen des Berichtsjahres und abzüglich der Zuschreibungen des Vorjahres sowie der auf Anlagenabgänge entfallenden kumulierten Abschreibungen.
7 **Buchwert zum Schluss des Berichtsjahres**	Anschaffungs-/Herstellungskosten (Spalte 1) .... 4.000 T€ + Zugänge .... 300 T€ – Abgänge .... – +/– Umbuchungen .... – + Zuschreibungen .... – – Kumulierte Abschreibungen (2.400 T€ + 430 T€) .... 2.830 T€ = **Buchwert zum 31. Dez. des Berichtsjahres .... 1.470 T€**
8 **Buchwert zum Schluss des Vorjahres**	Er wird als Vergleichswert dem Anlagenspiegel des Vorjahres entnommen und hier eingetragen.
9 **Abschreibungen des Berichtsjahres**	Sie werden dem Anlagenverzeichnis entnommen und hier rein nachrichtlich ausgewiesen, da sie in den kumulierten Abschreibungen enthalten sind.

Auswertung des Anlagenspiegels

Der Anlagenspiegel der Metallhandels-GmbH enthält wichtige Daten zur Beurteilung des Unternehmens. Er weist nicht nur die Investitionen des Berichtsjahres aus (300 T€), sondern auch die Jahresabschreibungen (430 T€). Die Anlageninvestitionen wurden mehr als voll durch Abschreibungen finanziert, wenn man unterstellt, dass die in die Verkaufspreise der Waren einkalkulierten Abschreibungen über die Umsatzerlöse in das Unternehmen zurückgeflossen sind:

$$\textbf{Investitionsfinanzierung durch Abschreibungen} = \frac{\textbf{Jahresabschreibungen} \cdot 100}{\textbf{Anlageninvestitionen}} = \textbf{143,33 \%}$$

Merke

- **Der Anlagenspiegel zeigt die Entwicklung der Bilanzposten des Anlagevermögens, und zwar von den ursprünglichen Anschaffungs-/Herstellungskosten über die Zu- und Abgänge, Zuschreibungen sowie kumulierten Abschreibungen bis zum Buchwert am Schluss des Geschäftsjahres. Kapitalgesellschaften müssen ihn in der Bilanz oder im Anhang ausweisen (§ 268 [2] HGB).**
- **Der Anlagenspiegel gewährt Einblick in die Abschreibungs- und Investitionspolitik des Unternehmens. Das Verhältnis Anschaffungs-/Herstellungskosten : Buchwert der Anlagen deutet auf Alter und technischen Standard hin.**

Aufgabe 244

1. Die o. g. Metallhandels-GmbH besteht im 7. Jahr. Im Gründungsjahr wurden die „TA und Maschinen" für 4.000 T€ AK/HK erworben. Die kumulierten linearen Abschreibungen betragen am Schluss des 6. Geschäftsjahres 2.400 T€.
   Wie hoch waren die jährlichen Abschreibungen?
2. Zu Beginn des 7. Geschäftsjahres wurden in der Metallhandels-GmbH für 300 T€ Maschinen angeschafft.
   Mit welchem Betrag werden im Anlagenspiegel des 8. Jahres die gesamten AK/HK in Spalte 1 ausgewiesen?

Aufgabe 245

Erstellen Sie den Anlagenspiegel der Metallhandels-GmbH für das 8. Jahr:

1. Übernahme aus dem Vorjahr in Spalte 1: 4.000 T€ + ? = ?
2. Übernahme in Spalte 8: Buchwert des Vorjahres: ? T€.
3. Abschreibungen im 8. Geschäftsjahr: 410 T€.
4. Verkauf einer Maschine. Der Anschaffungswert betrug 200 T€. Der Buchwert zum Zeitpunkt des Verkaufs beträgt 60 T€. *Wie hoch sind die bis zum Verkauf entstandenen (kumulierten) Abschreibungen der Maschine?*
5. *Ermitteln Sie die kumulierten Abschreibungen zum 31. Dez. 08. Siehe dazu auch die Erläuterungen der Spalte 6 auf der vorhergehenden Seite.*
6. *Ermitteln Sie den Buchwert der „TA und Maschinen" zum 31. Dez. 08.*
7. *Um welchen Wert vermindern sich die AK/HK des folgenden 9. Jahres?*

Aufgabe 246

Die Anlagenkartei der Textilvertriebs-GmbH weist zu „TA und Maschinen" aus:

1. Anschaffungskosten zu Beginn des Geschäftsjahres .... 850 T€
2. Kumulierte Abschreibungen zum Schluss des Vorjahres .... 340 T€
3. Buchwert des Vorjahres .... 510 T€
4. Anschaffung einer Maschine im Geschäftsjahr, netto .... 250 T€
5. Abschreibungen des Geschäftsjahres .... 95 T€

Erstellen Sie den Anlagenspiegel. Finanzieren die Abschreibungen die Investition?

Aufgabe 247

Erstellen Sie für die o. g. Textilvertriebs-GmbH den Anlagenspiegel für das Folgejahr:

1. Eine nicht mehr benötigte Stoffzuschneidemaschine wird für netto 30 T€ verkauft. Anschaffungskosten: 200 T€. Bisherige Abschreibungen: 180 T€.
2. Die Abschreibungen des Geschäftsjahres betragen 85 T€.

D Jahresabschluss

1 Jahresabschlussarbeiten im Überblick

Bestandteile des Jahresabschlusses

Nach den handelsrechtlichen Vorschriften ist für den Schluss des Geschäftsjahres der Jahresabschluss aufzustellen. Bei **Einzelunternehmen** (e. K., e. Kfm., e. Kffr.; Befreiung § 241 a HGB; siehe S. 10) und **Personengesellschaften** (OHG, KG) besteht der Jahresabschluss aus der **Bilanz** und der **Gewinn- und Verlustrechnung** (§ 242 [3] HGB). **Kapitalgesellschaften** (AG, KGaA, GmbH) und **bestimmte Personengesellschaften** (z. B. GmbH & Co. KG; § 264a HGB) haben den Jahresabschluss **um einen Anhang zu erweitern,** der mit der Bilanz und der Gewinn- und Verlustrechnung eine Einheit bildet (§ 264 [1] HGB). **Kleinstkapitalgesellschaften** (§ 267a HGB) sind von der Verpflichtung zur Aufstellung eines Anhangs befreit, wenn sie bestimmte Angaben unter der Bilanz machen (§ 264 [1] Satz 5 HGB).

- **Die Schlussbilanz** ist eine **Zeitpunktrechnung.** Sie weist die Höhe des Vermögens, des Eigen- und Fremdkapitals **zum Bilanzstichtag** (z. B. 31. Dezember) aus und soll somit unter Beachtung der Grundsätze ordnungsmäßiger Buchführung ein den tatsächlichen Verhältnissen entsprechendes Bild der **Vermögens- und Finanzlage** des Unternehmens vermitteln. Die **Bilanzgliederung** sollte deshalb auch **§ 266 HGB** (siehe S. 254 und Anhang des Lehrbuches) entsprechen, die zwar nur für Kapitalgesellschaften verbindlich vorgeschrieben ist, jedoch auch von Personenunternehmen beachtet werden sollte.
- **Die Gewinn- und Verlustrechnung** ist dagegen eine **Zeitraumrechnung.** Sie weist alle **Aufwendungen und Erträge des Geschäftsjahres** aus und gewährt damit Einblick in die **Quellen des Jahreserfolges. Personenunternehmen** können die GuV-Rechnung in Konto- oder Staffelform erstellen. **Kapitalgesellschaften** müssen die Gewinn- und Verlustrechnung in **Staffelform** gemäß **§ 275 HGB** (siehe S. 257 f. und Anhang des Lehrbuches) aufstellen.
- **Der Anhang** hat u. a. die Aufgabe, die **Posten der Bilanz und der Gewinn- und Verlustrechnung** einer Kapitalgesellschaft zu **erläutern** und zu **ergänzen** (siehe S. 252). Als **Erläuterungsbericht** enthält er z. B. Angaben zur Methode der Abschreibungen auf das Anlagevermögen.

Aufgaben des Jahresabschlusses

Der Jahresabschluss dient vor allem der **Rechenschaftslegung und Information** über die Vermögens-, Finanz- und Ertragslage sowie als **Grundlage der Gewinnverteilung** und der **Steuerermittlung.**

Jahresabschlussarbeiten

Der Jahresabschluss bedarf einer sorgfältigen **Planung** (Sachplan, Terminplan, Arbeitsplan) und **Organisation,** denn die **Salden der Bestands- und Erfolgskonten** können **nicht ohne Prüfung und Inventur** in die Schlussbilanz und die GuV-Rechnung übernommen werden.

Die wichtigsten Jahresabschlussarbeiten sind:

- **Zeitraumrichtige Erfassung und Abgrenzung der Aufwendungen und Erträge,** damit der **Erfolg** des Geschäftsjahres **periodengerecht** ausgewiesen wird.
- **Inventur der Vermögensteile und Schulden vor Abschluss der Konten.** So sind beispielsweise **Abschreibungen** auf Anlagegüter und zweifelhafte Forderungen vorzunehmen und Bestandsveränderungen zu buchen. **Inventurdifferenzen** (z. B. Kassenfehlbetrag, Wertminderungen im Vorratsvermögen) müssen buchmäßig noch erfasst werden. Schulden sind mit ihrem Höchstwert (z. B. Fremdwährungsverbindlichkeiten) zu ermitteln.
- **Abschluss der Unterkonten über die entsprechenden Hauptkonten.** Bezugskosten, Nachlässe, Erlösberichtigungen, Vorsteuer/Umsatzsteuer u. a. sind entsprechend umzubuchen.
- **Ordnungsmäßige Gliederung der Bilanz und der Gewinn- und Verlustrechnung.**

Merke

Der Jahresabschluss soll Anteilseignern und Gläubigern Einblick in die tatsächliche Vermögens-, Finanz- und Ertragslage eines Unternehmens gewähren.

6937202

2 Erfassung von Inventurdifferenzen

Die Inventur der Vermögensteile und Schulden ist die **wichtigste Voraussetzung** zur Erstellung des Jahresabschlusses (siehe S. 12 f.). Sie dient vor allem dem **Abgleich** der **Soll-** bzw. **Buchbestände** der Finanzbuchhaltung mit den **Ist-Beständen** der körperlichen und buchmäßigen Inventur, um in **Bestandskonten** etwaige **Inventurdifferenzen** sowie deren **Ursachen** zu **ermitteln und** durch entsprechende **Buchungen** zu **berichtigen.**

Inventurdifferenzen zwischen Soll- und Ist-Beständen entstehen vor allem durch

- **Buchungsfehler:** falsche Konten und Beträge, ausgelassene Buchungen, Doppelbuchungen u. a.
- **Nicht erfasste Mengenänderungen in den Warenbeständen:** Schwund, Diebstahl, nicht gebuchte Lieferungs- und Entnahmebelege u. a.
- **Nicht erfasste Wertminderungen:** Abschreibungen von Anlagen und Forderungen, Nichtbeachtung des Niederstwertprinzips[1] bei Lagervorräten, Nichtbeachtung des Höchstwertprinzips bei Fremdwährungsverbindlichkeiten mit einer Restlaufzeit von mehr als einem Jahr (vgl. § 256a HGB).

Berichtigungsbuchungen

Inventurdifferenzen, die sich in den Bestandskonten **nach** Buchung des Inventurschlussbestandes ergeben, **bedingen entsprechende Berichtigungsbuchungen. Buchungsfehler** werden u. a. durch Rückbuchung (Stornierung), Neu- oder Nachbuchung korrigiert. **Mengen- und Wertminderungen** sind auf den betreffenden Aufwands- und Bestandskonten zu erfassen. So sind Warenminderungen im jeweiligen Wareneingangs- und Warenbestandskonto zu buchen. Nach den Berichtigungsbuchungen entsprechen die Bestandskonten der Inventur.

Beispiel

Das Kassenkonto der Papiergroßhandlung Schulz e. K. weist zum 31. Dez. im Soll eine Summe von 5.850,00 € und im Haben 4.400,00 € aus. Der **Soll-Bestand** beträgt somit **1.450,00 €.** Das Kassenprotokoll weist das Ergebnis der körperlichen Inventur des Kassenkontos aus: **1.250,00 € Ist-Bestand. Nach Buchung des Inventurschlussbestandes** ergibt sich im Kassenkonto ein **Fehlbetrag von 200,00 €**, der lt. Nachprüfung auf eine **nicht gebuchte Privatentnahme** zurückzuführen ist.

Buchung des Inventurbestandes:	❶ **9400 Schlussbilanzkonto**	an	**1510 Kasse**	**1.250,00**
Nachbuchung:	❷ **1610 Privatentnahmen**	an	**1510 Kasse**	**200,00**

S	**1510 Kasse**		H
...	5.850,00	...	4.440,00
		❶ 9400	1.250,00
		❷ 1610	200,00

S	**9400 Schlussbilanzkonto**		H
❶ 1510	1.250,00		

S	**1610 Privatentnahmen**		H
❷ 1510	200,00		

Merke

Der Abgleich der Soll-Bestände der Finanzbuchhaltung mit den Ist-Beständen der Inventur führt u. U. zu Berichtigungsbuchungen auf den entsprechenden Bestands- und Erfolgskonten.

Aufgabe 248

Das Kassenkonto weist zum 31. Dez. im Soll 22.850,00 € und im Haben 22.560,00 € aus. Die Inventur ergab einen Ist-Bestand von a) 232,00 € und b) 406,00 €.

Richten Sie für die Fälle a) und b) jeweils die Konten 1510, 2060, 2460 und 9400 ein. Buchen Sie zuerst den Schlussbestand lt. Inventur für die Fälle a) und b) und ermitteln und buchen Sie danach jeweils die Abweichung. Die Abweichungsursachen konnten nicht geklärt werden. *Buchen Sie auf Konten und nennen Sie alle Buchungssätze.*

1 Zum Bilanzstichtag ist das Vorratsvermögen zum niedrigsten Tageswert anzusetzen (Niederstwertprinzip). Siehe auch S. 227 f.

3 Zeitliche Abgrenzung der Aufwendungen/Erträge

Notwendigkeit der periodengerechten Erfolgsermittlung

Bisher haben wir Aufwendungen und Erträge in der Periode gebucht, in der sie gezahlt wurden. Würde man die Dezembermiete, die erst im Januar des neuen Geschäftsjahres von uns überwiesen wird, auch erst im neuen Jahr als Aufwand buchen, würde der Erfolg sowohl des alten als auch des neuen Geschäftsjahres falsch ausgewiesen. Will man den **Jahreserfolg zeitraumrichtig ermitteln**, ist es erforderlich, **Aufwendungen und Erträge dem Geschäftsjahr zuzuordnen**, zu dem sie **wirtschaftlich** gehören, und zwar

unabhängig vom Zeitpunkt ihrer Ausgabe bzw. Einnahme.

Nur so kann ein **periodengerechter Erfolg des Geschäftsjahres** ermittelt werden.

Merke

„Aufwendungen und Erträge des Geschäftsjahres sind unabhängig von den Zeitpunkten der entsprechenden Zahlungen im Jahresabschluss zu berücksichtigen" (§ 252 [1] Nr. 5 HGB).

3.1 Sonstige Forderungen und Sonstige Verbindlichkeiten

Wenn Aufwendungen und Erträge des **alten** Geschäftsjahres erst im **neuen** Jahr **zu Ausgaben** bzw. **Einnahmen** führen, müssen sie **zum Jahresschluss** erfasst werden als

- **Sonstige Verbindlichkeiten (Konto 1940)** bzw.
- **Sonstige Forderungen (Konto 1130).**

Diese Posten bezeichnet man als **„antizipative Posten"** (lat. anticipere = vorwegnehmen).

Beispiel 1

Die Lagermiete für Dezember überweisen wir erst im Januar nächsten Jahres: 1.500,00 €.

Die Dezembermiete ist **Aufwand des alten Jahres**, der erst **im neuen Jahr** zu einer **Ausgabe** führt. Aus Gründen einer **periodengerechten** Erfolgsermittlung ist sie noch in der GuV-Rechnung des alten Jahres zu erfassen und zugleich als **„Sonstige Verbindlichkeit"** gegenüber dem Vermieter in der Schlussbilanz auszuweisen.

Buchungen zum 31. Dezember des alten Jahres:

❶	**4100 Mietaufwendungen**	an	**1940 Sonstige Verbindlichkeiten**	1.500,00
❷	**9300 GuV-Konto**	an	**4100 Mietaufwendungen**	1.500,00
❸	**1940 Sonstige Verbindlichkeiten**	an	**9400 Schlussbilanzkonto**	1.500,00

S	4100 Mietaufwendungen		H
❶	1.500,00	❷	1.500,00

S	1940 Sonstige Verbindlichkeiten		H
❸	1.500,00	❶	1.500,00

S	9300 GuV-Konto		H
❷	1.500,00		

S	9400 Schlussbilanzkonto		H
		❸	1.500,00

Buchungen im neuen Jahr:

Nach Eröffnung des Kontos „1940 Sonstige Verbindlichkeiten" ist die Mietausgabe zu buchen:

❶	**9100 Eröffnungsbilanzkonto**	an	**1940 Sonstige Verbindlichkeiten**	1.500,00
❷	**1940 Sonstige Verbindlichkeiten**	an	**1310 Bank**	1.500,00

S	1310 Bank		H
...	50.000,00	❷	1.500,00

S	1940 Sonstige Verbindlichkeiten		H
❷	1.500,00	❶ 9100	1.500,00

Merke

Aufwendungen des alten Jahres, die erst im neuen Jahr zu Ausgaben führen, sind auf dem Konto „1940 Sonstige Verbindlichkeiten" zu erfassen.

Buchung: Aufwandskonto an Sonstige Verbindlichkeiten

Beispiel 2

Unser Mieter überweist die Dezembermiete erst im Januar nächsten Jahres: 800,00 €.

Die Dezembermiete stellt einen **Ertrag des alten Geschäftsjahres** dar, der erst **im neuen Jahr** zu einer **Einnahme** führt. Der Mietertrag ist deshalb der Erfolgsrechnung des alten Jahres zuzurechnen und zugleich als „**Sonstige Forderung**" zu erfassen.

Buchungen zum 31. Dezember des alten Geschäftsjahres:

❶ 1130 Sonstige Forderungen	an	2421 Mieterträge	800,00
❷ 2421 Mieterträge	an	9300 GuV-Konto	800,00
❸ 9400 Schlussbilanzkonto	an	1130 Sonstige Forderungen	800,00

S	1130 Sonstige Forderungen		H
❶	800,00	❸	800,00

S	2421 Mieterträge		H
❷	800,00	❶	800,00

S	9400 Schlussbilanzkonto		H
❸	800,00		

S	9300 GuV-Konto		H
		❷	800,00

Buchung im Januar des neuen Jahres, Mieteingang:

1310 Bank	an	1130 Sonstige Forderungen	800,00

S	1130 Sonstige Forderungen		H
9100	800,00	1310	800,00

S	1310 Bank		H
1130	800,00		

Merke

Erträge des alten Jahres, die erst im neuen Jahr zu Einnahmen führen, werden zum Jahresschluss auf dem Konto „1130 Sonstige Forderungen" gebucht.

Buchung: Sonstige Forderungen an Ertragskonto

Beispiel 3

Wir haben einem Kunden am 1. September 01 ein Darlehen in Höhe von 10.000,00 € zu 6 % Zinsen gewährt. Die halbjährlich zu zahlenden Darlehenszinsen sind nachträglich fällig, erstmals am 1. März 02: 300,00 €.

Von der am 1. März des neuen Jahres fälligen Zinszahlung sind ertragsmäßig 200,00 € dem alten und 100,00 € dem neuen Geschäftsjahr zuzurechnen.

Buchung zum 31. Dezember: 1130 Sonstige Forderungen an 2610 Zinserträge ... 200,00

S	1130 Sonstige Forderungen		H
2610	200,00	9400	200,00

S	2610 Zinserträge		H
9300	200,00	1130	200,00

S	9400 Schlussbilanzkonto		H
1130	200,00		

S	9300 GuV-Konto		H
		2610	200,00

Buchung im neuen Jahr: Am 1. März 02 ist der gesamte Zinsbetrag als Einnahme zu buchen:

1310 Bank	300,00	an	1130 Sonstige Forderungen (Zinsertrag des alten J.)	200,00
		an	2610 Zinserträge (Ertragsanteil des neuen Jahres)	100,00

S	1130 Sonstige Forderungen		H
9100	200,00	1310	200,00

S	1310 Bank		H
1130/2610	300,00		

S	2610 Zinserträge		H
		1310	100,00

Buchen Sie das 3. Beispiel aus der Sicht des Kunden.

Merke

Aufwendungen und Erträge, die teils das alte und teils das neue Geschäftsjahr betreffen, sind den einzelnen Geschäftsjahren entsprechend zuzuordnen.

Aufgabe 249

Bilden Sie für nachstehende Geschäftsfälle die Buchungssätze
a) beim Jahresabschluss zum 31. Dezember,
b) nach Eröffnung der Konten im neuen Jahr für den Geldeingang und Geldausgang.

1. Die Dezembermiete für Geschäftsräume wird von uns erst im Monat Januar beglichen	2.800,00
2. Ein Mieter in unserem Geschäftshaus zahlt die Miete für Dezember erst im Januar	1.650,00
3. Eine Rechnung für Büromaterial steht am Jahresende noch aus	300,00
+ Umsatzsteuer[1]	57,00
4. Die vierteljährlichen Zinsen (November–Januar) für ein Darlehen werden von uns erst Ende Januar gezahlt	1.500,00
5. Unser Darlehensschuldner hat die lt. Vertrag zu zahlenden Jahreszinsen (Darlehensjahr: 1. April–31. März) am 31. März des folgenden Jahres zu zahlen	2.400,00
6. Unser Darlehensschuldner zahlt uns für das Halbjahr 1. Juli–31. Dezember die Zinsen erst im Januar	700,00
7. Der Handelskammerbeitrag für das letzte Vierteljahr Oktober–Dezember wird erst im Monat Januar gezahlt	1.800,00
8. Für die Lohnwoche vom 28. Dezember bis 3. Januar sind 4.500,00 € Löhne zu zahlen (Zahltag 3. Januar). Hiervon entfallen auf die Zeit vom 28. Dezember–31. Dezember	2.500,00
Im neuen Jahr werden durch die Bank ausgezahlt	3.800,00
9. Die Zinsgutschrift der Bank für die Zeit vom 1. Oktober bis 31. Dezember steht noch aus und wird erst im Januar eingehen	315,00
10. Die Provision unseres Handelsvertreters für Dezember wird erst im Januar überwiesen, netto	750,00
+ Umsatzsteuer	142,50
Die Provisionsabrechnung (Beleg) ist am 29. Dezember erstellt worden.[2]	

Aufgabe 250

Bilden Sie für nachstehende Geschäftsfälle jeweils die Buchungssätze
a) zum Bilanzstichtag (31. Dezember),
b) bei Zahlungseingang bzw. Zahlungsausgang (Bank) im neuen Jahr.

1. Die Miete für eine von uns gemietete Lagerhalle beträgt monatlich 2.000,00 €. Bei Erstellung des Jahresabschlusses wird festgestellt, dass die Dezembermiete erst im Januar überwiesen wurde.
2. Die Stromabrechnung für den Monat Dezember liegt zum 31. Dezember noch nicht vor. Wir erhalten die Rechnung Mitte Januar über 8.200,00 € zuzüglich Umsatzsteuer[1].
3. Die Bank schreibt am 31. März die Zinsen für die Monate Oktober bis März gut: 600,00 €.
4. Die Garagenmiete für die Monate November, Dezember und Januar in Höhe von 300,00 € wird von uns lt. Vertrag nachträglich am 5. Februar des nächsten Jahres gezahlt.
5. Wir überweisen jeweils zum 1. März und 1. September nachträglich für sechs Monate Darlehenszinsen in Höhe von 2.400,00 €.
6. Für einen Wartungsvertrag, der für unsere Büromaschinen abgeschlossen worden ist, zahlen wir vierteljährlich nachträglich 400,00 € zuzüglich Umsatzsteuer. Die Rechnung für das letzte Jahresquartal liegt zum 31. Dezember noch nicht vor.[1]

1 Die Vorsteuer darf noch nicht verrechnet werden, da zum 31. Dezember noch keine Rechnung vorliegt.
2 Der Vorsteuerabzug ist möglich, da die Leistung erbracht und die Abrechnung (Rechnung) vorliegt.

6937206

3.2 Aktive und Passive Rechnungsabgrenzungsposten

Auf den Konten **„1940 Sonstige Verbindlichkeiten“** und **„1130 Sonstige Forderungen“** haben wir **Aufwendungen und Erträge** des **alten** Geschäftsjahres erfasst, die erst im **neuen** Jahr zu **Ausgaben und Einnahmen** werden. Es handelt sich dabei um **echte** Verbindlichkeiten und Forderungen, die durch eine **Zahlung im neuen Jahr** beglichen werden.

Werden dagegen bereits **Zahlungen im alten Jahr für Aufwendungen und Erträge des neuen Jahres** geleistet, sind die **Aufwands- und Ertragskonten** zum Jahresabschluss mithilfe folgender Konten zu **berichtigen:**

0910 Aktive Rechnungsabgrenzung (ARA)

0930 Passive Rechnungsabgrenzung (PRA)

Aktive Rechnungsabgrenzung

Hierunter fallen **Aufwendungen,** die bereits im abzuschließenden Geschäftsjahr **im Voraus bezahlt und gebucht** wurden, aber entweder nur zum Teil oder auch ganz **wirtschaftlich dem neuen Geschäftsjahr zuzurechnen** sind, wie z. B. **von uns geleistete Vorauszahlungen** für Versicherungen, Zinsen, Mieten u. a. Zum Bilanzstichtag sind die betreffenden Aufwandskonten durch eine „Aktive Rechnungsabgrenzung **(ARA)**“ zu berichtigen. Sie stellt praktisch eine **Leistungsforderung** dar. So begründet z. B. unsere Mietvorauszahlung einen Anspruch auf Nutzung der gemieteten Räume im neuen Jahr.

Passive Rechnungsabgrenzung

Hierunter gehören **Erträge,** die im abzuschließenden Geschäftsjahr **bereits als Einnahme gebucht** worden sind, aber mit einem Teil oder auch ganz als Ertrag dem **neuen** Geschäftsjahr zuzuordnen sind, wie z. B. **im Voraus erhaltene** Miete, Pacht, Zinsen u. a. Zum Jahresabschluss sind die betreffenden Ertragskonten durch Vornahme einer entsprechenden „Passiven Rechnungsabgrenzung **(PRA)**“ zu korrigieren. Die PRA stellen **Leistungsverbindlichkeiten** dar. Eine an uns geleistete Zinsvorauszahlung begründet z. B. unsere Verpflichtung auf weitere Überlassung des gewährten Darlehens im neuen Jahr.

Transitorische Posten

Mithilfe der aktiven und passiven Rechnungsabgrenzungsposten werden die im alten Geschäftsjahr **im Voraus gezahlten Aufwendungen** und **vereinnahmten Erträge** über die Schlussbilanz in die Erfolgsrechnung des neuen Geschäftsjahres **übertragen.** Man nennt sie deshalb auch „transitorische Posten“ (lat. transire = hinübergehen).

Periodengerechte Erfolgsermittlung

Die Rechnungsabgrenzungsposten dienen ebenso wie die Sonstigen Forderungen und Sonstigen Verbindlichkeiten der zeitraumrichtigen Abgrenzung der Aufwendungen und Erträge, damit das **Gesamtergebnis** einer Unternehmung **periodengerecht** zum Jahresabschluss **ermittelt** werden kann.

Merke

Nach § 250 HGB dürfen als Rechnungsabgrenzungsposten nur ausgewiesen werden:

- **auf der Aktivseite Ausgaben vor dem Abschlussstichtag, soweit sie Aufwand für eine bestimmte Zeit nach diesem Tag darstellen: Aktive Rechnungsabgrenzung (ARA)**
- **auf der Passivseite Einnahmen vor dem Abschlussstichtag, soweit sie Ertrag für eine bestimmte Zeit nach diesem Tag darstellen: Passive Rechnungsabgrenzung (PRA)**

Beispiel 1

Am 1. Dez. haben wir Lagerräume für eine Monatsmiete von 1.500,00 € gemietet. Lt. Vertrag **zahlen wir** die Miete **vierteljährlich** mit 4.500,00 € **im Voraus.**

Buchung unserer Mietvorauszahlung am 1. Dezember:

4100 Mietaufwendungen .... an **1310 Bank** 4.500,00

Der **Mietaufwand von 4.500,00 €** ist zum Abschlussstichtag (z. B. 31. Dezember) **periodengerecht abzugrenzen:** 1.500,00 € entfallen auf Dezember des Abschlussjahres, 3.000,00 € auf Januar und Februar des Folgejahres. Das Konto „4100 Mietaufwendungen" ist daher im Haben um 3.000,00 € mithilfe des Kontos „0910 Aktive Rechnungsabgrenzung" zu berichtigen. Die Mietvorauszahlung beinhaltet die Überlassung des Lagers im neuen Jahr, also eine **Leistungsforderung**, die auf der Aktivseite der Bilanz als **„Aktive Rechnungsabgrenzung"** (ARA) auszuweisen ist.

Buchungen zum 31. Dezember des Abschlussjahres:

❶ **0910 Aktive Rechnungsabgrenzung** .... an **4100 Mietaufwendungen** 3.000,00
❷ **9300 GuV-Konto** .... an **4100 Mietaufwendungen** 1.500,00
❸ **9400 Schlussbilanzkonto** .... an **0910 Aktive Rechnungsabgr.** 3.000,00

S	**4100 Mietaufwendungen**		H
1310	4.500,00	0910	3.000,00 ❶
		9300	1.500,00 ❷

S	**0910 Aktive Rechnungsabgrenzung**		H
4100	3.000,00	9400	3.000,00 ❸

S	**9300 GuV-Konto**		H
4100	1.500,00		

S	**9400 Schlussbilanzkonto**		H
0910	3.000,00		

Buchungen zum 1. Januar des Folgejahres:

Nach Eröffnung ist das Konto „0910 ARA" über das betreffende Aufwandskonto aufzulösen.

❶ **0910 Aktive Rechnungsabgrenzung** .... an **9100 Eröffnungsbilanzkonto** 3.000,00
❷ **4100 Mietaufwendungen** .... an **0910 Aktive Rechnungsabgr.** 3.000,00

Das Konto „4100 Mietaufwendungen" weist nun die Miete für Januar und Februar des neuen Jahres periodengerecht aus. Das Konto „0910 ARA" hat seine **„transitorische"** Aufgabe erfüllt:

S	**0910 Aktive Rechnungsabgrenzung**		H
9100	3.000,00	4100	3.000,00

S	**4100 Mietaufwendungen**		H
0910	3.000,00		

Direkte Rechnungsabgrenzung

Ausgaben des laufenden Geschäftsjahres, die Aufwendungen des nächsten Jahres betreffen, können bereits direkt bei Zahlung entsprechend zeitlich abgegrenzt werden. Dadurch erübrigt sich zum Jahresabschluss eine besondere Überprüfung aller Ausgaben auf ihre periodengerechte Abgrenzung.

Buchung bei direkter Periodenabgrenzung am 1. Dezember:

4100 Mietaufwendungen 1.500,00
0910 Aktive Rechnungsabgrenzung 3.000,00 an **1310 Bank** 4.500,00

S	**4100 Mietaufwendungen**		H
1310	1.500,00		

S	**1310 Bank**		H
		4100/0910	4.500,00

S	**0910 Aktive Rechnungsabgrenzung**		H
1310	3.000,00		

Nennen Sie die Abschlussbuchungen.

Merke

Das Konto „0910 Aktive Rechnungsabgrenzung" (ARA) erfasst zum Jahresabschluss alle Ausgaben des alten Geschäftsjahres, die wirtschaftlich Aufwand des nächsten Jahres sind.

Buchung: ARA an Aufwandskonto (bei Abgrenzung zum Abschlussstichtag)
ARA an Bank (Kasse) (bei direkter Abgrenzung)

6937208

Beispiel 2

Von unserem Mieter haben wir am 1. Dezember die **Vierteljahresmiete** (Dezember–Februar) in Höhe von insgesamt 2.400,00 € **im Voraus erhalten.**

Buchung der Mieteinnahme am 1. Dezember:

1310 Bank	an	**2421 Mieterträge**	2.400,00

Der gesamte **Mietertrag** in Höhe von 2.400,00 € ist zum 31. Dezember (= Abschlussstichtag) **periodengerecht abzugrenzen:** 800,00 € entfallen auf das Abschlussjahr, 1.600,00 € dagegen auf das neue Geschäftsjahr. Das Konto „2421 Mieterträge" muss daher auf seiner Sollseite um 1.600,00 € durch Bildung einer „Passiven Rechnungsabgrenzung" (PRA) berichtigt werden, da für uns eine **Leistungsverbindlichkeit**, d. h. eine Verpflichtung zur Überlassung der Räume im nächsten Geschäftsjahr, besteht, die auf der Passivseite der Bilanz auszuweisen ist.

Buchungen zum 31. Dezember des Abschlussjahres:

❶	**2421 Mieterträge**	an	**0930 Passive Rechnungsabgrenzung**	1.600,00
❷	**2421 Mieterträge**	an	**9300 GuV-Konto**	800,00
❸	**0930 Passive Rechnungsabgrenzung**	an	**9400 Schlussbilanzkonto**	1.600,00

S	**0930 Passive Rechnungsabgrenzung**		H
9400	1.600,00	2421	1.600,00

S	**2421 Mieterträge**		H
0930	1.600,00	1310	2.400,00
9300	800,00		

S	**9400 Schlussbilanzkonto**		H
		0930	1.600,00

S	**9300 GuV-Konto**		H
		2421	800,00

Buchungen zum 1. Januar des Folgejahres:

❶	**9100 Eröffnungsbilanzkonto**	an	**0930 Passive Rechnungsabgrenzung**	1.600,00
❷	**0930 Passive Rechnungsabgrenzung**	an	**2421 Mieterträge**	1.600,00

Das Konto „0930 PRA" ist zu Beginn des neuen Jahres über das entsprechende Ertragskonto aufzulösen. Nach der **Umbuchung** des passiven Rechnungsabgrenzungspostens weist das Konto „2421 Mieterträge" nun den **periodengerechten Mietertrag** für die Monate Januar und Februar des neuen Jahres aus:

S	**2421 Mieterträge**		H
		0930	1.600,00

S	**0930 Passive Rechnungsabgrenzung**		H
2421	1.600,00	9100	1.600,00

Bei direkter Rechnungsabgrenzung ist am 1. Dezember zu buchen:

1310 Bank	2.400,00	an	**2421 Mieterträge**	800,00
		an	**0930 Passive Rechnungsabgrenzung**	1.600,00

Buchen Sie die direkte Periodenabgrenzung auf den genannten Konten.

Merke

- **Das Konto „0930 Passive Rechnungsabgrenzung" (PRA) erfasst zum Bilanzstichtag alle Einnahmen des alten Jahres, die wirtschaftlich Erträge des nächsten Jahres sind.**

Buchung:	**Ertragskonto**	**an**	**PRA (bei Abgrenzung zum Abschlussstichtag)**
	Bank (Kasse)	**an**	**PRA (bei direkter Abgrenzung)**

- **Die Posten der Rechnungsabgrenzung werden zu Beginn des neuen Geschäftsjahres aufgelöst, indem sie auf das entsprechende Erfolgskonto umgebucht werden:**

Buchung:	**Aufwandskonto**	**an**	**ARA**
	PRA	**an**	**Ertragskonto**

Merke

Die zeitliche Abgrenzung der Aufwendungen und Erträge bezweckt eine periodengerechte Ermittlung des Jahreserfolgs. Man unterscheidet vier Fälle:

Geschäftsfall	Vorgang im alten Jahr	Vorgang im neuen Jahr	Buchung zum Abschlussstichtag:
Von uns noch zu zahlender Aufwand	Aufwand	Ausgabe	Aufwandskonto an Sonst. Verbindlichk.
Noch zu vereinnahmender Ertrag	Ertrag	Einnahme	Sonstige Forderungen an Ertragskonto
Von uns im Voraus bezahlter Aufwand	Ausgabe	Aufwand	Aktive Rechnungsabgr. an Aufwandskonto
Im Voraus vereinnahmter Ertrag	Einnahme	Ertrag	Ertragskonto an Pass. Rechnungsabgr.

Aufgabe 251

a) Buchen Sie die folgenden Geschäftsfälle zunächst auf Konten.

b) Nehmen Sie danach die zeitliche Abgrenzung zum Abschlussstichtag 31. Dezember vor.

c) Welche Buchungen ergeben sich im neuen Jahr?

1. Die Feuerversicherungsprämie für das Gebäude wird am 1. Oktober für ein Jahr im Voraus überwiesen 260,00
2. Am 21. Dezember zahlen wir die Januarmiete für die Geschäftsräume im Voraus durch Bankscheck 1.500,00
3. Wir zahlen am 20. Dezember Darlehenszinsen für das 1. Vierteljahr des neuen Jahres durch Bankscheck im Voraus 660,00
4. Ein Darlehensschuldner hat die Vierteljahreszinsen für Januar bis März des neuen Jahres am 20. Dezember durch Banküberweisung an uns gezahlt 330,00
5. Am 1. November wird die Kfz-Versicherung November–April für den Lkw durch Bank überwiesen 660,00
6. Am 1. Dezember erhalten wir durch Banküberweisung im Voraus Darlehenszinsen für ein Vierteljahr (1. Dezember–28. Februar) in Höhe von 180,00
7. Die Jahrespacht für einen Parkplatz überweisen wir am 1. Oktober im Voraus durch Bank 2.400,00
8. Die Kfz-Steuer für Betriebsfahrzeuge wird am 1. April für ein Jahr im Voraus an das Finanzamt durch Bank überwiesen 960,00
9. Am 1. Oktober erhalten wir die Halbjahresmiete für einen Lagerraum durch Banküberweisung im Voraus 3.600,00

Aufgabe 252

Auszug aus der vorläufigen Summenbilanz zum 31. Dezember ..	Soll	Haben
0910 Aktive Rechnungsabgrenzungsposten	–	–
0930 Passive Rechnungsabgrenzungsposten	–	–
1130 Sonstige Forderungen	4.500,00	–
1170 SV-Vorauszahlung	–	–
1940 Sonstige Verbindlichkeiten	–	5.500,00
2110 Zinsaufwendungen	22.800,00	–
2421 Mieterträge	–	24.250,00
2610 Zinserträge	–	10.500,00
4010 Löhne	77.500,00	–
4040 Gesetzliche soziale Aufwendungen	3.650,00	–
4100 Mietaufwendungen	11.750,00	–
4270 Beiträge	17.400,00	–

6937210

Zum 31. Dez. .. (Abschlussstichtag) sind noch folgende zeitliche Abgrenzungen vorzunehmen:

1. Am 1. Dezember wurde die Miete für Lagerräume für die Monate Dezember bis Februar in Höhe von 1.650,00 € von uns bezahlt.
2. Am 1. Oktober zahlten wir Hypothekenzinsen 4.500,00 € halbjährlich im Voraus.
3. Mieterträge für die Monate November bis Januar gingen am 1. November in Höhe von 2.790,00 € von unserem Mieter im Geschäftshaus ein.
4. Für die Lohnwoche vom 29. Dezember bis 4. Januar sind an die Arbeiter 12.100,00 € Löhne zu zahlen, davon entfallen 3.700,00 € auf die Zeit vom 29. bis 31. Dezember. Der Arbeitgeberanteil zur Sozialversicherung beträgt 1.245,00 €, davon entfallen 505,00 € auf das alte Jahr. Zahltag 4. Januar.
5. Darlehenszinsen werden von unserem Kunden für die Zeit von Oktober bis Dezember in Höhe von 270,00 € erst am 2. Januar beglichen.
6. Der Handelskammerbeitrag über 1.420,00 € wird erst im Januar bezahlt.

Bilden Sie die Buchungssätze für den Abschluss der Konten.

Aufgabe 253

Auszug aus der vorläufigen Summenbilanz zum 31. Dezember ..	Soll	Haben
0910 Aktive Rechnungsabgrenzung	–	–
0930 Passive Rechnungsabgrenzung	–	–
1130 Sonstige Forderungen	6.600,00	–
1410 Vorsteuer	134.400,00	127.200,00
1810 Umsatzsteuer	130.720,00	182.500,00
1940 Sonstige Verbindlichkeiten	–	5.700,00
2110 Zinsaufwendungen	12.000,00	–
2421 Mieterträge	–	29.400,00
2610 Zinserträge	–	11.150,00
4100 Mietaufwendungen	35.800,00	–
4220 Kfz-Steuer	3.300,00	–
4260 Versicherungen	18.600,00	–
4270 Beiträge	11.700,00	–
4500 Provisionen	18.000,00	–
4810 Bürobedarf	15.600,00	–

Zum 31. Dez. .. (Abschlussstichtag) sind noch folgende zeitliche Abgrenzungen vorzunehmen:

1. Die Feuerversicherungsprämie (Gebäude) für das kommende Kalenderjahr wurde am 27. Dezember durch Banküberweisung beglichen: 850,00 €.
2. Die Bezugskosten für diverse Fachzeitschriften wurden am 28. Dezember mit 260,00 € netto im Voraus für das folgende Geschäftsjahr bezahlt.
3. Die Kraftfahrzeugsteuer für den Lkw wurde am 1. Dezember für ein Jahr im Voraus durch Banküberweisung mit 660,00 € beglichen.
4. Der Handelskammerbeitrag für das letzte Quartal beträgt 750,00 €.
5. Vertreterprovision für Dezember über 1.700,00 € netto wird von uns erst im Januar bei Rechnungserteilung überwiesen.
6. Die Dezember-Lagermiete über 2.850,00 € überweisen wir erst Anfang Januar.
7. Unser Mieter begleicht die Miete für Büroräume in unserem Gebäude für Dezember in Höhe von 1.850,00 € erst im neuen Jahr.
8. Am 28. Dezember gingen 1.900,00 € Vierteljahresmiete in unserem Betrieb für das neue Kalenderjahr auf unserem Bankkonto ein.
9. Wir haben die fälligen Darlehenszinsen von 450,00 € für die Zeit vom 1. Oktober bis 31. Dezember am Jahresende noch nicht erhalten.
10. Darlehenszinsen in Höhe von 12.000,00 € für das Halbjahr 1. Juli bis 31. Dezember werden von uns erst im Januar beglichen.

Bilden Sie die Buchungssätze für den Abschluss dieser Konten.

Aufgabe 254

Vervollständigen Sie folgende Aussagen:

1. Sonstige Verbindlichkeiten werden für Aufwendungen des ... Geschäftsjahres gebucht, die Ausgaben des ... Geschäftsjahres darstellen.
2. Aktive Rechnungsabgrenzungsposten werden für Ausgaben im ... Jahr gebildet, die Aufwand des ... Geschäftsjahres darstellen.
3. Sonstige Forderungen werden für Erträge des ... Jahres gebildet, die Einnahmen des ... Jahres darstellen.
4. Passive Rechnungsabgrenzungsposten werden für Einnahmen des ... Jahres gebildet, die Ertrag des ... Geschäftsjahres darstellen.

Aufgabe 255

1. *Begründen Sie die Notwendigkeit einer zeitlichen Abgrenzung der Aufwendungen und Erträge.*
2. *Nennen Sie die vier Möglichkeiten einer zeitlichen Abgrenzung.*
3. *Bei welcher Art der zeitlichen Abgrenzung liegt der Zahlungsvorgang a) im alten und b) im neuen Jahr?*
4. *Warum werden aktive und passive Rechnungsabgrenzungsposten auch als „Transitorische Posten" bezeichnet?*

Aufgabe 256

In der Metallwarengroßhandlung Thomas Berg e. K. liegen Ihnen folgende Belege zur Buchung vor. Die zeitliche (periodengerechte) Abgrenzung ist mit der Buchung der Zahlung vorzunehmen.

Nennen Sie die Buchungssätze.

Beleg 1

Kontoauszug Landesbank Baden-Württemberg LB≡BW

Konto-Nr.	Datum	Ausz.-Nr.	Blatt	Buchungstag	PN-Nr.	Wert	Umsatz
723 544 32	..-11-01	358	1				
GUTSCHRIFT				11-01	8364	11-01	4.500,00 H

ELEKTRO-VERTRIEBS-GMBH, STUTTGART
LAGERHALLENMIETE FÜR NOV., DEZ., JAN.

METALLWARENGROSSHANDLUNG
THOMAS BERG E. K.
INDUSTRIESTRASSE 22 - 28
70565 STUTTGART

Konto | Soll | Haben
Gebucht:

Alter Saldo H 237.650,00 EUR
Neuer Saldo H 242.150,00 EUR

Beleg 2

€uro-Überweisung
LB≡BW Landesbank Baden-Württemberg
Nur für Überweisungen in Deutschland, in andere EU-/EWR-Staaten und in die Schweiz in Euro.
Bitte Meldepflicht gemäß Außenwirtschaftsverordnung beachten!

Angaben zum Begünstigten: Name, Vorname/Firma (max. 27 Stellen, bei maschineller Beschriftung max. 35 Stellen)
Finanzamt Stuttgart
IBAN
DE87600501010064452080
BIC des Kreditinstituts (8 oder 11 Stellen)
SOLADEST600
Betrag: Euro, Cent
2400,00
Kunden-Referenznummer - Verwendungszweck, ggf. Name und Anschrift des Überweisenden - (nur für Begünstigten)
Kfz-Steuer Lkw S-UM 500/Lkw
noch Verwendungszweck (insgesamt max. 2 Zeilen à 27 Stellen, bei maschineller Beschriftung max. 2 Zeilen à 35 Stellen)
S-WA 367 1.Nov..-31.Okt..
Angaben zum Kontoinhaber: Name, Vorname/Firma, Ort (max. 27 Stellen, keine Straßen- oder Postfachangaben)
Thomas Berg e.K., Stuttgart
IBAN
DE14600501010072354432 16

€URO-ÜBERWEISUNG (SEPA)

Datum ..-11-01
Unterschrift(en) Thomas Berg

3.3 Rückstellungen

Aus Gründen einer **periodengerechten Erfolgsermittlung** sind **zum Bilanzstichtag** auch solche **Aufwendungen** zu **erfassen**, die zwar ihrem Grunde nach, nicht aber ihrer **Höhe und/oder Fälligkeit nach bekannt** sind, die jedoch **wirtschaftlich dem Abschlussjahr** zugerechnet werden müssen. Für diese Aufwendungen sind die **Beträge vorsichtig zu schätzen** und jeweils als **Rückstellung** in Höhe des erwarteten **Erfüllungsbetrages** zu **passivieren**, also auf der Passivseite der Bilanz auszuweisen (§ 253 [1] HGB). Die **Ungewissheit über Höhe und/oder Fälligkeit der Verbindlichkeiten unterscheidet** die **Rückstellungen von** den genau bestimmbaren **Verbindlichkeiten.**

Passivierungspflicht § 249 [1] HGB

Nach § 249 [1] HGB **müssen** Rückstellungen gebildet werden für

- **ungewisse Verbindlichkeiten** (z. B. zu erwartende Steuernachzahlungen für Gewerbesteuer, Prozesskosten, Garantieverpflichtungen, Pensionsverpflichtungen, Provisionsverbindlichkeiten, Inanspruchnahme aus Bürgschaften u. a.),
- **drohende Verluste aus schwebenden Geschäften** (z. B. erheblicher Preisrückgang bereits gekaufter, jedoch noch nicht gelieferter Waren),
- **unterlassene Instandhaltungsaufwendungen**, die im folgenden Geschäftsjahr **innerhalb von drei Monaten** nachgeholt werden,
- **Abraumbeseitigung**, die im folgenden Geschäftsjahr nachgeholt wird,
- **Gewährleistungen ohne rechtliche Verpflichtungen** (Kulanzgewährleistungen).

§ 249 [2] HGB

Für andere als die o. g. Zwecke dürfen Rückstellungen nicht gebildet werden.

Abzinsung

Rückstellungen mit einer Restlaufzeit von mehr als einem Jahr sind mit dem durchschnittlichen Marktzinssatz nach Angabe der Deutschen Bundesbank **abzuzinsen** (vgl. § 253 [2] HGB).

Bilanzausweis

Da Rückstellungen Schulden sind, zählen sie in der Bilanz auch zum **Fremdkapital**. Rückstellungen sind nach § 266 HGB in der Bilanz auszuweisen als **Pensionsrückstellungen, Steuerrückstellungen** und **Sonstige Rückstellungen.**

Bei Bildung der Rückstellung wird zunächst das betreffende **Aufwandskonto** im Soll mit dem **geschätzten** periodengerechten Betrag belastet. Die Gegenbuchung wird auf dem entsprechenden **Rückstellungskonto** im Haben vorgenommen.

Buchung: Aufwandskonto an **Rückstellungskonto**

Auswirkung auf den Jahreserfolg

Da Rückstellungen für **Aufwendungen** gebildet werden, **vermindert** sich der **auszuschüttende Gewinn** und damit im Allgemeinen zugleich auch die zu zahlende **Ertragsteuer**, wie z. B. die Einkommensteuer. Die Bildung von Rückstellungen hat deshalb **positive Auswirkungen auf** die flüssigen (liquiden) Mittel und somit auch auf die **Liquidität** des Unternehmens.

Auflösung von Rückstellungen

Rückstellungen sind aufzulösen, soweit die Gründe hierfür entfallen sind. Da sie auf Schätzungen beruhen, sind drei Fälle möglich:

- Die Rückstellung **entspricht** der Zahlung; eine Auflösung ist nicht erforderlich.
- Die Rückstellung ist **größer** als die Zahlung. Es ergibt sich ein Ertrag, zu erfassen auf Konto
  2760 Erträge aus der Auflösung von Rückstellungen.[1]
- Die Rückstellung ist **kleiner** als die Zahlung. Es entsteht ein Aufwand, zu erfassen auf dem **zugehörigen Aufwandskonto** oder ggf. auf einem **Unterkonto**[1] (vgl. z. B. S. 179 und S. 214).

1 Früher erfolgte eine Buchung über periodenfremde Erträge bzw. periodenfremde Aufwendungen. Da das HGB periodenfremde Vorgänge nicht mehr in das außerordentliche Ergebnis der GuV einbezieht, wird eine Zuordnung zu den sachlich entsprechenden Erfolgskonten vorgenommen. Der Zusatz „Vorjahre" (z. B. „4211 Gewerbesteuernachzahlungen-Vorjahre") liefert die für die Abgrenzungsrechnung erforderliche Information.

Beispiel

Zum Bilanzstichtag wird mit einer Gewerbesteuernachzahlung[1] für das Abschlussjahr in Höhe von 4.500,00 € gerechnet.

Buchung bei Bildung der Rückstellung zum 31. Dezember:

❶ 4210 Gewerbesteuer	an	0722 Steuerrückstellungen	4.500,00

Abschlussbuchungen:

❷ 9300 GuV-Konto	an	4210 Gewerbesteuer	4.500,00
❸ 0722 Steuerrückstellungen	an	9400 Schlussbilanzkonto	4.500,00

S	4210 Gewerbesteuer		H
❶	4.500,00	❷ 9300	4.500,00

S	0722 Steuerrückstellungen		H
❸ 9400	4.500,00	❶	4.500,00

S	9300 GuV-Konto		H
❷	4.500,00		

S	9400 Schlussbilanzkonto		H
		❸	4.500,00

Die Gewerbesteuer wird im Juni nächsten Jahres überwiesen (Bank):

1. 4.500,00 €, 2. 4.000,00 €, 3. 5.100,00 €.

Zu Beginn des Geschäftsjahres wird das Rückstellungskonto eröffnet:

9100 Eröffnungsbilanzkonto (EBK)	an	0722 Steuerrückstellungen	4.500,00

Buchung im Fall 1: Rückstellung = Zahlung: 4.500,00 €

0722 Steuerrückstellungen	an	1310 Bank	4.500,00

S	1310 Bank		H
		0722	4.500,00

S	0722 Steuerrückstellungen		H
1310	4.500,00	9100	4.500,00

Buchung im Fall 2: Rückstellung > Zahlung: 4.000,00 €

0722 Steuerrückstellungen	4.500,00	an	1310 Bank	4.000,00
		an	2760 Erträge aus der Auflösung von Rückstellungen[2]	500,00

S	1310 Bank		H
		0722	4.000,00

S	2760 Erträge a. d. Aufl. v. Rückst.		H
		0722	500,00

S	0722 Steuerrückstellungen		H
1310/2760	4.500,00	9100	4.500,00

Buchung im Fall 3: Rückstellung < Zahlung: 5.100,00 €

0722 Steuerrückstellungen	4.500,00			
4211 Gewerbesteuernachz. – Vorjahre	600,00	an	1310 Bank	5.100,00

S	1310 Bank		H
		0722/4211	5.100,00

S	0722 Steuerrückstellungen		H
1310	4.500,00	9100	4.500,00

S	4211 Gewerbesteuernachz. – Vorjahre		H
1310	600,00		

1 Siehe S. 179. und S. 213, Fußnote 1.
2 In der GuV-Rechnung erfolgt in diesem Fall eine Saldierung mit dem Gewerbesteueraufwand.

6937214

Drohende Verluste aus schwebenden Geschäften

Im Allgemeinen werden **schwebende** Rechtsgeschäfte – z. B. Kaufverträge, die noch **von keinem Vertragspartner erfüllt** sind, da Lieferung und Zahlung noch ausstehen – buchhalterisch überhaupt nicht erfasst. Ist aber **bei Bilanzaufstellung erkennbar**, dass dem Betrieb aus den Verträgen **Verluste** erwachsen (drohen), muss aus Gründen kaufmännischer **Vorsicht** in der **Handelsbilanz** eine **Rückstellung** in Höhe des zu **erwartenden Verlustes** gebildet werden (§ 249 [1] HGB). In der **Steuerbilanz** (steuerliche Gewinnermittlung) ist die Bildung von Rückstellungen für drohende Verluste aus schwebenden Geschäften **verboten** (§ 5 [4a] EStG).

Beispiel

Am 28. November hat die Baustoff-GmbH einen Kaufvertrag über die Lieferung von 500 Stück Spanplatten (furniert) zu 80,00 € netto je Stück abgeschlossen. Der Gesamtnettopreis beträgt daher 40.000,00 €. Liefertermin: 15. Februar nächsten Jahres fix.

Bis zum Bilanzstichtag ist der Wiederbeschaffungswert (Tagespreis) der Spanplatten nachhaltig auf 70,00 € netto je Stück gesunken.

Rückstellung

Da die Baustoff-GmbH als Besteller an den vereinbarten Preis von 80,00 € je Spanplatte gebunden ist und im nächsten Jahr nur mit dem **niedrigeren** Wiederbeschaffungspreis von 70,00 € je Stück kalkuliert werden kann, **droht ihr ein Verlust von 5.000,00 €** (500 · 10,00 €), für den eine Rückstellung gebildet werden muss. Auf diese Weise wird der **Verlust** in **dem Jahr** erfasst, in dem er **verursacht** wurde:

Buchung der Rückstellung zum 31. Dezember:

2060 Sonstige Aufwendungen	an	**0724 Sonstige Rückstellungen**	5.000,00

Nennen Sie jeweils die Abschluss- und Eröffnungsbuchung für das Konto 0724.

Buchung nach Rechnungseingang am 15. Februar des folgenden Jahres:

❶ **3010 Wareneingang**	**40.000,00**			
1410 Vorsteuer	**7.600,00**	an	**1710 Verbindlichkeiten a. LL**	**47.600,00**
❷ **0724 Sonst. Rückstellungen**		an	**3010 Wareneingang**	**5.000,00**

S	3010 Wareneingang		H
❶	40.000,00	❷	5.000,00

S	0724 Sonstige Rückstellungen		H
❷	5.000,00	9100	5.000,00

S	1410 Vorsteuer		H
❶	7.600,00		

S	1710 Verbindlichkeiten a. LL		H
		❶	47.600,00

Nach Übertragung des Rückstellungsbetrages auf das Konto „3010 Wareneingang" stehen die eingekauften Spanplatten mit dem **niedrigeren Tageswert** von 35.000,00 € zu Buch. Die Buchungen ❶ und ❷ können zusammengefasst werden:

0724 Sonstige Rückstellungen	**5.000,00**			
3010 Wareneingang	**35.000,00**			
1410 Vorsteuer	**7.600,00**	an	**1710 Verbindlichkeiten a. LL**	**47.600,00**

Merke

- **Rückstellungen sind Schulden, die am Bilanzstichtag ihrem Grunde nach bekannt sind, nicht aber in ihrer Höhe und/oder Fälligkeit. Sie dienen dem vollständigen Schuldenausweis sowie der periodengerechten Ermittlung des Jahreserfolgs.**
- **Rückstellungen sind in Höhe des zu erwartenden Erfüllungsbetrages anzusetzen, der nach vernünftiger kaufmännischer Beurteilung notwendig ist (§ 253 [1] HGB).**
- **Die Bildung von Rückstellungen mindert den Gewinn und damit im Allgemeinen auch die zu zahlenden Ertragsteuern (Einkommen-, Körperschaft-, Gewerbesteuer).**

Buchung: Aufwandskonto an Rückstellungen

Aufgabe 257

Für einen laufenden Prozess werden voraussichtlich 6.400,00 € Gerichtskosten entstehen.

1. *Buchen Sie zum Bilanzstichtag (31. Dezember).*
2. *Am 6. März nächsten Jahres bezahlen wir durch Banküberweisung a) 6.400,00 €; b) 5.000,00 €; c) 7.500,00 €. Wie lauten die Buchungen?*

Aufgabe 258

Ein Unternehmen gewährt seinen Kunden auf alle gelieferten Waren ein Jahr Garantie. In den vergangenen Rechnungsperioden machten die Gewährleistungsverpflichtungen etwa 1,5 % des Nettojahresumsatzes aus. Im Abschlussjahr beträgt der Nettoumsatz 25 Millionen €.

Berechnen Sie die zu erwartenden Gewährleistungsverpflichtungen und buchen Sie zum 31. Dez.

Aufgabe 259

Eine Dachreparatur konnte im Dezember nicht mehr durchgeführt werden und musste deshalb bis Mitte Januar aufgeschoben werden. Kostenvoranschlag: 5.800,00 € netto.

1. *Buchen Sie aufgrund des Sachverhalts zum 31. Dezember.*
2. *Nennen Sie die Abschlussbuchungen.*
3. *Wie wirkt sich die Bildung der Rückstellung auf den steuerlichen Gewinn aus?*
4. *Nennen Sie für das Konto „Rückstellungen“ die Eröffnungsbuchung zum 1. Januar.*
5. *Wie ist zu buchen, wenn im neuen Jahr nach Durchführung der Reparatur folgende Rechnungen durch Bank beglichen werden:*
   a) 5.800,00 € + USt; b) 6.400,00 € + USt; c) 5.400,00 € + USt?

Aufgabe 260

Bildung einer Gewerbesteuerrückstellung über 8.600,00 €. Banküberweisung der Gewerbesteuer im März nächsten Jahres:
a) 8.600,00 €; b) 7.200,00 €; c) 9.000,00 €.

Buchen Sie 1. die Bildung und 2. die Auflösung der Gewerbesteuerrückstellung.

Aufgabe 261

1. Am Jahresende werden der Pensionsrückstellung für unsere Belegschaftsmitglieder 120.000,00 € zugeführt.
2. Pensionsrückstellungen in Höhe von 7.600,00 € werden wegen Kündigung von Belegschaftsmitgliedern aufgelöst.

Wie lauten die Buchungen?

Aufgabe 262

Die Baustoff-GmbH bestellt am 2. Dez. 3000 t Zement XR 304 zu 60,00 € je t + USt. Liefertermin 15. Febr. nächsten Jahres. Am Bilanzstichtag (31. Dez.) beträgt der Tagespreis 55,00 € je t.

1. *Begründen Sie, dass es sich hierbei um ein schwebendes Geschäft handelt.*
2. *In welchem Fall sind schwebende Geschäfte im handelsrechtl. Jahresabschluss zu berücksichtigen?*
3. *Buchen Sie a) zum 31. Dezember und b) nach Eingang der Rechnung im Februar nächsten Jahres.*

Aufgabe 263

Zum Bilanzstichtag rechnen wir mit Steuerberatungskosten in Höhe von 3.200,00 € netto. Im April nächsten Jahres erhalten wir die Rechnung des Steuerberaters über a) 3.500,00 € + USt und b) 2.900,00 € + USt.

1. *Buchen Sie zum Bilanzstichtag und geben Sie auch die Abschlussbuchungen an.*
2. *Nennen Sie die Eröffnungsbuchung für das Rückstellungskonto.*
3. *Wie lautet jeweils die Buchung nach Rechnungseingang?*

Aufgabe 264

1. *Erläutern Sie den Begriff „Rückstellungen“.*
2. *Was haben Rückstellungen und Sonstige Verbindlichkeiten gemeinsam?*
3. *Worin unterscheiden sich Rückstellungen von Sonstigen Verbindlichkeiten?*
4. *Für welche Zwecke müssen nach § 249 [1] HGB zum Bilanzstichtag Rückstellungen gebildet werden (sog. Passivierungspflicht für Rückstellungen)?*
5. *Kann man durch Rückstellungen den Gewinn und die Steuern beeinflussen? Begründen Sie.*
6. *Hat die Bildung von Rückstellungen Einfluss auf die Liquidität des Unternehmens?*
7. *Inwiefern können Rückstellungen „stille“ Reserven enthalten? Begründen Sie.*

6937216

Aufgabe 265

Kontenplan und vorläufige Saldenbilanz	Soll	Haben
0310 Technische Anlagen und Maschinen	260.000,00	–
0330 Betriebs- und Geschäftsausstattung	1.400.000,00	–
0371 GWG-Sammelposten	8.600,00	–
0610 Eigenkapital	–	900.000,00
0724 Sonstige Rückstellungen	–	10.000,00
0820 Darlehensschulden	–	380.000,00
1010 Forderungen a. LL	337.160,00	–
1310 Bank	348.500,00	–
1410 Vorsteuer	245.080,00	–
1510 Kasse	7.400,00	–
1610 Privatentnahmen	88.700,00	–
1710 Verbindlichkeiten a. LL	–	170.000,00
1810 Umsatzsteuer	–	375.440,00
1940 Sonstige Verbindlichkeiten	–	110.000,00
2110 Zinsaufwendungen	46.400,00	–
2610 Zinserträge	–	4.000,00
3010 Wareneingang	626.000,00	–
3910 Warenbestände	95.000,00	–
4100 Mietaufwendungen	145.300,00	–
4710 Instandhaltung	8.000,00	–
4840 Rechts- und Beratungskosten	14.000,00	–
4890 Diverse Aufwendungen	295.300,00	–
8010 Warenverkauf	–	1.976.000,00
Weitere Konten: 0910, 0930, 2060, 4910, 4920, 4911, 8710, 9300, 9400	3.925.440,00	3.925.440,00

Abschlussangaben zum Bilanzstichtag

1. Außerplanmäßige Abschreibungen:
   Eine EDV-Anlage, Buchwert 8.500,00 €, hat nur noch einen Wert von 500,00 €.
2. Planmäßige Abschreibungen:
   TA und Maschinen: 25 % degressiv;
   BGA: 20 % linear von 1.600.000,00 € Anschaffungskosten;
   20 % auf GWG-Sammelposten.
3. Private Warenentnahme: 1.200,00 € netto.
4. Bildung einer Prozesskostenrückstellung in Höhe von 32.800,00 € und einer Rückstellung für unterlassene Instandhaltungen über 68.000,00 €.
5. Die Dezembermiete für die Lagerhalle wird von uns Anfang nächsten Jahres mit 15.000,00 € gezahlt.
6. Ein Kunde hatte uns für einen kurzfristigen Kredit die Halbjahreszinsen in Höhe von 600,00 € am 1. November im Voraus überwiesen.
7. Kassenfehlbetrag lt. Inventur 400,00 € (Ursache ungeklärt).
8. Am 1. Oktober zahlten wir 17.100,00 € Halbjahres-Darlehenszinsen im Voraus.
9. Der Tageswert des Inventurbestandes der Waren beträgt 92.000,00 €. Die durchschnittlichen Anschaffungskosten betragen 80.000,00 €.[1]

1. Erstellen Sie den Jahresabschluss. Gliedern Sie die Bilanz nach § 266 HGB (siehe Anhang und S. 254).

2. Ermitteln Sie in % die Rentabilität des Eigenkapitals, indem Sie vom Jahresgewinn für die Arbeitsleistung des Geschäftsinhabers zunächst einen Unternehmerlohn von 96.000,00 € abziehen und den Restgewinn zum Eigenkapital vom 1. Januar des Geschäftsjahres in Beziehung setzen. Hat sich der Kapitaleinsatz gelohnt?

1 Beachten Sie: Nach dem Prinzip der kaufmännischen Vorsicht sind Vermögensgegenstände des Umlaufvermögens in der Jahresbilanz zum niedrigsten Wert (Niederstwertprinzip) auszuweisen (siehe auch S. 223, 227 f.).

4 Bewertung der Vermögensteile und Schulden

4.1 Maßgeblichkeit der handelsrechtlichen Bewertung

Beim Zugang zum Betriebsvermögen und zum Jahresabschluss sind alle Vermögensteile und Schulden nach den rechtlichen Vorgaben zu bewerten. Die **Bewertung**, d. h. die **Bestimmung des Wertes** für den einzelnen Vermögens- und Schuldposten, kann sich in entscheidendem Maße auf den **Jahresgewinn (Jahresverlust)** auswirken. Ein **Mehr oder Weniger im Wertansatz** hat ein **gleiches Mehr oder Weniger an Gewinn (Verlust)** zur Folge.

Beispiel

Die Papierwarengroßhandlung Kern KG hat **Aktien** erworben und zu **Anschaffungskosten von 300.000,00 €** im Finanzanlagevermögen (Wertpapiere des Anlagevermögens) bilanziert. Am Bilanzstichtag ist der **Kurswert** der Aktien **vorübergehend auf 250.000,00 € gesunken**. Nach § 253 [3] HGB können die Aktien in der Handelsbilanz a) **auf den niedrigeren Börsenkurs abgeschrieben** oder b) weiterhin **mit den ursprünglichen Anschaffungskosten ausgewiesen werden**. Ohne Berücksichtigung der Fälle a) und b) beträgt der **Gewinn** des Unternehmens **200.000,00 €**.
***Erläutern Sie** in den Fällen a) und b) die **Auswirkung auf** den **Gewinn**.*

Bewertungsvorschriften

Falsche Bewertungen (z. B. überhöhte, zu niedrige oder unterlassene Abschreibungen und Rückstellungen) führen zu einer falschen Darstellung der Vermögens-, Schulden- und Erfolgslage des Unternehmens, vor der insbesondere die **Gläubiger** des Unternehmens **geschützt** werden müssen. Der Gesetzgeber hat deshalb **Bewertungsvorschriften** erlassen, **die willkürliche Über- und Unterbewertungen** der Vermögensteile und Schulden **unterbinden.** Es gibt **handels- und steuerrechtliche Bewertungsvorschriften.** Sie haben **unterschiedliche Zielsetzungen.**

§§ 252–256a HGB

- **Die handelsrechtliche Bewertung** richtet sich nach dem **Handelsgesetzbuch (§§ 252–256a HGB).** Die handelsrechtlichen Bewertungsvorschriften gelten für **alle** Unternehmen, gleich welcher Rechtsform. Sie dienen der **Kapitalerhaltung** und damit auch dem **Schutz der Gläubiger.** Vermögen, Schulden und Erfolg des Unternehmens sind deshalb zum Jahresabschluss **vorsichtig** zu ermitteln, d. h. eher zu niedrig als zu hoch. Das **Prinzip der Vorsicht ist oberster Bewertungsgrundsatz.**

§§ 5–7 EStG

- **Die steuerrechtliche Bewertung** richtet sich nach **§§ 5–7 Einkommensteuergesetz.** Sie soll die **Ermittlung des Gewinns nach einheitlichen Grundsätzen** sicherstellen und damit eine **„gerechte" Besteuerung** ermöglichen. So weisen z. B. die amtlichen **AfA-Tabellen** einheitlich die Nutzungsdauer der verschiedenen Anlagegüter aus.

Grundsatz der Maßgeblichkeit § 5 [1] EStG

Die nach den **handelsrechtlichen** Bewertungsvorschriften aufgestellte Bilanz heißt **„Handelsbilanz".** Die in der Handelsbilanz ausgewiesenen Wertansätze für die Vermögensteile und Schulden sind grundsätzlich auch **verbindlich für** die dem Finanzamt einzureichende **„Steuerbilanz", sofern die steuerlichen Vorschriften keine andere Bewertung zwingend vorschreiben** oder ein **Wahlrecht** gewähren. Dieser **„Grundsatz der Maßgeblichkeit der Handelsbilanz für die Steuerbilanz"** ergibt sich aus § 5 [1] **Einkommensteuergesetz** (EStG). Danach haben buchführungs- und bilanzierungspflichtige **Gewerbetreibende** „[...] für den Schluss des Wirtschaftsjahres **das Betriebsvermögen anzusetzen** [...], das **nach den handelsrechtlichen Grundsätzen ordnungsmäßiger Buchführung auszuweisen** ist [...]".

Beispiel

Die **Anschaffungskosten** der o. g. Aktien werden nach § 255 [1] HGB folgendermaßen ermittelt (siehe S. 183): **Anschaffungspreis** (Kurswert der Aktien) 295.275,59 € + **Anschaffungsnebenkosten** (1 % Bankprovision + 0,6 ‰ Maklergebühr) 4.724,41 € = **Anschaffungskosten** 300.000,00 €. Nach den **handelsrechtlichen Bewertungsvorschriften** für die Zugangsbewertung (§ 253 [1] HGB) müssen die Aktien mit diesem Wert aktiviert werden.

Das **Steuerrecht** enthält in § 6 [1] Nr. 1 und 2 EStG ebenfalls die Vorschrift, dass Wirtschaftsgüter mit ihren **Anschaffungskosten** zu bewerten sind. Allerdings wird nicht gesagt, wie die Anschaffungskosten zu berechnen sind. Daher werden die **nach den handelsrechtlichen Vorschriften ermittelten Anschaffungskosten** der Aktien von 300.000,00 € **für steuerliche Zwecke übernommen.** Es gilt also die **Maßgeblichkeit der Handelsbilanz für die Steuerbilanz.**

6937218

Durchbrechung der Maßgeblichkeit

Der **Grundsatz der Maßgeblichkeit** der Handelsbilanz für die Steuerbilanz **wird durchbrochen**, wenn das **Steuerrecht zwingend eine andere Bewertung vorschreibt**. In diesen Fällen weichen Handelsbilanz und Steuerbilanz voneinander ab.

Beispiel

Für die **Bewertung der** o. g. **Aktien** (Beispiel S. 218 oben) erlaubt § 6 [1] Nr. 2 EStG eine **Abschreibung in der Steuerbilanz** auf den niedrigeren Börsenkurs von 250.000,00 € bei einer **voraussichtlich dauernden Wertminderung**. Da der Aktienkurs nur vorübergehend gesunken ist, müssen die Aktien in der Steuerbilanz mit den Anschaffungskosten von 300.000,00 € ausgewiesen werden. Das handelsrechtliche Abschreibungswahlrecht gilt also für die Steuerbilanz nicht. Es liegt eine **Durchbrechung des Grundsatzes der Maßgeblichkeit** vor.

Werden die Aktien in der Handelsbilanz auf 250.000,00 € abgeschrieben und in der Steuerbilanz weiterhin mit 300.000,00 € bilanziert, weichen die Bilanzen voneinander ab. Der Handelsbilanzgewinn ist somit um 50.000,00 € niedriger als der Steuerbilanzgewinn.

Steuerliche Wahlrechte

Auch **steuerliche Wahlrechte** können zu einer Abweichung zwischen Handels- und Steuerbilanz führen. Kann das Unternehmen nach dem Steuerrecht verschiedene Wertansätze wählen, darf der gewählte Wertansatz nach § 5 [1] EStG vom handelsrechtlichen Wertansatz abweichen: „Bei Gewerbetreibenden [...] ist für den Schluss des Wirtschaftsjahres das Betriebsvermögen anzusetzen ..., das nach den handelsrechtlichen Grundsätzen ordnungsmäßiger Buchführung auszuweisen ist, **es sei denn, im Rahmen der Ausübung eines steuerlichen Wahlrechts wird [...] ein anderer Ansatz gewählt.**“ Die Maßgeblichkeit der Handelsbilanz für die Steuerbilanz gilt nicht. **Steuerliche Wahlrechte** dürfen nur ausgeübt werden, wenn die **abweichend bewerteten Wirtschaftsgüter in einem besonderen Verzeichnis aufgeführt sind** (vgl. § 5 [1] Satz 2 EStG).

Einheitsbilanz

Einzelunternehmen und kleinere Personengesellschaften stellen in der Regel nur **eine Bilanz** auf, die **zugleich Handels- und Steuerbilanz** ist. Das bedeutet, dass bereits bei den Jahresabschlussarbeiten die steuerrechtlichen Bewertungsmöglichkeiten berücksichtigt werden. Durch das BilMoG (Bilanzrechtsmodernisierungsgesetz) und die teilweise vom Handelsrecht abweichenden steuerlichen Vorschriften wird die Erstellung einer **Einheitsbilanz** erschwert.

Merke

- **Bewertung bedeutet Bestimmung des Wertes für die einzelnen Vermögensteile und Schulden.**
- **Die Bewertung beeinflusst das im Jahresabschluss auszuweisende Vermögen, die Schulden und den Jahreserfolg.**
- **Handels- und steuerrechtliche Bewertungsvorschriften haben unterschiedliche Zielsetzungen.**
- **Allgemein gilt nach § 5 [1] EStG für die Bewertung der „Grundsatz der Maßgeblichkeit der Handelsbilanz für die Steuerbilanz“, sofern die steuerlichen Vorschriften keine andere Bewertung zwingend vorschreiben oder ein Wahlrecht gewähren.**

Aufgabe 266

Die Textil-GmbH hat zu Beginn des Geschäftsjahres 2013 einen Verpackungsautomaten erworben: Anschaffungskosten 400.000,00 €, Nutzungsdauer zehn Jahre. Wegen des technischen Fortschritts soll die Maschine nach Möglichkeit degressiv mit 25 % abgeschrieben werden.
Ermitteln Sie den Wertansatz zum 31. Dez. 2013 für die Handelsbilanz und die Steuerbilanz.

Aufgabe 267

Die Südfrüchte GmbH hat im Geschäftsjahr .... geringwertige Wirtschaftsgüter für insgesamt 35.000,00 € (Nettowerte der GWG über 150,00 € bis 1.000,00 €) erworben, die im zu veröffentlichenden handelsrechtlichen Jahresabschluss aktiviert und nach der Nutzungsdauer abgeschrieben werden. Um den steuerpflichtigen Gewinn zu mindern, wurden die geringwertigen Wirtschaftsgüter in der beim Finanzamt eingereichten Steuerbilanz voll abgeschrieben.

1. *Welches Bilanzierungsrecht besteht steuerlich bei geringwertigen Wirtschaftsgütern?*
2. *Nehmen Sie kritisch Stellung zu der vorliegenden Bewertung in beiden Bilanzen.*
3. *Erläutern Sie die unterschiedliche Zielsetzung der handels- und steuerrechtlichen Bewertung.*
4. *Begründen Sie, inwiefern durch eine vorsichtige Bewertung in der Handelsbilanz dem Gläubigerschutz Rechnung getragen wird.*
5. *Nennen Sie mögliche Abweichungen zwischen Handels- und Steuerbilanz.*
6. *Welche Vor- und Nachteile hat jeweils eine a) niedrige oder b) hohe Abschreibung?*

4.2 Allgemeine Bewertungsgrundsätze nach § 252 HGB

Die allgemeinen Bewertungsgrundsätze (Prinzipien) ergeben sich aus **§ 252 [1] HGB.** Sie sind **für alle Kaufleute verbindlich.**

Bilanzidentität

1. Grundsatz der Bilanzidentität (Bilanzgleichheit)

Der Grundsatz der Bilanzidentität verlangt, dass die Posten der **Schlussbilanz** eines Geschäftsjahres **wertmäßig** mit den Posten der **Eröffnungsbilanz** des folgenden Geschäftsjahres **übereinstimmen,** also **identisch** sein müssen. Die **Schlussbilanz** ist **gleichzeitig** die **Eröffnungsbilanz des Folgejahres.**

Der Grundsatz der Bilanzidentität soll verhindern, dass beim Übergang auf das neue Geschäftsjahr nachträglich Wertveränderungen vorgenommen werden.

Unternehmensfortführung

2. Grundsatz der Unternehmensfortführung (Going-concern-Prinzip)

Bei der Bewertung ist grundsätzlich **von der Fortführung der Unternehmenstätigkeit auszugehen.** Die einzelnen Vermögensgegenstände dürfen **nicht mit ihren Liquidationswerten** (Einzelveräußerungspreis im Falle einer freiwilligen Auflösung des Unternehmens) in die Jahresbilanz eingesetzt werden, sondern nur zu dem Wert, der sich aus der angenommenen Unternehmensfortführung ergibt. Das sind z. B. bei abnutzbaren Anlagegütern die Anschaffungskosten abzüglich Abschreibungen.

Eine **Abweichung vom „Going-concern-Prinzip"** ist nur im Falle einer **Liquidation (freiwillige** Auflösung) oder einer **zwangsweisen** Auflösung eines Unternehmens im Rahmen eines Insolvenzverfahrens möglich.

Einzelbewertung

3. Grundsatz der Einzelbewertung

Grundsätzlich sind alle **Vermögensgegenstände und Schulden einzeln** zu **bewerten.** Allerdings sind **Bewertungsvereinfachungsverfahren** aus Gründen der Wirtschaftlichkeit gesetzlich zugelassen, wie z. B. eine **Gruppen- oder Sammelbewertung** der Warenbestände nach Durchschnittswerten (§ 240 [4] HGB) u. a.

Stichtagsbezogenheit

4. Grundsatz der Stichtagsbezogenheit (Stichtagsprinzip)

Die **Bewertung** der einzelnen Vermögensgegenstände und Schulden hat sich **nach den Verhältnissen am Abschlussstichtag** zu richten. Dabei sind alle **Sachverhalte,** die am Bilanzstichtag (z. B. 31. Dezember 01) **objektiv** bestanden, zu berücksichtigen, auch wenn sie nach diesem Zeitpunkt, jedoch noch **vor dem Tag der Bilanzaufstellung** (z. B. 28. Januar 02), **bekannt werden** (sog. **wertaufhellende Tatsachen).**

Beispiel

Am 31. Dezember 01 besteht eine Forderung gegenüber einem Kunden in Höhe von 11.900,00 €. Am 12. Januar 02, also noch vor Bilanzaufstellung (28. Januar 02), erfahren wir, dass der Kunde bereits am 27. Dezember 01 nach Abschluss eines Insolvenzverfahrens zahlungsunfähig war.

Die erlangte bessere Erkenntnis über den Wert der Forderung zum Bilanzstichtag muss bei der Bewertung berücksichtigt werden. Die Forderung ist zum 31. Dezember 01 abzuschreiben, da sie objektiv uneinbringlich war.

Vorgänge, die sich **nach** dem Bilanzstichtag ereignen und Tatsachen geschaffen haben, die am Bilanzstichtag objektiv noch nicht gegeben waren, **dürfen bei der Bewertung** zu diesem Zeitpunkt **nicht berücksichtigt werden.**

Beispiel

Am 31. Dezember 01 besteht gegenüber einem Kunden eine Forderung über 17.850,00 €. Wertmindernde Tatsachen waren zu diesem Zeitpunkt nicht gegeben. Am 15. Januar 02, also noch vor Bilanzaufstellung (28. Januar 02), brennt das Warenlager des Kunden ab. Mangels ausreichender Versicherungsleistung kommt es zu einem Insolvenzverfahren und damit zum Totalausfall der Forderung. Die durch Brand eingetretene Zahlungsunfähigkeit des Kunden ist ein **Vorgang im neuen Geschäftsjahr.** Eine Abschreibung der Forderung darf deshalb zum 31. Dezember 01 nicht vorgenommen werden.

6937220

5. Grundsatz der Vorsicht (Vorsichtsprinzip)

Vorsichtsprinzip

Der Kaufmann muss **vorsichtig** bewerten, indem er **alle vorhersehbaren Risiken und Verluste**, die bis zum Abschlussstichtag entstanden sind oder drohen, berücksichtigt. Das bedeutet, dass er die **Vermögensgegenstände** eher zu niedrig als zu hoch **(Niederstwertprinzip)** und die **Schulden** eher zu hoch als zu niedrig **(Höchstwertprinzip)** ansetzt.

Gewinne dürfen nur dann ausgewiesen werden, wenn sie **durch Umsatz tatsächlich entstanden**, also **realisiert** sind **(Realisationsprinzip**; Ausnahme: kurzfristige Fremdwährungsverbindlichkeiten, vgl. S. 241 ff.).

Das Vorsichtsprinzip soll **überhöhte Gewinnausschüttungen verhindern** und trägt deshalb zur **Erhaltung des Eigenkapitals** und damit der **Haftungssubstanz** gegenüber den Gläubigern **(Gläubigerschutz)** bei.

6. Grundsatz der Periodenabgrenzung

Periodenabgrenzung

Nach dem Grundsatz der Periodenabgrenzung sind **Aufwendungen und Erträge dem Geschäftsjahr zuzuweisen**, in dem sie **wirtschaftlich verursacht** wurden, ohne Rücksicht auf den Zeitpunkt der Ausgabe und Einnahme.

Die **zeitliche Abgrenzung der Aufwendungen und Erträge** in der Form der „Aktiven und Passiven Rechnungsabgrenzung“ sowie „Sonstigen Forderungen und Sonstigen Verbindlichkeiten“ sowie „Rückstellungen“ **soll** eine **periodengerechte Erfolgsermittlung ermöglichen.**

7. Grundsatz der Bewertungsstetigkeit

Bewertungsstetigkeit

Der Grundsatz der Bewertungsstetigkeit besagt, dass die einmal gewählten **Bewertungs- und Abschreibungsmethoden** grundsätzlich **beizubehalten** sind.

Die Bewertungsstetigkeit, auch **materielle Bilanzkontinuität** genannt, soll insbesondere einen willkürlichen Wechsel der Bewertungs- und Abschreibungsmethoden für dasselbe oder gleichwertige Wirtschaftsgüter verhindern, damit die **Vergleichbarkeit der Jahresabschlüsse** sichergestellt ist.

Zu berücksichtigen ist aber auch die **formale Bilanzkontinuität** (§ 265 [1] HGB), also eine **einheitliche Bezeichnung und Gliederung der Posten des Jahresabschlusses** in der **Bilanz** (§ 266 HGB) und **Gewinn- und Verlustrechnung** (§ 275 HGB).

Merke

- **Die allgemeinen Bewertungsgrundsätze nach § 252 [1] HGB gelten für alle Kaufleute und Unternehmensformen:**
  - **Einzelunternehmen (e. K., e. Kffr., e. Kfm.),**
  - **Personengesellschaften (OHG, KG),**
  - **Kapitalgesellschaften (AG, GmbH, KGaA) und**
  - **Genossenschaften (eG).**
- **Von den allgemeinen Bewertungsgrundsätzen darf nur in begründeten Ausnahmefällen abgewichen werden (§ 252 [2] HGB).**

Aufgabe 268

1. *Welche Bedeutung hat das Stichtagsprinzip für die Bewertung der Vermögensgegenstände und Schulden?*
2. *Welchen Einfluss haben „werterhellende Tatsachen“ auf die Bewertung?*
3. *Unterscheiden Sie zwischen dem Grundsatz der Bilanzidentität und Bilanzkontinuität.*
4. Zum 31. Dezember 01 wurde für Prozesskosten eines schwebenden Prozesses eine Rückstellung in Höhe von 12.000,00 € gebildet. Noch vor Bilanzaufstellung am 10. März 02 geht der Prozess wider Erwarten zu unseren Gunsten aus. *Beurteilen Sie den Tatbestand.*
5. Am 31. Dezember 01 musste eine Forderung wegen Uneinbringlichkeit abgeschrieben werden. Vor Bilanzaufstellung am 25. Februar 02 wird der Schuldner durch eine Erbschaft wieder zahlungsfähig. *Wie ist die Forderung zum Bilanzstichtag zu bewerten?*

4.3 Wertmaßstäbe bei Vermögensgegenständen

Für die **Bewertung** sind insbesondere folgende Wertmaßstäbe von Bedeutung: **Anschaffungskosten** (AK), **Herstellungskosten** (HK), **Fortgeführte AK/HK**, **Tageswert** und **Teilwert.**

Anschaffungskosten § 255 [1] HGB

Anschaffungskosten sind nach § 255 [1] HGB „[...] die **Aufwendungen**, die geleistet werden, um einen **Vermögensgegenstand zu erwerben** und ihn in einen **betriebsbereiten Zustand zu versetzen**, soweit sie dem Vermögensgegenstand **einzeln** zugeordnet werden können“:

Anschaffungspreis	Netto-Kaufpreis
+ **Nebenkosten**	Bezugskosten, Zölle, Fundament, Montage, Zulassung, Grunderwerbsteuer, Notar, Makler
+ **nachträgliche Anschaffungskosten**	Erschließung, Straßenbau, Umbau, Ausbau, Zubehörteile für Anlagen u. a.
– **Anschaffungskostenminderungen**	Rabatte, Skonti, Gutschriften, Zuschüsse u. a.
= **Anschaffungskosten**	**Aktivierung:** handels- und steuerrechtlich

Herstellungskosten § 255 [2, 2a, 3] HGB

Herstellungskosten für im eigenen Betrieb erstellte Vermögensgegenstände (z. B. selbst erstellte Anlagen, werterhöhende Großreparaturen) umfassen nach § 255 [2, 2a, 3] HGB die **Einzelkosten** (Fertigungsmaterial, Fertigungslöhne, Sonderkosten der Fertigung), die **Materialgemeinkosten** (z. B. Lagerhaltung, Materialprüfung, -transport), die **Fertigungsgemeinkosten** (z. B. Betriebsleitung, Vorbereitung und Kontrolle der Herstellung, Raumkosten) sowie den **fertigungsbedingten Werteverzehr** des Anlagevermögens (z. B. Abschreibungen auf Fertigungsanlagen). Für die Bewertung in der Handelsbilanz dürfen wahlweise weitere Kosten bis zur Herstellungskostenobergrenze angesetzt werden. Für die Bewertung in der Steuerbilanz sind diese Herstellungskostenbestandteile verpflichtend einzubeziehen (R 6.3 [1] EStR 2012).

Handelsrechtliche und steuerrechtliche Herstellungskosten (HK)

HGB: Pflicht Steuerrecht: Pflicht	Fertigungsmaterial + Fertigungslöhne + Sonderkosten der Fertigung + Materialgemeinkosten + Fertigungsgemeinkosten + fertigungsbedingter Werteverzehr des Anlagevermögens	+ Allgemeine Verwaltungskosten + Aufwendungen für soziale Einrichtungen des Betriebs + Aufwendungen für freiwillige soziale Leistungen + Aufwendungen für betriebliche Altersversorgung	**HGB: Wahlrecht Steuerrecht: Pflicht**
	= **Mindest-HK nach HGB**	= **Höchste HK nach HGB bzw. HK nach Steuerrecht**	

Forschungs- und Vertriebskosten dürfen nicht, **Fremdkapitalzinsen** dürfen nur bei unmittelbarem Zusammenhang mit der Herstellung eines Vermögensgegenstands angesetzt werden.

Fortgeführte AK/HK

Fortgeführte Anschaffungs-/Herstellungskosten ergeben sich als Wertansatz für alle **abnutzbaren Anlagegüter** unter Berücksichtigung der Abschreibungen:

Anschaffungskosten/Herstellungskosten
– planmäßige Abschreibungen
= fortgeführte Anschaffungskosten/Herstellungskosten

Tageswert

Tageswert, auch **Zeitwert oder Wiederbeschaffungswert** genannt, ist der (all-)gemeine Wert, der sich aus dem **Börsen- oder Marktpreis** ergibt. Falls ein Börsen- oder Marktpreis nicht festzustellen ist, gilt ein **geschätzter Wert.** Der Tageswert ist also lediglich als **Vergleichswert** anzuwenden bzw. anzusetzen.

Teilwert § 6 [1] Nr. 1 EStG

Teilwert ist ein steuerlicher Wertbegriff, dem hilfsweise die o. g. Wertmaßstäbe entsprechen:

„Teilwert ist der Betrag, den ein Erwerber des ganzen Betriebes im Rahmen des Gesamtkaufpreises für das einzelne Wirtschaftsgut ansetzen würde; dabei ist davon auszugehen, dass der Erwerber den Betrieb fortführt.“

Merke — **Die Anschaffungs-/Herstellungskosten dürfen grundsätzlich nicht überschritten werden.**

4.4 Besondere Bewertungsprinzipien[1]

Vorsichtsprinzip
§ 252 [1] Nr. 4 HGB

Das Prinzip der Vorsicht ist der **wichtigste** handelsrechtliche Bewertungsgrundsatz, der insbesondere der **Kapitalerhaltung** des Unternehmens und damit dem **Gläubigerschutz** dient. Vorsichtige Bewertung bedeutet, dass **bei Vermögensteilen der niedrigere** und **bei Schulden der höhere Wert anzusetzen** ist, wenn zum Bilanzstichtag mehrere Wertansätze zur Verfügung stehen. Darüber hinaus sollen alle **vorhersehbaren Risiken und Verluste** erfasst werden.

Konkrete Anwendung des Vorsichtsprinzips. Das Prinzip der Vorsicht (§ 252 [1] Nr. 4 HGB) findet seine konkrete Anwendung in den folgenden Bewertungsprinzipien: **Anschaffungswertprinzip, Niederstwertprinzip** und **Höchstwertprinzip.**

Anschaffungswertprinzip
§ 253 [1] HGB

Die Anschaffungskosten dürfen nicht überschritten werden!

Bei der Bewertung der Vermögensgegenstände zum Bilanzstichtag dürfen nach § 253 [1] HGB die **Anschaffungs- oder Herstellungskosten** nicht überschritten werden. Durch diese **Bewertungsobergrenze** wird sichergestellt, dass **nur die** am Abschlussstichtag **durch Verkauf oder Zahlung realisierten (entstandenen) Gewinne ausgewiesen** werden.

Beispiel

Der Wert eines zu 250.000,00 € erworbenen Grundstücks ist inzwischen auf 300.000,00 € gestiegen.

Solange das Grundstück nicht zu dem höheren Wert verkauft ist, spricht man von einer **stillen Reserve** oder einem nicht realisierten Gewinn. **Aus Gründen kaufmännischer Vorsicht sind nicht realisierte Gewinne noch keine Gewinne** und dürfen deshalb auch **nicht ausgewiesen** (und somit auch nicht ausgeschüttet) werden. Das Grundstück darf höchstens mit 250.000,00 € Anschaffungskosten in die Bilanz eingesetzt werden.

Niederstwertprinzip

Niederstwertprinzip für Gegenstände des Anlage- und Umlaufvermögens

Am Bilanzstichtag ist von zwei möglichen Wertansätzen – **Tageswert** (Börsen- oder Marktpreis) und **Anschaffungskosten** – grundsätzlich der **niedrigere** anzusetzen (§ 253 [3, 4] HGB).

Beispiel

Der Wert eines mit 220.000,00 € aktivierten Baugrundstücks ist aufgrund einer amtlich verordneten Baubeschränkung auf 100.000,00 € gesunken.

Auch wenn das Grundstück noch nicht zu dem niedrigeren Wert verkauft ist, muss der Wert wegen der **dauerhaften** Wertminderung (§ 253 [3] HGB) um 120.000,00 € auf 100.000,00 € herabgesetzt werden. Das **Niederstwertprinzip** führt somit zum **Ausweis eines noch nicht realisierten Verlustes.** Denn: Nicht realisierte Verluste sind **aus Gründen kaufmännischer Vorsicht** Verluste und müssen deshalb **wie Verluste behandelt werden.**

§ 253 [3] HGB

Vermögensgegenstände des Anlagevermögens sind nach § 253 [3] HGB **planmäßig** nach ihrer Nutzungsdauer (z. B. linear) abzuschreiben. Daneben sind **bei voraussichtlich dauernder Wertminderung** auch **außerplanmäßige Abschreibungen** vorzunehmen, um die Anlagen mit dem niedrigeren Wert anzusetzen. Lediglich **Finanzanlagen** können auch bei voraussichtlich **nicht dauernder Wertminderung** außerplanmäßig abgeschrieben werden.

§ 253 [4] HGB

Bei **Vermögensgegenständen des Umlaufvermögens** sind ebenfalls Abschreibungen auf den jeweiligen niedrigeren Wert vorzunehmen, der sich aus einem Börsen- oder Marktpreis bzw. einem beizulegenden Wert am Abschlussstichtag ergibt.

Merke

- **Strenges Niederstwertprinzip: Von zwei möglichen Wertansätzen eines Vermögensgegenstandes muss stets der niedrigste Wert angesetzt werden. Dieses Prinzip gilt für das Umlaufvermögen, also auch bei einer nur vorübergehenden Wertminderung (§ 253 [4] HGB). Für alle Gegenstände des Anlagevermögens gilt es nur im Falle einer dauernden Wertminderung (§ 253 [3] Satz 3 HGB). Ausnahme: siehe § 256 a HGB.**
- **Ein niedrigerer Wertansatz bei Vermögensgegenständen des Anlage- und Umlaufvermögens darf nicht beibehalten werden, wenn die Gründe dafür nicht mehr bestehen (§ 253 [5] HGB).**

1 § 252 HGB enthält die allgemeinen Bewertungsgrundsätze (siehe S. 220 f. und Anhang des Lehrbuches).

Höchstwertprinzip für die Bewertung der Schulden des Unternehmens

Zu den Schulden des Unternehmens zählen die Verbindlichkeiten und die Rückstellungen (vgl. hierzu auch S. 213 ff. und S. 241 ff.).

Höchstwertprinzip § 253 [1] HGB

Verbindlichkeiten sind zu ihrem **Erfüllungsbetrag**, **Rückstellungen** „[...] in Höhe des nach vernünftiger kaufmännischer Beurteilung notwendigen Erfüllungsbetrages [...]" zu passivieren. Der Erfüllungsbetrag drückt aus, dass bei der Bewertung „[...] alle vorhersehbaren Risiken und Verluste, die bis zum Abschlussstichtag entstanden sind [...]", berücksichtigt werden müssen (§ 252 [1] Nr. 4 HGB). Das bedeutet, dass in die Bewertung zukünftige Preis- und Kostensteigerungen einfließen, sofern sie am Abschlussstichtag voraussehbar sind.

Abzinsungsgebot § 253 [2] HGB

Rückstellungen mit einer Restlaufzeit von **mehr als einem Jahr** sind mit dem „[...] durchschnittlichen Marktzinssatz der vergangenen sieben Geschäftsjahre **abzuzinsen**". Die durchschnittlichen Marktzinssätze ermittelt die Deutsche Bundesbank in Abhängigkeit von den Restlaufzeiten der Rückstellungen monatlich und veröffentlicht sie auf ihrer Internetseite.

Sofern für eine Verbindlichkeit am Abschlussstichtag zwei alternative Wertansätze wählbar sind, ist der höchste in der Bilanz anzusetzen. Dieser Fall tritt vor allem bei langfristigen Verbindlichkeiten auf, die auf eine **Fremdwährung** lauten (zu Fremdwährungsverbindlichkeiten vgl. die Beispiele auf S. 241 ff.).

Imparitätsprinzip § 252 [1] Nr. 4 HGB

Anschaffungs-, Niederst- und Höchstwertprinzip bewirken, dass nicht realisierte Verluste ausgewiesen werden. Nicht realisierte Gewinne bleiben dagegen unberücksichtigt. Dieses Prinzip der ungleichen Behandlung von nicht realisierten Gewinnen und Verlusten bezeichnet man als Imparitätsprinzip (Ungleichheitsprinzip). Es ist Ausdruck kaufmännischer Vorsicht als dem obersten Bewertungsgrundsatz. Bei der Bewertung kurzfristig fälliger Fremdwährungsverbindlichkeiten wird dieser Grundsatz durchbrochen (vgl. S. 241 ff.).

Wertaufholungsgebot § 253 [5] HGB

Sofern Gegenstände des Anlage- und Umlaufvermögens außerplanmäßig abgeschrieben wurden, und es stellt sich in einem späteren Geschäftsjahr heraus, dass die Gründe für die außerplanmäßige Abschreibung nicht mehr bestehen, ist eine **Zuschreibung** (= Wertaufholung) vorzunehmen, und zwar **höchstens** bis zu den – gegebenenfalls um die normalen Abschreibungen verminderten – Anschaffungs- oder Herstellungskosten.

Beispiel

Die Metallhandels-GmbH kauft am 3. Januar 01 X-Aktien für 20.000,00 € zur kurzfristigen Vermögensanlage. Zum 31. Dezember 01 haben die X-Aktien gemäß strengem Niederstwertprinzip nur noch einen Bilanzwert von 15.000,00 €. Bis zum 31. Dezember 02 steigen die Aktien auf einen Wert von 23.000,00 €. In der Steuer- und Handelsbilanz der Metallhandels-GmbH zum 31. Dezember 02 muss nun eine **Wertaufholung bzw. Zuschreibung** bis zu den ehemaligen Anschaffungskosten von 20.000,00 € erfolgen, wodurch eine **stille Reserve von 5.000,00 € ertragswirksam aufgelöst wird:**

Buchung:	1200 Wertpapiere des Umlaufvermögens	5.000,00	
	an 2732 Erträge aus Zuschreibungen im Umlaufvermögen		5.000,00

Merke

- **Das Imparitätsprinzip ist Ausdruck kaufmännischer Vorsicht:**
  - **Nicht realisierte Gewinne dürfen grundsätzlich nicht ausgewiesen werden!**
  - **Nicht realisierte Verluste müssen ausgewiesen werden!**
- **Das Imparitätsprinzip findet seine Anwendung im Anschaffungs-, Niederst- und Höchstwertprinzip.**
- **Sowohl in der Handels- als auch in der Steuerbilanz besteht ein striktes Wertaufholungsgebot für Gegenstände des Anlage- und Umlaufvermögens (Ausnahme: entgeltlich erworbener Geschäfts- oder Firmenwert).**

4.5 Bewertung des Anlagevermögens

Im Hinblick auf die Bewertung des Anlagevermögens unterscheidet man zwischen **abnutzbaren Gegenständen des Anlagevermögens** und **nicht abnutzbaren Gegenständen des Anlagevermögens.**

4.5.1 Bewertung der abnutzbaren Anlagegegenstände

Planmäßige Abschreibung § 253 [3] HGB

Abnutzbare Anlagegegenstände[1] (z. B. Gebäude u. a.) sind in ihrer Nutzung zeitlich begrenzt. Sie sind deshalb nach § 253 [3] HGB **planmäßig** abzuschreiben, d. h. entweder **linear bzw. degressiv** nach ihrer Nutzungsdauer oder nach der beanspruchten **Leistung** (z. B. km). Zum Bilanzstichtag sind sie grundsätzlich mit den **fortgeführten** Anschaffungs- bzw. Herstellungskosten anzusetzen.

Beispiel

Anschaffung einer Verpackungsmaschine am 10. Januar 01. Die Anschaffungskosten betragen 400.000,00 €. Die Nutzungsdauer wird mit zehn Jahren angesetzt. Die Maschine soll linear mit 40.000,00 € jährlich planmäßig abgeschrieben werden.

	Anschaffungskosten	400.000,00 €
–	planmäßige Abschreibung	40.000,00 €
=	**fortgeführte Anschaffungskosten zum 31. Dez. 01**	**360.000,00 €**

Außerplanmäßige Abschreibung § 253 [3] HGB

Außerordentliche und dauerhafte Wertminderungen (z. B. durch Schadensfall oder technischen Fortschritt) **bedingen** eine **außerplanmäßige** Abschreibung des abnutzbaren Anlagegutes auf den niedrigeren Tageswert. Nach § 253 [3] HGB besteht **Abschreibungspflicht** (strenges Niederstwertprinzip).

Beispiel

Die fortgeführten Anschaffungskosten der o. g. Maschine betragen am Ende des 6. Nutzungsjahres 160.000,00 €. Durch Sortimentsumstellung kann diese Maschine nicht mehr genutzt werden. Der Tageswert beträgt 60.000,00 €.

	fortgeführte Anschaffungskosten zum 31. Dez. 06	160.000,00 €
–	Tageswert zum 31. Dezember 06	60.000,00 €
=	**außerplanmäßige Abschreibung**	**100.000,00 €**

Nennen Sie den Buchungssatz für die planmäßige und die außerplanmäßige Abschreibung.

Wertaufholung § 253 [5] HGB

Ein niedrigerer Wertansatz aufgrund einer außerplanmäßigen Abschreibung darf nicht beibehalten werden, wenn die Gründe dafür nicht mehr bestehen. Die Wertaufholung (= Zuschreibung) ist höchstens bis zu den (fortgeführten) Anschaffungs- oder Herstellungskosten möglich.

4.5.2 Bewertung der nicht abnutzbaren Anlagegegenstände

Anschaffungskosten

Nicht abnutzbare Anlagegegenstände[1] (z. B. Grundstücke, Finanzanlagen, wie Wertpapiere, die als Daueranlage angeschafft wurden, u. a.) sind zum Abschlussstichtag **höchstens** mit den **Anschaffungskosten** anzusetzen.

Niedrigerer Tageswert

Bei einer **dauerhaften Wertminderung muss** nach § 253 [3] HGB eine **außerplanmäßige Abschreibung** auf den niedrigeren Tageswert erfolgen (strenges Niederstwertprinzip).

Auf Finanzanlagen trifft das Niederstwertprinzip in gemilderter Form zu: Finanzanlagen **können** auch bei **nicht dauernder** Wertminderung außerplanmäßig abgeschrieben werden (vgl. § 253 [3] HGB).

1 Siehe auch S. 185 ff.

Beispiel

Die Metallhandels-GmbH hat im Geschäftsjahr 01 ein Aktienpaket zum Kurswert von 250.000,00 € als dauerhafte Kapitalanlage erworben. Die Aktien, die noch mit ihren Anschaffungskosten bilanziert sind, haben am 31. Dez. 02 nur noch einen Kurswert von 200.000,00 €.

	Anschaffungskosten der Aktien	250.000,00 €
–	Tageswert zum 31. Dezember 02	200.000,00 €
=	**außerplanmäßige Abschreibung**	**50.000,00 €**

Buchung: 4930 Abschreibungen a. Finanzanlagen an **0450 Wertpapiere d. AV** **50.000,00**

Wertaufholung

Sollte in Zukunft, z. B. im Geschäftsjahr 04, der Kurswert auf 260.000,00 € steigen, muss in der **Handelsbilanz der o. g. Kapitalgesellschaft** eine **Zuschreibung** (Wertaufholung) **höchstens bis zu den Anschaffungskosten,** also in Höhe von 50.000,00 €, gemäß § 253 [5] HGB erfolgen.[1]

Nennen Sie den Buchungssatz (siehe S. 224).

Merke

- **Nur abnutzbare Anlagegüter unterliegen einer planmäßigen Abschreibung. Die fortgeführten Anschaffungskosten/Herstellungskosten bilden den Wertansatz.**
- **Die Anschaffungskosten stellen i. d. R. den Wertansatz nicht abnutzbarer Anlagegüter dar.**
- **Alle Anlagegüter müssen bei einer voraussichtlich dauernden Wertminderung außerplanmäßig auf den niedrigeren Tageswert abgeschrieben werden (Ausnahme: Finanzanlagen).**

Aufgabe 269

Die Textilhandels-GmbH hat im Geschäftsjahr 01 ein Aktienpaket zur langfristigen Anlage zum Kurswert von 150.000,00 € erworben.

a) Am 31. Dezember 01 beträgt der Kurswert 120.000,00 €.
b) Am 31. Dezember 02 ist der Kurswert wiederum auf 140.000,00 € gestiegen.
c) Am 31. Dezember 03 beträgt der Kurswert 200.000,00 €.

Ermitteln und begründen Sie die Wertansätze in den Fällen a), b) und c).

Aufgabe 270

Im Geschäftsjahr 01 hat die Textilhandels-GmbH zur Erweiterung ein Baugrundstück zum Kaufpreis von 600.000,00 € erworben. Grunderwerbsteuer 3,5 %; Notariatskosten 5.000,00 € + USt; Maklergebühr 18.000,00 € + USt; Kanalanschlussgebühr 12.000,00 €; Grundbuchkosten 2.800,00 €. Alle Zahlungen erfolgen durch Banküberweisungen.
Im Laufe des folgenden Geschäftsjahres ergibt ein Gutachten, dass das Grundstück wegen eines sumpfigen Unterbodens nur unter beträchtlichem Aufwand bebaut werden kann. Die Wertminderung des Grundstücks beträgt lt. Gutachten 80.000,00 €.

1. *Ermitteln Sie die Anschaffungskosten des Grundstücks.*
2. *Nennen Sie die Buchungen zur Bilanzierung des Grundstücks.*
3. *Begründen Sie Ihre Bewertungsentscheidung zum 31. Dez. 02 und nennen Sie die Buchung.*

Aufgabe 271

Die Textilhandels-GmbH hat im Januar des Geschäftsjahres 01 eine neue EDV-Anlage für 200.000,00 € angeschafft. Lineare Abschreibung bei einer Nutzungsdauer von fünf Jahren. Zum Schluss des 3. Geschäftsjahres ist die EDV-Anlage als wirtschaftlich und technisch überholt anzusehen, da die Lieferfirma ein verbessertes Nachfolgemodell zu einem erheblich günstigeren Preis anbietet. Der Tageswert der EDV-Anlage beträgt nur noch 20.000,00 €.

Ermitteln und begründen Sie jeweils den Wertansatz zum
a) 31. Dezember 01, b) 31. Dezember 02 und c) 31. Dezember 03.

Aufgabe 272

Die Textilhandels-GmbH hat am 1. Juli 2010 eine computergesteuerte Verpackungsanlage in Betrieb genommen. Die Anschaffungskosten betrugen 350.000,00 €.

1. *Ermitteln Sie die handelsrechtlichen Wertansätze der neuen Anlage für die ersten drei Geschäftsjahre a) bei linearer und b) bei degressiver Abschreibung (25 %). Nutzungsdauer: zehn Jahre.*
2. *Führen Sie den Wechsel von der degressiven zur linearen Abschreibung durch.*

1 Siehe auch S. 224.

6937226

4.6 Bewertung des Umlaufvermögens

Zum Umlaufvermögen zählen nach § 266 HGB (siehe Bilanzgliederung im Anhang und auf S. 254 des Lehrbuches) die folgenden Vermögensgruppen:

I. **Vorräte**
II. **Forderungen und sonstige Vermögensgegenstände**
III. **Wertpapiere**
IV. **Kassenbestand, Bundesbankguthaben, Guthaben bei Kreditinstituten und Schecks**

Strenges Niederstwertprinzip § 253 [4] HGB

Für die **Bewertung der Wirtschaftsgüter des Umlaufvermögens** gilt das **strenge Niederstwertprinzip.** Sie dürfen **höchstens** mit ihren **Anschaffungskosten (AK) oder Herstellungskosten (HK)** angesetzt werden. Liegt jedoch der Wert am Bilanzstichtag darunter, **muss** dieser **niedrigere Tageswert (TW)** nach § 253 [4] HGB in das Inventar und die Schlussbilanz eingesetzt werden.[1]

Wertaufholungsgebot § 253 [5] HGB

Eine Wertaufholung bis zu den Anschaffungs- bzw. Herstellungskosten ist **steuerrechtlich** grundsätzlich vorgeschrieben. Das gilt gemäß § 253 [5] HGB auch **verbindlich für die Handelsbilanz.**

Merke

- **Strenges Niederstwertprinzip bedeutet, dass von zwei am Bilanzstichtag möglichen Wertansätzen, dem Tageswert (TW) und den Anschaffungskosten (AK) oder Herstellungskosten (HK), stets der niedrigere Wert in das Inventar und die Schlussbilanz einzusetzen ist:**
  - **AK/HK > TW → Bewertung zum TW**
  - **AK/HK < TW → Bewertung zu AK/HK**
- **Die Anschaffungs- oder Herstellungskosten bilden grundsätzlich die absolute Wertobergrenze.**

4.6.1 Bewertung der Vorräte

Zum Vorratsvermögen eines Großhandelsbetriebes zählen im Allgemeinen nur die Bestände an Waren. Das Vorratsvermögen eines Industriebetriebes ist dagegen vielfältiger und umfasst

1. **Roh-, Hilfs- und Betriebsstoffe**
2. **Unfertige Erzeugnisse, unfertige Leistungen**
3. **Fertige Erzeugnisse und Waren**
4. **Geleistete Anzahlungen**

Inventur

Zum Bilanzstichtag sind die Gegenstände des Vorratsvermögens **körperlich** (mengenmäßig) zu **erfassen und** zu **bewerten.** Anstelle dieser **Stichtagsinventur** kann die Bestandsaufnahme auch in Form einer **permanenten oder verlegten Inventur** (siehe auch S. 13) durchgeführt werden.

Ausgangswert für die Bewertung bilden

- bei **Roh-, Hilfs-** und **Betriebsstoffen** sowie **Waren:** die **Anschaffungskosten,**
- bei **unfertigen** und **fertigen Erzeugnissen:** die **Herstellungskosten.**

Sammel- bzw. Gruppenbewertung

Wie für alle Vermögensteile und Schulden gilt auch für die **Bewertung der Warenvorräte** der **Grundsatz der Einzelbewertung,** d. h., **bei jedem Einzelposten** sind jeweils die ursprünglichen **Anschaffungskosten mit dem Tageswert am Bilanzstichtag zu vergleichen,** wobei der

1 Ausnahme: Fremdwährungsforderungen mit einer Restlaufzeit bis zu einem Jahr gemäß § 256a HGB.

niedrigere von beiden Werten anzusetzen ist. Diese Einzelbewertung ist jedoch kaum möglich, wenn sich der zu bewertende Inventurbestand aus **verschiedenen Lieferungen und Preisen** zusammensetzt. Deshalb erlaubt der Gesetzgeber bei **gleichartigen** Vorräten eine **Sammel-** bzw. **Gruppenbewertung** in Form einer **Bewertung nach dem gewogenen Durchschnitt (§ 240 [4] HGB)** oder einer **Verbrauchsfolgebewertung (§ 256 HGB).**

4.6.1.1 Durchschnittsbewertung nach § 240 [4] HGB

Jährliche Durchschnittswertermittlung

Hierbei werden die **durchschnittlichen Anschaffungskosten** aus Anfangsbestand und Zugängen sowie Stückzahl ermittelt und mit dem **Tageswert am Bilanzstichtag** verglichen:

Beispiel

E-Schalter		Menge	Anschaffungskosten je Einheit	Gesamtwert
Anfangsbestand	1. Jan.	1000	5,00 €	5.000,00 €
Zugang	10. Jan.	2000	6,00 €	12.000,00 €
Zugang	15. Juli	4000	6,50 €	26.000,00 €
Zugang	20. Dez.	600	7,00 €	4.200,00 €
		7600		**47.200,00 €**

Bewertung: Die **durchschnittlichen Anschaffungskosten** betragen **6,21 €** (47.200,00 : 7600). Bei einem **Tageswert** zum 31. Dezember von **7,20 €** und einem Schlussbestand von 2000 Einheiten ergibt sich nach dem **strengen Niederstwertprinzip** folgender **Bilanzansatz:**

Inventurmenge	·	**Wert je Einheit**	=	**Bilanzansatz**
2000	·	6,21	=	**12.420,00 €**

Nennen Sie den Buchungssatz. Wie lauten Bilanzansatz und Buchung bei einem Tageswert (31. Dezember) von 5,80 €/Stück?

Permanente Durchschnittswertermittlung

Die permanente Durchschnittswertermittlung ist im Ergebnis **genauer.** Hierbei ermittelt man die durchschnittlichen Anschaffungskosten **laufend** (permanent) **nach jedem Lagerzugang und -abgang** anhand der Lagerbuchführung. Die Abgänge werden jeweils zum neuesten Durchschnittswert abgesetzt. Nach der letzten Lagerbestandsveränderung erhält man zum Bilanzstichtag die **durchschnittlichen Anschaffungskosten des Endbestandes,** die mit dem Tageswert zum 31. Dezember (Niederstwertprinzip!) verglichen werden.

Beispiel

	Anfangsbestand	1. Januar	1000 Einheiten zu 5,00 €	=	5.000,00 €
+	Zugang	10. Januar	2000 Einheiten zu 6,00 €	=	12.000,00 €
=	Bestand	11. Januar	3000 Einheiten zu 5,67 €	=	17.000,00 €
–	Abgang	13. Juni	1800 Einheiten zu 5,67 €	=	10.206,00 €
=	Bestand	14. Juni	1200 Einheiten zu 5,66 €	=	6.794,00 €
+	Zugang	15. Juli	4000 Einheiten zu 6,50 €	=	26.000,00 €
=	Bestand	16. Juli	5200 Einheiten zu 6,31 €	=	32.794,00 €
–	Abgang	17. September	3800 Einheiten zu 6,31 €	=	23.978,00 €
=	Bestand	18. September	1400 Einheiten zu 6,30 €	=	8.816,00 €
+	Zugang	20. Dezember	600 Einheiten zu 7,00 €	=	4.200,00 €
=	**Schlussbestand**	31. Dezember	**2000** Einheiten zu **6,51 €**	=	**13.016,00 €**

6937228

4.6.1.2 Verbrauchsfolgebewertung nach § 256 HGB

Die Bewertung **gleichartiger** Vorratsbestände kann zum Bilanzstichtag auch auf der Grundlage einer bestimmten **Verbrauchs- oder Veräußerungsfolge** vorgenommen werden. Für **handelsrechtliche** Abschlüsse sind nur die **Fifo- und Lifo-Methode** zulässig.[1] Für **steuerliche** Abschlüsse ist **nur die Lifo-Methode** erlaubt.[2]

Fifo-Methode

Die Fifo-Methode unterstellt, dass die **zuerst beschafften** (hergestellten) Güter auch **zuerst verbraucht** (verkauft) werden (**f**irst **in** – **f**irst **out**), sodass der **Endbestand** stets **aus den letzten Zugängen** stammt und deshalb auch jeweils zu deren Anschaffungs-/Herstellungskosten bzw. niedrigerem Tageswert bewertet wird.

Beispiel

E-Schalter		Menge	Anschaffungskosten je Einheit
Anfangsbestand	1. Jan.	1 000	5,00 €
Zugang	10. Jan.	2 000	6,00 €
Zugang	15. Juli	4 000	6,50 €
Zugang	20. Dez.	600	7,00 €

Für den **Inventurbestand** von 2 000 Schaltern ergibt sich folgender **Fifo-Wertansatz:**

600 Einheiten zu 7,00 €	=	4.200,00 €
1 400 Einheiten zu 6,50 €	=	9.100,00 €
2 000 Einheiten **Endbestand**	**=**	**13.300,00 € Bilanzansatz nach Fifo-Methode**

Wegen des strengen Niederstwertprinzips ist der Fifo-Wertansatz mit dem **Tageswert am Bilanzstichtag** zu vergleichen. Bei einem **Tageswert von 7,20 €/Stück** muss der Fifo-Wertansatz von 13.300,00 € bilanziert werden. Beträgt der Tageswert am Bilanzstichtag **6,40 €/Stück,** müsste **der Endbestand zum niedrigeren Tageswert von 12.800,00 €** bewertet werden.

Lifo-Methode

Die Lifo-Methode geht von der Annahme aus, dass die **zuletzt erworbenen** (hergestellten) Güter **als Erste verbraucht** (verkauft) werden (**l**ast **in** – **f**irst **out**). Somit setzt sich der **Endbestand aus dem Anfangsbestand und den ersten Zugängen** zusammen und ist zu deren Anschaffungs- oder Herstellungskosten bzw. zum niedrigeren Tageswert anzusetzen.

Beispiel

Für den o. g. **Inventurbestand** von 2 000 Schaltern ergibt sich folgender **Lifo-Wertansatz:**

1 000 Einheiten zu 5,00 €	=	5.000,00 €
1 000 Einheiten zu 6,00 €	=	6.000,00 €
2 000 Einheiten **Endbestand**	**=**	**11.000,00 € Bilanzansatz nach Lifo-Methode**

Wie lautet der Bilanzansatz bei einem Tageswert von a) 7,00 €/Stück und b) 5,00 €/Stück?

Bei steigenden Preisen führt die **Lifo-Methode** zu einer niedrigen Bewertung des Endbestandes (= Bildung stiller Reserven), wobei der Wareneinsatz zu hohen Preisen in die Kostenrechnung eingeht. **Bei fallenden Preisen** führt das Lifo-Verfahren zu einer Überbewertung des Endbestandes. Das hätte zur Folge, dass der Endbestand nach dem Niederstwertprinzip auf den niedrigeren Stichtagswert abgewertet werden müsste. Folglich findet die Lifo-Methode bei fallenden Preisen keine Anwendung.

Handelsrechtlich kann die Bewertung **gleichartiger** Vorratsbestände sowohl nach den **Durchschnittsmethoden** als auch nach der **Verbrauchsfolge** vorgenommen werden, sofern das **strenge Niederstwertprinzip** beachtet wird. **Steuerrechtlich** sind Durchschnitts- und Lifo-Methode zulässig. Wegen der einfachen Durchführung wird **in der Praxis überwiegend das Durchschnittsverfahren** angewandt.

Merke

- **Die Sammelbewertungsverfahren vereinfachen die Bewertung gleichartiger Güter, die zu unterschiedlichen Preisen und Zeitpunkten angeschafft wurden.**
- **Die Ergebnisse müssen jedoch mit dem Tageswert am Bilanzstichtag verglichen werden. Von beiden Werten ist dann der niedrigere anzusetzen (strenges Niederstwertprinzip).**

1 Vgl. § 256 HGB.

2 Vgl. § 6 (1) Nr. 2a EStG.

Aufgabe 273

Die Elektrogroßhandels-GmbH hat am Abschlussstichtag noch Klimageräte auf Lager. Der mengenmäßige Bestand beträgt lt. körperlicher Inventur 280 Stück. Die Anschaffungskosten betrugen 350,00 € je Stück.

a) Zum Bilanzstichtag beträgt der Tageswert 380,00 € je Stück.
b) Zum Bilanzstichtag beträgt der Tageswert 270,00 € je Stück.

1. *Begründen Sie Ihre Bewertungsentscheidung und ermitteln Sie den Bilanzansatz für die Klimageräte. Wie lautet die Buchung?*
2. *Erklären Sie die Auswirkung auf den Erfolg.*

Aufgabe 274

Der Lagerbestand einer bestimmten Handelsware beträgt in einem Unternehmen lt. Inventur 300 Stück, die für 40,00 € je Stück angeschafft wurden. Zum Bilanzstichtag beträgt der Wiederbeschaffungswert 50,00 € je Stück. Der Buchhalter bewertet diesen Bestand mit 300 · 50,00 = 15.000,00 € Bilanzansatz.

1. *Nehmen Sie zu dieser Bewertungsentscheidung des Buchhalters Stellung und erklären Sie die Auswirkung auf die Erfolgsrechnung.*
2. *Ermitteln Sie gegebenenfalls den neuen Bilanzansatz, begründen und buchen Sie.*

Aufgabe 275

Ein Großhandelsunternehmen hat zum Bilanzstichtag lt. Inventur noch einen Bestand von 2500 Elektromotoren auf Lager. Die Elektromotoren wurden während des Geschäftsjahres erworben, jedoch nicht nach Lieferungen getrennt gelagert. Zum Bilanzstichtag ist somit nicht feststellbar, aus welchen Lieferungen die Elektromotoren stammen und zu welchen Preisen sie angeschafft wurden.

1. *Unterscheiden Sie zwischen Einzel- und Sammelbewertung.*
2. *Begründen Sie, warum im vorliegenden Fall eine Sammelbewertung rechtlich möglich ist.*
3. *Schlagen Sie ein sowohl handels- als auch steuerrechtlich zulässiges Sammelbewertungsverfahren vor.*

Aufgabe 276

Der Leiter des Rechnungswesens (Aufgabe 275) stellt Ihnen folgende Unterlagen für eine Sammelbewertung der Elektromotoren zum Bilanzstichtag zur Verfügung:

Anfangsbestand zum	1. Januar	2000 Stück zu je 45,00 € Anschaffungskosten
Zugänge	10. Februar	3000 Stück zu je 50,00 € Anschaffungskosten
	10. August	2000 Stück zu je 55,00 € Anschaffungskosten
	10. Oktober	1500 Stück zu je 58,00 € Anschaffungskosten

1. *Ermitteln Sie zum Bilanzstichtag die durchschnittlichen jährlichen Anschaffungskosten je Stück (gewogener Durchschnittspreis).*
2. *Errechnen Sie den zulässigen Bilanzansatz für den Schlussbestand von 2500 Stück,*
   a) wenn die durchschnittlichen Anschaffungskosten dem Tageswert am Bilanzstichtag (31. Dezember) entsprechen,
   b) wenn der Tageswert 70,00 € je Stück beträgt,
   c) wenn der Tageswert zum Abschlussstichtag bei 50,00 € liegt.

Aufgabe 277

Führen Sie nun aufgrund der Angaben in den Aufgaben 275 und 276 eine permanente Durchschnittsrechnung durch.

Folgende Abgänge liegen vor:
20. Jan.: 1000 Stück   15. Juli: 500 Stück   10. Sept.: 3500 Stück   15. Dez.: 1000 Stück

Aufgabe 278

Wie ist aufgrund der Angaben der Aufgaben 275 und 276 zu bewerten
a) nach dem Fifo-Verfahren und
b) nach der Lifo-Methode?

Aufgabe 279

1. *Inwiefern ist das Niederstwertprinzip Ausdruck kaufmännischer Vorsicht?*
2. *Welchen Vorteil hat der jeweils niedrigstmögliche Wertansatz?*
3. *Begründen Sie, weshalb die Anschaffungs- bzw. Herstellungskosten eines Wirtschaftsgutes stets die Bewertungsobergrenze (Höchstwert!) bilden.*
4. *Unterscheiden Sie zwischen a) Stichtagsinventur, b) permanenter Inventur und c) verlegter (vor- bzw. nachverlegter) Inventur.* *Vgl. auch S. 13.*

4.6.2 Bewertung der Forderungen

4.6.2.1 Einführung

Bewertung zum Jahresabschluss

Zum Schluss des Geschäftsjahres sind die „Forderungen aus Lieferungen und Leistungen" hinsichtlich ihrer **Güte (Bonität)** zu überprüfen und zu **bewerten.** Dabei unterscheidet man **drei Gruppen: einwandfreie, zweifelhafte** und **uneinbringliche Forderungen.**

einwandfreie Forderungen

Einwandfrei sind Forderungen, wenn mit **ihrem Zahlungseingang in voller Höhe** gerechnet werden kann.

zweifelhafte Forderungen

Zweifelhaft ist eine Forderung, wenn der **Zahlungseingang unsicher** ist, also ein vollständiger oder teilweiser **Forderungsausfall** erwartet wird. Das ist beispielsweise der Fall, wenn der Kunde trotz Mahnungen nicht gezahlt hat oder sich erkennbar in wirtschaftlichen und/oder finanziellen Schwierigkeiten befindet. **Zweifelhafte Forderungen** werden auch als **„Dubiose Forderungen"** bezeichnet.

uneinbringliche Forderungen

Uneinbringlich ist eine Forderung, wenn der **Forderungsausfall endgültig** feststeht. Davon kann zum Beispiel ausgegangen werden, wenn ein Insolvenzverfahren eröffnet[1] oder mangels Masse abgewiesen wurde, fruchtlos gepfändet worden oder die Forderung verjährt ist.

Die Bewertung der Forderungen (§ 253 [4] HGB) entspricht dieser Einteilung:

- **Einwandfreie** Forderungen sind mit dem **Nennbetrag** anzusetzen.
- **Zweifelhafte** Forderungen sind mit ihrem **wahrscheinlichen Wert** zu bilanzieren.
- **Uneinbringliche** Forderungen sind **voll abzuschreiben.**

Bewertungsverfahren

Für die Bewertung von Forderungen zum Bilanzstichtag gibt es **drei Möglichkeiten:**

1. **Einzelbewertung** für das **spezielle Ausfallrisiko** (z. B. Insolvenz)
2. **Pauschalbewertung** für das **allgemeine Ausfallrisiko**
3. **Einzel- und Pauschalbewertung** (gemischtes Bewertungsverfahren)

Abschreibung vom Nettowert der Forderung

Die Bewertung der Forderungen a. LL bedingt oft **Abschreibungen** auf Forderungen. Dabei ist zu beachten, dass die Abschreibung wegen eines zu erwartenden oder bereits eingetretenen Forderungsverlustes **stets nur vom Nettowert** der Forderung vorgenommen wird. Die in der Forderung enthaltene **Umsatzsteuer** wir bei Ausfall der Forderung vom Finanzamt in entsprechender Höhe erstattet.

Berichtigung der Umsatzsteuer

Die Berichtigung der Umsatzsteuer darf erst erfolgen, **wenn der Ausfall (Verlust) der Forderung endgültig feststeht** und somit „[...] das vereinbarte Entgelt für eine steuerpflichtige Lieferung, sonstige Leistung oder einen innergemeinschaftlichen Erwerb **uneinbringlich** geworden ist" (§ 17 [2] Nr. 1 UStG). Die **Uneinbringlichkeit der gesamten Forderung** liegt spätestens im Augenblick der **Insolvenzeröffnung** über das Vermögen eines Kunden vor, und zwar unabhängig von einer möglichen Insolvenzquote (A 17.1 [15] UStAE).[2] Wird die als uneinbringlich abgeschriebene Forderung später ganz oder teilweise vereinnahmt, ist die Umsatzsteuer erneut zu berichtigen.

Merke

- **Die Abschreibung wegen eines zu erwartenden oder bereits eingetretenen Forderungsausfalls darf nur vom Nettowert der Forderung erfolgen.**
- **Bei Abschreibungen auf Forderungen darf die Umsatzsteuer grundsätzlich erst berichtigt werden, wenn der Ausfall der Forderung endgültig feststeht.**

1 BFH-Urteil V R 14/08 vom 22. Oktober 2009 zur Berichtigung der Umsatzsteuer.
2 Diese Regelung ist auf nach dem 31. Dezember 2011 eröffnete Insolvenzverfahren anzuwenden (BMF vom 09. Dezember 2011). Vor diesem Zeitpunkt wurde erst bei Abschluss des Insolvenzverfahrens von einem endgültigen Forderungsausfall ausgegangen.

4.6.2.2 Einzelbewertung von Forderungen

Spezielles Ausfallrisiko

Zum Jahresende werden alle Forderungen aus Lieferungen und Leistungen einzeln auf ihre Bonität oder Einbringlichkeit überprüft. Die **Einzelbewertung** (§ 252 [1] Nr. 3 HGB) berücksichtigt das **individuelle Ausfallrisiko** beim Kunden, wie z. B. die Eröffnung eines Insolvenzverfahrens.

Aus Gründen der Klarheit werden die ermittelten **zweifelhaften Forderungen von** den **einwandfreien** (vollwertigen) Forderungen buchhalterisch **getrennt.** Das geschieht durch **Umbuchung** der gefährdeten Einzelforderungen auf das Konto

1020 Zweifelhafte Forderungen.

4.6.2.2.1 Direkte Abschreibung von uneinbringlichen Forderungen

Beispiel 1

Über das Vermögen unseres Kunden Anton Pleite e. K. wurde am 10. Dezember der Antrag auf Eröffnung eines Insolvenzverfahrens gestellt. Unsere Forderung beträgt 2.380,00 € (2.000,00 € netto + 380,00 € USt). Vor Aufstellung der Bilanz zum 31. Dezember .. erfahren wir, dass das Insolvenzverfahren mangels Masse, also wegen fehlender Deckung der Verfahrenskosten, nicht eröffnet wurde.

Die gefährdete Forderung wird zunächst **kontenmäßig gesondert erfasst:**

Buchung: ❶ **1020 Zweifelhafte Forderungen** an **1010 Forderungen a. LL** **2.380,00**

Werden zweifelhafte Forderungen teilweise oder vollständig **uneinbringlich**, wird der **Nettobetrag** des entsprechenden Forderungsausfalls **direkt abgeschrieben:**

2310 Übliche Abschreibungen auf Forderungen.[1, 2]

Gleichzeitig ist die **Umsatzsteuer** im Soll des Kontos „1810 USt" zu **berichtigen,** da durch den Forderungsausfall eine Rückforderung an das Finanzamt entsteht.[1]

Buchung: ❷ **2310 Übliche Abschreibungen auf Forderungen**[1] **2.000,00**
1810 Umsatzsteuer **380,00**
an **1020 Zweifelhafte Forderungen** **2.380,00**

S	1020 Zweifelhafte Forderungen		H
❶	2.380,00	❷	2.380,00

S	2310 Abschreibungen auf Forderungen	H
❷	2.000,00	

S	1010 Forderungen a. LL		H
...	119.000,00	❶	2.380,00

S	1810 Umsatzsteuer	H
❷	380,00	

Beispiel 2

Auf eine im vorigen Jahr als uneinbringlich abgeschriebene Forderung erhalten wir am 30. Dezember unerwartet 357,00 € (300,00 € netto + 57,00 € USt) durch Banküberweisung. Damit lebt die Umsatzsteuer wieder auf.

Buchung: **1310 Bank** ..... **357,00** an **2740 Erträge aus abgeschriebenen Forderungen** **300,00**
an **1810 Umsatzsteuer** **57,00**

Merke

- **Uneinbringliche Forderungen sind direkt (2310 an 1020) abzuschreiben. Gleichzeitig ist die Umsatzsteuer auf Konto 1810 im Soll zu berichtigen.**
- **Bei Zahlungseingang einer abgeschriebenen Forderung lebt die Umsatzsteuer wieder auf.**

1 In der EDV-Fibu ist das Konto 2310 stets ein automatisches Konto. Nach Eingabe des Bruttobetrages wird die anteilige Umsatzsteuer automatisch herausgerechnet und gebucht (Umsatzsteuerverprobung!).
2 Das Konto „2320 Außergewöhnliche Abschreibungen auf Forderungen" erfasst besonders hohe Forderungsausfälle.

6937232

4.6.2.2.2 Einzelwertberichtigung (EWB) zweifelhafter Forderungen

Indirekte Abschreibung

Sind zum Bilanzstichtag bei Forderungen Verluste zu erwarten, so muss jeweils in Höhe des **vermuteten (geschätzten) Ausfalls** eine entsprechende Abschreibung vorgenommen werden. Diese **Abschreibung** erfolgt aus Gründen der Klarheit und Übersichtlichkeit in der Regel nicht direkt über das Konto „Zweifelhafte Forderungen", sondern **indirekt** über ein **Wertberichtigungskonto:**

0521 Einzelwertberichtigungen zu Forderungen (EWB).

Das Wertberichtigungskonto ist ein **Passivkonto,** das nur zum Bilanzstichtag angepasst wird (siehe S. 234).Die Zuführung, also die Bildung der EWB, erfolgt über das **Aufwandskonto**

2330 Zuführungen zu Einzelwertberichtigungen zu Forderungen.

Beispiel

Unser Kunde Wolfgang Kurz e. K. hat trotz Mahnungen unsere Forderung von 11.900,00 € (= 10.000,00 € netto + 1.900,00 € USt) nicht beglichen. Zum 31. Dezember 01 wird der Verlust auf 80 % von 10.000,00 € (= 8.000,00 €) geschätzt. Aus dem Vorjahr besteht noch eine andere zweifelhafte Forderung über 5.950,00 €, die zu 70 % (= 3.500,00 €) einzelwertberichtigt ist.

Umbuchung der zweifelhaft gewordenen Forderung zum 31. Dezember 01:

❶ 1020 Zweifelhafte Forderungen .... an **1010 Forderungen a. LL** 11.900,00

Indirekte Abschreibung des vermuteten Forderungsverlustes zum 31. Dezember 01:

❷ 2330 Zuführungen zu EWB .... an **0521 EWB zu Forderungen** 8.000,00

S	**1010 Forderungen a. LL**		H
...	238.000,00	❶ 1020	11.900,00
		9400	226.100,00

S	**1020 Zweifelhafte Forderungen**		H
...	5.950,00	9400	17.850,00
❶ 1010	11.900,00		

S	**2330 Zuführungen zu EWB**		H
❷ 0521	8.000,00	9300	8.000,00

S	**0521 EWB zu Forderungen**		H
9400	11.500,00	...	3.500,00
		❷ 2330	8.000,00

S	**9400 Schlussbilanzkonto**		H
1010 Forderungen a. LL	226.100,00	0521 EWB zu Forderungen	11.500,00
1020 Zweifelhafte Forderungen	17.850,00		

Nennen Sie den Abschlussbuchungssatz für die Bestandskonten 1010, 1020 und 0521.

Vorteile der indirekten Abschreibung

Der Bestand der zweifelhaften Forderungen wird zum Bilanzstichtag in voller Höhe ausgewiesen und stimmt mit dem Kontostand im Hauptbuch und im Kontokorrentbuch (Kundenkonten) überein, während die **„Wertberichtigungen"** zu den zweifelhaften Forderungen insgesamt die **Höhe des zu erwartenden Verlustes** ausweisen. Die indirekte Abschreibung auf Forderungen zum Bilanzstichtag entspricht somit dem **Grundsatz der Klarheit.** Zudem bewirkt sie eine **bessere Abstimmung der Kundenkonten mit den Sachkonten** „Forderungen a. LL" und „Zweifelhafte Forderungen".

In den Bilanzen werden zweifelhafte Forderungen und Wertberichtigungen nicht ausgewiesen. Sie sind vorab aktivisch mit den Forderungen a. LL zu verrechnen (siehe Bilanz nach § 266 HGB auf S. 253 f. und im Anhang des Lehrbuches).

Merke

Zum Bilanzstichtag werden zweifelhafte Forderungen in Höhe des vermuteten Ausfalls indirekt in Form einer Einzelwertberichtigung (EWB) abgeschrieben.

Direkte Abschreibung des Forderungsausfalls

Zu Beginn des neuen Jahres werden die Konten 1020 und 0521 über „9100 EBK" eröffnet:

1020 Zweifelhafte Forderungen .... an **9100 EBK** 17.850,00

9100 EBK .... an **0521 EWB zu Forderungen** 11.500,00

Der sich im neuen Jahr ergebende tatsächliche Ausfall der zweifelhaften Forderung wird **direkt** abgeschrieben über das Konto

2310 Übliche Abschreibungen auf Forderungen,

obwohl für diese Forderung bereits eine Wertberichtigung besteht. Auf diese Weise werden alle Umsatzsteuer mindernden Forderungsausfälle lediglich auf dem Konto 2310 erfasst, das, versehen mit einer **Umsatzsteuerautomatik,** eine EDV-gerechte Umsatzsteuerverprobung ermöglicht. Die für die zweifelhafte Forderung gebildete **Einzelwertberichtigung** bleibt deshalb bis zum Jahresende **unberührt.**

Beispiel

Über das Vermögen unseres Kunden Wolfgang Kurz e. K. (siehe Beispiel auf S. 233) ist im Jahr 02 ein Insolvenzverfahren eröffnet worden. Im Dezember 02 überweist der Insolvenzverwalter nach Abschluss des Insolvenzverfahrens 2.380,00 €. Die Restforderung in Höhe von 9.520,00 € (11.900,00 € – 2.380,00 €) ist endgültig verloren. Die darin enthaltene Umsatzsteuer über 1.520,00 € wird berichtigt.

❶ **Buchung des Zahlungseingangs:**

	Soll	Haben
1310 Bank	2.380,00	
an **1020 Zweifelhafte Forderungen**		2.380,00

❷ **Buchung des tatsächlichen Forderungsanfalls:**

	Soll	Haben
2310 Übliche Abschreibungen auf Forderungen	8.000,00	
1810 Umsatzsteuer	1.520,00	
an **1020 Zweifelhafte Forderungen**		9.520,00

Anpassung der Einzelwertberichtigung

Das Konto **„0521 EWB zu Forderungen"** wird unterjährig nicht korrigiert, sondern nur **zum Bilanzstichtag angepasst.** Der Bestand an EWB zum 31. Dezember 01 (Vorjahr) wird verglichen mit der Summe der Einzelwertberichtigungen, die zum 31. Dezember 02 (Berichtsjahr) erforderlich ist. Dabei ergibt sich in der Regel ein Differenzbetrag. Sind für das Jahr 02 niedrigere EWB zu bilden als im Jahr 01, wird in Höhe der Differenz eine **Herabsetzung der EWB** zu Forderungen vorgenommen, die einen Ertrag darstellt. Müssen die EWB im Jahr 02 höher als im Jahr 01 sein, erfolgt eine **Erhöhung der EWB,** die zu Aufwand führt.

Beispiele

Die EWB zu Forderungen betrugen zum 31. Dez. 01: 11.500,00 € (siehe Beispiel S. 233).
EWB zum 31. Dez. 02: ❶ 8.500,00 €, ❷ 12.500,00 €

❶ **Neue EWB < bisherige EWB:** In Höhe des Differenzbetrages (8.500,00 € – 11.500,00 € = –3.000,00 €) erfolgt eine **Herabsetzung der EWB.** Es entsteht ein **Ertrag von 3.000,00 €.**

Buchung:	Soll	Haben
0521 EWB zu Forderungen	3.000,00	
an **2751 Erträge aus der Auflösung von Einzelwertberichtigungen zu Forderungen**		3.000,00

S	2751 Erträge aus EWB-Auflösung		H
9300	3.000,00	0521	3.000,00

S	0521 EWB zu Forderungen		H
2751	3.000,00	9100	11.500,00
9400	8.500,00		

❷ **Neue EWB > bisherige EWB:** In Höhe des Differenzbetrages (12.500,00 € – 11.500,00 € = 1.000,00 €) erfolgt eine **Erhöhung der EWB.** Es entsteht ein **Aufwand von 1.000,00 €.**

Buchung: **2330 Zuführungen zu EWB** ...... an **0521 EWB zu Forderungen** 1.000,00

S	2330 Zuführungen zu EWB		H
0521	1.000,00	9300	1.000,00

S	0521 EWB zu Forderungen		H
9400	12.500,00	9100	11.500,00
		2330	1.000,00

Merke

- **Endgültige Ausfälle zweifelhafter Forderungen werden stets direkt abgeschrieben. Die hierfür gebildete EWB bleibt bis zum Jahresende unberührt.**
- **Zum Abschlussstichtag ist die EWB dem aktuellen Abschreibungsbedarf anzupassen.**

6937234

Aufgabe 280

Der Kunde Matthias Schneider e. K. hat am 8. Nov. beim zuständigen Amtsgericht das Insolvenzverfahren beantragt. Unsere Forderung beträgt einschließlich Umsatzsteuer 5.950,00 €.

Am 20. November erfahren wir, dass das Insolvenzverfahren mangels Masse abgelehnt wurde.

Das Konto „1010 Forderungen a. LL" weist einen Bestand von 238.000,00 € aus, das Konto „1810 Umsatzsteuer" 18.500,00 €.

1. *Buchen Sie auf den entsprechenden Konten a) zum 8. November und b) zum 20. November.*
2. *Begründen Sie die Trennung der zweifelhaften von den einwandfreien Forderungen.*
3. *Warum darf die Abschreibung nur vom Nettowert der Forderung vorgenommen werden?*

Aufgabe 281

Der Kunde Hans Moog e. K. hat am 2. Dezember das Insolvenzverfahren beantragt. Unsere Forderung: 1.190,00 €. Das Verfahren kommt am 28. Dezember zum Abschluss. Die Erstattungsquote beträgt 50 % = 595,00 €. Die Bankgutschrift erfolgt noch zum 29. Dezember.

Buchen Sie a) zum 2. Dezember und b) zum 29. Dezember.

Aufgabe 282

Über das Vermögen unseres Kunden Dirk Krämer e. K. ist im Geschäftsjahr 01 das Insolvenzverfahren eröffnet worden. Unsere Forderung beträgt einschließlich Umsatzsteuer 4.760,00 €. Am 15. Dezember 02 überweist der Insolvenzverwalter nach Abschluss des Insolvenzverfahrens
a) 50 % und b) 70 %.

Bestand auf Konto 1010: 261.800,00 €, auf Konto 1810: 18.200,00 €.

1. *Buchen Sie auf den erforderlichen Konten zum 31. Dezember 01.*
2. *Wie lauten die Buchungen zum 15. Dezember 02 a) bei 50 % und b) bei 70 % Erstattungsquote?*
3. *Warum werden uneinbringliche Forderungen direkt abgeschrieben?*
4. *Warum ergeben sich in diesem Fall Korrekturen der Umsatzsteuer?*

Aufgabe 283

Im vergangenen Jahr war eine uneinbringlich gewordene Forderung von 3.570,00 € direkt in voller Höhe abgeschrieben worden. Unerwartet erhalten wir am 15. Mai des laufenden Jahres 1.785,00 € einschließlich USt auf unser Bankkonto überwiesen.

1. *Buchen Sie.*
2. *Begründen Sie die Auswirkung des Falles auf die Umsatzsteuer.*

Aufgabe 284

Unser Kunde Martin Ohnesorg e. K. befindet sich erkennbar in finanziellen Schwierigkeiten. Unsere Forderung beträgt 4.760,00 € (4.000,00 € netto + 760,00 € USt). Zum Bilanzstichtag wird mit einem Ausfall von 70 % der Forderung gerechnet. Das Konto „1010 Forderungen a. LL" weist einen Bestand von 357.000,00 € aus.

1. *Wie lautet die Buchung zum 31. Dezember?*
2. *Schließen Sie die Bestandskonten über das Schlussbilanzkonto ab und erläutern Sie den Aussagewert dieser Bilanzposten.*
3. *Wie wäre zum 31. Dezember bei einem EWB-Anfangsbestand von a) 0,00 €, b) 3.500,00 € und c) 1.000,00 € zu buchen?*
4. *Vergleichen Sie die Aussagefähigkeit der Kundenkonten bei direkter und bei indirekter Abschreibung der zweifelhaften Forderungen.*
5. *Warum darf im vorliegenden Fall zum 31. Dezember noch keine Umsatzsteuerkorrektur erfolgen?*

Aufgabe 285

Die Bestandskonten der Aufgabe 284 sind mit ihren Beständen zum 1. Januar .. zu eröffnen. Das Konto „1810 Umsatzsteuer" weist einen Bestand von 15.600,00 € aus.

Am 15. Februar des laufenden Geschäftsjahres werden uns nach Abschluss des Insolvenzverfahrens folgende Beträge einschließlich Umsatzsteuer auf unser Bankkonto überwiesen: a) 1.904,00 €; b) 952,00 €.

1. *Ermitteln Sie rechnerisch jeweils die Umsatzsteuerkorrektur.*
2. *Buchen Sie auf den entsprechenden Konten die Fälle a) und b).*
3. Bei der Bewertung der Forderungen zum Bilanzstichtag gilt – wie bei allen Wirtschaftsgütern – der Grundsatz der Einzelbewertung. *Begründen Sie das.*

Aufgabe 286

Für den Kunden Sigi Hartmann e. K. ist am 12. Dezember das gerichtliche Insolvenzverfahren eröffnet worden. Unsere Forderung beträgt einschließlich Umsatzsteuer 9.520,00 €. Der Bestand der Forderungen beträgt 297.500,00 €; Anfangsbestand im Konto 0521: 2.800,00 €.

1. *Wie hoch sind die einwandfreien und uneinbringlichen Forderungen zum 31. Dezember?*
2. *Buchen Sie auf den erforderlichen Konten zum 31. Dezember.*
3. *Worüber gibt der Saldo des Kontos „0521 Einzelwertberichtigungen zu Forderungen" Auskunft?*

Aufgabe 287

Das Insolvenzverfahren (Aufgabe 286) kommt zu Beginn des neuen Geschäftsjahres bei folgenden Erstattungsquoten zum Abschluss: a) 70 %; b) 50 %. Zahlung durch Bank.

1. *Ermitteln Sie rechnerisch die Umsatzsteuerberichtigung und die Erfolgsauswirkung.*
2. *Nennen Sie die Buchungssätze für die Fälle a) und b).*
3. *Welcher Zusammenhang besteht zwischen den Posten „Zweifelhafte Forderungen" und „Einzelwertberichtigungen zu zweifelhaften Forderungen"?*

Aufgabe 288

Wie lauten die Buchungssätze?

1. Vom Amtsgericht erhalten wir die Mitteilung, dass die von uns gegen den Kunden Berg beantragte Zwangsvollstreckung fruchtlos war. Unsere Forderung: 2.856,00 €.
2. Durch ein Versehen unserer Buchhaltung ist ein Kunde nicht rechtzeitig zur Zahlung gemahnt worden. Unsere Forderung in Höhe von 547,40 € ist inzwischen verjährt.

Aufgabe 289

Zum Ende des Geschäftsjahres werden folgende Forderungen überprüft:
a) Kunde Beinstock: 4.165,00 €; b) Kunde Nadeck: 2.618,00 €.

Buchen Sie aufgrund der folgenden Vorgänge (Anfangsbestand im Konto 0521: 4.500,00 €):

a) Über das Vermögen des Kunden Beinstock ist am 10. Oktober das Insolvenzverfahren eröffnet worden.

b) Im Dezember erfahren wir, dass sich der Kunde Nadeck in Zahlungsschwierigkeiten befindet. In einem Fall konnte ein von ihm ausgestellter Scheck nicht gutgeschrieben werden, und in einem anderen Fall hat er einen Lieferanten um Zahlungsaufschub gebeten. Nadeck hat noch kein Insolvenzverfahren beantragt. Vorsorglich rechnen wir mit einem Verlust von 50 %.

Aufgabe 290

Die in Aufgabe 289 beschriebenen Vorgänge finden im darauf folgenden Geschäftsjahr ihren Abschluss. *Buchen Sie entsprechend.*

a) Im Fall des Kunden Beinstock kommt das Insolvenzverfahren am 10. Mai zum Abschluss. Der Insolvenzverwalter überweist auf unser Bankkonto 2.975,00 €.

b) Kunde Nadeck zahlt unsere Forderung nicht termingerecht und reagiert auch nicht auf unsere Mahnungen. Im Februar erhalten wir die Mitteilung, dass Nadeck den Antrag auf Eröffnung eines Insolvenzverfahrens gestellt hat. Das Verfahren wird im April mangels Masse eingestellt.

Aufgabe 291

Buchen Sie den folgenden Vorgang im Zeitablauf (Anfangsbestand im Konto 0521: 6.000,00 €):

a) Verkauf von Waren an den Kunden Georg Stark e. K. am 15. Oktober,
Zahlungsziel 30 Tage, netto 12.000,00 € + Umsatzsteuer.

b) Am 31. Dezember ist unsere Forderung trotz Mahnung noch nicht beglichen. Wir erwarten einen Forderungsausfall von 60 %.

c) Am 15. Februar des folgenden Jahres gehen 8.568,00 € auf unserem Bankkonto ein.

6937236

4.6.2.3 Pauschalwertberichtigung (PWB) der Forderungen

Allgemeines Ausfallrisiko

Bei großem Kundenstamm ist eine Einzelbewertung aller Forderungen zum Bilanzstichtag zu zeitaufwendig. Erfahrungsgemäß ist aber auch bei einwandfreien Forderungen im Laufe des Geschäftsjahres mit Ausfällen zu rechnen. Kunden von an sich guter Bonität können durch nicht vorhergesehene Ereignisse in Zahlungsschwierigkeiten geraten. Ein Abschwächen der Konjunktur kann bei bisher zahlungsfähigen Kunden ebenfalls zu einem Liquiditätsengpass führen. Diesem nicht vorhersehbaren **allgemeinen Ausfall- bzw. Kreditrisiko** trägt man vorsorglich durch eine pauschale Abschreibung des Forderungsbestands, die **Pauschalwertberichtigung der Forderungen**, Rechnung.

Berechnung der Pauschalabschreibung

Aufgrund der betrieblichen **Erfahrungen** (Forderungsausfälle der letzten drei bis fünf Jahre) wird ein Prozentsatz ermittelt und auf den Bestand der Forderungen (Nettowert) angewandt. Dieser **Pauschalsatz** muss rechnerisch **nachweisbar** sein.

Indirekte Abschreibung

Die Pauschalabschreibung wird aus Gründen der Klarheit indirekt im Haben eines besonderen Wertberichtigungs- oder Korrekturkontos erfasst. Der Abschreibungsbetrag wird zunächst im Soll des Aufwandskontos

2340 Zuführungen zu Pauschalwertberichtigungen zu Forderungen

gebucht. Die entsprechende Habenbuchung erscheint auf dem Passivkonto

0522 Pauschalwertberichtigungen zu Forderungen (PWB).

Zum Jahresabschluss wird das Konto 2340 zum GuV-Konto, das Konto 0522 zum Schlussbilanzkonto abgeschlossen. **Im Schlussbilanzkonto** bildet somit die auf der Passivseite der Bilanz ausgewiesene **„PWB zu Forderungen"** einen **Korrekturposten zu** den **„Forderungen a. LL"** auf der Aktivseite der Bilanz.

Beispiel

	Gesamtbetrag der Forderungen zum 31. Dezember 01, brutto	238.000,00 €
–	Umsatzsteueranteil	38.000,00 €
=	**Nettoforderungen**, die der Pauschalbewertung unterliegen	200.000,00 €
	Hierauf 3 % Pauschalwertberichtigung	**6.000,00 €**

Buchungen zum 31. Dezember:

❶	**2340 Zuführungen zu PWB**	an	**0522 PWB zu Forderungen**	6.000,00
❷	**9300 GuV-Konto**	an	**2340 Zuführungen zu PWB**	6.000,00
❸	**9400 Schlussbilanzkonto**	an	**1010 Forderungen a. LL**	238.000,00
❹	**0522 PWB zu Forderungen**	an	**9400 Schlussbilanzkonto**	6.000,00

S	2340 Zuführungen zu PWB		H
❶	6.000,00	❷	6.000,00

S	9300 GuV-Konto		H
❷	6.000,00		

S	1010 Forderungen a. LL		H
...	238.000,00	❸	238.000,00

S	0522 PWB zu Forderungen		H
❹	6.000,00	❶	6.000,00

S	9400 Schlussbilanzkonto		H
1010 Forderungen a. LL	238.000,00	0522 PWB zu Forderungen	6.000,00

Aussagewert der Bilanz

Das Schlussbilanzkonto weist nun im Soll den Gesamtbetrag der Forderungen a. LL aus, im Haben dagegen den vermuteten Forderungsausfall in Höhe der Pauschalwertberichtigung. In der **Bilanz** wird die **Pauschalwertberichtigung** jedoch vorher von den Forderungen **aktivisch abgesetzt.** Siehe Bilanz (§ 266 HGB) auf S. 253 f. und im Anhang des Lehrbuches.

Buchungen während des Geschäftsjahres

Bei **Ausfall** einer Forderung **während** des Geschäftsjahres wird die **Pauschalwertberichtigung nicht in Anspruch genommen.** Der **Ausfall** wird **direkt über** das **Konto 2310** (mit Steuerberichtigung) gebucht.

Beispiel

Im März des neuen Geschäftsjahres wird ein Kunde zahlungsunfähig. Unsere Forderung in Höhe von 1.071,00 € (900,00 € + 171,00 € USt) ist uneinbringlich.

Buchung:	**2310 Übliche Abschreibungen auf Forderungen**	**900,00**	
	1810 Umsatzsteuer	**171,00**	
	an **1010 Forderungen a. LL**		**1.071,00**

Anpassung zum Bilanzstichtag

Die **Pauschalwertberichtigung** ist zum Jahresabschluss stets **dem neuen Forderungsbestand anzupassen.** Sie muss entweder **herauf- oder herabgesetzt** werden. Eine **Aufstockung** bedeutet eine **zusätzliche Neubildung** in Höhe des Unterschiedsbetrages zwischen dem Bestand der PWB und dem zu bildenden neuen Wert der Pauschalwertberichtigung. Eine **Herabsetzung** bedingt eine entsprechende Auflösung der PWB über das Konto

2752 Erträge aus der Auflösung von Pauschalwertberichtigungen zu Forderungen.

Beispiel

Die PWB hat im obigen Beispiel am 31. Dezember 02 einen Bestand von 6.000,00 €. Aufgrund des relativ geringen Forderungsausfalls im letzten Jahr setzen wir den Pauschalsatz von 3 % auf 2 % herab. Zwei Fälle sind möglich:

1. **Forderungsbestand zum 31. Dezember: netto 350.000,00 €; Pauschalsatz 2 %**

	2 % von 350.000,00 € Forderungsbestand zum 31. Dez. 02	7.000,00 €
–	Bestand der PWB des Vorjahres	6.000,00 €
=	**Heraufsetzung** der PWB zum 31. Dezember 02	**1.000,00 €**

Buchung: **2340 Zuführungen zu PWB** an **0522 PWB zu Forderungen** 1.000,00

S	2340 Zuführungen zu PWB		H
0522	1.000,00		

S	0522 PWB zu Forderungen		H
9400	7.000,00	9100	6.000,00
		2340	1.000,00

2. **Forderungsbestand am 31. Dezember: netto 200.000,00 €; Pauschalsatz 2 %**

	2 % von 200.000,00 € Forderungsbestand zum 31. Dez. 02	4.000,00 €
–	Bestand der PWB des Vorjahres	6.000,00 €
=	**Auflösung** der PWB zum 31. Dezember 02	**2.000,00 €**

Buchung: **0522 PWB** an **2752 Erträge aus der Auflösung von PWB** 2.000,00

S	2752 Erträge aus PWB-Auflösung		H
		0522	2.000,00

S	0522 PWB zu Forderungen		H
2752	2.000,00	9100	6.000,00
9400	4.000,00		

Merke

- **Die Pauschalwertberichtigung berücksichtigt lediglich das allgemeine Ausfallrisiko bei Forderungen.**
- **Während des Geschäftsjahres werden alle Forderungsausfälle zulasten des Kontos „2310 Übliche Abschreibungen auf Forderungen" gebucht.**
- **Zum Bilanzstichtag ist die Pauschalwertberichtigung dem neuen Forderungsbestand durch Aufstockung oder Herabsetzung anzupassen.**

6937238

4.6.2.4 Kombination von Einzel- und Pauschalbewertung

In vielen Unternehmen werden die Forderungen zum Bilanzstichtag sowohl einzeln als auch pauschal bewertet und berichtigt. Bestimmte **zweifelhafte** Forderungen, bei denen am Abschlusstag ein **spezielles** Ausfallrisiko (z. B. wegen eines laufenden Mahnverfahrens) besteht, bedürfen einer Einzelbewertung durch Bildung einer **Einzelwertberichtigung.** Für die **einwandfreien** Forderungen wird wegen des **allgemeinen** Ausfallrisikos eine **Pauschalwertberichtigung** gebildet.

Zur Ermittlung der Pauschalwertberichtigung müssen die **zweifelhaften Forderungen** zunächst **vom Gesamtbetrag der Forderungen abgezogen** werden.

Beispiel

Der Forderungsbestand eines Großhandelsunternehmens beträgt zum Bilanzstichtag (31. Dezember) 357.000,00 €. Bei Inventur der Forderungen wird noch festgestellt, dass der Kunde Werner Theuer e. K. bereits zweimal gemahnt worden ist. Unsere Forderung gegen ihn beträgt 23.800,00 €. Da er sich erkennbar in Zahlungsschwierigkeiten befindet, rechnen wir mit einem Forderungsausfall von 80 %.

Die einwandfreien Forderungen unterliegen einer Pauschalwertberichtigung von 2 %.

Anfangsbestände: EWB: 12.000,00 €; **PWB:** 7.500,00 €.

Berechnung und Buchung der Einzelwertberichtigung:

Mutmaßlicher Ausfall = 80 % von 20.000,00 € netto, also **16.000,00 €.**

Buchung:

❶	**1020 Zweifelhafte Forderungen**	an **1010 Forderungen a. LL**	**23.800,00**
❷	**2330 Zuführungen zu EWB**	an **0521 EWB zu Forderungen**	**4.000,00**

Berechnung und Buchung der Pauschalwertberichtigung:

	Gesamtbetrag der Forderungen, brutto	357.000,00
–	Zweifelhafte Forderungen (Einzelbewertung) Werner Theuer	23.800,00
=	Forderungen, die der Pauschalbewertung unterliegen, brutto	333.200,00
–	Umsatzsteueranteil	53.200,00
=	**Forderungen,** die der Pauschalbewertung unterliegen, **netto**	280.000,00
	Hierauf Pauschalwertberichtigung von 2 %	**5.600,00**

Buchung:	**0522 PWB zu Forderungen**	**1.900,00**	
	an **2752 Erträge aus der Auflösung von PWB**		**1.900,00**

S — **9400 Schlussbilanzkonto** — H

S		H	
1010 Forderungen a. LL	333.200,00	0522 PWB	5.600,00
1020 Zweifelhafte Forderungen	23.800,00	0521 EWB	16.000,00

Merke

- **Die Einzelwertberichtigung berücksichtigt das besondere Ausfallrisiko.**
- **Die Pauschalwertberichtigung berücksichtigt das allgemeine Ausfallrisiko.**

In der **Schlussbilanz** werden nach § 266 HGB (siehe Bilanzgliederung S. 254 und im Anhang) **keine Wertberichtigungsposten und zweifelhaften Forderungen** ausgewiesen. Diese Posten sind **vorab mit** den **„Forderungen a. LL"** zu **verrechnen.** Die Bilanz hat dann folgendes Aussehen:

Schlussbilanz

Aktiva		Passiva
Forderungen a. LL	335.400,00	

Aufgabe 292

Die Netto-Forderungsbestände der letzten fünf Jahre betragen insgesamt 1.506.000,00 €, die entsprechenden Forderungsverluste 45.180,00 € netto.

1. *Ermitteln Sie den Prozentsatz für eine Pauschalwertberichtigung der Forderungen.*
2. *Bilden und buchen Sie die Pauschalwertberichtigung zum 31. Dezember des laufenden Jahres bei einem Forderungsbestand von 714.000,00 € und einem Anfangsbestand der PWB von a) 15.000,00 € und b) 25.000,00 €.*

Aufgabe 293

Zum 31. Dezember betragen die Forderungen a. LL insgesamt 333.200,00 €. Die Forderung an den Kunden B. Trug OHG in Höhe von 29.750,00 € gilt wegen wirtschaftlicher Schwierigkeiten als zweifelhaft. Wir rechnen mit einem Ausfall von 50 % unserer Forderung.

Auf den Restbestand der Forderungen ist eine Pauschalwertberichtigung von 3 % zu bilden. Der Bestand auf dem Konto „0522 PWB zu Forderungen" beträgt a) 4.000,00 € und b) 10.650,00 €. Das Konto „0521 EWB zu Forderungen" weist einen Bestand von 7.000,00 € aus.

Führen Sie die notwendigen Berechnungen und Buchungen zum 31. Dezember durch.

Aufgabe 294

Im nächsten Jahr überweist der Kunde B. Trug OHG (Aufgabe 293) auf unser Bankkonto:

a) 14.875,00 €, b) 17.850,00 € und c) 11.900,00 €.

Auf die restlichen Forderungen wird verzichtet. *Wie lauten die Buchungen zu a), b) und c)?*

Aufgabe 295

Auszug aus der Saldenbilanz	Soll	Haben
0521 Einzelwertberichtigungen zu Forderungen	–	6.000,00
0522 Pauschalwertberichtigungen zu Forderungen	–	24.000,00
0722 Steuerrückstellungen	–	–
0724 Sonstige Rückstellungen	–	35.000,00
1010 Forderungen a. LL	530.740,00	–
1020 Zweifelhafte Forderungen	–	–
1310 Bank	86.000,00	–
1810 Umsatzsteuer	–	45.000,00
1940 Sonstige Verbindlichkeiten	–	26.000,00
2310 Übliche Abschreibungen auf Forderungen	14.000,00	–
2330 Zuführungen zu Einzelwertberichtigungen z. F.	–	–
2740 Erträge aus abgeschriebenen Forderungen	–	–
2752 Erträge aus der Auflösung von PWB z. F.	–	–
2760 Erträge aus der Auflösung von Rückstellungen	–	–
4100 Mietaufwendungen	33.000,00	–
4210 Gewerbesteuer	22.000,00	–
Weitere Konten: 9300 GuV, 9400 SBK		

Zum Jahresschluss sind noch folgende Sachverhalte zu berücksichtigen:

1. Totalausfall unserer Forderung an den Kunden Bach GmbH: 2.380,00 €.
2. Im Rahmen der Einzelbewertung sind folgende Forderungen wegen eines speziellen Ausfallrisikos als zweifelhaft anzusehen:
   Forderung an den Kunden Willi Rüger e. K.: 19.040,00 €; geschätzter Ausfall: 40 %
   Forderung an die Kundin Rita Abel e. Kffr.: 14.280,00 €; geschätzter Ausfall: 50 %
3. Eine Rückstellung für Prozesskosten in Höhe von 8.600,00 € hat sich erübrigt.
4. Auf eine Forderung, die zu Beginn des Geschäftsjahres wegen Uneinbringlichkeit völlig abgeschrieben wurde, gehen unerwartet 2.142,00 € auf unser Bankkonto ein.
5. Die Dezembermiete für Lagerräume wird von uns erst Anfang Januar des nächsten Jahres überwiesen: 3.000,00 €.
6. Für die Gewerbesteuerabschlusszahlung schätzen wir den Betrag auf 24.000,00 €.
7. Auf den verbleibenden Forderungsbestand ist eine PWB in Höhe von 3 % zu bilden.

Bilden Sie die Buchungssätze, buchen Sie auf den genannten Konten und schließen Sie diese ab.

6937240

4.7 Bewertung der Verbindlichkeiten

Höchstwertprinzip

Verbindlichkeiten sind gemäß § 253 [1] HGB zum Abschlussstichtag mit ihrem **Erfüllungsbetrag**, d. h. mit ihrem höheren Rückzahlungsbetrag in der Bilanz anzusetzen, sofern überhaupt eine Wahlmöglichkeit zwischen einem niedrigeren und einem höheren Wert besteht. Das ist z. B. bei Fremdwährungsverbindlichkeiten, Anleihen und hypothekarisch gesicherten Darlehen der Fall.

Fremdwährungsverbindlichkeiten § 256a HGB

Vermehrt werden Geschäfte mit ausländischen Partnern in ausländischen Währungen abgeschlossen. Da die Buchführung in Euro zu führen ist, gewinnt damit die Umrechnung der auf ausländische Währungen lautenden Werte in Euro an Bedeutung. Dem trägt § 256a HGB Rechnung und legt fest, dass Fremdwährungsverbindlichkeiten bei ihrer Entstehung (= Zugang) und bei ihrer Bewertung zum Abschlussstichtag mit dem jeweils aktuellen **Devisenkassamittelkurs** umzurechnen sind. Der Devisenkassamittelkurs wird als arithmetisches Mittel aus (niedrigerem) Geld- und (höherem) Briefkurs berechnet. Zum **Geldkurs** kaufen Banken Euro an (Euroankaufskurs), wenn das Unternehmen Euro in fremde Währung tauscht (umrechnet). Zum **Briefkurs** verkaufen Banken Euro (Euroverkaufskurs), wenn das Unternehmen fremde Währung in Euro tauscht (umrechnet). Die Wechselkurse drücken bei dieser **Mengennotierung** also aus, wie viele ausländische Währungseinheiten das Unternehmen für 1 Euro bekommt (Geldkurs) oder für 1 Euro geben muss (Briefkurs).

Beispiel 1

Am 30. Juni 01 notiert der US-Dollar zum Euro wie folgt:

Geldkurs	1,25 US-$/€
Briefkurs	1,35 US-$/€
Devisenkassamittelkurs = (1,25 + 1,35) : 2 = ...	**1,30 US-$/€**

Am 30. Juni 01 müsste also eine Fremdwährungsverbindlichkeit, die auf 39.000,00 US-Dollar lautet, zum Kurs von 1,30 US-$/€ in Euro umgerechnet werden:

39.000,00 US-$: 1,30 US-$ = 30.000,00 €

Die Umrechnungsvorschrift nach § 256a HGB macht es überflüssig zu prüfen, ob im Einzelfall der Geldkurs oder der Briefkurs anzuwenden ist.

Zugangsbewertung

Bei ihrer Entstehung (= Zugang) ist eine Fremdwährungsverbindlichkeit entsprechend § 256a HGB zum Devisenkassamittelkurs des Entstehungstages umzurechnen.

Bewertung zum Abschlussstichtag

§ 256a HGB macht in der Bewertung einer Fremdwährungsverbindlichkeit zum Abschlussstichtag einen Unterschied danach, ob die Verbindlichkeit eine Restlaufzeit von mehr als einem Jahr oder bis zu einem Jahr hat:

- **Restlaufzeit mehr als ein Jahr:** Dann sind Wertansatz im Zugangszeitpunkt und Wertansatz zum Abschlussstichtag zu vergleichen und der höhere der beiden Werte ist anzusetzen. Das Imparitätsprinzip wird dadurch gewahrt (vgl. S. 224).
- **Restlaufzeit bis zu einem Jahr:** Dann ist die Fremdwährungsverbindlichkeit ohne Rücksicht auf den Zugangswert zum Devisenkassamittelkurs am Abschlussstichtag zu bewerten. Damit wird das Imparitätsprinzip durchbrochen.

Durchbrechen des Imparitätsprinzips

Beispiel 2

Die Gerbo AG, Düsseldorf, erhält von ihrer US-amerikanischen Muttergesellschaft am 30. Juni 01 ein mit 5 %/Jahr zu verzinsendes Darlehen über 100.000,00 US-$. Die Zinszahlung erfolgt jährlich nachträglich zum 30. Juni. Die Kurse des US-Dollars zum Euro sollen sich wie folgt entwickelt haben:

Datum	Devisenkassakurse US-$/€		
	Geldkurs	Briefkurs	Mittelkurs
30. Juni 01	1,25	1,35	1,30
31. Dez. 01	1,35	1,45	1,40

❶ Zugangsbewertung des Darlehens zum 30. Juni:
100.000,00 US-$: 1,30 US-$/€ = ... 76.923,08 €

❷ Folgebewertung des Darlehens zum 31. Dezember 01:
100.000,00 US-$: 1,40 US-$/€ = ... 71.428,57 €

❸ Vergleich des Zugangswertes mit dem Wert am Abschlussstichtag:
Die Fremdwährungsverbindlichkeit ist am 31. Dezember 01 mit dem **höheren** Zugangswert anzusetzen .... **76.923,08 €**

Buchung bei Darlehensaufnahme:

1310 Bank	**76.923,08**	
an **0820 Darlehensschulden**		**76.923,08**

Buchung am Abschlussstichtag:

0820 Darlehensschulden	**76.923,08**	
an **9400 Schlussbilanzkonto**		**76.923,08**

❹ Berechnung und Buchung der Zinsen zum 31. Dezember 01:
5 %/Jahr für ½ Jahr = 2,5 % von 100.000,00 US-$ = 2.500,00 US-$
Umrechnung zum Devisenkassamittelkurs (2.500,00 US-$: 1,40 =) .... 1.785,71 €

2110 Zinsaufwendungen	**1.785,71**	
an **1940 Sonstige Verbindlichkeiten**		**1.785,71**

Beispiel 3

Es soll gegenüber dem vorigen Beispiel eine Kurssteigerung des US-Dollars zum Euro angenommen werden:

Datum	Devisenkassakurse US-$/€		
	Geldkurs	Briefkurs	Mittelkurs
30. Juni 01	1,25	1,35	1,30
31. Dez. 01	1,15	1,25	1,20

❶ Zugangswert der Fremdwährungsverbindlichkeit:
Zugangswert des Darlehens (siehe oben) .... 76.923,08 €

❷ Umrechnung der Fremdwährungsverbindlichkeit zum Devisenkassamittelkurs am 31. Dez. 01:
100.000,00 US-$: 1,20 US-$/€ .... 83.333,33 €

❸ Wertansatz zum Höchstwert .... **83.333,33 €**

❹ Buchungen am Abschlussstichtag:

0820 Darlehensschulden	**83.333,33**	
an **9400 Schlussbilanzkonto**		**83.333,33**
2060 Sonstige Aufwendungen	**6.410,25**	
an **0820 Darlehensschulden**		**6.410,25**

❺ Berechnung und Buchung der Zinsen:
Umrechnung zum Devisenkassamittelkurs (2.500,00 US-$: 1,20 =) .... 2.083,33 €

2110 Zinsaufwendungen	**2.083,33**	
an **1940 Sonstige Verbindlichkeiten**		**2.083,33**

Beispiel 4

Die Gerbo AG importiert von einem US-amerikanischen Lieferanten mit Rechnung vom 14. Dezember 01 Waren im Wert von 100.000,00 US-$. Der Rechnungsbetrag ist nach spätestens 40 Tagen ohne Abzug fällig. Zum 31. Dezember 01 ist die Fremdwährungsverbindlichkeit zu bilanzieren. Die Kurse sollen sich wie folgt entwickeln:

Datum	Devisenkassakurse US-$/€		
	Geldkurs	Briefkurs	Mittelkurs
14. Dez. 01	1,25	1,35	1,30
31. Dez. 01	1,30	1,40	1,35

6937242

❶ **Zugangsbewertung am 14. Dezember 01:**
100.000,00 US-$: 1,30 US-$/€ = ... 76.923,08 €

❷ **Folgebewertung am 31. Dezember 01:**
100.000,00 US-$: 1,35 US-$/€ = ... 74.074,07 €

❸ **Wertansatz zum 31. Dezember 01** .... **74.074,07 €**
Mit diesem Wertansatz wird ein nicht realisierter Gewinn ausgewiesen und somit das Imparitätsprinzip **durchbrochen**.

❹ **Buchung des Wareneingangs am 14. Dezember 01:**
3010 Wareneingang **76.923,08**
an **1710 Verbindlichkeiten a. LL** **76.923,08**

Buchung der Verbindlichkeit am Abschlussstichtag 31. Dezember 01:
1710 Verbindlichkeiten a. LL **74.074,07**
an **9400 Schlussbilanzkonto** **74.074,07**

Buchung des nicht realisierten Gewinns am 31. Dezember 01:
1710 Verbindlichkeiten a. LL **2.849,01**
an **2770 Sonstige betriebliche Erträge** **2.849,01**

Beispiel 5

Das obige Beispiel 4 soll für den Fall einer Kurssteigerung durchgespielt werden:

Datum	Devisenkassakurse US-$/€		
	Geldkurs	Briefkurs	Mittelkurs
14. Dez. 01	1,25	1,35	1,30
31. Dez. 01	1,15	1,25	1,20

❶ **Zugangsbewertung am 14. Dezember 01:**
100.000,00 US-$: 1,30 US-$/€ = ... 76.923,08 €

❷ **Folgebewertung am 31. Dezember 01:**
100.000,00 US-$: 1,20 US-$/€ = ... 83.333,33 €

❸ **Wertansatz zum 31. Dezember 01** .... **83.333,33 €**
Mit diesem Wertansatz wird ein nicht realisierter Verlust ausgewiesen und somit das Imparitätsprinzip **gewahrt**.

❹ **Buchung des Wareneingangs am 14. Dezember 01:**
3010 Wareneingang **76.923,08**
an **1710 Verbindlichkeiten a. LL** **76.923,08**

Buchung der Verbindlichkeit am Abschlussstichtag 31. Dezember 01:
1710 Verbindlichkeiten a. LL **83.333,33**
an **9400 Schlussbilanzkonto** **83.333,33**

Buchung des nicht realisierten Verlustes am 31. Dezember 01:
3010 Wareneingang **6.410,25**
an **1710 Verbindlichkeiten a. LL** **6.410,25**

Merke

- **Am Bilanzstichtag sind Fremdwährungsverbindlichkeiten grundsätzlich zum höheren Erfüllungsbetrag in der Bilanz anzusetzen (Höchstwertprinzip):**
  - **Devisenkassamittelkurs zum Bilanzstichtag < Devisenkassamittelkurs zum Anschaffungszeitpunkt: Ansatz zum Kurs am Bilanzstichtag**
  - **Devisenkassamittelkurs zum Bilanzstichtag > Devisenkassamittelkurs zum Anschaffungszeitpunkt: Ansatz zum Kurs am Anschaffungstag**
- **Ausnahme: Fremdwährungsverbindlichkeiten mit einer Restlaufzeit bis zu einem Jahr werden ohne Beachtung des Imparitätsprinzips zum Devisenkassamittelkurs am Bilanzstichtag bewertet.**
- **Das Höchstwertprinzip ist Ausdruck kaufmännischer Vorsicht.**

Disagio

Bei **Hypothekenschulden** ist der Erfüllungsbetrag (= 100 %) meist höher als der vereinnahmte Betrag. Der **Unterschiedsbetrag**, das so genannte **Abgeld**, auch **Damnum** oder **Disagio** genannt, **darf** nach § 250 [3] HGB unter die Rechnungsabgrenzungsposten der Aktivseite (Konto „0920 Disagio") aufgenommen werden (Aktivierungs**wahlrecht**). Das Disagio ist dann durch **planmäßige Abschreibungen** auf die gesamte Laufzeit des Hypothekendarlehens zu verteilen. **Steuerrechtlich** muss das Disagio aus Gründen einer periodengerechten Ermittlung des steuerpflichtigen Gewinns aktiviert und gleichmäßig abgeschrieben werden (Aktivierungs**pflicht**).

Beispiel

Zur Finanzierung einer Lagerhalle haben wir bei der Bank ein Hypothekendarlehen von 500.000,00 € aufgenommen, das zu 96 % = 480.000,00 € ausgezahlt wurde. Das Disagio von 20.000,00 € ist als Zinsaufwand auf die zehnjährige Laufzeit des Darlehens planmäßig zu verteilen (abzuschreiben), also jährlich 2.000,00 €.

Buchung bei Aufnahme des Darlehens:

❶ **1310 Bank**	**480.000,00**			
0920 Disagio	**20.000,00**	an	**0820 Verb. ggü. Kreditinstituten**	**500.000,00**

Buchung zum 31. Dezember:

❷ **2140 Zinsähnliche Aufwendungen**		an	**0920 Disagio**	**2.000,00**

Merke

Bei Hypotheken- und Anleiheschulden werden Abgeld (Damnum bzw. Disagio) und Aufgeld (Rückzahlungsagio) auf dem Konto 0920 Disagio gesondert erfasst und durch planmäßige Abschreibungen (Konto 2140) auf die entsprechende Laufzeit verteilt.

Aufgabe 296

Die Elektrohandels-GmbH bezieht aus den USA Mikrochips. Rechnungseingang am 18. Dez. über 15.000,00 US-$ zum Devisenkassamittelkurs von 1,3580 US-$/€. Zahlungsziel vier Wochen.

1. *Wie lautet die Buchung bei Rechnungseingang?*
2. *Wie ist die Verbindlichkeit zum 31. Dezember zu bewerten, wenn der Devisenkassamittelkurs a) 1,3580 US-$/€, b) 1,3450 US-$/€, c) 1,3760 US-$/€ beträgt? Begründen Sie Ihre Bewertung.*

Aufgabe 297

Die Baustoff-GmbH importiert Waren aus der Schweiz im Wert von 25.000,00 sfrs. Zahlungsziel vier Wochen. Rechnungseingang 22. Dez. Devisenkassamittelkurs: 1,6250 sfrs/€.

1. *Buchen Sie zum 22. Dezember.*
2. *Bewerten Sie zum 31. Dezember zum Devisenkassamittelkurs a) 1,7550 sfrs/€; b) 1,5450 sfrs/€.*

Aufgabe 298

Ein Unternehmen hat am 2. Januar ein Hypothekendarlehen in Höhe von 300.000,00 € aufgenommen. Laufzeit zehn Jahre. Dem Bankkonto wurde der Auszahlungsbetrag von 282.000,00 € gutgeschrieben. 8 % Zinsen, jeweils zum 30. Juni und 31. Dezember, zuzüglich Tilgung.

1. *Buchen Sie bei Aufnahme des Hypothekendarlehens.*
2. *Buchen Sie zum 30. Juni und zum 31. Dezember.*

Aufgabe 299

Im Konto „1710 Verbindlichkeiten a. LL" ist eine kurzfristige Verbindlichkeit von 20.000,00 US-$ zum Devisenkassamittelkurs von 1,3495 US-$/€ enthalten. Am Bilanzstichtag beträgt der Kurs a) 1,3425 US-$/€; b) 1,3650 US-$/€. Die Restlaufzeit beträgt zwei Wochen.

1. *Ermitteln und begründen Sie den Bilanzansatz zum 31. Dezember.*
2. *Wie lautet die Buchung?*

Aufgabe 300

Wir haben am 10. Januar ein Hypothekendarlehen von 900.000,00 €, Auszahlung zu 98 %, für einen Neubau aufgenommen. Laufzeit des Darlehens 20 Jahre.

1. *Buchen Sie a) bei Aufnahme des Darlehens und b) zum 31. Dezember.*
2. *Begründen Sie, weshalb steuerlich das Disagio gleichmäßig auf die Laufzeit verteilt wird.*

Aufgabe 301

1. *Nennen Sie Verbindlichkeiten, die zum Nennwert zu passivieren sind.*
2. *Bei welchen Schulden ergibt sich oft ein Bilanzansatz zum höheren Erfüllungsbetrag?*
3. *Welcher Zusammenhang besteht zwischen Höchstwert- und Niederstwertprinzip?*

6937244

4.8 Diverse Aufgaben zur Bewertung der Wirtschaftsgüter in der Jahresbilanz

Aufgabe 302

Die Textil-GmbH exportiert am 15. November 01 Waren in die USA. Abrechnung erfolgt auf Dollarbasis. Dem Kunden werden 200.000,00 US-$ in Rechnung gestellt, zahlbar am 15. Januar 02. Am Tag der Rechnungsstellung beträgt der Devisenkassamittelkurs 1,3650 US-$/€.

1. *Wie hoch sind die Anschaffungskosten der Fremdwährungsforderung? Buchen Sie.*
2. *Mit welchem Wert muss die Forderung zum 31. Dezember 01 angesetzt werden, wenn der Devisenkassamittelkurs a) 1,3595 US-$/€ und b) 1,3750 US-$/€ beträgt? Begründen Sie Ihre Bewertung und nennen Sie, sofern erforderlich, die entsprechende Buchung zum 31. Dezember.*

Aufgabe 303

Kauf eines Betriebsgrundstücks für 300.000,00 €. Die Grunderwerbsteuer beträgt 3,5 %. Der Makler stellt 9.000,00 € + USt in Rechnung. Für ein Entwässerungsgutachten für das Grundstück wurden 2.000,00 € + USt gezahlt. Der Anschluss des Grundstücks an den Kanal verursachte Kosten in Höhe von 3.000,00 € + USt.

Der Notar berechnet 1.500,00 € + USt. Die Grundbuchkosten belaufen sich auf 450,00 €.

Alle Zahlungen erfolgen durch Banküberweisung.

Zur Finanzierung des Grundstücks musste bei der Sparkasse ein Hypothekendarlehen über 200.000,00 € bei 100%iger Auszahlung und 10 % Zinsen aufgenommen werden. Die Zinsen sind halbjährlich im Voraus, erstmalig am 1. Oktober, zu zahlen.

1. *Ermitteln Sie die Anschaffungskosten des Grundstücks.*
2. *Begründen Sie, welche Kosten im vorliegenden Fall nicht zu den Anschaffungskosten gehören.*
3. *Buchen Sie die Anschaffung des Grundstücks aufgrund der vorliegenden Rechnungen.*
4. *Nennen Sie den Buchungssatz zur Aufnahme des Darlehens.*
5. *Buchen Sie die Darlehenszinsen bei Zahlung am 1. Oktober. Welche Buchung ist zum 31. Dezember erforderlich?*
6. *Zu welchem Wert dürfen nicht abnutzbare Anlagegüter zum Bilanzstichtag höchstens angesetzt werden?*

Aufgabe 304

Das in Aufgabe 303 genannte Grundstück hat zum Abschlussstichtag des folgenden Geschäftsjahres einen Verkehrswert von 380.000,00 €.

1. *Nennen Sie den Wertansatz zum 31. Dezember.*
2. *Begründen Sie Ihre Bewertungsentscheidung.*

Aufgabe 305

Es wird unterstellt, dass das in Aufgabe 303 genannte Grundstück nach fünf Jahren wegen Wegfalls der Hauptverkehrsanbindung nur noch einen Wert von 220.000,00 € hat.

1. *Nennen Sie den Wertansatz für die Jahresbilanz.*
2. *Begründen Sie ausführlich Ihre Bewertung.*
3. *Nennen Sie den Buchungssatz.*
4. *Erläutern Sie die Auswirkung auf den Jahreserfolg.*

Aufgabe 306

1. *In welchen Gesetzen sind die grundlegenden Bewertungsvorschriften enthalten?*
2. *Nennen Sie die Zielsetzung a) der Handelsbilanz und b) der Steuerbilanz.*
3. *Was beinhaltet der „Grundsatz der Maßgeblichkeit" der Handelsbilanz für die Steuerbilanz?*
4. *Welche Unternehmen stellen sowohl eine Handels- als auch eine Steuerbilanz auf?*
5. *Erläutern Sie den Zusammenhang zwischen dem Prinzip der Vorsicht und dem Anschaffungswert-, Niederstwert-, Höchstwert- und Imparitätsprinzip.*
6. *Unterscheiden Sie zwischen strengem und gemildertem Niederstwertprinzip.*
7. *Nennen Sie Ausnahmen des Grundsatzes der Einzelbewertung.*
8. *Nennen Sie mögliche Abweichungen in der Handels- und Steuerbilanz.*

Aufgabe 307

Ein Textilgroßhandelsunternehmen hat einen Posten Stoffe am 4. Dezember für 15.000,00 € netto ab Werk gekauft. An den Spediteur wurden für Transport und Versicherung 680,00 € netto gezahlt. Bei Bezahlung der Ware wurden 2 % Skonto abgezogen.

1. *Ermitteln Sie die Anschaffungskosten.*
2. *Wie ist die Ware zum 31. Dezember zu bewerten, wenn am Bilanzstichtag der Wiederbeschaffungswert a) 15.800,00 € und b) 14.000,00 € beträgt?*
3. *Begründen Sie jeweils Ihre Bewertungsentscheidung zu 2. a) und 2. b) und nennen Sie die Auswirkung auf den Jahreserfolg.*

Aufgabe 308

Im Konto „1710 Verbindlichkeiten a. LL" ist eine kurzfristige Fremdwährungsverbindlichkeit von 20.000,00 US-$ zum Devisenkassamittelkurs von 1,3550 US-$/€ enthalten. Am Bilanzstichtag beträgt der Devisenkassamittelkurs für a) 1,3725 US-$/€ und b) 1,3495 US-$/€. Die Restlaufzeit beträgt zwei Wochen.

1. *Ermitteln Sie den Bilanzansatz zu a) und b).*
2. *Begründen Sie Ihre Bewertungsentscheidung auch im Hinblick auf den Jahreserfolg.*
3. *Wie lautet die Buchung zum 31. Dezember?*

Aufgabe 309

Ein Unternehmen hat zur kurzfristigen Anlage 50 Aktien zum Stückkurs von 150,00 € erworben. Die Bank berechnet insgesamt für Nebenkosten (Maklergebühr, Bankprovision) 1,06 % vom Kurswert.

Zum 31. Dez. des Anschaffungsjahres beträgt der Stückkurs a) 160,00 € und b) 120,00 €.

1. *Ermitteln Sie die Anschaffungskosten.*
2. *Begründen Sie den Wertansatz zum 31. Dezember des Anschaffungsjahres zu a) und b).*
3. *Welche Wertansätze sind möglich, wenn der Kurs zum Bilanzstichtag des folgenden Jahres a) 140,00 € und b) 170,00 € beträgt?*
4. *Begründen Sie buchhalterisch, dass durch Wertaufholungen stille Reserven aufgelöst werden.*

Aufgabe 310

Die Textilhandels-GmbH hat in der Handelsbilanz zum 31. Dez. 2010 eine im Januar zu 100.000,00 € Anschaffungskosten erworbene Maschine mit 10 % linear abgeschrieben. In der dem Finanzamt eingereichten Steuerbilanz wurde die gleiche Maschine mit dem steuerlichen Höchstsatz degressiv mit 25 % abgeschrieben.

1. *Nennen Sie den Wertansatz a) für die Handelsbilanz und b) für die Steuerbilanz.*
2. *In welchen Fällen ist es einem Unternehmen erlaubt, unterschiedliche Wertansätze für die Handels- und die Steuerbilanz zu wählen?*

Aufgabe 311

Die Elektrohandel-GmbH hat zum 31. Dezember noch 80 Elektromotoren zum durchschnittlichen Anschaffungswert von 190,00 € auf Lager.

Die Wiederbeschaffungskosten betragen am Bilanzstichtag a) 210,00 € und b) 160,00 €.

Begründen Sie den Wertansatz a) und b) und erläutern Sie die Erfolgsauswirkung.

Aufgabe 312

Ein Unternehmen hat am 15. Januar 2010 eine Sortieranlage erworben. Der Listenpreis beträgt 80.000,00 €. Die Lieferfirma gewährt hierauf 10 % Rabatt.

In Rechnung gestellt werden ferner: Transportkosten 2.000,00 €, Fundamentierungskosten 2.500,00 €, Montagekosten 3.500,00 €, + Umsatzsteuer.

Der Rechnungsbetrag wurde mit 2 % Skonto durch Banküberweisung beglichen.

Zur Finanzierung der Anlage wurde ein Darlehen von 60.000,00 € aufgenommen. Die Zinsen für das laufende Geschäftsjahr wurden mit 5.600,00 € im Voraus überwiesen.

1. *Ermitteln Sie die Anschaffungskosten der Sortieranlage.*
2. *a) Erstellen Sie die Rechnung der Lieferfirma und b) Buchen Sie den Eingang der Rechnung.*
3. *Nennen Sie die Buchung für den Rechnungsausgleich.*
4. Die Sortieranlage hat eine Nutzungsdauer von zehn Jahren. *Ermitteln Sie a) den niedrigsten und b) den höchstmöglichen Abschreibungsbetrag zum 31. Dezember 2010.*
5. *Nennen Sie den Wertansatz für die Fälle 4. a) und 4. b).*
6. *Für welchen Wertansatz würden Sie sich entscheiden, wenn das Unternehmen a) mit Verlust und b) mit hohem Gewinn abschließt? Begründen Sie.*

6937246

Aufgabe 313

Der Wert einer Maschine mit Anschaffungskosten von 200.000,00 €, die linear über zehn Jahre abgeschrieben wird, sinkt im Jahr 04 infolge des technischen Fortschritts zusätzlich um 20 % der Anschaffungskosten.

1. *Begründen Sie Ihre Bewertungsentscheidung.*
2. *Ermitteln Sie die fortgeführten Anschaffungskosten zum 31. Dezember 04.*
3. *Nennen Sie den Buchungssatz zum 31. Dezember.*
4. *Ermitteln Sie die Abschreibung für die Restnutzungsdauer.*

Aufgabe 314

Eine GmbH hat in ihrer dem Handelsregister eingereichten Handelsbilanz die im Abschlussjahr mit Anschaffungskosten von 40.000,00 € erworbenen geringwertigen Wirtschaftsgüter im Konto „0371 GWG-Sammelposten" aktiviert und mit 20 % linear abgeschrieben. In der dem Finanzamt eingereichten Steuerbilanz wurde eine Vollabschreibung der geringwertigen Wirtschaftsgüter vorgenommen.

1. *Welche Überlegungen standen im Vordergrund?*
2. *Begründen Sie die Entscheidung der Finanzverwaltung im vorliegenden Fall.*

Aufgabe 315

Die fortgeführten Anschaffungskosten einer Maschine betragen zum 31. Dez. .. 24.000,00 €. Der Wert (Teilwert) der Maschine ist infolge Preissteigerung auf 30.000,00 € gestiegen. Der Buchhalter möchte daher eine Zuschreibung in Höhe von 6.000,00 € vornehmen, die zu einem Wertansatz von 30.000,00 € führt.

Beraten Sie den Buchhalter und begründen Sie Ihre Auffassung.

Aufgabe 316

Waren wurden am 20. Dez. .. zu 5.000,00 € netto zuzüglich Bezugskosten netto 300,00 € angeschafft. Beim Rechnungsausgleich wurden 2 % Skonto abgezogen. Die Waren sind am 31. Dezember noch am Lager.

1. *Ermitteln Sie die Anschaffungskosten.*
2. *Wie sind die Waren zum 31. Dezember zu bewerten, wenn der Tageswert a) 6.000,00 € und b) 4.600,00 € beträgt? Begründen Sie Ihre Entscheidung.*

Aufgabe 317

Die in Aufgabe 316 genannten Waren wurden in der Bilanz zum 31. Dezember .. nach dem strengen Niederstwertprinzip mit 4.600,00 € bewertet. Es wird unterstellt, dass die Waren auch noch zum 31. Dezember des folgenden Jahres vorhanden sind und der Tageswert nunmehr 5.100,00 € beträgt.

1. *Nennen Sie den Wertansatz zum 31. Dezember des letzten Jahres.*
2. *Erläutern Sie die Auswirkungen auf den Gewinn.*

Aufgabe 318

Ein Unternehmen hat ein Grundstück erworben. Anschaffungskosten 150.000,00 €. Am Bilanzstichtag beträgt der Tageswert (Teilwert) a) 180.000,00 € und b) 100.000,00 €. Im Fall b) handelt es sich um eine Wertminderung, die auf ein Bauverbot für das Grundstück zurückzuführen ist.

1. *Ermitteln und begründen Sie für die beiden Fälle den jeweiligen Wertansatz.*
2. *Mit welchem Wert ist das Grundstück zu bilanzieren, wenn nach vier Jahren das Bauverbot aufgehoben wird?*

Aufgabe 319

Im Geschäftsjahr .. wurde eine Beteiligung an einer Handelsgesellschaft für 10 Millionen € erworben. Zum 31. Dezember des gleichen Jahres ist der Wert geringfügig auf 9,7 Millionen € gesunken. Die Unternehmensleitung erwartet für das nächste Jahr wieder eine Wertsteigerung.

Welche Möglichkeiten der Bewertung bestehen nach § 253 [3] HGB?

5 Jahresabschluss der Personengesellschaften

5.1 Abschluss der Offenen Handelsgesellschaft (OHG)

Unbeschränkte Haftung

Die Gesellschafter der OHG haften **in unbeschränkter Höhe**, also nicht nur mit ihren Kapitaleinlagen, sondern auch mit ihrem Privatvermögen. **Jeder Gesellschafter hat sein Eigenkapital- und Privatkonto.**

Gewinn- und Verlustverteilung

Die Verteilung des Gesamtgewinns der OHG ist entweder von den Gesellschaftern **vertraglich** geregelt (Gesellschaftsstatut) **oder** richtet sich **nach den gesetzlichen Vorschriften** (§ 121 HGB). Danach erhalten die Gesellschafter ihre Kapitaleinlagen zu **4 %** verzinst, der Rest des Gewinns wird nach Köpfen verteilt. Der **Verlust** wird von allen Gesellschaftern **zu gleichen Teilen** getragen. Für ihre **Arbeitsleistung** erhalten die geschäftsführenden Gesellschafter der OHG **vorab** entsprechende **Gewinnanteile.**

Beispiel

In einer OHG betragen die Kapitalanteile der Gesellschafter A 240.000,00 € und B 360.000,00 €. Das Privatkonto A weist 68.000,00 €, Privatkonto B 70.000,00 € Entnahmen aus. Der Gesamtgewinn von 200.000,00 € wird wie folgt verteilt:

Gesellschafter B erhält für die Geschäftsführung vorab 72.000,00 €. Die Kapitaleinlagen werden mit 8 % verzinst. Der Restgewinn wird nach Köpfen verteilt.

Gesellschafter	Kapital 1. Jan.	Arbeitsanteil	Kapitalverzinsung	Restgewinn	Gesamtgewinn	Privatentnahme	Kapital 31. Dez.
A	240.000,00	–	19.200,00	40.000,00	59.200,00	68.000,00	231.200,00
B	360.000,00	72.000,00	28.800,00	40.000,00	140.800,00	70.000,00	430.800,00
	600.000,00	**72.000,00**	**48.000,00**	**80.000,00**	**200.000,00**	**138.000,00**	**662.000,00**

Buchungen

Die **Gewinnanteile** werden den **Kapitalkonten** der Gesellschafter aufgrund der **Gewinnverteilungstabelle** (Beleg!) **gutgeschrieben.** Bei Verlust sind die Kapitalkonten entsprechend zu belasten. Die **Privatkonten** werden über die zugehörigen Kapitalkonten abgeschlossen.

Nennen Sie die Abschlussbuchungssätze ❶, ❷ *und* ❸.

S	9300 Gewinn- und Verlustkonto		H
Aufwand	560.000,00	Erträge	760.000,00
Gewinnanteil A	59.200,00		
Gewinnanteil B	140.800,00		

❶ (Gewinnanteile A und B → Kapital A und Kapital B, Haben „Gewinn")

S	1610 Privat A		H
Entnahme	68.000,00	Kap. A	68.000,00

❷ →

S	0610 Kapital A		H
Privat	68.000,00	AB	240.000,00
SB	231.200,00	Gewinn	59.200,00

S	1611 Privat B		H
Entnahme	70.000,00	Kap. B	70.000,00

❸ →

S	0611 Kapital B		H
Privat	70.000,00	AB	360.000,00
SB	430.800,00	Gewinn	140.800,00

Merke

- **Die OHG führt für jeden Gesellschafter ein Kapital- und Privatkonto.**
- **Gewinn- und Verlustanteile werden deshalb unmittelbar auf dem Kapitalkonto des Gesellschafters gebucht.**

Aufgabe 320

Der Jahresgewinn einer OHG in Höhe von 220.000,00 € soll nach § 121 HGB auf zwei Gesellschafter mit den Kapitalanteilen A 200.000,00 € und B 300.000,00 € verteilt werden. Die Privatentnahmen von A betragen 48.000,00 € und von B 50.000,00 €.

1. *Erstellen Sie eine Gewinnverteilungstabelle mit Kapitalentwicklung und buchen Sie.*
2. *Nehmen Sie kritisch Stellung zur gesetzlichen Regelung der Gewinnverteilung.*

6937248

Aufgabe 321

Saldenbilanz der Paul von Raupach OHG zum 31. Dez.	Soll	Haben
0330 Betriebs- und Geschäftsausstattung	360.000,00	–
0340 Fuhrpark	220.000,00	–
0522 Pauschalwertberichtigungen zu Forderungen	–	4.500,00
0610 Kapital P. von Raupach	–	400.000,00
0611 Kapital M. Breuer	–	200.000,00
0724 Sonstige Rückstellungen	–	15.200,00
0820 Darlehensschulden	–	294.800,00
0910 Aktive Rechnungsabgrenzung	–	–
1010 Forderungen aus Lieferungen und Leistungen	499.800,00	–
1130 Sonstige Forderungen	2.000,00	–
1310 Bank	371.668,00	–
1410 Vorsteuer	248.494,00	–
1610 Privatentnahmen Raupach	82.600,00	–
1611 Privatentnahmen Breuer	78.900,00	–
1710 Verbindlichkeiten aus Lieferungen und Leistungen	–	115.000,00
1810 Umsatzsteuer	–	621.262,00
1940 Sonstige Verbindlichkeiten	–	15.900,00
2010 A. o. (nicht geschäftstypische) Aufwendungen	–	–
2060 Sonstige Aufwendungen	3.800,00	–
2110 Zinsaufwendungen	30.400,00	–
2310 Übliche Abschreibungen auf Forderungen	–	–
2340 Zuführungen zu Pauschalwertberichtigungen	–	–
2610 Zinserträge	–	8.600,00
2760 Erträge aus der Auflösung von Rückstellungen	–	–
3010 Wareneingang	2.300.000,00	–
3060 Nachlässe von Lieferern	–	12.100,00
3080 Liefererskonti	–	54.500,00
3910 Warenbestände	150.000,00	–
4100 Mietaufwendungen	110.400,00	–
4890 Diverse Aufwendungen	553.600,00	–
4910 Abschreibungen auf Sachanlagen	–	–
8010 Warenverkauf	–	3.308.400,00
8070 Kundenboni	7.800,00	–
8080 Kundenskonti	30.800,00	–
Abschlusskonten: 9300 und 9400	5.050.262,00	5.050.262,00

Abschlussangaben

1. Planmäßige Abschreibungen: BGA: 38.000,00 €; Fuhrpark: 52.000,00 €.
2. Eine im Vorjahr gebildete Garantierückstellung über 5.000,00 € erübrigt sich.
3. Kunde Mies überweist von 2.380,00 € nur 595,00 €. Der Rest gilt als verloren.
4. Kunde Schneider erhält Gutschrift für Bonus: 3.000,00 € + USt.
5. Steuerberichtigungen: Liefererskonti: 480,00 €; Kundenskonti: 384,00 €.
6. Darlehenszinsen in Höhe von 12.000,00 € werden von der OHG halbjährlich jeweils zum 31. März und 30. September im Voraus gezahlt. Letzte Zahlung erfolgte am 30. September.
7. Brandschaden im Warenbestand 35.000,00 € (kein Versicherungsanspruch).
8. Für einen drohenden Verlust aus einem schwebenden Geschäft ist eine Rückstellung über 60.000,00 € zu bilden.
9. Die Dezembermiete für die Geschäftsräume wird am 2. Januar nächsten Jahres überwiesen: 8.000,00 €.
10. Die Zinsgutschrift der Bank über 4.500,00 € erfolgt erst am 6. Januar nächsten Jahres.
11. Die PWB ist auf 5 % des Forderungsbestandes aufzustocken.
12. Warenschlussbestand: Anschaffungskosten: 180.000,00 €; Tageswert: 195.000,00 €.
13. Gewinnverteilung: 8 % Kapitalverzinsung vorab, Rest nach Kapitalanteilen.

Erstellen Sie den Jahresabschluss. Ermitteln Sie die Rendite der Kapitalanteile der Gesellschafter.

5.2 Abschluss der Kommanditgesellschaft (KG)

Die unterschiedliche Haftung der Gesellschafter unterscheidet die KG von der OHG:

§§ 161, 171 HGB

- **Der Vollhafter (Komplementär)** haftet wie der OHG-Gesellschafter **unbeschränkt** mit seinem Betriebs- und Privatvermögen (§ 161 HGB).
- **Der Teilhafter (Kommanditist)** haftet nur **beschränkt** in Höhe der **vertraglich festgesetzten** und im **Handelsregister eingetragenen Kapitaleinlage.** Der Kommanditist verfügt deshalb über **kein Privatkonto** (§§ 161, 171 HGB).

Gewinn- und Verlustverteilung §§ 167–169 HGB

Die Gewinn- und Verlustverteilung ist auch bei der KG entweder **vertraglich** geregelt **oder** richtet sich **nach den gesetzlichen Vorschriften** (§§ 167–169 HGB). Danach erhalten die Vollhafter wie auch die Teilhafter zunächst ihre Kapitaleinlage zu **4 %** verzinst. Der **Restgewinn** wird in einem **„angemessenen Verhältnis"** der Kapitalanteile, also unter Berücksichtigung der Einlagenhöhe, der Mitarbeit im Unternehmen und der persönlichen Haftung, verteilt. Am **Verlust** sind die Gesellschafter ebenfalls **in angemessenem Verhältnis** zu beteiligen.

Beispiel

In einer KG betragen die Kapitaleinlagen des Komplementärs A 500.000,00 € und des Kommanditisten B 200.000,00 €. Das Privatkonto A weist Entnahmen in Höhe von 80.000,00 € aus. Der Gesamtgewinn beträgt zum 31. Dez. 240.000,00 €.

Vertragliche Gewinnverteilung: Der Komplementär erhält aus dem Jahresgewinn für seine Arbeitsleistung vorab 60.000,00 €. Die Kapitaleinlagen werden mit 4 % verzinst, der Restgewinn wird im Verhältnis 3 : 1 verteilt.

Gesellschafter	Kapital 1. Jan.	Arbeitsanteil	Kapitalverzinsung	Restgewinn	Gesamtgewinn	Privatentnahme	Kapital 31. Dez.
A	500.000,00	60.000,00	20.000,00	114.000,00	194.000,00	80.000,00	614.000,00
B	200.000,00	–	8.000,00	38.000,00	46.000,00	–	200.000,00
	700.000,00	**60.000,00**	**28.000,00**	**152.000,00**	**240.000,00**	**80.000,00**	**814.000,00**

Buchungen

Die unterschiedliche Haftung der Gesellschafter der KG bedingt unterschiedliche Buchungen. Beim **Komplementär** ergeben sich die **gleichen Buchungen wie beim OHG-Gesellschafter.** Der **Gewinnanteil des Kommanditisten** darf jedoch wegen der **festen** Kapitaleinlage nicht seinem Kapitalkonto gutgeschrieben werden, sondern muss als **„Sonstige Verbindlichkeit"** auf dem Konto „1930 Verbindlichkeiten gegenüber Gesellschaftern" gebucht werden. Ein **Verlustanteil** ist als **„Sonstige Forderung"** der KG an den Kommanditisten zu buchen (1150 an 9300), damit das **Kommanditkapitalkonto** das vereinbarte Haftungskapital **unverändert** ausweist.

Buchung:	**9300 Gewinn- und Verlustkonto**	**240.000,00**	
	an **0610 Kapital Vollhafter A**		**194.000,00**
	an **1930 Verbindl. gegenüber Gesellschaftern**		**46.000,00**

Bilanz der A-KG

Aktiva		Passiva	1. Jan.	31. Dez.
Anlagevermögen		Kapital Vollhafter A	500.000,00	614.000,00
Umlaufvermögen		Kapital Teilhafter B	200.000,00	200.000,00
		Verb. gg. Gesellsch.	–	46.000,00

Merke

Gewinnanteile der Kommanditisten sind „Sonstige Verbindlichkeiten".

Aufgabe 322

Die Schulz KG besteht aus dem Vollhafter H. Schulz (400.000,00 € Kapitalanteil) und dem Teilhafter R. Schneider (200.000,00 € Kommanditkapital). Das Privatkonto Schulz weist 70.000,00 € Entnahmen zum 31. Dez. aus. Der Gesamtgewinn beträgt 180.000,00 €. Für die Geschäftsführung erhält Schulz monatlich 8.500,00 €. Jeder Gesellschafter erhält vorab 8 %. Der Restgewinn ist im Verhältnis 4 : 1 zu verteilen. *Erstellen Sie die Gewinnverteilungstabelle mit Kapitalentwicklung und buchen Sie. Beurteilen Sie auch den Erfolg der KG.*

6937250

Aufgabe 323

Saldenbilanz der K. J. Bredel KG	**Soll**	**Haben**
0210 Grundstücke	154.000,00	–
0230 Gebäude	720.000,00	–
0330 Betriebs- und Geschäftsausstattung	150.000,00	–
0340 Fuhrpark	120.000,00	–
0522 Pauschalwertberichtigungen zu Forderungen	–	22.100,00
0610 Kapital Vollhafter Bredel	–	500.000,00
0611 Kapital Teilhafter Naumann	–	240.000,00
0722 Steuerrückstellungen	–	12.400,00
0820 Darlehensschulden	–	475.900,00
1010 Forderungen aus Lieferungen und Leistungen	445.060,00	–
1130 Sonstige Forderungen	–	–
1310 Bank	417.000,00	–
1410 Vorsteuer	231.340,00	–
1610 Privatentnahmen Bredel	140.000,00	–
1710 Verbindlichkeiten aus Lieferungen und Leistungen	–	238.000,00
1810 Umsatzsteuer	–	598.880,00
1940 Sonstige Verbindlichkeiten	–	22.800,00
2050 Verluste aus dem Abgang von UV	16.680,00	–
2110 Zinsaufwendungen	36.800,00	–
2421 Mieterträge	–	22.200,00
3010 Wareneingang	2.291.000,00	–
3070 Liefererboni	–	32.600,00
3910 Warenbestände	190.000,00	–
4210 Gewerbesteuer	18.300,00	–
4260 Versicherungen	35.000,00	–
4890 Diverse Aufwendungen	351.700,00	–
8010 Warenverkauf	–	3.162.000,00
8060 Nachlässe an Kunden	21.000,00	–
8710 Entnahme von Waren	–	11.000,00
Weitere Konten: 0910, 0930, 1930, 2310, 2752, 4910, 4920, 9300, 9400.	5.337.880,00	5.337.880,00

Abschlussangaben zum 31. Dezember

1. Planmäßige Abschreibungen insgesamt in Höhe von 98.000,00 €, und zwar auf: Gebäude 28.000,00 €, BGA 30.000,00 €, Fuhrpark 40.000,00 €.
2. Ein unbebautes Grundstück hat eine dauernde Wertminderung von 25.000,00 €.
3. Warenentnahmen des Vollhafters: 7.500,00 € netto.
4. Kunde M. Hein hat zum 31. Dezember noch einen Nachlass von brutto 595,00 € erhalten.
5. Eine Forderung an den Kunden R. Göbel über 4.760,00 € ist uneinbringlich.
6. Bildung einer Gewerbesteuerrückstellung in Höhe von 15.600,00 €.
7. Verrechnung des Mietwertes für die Wohnung des Vollhafters im Geschäftsgebäude: 900,00 €.
8. Ein Mieter hatte die Lagerraummiete für Dezember bis Februar nächsten Jahres am 1. Dezember mit 2.700,00 € im Voraus an die KG überwiesen.
9. Die Kfz-Versicherungen wurden am 1. Oktober für ein Jahr im Voraus gezahlt: 2.400,00 €.
10. Gutschrift für Liefererboni steht zum 31. Dezember noch aus: netto 5.000,00 €.
11. Darlehenszinsen in Höhe von 12.000,00 € werden halbjährlich nachträglich jeweils zum 31. März und 30. September gezahlt. Letzte Zahlung erfolgte am 30. September.
12. Die PWB ist auf 5 % des Forderungsbestandes zu bemessen.
13. Warenschlussbestand: Anschaffungskosten: 115.000,00 €; Tageswert: 100.000,00 €.
14. Gewinnverteilung: Der Gesamtgewinn ist im Verhältnis 4 : 1 zu verteilen.

Erstellen Sie den Jahresabschluss. Ermitteln Sie die Rendite der Kapitalanteile der Gesellschafter.

6 Jahresabschluss der Kapitalgesellschaften

6.1 Publizitäts- und Prüfungspflicht

§§ 264, 266, 275, 284, 285 HGB

Kapitalgesellschaften und **bestimmte Personengesellschaften** (z. B. GmbH & Co. KG) haben den aus **Bilanz** und **GuV-Rechnung** bestehenden Jahresabschluss (§ 242 HGB) um einen **Anhang** zu erweitern und einen **Lagebericht** aufzustellen (§ 264 HGB). Kleine Gesellschaften (§ 267 [1] HGB) und Kleinstgesellschaften (§ 267a HGB) sind von der Aufstellung des Lageberichts befreit. Kleinstgesellschaften brauchen auch keinen Anhang zu erstellen, wenn sie bestimmte Angaben des Anhangs unter der Bilanz aufführen (§ 264 [1] Satz 5 HGB).

Anhang §§ 284, 285 HGB

- Der Anhang enthält Angaben, die die **Bilanz** und **Gewinn- und Verlustrechnung erläutern** und **ergänzen**, z. B. Bilanzierungs- und Bewertungsmethoden wie Abschreibungsmethoden, Zusammensetzung der Herstellungskosten, Anwendung von Sammel- oder Gruppenbewertung, Verbindlichkeiten mit Restlaufzeit von über fünf Jahren, nicht bilanzierte Verpflichtungen, Aufgliederung der Umsatzerlöse, durchschnittliche Zahl der Arbeitnehmer, Vergütungen von Geschäftsführung und Vorstand, Beteiligungen u. a. m.

Lagebericht § 289 HGB

- Der Lagebericht beinhaltet Erläuterungen zum **Geschäftsverlauf** und **Geschäftsergebnis**, zur **Lage der Gesellschaft** sowie zur **voraussichtlichen Entwicklung** mit ihren Chancen und Risiken. Außerdem soll u. a. über **Vorgänge** von besonderer Bedeutung **nach dem Bilanzstichtag**, **finanzwirtschaftliche Risiken** (z. B. Preisänderungs-, Ausfall-, Liquiditätsrisiken), **Forschung** und **Entwicklung** sowie **Zweigniederlassungen** berichtet werden.

§ 264 [1] Satz 2 HGB

Kapitalmarktorientierte Gesellschaften[1] (§ 264d HGB) haben den Jahresabschluss um **Kapitalflussrechnung** und **Eigenkapitalspiegel** zu erweitern. Die Kapitalflussrechnung zeigt Auswirkungen von Geschäftsfällen sowie Investitions- und Finanzierungsvorgängen auf die Liquidität, der Eigenkapitalspiegel verdeutlicht die Eigenkapitalveränderungen des Jahres.

Prüfung und Offenlegung

Kapitalgesellschaften und **bestimmte Personengesellschaften** sind grundsätzlich **verpflichtet**, den **Jahresabschluss und** den **Lagebericht** durch unabhängige Abschlussprüfer **prüfen** zu lassen und zu **veröffentlichen.** Zum **Schutz** kleiner Unternehmen vor **Konkurrenzeinblick** richten sich jedoch die **Prüfungspflicht** sowie **Art und Umfang der Publizität** nach der **Größe** der Gesellschaft. **Für die Zuordnung** der Unternehmen zu einer Größenklasse **müssen zwei der drei Schwellenwerte** an zwei aufeinander folgenden Bilanzstichtagen **zutreffen:**[2]

Größenklassen § 267 HGB

Schwellenwerte	Bilanzsumme	Umsatzerlöse	Beschäftigte[3]
Kleinstgesellschaften	bis 350.000,00 €	bis 700.000,00 €	bis 10
Kleine Gesellschaften	bis 4.840.000,00 €	bis 9.680.000,00 €	bis 50
Mittelgroße Gesellschaften	bis 19.250.000,00 €	bis 38.500.000,00 €	bis 250
Große Gesellschaften	über 19.250.000,00 €	über 38.500.000,00 €	über 250

Die nachfolgende Tabelle zeigt die Veröffentlichung der Jahresabschlussbestandteile und des Lageberichts im elektronischen Bundesanzeiger (eBanz) sowie die Prüfungspflicht.

§§ 316, 325, 326 HGB

Kapitalgesellschaften	Offenlegung (§§ 325, 326 HGB)					Prüfung (§ 316 HGB)
	Jahresabschluss			Lagebericht	Publizität	
	Bilanz	GuV	Anhang			
Kleinst	X	–	–	–	eBanz[4]	–
Kleine	X	–	X	–	eBanz	–
Mittelgroße	X	X	X	X	eBanz	X
Große	X	X	X	X	eBanz	X

1 Kapitalmarktorientiert sind Kapitalgesellschaften und bestimmte Personengesellschaften, wenn die von ihnen ausgegebenen Wertpapiere (z. B. Aktien, Anleihen) an der Börse gehandelt werden.
2 Kapitalmarktorientierte Gesellschaften gelten stets als große Gesellschaften (§ 267 [3] HGB).
3 Im Jahresdurchschnitt.
4 Wahlweise darf die Bilanz bei dem Betreiber des eBanz nur hinterlegt statt veröffentlicht werden.

6937252

6.2 Gliederung der Bilanz nach § 266 HGB

Kapitalgesellschaften haben die Jahresbilanz nach § 266 HGB zu gliedern. Die **Gliederungstiefe** richtet sich jedoch nach der **Größe** der Kapitalgesellschaft.

- **Große und mittelgroße Kapitalgesellschaften** müssen ihre Bilanzen unter Berücksichtigung des in § 266 [2, 3] HGB ausgewiesenen **vollständigen Gliederungsschemas**[1] aufstellen. Die Veröffentlichung erfolgt bei großen Kapitalgesellschaften ebenfalls in dieser detaillierten Darstellung der Bilanzposten und ermöglicht somit einen **tiefen Einblick in die Vermögens- und Finanzlage** des Unternehmens. Mittelgroße Gesellschaften können ihre Bilanzen in der für kleine Kapitalgesellschaften vorgeschriebenen **Kurzform** veröffentlichen, wenn sie in der Bilanz oder im Anhang bestimmte Posten zusätzlich angeben, wie z. B. Grundstücke und Gebäude, Technische Anlagen und Maschinen, Beteiligungen, Anleihen, Verbindlichkeiten gegenüber Kreditinstituten u. a. m. (§ 327 HGB).
- **Kleine Kapitalgesellschaften** brauchen nur eine **verkürzte Bilanz** (siehe unten) aufzustellen und zu veröffentlichen, in der die mit Buchstaben und römischen Zahlen bezeichneten Posten des Gliederungsschemas aufgeführt sind (§ 266 [1] HGB). Durch Straffung der Bilanzposten sind diese Bilanzen für Außenstehende nur **von geringem Aussagewert.**
- **Kleinstkapitalgesellschaften** sind ebenfalls nur zur Aufstellung und Veröffentlichung einer verkürzten Bilanz verpflichtet, die aus den mit Buchstaben bezeichneten Posten des Gliederungsschemas besteht. Statt einer Veröffentlichung ist auch die dauerhafte Hinterlegung der Bilanz bei dem Betreiber des elektronischen Bundesanzeigers möglich.

Bilanzschema kleiner Kapitalgesellschaften

Aktiva	**Bilanz zum 31. Dezember 20..** Passiva
A. Anlagevermögen	A. Eigenkapital
I. Immaterielle Vermögensgegenstände	I. Gezeichnetes Kapital
II. Sachanlagen	II. Kapitalrücklage
III. Finanzanlagen	III. Gewinnrücklagen
	IV. Gewinn-/Verlustvortrag
	V. Jahresüberschuss/Jahresfehlbetrag
B. Umlaufvermögen	B. Rückstellungen
I. Vorräte	C. Verbindlichkeiten
II. Forderungen und sonstige Vermögensgegenstände	D. Rechnungsabgrenzungsposten
III. Wertpapiere	E. Passive latente Steuern
IV. Flüssige Mittel	
C. Rechnungsabgrenzungsposten	
D. Aktive latente Steuern	
E. Aktiver Unterschiedsbetrag aus der Vermögensverrechnung	

Bei der Veröffentlichung von Bilanzen ist zusätzlich noch Folgendes zu beachten:

- **Zu jedem Bilanzposten** ist der entsprechende **Vorjahresbetrag** anzugeben.
- In die Bilanz oder den Anhang ist der **Anlagenspiegel** aufzunehmen (siehe S. 200 f.).
- In der Bilanz muss der **Betrag der Forderungen** mit einer **Restlaufzeit von mehr als einem Jahr** sowie der **Verbindlichkeiten** mit einer **Restlaufzeit von bis zu einem Jahr** angegeben werden. Das verbessert den **Einblick in die Liquiditätslage** des Unternehmens.
- **Unter der Bilanz** oder im Anhang sind **Eventualverbindlichkeiten**, beispielsweise aus Bürgschaften oder Gewährleistungsverträgen, anzugeben (§ 251 HGB).[2]

Merke

Art und Umfang der Veröffentlichung, Prüfungspflicht sowie Gliederung der Bilanz richten sich nach der Größe der Kapitalgesellschaft.

1 Siehe S. 254 und im Anhang des Lehrbuches auf der Rückseite des Kontenrahmens.
2 Auch Bilanzen nicht offenlegungspflichtiger Unternehmen müssen diesen Vermerk nach § 251 HGB enthalten.

Gliederung der Jahresbilanz nach § 266 [2, 3] Handelsgesetzbuch

Aktiva

A. Anlagevermögen

I. Immaterielle Vermögensgegenstände
1. Selbst geschaffene gewerbliche Schutzrechte und ähnliche Rechte und Werte
2. entgeltlich erworbene Konzessionen, gewerbliche Schutzrechte und ähnliche Rechte und Werte sowie Lizenzen an solchen Rechten und Werten
3. Geschäfts- oder Firmenwert
4. geleistete Anzahlungen

II. Sachanlagen
1. Grundstücke, grundstücksgleiche Rechte und Bauten einschließlich der Bauten auf fremden Grundstücken
2. technische Anlagen und Maschinen
3. andere Anlagen, Betriebs- und Geschäftsausstattung
4. geleistete Anzahlungen und Anlagen im Bau

III. Finanzanlagen
1. Anteile an verbundenen Unternehmen
2. Ausleihungen an verbundene Unternehmen
3. Beteiligungen
4. Ausleihungen an Unternehmen, mit denen ein Beteiligungsverhältnis besteht
5. Wertpapiere des Anlagevermögens
6. sonstige Ausleihungen

B. Umlaufvermögen

I. Vorräte
1. Roh-, Hilfs- und Betriebsstoffe
2. unfertige Erzeugnisse, unfertige Leistungen
3. fertige Erzeugnisse und Waren
4. geleistete Anzahlungen

II. Forderungen und sonstige Vermögensgegenstände
1. Forderungen aus Lieferungen und Leistungen
2. Forderungen gegen verbundene Unternehmen
3. Forderungen gegen Unternehmen, mit denen ein Beteiligungsverhältnis besteht
4. sonstige Vermögensgegenstände

III. Wertpapiere
1. Anteile an verbundenen Unternehmen
2. sonstige Wertpapiere

IV. Kassenbestand, Bundesbankguthaben, Guthaben bei Kreditinstituten und Schecks

C. Rechnungsabgrenzungsposten

D. Aktive latente Steuern

E. Aktiver Unterschiedsbetrag aus der Vermögensverrechnung

Passiva

A. Eigenkapital

I. Gezeichnetes Kapital

II. Kapitalrücklage

III. Gewinnrücklagen
1. gesetzliche Rücklage
2. Rücklage für Anteile an einem herrschenden oder mehrheitlich beteiligten Unternehmen
3. satzungsmäßige Rücklagen
4. andere Gewinnrücklagen

IV. Gewinnvortrag/Verlustvortrag

V. Jahresüberschuss/Jahresfehlbetrag

B. Rückstellungen
1. Rückstellungen für Pensionen und ähnliche Verpflichtungen
2. Steuerrückstellungen
3. sonstige Rückstellungen

C. Verbindlichkeiten
1. Anleihen, davon konvertibel
2. Verbindlichkeiten gegenüber Kreditinstituten
3. erhaltene Anzahlungen auf Bestellungen
4. Verbindlichkeiten aus Lieferungen und Leistungen
5. Verbindlichkeiten aus der Annahme gezogener Wechsel und der Ausstellung eigener Wechsel
6. Verbindlichkeiten gegenüber verbundenen Unternehmen
7. Verbindlichkeiten gegenüber Unternehmen, mit denen ein Beteiligungsverhältnis besteht
8. sonstige Verbindlichkeiten, davon aus Steuern davon im Rahmen der sozialen Sicherheit

D. Rechnungsabgrenzungsposten

E. Passive latente Steuern

6937254

6.3 Ausweis des Eigenkapitals in der Bilanz

Alle Posten des Eigenkapitals einer Kapitalgesellschaft werden in der Bilanz zu einer Gruppe **„A. Eigenkapital" zusammengefasst.**

Beispiel

Darstellung des Eigenkapitals in der Bilanz der X-GmbH für das
Berichtsjahr: Verlustvortrag und Jahres**überschuss** (Jahresgewinn)
Vorjahr: Gewinnvortrag und Jahres**fehlbetrag** (Jahresverlust)

Bilanz X-GmbH — Passiva

A. Eigenkapital	Berichtsjahr		Vorjahr	
I. Gezeichnetes Kapital	800.000,00		800.000,00	
II. Kapitalrücklage	100.000,00		100.000,00	
III. Gewinnrücklage	250.000,00		250.000,00	
IV. Verlust-/Gewinnvortrag	150.000,00[1]		50.000,00	
V. Jahresüberschuss/-fehlbetrag	300.000,00	1.300.000,00	200.000,00	1.000.000,00

Gezeichnetes Kapital ist das im Handelsregister eingetragene Kapital, auf das die **Haftung der Gesellschafter** beschränkt ist. Bei der **GmbH** ist es das **Stammkapital** (mindestens 25.000,00 €), bei der **AG** das **Grundkapital** (mindestens 50.000,00 €). Es ist **auf der Passivseite** der Bilanz stets zum **Nennwert** auszuweisen. **Nicht eingeforderte ausstehende Einlagen** auf das gezeichnete Kapital müssen von dem Posten „Gezeichnetes Kapital" **offen abgesetzt werden**, wobei der verbleibende Betrag als „Eingefordertes Kapital" zu **passivieren** ist. **Ein eingeforderter, aber noch nicht eingezahlter Betrag** ist unter den Forderungen gesondert auszuweisen. **§ 272 [1] HGB**

Beispiel

Bilanzausweis der „Ausstehenden Einlagen"

Bilanz der Y-GmbH

Aktiva		Passiva	
A. Anlagevermögen		A. Eigenkapital	
B. Umlaufvermögen		I. Gezeichnetes Kapital	2.000.000,00
II. Forderungen und sonstige Vermögensgegenstände		– nicht eingeforderte ausstehende Einlagen	400.000,00
...			
4. Eingeforderte ausstehende Einlagen	1.200.000,00	= Eingefordertes Kapital	1.600.000,00

- **Der Gewinn-/Verlustvortrag** ist der Gewinn- bzw. Verlust**rest des Vorjahres.**
- **Der Jahresüberschuss/Jahresfehlbetrag** ist das in der Gewinn- und Verlustrechnung ermittelte **Ergebnis des Geschäftsjahres,** das in die Jahresbilanz einzustellen ist, sofern die Bilanz vor Verwendung des Jahresergebnisses (Gewinnverwendung bzw. Verlustdeckung) aufgestellt wird, was bei der GmbH die Regel ist.[2]
- **Rücklagen sind getrennt ausgewiesenes Eigenkapital,** die es in der Regel nur bei Kapitalgesellschaften wegen des **konstanten** „Gezeichneten Kapitals" gibt. Nach § 272 [2, 3] HGB unterscheidet man **Kapital- und Gewinnrücklagen.**
- **Kapitalrücklagen** entstehen durch ein **Aufgeld (Agio),** das z. B. bei der **Ausgabe** von Anteilen (Stammanteile, Aktien) **über den Nennwert erzielt** wird, oder durch **Zuzahlungen** von Gesellschaftern **für** die Gewährung einer **Vorzugsdividende.**

Beispiel

Eine Aktiengesellschaft erhöht ihr „Gezeichnetes Kapital" durch Ausgabe junger Aktien: Nennwert 10.000.000,00 €, Ausgabekurs 150 % = 15.000.000,00 € (Bank). Das Agio ist der Kapitalrücklage zuzuführen.

Buchung:	**1310 Bank** **15.000.000,00**	an	**0610 Gezeichnetes Kapital** ...	**10.000.000,00**
		an	**0620 Kapitalrücklage**	**5.000.000,00**

1 200.000,00 € Jahresfehlbetrag des Vorjahres – 50.000,00 € Gewinnvortrag des Vorjahres = 150.000,00 € Verlustvortrag des Berichtsjahres

2 Die Bilanz kann auch nach teilweiser oder vollständiger Verwendung des Jahresergebnisses gemäß § 268 [1] HGB aufgestellt werden.

Gewinnrücklagen

Gewinnrücklagen werden **aus dem versteuerten Jahresgewinn** (15 % KSt zzgl. 5,5 % SolZ) durch Einbehaltung bzw. Nichtausschüttung von Gewinnanteilen gebildet (§ 272 [3] HGB). Man unterscheidet vor allem **gesetzliche, satzungsmäßige und andere (freie) Gewinnrücklagen:**

- **Gesetzliche Rücklagen** müssen **Aktiengesellschaften zur Deckung von Verlusten** bilden. Nach § 150 AktG sind jährlich **5 %** des um einen Verlustvortrag geminderten **Jahresüberschusses** in die gesetzliche Rücklage einzustellen, bis die **gesetzliche Rücklage und die Kapitalrücklage zusammen mindestens 10 %** oder den in der Satzung bestimmten höheren Anteil des **Grundkapitals** erreichen. Solange die gesetzliche und die Kapitalrücklage die Mindesthöhe nicht übersteigen, müssen ein Gewinnvortrag aus dem Vorjahr und freie Rücklagen zur Verlustdeckung herangezogen werden. Bei der **GmbH** gibt es eine vergleichbare Vorschrift nur für so genannte Unternehmergesellschaften, deren gezeichnetes Kapital weniger als 25.000,00 € beträgt. Diese müssen 25 % des um einen Verlustvortrag geminderten Jahresüberschusses in eine gesetzliche Rücklage einstellen, bis die Gesellschaft ihr Stammkapital auf mindestens 25.000,00 € erhöht hat (§ 5a GmbHG).
- **Satzungsmäßige oder auf Gesellschaftsvertrag beruhende Rücklagen.**
- **Andere (freie) Gewinnrücklagen** können bei der Aktiengesellschaft und bei der GmbH aus dem Teil des Jahresüberschusses gebildet werden, der nicht für die Zuführung zu der gesetzlichen und/oder satzungsmäßigen Rücklage verwendet wurde (§ 58 AktG; § 29 GmbHG). Sie können **für beliebige Zwecke verwendet** werden, z. B. zur Finanzierung von Investitionen. Da Gewinnrücklagen aus nicht ausgeschütteten Gewinnen gebildet werden, dienen sie der **Selbstfinanzierung** und der **Stärkung der Eigenkapitalbasis** des Unternehmens.

Beispiel

In einer Aktiengesellschaft werden aus dem Jahresüberschuss 60.000,00 € der gesetzlichen Rücklage und 140.000,00 € den anderen (freien) Rücklagen zugeführt.

Buchung (vereinfacht):	**9300 Gewinn- und Verlustkonto**	**200.000,00**	
	an **0631 Gesetzliche Rücklage**		**60.000,00**
	an **0634 Andere Gewinnrücklagen**		**140.000,00**

Offene Rücklagen

Kapital- und Gewinnrücklagen werden in der Bilanz offen als gesonderte Eigenkapitalposten ausgewiesen. Man spricht von „offenen" Rücklagen.

Stille Rücklagen (stille Reserven)

Stille Rücklagen (stille Reserven) sind im Gegensatz zu den offenen Rücklagen aus der Bilanz nicht zu ersehen. Sie entstehen in der Regel durch **Unterbewertung der Vermögenswerte** (z. B. durch überhöhte Abschreibungen) oder durch **Überbewertung von Rückstellungen.** Stille Reserven sind auch stets in den Erinnerungswerten von 1,00 € enthalten. Die gesetzlichen Bewertungsvorschriften engen allerdings den Spielraum zur Bildung stiller Reserven ein. Die **Vollabschreibung** geringwertiger Wirtschaftsgüter (AK/HK bis 410,00 € netto) im Jahr ihrer Anschaffung oder Herstellung ist z. B. eine gesetzlich erlaubte Möglichkeit zur Bildung von stillen Reserven. Da Wirtschaftsgüter höchstens zu ihren Anschaffungs- bzw. Herstellungskosten aktiviert werden dürfen, entstehen zwangsläufig stille Reserven, wenn die **Preise am Markt (Tageswert) steigen.** Beträgt z. B. der Wiederbeschaffungspreis eines Grundstücks 280,00 € je m², das 1950 mit umgerechnet 10,00 € je m² angeschafft und bilanziert worden ist, so ist die stille Reserve 270,00 € je m². Auch langfristige Fremdwährungsverbindlichkeiten enthalten oft stille Reserven.

Merke

- **Kapitalgesellschaften müssen das „Gezeichnete Kapital" stets zum Nennwert ausweisen. Gewinne, Verluste und Rücklagen sind deshalb in der Bilanz gesondert auszuweisen.**
- **Kapitalrücklagen entstehen durch Zuzahlungen der Gesellschafter oder Aktionäre, Gewinnrücklagen dagegen aus dem bereits versteuerten Gewinn.**
- **Stille Rücklagen (Reserven) entstehen in der Regel durch Unterbewertung von Aktivposten und Überbewertung bestimmter Passivposten. Die Bildung stiller Reserven lässt den Gewinn und das Eigenkapital geringer erscheinen, als es der Wirklichkeit am Bilanzstichtag entspricht.**
- **Rücklagen stärken die Eigenkapitalbasis des Unternehmens.**

6937256

6.4 Gliederung der GuV-Rechnung nach § 275 HGB

Kapitalgesellschaften müssen ihre Gewinn- und Verlustrechnung nach § 275 HGB in **Staffelform** unter Angabe der **Vorjahresbeträge** aufstellen. Die Staffelform ermöglicht einen schnellen **Überblick über Entstehung und Zusammensetzung des Jahresergebnisses.**

Die **GuV-Gliederung** basiert entweder auf dem in der Praxis häufiger anzutreffenden **Gesamtkostenverfahren** (§ 275 [2] HGB) oder auf dem insbesondere von börsennotierten und international tätigen Unternehmen angewandten **Umsatzkostenverfahren** (§ 275 [3] HGB):

Gesamtkostenverfahren

Beim Gesamtkostenverfahren werden zur **Ermittlung des Betriebsergebnisses** von den **gesamten Betriebserträgen** (Umsatzerlöse ± Bestandsveränderungen + aktivierte Eigenleistungen + sonstige betriebliche Erträge) die **gesamten Aufwendungen des Geschäftsjahres** abgezogen.

Umsatzkostenverfahren

Beim Umsatzkostenverfahren werden zur Ermittlung des Betriebsergebnisses von den **Umsatzerlösen die Selbstkosten des Umsatzes** (ohne kalkulatorische Kosten) abgezogen (siehe § 275 [3] HGB im Anhang des Lehrbuches). Die Erfolgsrechnung nach dem Umsatzkostenverfahren setzt eine **Kostenstellenrechnung** (siehe S. 358 ff.) voraus.

Für ein Großhandelsunternehmen ergibt sich aus dem Gliederungsschema des Gesamtkostenverfahrens (§ 275 [2] HGB) folgender **kurz gefasster Aufbau** der Erfolgsrechnung:

1		Umsatzerlöse
2	+	sonstige betriebliche Erträge
3	–	Aufwendungen für Waren
	=	**Rohergebnis**
4 – 6	–	übrige betriebliche Aufwendungen
7 – 9	+	Erträge aus dem Finanzbereich
10 – 11	–	Aufwendungen aus dem Finanzbereich
12	=	**Ergebnis der gewöhnlichen Geschäftstätigkeit**
13	+	außerordentliche Erträge
14	–	außerordentliche Aufwendungen
15	±	**außerordentliches Ergebnis**
16 – 17	–	Steueraufwendungen
18	=	**Jahresüberschuss/Jahresfehlbetrag**

Kleine und mittelgroße Kapitalgesellschaften dürfen in der Erfolgsrechnung die **Posten 1 bis 5 als Rohergebnis zusammenfassen. Kleinstkapitalgesellschaften** können ein auf **acht Posten** reduziertes Gliederungsschema für ihre GuV-Rechnung anwenden (§ 275 [5] HGB).

Merke

- **Der Jahresabschluss von Kapitalgesellschaften besteht aus drei Teilen: Bilanz, GuV-Rechnung und Anhang. Darüber hinaus ist ein Lagebericht zu erstellen. Es bestehen größenabhängige Erleichterungen für kleine und Kleinstkapitalgesellschaften.**
- **Kapitalgesellschaften müssen die Entwicklung der Posten des Anlagevermögens als Anlagenspiegel in der Bilanz oder im Anhang darstellen (siehe S. 200 f. und Anhang des Lehrbuches).**
- **Zur Beurteilung der Liquidität ist in der Bilanz jeweils der Betrag der Forderungen mit einer Restlaufzeit von über einem Jahr und der Verbindlichkeiten bis zu einem Jahr zu vermerken.**
- **Die GuV-Rechnung kann nach dem Gesamtkosten- oder dem Umsatzkostenverfahren aufgestellt werden.**
- **Im Anhang müssen jeweils zu den Verbindlichkeiten der Bilanz der Gesamtbetrag mit einer Restlaufzeit von mehr als fünf Jahren sowie Art und Höhe der gewährten Sicherheiten (z. B. Grundschulden oder Hypotheken) angegeben werden.**

Gliederung der Gewinn- und Verlustrechnung – Gesamtkostenverfahren (§ 275 [2] HGB)

1. Umsatzerlöse
2. Sonstige betriebliche Erträge (z. B. Mieterträge, Buchgewinne u. a.)
3. Aufwendungen für bezogene Waren
4. Personalaufwand:
   a) Löhne und Gehälter
   b) Soziale Abgaben und Aufwendungen für Altersversorgung und für Unterstützung
5. Abschreibungen:
   a) auf immaterielle Vermögensgegenstände des Anlagevermögens und Sachanlagen
   b) auf Vermögensgegenstände des Umlaufvermögens, soweit diese die in der Kapitalgesellschaft üblichen Abschreibungen überschreiten
6. Sonstige betriebliche Aufwendungen (z. B. Raumkosten, Buchverluste u. a.)
7. Erträge aus Beteiligungen[1]
8. Erträge aus anderen Wertpapieren und Ausleihungen des Finanzanlagevermögens[1]
9. Sonstige Zinsen und ähnliche Erträge[1]
10. Abschreibungen auf Finanzanlagen und auf Wertpapiere des Umlaufvermögens
11. Zinsen und ähnliche Aufwendungen[1]

12. Ergebnis der gewöhnlichen Geschäftstätigkeit **(= Saldo aus 1–11)**

13. Außerordentliche Erträge
14. Außerordentliche Aufwendungen

15. Außerordentliches Ergebnis **(= Saldo)**

16. Steuern vom Einkommen und vom Ertrag (Körperschaft-, Gewerbesteuer[2])
17. Sonstige Steuern (z. B. Grund-, Kfz-Steuer u. a.)

18. Jahresüberschuss/Jahresfehlbetrag

Erläuterungen (siehe auch Rückseite des Kontenrahmens):
Die Posten **1–2** stellen **betriebsgewöhnliche Erträge** und die Posten **3–6 betriebsgewöhnliche Aufwendungen** der Kapitalgesellschaft dar.
Die Posten **2/6** sind **Sammelposten** für alle nicht im Gliederungsschema gesondert auszuweisenden Erträge und Aufwendungen aus der gewöhnlichen Geschäftstätigkeit (siehe nebenstehende Beispiele).
Die Posten **7–11** sind Erträge und Aufwendungen des **Finanzbereiches.**
Die Posten **13–14** erfassen lediglich **ungewöhnliche (seltene) Aufwendungen** (z. B. Verluste aus sehr großen Schadensfällen und der Insolvenz von Geschäftspartnern, Verlust aus dem Verkauf eines Teilbetriebs u. a.) und **Erträge** (z. B. Gewinn aus dem Verkauf eines Teilbetriebs, Erträge aus Gläubigerverzicht u. a.).

In der Regel weisen Bilanz und Gewinn- und Verlustrechnung als Jahresergebnis einen **Jahresüberschuss oder Jahresfehlbetrag aus.** Die Verwendung des Jahresergebnisses erfolgt dann im **nächsten** Geschäftsjahr. Wird jedoch die **Bilanz nach teilweiser Verwendung des Jahresüberschusses** durch Einstellungen in die Gewinnrücklagen aufgestellt, so tritt an die Stelle der Posten „Jahresüberschuss" und „Gewinn-/Verlustvortrag" der Posten **„Bilanzgewinn"**:

Beispiel

	Jahresüberschuss	420.000,00 €
+	Gewinnvortrag des Vorjahres	30.000,00 €
–	Einstellung in Gewinnrücklagen	300.000,00 €
=	**Bilanzgewinn**	150.000,00 €

Merke

Große und mittelgroße Kapitalgesellschaften müssen die Gewinn- und Verlustrechnung in Staffelform veröffentlichen. Mittelbetriebe dürfen dabei die Posten 1 bis 5 als Rohergebnis (§ 276 HGB) zusammenfassen.

1 In der Vorspalte ist jeweils anzugeben: ... davon aus (an) verbundene(n) Unternehmen ...
2 Siehe S. 178.

6.5 Jahresabschluss der Gesellschaft mit beschränkter Haftung

Die Aufstellung des Jahresabschlusses und des Lageberichtes erfolgt **durch** die **Geschäftsführer** der Gesellschaft mit beschränkter Haftung. Die **Aufstellungsfrist** beträgt für **große und mittelgroße** Unternehmen **drei Monate**, für **kleine und Kleinstgesellschaften sechs Monate nach Ablauf des Geschäftsjahres** (§ 264 [1] HGB).

Prüfung durch Abschlussprüfer

Jahresabschluss und Lagebericht großer und mittelgroßer Gesellschaften müssen unverzüglich nach ihrer Aufstellung durch besondere Abschlussprüfer (Wirtschaftsprüfer, vereidigte Buchprüfer) geprüft werden. **Für kleinere Unternehmen** besteht **keine Prüfungspflicht** (siehe auch S. 252).

Prüfung durch Aufsichtsrat

Hat die Gesellschaft einen Aufsichtsrat, so muss dieser zunächst noch den **Jahresabschluss**, den **Lagebericht** sowie den **Prüfungsbericht** der Abschlussprüfer prüfen und über das Ergebnis der Prüfung einen Bericht erstellen. Die Geschäftsführer haben sodann alle Unterlagen den **Gesellschaftern zur Beschlussfassung (Feststellung)** vorzulegen (§ 42a [1] GmbHG).

Beschlussfassung durch die Gesellschafter

Die Gesellschafter haben nun spätestens bis zum Ablauf von **acht Monaten** oder, wenn es sich um eine **kleine** oder **Kleinstgesellschaft** handelt, bis zum Ablauf von **elf Monaten** über die **Feststellung des Jahresabschlusses** und die **Verwendung des Ergebnisses** in der Gesellschafterversammlung zu beschließen (§ 42a [2] GmbHG).

Offenlegung §§ 325 – 328 HGB

Nach der Feststellung des Jahresabschlusses haben die Geschäftsführer folgende Unterlagen beim Betreiber des elektronischen Bundesanzeigers einzureichen und in diesem bekannt machen zu lassen (§ 325 [1, 2] HGB):

- **Jahresabschluss**
- **Bestätigungsvermerk der Abschlussprüfer**
- **Lagebericht**
- **Bericht des Aufsichtsrates**
- **Vorschlag über die Verwendung des Ergebnisses**
- **Beschluss über die Ergebnisverwendung**

Kleine GmbH müssen nur die Bilanz und den Anhang (ohne GuV-Angaben) offenlegen. **Mittelgroße GmbH** dürfen die Bilanz in der für kleine Kapitalgesellschaften vorgeschriebenen Form veröffentlichen, wenn die in § 327 HGB genannten Bilanzposten gesondert in der Bilanz oder im Anhang aufgeführt werden (siehe S. 253). **Kleinstunternehmen** müssen nur ihre Bilanz offenlegen oder beim Betreiber des elektronischen Bundesanzeigers hinterlegen. Die eingereichten Unterlagen werden an das elektronisch geführte **Unternehmensregister** übermittelt, in das jeder zu Informationszwecken Einsicht nehmen kann.

Darstellung der Ergebnisverwendung

In der Regel wird der Jahresabschluss der GmbH **vor** Verwendung des Ergebnisses aufgestellt. **Bilanz und Gewinn- und Verlustrechnung weisen** deshalb einen **Jahresüberschuss oder** einen **Jahresfehlbetrag** als Ergebnis des Geschäftsjahres **aus.** Die **Verwendung des Gewinns**, also die Einstellung eines bestimmten Betrages in die Gewinnrücklage oder die Ausschüttung einer Dividende an die Gesellschafter, aber auch die Deckung des Verlustes durch entsprechende Auflösung von Rücklagen, kann in folgender Weise dargestellt und als **Ergebnisverwendungsbeschluss** veröffentlicht werden (§ 325 [1] HGB):

	Jahresüberschuss/Jahresfehlbetrag
(±)	**Gewinnvortrag/Verlustvortrag** aus dem Vorjahr
(+)	**Entnahmen aus der Kapitalrücklage**
(+)	**Entnahmen aus Gewinnrücklagen**
(–)	**Einstellungen in Gewinnrücklagen**
(–)	**Gewinnausschüttung** (Dividende)
=	Gewinnvortrag/Verlustvortrag

Die erforderlichen Buchungen erfolgen **nach** Aufstellung des Jahresabschlusses.

Beispiel

Die X-GmbH (S. 255) weist zum 31. Dez. in der Schlussbilanz folgende Zahlen aus:

A. Eigenkapital	Berichtsjahr	
I. Gezeichnetes Kapital	800.000,00	
II. Kapitalrücklage	100.000,00	
III. Gewinnrücklagen	250.000,00	
IV. Verlustvortrag	150.000,00	
V. Jahresüberschuss	300.000,00	1.300.000,00

Im neuen Jahr soll auf Beschluss der Gesellschafterversammlung der **Gewinn wie folgt verwendet werden:**

1. 60.000,00 € werden den Gewinnrücklagen zugeführt.
2. Die Gesellschafter erhalten 10 % Gewinn auf ihren Stammanteil unter Abzug von 25 % Kapitalertragsteuer und 5,5 % Solidaritätszuschlag:

	Ausschüttung (10 % von 800.000,00 €)	80.000,00 €
–	25 % Kapitalertragsteuer	20.000,00 €
–	5,5 % Solidaritätszuschlag von 20.000,00 €	1.100,00 €
=	**Netto-Ausschüttung**	**58.900,00 €**

Darstellung der Gewinnverwendung:

	Jahresüberschuss	**300.000,00 €**	
–	Verlustvortrag aus dem Vorjahr	150.000,00 €	**150.000,00 €**
–	Einstellung in die Gewinnrücklagen		60.000,00 €
–	Gewinnausschüttung (Dividende)		80.000,00 €
=	**Gewinnvortrag auf neue Rechnung**		**10.000,00 €**

Buchungen:

Eröffnung der Konten „0650 Jahresüberschuss" und „0640 Verlustvortrag":

❶	**9100 Eröffnungsbilanzkonto**		an **0650 Jahresüberschuss**	**300.000,00**
	0640 Verlustvortrag		an **9100 Eröffnungsbilanzkonto**	**150.000,00**

Übernahme des Jahresüberschusses auf das Konto „0670 Ergebnisverwendung":

❷	**0650 Jahresüberschuss**		an **0670 Ergebnisverwendung**	**300.000,00**

Deckung des Verlustvortrags:

❸	**0670 Ergebnisverwendung**		an **0640 Verlustvortrag**	**150.000,00**

Einstellung in die Gewinnrücklagen:

❹	**0670 Ergebnisverwendung**		an **0630 Gewinnrücklagen**	**60.000,00**

Ausschüttung der Dividende und Einbehaltung der Kapitalertragsteuer sowie des SolZ:

❺	**0670 Ergebnisverwendung**	**80.000,00**	an **1910 Verbindlichkeiten aus Steuern**	**21.100,00**
			an **1930 Verbindlichkeiten gegenüber Gesellschaftern**	**58.900,00**

Übernahme des Gewinnrestes auf das Gewinnvortragskonto:

❻	**0670 Ergebnisverwendung**		an **0640 Gewinnvortrag**	**10.000,00**

Die Buchungen ❹ bis ❻ können auch zusammengefasst werden. Das **Gewinnvortragskonto** ist **als Bestandskonto** zum 31. Dezember des laufenden Geschäftsjahres über das **Schlussbilanzkonto** abzuschließen und **unter „A. Eigenkapital" auszuweisen.** Nach der Gewinnverwendung setzt sich das **bilanzielle Eigenkapital** wie folgt zusammen:

	Gezeichnetes Kapital	800.000,00 €
+	Kapitalrücklage	100.000,00 €
+	Gewinnrücklagen	310.000,00 €
+	Gewinnvortrag	10.000,00 €
=	**Eigenkapital**	**1.220.000,00 €**

Merke

Die Geschäftsführer erstellen den Jahresabschluss der GmbH. Die Gesellschafter der GmbH beschließen die Feststellung des Jahresabschlusses und die Verwendung des Ergebnisses (Jahresüberschuss/Jahresfehlbetrag).

6937260

Aufgabe 324

Die Metallwaren GmbH weist zum 31. Dezember des Berichtsjahres und des Vorjahres folgende zusammengefasste Bilanzposten aus:

Bilanzposten zum 31. Dezember	Berichtsjahr	Vorjahr
Sachanlagen	850.000,00	680.000,00
Finanzanlagen	150.000,00	120.000,00
Warenvorräte	1.640.000,00	1.720.000,00
Forderungen a. LL	360.000,00	280.000,00
davon mit einer Restlaufzeit über ein Jahr	(20.000,00)	(10.000,00)
Wertpapiere	45.000,00	–
Bankguthaben	215.000,00	240.000,00
Kasse	30.000,00	40.000,00
Aktive Rechnungsabgrenzung	10.000,00	20.000,00
Gezeichnetes Kapital	1.200.000,00	1.000.000,00
Gewinnrücklage	450.000,00	250.000,00
Gewinnvortrag aus dem Vorjahr	10.000,00	20.000,00
Rückstellungen	45.000,00	60.000,00
Verbindlichkeiten gegenüber Kreditinstituten	675.000,00	800.000,00
davon mit einer Restlaufzeit bis zu einem Jahr	(80.000,00)	(70.000,00)
Verbindlichkeiten a. LL	570.000,00	680.000,00
davon mit einer Restlaufzeit bis zu einem Jahr	(570.000,00)	(680.000,00)
Passive Rechnungsabgrenzung	20.000,00	10.000,00

1. *Ermitteln Sie den Jahresüberschuss als Saldo zwischen Aktiv- und Passivseite und weisen Sie ihn in der Bilanz entsprechend aus.*
2. *Erstellen Sie für das mittelgroße Unternehmen (150 Beschäftigte, 10,5 Mio. € Umsatz) eine ordnungsgemäß gegliederte Jahresbilanz für das Berichtsjahr (vgl. S. 254 und Anhang).*
3. *Warum müssen Rücklagen in der Bilanz einer Kapitalgesellschaft gesondert ausgewiesen werden?*
4. *Wie hoch ist das Mindeststammkapital einer GmbH?*
5. *Unter welcher Bezeichnung und zu welchem Wert ist das Stammkapital in der Bilanz der GmbH auszuweisen?*
6. *Worauf führen Sie die Veränderung in den Posten „Gezeichnetes Kapital" und „Gewinnrücklage" zurück?*
7. *Beurteilen Sie die Veränderungen in der Finanzierung des Unternehmens mit Eigen- und Fremdkapital im Berichtsjahr.*
8. *Welche Veränderungen erscheinen Ihnen auf der Aktivseite von Bedeutung?*

Aufgabe 325

Die Sachanlagen der Metallwaren GmbH (Aufgabe 324) wiesen zum 31. Dezember des Vorjahres Anschaffungs- und Herstellungskosten in Höhe von 1.280.000,00 € aus. Die gesamten Abschreibungen betrugen zum gleichen Zeitpunkt 600.000,00 €.

Für das Abschlussjahr sind Zugänge (Investitionen) von 400.000,00 € Anschaffungskosten, Abgänge von 50.000,00 € und Abschreibungen von 180.000,00 € zu berücksichtigen.

Zuschreibungen und Umbuchungen liegen nicht vor.

1. *Erstellen Sie für das Sachanlagevermögen einen Anlagenspiegel nach dem Muster auf Seite 200.*
2. *Welche Unternehmen müssen einen Anlagenspiegel erstellen?*
3. *Wo kann der Anlagenspiegel ausgewiesen werden?*
4. *Worin sehen Sie die besondere Bedeutung des Anlagenspiegels?*
5. *Wie viel % der Anlageinvestitionen (Zugänge) wurden durch Abgänge und Abschreibungen im Abschlussjahr finanziert?*

Aufgabe 326

Die Buchwerte des Finanzanlagevermögens der Metallwaren GmbH für das Berichts- und Vorjahr sind der Aufgabe 324 zu entnehmen. Bis zum 31. Dezember des Vorjahres wurden Gesamtabschreibungen in Höhe von 10.000,00 € vorgenommen. Im Abschlussjahr waren keine Abschreibungen erforderlich. Allerdings sind Neuanschaffungen von 35.000,00 € und Abgänge von 5.000,00 € zu berücksichtigen.

1. *Ermitteln Sie den Anschaffungswert der Finanzanlagen zum 31. Dezember des Vorjahres.*
2. *Stellen Sie die Entwicklung der Finanzanlagen in einem Anlagenspiegel dar.*
3. *Was ist im Einzelnen im Finanzanlagevermögen eines Unternehmens auszuweisen?*
4. *Unterscheiden Sie zwischen Wertpapieren des Anlage- und des Umlaufvermögens.*

Aufgabe 327

Die Metallwaren GmbH (Aufgabe 324) stellt aus ihrer Erfolgsrechnung folgende zusammengefasste Aufwands- und Ertragsposten für das **Berichtsjahr (01)** zur Verfügung:

Umsatzerlöse	8.150.000,00
Sonstige betriebliche Erträge	50.000,00
Warenaufwendungen	5.750.000,00
Personalkosten	820.000,00
Abschreibungen auf Sachanlagen	180.000,00
Sonstige betriebliche Aufwendungen	850.000,00
Zinserträge	5.000,00
Zinsaufwendungen	75.000,00
außerordentliche Erträge	80.000,00
außerordentliche Aufwendungen	50.000,00
Steuern vom Einkommen und Ertrag	144.000,00
Sonstige Steuern	86.000,00

1. *Erstellen Sie die Gewinn- und Verlustrechnung in Staffelform nach dem Gesamtkostenverfahren gemäß § 275 [2] HGB (siehe S. 258 und im Anhang des Lehrbuches).*
2. *Stellen Sie die Erfolgsrechnung in der Kurzfassung der Staffelform (vgl. S. 257) dar und ermitteln Sie*
   a) die betriebsgewöhnlichen Erträge,
   b) das Rohergebnis,
   c) das Ergebnis der gewöhnlichen Geschäftstätigkeit,
   d) das außerordentliche Ergebnis und
   e) das Jahresergebnis (Jahresüberschuss/Jahresfehlbetrag).
3. *Worin liegen die Vorteile der Gewinn- und Verlustrechnung in Staffelform?*
4. *Warum erlaubt der Gesetzgeber mittleren Unternehmen, in der zu veröffentlichenden Gewinn- und Verlustrechnung lediglich das „Rohergebnis" auszuweisen?*
5. Das Gewinn- und Verlustkonto der Metallwaren GmbH weist als Ergebnis des Abschlussjahres einen Jahresüberschuss in Höhe von 330.000,00 € aus. *Wie lautet der Buchungssatz für die Übernahme des Jahresüberschusses in das Schlussbilanzkonto?*

Aufgabe 328

Die Gesellschafterversammlung der Metallwaren GmbH beschließt mit Mehrheit die Feststellung des Jahresabschlusses sowie die folgende Verwendung des Jahresgewinns in Höhe von 330.000,00 € und des Gewinnvortrages aus dem Vorjahr von 10.000,00 €:

a) 140.000,00 € Einstellung in die Gewinnrücklage,
b) 15 % Gewinnausschüttung auf das Stammkapital von 1.200.000,00 €,
c) Vortrag des Restgewinns und
d) Darstellung der Gewinnverwendung im Anhang des Jahresabschlusses.

1. *Stellen Sie die Verwendung des Ergebnisses tabellarisch dar.*
2. *Nennen Sie die Buchungen für die Gewinnverteilung.* (Die Kapitalertragsteuer beträgt 25 %, der Solidaritätszuschlag 5,5 %.)
3. *Wie hoch ist nunmehr das Eigenkapital der GmbH?*

6937262

Aufgabe 329

Saldenbilanz der Heisan GmbH zum 31. Dezember	Soll	Haben
0330 Betriebs- und Geschäftsausstattung	280.000,00	–
0340 Fuhrpark	180.000,00	–
0450 Wertpapiere des Anlagevermögens	40.000,00	–
0522 Pauschalwertberichtigungen zu Forderungen	–	8.600,00
0610 Gezeichnetes Kapital (Stammkapital)	–	500.000,00
0630 Gewinnrücklage	–	150.000,00
0640 Gewinnvortrag	–	10.000,00
0650 Jahresüberschuss	–	–
0722 Steuerrückstellungen	–	–
0724 Sonstige Rückstellungen	–	58.000,00
0820 Darlehensschulden (Restlaufzeit bis 1 Jahr: 8.000,00)	–	180.000,00
0910 Aktive Rechnungsabgrenzungen	–	–
1010 Forderungen a. LL (Restlaufzeit über 1 Jahr: 25.000,00)	874.650,00	–
1310 Bank	806.600,00	–
1410 Vorsteuer	604.800,00	–
1710 Verbindlichkeiten a. LL (Restlaufzeit bis 1 Jahr: 150.000,00)	–	160.000,00
1810 Umsatzsteuer	–	1.595.050,00
1940 Sonstige Verbindlichkeiten mit Restlaufzeit bis 1 Jahr	–	38.400,00
2010 Außerordentliche Aufwendungen	24.700,00	–
2110 Zinsaufwendungen	11.300,00	–
2210 Steuern vom Einkommen	85.000,00	–
2310 Übliche Abschreibungen auf Forderungen	10.000,00	–
2340 Zuführungen zu Pauschalwertberichtigungen	–	–
2710 Erträge aus dem Abgang von Anlagevermögen	–	40.000,00
2760 Erträge aus der Auflösung von Rückstellungen	–	–
3010 Wareneingang	7.420.000,00	–
3910 Warenbestände	130.000,00	–
4000 Personalkosten	150.200,00	–
4100 Mietaufwendungen	118.500,00	–
4200 Steuern	68.500,00	–
4800 Allgemeine Verwaltungskosten	160.800,00	–
4890 Diverse Aufwendungen	170.000,00	–
4910 Abschreibungen auf Sachanlagen	–	–
8010 Warenverkauf	–	8.395.000,00
Abschlusskonten: 9300 und 9400	11.135.050,00	11.135.050,00

Abschlussangaben zum 31. Dezember

1. Planmäßige Abschreibungen: BGA: 36.000,00 €; Fuhrpark: 48.000,00 €.
2. Der Tageswert der Wertpapiere des Anlagevermögens beträgt 48.000,00 €.
3. Von einer Forderung an den Kunden M. Bender über 1.190,00 € gehen 595,00 € auf unserem Bankkonto ein. Der Rest ist uneinbringlich.
4. Kfz-Steuer über 4.800,00 € wurde am 1. Oktober für ein Jahr im Voraus überwiesen.
5. Die Geschäftsmiete für Dezember wird erst am 2. Januar nächsten Jahres überwiesen: 9.875,00 €.
6. Eine Rückstellung für Prozesskosten ist aufzulösen: 3.200,00 €.
7. Die PWB ist auf 5 % des Forderungsbestandes zum 31. Dezember zu bemessen.
8. Bildung einer Gewerbesteuerrückstellung in Höhe von 18.400,00 €.
9. Warenschlussbestand: Anschaffungskosten: 230.000,00 €; Tageswert: 245.000,00 €.

Aufgaben

1. *Führen Sie den Abschluss auf den Abschlusskonten 9300 und 9400 durch.*
2. *Erstellen Sie eine nach § 266 HGB gegliederte Jahresbilanz (siehe S. 254 und Anhang). Zuvor ist die Pauschalwertberichtigung von den Forderungen aktiv abzusetzen.*
3. *Erstellen Sie die GuV-Rechnung in Staffelform nach § 275 [2] HGB (siehe S. 258 und Anhang).*
4. *Erstellen Sie im Folgejahr die Ergebnisverwendungsrechnung nach Beschluss der Gesellschafter: Rücklagenzuführung 80.000,00 €, 20 % Dividende. Nennen Sie die Buchungen.*

E Beleggeschäftsgang 2 – computergestützt

Aufgabe 330

In der Finanzbuchhaltung der Elektrogroßhandlung Karl Wirtz e. K., Rheinstr. 44, 90451 Nürnberg, Bankverbindungen: Sparkasse Nürnberg, IBAN DE04 7605 0101 0218 4357 17, BIC SSKNDE77; Postbank Nürnberg, IBAN DE64 7601 0085 0998 7968 50, BIC PBNKDEFF760, werden folgende **Bücher** geführt:

- **Grundbuch** (Journal) für die laufenden Buchungen, die vorbereitenden Abschlussbuchungen und die Abschlussbuchungen.
- **Hauptbuch** für die Sachkonten: Bestandskonten, Erfolgskonten, Abschlusskonten.
- **Kontokorrentbuch** für die Personenkonten: Kundenkonten, Liefererkonten.
- **Bilanzbuch** für die Aufnahme des ordnungsmäßig gegliederten Jahresabschlusses: Jahresbilanz und Gewinn- und Verlustrechnung mit Unterschrift.

In der EDV-Fibu müssen die folgenden **Salden der Sach- und Personenkonten** über das **Hilfs- bzw. Gegenkonto „9150 Saldenvorträge"** gebucht werden.

I. Die Sachkonten der Elektrogroßhandlung Karl Wirtz e. K. weisen zum 27. Dezember .. im Soll und im Haben folgende Salden aus **(Saldenbilanz):**

Kontenplan und vorläufige Saldenbilanz	Soll	Haben
0330 Betriebs- und Geschäftsausstattung	275.204,00	–
0340 Fuhrpark	107.200,00	–
0610 Eigenkapital	–	625.000,00
1010 Forderungen a. LL	119.000,00	–
1310 Bank	272.600,00	–
1320 Postbank	28.100,00	–
1410 Vorsteuer	145.886,00	–
1510 Kasse	25.839,20	–
1610 Privatentnahmen	52.600,00	–
1710 Verbindlichkeiten a. LL	–	160.745,20
1810 Umsatzsteuer	–	228.684,00
3010 Wareneingang	767.200,00	–
3020 Bezugskosten	45.200,00	–
3060 Nachlässe von Lieferern	–	3.200,00
3080 Liefererskonti	–	13.600,00
3910 Warenbestände	142.400,00	–
4000 Personalkosten	143.400,00	–
4100 Mietaufwendungen	64.800,00	–
4200 Steuern, Beiträge, Versicherungen	16.100,00	–
4400 Werbe- und Reisekosten	2.800,00	–
4700 Betriebskosten, Instandhaltung	20.100,00	–
4821 Portokosten	2.100,00	–
4822 Kosten der Telekommunikation	4.300,00	–
4910 Abschreibungen auf Sachanlagen	–	–
8010 Warenverkauf	–	1.220.000,00
8060 Nachlässe an Kunden	3.400,00	–
8080 Kundenskonti	21.600,00	–
8710 Entnahme von Waren	–	8.600,00
Abschlusskonten im Hauptbuch: 9300 und 9400	2.259.829,20	2.259.829,20

6937264

II. Offene-Posten-Liste: Folgende Rechnungen an die Kunden und von den Lieferern stehen noch offen, sind also noch nicht bezahlt:

Kundenkonten (Debitoren)		Offene Posten – Kunden			
Konto-Nr.	Kunden	Datum	Rechnungs-Nr.	Betrag	Salden
10001	Heinz Karls e. K.	..-12-10	4 538	14.875,00	
	Hauptstraße 7	..-12-16	4 552	833,00	
	06132 Halle	..-12-18	4 556	8.092,00	**23.800,00**
10002	Werner Gruppe e. Kfm.	..-12-04	4 535	41.650,00	
	Am Römerhof 8	..-12-21	4 563	11.900,00	**53.550,00**
	52066 Aachen				
10003	Rolf Naumann e. K.	..-12-21	4 565[1]	5.950,00	
	Amselweg 14	..-12-27	4 567[1]	11.900,00	**17.850,00**
	67063 Ludwigshafen				
10004	Stadtwerke	..-12-12	4 541	2.380,00	
	90475 Nürnberg	..-12-21	4 564	11.900,00	**14.280,00**
10005	Wolfgang Kunde e. K.	..-12-10	4 539	2.142,00	
	76646 Bruchsal	..-12-27	4 566	7.378,00	**9.520,00**
Saldensumme der Kundenkonten (Abstimmung mit Konto 1010)					**119.000,00**

1 Rolf Naumann werden 2 % Skonto gewährt.

Liefererkonten (Kreditoren)		Offene Posten – Lieferer			
Konto-Nr.	Lieferer	Datum	Rechnungs-Nr.	Betrag	Salden
60001	Velox GmbH	..-12-23	4567	29.964,20	**29.964,20**
	Postfach 65 11 20				
	22359 Hamburg				
60002	Hausgeräte GmbH	..-12-09	5500	21.420,00	
	Kantstraße 22	..-12-21	5567	20.230,00	**41.650,00**
	19063 Schwerin				
60003	Franz Schneider KG	..-12-15	8765	38.080,00	**38.080,00**
	Saalestraße 16				
	39126 Magdeburg				
60004	Hausmann GmbH	..-12-20	7654[1]	17.850,00	
	Am Wiesenrain 16	..-12-23	7660[1]	12.971,00	**30.821,00**
	75181 Pforzheim				
60005	Sonstige Lieferer	–	–	20.230,00	**20.230,00**
Saldensumme der Liefererkonten (Abstimmung mit Konto 1710)					**160.745,20**

1 Rechnungen der Hausmann GmbH werden mit 2 % Skonto beglichen.

III. Geschäftsfälle

Die Belege 1–25 auf den folgenden Seiten stellen die Geschäftsfälle der Elektrogroßhandlung Karl Wirtz e. K. vom 27. Dezember .. bis zum 31. Dezember .. dar.

IV. Abschlussangaben (→ siehe Belege 26–27)

1. Abschreibungen auf Betriebs- und Geschäftsausstattung .... 45.400,00 €
   auf Fuhrpark .... 24.000,00 €
2. Warenendbestand lt. Inventur .... 207.400,00 €
3. Im Übrigen entsprechen die Buchbestände der Inventur.

V. Aufgaben

1. *Eröffnen Sie die Sach- und Personenkonten mit den Salden zum 27. Dezember ..*
2. *Führen Sie die Vorkontierung der Belege auf einem besonderen Grundbuchblatt durch:*

Sollkonto	Beleg-nummer	Beleg-datum	Haben-konto	Betrag	Steuerart V bzw. M	Prozent-satz	OP-Nr.	B-Text

3. *Buchen Sie die Geschäftsfälle konventionell oder EDV-gestützt.*
4. *Erstellen Sie einen ordnungsmäßigen Jahresabschluss.*

Beleg 1

EBERHARD ZACK
Bezirks-Schornsteinfegermeister
90451 Nürnberg
Heidestr. 84 – Telefon 0911 52809
Steuer-Nr. 065 312 26587

QUITTUNG
RECHNUNG

Firma/Herrn/Frau Elektrogroßhandlung Karl Wirtz e. K.

Rauchgasanalyse	35,00
Reinigung der Zentralheizung	115,00
Nettobetrag	150,00
+ 19 % Umsatzsteuer	28,50
Bruttobetrag	178,50

Konto | Soll | Haben
Gebucht:

Nürnberg 27. Dez. ..

Betrag erhalten:

Zack

Bezirks-Schornsteinfegermeister

KB 126

Anlage: Bescheinigung über das Messergebnis

Fachgerechte Reinigung spart Heizkosten.

Bankkonto: Deutsche Bank, Nürnberg
IBAN: DE38 7607 0012 0104 0007 00
Konto-Nr. 104 000 700, BLZ 760 700 12
BIC: DEUTDEMM760

Beleg 2

Velox
Elektrovertriebsgesellschaft mbH

Velox GmbH, Postfach 65 11 20, 22359 Hamburg

Elektrogroßhandel
Karl Wirtz e. K.
Rheinstraße 44
90451 Nürnberg

Eingang: ..-12-28

Konto | Soll | Haben
Gebucht:

Ihre Bestellung Nr./ Tag/Zeich.	Unsere Auftrags-Nr./Zeich.	Zeit der Leistung/ Liefertag	Datum
..-12-23	WR 10 012 y	..-12-26	..-12-27

Rechnung Nr.
4 589

Wir sandten für Ihre Rechnung und auf Ihre Gefahr:

Zeichen und Nr.	Gegenstand	Menge und Einheit	Preis je Einheit €	Betrag €
St 44	Staubsauger "Velox"	40	75,00	3.000,00
KM 27	Küchenmaschine "Royal"	20	112,50	2.250,00
EH 14	Elektroherd "Rekord"	20	240,00	4.800,00
				10.050,00
	+ 19 % Umsatzsteuer			1.909,50
				11.959,50

Telefon 040 246829
Fax 040 486820
USt-IdNr. DE 872 646 918
Bankkonto
HypoVereinsbank Hamburg
Kto.-Nr. 6 091 123, BLZ 200 300 00
IBAN: DE71 2003 0000 0006 0911 23
BIC: HYVEDEMM300
E-Mail
vertriebs.gmbh@velox-wvd.de
Internet
www.velox-wvd.de

6937266

Beleg 3

Netto	€	ct
+ % USt	€	ct
Gesamt	€ 280	ct 00

Quittung
Nr. KB 127

Gesamtbetrag € in Worten
zweihundertachtzig — Cent wie oben

(Im Gesamtbetrag sind ___ % Umsatzsteuer enthalten)

von Geschäftskasse

für Geschäftsreisespesenvorschuss

richtig erhalten zu haben, bestätigt

Ort Nürnberg Datum 27. Dez. ..

Buchungsvermerke

Stempel/Unterschrift des Empfängers
Karl Wirtz

Konto | Soll | Haben
Gebucht:

Beleg 4

T

Deutsche Telekom AG
90426 Nürnberg

DV 12 0,55

Elektrogroßhandel
Karl Wirtz e. K.
Rheinstraße 44
90451 Nürnberg

Datum ..-12-21
Seite 1 von 4

Kundennummer 673 423 6539
Rechnungsnummer 913 685 3071
Buchungskonto 311 782 2503

Haben Sie noch Fragen zu Ihrer Rechnung? www.telekom.de/rechnungshilfe

Telefon 0800 33 01000

Ihre Rechnung für Dezember 20..

Die Leistungen im Überblick (Summen)		**Beträge (Euro)**
Monatliche Beträge		33,36
Nutzungsabhängige Beträge		490,06
Summe der oben angeführten Beträge		**523,42**
Umsatzsteuer 19 % auf ...	523,42 Euro	99,45
Rechnungsbetrag		622,87

Konto-auszug zu Beleg 4

Buchungstag	Wert	PN-Nr.	Konto-Nr.	Datum	Ausz.-Nr.	Blatt	KONTOAUSZUG	Umsatz
			0998796850	..-12-27	213	1	Kontostand vom ..-12-23	***28.100,00
12-27	12-28	0114	FERNMELDERECHNUNG LASTSCHRIFT					622,87 -

Konto | Soll | Haben
Gebucht:

ELEKTROGROSSHANDEL
KARL WIRTZ E. K.
RHEINSTRASSE 44
90451 NÜRNBERG

SUMME ZAHLUNGSAUSGÄNGE		622,87
SUMME ZAHLUNGSEINGÄNGE		
NEUER KONTOSTAND	EUR ****	27.477,13
AKTUELLER SOLLZINSSATZ	12,000 %	ANLAGEN: 1

Anschrift Postfach 9999 90426 Nürnberg | Büroräume Eckernförder Str. 242 90426 Nürnberg | Öffnungszeiten Mo.–Di. und Do.–Fr. 09:00–15:00 Uhr | Kundenservice Tel. 0911 1562-0 | BTX-Kontoführung *28000 160 | Postbank

Beleg 5

Karl Wirtz e. K. ELEKTROGROSSHANDEL

Elektrogroßhandel K. Wirtz e. K., Rheinstr. 44, 90451 Nürnberg

Elektrofachgeschäft
Werner Gruppe e. Kfm.
Am Römerhof 8
52066 Aachen

Unsere Auftrags-Nr.	20 336
Lieferschein-Nr.	20 586
Versanddatum:	..-12-28
Versandart:	LKW
Verpackungsart:	Kartons

Konto | Soll | Haben
Gebucht:

Bitte bei Zahlung angeben:
Rechnungs-Nr. 4 586
Rechnungsdatum: ..-12-28

Steuer-Nr. 543 221 19439

Ihr Zeichen/Bestellung Nr. vom: WA/4 896/..-12-18
Kunden-Nr.: 10 002

Rechnung

Position	Sachnummer	Bezeichnung der Lieferung/Leistung	Menge und Einheit	Preis je Einheit €	Betrag €
L	4 842	Kaiser-Leuchte	8	130,00	1.040,00
K	2 245	Küchenmaschine "Royal"	6	145,00	870,00
H	3 451	Elektroherd "Rekord"	4	290,00	1.160,00
					3.070,00
		+ 19 % Umsatzsteuer			583,30
					3.653,30

Zahlbar rein netto innerhalb von 20 Tagen. Skontoabzug ist nicht zulässig.

Geschäftsräume
Rheinstraße 44
90451 Nürnberg

Telefon: 0911 56356-0
Telefax: 0911 44481
Internet: www.elektrowirtz-wvd.de

Sparkasse Nürnberg
Konto-Nr. 218 435 717
BLZ 760 501 01
IBAN: DE04 7605 0101 0218 4357 17
BIC: SSKNDE77

Postbank Nürnberg
Konto-Nr. 9987 96-850
BLZ 760 100 85
IBAN: DE64 7601 0085 0998 7968 50
BIC: PBNKDEFF760

Beleg 6

Entnahmebeleg
Nr. PE 19

Netto € ___ ct ___
+ ___ % USt € ___ ct ___
Gesamt € 500 ct 00

Gesamtbetrag € in Worten: fünfhundert ——— Cent wie oben
(Im Gesamtbetrag sind ——— % Umsatzsteuer enthalten)

von Geschäftskasse
für private Zwecke

Konto | Soll | Haben
Gebucht:

richtig erhalten zu haben, bestätigt

Ort Nürnberg Datum 29. Dez. ..

Buchungsvermerke | Stempel/Unterschrift des Empfängers: Karl Wirtz

Beleg 7

Deutsche Post AG
90403 Nürnberg
82062580 ..-12-29

KB 128

7204
Postwertzeichen ohne Zuschlag
*340,00 EUR A

Bruttoumsatz *340,00 EUR
mehrwertsteuerbefreit A
Nettoumsatz A *340,00 EUR

Steuernummer der Deutschen
Post AG: 5205/5777/1510

Vielen Dank für Ihren Besuch.
Ihre Deutsche Post AG

Konto | Soll | Haben
Gebucht:

6937268

Beleg 8

Kontoauszug Sparkasse Nürnberg

Konto-Nr.	Datum	Ausz.-Nr.	Blatt	Buchungstag	PN-Nr.	Wert	Umsatz
218 435 717	..-12-28	66	1				
GUTSCHRIFT				12-28	8744	12-28	5.831,00 H

R. NAUMANN, LUDWIGSHAFEN
RE 4 565 VOM 21. DEZ. .. 5.950,00
- 2 % SKONTO 119,00
(KONTO 10 003)

Konto	Soll	Haben

Gebucht:

ELEKTROGROSSHANDEL
KARL WIRTZ E. K.
RHEINSTR. 44
90451 NÜRNBERG

Alter Saldo
H 272.600,00 EUR

Neuer Saldo
H 278.431,00 EUR

Beleg 9

Sparkasse Nürnberg 760 501 01

Empfangsbescheinigung
über Bar-Einzahlung auf eigenes Konto

Kontonummer	Kontoinhaber
218 435 717	Elektrogroßh. Karl Wirtz e. K.

Betrag: Euro, Cent
6.500,00------

..-12-27 6.500,00

Sparkasse Nürnberg Kurz

Für den Einzahlungstag und den Betrag ist der Maschinendruck maßgebend.

6937269

Kontoauszug zu Beleg 9 und Beleg 10

Kontoauszug — Sparkasse Nürnberg

Konto-Nr.	Datum	Ausz.-Nr.	Blatt	Buchungstag	PN-Nr.	Wert	Umsatz
218 435 717	..-12-29	67	1				

	Buchungstag	PN-Nr.	Wert	Umsatz
EINZAHLUNG	12-29	0679	12-27	6.500,00 H
ÜBERWEISUNG **(BELEG 10)**	12-29	0677	12-27	17.493,00 S

HAUSMANN GMBH, PFORZHEIM
RE 7 654 VOM 20. DEZ. .. 17.850,00
- 2 % SKONTO 357,00
(KONTO 60 004)

Konto	Soll	Haben

Gebucht:

Konto	Soll	Haben

Gebucht:

ELEKTROGROSSHANDEL
KARL WIRTZ E. K.
RHEINSTR. 44
90451 NÜRNBERG

Alter Saldo: H 278.431,00 EUR

Neuer Saldo: H 267.438,00 EUR

Beleg 11

Ernst Offermann & Sohn OHG

Transporte · Heizöle · Kohlen

Ernst Offermann & Sohn OHG, Industriestr. 200, 90765 Fürth

Eingang: ..-12-30

Industriestraße 200 · Telefon 0911 51799 · Telefax 0911 53529
90765 Fürth

Elektrogroßhandel
Karl Wirtz e. K.
Rheinstraße 44
90451 Nürnberg

Konto	Soll	Haben

Gebucht:

Rechnungs-Nr.	Rechnungsdatum
12 954	..-12-29

Steuer-Nr. 543 553 11580

Rechnung

Lieferdatum	Bezeichnung	Menge	ME	E-Preis	Betrag
..-12-27	Heizöl EL	9 150	l	0,40	3.660,00

Warenwert	Bruttobetrag	USt	USt €	Rechnungsbetrag
3.660,00		19 %	695,40	4.355,40 €

Zahlbar innerhalb 14 Tagen nach Rechnungseingang ohne Skontoabzug. Die gelieferte Ware bleibt bis zur vollständigen Bezahlung unser Eigentum. Gerichtsstand für beide Teile ist Fürth.

Bankverbindungen: Vereinigte Sparkasse Fürth, Nr. 218 211 936, BLZ 762 500 00
IBAN: DE10 7625 0110 0218 2119 36
BIC: BYLADEM1SFU

Volksbank Fürth, Nr. 724 320, BLZ 762 604 51
IBAN: DE10 7629 0000 0000 7243 20
BIC: GENODEF1FUE

6937270

Beleg 12

Netto	€ 370	ct 00
+ 19 % USt	€ 70	ct 30
Gesamt	€ 440	ct 30

Quittung

Nr. KB 129

Gesamtbetrag € in Worten

vierhundertvierzig ——— Cent wie oben

(Im Gesamtbetrag sind 19 % Umsatzsteuer enthalten)

von Elektrogroßhandel K. Wirtz e. K.

für Reparaturarbeiten an der Heizungsanlage

richtig erhalten zu haben, bestätigt

Konto | Soll | Haben — Gebucht:

Ort Erlangen Datum 30. Dez. ..

Buchungsvermerke

Stempel/Unterschrift des Empfängers

Hartmut Götz e. Kfm.
Sanitär und Heizung
Sonnenweg 15
91058 Erlangen
Steuer-Nr. 065 382 77661

Götz

Beleg 13

Buchungs-tag	Wert	PN-Nr.	Konto-Nr.	Datum	Ausz.-Nr.	Blatt	KONTOAUSZUG	Umsatz
			0998796850	..-12-29	214	1	Kontostand vom ..-12-27	**27.477,13
12-29	12-29	0114	ÜBERWEISUNG HAUSGERÄTE GMBH, SCHWERIN RE 5 500 VOM 9. DEZ. .. (KONTO 60 002)					21.420,00 -

Konto | Soll | Haben — Gebucht:

SUMME ZAHLUNGSAUSGÄNGE		21.420,00
SUMME ZAHLUNGSEINGÄNGE		
NEUER KONTOSTAND	EUR	****6.057,13

AKTUELLER SOLLZINSSATZ 12,000 % ANLAGEN: 1

ELEKTROGROSSHANDEL
KARL WIRTZ E. K.
RHEINSTRASSE 44
90451 NÜRNBERG

Anschrift	Büroräume	Öffnungszeiten	Kundenservice	BTX-Kontoführung	
Postfach 9999 90426 Nürnberg	Eckernförder Str. 242 90426 Nürnberg	Mo.–Di. und Do.–Fr. 09:00–15:00 Uhr	Tel. 0911 1562-0	*28000 160	Postbank

Belege 14 und 15

Buchungs-tag	Wert	PN-Nr.	Konto-Nr.	Datum	Ausz.-Nr.	Blatt	KONTOAUSZUG	Umsatz
			0998796850	..-12-30	215	1	Kontostand vom ..-12-29	***6.057,13
12-30	12-30	0114	GUTSCHRIFT **(BELEG 14)** HEINZ KARLS, HALLE RE 4 538 VOM 10. DEZ. .. (KONTO 10 001)					14.875,00 +
12-30	12-30	0114	GUTSCHRIFT **(BELEG 15)** WERNER GRUPPE, AACHEN RE 4 535 VOM 4. DEZ. .. (KONTO 10 002)					41.650,00 +

Konto | Soll | Haben
Gebucht:

Konto | Soll | Haben
Gebucht:

ELEKTROGROSSHANDEL
KARL WIRTZ E. K.
RHEINSTRASSE 44
90451 NÜRNBERG

SUMME ZAHLUNGSAUSGÄNGE	
SUMME ZAHLUNGSEINGÄNGE	56.525,00
NEUER KONTOSTAND	EUR ****62.582,13

AKTUELLER SOLLZINSSATZ 12,000 % ANLAGEN: 1

Anschrift: Postfach 9999, 90426 Nürnberg | Büroräume: Eckernförder Str. 242, 90426 Nürnberg | Öffnungszeiten: Mo.–Di. und Do.–Fr. 09:00–15:00 Uhr | Kundenservice: Tel. 0911 1562-0 | BTX-Kontoführung: *28000 160 | Postbank

Beleg 16

W. SCHREIBER E. K.
BÜRO EINRICHTUNGEN

Walter Schreiber e. K. • Büroeinrichtungen • Kantstraße 12 • 70193 Stuttgart

Elektrogroßhandel
Karl Wirtz e. K.
Rheinstraße 44
90451 Nürnberg

EINGEGANGEN ..-12-31

Steuer-Nr. 065 326 18189
USt-IdNr. DE 876 765 654

Ihr Zeichen/Ihre Bestellung vom	Unser Auftrag Nr./Zeichen	Zeit der Leistung	Datum
..-12-21	US 8 012	..-12-27	..-12-30

Rechnung Nr. 679

Wir sandten für Ihre Rechnung und auf Ihre Gefahr:

Zeichen/Nr.	Gegenstand	Menge/Einheit	Preis je Einheit €	Betrag €
ST 43	Schreibtisch, Eiche 156/76 mit 6 Schubfächern	2	805,00	1.610,00
	+ 19 % Umsatzsteuer			305,90
				1.915,90

Konto | Soll | Haben
Gebucht:

Telefon 0711 34625-0
Telefax 0711 32158
E-Mail vertrieb@schreiber-wvd.de
Internet www.schreiber-wvd.de
Geschäftszeit 08:30–18:30 Uhr
Postbank Stuttgart
Konto 4012 52-705
BLZ 600 100 70
IBAN: DE14 6001 0070 0401 2527 05
BIC: PBNKDEFF600

6937272

Beleg 17

Herstellung von Elektrogeräten

Franz Schneider KG

Franz Schneider KG, Postfach 12 60, 39104 Magdeburg

Elektrogroßhandel
Karl Wirtz e. K.
Rheinstraße 44
90451 Nürnberg

Konto	Soll	Haben

Gebucht:

Steuer-Nr. 543 812 22467

Eingang: ..-12-31

Ihre Bestellung vom	Unser Auftrag Nr.	Zeit der Leistung	Datum
..-12-21	K 4 789 IV	..-12-27	..-12-30

Rechnung Nr. 9 345

USt-IdNr.: DE 231 457 879

Wir sandten für Ihre Rechnung auf Ihre Gefahr:

Artikel Nr.	Gegenstand	Menge/Stück	Stückpreis €	Gesamtpreis €
TS 12	Warmwassergerät	20	40,00	800,00
W 26	Elektro-Warmluftofen	30	80,00	2.400,00
				3.200,00
	+ 19 % Umsatzsteuer			608,00
				3.808,00

Geschäftsräume:
Saalestraße 16
39126 Magdeburg
Telefon 0391 4869-0
Telefax 0391 35275

Internet www.schneider-elektro-wvd.de
E-Mail info@schneider-elektro-wvd.de

Bankkonto 486 222
Deutsche Bank, Magdeburg
BLZ 810 700 00
IBAN: DE08 8107 0000 0000 4862 22
BIC: DEUTDE8M

Postbank
Berlin 124 45-101
BLZ 100 100 10
IBAN: DE36 1001 0010 0012 4451 01
BIC: PBNKDEFF100

Beleg 18

	€		ct
Netto	€	450	00
+ 19 % USt	€	85	50
Gesamt	€	535	50

Entnahmebeleg

Nr. PE 80

Gesamtbetrag € in Worten
fünfhundertfünfunddreißig —— Cent wie oben

(Im Gesamtbetrag sind 19 % Umsatzsteuer enthalten)

von Elektrogroßhandel Wirtz

für Kühltruhe KS 1608
Entnahme für private Zwecke

Konto	Soll	Haben

Gebucht:

Ort Nürnberg   Datum 30. Dez. ..

Buchungsvermerke

Stempel/Unterschrift des Empfängers
Karl Wirtz

Beleg 19

Karl Wirtz e. K. ELEKTROGROSSHANDEL

Elektrogroßhandel K. Wirtz e. K., Rheinstr. 44, 90451 Nürnberg

Haushaltsgerätevertrieb
Rolf Naumann e. K.
Amselweg 14
67063 Ludwigshafen

Unsere Auftrags-Nr.	20 337
Lieferschein-Nr.	20 587
Versanddatum:	..-12-29
Versandart:	LKW
Verpackungsart:	Original

Konto	Soll	Haben

Gebucht:

Bitte bei Zahlung angeben:

Rechnungs-Nr.	4 569
Rechnungsdatum:	..-12-30

Steuer-Nr. 543 221 19439

Ihr Zeichen/Bestellung Nr. vom	Kunden-Nr.
LZ/2 112/..-12-27	10 003

Rechnung

Position	Sachnummer	Bezeichnung der Lieferung/ Leistung	Menge und Einheit	Preis je Einheit €	Betrag €
KS	5 634	Kühlschrank 150 l	12	240,00	2.880,00
GT	4 321	Geschirrspülmaschine	4	375,00	1.500,00
					4.380,00
		+ 19 % Umsatzsteuer			832,20
					5.212,20

Bei Zahlung innerhalb von 8 Tagen 2 % Skonto.

Geschäftsräume
Rheinstraße 44
90451 Nürnberg

Telefon: 0911 56356-0
Telefax: 0911 44481
Internet: www.elektrowirtz-wvd.de

Sparkasse Nürnberg
Konto-Nr. 218 435 717
BLZ 760 501 01
IBAN: DE04 7605 0101 0218 4357 17
BIC: SSKNDE77

Postbank Nürnberg
Konto-Nr. 9987 96-850
BLZ 760 100 85
IBAN: DE64 7601 0085 0998 7968 50
BIC: PBNKDEFF760

Beleg 20

Kontoauszug

Sparkasse Nürnberg

Konto-Nr.	Datum	Ausz.-Nr.	Blatt	Buchungstag	PN-Nr.	Wert	Umsatz
218 435 717	..-12-30	68	1				
GUTSCHRIFT STADTWERKE NÜRNBERG RE 4 541 VOM 12. DEZ. .. (KONTO 10 004)				12-30	8744	12-30	2.380,00 H

Konto	Soll	Haben

Gebucht:

ELEKTROGROSSHANDEL
KARL WIRTZ E. K.
RHEINSTR. 44
90451 NÜRNBERG

Alter Saldo
H 267.438,00 EUR

Neuer Saldo
H 269.818,00 EUR

6937274

Belege 21 und 22

Empfangsbestätigung

760 501 01

Sparkasse Nürnberg

..-12-28 — Karl Wirtz

Datum — Unterschrift für nachstehenden Auftrag

Ziehen Sie zu Gunsten des unten angegebenen Kontos die beigefügten Schecks ein. Die Gutschrift erfolgt Eingang vorbehalten.

		Scheck-Nummer	IBAN des Ausstellers	BIC des bezogenen Instituts	Betrag
21	1	3 460 413	DE91 6635 0036 0000 1049 83 (W. Kunde)	BRUSDE66	2.142,00
22	2	6 823 777	DE33 8607 0000 0006 6701 82 (H. Karls)	DEUTDE8L	833,00
	3				
	4				

Bitte alle Schecks mit dem Vermerk >Nur zur Verrechnung< versehen.

Stückzahl: 2 — EUR — Gesamtbetrag: Euro, Cent: 2.975,00----------------

Kontoinhaber: Name, Vorname/Firma (max. 27 Stellen)
Elektrogroßhandel Karl Wirtz e. K.

Konto-Nr. des Inhabers
218 435 717

Sparkasse Nürnberg
Klein

– Durchschrift für den Einreicher –

Stempel und Unterschriften der Sparkasse/Landesbank

Kontoauszug zu den Belegen 21, 22 und 23[1]

Kontoauszug — Sparkasse Nürnberg

Konto-Nr.	Datum	Ausz.-Nr.	Blatt	Buchungstag	PN-Nr.	Wert	Umsatz
218 435 717	..-12-31	69	1				
SCHECKEINLIEFERUNG				12-31	0685	12-28	2.975,00 H
DA MIETE[1]				12-31	0688	12-30	860,00 S

ELEKTROGROSSHANDEL
KARL WIRTZ E. K.
RHEINSTR. 44
90451 NÜRNBERG

Alter Saldo: H 269.818,00 EUR

Neuer Saldo: H 271.933,00 EUR

1 Beleg 23: DA = Dauerauftrag für die Wohnungsmiete des Geschäftsinhabers.

6937275

Beleg 24

Herstellung von Elektrogeräten

Franz Schneider KG

Franz Schneider KG, Postfach 12 60, 39104 Magdeburg

Elektrogroßhandel
Karl Wirtz e. K.
Rheinstraße 44
90451 Nürnberg

Konto	Soll	Haben
Gebucht:		

Steuer-Nr. 543 812 22467

Eingang: ..-12-31

Ihr Zeichen, Ihre Nachricht vom	Unser Zeichen	Telefon, Name 0391 4869-	Datum
..-12-16	KO/re	31	..-12-30

Rechnung Nr. 9 288

Sehr geehrter Herr Wirtz,

auf die von Ihnen zu Recht beanstandete Lieferung vom ..-12-15 erhalten Sie nachträglich einen

Preisnachlass von netto	600,00 €
19 % Umsatzsteuer	114,00 €
	714,00 €

Wir bitten um gleich lautende Buchung.

Mit freundlichen Grüßen

Franz Schneider KG

ppa. *J. Kolberg*

Geschäftsräume:
Saalestraße 16
39126 Magdeburg
Telefon 0391 4869-0
Telefax 0391 35275

Internet www.schneider-elektro-wvd.de
E-Mail info@schneider-elektro-wvd.de

Bankkonto 486 222
Deutsche Bank, Magdeburg
BLZ 810 700 00
IBAN: DE08 8107 0000 0000 4862 22
BIC: DEUTDE8M

Postbank
Berlin 124 45-101
BLZ 100 100 10
IBAN: DE36 1001 0010 0012 4451 01
BIC: PBNKDEFF100

Beleg 25

Karl Wirtz e. K. ELEKTROGROSSHANDEL

Elektrogroßhandel K. Wirtz e. K., Rheinstr. 44, 90451 Nürnberg

Elektrofachgeschäft
Werner Gruppe e. Kfm.
Am Römerhof 8
52066 Aachen

Konto	Soll	Haben
Gebucht:		

Ihr Zeichen, Ihre Nachricht vom	Unser Zeichen	Telefon, Name 0911 56356-	Datum
WG/..-12-20	S/by	42	..-12-28

Rechnung Nr. 4 339

Sehr geehrte Damen und Herren,

aufgrund Ihrer Beanstandung schreiben wir Ihnen gut:

10 % von 5.500,00 € Warenwert	
lt. o. g. Rechnung	550,00 €
19 % Umsatzsteuer	104,50 €
	654,50 €

Mit freundlichen Grüßen

ELEKTROGROSSHANDEL
KARL WIRTZ E. K.

i. A. *Schröder*

Geschäftsräume
Rheinstraße 44
90451 Nürnberg
Steuer-Nr. 543 221 19439

Telefon: 0911 56356-0
Telefax: 0911 44481
Internet: www.elektrowirtz-wvd.de

Sparkasse Nürnberg
Konto-Nr. 218 435 717
BLZ 760 501 01
IBAN: DE04 7605 0101 0218 4357 17
BIC: SSKNDE77

Postbank Nürnberg
Konto-Nr. 9987 96-850
BLZ 760 100 85
IBAN: DE64 7601 0085 0998 7968 50
BIC: PBNKDEFF760

6937276

Beleg 26

Buchungsanweisung	Datum: ..-12-31		Beleg-Nr.: 4931	
Betreff: Abschreibungen auf Sachanlagen lt. Anlagenkartei			Gebucht: Datum:	
Buchungstext	Soll		Haben	
	Konto	Betrag	Konto	Betrag
0330 Betriebs- und Geschäftsausstattung...				
0340 Fuhrpark..............				

Beleg 27

Buchungsanweisung	Datum: ..-12-31		Beleg-Nr.: 4932	
Betreff: Umbuchungen/Vorbereitende Abschlussbuchungen			Gebucht: Datum:	
Buchungstext	Soll		Haben	
	Konto	Betrag	Konto	Betrag
1410 Vorsteuerübertragung..				
1610 Privatentnahmen.......				
3020 Bezugskosten..........				
3060 Nachlässe von Lieferern				
3080 Liefererskonti........				
3910 Warenmehrbestand......				
8060 Nachlässe an Kunden....				
8080 Kundenskonti..........				

F Auswertung des Jahresabschlusses

Aus dem **Jahresabschluss** lassen sich wertvolle **Erkenntnisse über die Vermögens-, Finanz- und Erfolgslage** des Unternehmens gewinnen, wenn man die Abschlusszahlen u. a. mithilfe von **Kennzahlen** auswertet. **Die betriebswirtschaftliche Auswertung des Jahresabschlusses umfasst** die **Aufbereitung (Bilanzanalyse)** und die **Beurteilung (Bilanzkritik)** des Zahlenmaterials.

Die Auswertung eines Jahresabschlusses wird durch einen Zeitvergleich und einen Betriebsvergleich aussagekräftiger: Beim **Zeitvergleich** wird der aktuelle Jahresabschluss mit den Jahresabschlüssen der Vorjahre verglichen, sodass die betriebseigene Entwicklung erkennbar wird. Beim **Betriebsvergleich** wird der Jahresabschluss mit den Zahlen branchengleicher Unternehmen verglichen, sodass die Stellung des Unternehmens innerhalb seiner Branche beurteilt werden kann.

1 Auswertung der Bilanz

1.1 Aufbereitung der Bilanz (Bilanzanalyse)

Umgliederung der Bilanzposten

Die Bilanzen müssen zunächst für eine kritische Beurteilung entsprechend aufbereitet werden. Die zahlreichen Bilanzposten sind daher nach bestimmten Gesichtspunkten umzugliedern und gruppenmäßig zusammenzufassen. Die Vermögensseite umfasst die beiden Hauptgruppen **„Anlagevermögen“** und **„Umlaufvermögen“**, die Kapitalseite **„Eigenkapital“** und **„Fremdkapital“**. Das Umlaufvermögen ist nach der **Flüssigkeit** in die Gruppen „Vorräte“, „Forderungen“ und „Flüssige Mittel“ zu gliedern. Die Posten des Fremdkapitals sind nach der **Fälligkeit** in „Langfristiges Fremdkapital“ und „Kurzfristiges Fremdkapital“ zu ordnen. Aktive Rechnungsabgrenzungsposten werden den Forderungen, passive Rechnungsabgrenzungsposten den kurzfristigen Verbindlichkeiten zugeordnet.

Bilanzstruktur

Die Bilanzstruktur ist das Ergebnis der Aufbereitung der Bilanzposten. Sie lässt bereits deutlich den **Vermögens- und Kapitalaufbau** des Unternehmens erkennen:

Vermögen	**Bilanzstruktur**	Kapital
I. Anlagevermögen	**I. Eigenkapital**	
II. Umlaufvermögen 1. Vorräte 2. Forderungen 3. Flüssige Mittel	**II. Fremdkapital** 1. langfristig 2. kurzfristig	
Wie ist das Kapital angelegt?	*Woher stammt das Kapital?*	

Zur besseren Vergleichbarkeit und Überschaubarkeit stellt man die **Bilanzstruktur** nicht nur in absoluten Zahlen, sondern auch **in Prozentzahlen** dar, wobei die **Bilanzsumme die Basis (≙ 100 %)** bildet. Damit wird auf einen Blick erkennbar, welches Gewicht die einzelnen Hauptgruppen innerhalb des Gesamtvermögens (Aktiva) und Gesamtkapitals (Passiva) haben. Vermögens- und Kapitalaufbau werden dadurch noch anschaulicher dargestellt.

Merke

Die aufbereiteten Bilanzen eines Unternehmens zeigen deutlich

- **die Finanzierung:** Eigenkapital : Fremdkapital
- **den Vermögensaufbau:** Anlagevermögen : Umlaufvermögen
- **die Anlagendeckung:** Eigenkapital : Anlagevermögen
- **die Zahlungsfähigkeit:** flüssige Mittel : kurzfristige Verbindlichkeiten

6937278

Beispiel

Die Bilanzen der Werkzeuggroßhandlung Marc Gruppe e. K. lauten für die beiden letzten Geschäftsjahre:

Aktiva	Berichtsjahr T€	Vorjahr T€	Passiva	Berichtsjahr T€	Vorjahr T€
Gebäude	1.200	850	Eigenkapital 1. Jan.	1.710	1.600
BuG-Ausstattung	460	330	– Entnahmen	166	120
Fuhrpark	140	120		1.544	1.480
Waren	1.300	1.940	+ Einlagen	700	–
Forderungen a. LL	950	400		2.244	1.480
Kasse	15	10	+ Gewinn	366	230
Guthaben bei Kreditinstituten	435	150	Eigenkapital 31. Dez.	2.610	1.710
			Rückstellungen	200	400
			Hypothekenschulden	440	331
			Darlehensschulden	520	305
			Verbindlichk. a. LL	680	929
			Sonstige Verbindl.	50	125
	4.500	3.800		4.500	3.800

Anmerkungen zur Bilanzaufbereitung: Die Rückstellungen sind je zur Hälfte als langfristig und kurzfristig zu behandeln. Der Gewinn verbleibt im Unternehmen.

Die Aufbereitung der Bilanzen wird nach folgendem Schema vorgenommen:

Aktiva	Berichtsjahr		Vorjahr		Zu- oder Abnahme
	T€	%	T€	%	T€
Anlagevermögen	**1.800**	40	**1.300**	34	+ 500
Vorräte	1.300	29	1.940	51	– 640
Forderungen a. LL	950	21	400	11	+ 550
Flüssige Mittel	450	10	160	4	+ 290
Umlaufvermögen	**2.700**	60	**2.500**	66	+ 200
Gesamtvermögen	4.500	100	3.800	100	+ 700

Passiva	Berichtsjahr		Vorjahr		Zu- oder Abnahme
	T€	%	T€	%	T€
Eigenkapital	**2.610**	58	**1.710**	45	+ 900
50 % Rückstellungen	100	2	200	5	– 100
Hypothekenschulden	440	10	331	9	+ 109
Darlehensschulden	520	12	305	8	+ 215
Langfristiges Fremdkapital	**1.060**	24	**836**	22	+ 224
50 % Rückstellungen	100	2	200	5,3	– 100
Verbindlichkeiten a. LL	680	15	929	24,4	– 249
Sonstige Verbindlichkeiten	50	1	125	3,3	– 75
Kurzfristiges Fremdkapital	**830**	18	**1.254**	33	– 424
Gesamtkapital	4.500	100	3.800	100	+ 700

1.2 Beurteilung der Bilanz (Bilanzkritik)

Die aufbereiteten Bilanzen enthalten bereits die wichtigsten **Kennzahlen** und Angaben **zur Beurteilung der Kapitalausstattung, Anlagenfinanzierung, Zahlungsfähigkeit** und des **Vermögensaufbaues** des Unternehmens. Die nun einsetzende Bilanzbeurteilung stellt zwischen den durch die Aufbereitung gewonnenen Verhältniszahlen sinnvolle **Beziehungen** her und wertet diese im Hinblick auf die **Lage und Entwicklung** des Unternehmens.

1.2.1 Beurteilung der Kapitalausstattung (Finanzierung)

Grad der Unabhängigkeit

Bei der Beurteilung der **Kapitalausstattung oder Finanzierung** geht es vor allem um die Frage, ob das Unternehmen überwiegend mit **eigenem oder fremdem Kapital** arbeitet. In der Regel kann die Finanzierung eines Unternehmens als günstig bezeichnet werden, wenn das **Eigenkapital als Haftungs- bzw. Schutzkapital** das Fremdkapital überwiegt; denn je höher der Anteil des Eigenkapitals am Gesamtkapital (Grad der finanziellen Unabhängigkeit), umso **sicherer** ist die Lage des Unternehmens in Krisenzeiten und umso **unabhängiger** ist das Unternehmen **gegenüber** seinen **Gläubigern.**

Grad der Verschuldung

Der Grad der Verschuldung des Unternehmens kommt durch den Anteil des Fremdkapitals am Gesamtkapital zum Ausdruck. Ein im Verhältnis zum Eigenkapital zu hohes Fremdkapital bedeutet eine **Einengung der Selbstständigkeit des Unternehmens,** da mit jeder weiteren Kreditaufnahme stets der Nachweis der Kreditverwendung und ständige Kontrollen durch Gläubiger verbunden sind. Ist der Anteil an kurzfristigen Schulden sehr hoch, so wird die **Liquidität (Zahlungsfähigkeit)** des Unternehmens stark eingeschränkt. Die **Zusammensetzung des Fremdkapitals** (lang- und kurzfristig) ist daher eine wichtige Frage bei der Beurteilung der Finanzierung eines Unternehmens.

Beispiel

Kennzahlen der Finanzierung (Kapitalstruktur)	B	V
❶ Grad der finanziellen Unabhängigkeit $= \frac{\text{Eigenkapital} \cdot 100}{\text{Gesamtkapital}}$	58 %	45 %
❷ Grad der Verschuldung $= \frac{\text{Fremdkapital} \cdot 100}{\text{Gesamtkapital}}$	42 %	55 %
❸ Anteil des langfristigen Fremdkapitals $= \frac{\text{lgfr. Fremdkapital} \cdot 100}{\text{Gesamtkapital}}$	24 %	22 %
❹ Anteil des kurzfristigen Fremdkapitals $= \frac{\text{kfr. Fremdkapital} \cdot 100}{\text{Gesamtkapital}}$	18 %	33 %

Die Kennzahlen zeigen deutlich, dass sich im Berichtsjahr der **Grad der finanziellen Unabhängigkeit von 45 % auf 58 %** und damit entsprechend der **Grad der Verschuldung von 55 % auf 42 %** entscheidend verbessert haben. Die Steigerung des Eigenkapitals ist auf eine **Kapitaleinlage** des Unternehmers in Höhe **von 700 T€** sowie auf den im Berichtsjahr erwirtschafteten hohen **Jahresgewinn von 366 T€** zurückzuführen. Erfreulicherweise konnte dadurch der Anteil des Fremdkapitals und somit der Einfluss der Gläubiger erheblich vermindert werden. Der **Rückgang des kurzfristigen Fremdkapitals von 33 % auf 18 %** ist im Hinblick auf die Liquidität des Unternehmens besonders positiv zu beurteilen. Der beachtliche Abbau der kurzfristigen Fremdmittel ist vor allem auf eine **Umschuldung** zurückzuführen, also auf eine Umwandlung kurzfristiger in langfristige Schulden. So steht einer Abnahme an kurzfristigen Fremdmitteln in Höhe von 424 T€ eine Zunahme der langfristigen Schulden in Höhe von 224 T€ gegenüber (vgl. aufbereitete Bilanzen auf S. 279).

Merke

Je größer das Eigenkapital im Verhältnis zum Fremdkapital ist, desto solider und krisenfester ist die Finanzierung und desto geringer ist die Abhängigkeit von den Gläubigern.

6937280

1.2.2 Beurteilung der Anlagenfinanzierung (Investierung)

Die Finanzierung (Deckung) des Anlagevermögens durch

- **Eigenkapital = Deckungsgrad I** und durch
- **langfristiges Kapital** (Eigenkapital und langfristiges Fremdkapital) = **Deckungsgrad II**

ist zugleich ein wichtiger **Maßstab zur Beurteilung der Kapitalausstattung** des Unternehmens schlechthin.

Da **Anlagegegenstände** in der Regel langfristig gebundenes Vermögen darstellen, müssen sie durch **entsprechend langfristiges Kapital** (Eigenkapital, Darlehen u. a.) **finanziert** werden. Damit wird sichergestellt, dass im Krisenfalle keine Anlagegüter überstürzt veräußert werden müssen (Notverkäufe), um den Tilgungsverpflichtungen termingerecht nachzukommen. Deshalb sollen Wirtschaftsgüter des Anlagevermögens grundsätzlich **nicht kurzfristig** finanziert werden.

Die Anlagenfinanzierung kann somit als sehr gut bezeichnet werden, wenn das Anlagevermögen voll durch Eigenkapital **(Deckungsgrad I)** gedeckt ist. Ausgezeichnet ist die Deckung, wenn das Eigenkapital darüber hinaus auch noch den **eisernen Bestand** des Vorratsvermögens an Waren finanziert. Denn der eiserne Bestand wird nur beim Eintreten unvorhersehbarer Ereignisse (z. B. Lieferausfall durch Naturkatastrophe) verbraucht. Folglich ist der eiserne Bestand langfristig gebunden.

Reicht das Eigenkapital jedoch nicht zur Finanzierung des Anlagevermögens aus, so darf zusätzlich nur langfristiges Fremdkapital herangezogen werden. Der **Deckungsgrad II** muss mindestens 100 % betragen, wenn eine volle Deckung durch langfristiges Kapital gegeben sein soll (Goldene Bilanzregel).

Beispiel

Kennzahlen der Anlagendeckung (Investierung)	Berichtsjahr	Vorjahr
Deckungsgrad I $= \frac{\text{Eigenkapital} \cdot 100}{\text{Anlagevermögen}}$	145 %	132 %
Deckungsgrad II $= \frac{\text{Langfristiges Kapital} \cdot 100}{\text{Anlagevermögen}}$	204 %	196 %

Die Anlagendeckung durch Eigenkapital (Deckungsgrad I) war bereits im Vorjahr sehr gut. Sie konnte im Berichtsjahr durch die bereits erwähnte **Erhöhung des Eigenkapitals** noch wesentlich verbessert werden. **Nicht nur das Anlagevermögen, sondern auch der größte Teil der Warenvorräte werden** nunmehr **durch eigene Mittel finanziert.** Besonders erfreulich ist auch die Tatsache, dass die erheblichen **Anschaffungen (Investitionen)** im Anlagevermögen in Höhe von 500 T€ **ebenfalls** in vollem Umfang **durch Eigenkapital finanziert** wurden.

Die Anlagendeckung durch langfristiges Kapital (Deckungsgrad II) ist in den beiden Vergleichsjahren ausgezeichnet. Besonders im Berichtsjahr wird der größte Teil des Umlaufvermögens **langfristig** finanziert, was sich auf die Liquidität des Unternehmens zwangsläufig günstig auswirken muss.

Die für das Berichtsjahr als **sehr gut beurteilte Finanzierung wird durch die Anlagendeckung I und II voll bestätigt.**

Merke

- **Die Anlagendeckung ist zugleich Maßstab zur Beurteilung der Finanzierung (Kapitalausstattung) des Unternehmens.**
- **Das Anlagevermögen und der eiserne Bestand an Waren sollten stets durch entsprechend langfristiges Kapital finanziert sein.**

1.2.3 Beurteilung der Zahlungsfähigkeit (Liquidität)

Liquidität

Liquidität ist die Zahlungsfähigkeit eines Unternehmens, die sich aus dem **Verhältnis der flüssigen (liquiden) Mittel zu den fälligen kurzfristigen Verbindlichkeiten** erkennen lässt. Es muss deshalb untersucht werden, ob das Unternehmen in der Lage sein wird, die **fälligen** Verbindlichkeiten fristgerecht zu begleichen. Denn Zahlungsunfähigkeit (Illiquidität) führt entweder zur **zwangsweisen Auflösung** eines Unternehmens im Rahmen eines **gerichtlichen Insolvenzverfahrens** oder in einen **außergerichtlichen Vergleich** (§ 17 InsO[1]).

Aufgrund der Bilanzzahlen kann die **Liquidität** eines Unternehmens natürlich **nur überschlägig** ermittelt werden, da wichtige Angaben aus den Bilanzen nicht hervorgehen, wie **Fälligkeiten** der Verbindlichkeiten und Forderungen, **laufende Zahlungen** für Steuern, Mieten u. a. m. Dennoch lassen sich verschiedene Stufen oder Grade der Zahlungsfähigkeit aus den Abschlusszahlen errechnen, die im Vergleich der Jahre Aufschluss über die Liquidität des Unternehmens geben.

Kennzahlen der Liquidität

Die Kennzahlen der Liquidität berücksichtigen jeweils den Grad der Zahlungsfähigkeit. Die **Liquidität I (1. Grades)**, auch **Barliquidität** genannt, setzt die flüssigen Mittel (Kasse, Guthaben bei Kreditinstituten, börsenfähige Wertpapiere des Umlaufvermögens) ins Verhältnis zu den kurzfristigen Fremdmitteln. Die **Liquidität II**, auch **einzugsbedingte Liquidität** genannt, berücksichtigt zusätzlich die Forderungen. Die **umsatzbedingte Liquidität III** setzt schließlich das gesamte Umlaufvermögen zum kurzfristigen Fremdkapital in Beziehung. Nach einer **Erfahrungsregel** sollte mindestens die Liquidität II bereits eine volle Deckung der kurzfristigen Schulden bringen. Die Liquidität III müsste nach einer amerikanischen Faustregel zu einer zweifachen Deckung (200 %) führen.

Beispiel

Liquiditätskennzahlen	B	V
Liquidität I $= \frac{\text{flüssige Mittel} \cdot 100}{\text{kurzfristiges Fremdkapital}}$	54 %	13 %
Liquidität II $= \frac{(\text{flüssige Mittel} + \text{Forderungen}) \cdot 100}{\text{kurzfristiges Fremdkapital}}$	169 %	45 %
Liquidität III $= \frac{\text{Umlaufvermögen} \cdot 100}{\text{kurzfristiges Fremdkapital}}$	325 %	199 %

Beurteilung der Liquiditätslage

Die Liquiditätslage des Unternehmens hat sich im Berichtsjahr gegenüber dem Vorjahr ganz entschieden verbessert. Selbst unter Berücksichtigung der Forderungen konnte im Vorjahr keine volle Deckung der kurzfristigen Verbindlichkeiten erreicht werden. Im Berichtsjahr führte dagegen die Liquidität II bereits zu einer erheblichen Überdeckung. Die Liquidität 3. Grades zeigt im Berichtsjahr deutlich die ausgezeichnete finanzielle Lage des Unternehmens. Das Umlaufvermögen ist über dreimal so groß wie die kurzfristigen Fremdmittel. Diese äußerst positive Entwicklung der Zahlungsfähigkeit ist einerseits auf die bereits erwähnte Kapitalerhöhung sowie Umschuldung und andererseits vor allem auch auf die erhebliche Absatzsteigerung zurückzuführen. Diese von der Unternehmensleitung getroffenen **Maßnahmen dienten** nicht zuletzt der **Stärkung der Liquidität.**

Merke

- **Je mehr die flüssigen Mittel 1., 2. und 3. Grades die kurzfristigen Verbindlichkeiten decken, desto liquider und damit sicherer ist das Unternehmen.**
- **Für die fälligen Schulden müssen stets Zahlungsmittel bereitstehen, denn Zahlungsunfähigkeit führt entweder zu einem gerichtlichen Insolvenzverfahren oder einem außergerichtlichen Vergleich.**
- **Nach einer Erfahrungsregel gilt die Zahlungsfähigkeit eines Unternehmens als gesichert, wenn das gesamte Umlaufvermögen doppelt so groß ist wie das kurzfristige Fremdkapital.**

1 Insolvenzordnung

6937282

1.2.4 Beurteilung des Vermögensaufbaues (Vermögensstruktur)

Vermögensstruktur

Die Vermögensstruktur (Konstitution) zeigt sich im **Verhältnis zwischen Anlage- und Umlaufvermögen.** Dieses Verhältnis ist weitgehend abhängig von der Branche, der das Unternehmen angehört, sowie vom **Ausmaß der Ausstattung und Automatisierung.** So sind beispielsweise Unternehmen der Grundstoff- und Schwerindustrie mit einem Anlagenanteil von 60–70 % besonders anlagenintensiv, im Gegensatz zu Großhandelsunternehmen, in denen in der Regel das Umlaufvermögen deutlich überwiegt.

Anlagevermögen

Das Anlagevermögen verursacht erhebliche **fixe (feste) Kosten,** wie Abschreibungen, Instandhaltungen u. a., **die unabhängig von der Beschäftigungs- und Absatzlage,** also **auch in Krisenzeiten, anfallen** und ständig die Erfolgsrechnung als Aufwand belasten. Je niedriger das Anlagevermögen im Verhältnis zum Umlaufvermögen ist, desto geringer ist die Belastung mit festen Kosten und desto besser kann sich ein Unternehmen **den veränderten Marktverhältnissen anpassen.**

Umlaufvermögen

Das Umlaufvermögen besteht in der Regel aus Warenvorräten, Forderungen sowie flüssigen Mitteln. Vergleicht man die Posten mit den **Verkaufserlösen,** lassen sich wertvolle **Erkenntnisse über die Absatzlage** des Unternehmens in den Vergleichsjahren erzielen. Ein erhöhter Bestand an Forderungen bedeutet Absatzsteigerung, wenn zugleich die Verkaufserlöse entsprechend gestiegen sind. Eine Veränderung der Vorräte und flüssigen Mittel sollte daher auch im Zusammenhang mit den Verkaufserlösen (Umsatzerlösen) gesehen werden.

Beispiel

Kennzahlen der Konstitution (Vermögensstruktur)	B	V
❶ Anteil des Anlagevermögens $= \frac{\text{AV} \cdot 100}{\text{Gesamtvermögen}}$	40 %	34 %
❷ Anteil des Umlaufvermögens $= \frac{\text{UV} \cdot 100}{\text{Gesamtvermögen}}$	60 %	66 %
❸ Anteil der Vorräte $= \frac{\text{Vorräte} \cdot 100}{\text{Gesamtvermögen}}$	29 %	51 %
❹ Anteil der Forderungen $= \frac{\text{Forderungen} \cdot 100}{\text{Gesamtvermögen}}$	21 %	11 %
❺ Anteil der flüssigen Mittel $= \frac{\text{Flüssige Mittel} \cdot 100}{\text{Gesamtvermögen}}$	10 %	4 %

Angaben lt. GuV-Rechnung:	Berichtsjahr	Vorjahr
Verkaufserlöse	8.200 T€	5.500 T€

Kennzahlen der Vermögensstruktur

Die Kennzahlen der Vermögensstruktur zeigen deutlich die positive Entwicklung des Unternehmens im Vergleichszeitraum. Die Steigerung des Anlagevermögens ist auf **Neuanschaffungen** in Höhe von 500 T€ zurückzuführen, die zu einer **Kapazitätserweiterung** führten, worauf auch die gestiegenen Verkaufserlöse hinweisen. Auch der **Abbau der Vorräte** und die **Erhöhung der Forderungen** sowie der flüssigen Mittel stehen offensichtlich im Zusammenhang mit einer **erheblichen Absatzsteigerung.**

Merke

- **Das Verhältnis zwischen Anlage- und Umlaufvermögen wird weitgehend von der Branche und dem Grad der Ausstattung des Unternehmens bestimmt.**
- **Der Anteil der Vorräte und Forderungen ist stets im Zusammenhang mit den Verkaufserlösen zu beurteilen.**

Aufgabe 331

1. *Welche Möglichkeiten hat der Unternehmer, die Finanzierung (Kapitalausstattung des Unternehmens) zu verbessern?*
2. Ein Unternehmer hat einen sehr großen Teil des Anlagevermögens mit einem kurzfristigen Bankkredit finanziert. *Wie beurteilen Sie das?*
3. *Wodurch wird die Vermögensstruktur (AV : UV) bestimmt?*
4. *Welche Gefahr liegt in einem a) zu geringen und b) zu großen Anlagevermögen?*
5. *Welche Gefahr liegt in einem a) zu geringen und b) zu hohen Umlaufvermögen?*

Aufgabe 332

1. *Welche Möglichkeiten hat der Unternehmer, die Liquidität zu verbessern?*
2. Der Bestand an sofort greifbaren flüssigen Mitteln ist im Verhältnis zu hoch. *Was empfehlen Sie dem Unternehmer?*
3. *Vermittelt die Bilanz ein eindeutiges Bild der Zahlungsfähigkeit?*
4. *Beurteilen Sie die folgenden Bilanzstrukturen:*

Bilanz 1	
Anlagevermögen 40 %	Eigenkapital 50 %
Umlaufvermögen 60 %	Fremdkapital 50 %

Bilanz 2	
Anlagevermögen 40 %	Eigenkapital 30 %
Umlaufvermögen 60 %	langfristiges Fremdkapital 10 % kurzfristiges Fremdkapital 60 %

Aufgabe 333

Nach der Aufbereitung zeigt die Bilanz eines Großhandelsunternehmens die folgende Vermögens- und Kapitalstruktur:

Aufbereitete Bilanz

Vermögen	T€	%	Kapital	T€	%
I. Anlagevermögen	2.400	**30**	**I. Eigenkapital**	4.800	**60**
II. Umlaufvermögen			**II. Fremdkapital**		
1. **nicht** flüssig (Vorräte)	3.300		1. **langfristig** (Hyp.- u. Darl.-Schuld.)	2.000	**40**
2. **bedingt** flüssig (Forderungen a. LL)	1.700	**70**	2. **kurzfristig** (Verbindlichkeiten a. LL u. a.)	1.200	
3. **sofort** flüssig (Kasse, Guthaben bei Kreditinstituten)	600				
	8.000	**100**		8.000	**100**

1. *Beurteilen Sie auch unter Berücksichtigung von Branchen-Richtwerten ( )*
   a) die Finanzierung oder Kapitalausstattung (35 : 65),
   b) den Vermögensaufbau (25 : 75),
   c) die Anlagenfinanzierung bzw. -deckung (Deckung I: 80 %; II: 120 %) sowie
   d) die Zahlungsfähigkeit (Liquidität) des Unternehmens.
2. *Inwiefern erübrigt sich im vorliegenden Fall die Ermittlung des Deckungsgrades II im Rahmen der Beurteilung der Anlagenfinanzierung?*
3. *Welchen entscheidenden Vorteil bietet die Auswertung bei einem Bilanzvergleich (Zeit- oder Betriebsvergleich)?*

6937284

Aufgabe 334

Aktiva	Berichtsjahr	Vorjahr	Passiva	Berichtsjahr	Vorjahr
	T€	T€		T€	T€
I. Anlagevermögen			**I. Eigenkapital**	3.000	1.600
1. Gebäude	1.480	1.000	**II. Fremdkapital**		
2. BuG-Ausstattung	500	200	1. Hypothekenschuld.	650	680
3. Fuhrpark	280	100	2. Darlehensschulden	880	520
			3. Liefererschulden	470	1.200
II. Umlaufvermögen					
1. Vorräte	1.400	1.650			
2. Forderungen	900	750			
3. Kasse	20	10			
4. Guthaben bei Kreditinstituten	420	290			
	5.000	4.000		5.000	4.000

1. *Bereiten Sie obige Bilanzen der Textilgroßhandlung Janine Kolberg e. Kffr. entsprechend dem Aufbereitungsschema auf Seite 279 auf und stellen Sie jeweils die Veränderungen der Vermögens- und Kapitalposten fest.*
2. *Ermitteln Sie die Kennzahlen zur Beurteilung der*
   a) Finanzierung, b) Anlagendeckung, c) Liquidität, d) Vermögensstruktur.
3. *Beurteilen Sie die Entwicklung des Unternehmens in den Vergleichsjahren aufgrund der Kennzahlen und versuchen Sie die Ursachen der Veränderungen offenzulegen. Stellen Sie sich dabei stets folgende Fragen:*
   a) Wie ist die Entwicklung in absoluten und relativen Zahlen?
   b) Worauf könnte die positive oder negative Entwicklung zurückzuführen sein?
   c) Welche Maßnahmen zur Verbesserung der Finanzierung, Anlagendeckung, Liquidität und Vermögensstruktur würden Sie der Unternehmensleitung empfehlen?

Aufgabe 335

Aktiva	Berichtsjahr	Vorjahr	Passiva	Berichtsjahr	Vorjahr
	T€	T€		T€	T€
Gebäude	960	710	Eigenkapital 1. Jan.	1.160	1.030
BuG-Ausstattung	610	390	– Entnahmen	80	60
Fuhrpark	130	160		1.080	970
Waren	1.200	1.850	+ Einlagen	400	–
Forderungen a. LL	820	370		1.480	970
Kasse	20	15	+ Gewinn	320	190
Bank	260	105	Eigenkapital 31. Dez.	1.800	1.160
			Rückstellungen	80	60
			Hypothekenschulden	670	480
			Darlehensschulden	930	750
			Verbindlichkeiten a. LL	520	1.150
	4.000	3.600		4.000	3.600

Anmerkungen: Die Rückstellungen sind je zur Hälfte lang- und kurzfristig. Die Verkaufserlöse betrugen im Berichtsjahr 7.800 T€, im Vorjahr 5.800 T€.

1. *Bereiten Sie oben stehende Bilanzen der Elektrogroßhandlung Georg Heider e. K. auf.*
2. *Ermitteln und beurteilen Sie die Kennzahlen a) der Finanzierung, b) der Anlagendeckung, c) der Liquidität und d) der Vermögensstruktur.*
3. *Worauf führen Sie die hohen Vorräte im Vorjahr zurück?*
4. *Fassen Sie in einem Kurzbericht das Ergebnis Ihrer Auswertung zusammen.*

2 Auswertung der Erfolgsrechnung

2.1 Beurteilung der Rentabilität

Die Rentabilität ist Maßstab für den Erfolg eines Unternehmens. Sie wird ermittelt, indem man den Gewinn zum **Eigenkapital** oder **Umsatz** in Beziehung setzt.

Unternehmerlohn

Bei **Einzelunternehmen und Personengesellschaften** muss der Jahresgewinn vorab noch um einen Unternehmerlohn für den **mitarbeitenden** Inhaber (Gesellschafter) gekürzt werden. Nur so ist ein **Vergleich mit einer Kapitalgesellschaft** der gleichen Branche (z. B. GmbH) möglich, in der die Gehälter der geschäftsführenden Gesellschafter Aufwand (Betriebsausgabe) darstellen und somit den Gewinn schmälern. Die Höhe des Unternehmerlohns bemisst sich nach dem Gehalt eines leitenden Angestellten in vergleichbarer Position.

Beispiel

Großhandlung M. Gruppe e. K.	Berichtsjahr	Vorjahr
Jahresgewinn (vgl. Bilanzen S. 279)[1]	366 T€	230 T€
– **Unternehmerlohn**	120 T€	120 T€
= **Unternehmergewinn**	**246 T€**	**110 T€**

2.1.1 Eigenkapitalrentabilität (Unternehmerrentabilität)

Die Rentabilität des Eigenkapitals wird ermittelt, indem man den Unternehmergewinn (UG) zum durchschnittlich eingesetzten Eigenkapital ins Verhältnis setzt. Um Zufallsschwankungen auszuschalten, rechnet man beim **Eigenkapital** mit dem **Durchschnittswert aus Anfangs- und Schlussbestand** des Geschäftsjahres (vgl. Bilanzen S. 279).

Beispiel

Großhandlung M. Gruppe e. K.	Berichtsjahr	Vorjahr
Eigenkapitalrentabilität $= \frac{\text{UG} \cdot 100}{\text{Ø Eigenkapital}}$	$\frac{246 \cdot 100}{2.160} = 11{,}40\ \%$	$\frac{110 \cdot 100}{1.655} = 6{,}64\ \%$

Risikoprämie

Vergleicht man nun die ermittelte Eigenkapitalrendite mit dem landesüblichen Zinssatz für langfristig angelegte Gelder (im Beispiel werden 5 % unterstellt), so ist der **Überschuss** der Eigenkapitalverzinsung ein Entgelt oder eine Prämie für das allgemeine Risiko des Unternehmers.

Beispiel

Großhandlung M. Gruppe e. K.	Berichtsjahr	Vorjahr
Eigenkapitalrentabilität	11,40 %	6,64 %
– **landesüblicher Zinssatz für langfristiges Kapital**	5,00 %	5,00 %
= **Risikoprämie für Unternehmerwagnis**	**6,40 %**	**1,64 %**

Beurteilung der Erfolgslage

Der Jahresgewinn der Werkzeuggroßhandlung Marc Gruppe e. K. ist von absolut 230 T€ im Vorjahr auf 366 T€ im Berichtsjahr, also um 136 T€ oder 59 %, gestiegen. Diese beachtliche Gewinnsteigerung konnte sich bei der Eigenkapitalrentabilität nicht entsprechend auswirken, da sich im Berichtsjahr auch das Eigenkapital erheblich erhöht hatte. Dennoch zeigte die Rentabilität des Eigenkapitals eine erfreuliche Steigerung von 6,64 % auf 11,40 %. Im Berichtsjahr wurde außer der landesüblichen Verzinsung eine Risikoprämie von 6,40 % erwirtschaftet.

Merke

Der Jahresgewinn eines Personenunternehmens sollte Folgendes entgelten:

1. **einen angemessenen Unternehmerlohn,**
2. **eine landesübliche Verzinsung des Eigenkapitals und**
3. **zusätzlich eine branchenübliche Prämie für das Unternehmerrisiko.**

1 Der Jahresgewinn enthält keine außerordentlichen Aufwendungen und Erträge.

6937286

2.1.2 Gesamtkapitalrentabilität (Unternehmungsrentabilität)

Der Gewinn wird mit dem Gesamtkapital der Unternehmung erzielt. Will man die Rentabilität des Gesamtkapitals **(Eigen- und Fremdkapital)** ermitteln, muss man die für das Fremdkapital gezahlten **Zinsen** dem Unternehmergewinn wieder hinzurechnen, da diese als **Aufwand** den Gewinn gemindert haben.

$$\textbf{Gesamtkapitalrentabilität} = \frac{\textbf{(Unternehmergewinn + Zinsen)} \cdot \textbf{100}}{\textbf{Ø Gesamtkapital}}$$

Beispiel

Großhandlung M. Gruppe e. K.	Berichtsjahr	Vorjahr
Gesamtkapital am 1. Januar	3.800 T€	3.600 T€
Gesamtkapital am 31. Dezember	4.500 T€	3.800 T€
Durchschnittliches Gesamtkapital (GK)	4.150 T€	3.700 T€
Unternehmergewinn (UG)	246 T€	110 T€
Zinsen lt. GuV-Rechnung (Z)	106 T€	85 T€
Gesamtkapitalrentabilität $= \frac{(UG + Z) \cdot 100}{Ø\ GK}$	$\frac{(246 + 106) \cdot 100}{4.150}$ = 8,48 %	$\frac{(110 + 85) \cdot 100}{3.700}$ = 5,27 %
Eigenkapitalrentabilität	11,40 %	6,64 %

Gesamtkapitalrentabilität

Die Gesamtkapitalrentabilität gibt Aufschluss darüber, ob sich die Aufnahme von Fremdkapital gelohnt hat. Das ist stets der Fall, wenn der **Fremdkapitalzins niedriger ist als die Gesamtkapitalrentabilität** oder – anders ausgedrückt –, wenn die **Rentabilität des Eigenkapitals größer ist als die des Gesamtkapitals.** Das Unternehmen muss daher bestrebt sein, **möglichst zinsniedriges Fremdkapital aufzunehmen.** In beiden Vergleichsjahren übersteigt die Eigenkapitalrentabilität die Gesamtkapitalrendite, wobei sich das Ergebnis im Berichtsjahr deutlich verbessert hat.

2.1.3 Umsatzrentabilität (Umsatzverdienstrate)

Umsatzverdienstrate

Setzt man den Unternehmergewinn zu den Verkaufserlösen in Beziehung, erhält man Auskunft darüber, wie viel Prozent der Verkaufserlöse als Gewinn dem Unternehmen zugeflossen sind. Oder anders ausgedrückt: wie viel € je 100,00 € Umsatz verdient wurden.

Beispiel

Großhandlung M. Gruppe e. K.	Berichtsjahr	Vorjahr
Umsatzrentabilität $= \frac{\text{Unternehmergewinn} \cdot 100}{\text{Verkaufserlöse}}$	$\frac{246 \cdot 100}{8.200} = 3\ \%$	$\frac{110 \cdot 100}{5.500} = 2\ \%$

Umsatzrendite

Die sehr positive Entwicklung des Unternehmens zeigt sich auch deutlich in der Umsatzrendite, die im Vergleichszeitraum von 2 % auf 3 %, also um 50 %, erhöht werden konnte. Im Berichtsjahr wurden somit **3,00 € je 100,00 € Umsatz gegenüber 2,00 €** im Vorjahr verdient. Das bedeutete eine erhebliche Steigerung der Ertragskraft des Unternehmens.

Merke

Aus Gründen der besseren Vergleichbarkeit der Ergebnisse sollte der Jahresgewinn vorab um einmalige und zufällige Posten bereinigt werden:

	Jahresgewinn
+	**außergewöhnliche Aufwendungen**
–	**außergewöhnliche Erträge**
=	**Bereinigter Jahresgewinn**

Aufgabe 336

Zahlen (T€) des Baustoffgroßhandels Erwin Lang e. K.	Berichtsjahr	Vorjahr
Eigenkapital zum 1. Januar	1.260	1.130
Eigenkapital zum 31. Dezember	1.800	1.260
Bereinigter Jahresgewinn	320	190
Unternehmerlohn	90	90
Verkaufserlöse	7.800	5.800

1. *Ermitteln Sie a) das durchschnittliche Eigenkapital und b) den Unternehmergewinn.*
2. *Berechnen Sie a) die Rentabilität des Eigenkapitals und*
   b) die Risikoprämie bei einem landesüblichen Zinssatz von 4,5 %.
3. *Berechnen Sie die Umsatzrentabilität in Prozent.*
4. *Beurteilen Sie die Erfolgslage des Unternehmens im Vergleichszeitraum.*

Aufgabe 337

Zahlen (T€) der Textilgroßhandlung Uwe Hay e. K.	1. Jahr	2. Jahr	3. Jahr
Eigenkapital zum 1. Januar	2.400	2.600	3.400
Eigenkapital zum 31. Dezember	2.600	3.400	4.600
Jahresgewinn	520	660	790
außergewöhnliche Aufwendungen	20	10	30
außergewöhnliche Erträge	50	30	–
Unternehmerlohn	120	120	120
Verkaufserlöse	12.880	15.200	18.100

1. *Ermitteln Sie den bereinigten Jahresgewinn.*
2. *Ermitteln Sie a) das Durchschnittskapital und b) den Unternehmergewinn.*
3. *Berechnen Sie a) die Eigenkapitalrendite und b) die Risikoprämie bei einer unterstellten landesüblichen Verzinsung von 5,5 %.*
4. *Wie viel € je 100,00 € Umsatz wurden jeweils verdient?*
5. *Fassen Sie die Ergebnisse der Rentabilitätsauswertung in einem Kurzbericht zusammen.*

Aufgabe 338

Den Jahresabschlüssen eines Großhandelsunternehmens entnehmen wir folgende Zahlen:

Jahresabschlusszahlen (T€)	1. Jahr	2. Jahr	3. Jahr
Durchschnittliches Eigenkapital	2.500	3.000	4.000
Durchschnittliches Gesamtkapital	4.000	6.000	6.500
Jahresgewinn	550	750	880
außergewöhnliche Aufwendungen	40	60	120
außergewöhnliche Erträge	30	70	80
Unternehmerlohn	100	100	100
Zinsaufwendungen	90	200	180
Verkaufserlöse	13.860	16.200	19.100

1. *Ermitteln Sie den bereinigten Unternehmergewinn.*
2. *Berechnen Sie die Rentabilität des a) Eigenkapitals, b) Gesamtkapitals, c) Umsatzes.*
3. *Beurteilen Sie die Entwicklung der Rentabilitätskennzahlen.*
4. *Worüber gibt die Gesamtkapitalrentabilität Auskunft?*
5. *Inwiefern ist bei Rentabilitätsberechnungen vom bereinigten Jahresgewinn auszugehen?*
6. *Was sollte der Jahresgewinn eines Personenunternehmens im Einzelnen abdecken?*
7. *Welcher Zusammenhang besteht zwischen Wirtschaftszweig und Risikoprämie?*

6937288

2.2 Cashflow-Analyse

Cashflow

Der Cashflow (Kassenzufluss) ist die **Messzahl für die Selbstfinanzierungskraft** des Unternehmens. Er gibt an, wie hoch die im Geschäftsjahr erwirtschafteten **Mittel für die Finanzierung von Investitionen**, **Schuldentilgung** und **Gewinnausschüttung** sind.

Zum Cashflow zählen deshalb der Jahresüberschuss und alle nicht-zahlungswirksamen Aufwendungen und nicht-zahlungswirksamen Erträge des Geschäftsjahres. Da nicht alle im Jahresabschluss aufgeführten Aufwendungen und Erträge von außen als eindeutig zahlungswirksam oder als eindeutig nicht-zahlungswirksam zu erkennen sind, wird der Cashflow häufig vereinfacht ermittelt:

Vereinfachte Ermittlung des Cashflow

	Jahresüberschuss
+	**Abschreibungen auf Sachanlagen**
+	**Erhöhung (= Zuführung – Auflösung) langfristiger Rückstellungen**[1]
=	**Cashflow**

Setzt man den Cashflow zu den Verkaufserlösen in Beziehung, wird erkennbar, wie viel Prozent der **Umsatzerlöse** frei für Investitionszwecke, Schuldentilgung und Dividendenausschüttung zur Verfügung stehen:

$$\textbf{Cashflow-Umsatzverdienstrate} = \frac{\textbf{Cashflow} \cdot 100}{\textbf{Verkaufserlöse}}$$

Beispiel

Großhandlung M. Gruppe e. K.	**Berichtsjahr**	**Vorjahr**
Unternehmergewinn	246 T€	110 T€
+ Abschreibungen auf Sachanlagen	164 T€	90 T€
= **Cashflow**	**410 T€**	**200 T€**
Verkaufserlöse lt. GuV-Rechnung	**8.200 T€**	**5.500 T€**
Cashflow-Umsatzverdienstrate	$\frac{410 \cdot 100}{8.200} = 5\ \%$	$\frac{200 \cdot 100}{5.500} = 3{,}6\ \%$

Im Berichtsjahr stehen somit der Werkzeuggroßhandlung Marc Gruppe e. K. 5 % der Verkaufserlöse gegenüber 3,6 % im Vorjahr an selbst erwirtschafteten Finanzierungsmitteln frei zur Verfügung. Oder: 5,00 € bzw. 3,60 € je 100,00 € Umsatz. Das ist auf den gestiegenen Gewinn und die höheren Abschreibungen zurückzuführen.

Merke

Die Cashflow-Umsatzverdienstrate gibt an, wie viel Prozent der Verkaufserlöse dem Unternehmen zur Investitionsfinanzierung, Schuldentilgung und Gewinnausschüttung frei zur Verfügung stehen. Sie ist Maßstab für die Ertrags- und Selbstfinanzierungskraft des Unternehmens.

Aufgabe 339

Die Sani GmbH, Arzneimittelgroßhandlung, stellt folgende Zahlen zur Verfügung:

Jahresabschlusszahlen (in T€)	**1. Jahr**	**2. Jahr**	**3. Jahr**
Jahresgewinn	560	620	680
Abschreibungen	150	180	200
Verkaufserlöse	8.400	9.300	10.500

1. *Ermitteln Sie den Cashflow und berechnen Sie die Cashflow-Umsatzverdienstrate.*
2. *Inwiefern sind Cashflow-Kennzahlen aussagefähiger als Rentabilitätskennzahlen?*
3. *Nennen Sie Möglichkeiten der Selbstfinanzierung der Investitionen.*
4. *Worauf führen Sie die Erhöhung der Abschreibungen zurück?*

1 Rückstellungen stellen zwar juristisch Fremdkapital, wirtschaftlich jedoch eigenkapitalähnliche Mittel dar, da sie dem Unternehmen langfristig und zinslos zur Verfügung stehen.

2.3 Umschlagskennzahlen

Maßstab der Wirtschaftlichkeit

Umschlagskennzahlen sind ein Maßstab zur Beurteilung und Kontrolle der Wirtschaftlichkeit des Betriebsprozesses, also des **Verhältnisses der betriebsbedingten Aufwendungen** (= Kosten) zu den **betriebsbedingten Erträgen** (= Leistungen). Sie werden ermittelt, indem man bestimmte Posten der Bilanz (**Waren, Forderungen a. LL, Kapital**) zum **Wareneinsatz** bzw. zu den **Verkaufserlösen** in Beziehung setzt.

2.3.1 Lagerumschlag der Warenbestände

Lagerumschlagshäufigkeit

Die Lagerumschlagshäufigkeit des Warenbestandes[1] errechnet sich aus dem Verhältnis von **Wareneinsatz** zum **Durchschnittsbestand der Waren**. Sie gibt an, **wie oft** in einem Jahr der durchschnittliche Lagerbestand umgesetzt, d. h. verkauft und ersetzt wurde:

$$\text{Lagerumschlagshäufigkeit} = \frac{\text{Wareneinsatz}}{\text{ø Lagerbestand an Waren}}$$

Durchschnittliche Lagerdauer

Die durchschnittliche Lagerdauer ergibt sich, indem man das Jahr mit 360 Tagen ansetzt und durch die Umschlagshäufigkeit dividiert:

$$\text{Durchschnittliche Lagerdauer} = \frac{360}{\text{Lagerumschlagshäufigkeit}}$$

Beispiel

Aus den Angaben der Werkzeuggroßhandlung Marc Gruppe e. K. ergeben sich folgende Ergebnisse. Für das Vorjahr wurde das entsprechende Vergleichsjahr vorgeschaltet:

Großhandlung M. Gruppe e. K.	Berichtsjahr	Vorjahr
Warenbestand zum 1. Januar	1.940 T€	1.660 T€[2]
Warenbestand zum 31. Dezember	1.300 T€	1.940 T€
Wareneinsatz lt. GuV-Rechnung	6.480 T€	4.500 T€
Durchschnittlicher Lagerbestand an Waren ...	$\frac{1.940 + 1.300}{2}$ = **1.620**	$\frac{1.660 + 1.940}{2}$ = **1.800**
Lagerumschlagshäufigkeit	$\frac{6.480}{1.620}$ = **4-mal**	$\frac{4.500}{1.800}$ = **2,5-mal**
Durchschnittliche Lagerdauer	$\frac{360}{4}$ = **90 Tage**	$\frac{360}{2,5}$ = **144 Tage**

Beurteilung des Lagerumschlags

Lagerumschlagshäufigkeit und -dauer haben sich im Berichtsjahr ganz entscheidend verbessert. Die **hohe** Umschlagshäufigkeit trägt dazu bei, dass **der Kapitaleinsatz geringer** wird, da **in kürzeren Abständen** (90 statt 144 Tage) immer wieder **Kapital zurückfließt**. Dadurch werden **Zinsen und Lagerkosten geringer**, was sich positiv auf die Wirtschaftlichkeit, den Gewinn und die Rentabilität auswirkt.

Merke

Je höher die Umschlagshäufigkeit des Lagerbestandes ist, desto

- **kürzer ist die Lagerdauer,**
- **geringer sind der Kapitaleinsatz und das Lagerrisiko,**
- **geringer sind die Kosten für die Lagerhaltung (Zinsen, Schwund, Verwaltungskosten),**
- **höher ist die Wirtschaftlichkeit und desto**
- **höher ist letztlich der Gewinn und damit die Rentabilität.**

1 Vgl. auch S. 57 f. 2 angenommener Bestand

6937290

2.3.2 Umschlag der Forderungen

Umschlagshäufigkeit der Forderungen

Die Kennzahlen des Forderungsumschlags sind zugleich ein Maßstab zur Beurteilung der Liquidität eines Unternehmens:

$$\textbf{Umschlagshäufigkeit der Forderungen} = \frac{\textbf{Verkaufserlöse}}{\textbf{ø Forderungsbestand}}$$

Durchschnittliche Kreditdauer

Daraus ergibt sich die **Laufzeit** der Forderungen, d. h. die von den Kunden durchschnittlich in Anspruch genommene **Kreditdauer (Zahlungsziel)**:

$$\textbf{Durchschnittliche Kreditdauer} = \frac{\textbf{360}}{\textbf{Umschlagshäufigkeit der Forderungen}}$$

Beispiel

Großhandlung M. Gruppe e. K.	Berichtsjahr	Vorjahr
Forderungsbestand zum 1. Januar	400 T€	822 T€[1]
Forderungsbestand zum 31. Dezember	950 T€	400 T€
Durchschnittlicher Forderungsbestand	$\frac{400 + 950}{2}$ = **675**	$\frac{822 + 400}{2}$ = **611**
Verkaufserlöse lt. GuV-Rechnung	8.200	5.500
Umschlagshäufigkeit	8.200 : 675 = **12,15-mal**	5.500 : 611 = **9-mal**
Durchschnittliche Kreditdauer	360 : 12,15 = **30 Tage**	360 : 9 = **40 Tage**

Beurteilung der Kreditdauer

Im Berichtsjahr nahmen die Kunden durchschnittlich ein Zahlungsziel von 30 Tagen gegenüber 40 Tagen im Vorjahr in Anspruch. Unterstellt man ein übliches Zahlungsziel von 30 Tagen, so wird es im Berichtsjahr gerade erreicht.

Merke

Je rascher der Forderungsumschlag, desto

- **kürzer ist die durchschnittliche Kreditdauer,**
- **besser ist die eigene Liquidität,**
- **geringer sind Zinsbelastung und Wagnis (Kosten),**
- **höher sind Wirtschaftlichkeit und Rentabilität.**

2.3.3 Kapitalumschlag

Zur Ermittlung der Kapitalumschlagshäufigkeit wird der Umsatz mit dem durchschnittlichen Eigen- oder Gesamtkapital (Eigen- und Fremdkapital) in Beziehung gesetzt:

$$\textbf{Umschlagshäufigkeit des Eigenkapitals} = \frac{\textbf{Verkaufserlöse}}{\textbf{ø Eigenkapital}}$$

$$\textbf{Umschlagshäufigkeit des Gesamtkapitals} = \frac{\textbf{Verkaufserlöse}}{\textbf{ø Gesamtkapital}}$$

$$\textbf{Durchschnittliche Kapitalumschlagsdauer} = \frac{\textbf{360}}{\textbf{Kapitalumschlagshäufigkeit}}$$

Kapitalumschlagshäufigkeit

Die Kapitalumschlagshäufigkeit gibt an, **wie oft** das **eingesetzte Kapital** in Form von Erlösen **zurückgeflossen** ist. Je rascher der Umschlagsprozess vor sich geht, desto geringer ist der erforderliche Kapitaleinsatz. **Bei hoher Kapitalumschlagshäufigkeit** kann man deshalb mit einem verhältnismäßig **niedrigen Kapitaleinsatz** zu einer entsprechend **hohen Rendite** und infolge des raschen Kapitalrückflusses zu einer **günstigen Liquidität** gelangen.

1 angenommener Bestand

Beispiel

Großhandlung M. Gruppe e. K.	Berichtsjahr	Vorjahr
Durchschnittliches Eigenkapital	2.160 T€	1.655 T€
Verkaufserlöse lt. GuV	8.200 T€	5.500 T€
EK-Umschlagshäufigkeit	8.200 : 2.160 = **3,8-mal**	5.500 : 1.655 = **3,32-mal**
EK-Umschlagsdauer	360 : 3,8 = **95 Tage**	360 : 3,32 = **108 Tage**

Kapitalumschlags-zahlen

Die Kapitalumschlagszahlen der Werkzeuggroßhandlung Marc Gruppe e. K. kennzeichnen ebenfalls die positive Entwicklung des Unternehmens im Berichtsjahr.

Merke

Je höher die Kapitalumschlagshäufigkeit ist, desto

- **rascher fließt das Kapital über die Erlöse zurück,**
- **geringer ist der erforderliche Kapitaleinsatz,**
- **höher ist die Rentabilität,**
- **günstiger ist die Liquidität des Unternehmens.**

Aufgabe 340

Die Jahresabschlüsse eines Großhandelsunternehmens weisen folgende Zahlen aus:

	1. Jahr	2. Jahr	3. Jahr
Warenbestand zum 1. Januar	160.000,00	240.000,00	280.000,00
Warenbestand zum 31. Dezember	240.000,00	280.000,00	200.000,00
Wareneinsatz	1.600.000,00	2.340.000,00	2.880.000,00

1. *Berechnen Sie jeweils a) den Durchschnittsbestand und b) die Lagerumschlagshäufigkeit und Lagerdauer. Beurteilen Sie die Entwicklung in den Vergleichsjahren.*
2. *Begründen Sie, inwiefern die Lagerumschlagshäufigkeit Kapitalbedarf, Kosten, Risiko, Wirtschaftlichkeit und damit die Rentabilität des Unternehmens beeinflusst.*

Aufgabe 341

Die Jahresabschlüsse eines Großhandelsunternehmens weisen folgende Zahlen aus:

Forderungen	1. Jahr	2. Jahr	3. Jahr
Anfangsbestand	450.000,00	580.000,00	800.000,00
Schlussbestand	580.000,00	800.000,00	1.200.000,00
Verkaufserlöse	5.150.000,00	8.280.000,00	12.000.000,00

1. *Berechnen Sie für die einzelnen Jahre a) den durchschnittlichen Forderungsbestand, b) die Umschlagshäufigkeit der Forderungen, c) die durchschnittliche Laufzeit (Kreditdauer) der Außenstände.*
2. *Begründen und erklären Sie den Zusammenhang zwischen der Umschlagshäufigkeit der Außenstände und der Liquidität, Wirtschaftlichkeit und Rentabilität.*
3. *Wie beurteilen Sie die Entwicklung? Welche Schlüsse ziehen Sie daraus?*

Aufgabe 342

Die Kapitalstruktur eines Großhandelsunternehmens (Durchschnittswerte) lautet:

Kapital (Mittelwerte)	1. Jahr	2. Jahr	3. Jahr
Eigenkapital	2.000 T€	2.500 T€	2.500 T€
Fremdkapital	1.000 T€	1.500 T€	600 T€
Verkaufserlöse	15.000 T€	16.400 T€	13.200 T€

1. *Ermitteln Sie a) die Kapitalumschlagshäufigkeit des Eigen- und Gesamtkapitals, b) die Kapitalumschlagsdauer des Eigen- und Gesamtkapitals.*
2. *Welcher Zusammenhang besteht zwischen Kapitalumschlagshäufigkeit einerseits und Kapitaleinsatz, Liquidität und Rentabilität andererseits?*
3. *Wie beurteilen Sie die Entwicklung im Beispiel?*

6937292

2.4 Return on Investment (ROI-Analyse)

Über die **Rendite des eingesetzten Eigen- bzw. Gesamtkapitals** erfolgt jeweils der **Rückfluss des investierten Eigen- bzw. Gesamtkapitals.** Erweitert man beispielsweise die Kennzahl der Eigenkapitalrentabilität der Großhandlung Marc Gruppe e. K. (siehe S. 286)

$$\text{Eigenkapitalrentabilität} = \frac{\text{Unternehmergewinn} \cdot 100}{\text{Ø Eigenkapital}} = \frac{246 \cdot 100}{2.160} = 11{,}4\,\%$$

jeweils im Zähler und Nenner um die **Verkaufserlöse** (8.200,00 €), erhält man eine besonders aussagekräftige Kennzahl, den **„Return on Investment (ROI)"**, der nicht nur die **gleiche** Kapitalrendite als **Rückfluss** des investierten Eigenkapitals ausweist, sondern zugleich auch die **Ursachen für eine Verbesserung oder Verschlechterung dieser Rendite,** nämlich die **Umsatzrentabilität** (siehe S. 287) und/oder die **Kapitalumschlagshäufigkeit** (siehe S. 291 f.):

$$\text{ROI} = \frac{\text{Unternehmergewinn} \cdot 100}{\text{Verkaufserlöse}} \cdot \frac{\text{Verkaufserlöse}}{\text{Ø Eigenkapital}}$$

$$\text{ROI} = \frac{246 \cdot 100}{8.200} \cdot \frac{8.200}{2.160} = 11{,}4\,\%$$

$$\text{ROI} = \text{Umsatzrentabilität} \cdot \text{EK-Umschlagshäufigkeit} = 3\,\% \cdot 3{,}8 = 11{,}4\,\%$$

Die Umsatzrentabilität und die Umschlagshäufigkeit des Kapitals sind **beeinflussbare Steuerungskomponenten** für die Kapitalrendite, wie die ROI-Ermittlung anhand der Zahlen der Großhandlung Marc Gruppe e. K. (siehe S. 286 f.) deutlich macht:

Beispiel

Jahr	Unternehmergewinn	Ø Eigenkapital (EK)	EK-Rendite
Berichtsjahr	246 T€	2.160 T€	11,40 %
Vorjahr	110 T€	1.655 T€	6,64 %

Jahr	Verkaufserlöse	Unternehmergewinn	Ø EK	Umsatz-R.	·	EK-Umschlag	=	ROI
Berichtsjahr	8.200 T€	246 T€	2.160 T€	3 %	·	3,8	=	11,40 %
Vorjahr	5.500 T€	110 T€	1.655 T€	2 %	·	3,32	=	6,64 %

Das Beispiel zeigt, dass **Eigenkapitalrentabilität und ROI** im Ergebnis in beiden Vergleichsjahren **zahlenmäßig übereinstimmen.** Beide Kennzahlen haben sich im Berichtsjahr um 4,76 Prozentpunkte verbessert. Die Ermittlung des ROI macht deutlich, dass die Steigerung der Rendite insbesondere auf den Anstieg der Umsatzrentabilität von 2 % im Vorjahr auf 3 % im Berichtsjahr, also um 50 %, zurückzuführen ist. Die Steigerung der Kapitalumschlagshäufigkeit war an dem guten Ergebnis nur geringfügig beteiligt.

Merke

- **Der Rückfluss des investierten Kapitals (Eigen- bzw. Gesamtkapital) erfolgt über die entsprechende Kapitalrentabilität.**
- **Umsatzrentabilität und Kapitalumschlag beeinflussen die Höhe der Kapitalrendite.**
- **Die ROI-Kennzahl ist das Produkt aus Umsatzrentabilität und Kapitalumschlagshäufigkeit und legt damit die Ursachen einer Steigerung bzw. Verminderung der Kapitalrendite (Eigen- bzw. Gesamtkapitalrentabilität) offen.**

Aufgabe 343

1. *Ermitteln Sie anhand der Zahlen im Lehrbuch (siehe S. 279 f.) den Gesamtgewinn der Großhandlung Marc Gruppe e. K., die Gesamtkapitalrendite, die Umsatzrendite sowie den Gesamtkapitalumschlag und den ROI für das investierte Gesamtkapital. Beurteilen Sie die Entwicklung in den Vergleichsjahren.*
2. *Wie lassen sich a) Umsatzrentabilität und b) Kapitalumschlagshäufigkeit erhöhen?*

G Kosten- und Leistungsrechnung (KLR) im Großhandelsbetrieb

1 Ziele und Grundbegriffe der KLR

1.1 Ergebnisausweis in der KLR

Betriebszweck

Einkaufen, Lagern und Verkaufen von Waren sind die eigentlichen betrieblichen Tätigkeiten im Großhandelsbetrieb. Durch diese Tätigkeiten werden **betriebliche Aufwendungen** (= **Kosten**, z. B. Warenaufwendungen, Personalkosten, Miete, Steuern, Betriebskosten, vgl. Kontenklassen 3, 4; siehe S. 297 f.) verursacht und **betriebliche Erträge** (= **Leistungen**, z. B. Umsatzerlöse, vgl. Kontenklasse 8; siehe S. 298 f.) erzielt. Die vollständige Ermittlung der Kosten und Leistungen bildet die grundlegende Aufgabe der KLR.

Merke

- **Kosten im Großhandelsbetrieb sind vor allem die Warenaufwendungen, die Personalkosten, Mieten, Steuern und Betriebskosten.**
- **Leistungen im Großhandelsbetrieb sind vor allem die Umsatzerlöse.**

Betriebsergebnis

Aus der Gegenüberstellung **aller Kosten und Leistungen einer Abrechnungsperiode** (z. B. Monat, Quartal, Jahr) ergibt sich das Betriebsergebnis als **Erfolg aus der betrieblichen Tätigkeit** (vgl. Abgrenzungsrechnung, S. 303 f.).

Leistungen > Kosten = Betriebsgewinn,
Leistungen < Kosten = Betriebsverlust.

Das Betriebsergebnis bildet die **Grundlage** für die Beurteilung der **Rentabilität und Wirtschaftlichkeit** des Unternehmens (vgl. S. 323).

Neutrales Ergebnis

Außer den Kosten und Leistungen gibt es im Großhandelsbetrieb auch Aufwendungen und Erträge, die nichts mit dem Betriebszweck zu tun haben, wie z. B. **betriebsfremde**, periodenfremde, außerordentliche Aufwendungen und Erträge (vgl. Kontenklasse 2). Sie dürfen weder das Betriebsergebnis beeinflussen noch in die Kalkulation der Verkaufspreise eingehen **und sind deshalb von der KLR fernzuhalten.** Sie heißen **neutrale Aufwendungen und neutrale Erträge;** ihre Verrechnung führt zum Neutralen Ergebnis. Das **Neutrale Ergebnis** wird **außerhalb der Finanzbuchhaltung** (= FB) ermittelt (vgl. Abgrenzungsrechnung, S. 303 f.).

Gesamtergebnis

Die FB erfasst **alle** Aufwendungen und Erträge einer Abrechnungsperiode in den Kontenklassen 2, 4 und 8 sowie den Wareneinsatz im Konto 3010. Sie schließt mit dem **Gesamtergebnis der Unternehmung** im Konto **„9300 Gewinn und Verlust"** ab. Die Ermittlung des Betriebsergebnisses und des Neutralen Ergebnisses ist in der FB nicht vorgesehen und wegen der nicht eindeutigen Trennung der Kosten (Klasse 4) von den neutralen Aufwendungen (Klasse 2) auch nicht möglich (vgl. S. 303). **Betriebsergebnis und Neutrales Ergebnis** werden in der KLR ermittelt. Sie stimmen in ihrer Summe mit dem Gesamtergebnis der FB überein.

Merke

- **Die FB ist unternehmensbezogen und schließt mit dem Gesamtergebnis ab.**
- **Die KLR ist betriebsbezogen. In ihr wird das Betriebsergebnis festgestellt.**
- **Das Neutrale Ergebnis wird in einer Vorstufe zur Kosten- und Leistungsrechnung – der Abgrenzungsrechnung (vgl. S. 303 f.) – ermittelt.**
- **Die Abgrenzung der neutralen Aufwendungen und Erträge von den Kosten und Leistungen ist Voraussetzung einer genauen KLR.**

6937294

1.2 Ziele der Kosten- und Leistungsrechnung

Die grundlegende Aufgabe der Kosten- und Leistungsrechnung (KLR) besteht darin, die in einer Abrechnungsperiode (z. B. Monat) anfallenden **Kosten und Leistungen vollständig und richtig** zu erfassen. Darüber hinaus ist sie auf folgende betriebliche **Ziele** ausgerichtet:

- **Ermittlung des Betriebsergebnisses.** Durch die Verrechnung der **Kosten** mit den **Leistungen** einer Abrechnungsperiode wird das **Betriebsergebnis** ermittelt, das für die Beurteilung der wirtschaftlichen Lage des Unternehmens bedeutsam ist (vgl. S. 322 f.).
- **Ermittlung der Selbstkosten und Leistungen einer Abrechnungsperiode.** Durch die Erfassung **aller** Kosten und Leistungen einer Abrechnungsperiode außerhalb der Finanzbuchhaltung wird die Kosten- und Leistungsrechnung zu einem hervorragenden **Instrument der kurzfristigen (monatlichen) Erfolgsermittlung** (vgl. S. 322 f.).
- **Ermittlung der Selbstkosten der Wareneinheit.** Die Kostenrechnung ermittelt auch die Selbstkosten der Wareneinheit und schafft damit die **Grundlage für die Berechnung der Verkaufspreise.** Die Kenntnis der Selbstkosten gestattet dem Unternehmer die Entscheidung darüber, welcher Preis für ihn wirtschaftlich noch vertretbar ist (vgl. S. 338 f.).
- **Kontrolle der Wirtschaftlichkeit.** Es genügt aber nicht, lediglich die Selbstkosten zu ermitteln. Sie sollen vielmehr auch beeinflusst, d. h. gesenkt werden. Die **Wirtschaftlichkeit der Umsatzprozesse** muss ständig gesteigert werden, wenn der Betrieb im Wettbewerb nicht unterliegen will. Die **Entwicklung der Kosten und Leistungen ist daher dauernd zu kontrollieren.** Die Überwachung der Wirtschaftlichkeit zählt heute zu den wichtigsten Aufgaben der Kosten- und Leistungsrechnung (vgl. S. 323).
- **Ermittlung von Deckungsbeiträgen auf der Basis der Teilkostenrechnung.** Ausgehend von erzielbaren Umsatzerlösen kann mithilfe der Deckungsbeitragsrechnung festgestellt werden, ob eine Warengruppe einen **ausreichenden Beitrag zur Deckung der fixen Kosten** und **zur Verbesserung des Betriebserfolges** leistet (vgl. S. 371 f.).
- **Bewertung der Warenvorräte in der Jahresbilanz.** Nach den handels- und steuerrechtlichen Vorschriften sind die **Schlussbestände an Waren höchstens zu Anschaffungs- oder Herstellungskosten** in der Jahresbilanz anzusetzen. Stellt der Großhandelsbetrieb auch Waren selbst her, können die genauen Herstellungskosten nur mithilfe einer ordnungsgemäßen Kostenrechnung ermittelt werden.
- **Grundlage für Planungen und Entscheidungen.** Die oben genannten Aufgaben der Kosten- und Leistungsrechnung dürfen **nicht isoliert** betrachtet werden. Sie bilden letztlich die Grundlage für die Vorhaben und Entscheidungen des Unternehmers. Sofern marktorientierte **Entscheidungen zu treffen sind, steht der Unternehmensleitung in der Deckungsbeitragsrechnung** (vgl. S. 371 f.) eine geeignete Grundlage zur Verfügung.

Zur Erfüllung dieser Aufgaben werden die Kosten

- nach **Kostenarten** erfasst (Warenaufwendungen, Personalkosten, Mietaufwendungen, Steuern, Aufwendungen für Kommunikation, Beiträge, Abschreibungen u. a.),
- nach **Kostenstellen** aufgeteilt (z. B. Verkaufsabteilungen),
- den **Kostenträgern** zugerechnet (z. B. Warengruppen).

Merke

- **Die Kosten- und Leistungsrechnung (KLR) umfasst drei Stufen:**
  1. **Kostenartenrechnung: „Welche Kosten sind entstanden?"**
  2. **Kostenstellenrechnung: „Wo sind die Kosten entstanden?"**
  3. **Kostenträgerrechnung: „Wer hat die Kosten zu tragen?"**

1.3 Grundbegriffe der Kosten- und Leistungsrechnung

1.3.1 Einnahmen und Ausgaben

Geldvermögen

In einem Großhandelsbetrieb stellt die Summe des jederzeit verfügbaren Geldes, d. h. die Summe aus Kassenbestand und Guthaben bei Kreditinstituten, den **Zahlungsmittelbestand** dar. Der Zahlungsmittelbestand ist **Teil des Geldvermögens.** Kurzfristige Forderungen und Verbindlichkeiten beeinflussen auch das Geldvermögen:

Merke

	Zahlungsmittelbestand (Kasse, Guthaben bei Kreditinstituten)
+	**kurzfristige Forderungen**
–	**kurzfristige Verbindlichkeiten**
=	**Geldvermögen**

Wird dieses Geldvermögen durch Geschäftsfälle verändert, so sprechen wir von **Einnahmen und Ausgaben.**

Einnahmen

Alle Geschäftsfälle, die das **Geldvermögen erhöhen,** führen zu Einnahmen. So gehören z. B. **Bar- und Zielverkäufe von Waren** zu einnahmewirksamen Vorgängen. Eine Kreditaufnahme bei einer Bank dagegen führt zwar zu einer Erhöhung des Zahlungsmittelbestandes, gleichzeitig erhöhen sich aber auch die Verbindlichkeiten; das Geldvermögen bleibt also unverändert.

Ausgaben

Alle Geschäftsfälle, die das **Geldvermögen vermindern,** führen zu Ausgaben. Typische Ausgaben sind **Bar- und Zielkäufe von Waren,** nicht dagegen die Banküberweisung an einen Lieferer oder die Tilgung eines Bankkredites.

1.3.2 Aufwendungen und Erträge

Eigenkapital

Das Eigenkapital (= Reinvermögen) eines Großhandelsbetriebes ergibt sich vereinfacht nach folgender Rechnung:

	Geldvermögen (siehe oben)
+	**Vorräte**
+	**Anlagevermögen**
–	**langfristige Schulden**
=	**Eigenkapital (= Reinvermögen)**

Alle Geschäftsfälle, die das Eigenkapital verändern, führen zu **Aufwendungen oder Erträgen.**

Aufwendungen vermindern das Eigenkapital. Folgende Geschäftsfälle führen u. a. zu Aufwendungen:

- Ein Kaufmann hat bei einer Bank einen Kredit aufgenommen und **zahlt dafür Zinsen.** Die Zinszahlung verringert das Geldvermögen und damit zugleich das Eigenkapital.
- Auf einen betrieblich genutzten Pkw **wird eine Abschreibung vorgenommen.** Die Abschreibung vermindert das Anlagevermögen und damit zugleich das Eigenkapital.

Erträge erhöhen das Eigenkapital. Folgende Geschäftsfälle führen u. a. zu Erträgen:

- Ein Bankguthaben wird verzinst. Die **Zinsgutschrift der Bank** erhöht das Geldvermögen und damit zugleich das Eigenkapital.
- Ein Grundstück ist im Vorjahr aufgrund fehlender Verkehrsanbindung außerplanmäßig abgeschrieben worden. Aufgrund einer Änderung des Flächennutzungsplanes steigt der Wert des Grundstücks im folgenden Jahr. **Dies führt zu einer Zuschreibung.** Die Zuschreibung erhöht das Anlagevermögen und damit zugleich das Eigenkapital.

6937296

1.3.3 Aufwendungen – Kosten

Aufwendungen

Unter Aufwendungen wird der **gesamte Werteverzehr** (= Verminderung des Eigenkapitals) in einem Unternehmen **an Gütern, Diensten und Abgaben** während einer Abrechnungsperiode (z. B. Monat, Jahr) verstanden.

Beispiel

Die Papiergroßhandlung Kern KG, Köln, erstellt aus den Zahlen der Erfolgskonten für den Monat September .. das folgende **vereinfachte** Gewinn- und Verlustkonto:

Soll		**9300 Gewinn- und Verlustkonto**			Haben
2080	Anlagenabgänge	40.000,00	2421	Mieterträge	26.000,00
2110	Zinsaufwendungen	35.000,00	2610	Zinserträge	5.000,00
3010	Wareneingang	1.296.000,00	2700	Erlöse aus Anlagenabgängen	25.000,00
4010	Löhne	180.000,00	2760	Erträge aus der Auflösung von Rückstellungen	13.000,00
4020	Gehälter	300.000,00	8010	Umsatzerlöse (Warenverkauf)	2.490.000,00
4040	Soziale Aufwendungen	50.000,00	8710	Entnahme von Waren	6.000,00
4100	Mietaufwendungen	60.000,00			
42..	Betriebsteuern	55.000,00			
4260	Versicherungsbeiträge	5.000,00			
4400	Werbe- und Reisekosten	40.000,00			
4500	Provisionen	20.000,00			
4620	Ausgangsfrachten	80.000,00			
4710	Instandhaltung	60.000,00			
4910	Abschreibg. auf Sachanlagen	50.000,00			
	Jahresüberschuss	294.000,00			
		2.565.000,00			**2.565.000,00**

Die Summe aller Aufwandspositionen auf der Soll-Seite des GuV-Kontos ergibt die gesamten Aufwendungen für den Monat September. Die **Aufwendungen** belaufen sich also auf:
2.565.000,00 € – 294.000,00 € = **2.271.000,00 €.**

Einteilung der Aufwendungen

Für die Zwecke der Kostenrechnung werden die Aufwendungen unterschieden nach

- **betrieblichen Aufwendungen = Kosten,**
- **neutralen Aufwendungen = Nichtkosten.**

Betriebliche Aufwendungen stehen in **unmittelbarem Zusammenhang** mit dem eigentlichen **Betriebszweck.** Sie erfassen den Verzehr an Gütern, Diensten und Abgaben einer Abrechnungsperiode, der bei der Erzielung von **Leistungen** (= Umsatzerlöse) anfällt. Diese Aufwendungen werden **in der Regel** als **Kosten** in die Kosten- und Leistungsrechnung übernommen.

Kosten entstehen

- wenn ein **mengenmäßiger Verbrauch** (z. B. kg, t, m, h) oder eine **gesetzliche Abgabe** vorliegen,
- die **zur Erzielung von Leistungen** getätigt werden und
- die **in Geldbeträgen bewertet** sind.

Beispiel

Nach der obigen Aussage gelten – bis auf die Anlagenabgänge – **alle Aufwendungen** des Gewinn- und Verlustkontos der Kern KG in der Kosten- und Leistungsrechnung als Kosten:

	Gesamte Aufwendungen	2.271.000,00 €
–	Anlagenabgänge	40.000,00 €
=	**Kosten**	**2.231.000,00 €**

Neutrale Aufwendungen

Außer den Kosten gibt es im Großhandelsbetrieb in der Regel auch Aufwendungen, die in **keinem Zusammenhang mit dem Einkauf, der Lagerung und dem Absatz** von Waren stehen oder dabei **unregelmäßig oder in außergewöhnlicher Höhe** anfallen. Sie werden als **neutrale Aufwendungen** bezeichnet und nicht oder **nicht in der angefallenen Höhe** in die Kosten- und Leistungsrechnung übernommen (vgl. S. 304 f.), da sie bei der Ermittlung des Betriebs-ergebnisses und der Selbstkosten der Waren nicht berücksichtigt werden dürfen.

Neutrale Aufwendungen entstehen

- bei der **Verfolgung betriebsfremder Ziele** (z. B. Verluste aus Wertpapierverkäufen),
- durch **Veränderungen in der Zusammensetzung des Vermögens** (z. B. Verluste aus dem Abgang von Vermögensgegenständen: z. B. Brandschäden, Verkauf von Sachanlagen unter Buchwert u. a.),
- aus **betrieblichen, periodenfremden Vorgängen** (z. B. Nachzahlung von Löhnen und betrieblichen Steuern für frühere Geschäftsjahre),
- als **außerordentliche Aufwendungen** aufgrund **ungewöhnlicher und selten** vorkommender Geschäftsvorgänge (z. B. Verluste aus der Insolvenz von Geschäftspartnern oder dem Verkauf ganzer Teilbetriebe).

Beispiel

Unter den Aufwendungen des obigen Gewinn- und Verlustkontos sind
die Abgänge von Sachanlagegegenständen .... **40.000,00 €**
neutrale Aufwendungen.

Merke

- **Betriebliche Aufwendungen erfassen den Werteverzehr, der bei der Leistungserstellung anfällt. Sie stellen Kosten in der KLR dar.**
- **Betriebsfremde, betriebliche außerordentliche und betriebliche periodenfremde Aufwendungen gehören zu den neutralen Aufwendungen. Sie werden überhaupt nicht oder nicht in der ausgewiesenen Höhe in die Kosten- und Leistungsrechnung übernommen und deshalb von den Kosten abgegrenzt.**

1.3.4 Erträge – Leistungen

Erträge

Alle erfolgswirksamen **Wertezuflüsse** in das Unternehmen innerhalb einer Abrechnungsperiode stellen **Erträge** dar, ohne Rücksicht darauf, ob es sich um betriebliche oder neutrale Wertezuflüsse handelt. Erträge bezeichnen den gesamten erfolgswirksamen (Eigenkapital erhöhenden) Wertezufluss in ein Unternehmen innerhalb einer Abrechnungsperiode.

Beispiel

Das Gewinn- und Verlustkonto der Kern KG, Köln, weist auf der Haben-Seite **Erträge** in Höhe von **2.565.000,00 €** aus.

Einteilung der Erträge

Für die **Zwecke der Kosten- und Leistungsrechnung** werden die Erträge unterschieden nach

- **betrieblichen Erträgen = Leistungen** und
- **neutralen Erträgen.**

Betriebliche Erträge sind das Ergebnis der **eigentlichen betrieblichen Tätigkeit.** Sie entstehen vor allem beim **Warenverkauf.** In der Kosten- und Leistungsrechnung werden sie als **„Leistungen“** bezeichnet.

6937298

Einteilung der Leistungen

Zu den **Leistungen** des Betriebes zählen:

- **Absatzleistungen**
  = **Umsatzerlöse** aus dem Verkauf von Waren;
- **Unentgeltliche Entnahmen (Waren oder Leistungen)**
  = In der Abrechnungsperiode für **private Zwecke** entnommene Waren oder beanspruchte Leistungen;
- **Aktivierte Eigenleistungen**
  = **Selbst erstellte Anlagen**, die im eigenen Betrieb Verwendung finden.

Beispiel

Unter den Erträgen des Gewinn- und Verlustkontos der Kern KG, Köln, befinden sich folgende **Leistungen:**

	Umsatzerlöse	2.490.000,00 €
+	Entnahme von Waren	6.000,00 €
=	**Leistungen**	**2.496.000,00 €**

Neutrale Erträge

Außer den Leistungen gibt es im Großhandelsbetrieb auch Erträge, die in **keinem Zusammenhang mit dem Einkauf, der Lagerung und dem Absatz** stehen oder dabei **unregelmäßig oder in außergewöhnlicher Höhe** anfallen. Sie werden als **neutrale Erträge** bezeichnet und **nicht in die Kosten- und Leistungsrechnung** übernommen, da sie bei der Ermittlung des Betriebsergebnisses nicht berücksichtigt werden dürfen. Neutrale Erträge sind in den Kontengruppen „24 Außerordentliche und sonstige Erträge", „26 Sonstige Zinsen" und „27 Sonstige betriebliche Erträge" enthalten.

Neutrale Erträge entstehen

- bei der **Verfolgung betriebsfremder Ziele** (z. B. Mieterträge, Zinserträge, Erträge aus Wertpapierverkäufen),
- durch **Erträge aus dem Abgang von Vermögensgegenständen** und durch **Wertkorrekturen** (z. B. Erlöse aus Anlagenabgängen, Erträge aus der Auflösung von Rückstellungen),
- aus zwar **betriebsbedingten, aber periodenfremden Erträgen** (z. B. Steuererstattung),
- als **außerordentliche Erträge** aufgrund **ungewöhnlicher und selten** vorkommender Geschäftsfälle (z. B. Steuererlass, Erträge aus Gläubigerverzicht).

Beispiel

Unter den Erträgen des Gewinn- und Verlustkontos der Kern KG, Köln, zählen die folgenden zu den **neutralen Erträgen:**

	Mieterträge	26.000,00 €
+	Zinserträge	5.000,00 €
+	Erlöse aus Anlagenabgängen	25.000,00 €
+	Erträge aus der Auflösung von Rückstellungen	13.000,00 €
=	**Neutrale Erträge**	**69.000,00 €**

Merke

- **Betriebliche Erträge entstehen vor allem beim Warenverkauf (= Umsatzerlöse). Sie stellen Leistungen in der KLR dar.**
- **Betriebsfremde, betriebliche außerordentliche und betriebliche periodenfremde Erträge gehören zu den neutralen Erträgen. Sie werden nicht in die Kosten- und Leistungsrechnung übernommen und deshalb von den Leistungen abgegrenzt.**

Aufgabe 344

1. In der Kosten- und Leistungsrechnung unterscheidet man zwischen Aufwendungen und Kosten.

   Geben Sie je ein Beispiel an für
   a) Aufwendungen, die zugleich Kosten sind,
   b) Aufwendungen, die keine Kosten sind.

2. In der Kosten- und Leistungsrechnung unterscheidet man zwischen Erträgen und Leistungen.

   Geben Sie je ein Beispiel an für
   a) Erträge, die zugleich Leistungen sind,
   b) Erträge, die nicht zugleich Leistungen sind.

Aufgabe 345

Entscheiden Sie, ob folgende Vorgänge Einnahmen oder Ausgaben darstellen:

1. Zieleinkauf von Waren
2. Zielverkauf von Waren
3. Bank belastet uns mit Zinsen
4. Mieter überweist die Miete für ein von uns vermietetes Gebäude
5. Gehaltszahlung durch Banküberweisung

Aufgabe 346

1. *Nennen Sie die wichtigsten Aufgaben der Finanzbuchhaltung sowie der Kosten- und Leistungsrechnung.*
2. Die Aufwendungen und Erträge der Finanzbuchhaltung können betrieblich oder neutral sein.
   a) Nennen Sie die Unterschiede zwischen betrieblichen und neutralen Aufwendungen und Erträgen.
   b) Geben Sie typische Beispiele mit den zugehörigen Konten für neutrale Aufwendungen, neutrale Erträge, Kosten und Leistungen an.
3. *Wie wird*
   a) das Gesamtergebnis der Unternehmung,
   b) das eigentliche Betriebsergebnis errechnet?

Aufgabe 347

Die Aufwendungen der Finanzbuchhaltung sind entweder betrieblich oder neutral.

Ordnen Sie die folgenden Aufwandsarten nach betrieblichen und neutralen Aufwendungen:

a) Lohnzahlungen
b) Verlust aus Wertpapierverkäufen
c) Abschreibungen auf Sachanlagen
d) Brandschaden im Warenlager
e) Abschreibungen auf ein vermietetes Lagergebäude
f) Verlust aus dem Verkauf einer nicht mehr benötigten Maschine
g) Gesetzliche soziale Aufwendungen
h) Gehaltszahlungen
i) Instandhaltungsaufwendungen für Fahrzeuge
j) Hoher Forderungsausfall durch Insolvenz eines Kunden
k) Nachzahlung von Betriebssteuern für vergangene Geschäftsjahre aufgrund einer Betriebsprüfung
l) Wareneinsatz
m) Mietzahlung für gemietetes Lagergebäude
n) Überweisung der Kfz-Steuer für Betriebs-Lkw
o) Zinsaufwendungen
p) Aufwendungen für Altersversorgung der Arbeitnehmer
q) Zahlung dcr Gebäudeversicherung

6937300

Aufgabe 348

Auch die Erträge des Unternehmens sind entweder betrieblich oder neutral.

Ordnen Sie die folgenden Ertragsarten nach betrieblichen oder neutralen Erträgen:

a) Umsatzerlöse für Waren
b) Mieterträge
c) Ertrag aus dem Abgang eines Vermögensgegenstandes
d) Selbst erstellte Maschine für die Verwendung im eigenen Betrieb
e) Zinsgutschrift der Bank
f) Provisionserträge
g) Unentgeltliche Entnahme von Waren für private Zwecke
h) Erträge aus Wertpapierverkäufen
i) Erträge aus abgeschriebenen Forderungen
j) Erstattung zu viel entrichteter Betriebsteuern für vergangene Geschäftsjahre durch das Finanzamt
k) Erträge aus der Auflösung von Rückstellungen
l) Unentgeltliche Entnahme von sonstigen Gegenständen und Leistungen

Aufgabe 349

In der Buchführung eines Großhandelsbetriebes schließen die Erfolgskonten mit folgenden Salden ab:

Umsatzerlöse für Waren	800.000,00
Mieterträge	45.000,00
Zinserträge	20.000,00
Wareneinsatz	420.000,00
Reparaturen	9.000,00
Löhne	150.000,00
Gehälter	100.000,00
Soziale Abgaben	40.000,00
Kraftfahrzeugsteuer (Betrieb)	10.000,00
Zinsaufwendungen	25.000,00

1. *Ermitteln Sie im Gewinn- und Verlustkonto das Gesamtergebnis des Unternehmens.*
2. *Berechnen Sie in gesonderten Aufstellungen das Neutrale Ergebnis und das Betriebsergebnis.*

Aufgabe 350

Fassen Sie folgende Salden der Erfolgskonten eines Großhandelsbetriebes auf dem Gewinn- und Verlustkonto zum Gesamtergebnis zusammen.

Umsatzerlöse für Waren	1.450.000,00
Mieterträge	8.000,00
Unentgeltliche Entnahme (Waren)	40.000,00
Zinserträge	3.000,00
Wareneinsatz	710.000,00
Ausgangsfrachten	7.000,00
Löhne	220.000,00
Gehälter	375.000,00
Soziale Abgaben	95.000,00
Mietaufwendungen	15.000,00
Betriebsteuern	34.000,00
Zinsaufwendungen	12.000,00

Berechnen Sie in gesonderten Aufstellungen das Neutrale Ergebnis und das Betriebsergebnis.

2 Kostenartenrechnung

2.1 Aufgaben der Kostenartenrechnung

Die Kostenartenrechnung bildet die erste Stufe der Kosten- und Leistungsrechnung. Ihre Aufgabe besteht darin, die für die jeweiligen Zwecke der Kostenrechnung (z. B. Vorkalkulation, Nachkalkulation, Kostenkontrolle, Ergebnisermittlung) erforderlichen Kosten und Leistungen zur Verfügung zu stellen.

Voraussetzung zur Erfüllung dieser Aufgaben ist die Übernahme des Zahlenmaterials der Finanzbuchhaltung. Die Kosten- und Leistungsrechnung darf aber nicht **alle** Aufwendungen und Erträge aus der Finanzbuchhaltung ungeprüft übernehmen: Nur die betriebsbedingten Aufwendungen können als Kosten und die betriebsbedingten Erträge als Leistungen unter Beachtung folgender **Grundsätze** übernommen werden:

- **Periodengerechte Erfassung der Kosten.** Sofern betriebliche Aufwendungen für mehrere Abrechnungsperioden gebucht werden (z. B. Urlaubsgeld, Gratifikationen, Prämien, unvorhergesehene Reparaturen), ist der auf eine Abrechnungsperiode (z. B. Monat) entfallende Kostenanteil in der Kostenartenrechnung dieser Periode zu erfassen **(= kurzfristige zeitliche Abgrenzung).**
- **Erfassung der kalkulatorischen Kosten** (vgl. S. 310 f.). Nicht immer ist es zweckmäßig, den in der Finanzbuchhaltung gebuchten betrieblichen Aufwand in die Kostenrechnung zu übernehmen (z. B. bilanzmäßige Abschreibungen, Zinsaufwendungen u. a.). In diesen Fällen werden in der KLR **kalkulatorische Wertansätze** gebucht und den Aufwendungen der Finanzbuchhaltung gegenübergestellt. Es kommt auch vor, dass kalkulatorische Kosten in der Kostenartenrechnung erfasst werden, denen **kein Aufwand in der Finanzbuchhaltung** zugrunde liegt (z. B. kalkulatorischer Unternehmerlohn bei Einzelunternehmungen und Personengesellschaften).
- **Geordnete Erfassung der Kosten** (vgl. S. 327 f.). Die Gruppierung der Aufwandsarten in der FB ist für die Zwecke der Finanzbuchhaltung sinnvoll; für die Kostenartenrechnung eignet sich diese Gliederung nicht. Die Kostenartenrechnung verfolgt u. a. das Ziel, die **Kostenkontrolle und die Kalkulation** vorzubereiten. Hierfür sind die **Kostenarten umzugruppieren:**
  a) nach der **Art ihrer Zurechnung zu den Kostenträgern** (vgl. S. 367) in
     - **Einzelkosten** (z. B. Wareneinsatz) und
     - **Gemeinkosten** (z. B. Personalkosten, Mietaufwendungen, betriebliche Steuern),
  b) nach der **Abhängigkeit der Kosten von der Beschäftigung** (vgl. S. 328 f.) in
     - **variable Kosten** (z. B. Wareneinsatz) und
     - **fixe Kosten** (z. B. Mietaufwendungen, kalkulatorische Kosten).
- **Bewertung der Kostengüter.** Der betriebliche Werteverzehr wird in der Regel zunächst **mengenmäßig** erfasst (z. B. Erfassung des Warenausgangs in der Lagerkartei, Erfassung der Lohnstunden auf Lohnlisten). Die Einbeziehung dieses mengenmäßigen Verzehrs in die Kostenrechnung macht die **Umrechnung in Geldbeträge** erforderlich. Je nach dem angestrebten Zweck sind **unterschiedliche Wertansätze** denkbar (z. B. Verrechnungspreise, Einstandspreise, Wiederbeschaffungspreise).

Merke

- **In der Kostenartenrechnung werden alle Kosten eines Zeitabschnittes in zweckmäßiger Gliederung erfasst. „Ausgangsmaterial" sind die betriebsbedingten Aufwendungen der Finanzbuchhaltung.**
- **Hilfsmittel zur Kostenerfassung ist die Ergebnistabelle (siehe S. 304).**

6937302

2.2 Abgrenzungsrechnung mit Hilfe der Ergebnistabelle

Die Abgrenzungsrechnung wird **tabellarisch außerhalb der Finanzbuchhaltung** in zwei Stufen durchgeführt:

- In einer **ersten Stufe** werden aus den gesamten Aufwendungen und Erträgen der FB die **neutralen** Aufwendungen und Erträge **herausgefiltert.** Nur die betrieblichen Aufwendungen fließen als Kosten und die betrieblichen Erträge als Leistungen in die Kosten- und Leistungsrechnung ein (= **unternehmensbezogene Abgrenzungen**, vgl. S. 304).
- In einer **zweiten Stufe werden die korrekturbedürftigen betrieblichen** Aufwendungen der FB (z. B. bilanzmäßige Abschreibungen, Zinsaufwendungen u. a.) von der Kostenrechnung ferngehalten. Ihnen sind **kalkulatorische Kosten** aus der Kostenrechnung **gegenüberzustellen** (= **kostenrechnerische Korrekturen**, vgl. S. 309).

Innerhalb der Finanzbuchhaltung sind diese Abgrenzungen aus folgenden Gründen nicht durchführbar:

- Der **Kontenrahmen** für den Groß- und Außenhandel kennt **keine Abschlusskonten für das Neutrale Ergebnis und das Betriebsergebnis:** Er ist auf die Erstellung der Gewinn- und Verlustrechnung nach HGB ausgerichtet.
- Die **Kontenklasse 2** enthält nicht nur reine Abgrenzungskonten, sondern **auch Konten mit Kostenbestandteilen.** Zinsaufwendungen (Konto 2110) z. B. sind Kosten, sofern sie nicht durch kalkulatorische Zinsen (vgl. S. 314) ersetzt werden.
- Die **Kontenklasse 4** enthält andererseits nicht nur Kosten, sondern **auch neutrale Aufwendungen.** So nimmt das Konto „4910 Abschreibungen auf Sachanlagen" die steuerrechtliche AfA auf, die in der Regel nicht Kostencharakter hat und in der Kostenrechnung durch kalkulatorische Abschreibungen ersetzt wird.

Ergebnisspaltung in der Abgrenzungsrechnung

Die Abgrenzungsrechnung ermittelt somit folgende Teilergebnisse:

Aus der Gegenüberstellung von **neutralen** Aufwendungen und Erträgen ergibt sich das	Aus der Gegenüberstellung von **korrekturbedürftigen** Aufwendungen und kalkulatorischen Kosten ergibt sich das	In den Kosten- und Leistungsbereich fließen **Kosten und Leistungen** ein. Sie werden verrechnet zum
Ergebnis aus unternehmensbezogenen Abgrenzungen	**Ergebnis aus kostenrechnerischen Korrekturen**	**Betriebsergebnis**
Neutrales Ergebnis		
Gesamtergebnis der Unternehmung		

Abstimmung der Ergebnisse

Die Zusammenfassung des Betriebsergebnisses mit dem Neutralen Ergebnis führt zum Gesamtergebnis der Unternehmung, das mit dem **Gesamtergebnis der Finanzbuchhaltung im Gewinn- und Verlustkonto** übereinstimmen muss.

Merke

- **Die Abgrenzungsrechnung ist eine Vorstufe der Kosten- und Leistungsrechnung.**
- **Sie trennt die neutralen Aufwendungen und Erträge von den Kosten und Leistungen und ermöglicht damit eine Abgrenzung des neutralen Ergebnisses vom Betriebsergebnis.**

Ergebnistabelle

Für die tabellarische Durchführung der Abgrenzungsrechnung und der Betriebsergebnisrechnung wird die Ergebnistabelle verwendet. Sie ist so aufgebaut, dass sie in den linken Spalten die Gesamtergebnisrechnung der Finanzbuchhaltung (Kontenklassen 2, 4, 8 sowie Konto 3010) – unterteilt nach Aufwendungen und Erträgen – wiedergibt. Der rechte Teil ist der Kosten- und Leistungsrechnung vorbehalten; er wird gegliedert in die **Abgrenzungsrechnung** für die Ermittlung des **neutralen Ergebnisses** und die **Betriebsergebnisrechnung.** In die Gesamtergebnisrechnung der FB werden die Salden der Erfolgskonten der Klassen 2, 4, 8 sowie der Saldo von Konto 3010 übernommen; sie weist damit das **Gesamtergebnis der Unternehmung** aus. Die neutralen Aufwendungen und Erträge werden aus der Gesamtergebnisrechnung in die Abgrenzungsrechnung **übertragen**, um das **Neutrale Ergebnis** (= Abgrenzungsergebnis) zu ermitteln. Zur Feststellung des **Betriebsergebnisses** werden die betrieblichen Aufwendungen und Erträge entsprechend aus der Gesamtergebnisrechnung der FB als Kosten und Leistungen in die Betriebsergebnisrechnung übernommen. So lassen sich Gesamtergebnis, Neutrales Ergebnis und Betriebsergebnis **tabellarisch nebeneinander** darstellen und abstimmen.

<table>
<tr><th colspan="7">Ergebnistabelle</th></tr>
<tr><th colspan="3">Finanzbuchhaltung</th><th colspan="4">Kosten- und Leistungsrechnung</th></tr>
<tr><th colspan="3">Gesamtergebnisrechnung</th><th colspan="2">Abgrenzungs-rechnung</th><th colspan="2">Betriebsergebnis-rechnung</th></tr>
<tr><td>Konten-klassen 2, 3, 4, 8</td><td>Aufwen-dungen (Kl. 2, 3, 4)</td><td>Erträge (Kl. 2, 8)</td><td>neutrale Aufwen-dungen</td><td>neutrale Erträge</td><td>Kosten</td><td>Leistungen</td></tr>
<tr><td>Ab-stimmung</td><td colspan="2">Gesamtergebnis</td><td colspan="2">= Neutrales Ergebnis (Abgrenzungsergebnis)</td><td colspan="2">+ Betriebsergebnis</td></tr>
</table>

Merke

- **Die Abgrenzungsrechnung ist der Betriebsergebnisrechnung vorgeschaltet. Sie führt zum Neutralen Ergebnis.**
- **Neutrales Ergebnis (= Abgrenzungsergebnis) und Betriebsergebnis bilden zusammen das Gesamtergebnis. Dadurch ist eine Abstimmung mit dem Gesamtergebnis der Finanzbuchhaltung möglich.**

2.2.1 Unternehmensbezogene Abgrenzungen

Im ersten Teilbereich der Abgrenzungsrechnung – den unternehmensbezogenen Abgrenzungen – werden aus allen Aufwendungen und Erträgen der Finanzbuchhaltung die **neutralen Aufwendungen und Erträge** herausgefiltert. Nur die betrieblichen Aufwendungen (= Kosten, vgl. S. 297) und die betrieblichen Erträge (= Leistungen, vgl. S. 299) passieren diesen Filter und gelangen in die Kosten- und Leistungsrechnung.

Beispiel

Aus dem GuV-Konto der Kern KG, Köln (vgl. S. 297), ist eine Ergebnistabelle zur Ermittlung des Gesamtergebnisses, des Neutralen Ergebnisses und des Betriebsergebnisses zu erstellen. **Hierbei sollen zunächst nur der neutrale Aufwand und Ertrag vom betrieblichen Aufwand und Ertrag abgegrenzt werden.** Die Einzelpositionen des GuV-Kontos werden also dahingehend untersucht, ob sie Kosten und Leistungen darstellen:

1. Die Mieterträge werden für ein vermietetes Gebäude erzielt.
2. Von den Abschreibungen auf Sachanlagen entfallen 5.000,00 € auf das vermietete Gebäude.
3. In der GuV-Position „Betriebssteuern" sind Grundsteuern enthalten. Hiervon entfallen 3.000,00 € auf das vermietete Gebäude.

6937304

Soll	9300 Gewinn- und Verlustkonto				Haben
2080	Anlagenabgänge	40.000,00	2421	Mieterträge	26.000,00
2110	Zinsaufwendungen	35.000,00	2610	Zinserträge	5.000,00
3010	Wareneingang	1.296.000,00	2700	Erlöse aus Anlagenabgängen	25.000,00
4010	Löhne	180.000,00	2760	Erträge aus der Auflösung	
4020	Gehälter	300.000,00		von Rückstellungen	13.000,00
4040	Soziale Aufwendungen	50.000,00	8010	Umsatzerlöse (Warenverkauf)	2.490.000,00
4100	Mietaufwendungen	60.000,00	8710	Entnahme von Waren	6.000,00
42..	Betriebsteuern	55.000,00			
4260	Versicherungsbeiträge	5.000,00			
4400	Werbe- und Reisekosten	40.000,00			
4500	Provisionen	20.000,00			
4620	Ausgangsfrachten	80.000,00			
4710	Instandhaltung	60.000,00			
4910	Abschreibg. auf Sachanlagen	50.000,00			
	Jahresüberschuss	294.000,00			
		2.565.000,00			**2.565.000,00**

Ergebnistabelle						
Finanzbuchhaltung			**Kosten- und Leistungsrechnung**			
Gesamtergebnisrechnung			**Abgrenzungsrechnung** (unternehmensbezogene Abgrenzungen)		**Betriebsergebnisrechnung**	
Konto	Aufwendungen	Erträge	neutrale Aufwendg.	neutrale Erträge	Kosten	Leistungen
2080	40.000		40.000			
2110	35.000				35.000	
2421		26.000		26.000		
2610		5.000		5.000		
2700		25.000		25.000		
2760		13.000		13.000		
3010	1.296.000				1.296.000	
4010	180.000				180.000	
4020	300.000				300.000	
4040	50.000				50.000	
4100	60.000				60.000	
42..	55.000		3.000		52.000	
4260	5.000				5.000	
4400	40.000				40.000	
4500	20.000				20.000	
4620	80.000				80.000	
4710	60.000				60.000	
4910	50.000		5.000		45.000	
8010		2.490.000				2.490.000
8710		6.000				6.000
	2.271.000	2.565.000	48.000	69.000	2.223.000	2.496.000
	294.000		**21.000**		**273.000**	
	2.565.000	2.565.000	69.000	69.000	2.496.000	2.496.000

Abstimmung der Ergebnisse:

1. **Gesamtergebnis der FB** .... **(+) 294.000,00 €**
2. Neutraler Gewinn .... (+) 21.000,00 €
3. Betriebsgewinn .... (+) 273.000,00 €
4. **Gesamtergebnis der KLR** .... **(+) 294.000,00 €**

Erläuterungen zur Ergebnistabelle

Nachdem die **Salden aller Erfolgskonten** in die linken Spalten der Ergebnistabelle (Aufwendungen und Erträge der FB) übernommen und zum **Gesamtergebnis** zusammengefasst worden sind, erfolgt die **Übertragung** dieser Salden in die Betriebsergebnisrechnung oder die Abgrenzungsrechnung.

In die Betriebsergebnisrechnung werden die Salden aus der FB dann übertragen,

- wenn es sich um **Erträge** handelt, die **Leistungen** darstellen, oder
- wenn es sich um **Aufwendungen** handelt, die **Kosten** darstellen.

So werden z. B. die Nettoumsatzerlöse (Konto 8010) und die Entnahme von Waren (Konto 8710) aus der Ertragsspalte der FB in die Spalte „Leistungen" übertragen. Die Salden der Konten 2110, 3010, 4010, 4020, 4040, 4100, 4260, 4400, 4500, 4620 und 4710 werden aus der Aufwandsspalte der FB als Kosten in die Spalte „Kosten" der Betriebsergebnisrechnung übernommen.

In die Abgrenzungsrechnung werden die Salden aus der FB dann übertragen,

- wenn es sich um **neutrale Erträge oder neutrale Aufwendungen** handelt.

So gehen die Salden der Konten 2421, 2610, 2700 und 2760 in die Ertragsspalte der Abgrenzungsrechnung über und werden somit **von der KLR ferngehalten.** Entsprechend ist bei den Aufwendungen zu verfahren: Konto 2080 enthält einen neutralen Aufwand, der in die Aufwandsspalte der Abgrenzungsrechnung übertragen wird.

Besondere Beachtung verdienen das Konto **„4910 Abschreibungen auf Sachanlagen"** und die Kontengruppe **„42 Betriebsteuern":** Von den bilanzmäßigen Abschreibungen in Höhe von 50.000,00 € sind zunächst 5.000,00 € als neutraler Aufwand in die Abgrenzungsrechnung einzustellen. Dieser Betrag hat mit den Abschreibungen auf das betrieblich genutzte Anlagevermögen nichts zu tun; er wird über den Filter **„Unternehmensbezogene Abgrenzungen"** von der Kosten- und Leistungsrechnung ferngehalten. In die Spalte „Kosten" ist nur der Restbetrag von 45.000,00 € einzusetzen. Entsprechend ist bei der Kontengruppe 42 zu verfahren: Hier werden 3.000,00 € Grundsteuer auf das vermietete Gebäude als neutraler Aufwand abgegrenzt; der Restbetrag von 52.000,00 € gilt als Kosten.

Ausweis der Einzelergebnisse

Während das **GuV-Konto** auf Seite 297 nur das **Gesamtergebnis** der Unternehmung (= Jahresüberschuss) in Höhe von **294.000,00 €** ausweist, lassen sich aus der **Ergebnistabelle** auf Seite 305 zusätzlich die **Teilergebnisse**

Neutrales Ergebnis (Gewinn) .... (Abgrenzungsergebnis) und	**(+)**	**21.000,00 €**
Betriebsergebnis (Gewinn)	**(+)**	**273.000,00 €**

ablesen. Die Ergebnistabelle macht damit in der Spalte „Betriebsergebnisrechnung" eine für die Unternehmensleitung wichtige Aussage über das Ergebnis aus der eigentlichen betrieblichen Tätigkeit. Im obigen Beispiel stammt der **unternehmerische Erfolg überwiegend aus der betrieblichen Tätigkeit.** Die sonstigen Vorgänge, die **nichts mit regelmäßigen, planvollen betrieblichen Geschäftsfällen** zu tun haben, führen zu Erträgen und Aufwendungen, aus denen sich in diesem Fall ein **neutraler Gewinn** von 21.000,00 € errechnet.

Kosten und Leistungen

Die Ergebnistabelle verdeutlicht, dass das Betriebsergebnis des Abrechnungsmonats aus **Absatzleistungen** in Höhe von 2.496.000,00 € besteht und durch den Einsatz von insgesamt 2.223.000,00 € Kosten erzielt wurde.

Merke

Die Ergebnistabelle zeigt im KLR-Bereich nicht nur die Teilergebnisse „Neutrales Ergebnis" und „Betriebsergebnis"; sie macht auch eine Aussage über die Höhe der Kosten und Leistungen einer Abrechnungsperiode.

Aufgabe 351

1. *Wozu dient die Abgrenzungsrechnung?*
2. *Erläutern Sie den Aufbau der Ergebnistabelle.*
3. *Welche Ergebnisse lassen sich aus der Ergebnistabelle ablesen?*
4. *Nennen Sie Beispiele für unternehmensbezogene Abgrenzungen.*

Aufgabe 352

Der Finanzbuchhaltung der Möbelgroßhandlung Schneider OHG entnehmen wir für den Monat Juni .. folgende Aufwendungen, Erträge und Bestände:

	€
2080 Anlagenabgänge	40.000,00
2250 Steuernachzahlungen	22.000,00
2420 Betriebsfremde Erträge	20.000,00
2520 Erträge aus Wertpapieren des Anlagevermögens	40.000,00
2610 Zinserträge	5.000,00
2700 Erlöse aus Anlagenabgängen	85.000,00
3010 Wareneingang	580.000,00
3910 Warenbestand (AB)	40.000,00
4010 Löhne	140.000,00
4020 Gehälter	350.000,00
4040 Gesetzliche soziale Aufwendungen	170.000,00
4210 Gewerbesteuer	45.000,00
4400 Werbe- und Reisekosten	11.000,00
4700 Betriebskosten, Instandhaltung	15.000,00
4910 Abschreibungen auf Sachanlagen	80.000,00
8010 Umsatzerlöse (Warenverkauf)	1.390.000,00
8710 Entnahme von Waren	20.000,00

Aufgaben für die Erstellung der Ergebnistabelle

1. *Übernehmen Sie die Aufwendungen und Erträge der Finanzbuchhaltung in die Gesamtergebnisrechnung der Ergebnistabelle.*
2. *Führen Sie die Abgrenzungsrechnung durch, indem Sie die neutralen Aufwendungen und Erträge aus der Erfolgsrechnung auf die Abgrenzungsrechnung übertragen.*
3. *Die betrieblichen Aufwendungen und Erträge sind entsprechend als Kosten und Leistungen in die Betriebsergebnisrechnung einzubringen. Der Warenendbestand beträgt 30.000,00 €.*
4. *Errechnen Sie*
   a) das Neutrale Ergebnis,
   b) das Betriebsergebnis,
   c) das Gesamtergebnis der Unternehmung.
5. *Stimmen Sie das Gesamtergebnis der FB mit dem Gesamtergebnis der KLR nach folgendem Schema ab:*

Abstimmung der Ergebnisse

1. Gesamtergebnis der FB		.... €
		↑
2. Neutrales Ergebnis	.... €	
3. Betriebsergebnis	.... €	
		↓
4. Gesamtergebnis der KLR (2 + 3)		.... €

Aufgabe 353

Die FB der Textilgroßhandlung J. Wilhelm e. K. hat für das 1. Quartal .. folgende Aufwendungen, Erträge und Bestände erfasst:

2080 Anlagenabgänge	55.600,00
2420 Betriebsfremde Erträge	25.200,00
2520 Erträge aus Wertpapieren des AV	8.200,00
2610 Zinserträge	4.100,00
2700 Erlöse aus Anlagenabgängen	1.900,00
2720 Erträge aus dem Abgang von Vermögensgegenständen (UV)	10.000,00
3010 Wareneingang	600.000,00
3910 Warenbestand (AB)	50.000,00
4010 Löhne	198.000,00
4020 Gehälter	701.000,00
4040 Gesetzliche soziale Aufwendungen	185.100,00
4100 Mieten, Pachten	64.900,00
4210 Gewerbesteuer	22.400,00
4400 Werbe- und Reisekosten	12.200,00
4910 Abschreibungen auf Sachanlagen	92.500,00
4940 Abschreibungen auf Wertpapiere	31.200,00
8010 Umsatzerlöse (Warenverkauf)	2.150.000,00
8710 Entnahme von Waren	40.000,00
8720 Provisionserträge	31.500,00
Der Warenendbestand beträgt	30.000,00

1. *Erstellen Sie die Ergebnistabelle.*
2. *Beurteilen Sie die Erfolgslage des Unternehmens.*

Aufgabe 354

Die FB der Sanitärgroßhandlung H. Schnell e. K. weist für das 1. Quartal .. folgende Aufwendungen, Erträge und Bestände aus:

2080 Anlagenabgänge	8.560,00
2420 Betriebsfremde Erträge	14.320,00
2520 Erträge aus Wertpapieren des AV	7.400,00
2610 Zinserträge	12.300,00
2700 Erlöse aus Anlagenabgängen	11.200,00
2720 Erträge aus dem Abgang von Vermögensgegenständen (UV)	2.600,00
2780 Entnahme von sonstigen Gegenständen und Leistungen	24.250,00
3010 Wareneingang	610.000,00
3910 Warenbestand (AB)	125.000,00
4010 Löhne	236.000,00
4020 Gehälter	384.000,00
4040 Gesetzliche soziale Aufwendungen	128.000,00
4050 Freiwillige soziale Aufwendungen	41.000,00
4100 Mietaufwendungen	36.750,00
4210 Gewerbesteuer	58.200,00
4220 Kfz-Steuer (Betrieb)	12.900,00
4270 Beiträge	4.500,00
4400 Werbe- und Reisekosten	43.800,00
4500 Provisionen	17.150,00
4710 Instandhaltungen	36.400,00
4910 Abschreibungen auf Sachanlagen	83.000,00
8010 Umsatzerlöse (Warenverkauf)	1.546.400,00
8710 Entnahme von Waren	48.000,00
Der Warenendbestand beläuft sich auf	104.000,00

1. *Erstellen Sie die Ergebnistabelle.*
2. *Beurteilen Sie die Erfolgssituation des Unternehmens.*

6937308

2.2.2 Kostenrechnerische Korrekturen

Kostenrechnerische Korrekturen

Es gibt bestimmte Aufwendungen der Finanzbuchhaltung, die zwar **betriebsbedingt** sind, deren Höhe oder Berechnungsmethode jedoch nicht den Anforderungen der Kosten- und Leistungsrechnung entsprechen. Sie bedürfen einer kostenrechnerischen Korrektur, damit sie zu **verursachungsgerechten Kosten** werden. Diese Korrektur geschieht in einem **zweiten Filter** der Abgrenzungsrechnung, den **„Kostenrechnerischen Korrekturen“** (vgl. S. 303).

Merke

Die Abgrenzungsrechnung umfasst die Teilbereiche „Unternehmensbezogene Abgrenzungen“ und „Kostenrechnerische Korrekturen“.

Korrekturbedürftige Aufwendungen

Zu den korrekturbedürftigen Aufwendungen der Finanzbuchhaltung zählen:

- **bilanzmäßige Abschreibungen** (siehe S. 311 f.)
- **Fremdkapitalzinsen** (siehe S. 314 f.)
- **Einzelwagnisse** (siehe S. 318 f.)
- **Anschaffungspreise für Waren**
- **nicht periodengerecht anfallende betriebliche Aufwendungen**

In der Kosten- und Leistungsrechnung erscheinen statt

■ bilanzmäßiger Abschreibungen ⟶	■ kalkulatorische Abschreibungen,
■ gezahlter Fremdkapitalzinsen ⟶	■ kalkulatorische Zinsen,
■ eingetretener Wagnisse ⟶	■ kalkulatorische Wagnisse,
■ Anschaffungspreisen ⟶	■ Verrechnungspreise,
■ nicht periodengerecht anfallender Aufwendungen ⟶	■ periodengerecht verteilte Kosten.

Merke

Kostenrechnerische Korrekturen sind dann erforderlich, wenn die betriebsbedingten Aufwendungen der Finanzbuchhaltung nicht die verursachungsgerechten Kosten wiedergeben.

Ergebnis aus kostenrechnerischen Korrekturen

Die Abgrenzungsrechnung nimmt zusätzlich zu den unternehmensbezogenen Aufwendungen und Erträgen in einer besonderen Spalte „Kostenrechnerische Korrekturen“ die korrekturbedürftigen betrieblichen Aufwendungen aus der FB auf. Diesen tatsächlichen Aufwendungen werden die in der Kosten- und Leistungsrechnung ermittelten kalkulatorischen Kosten gegenübergestellt. Die Differenz stellt das **zweite neutrale Teilergebnis** dar, das sog.

Ergebnis aus kostenrechnerischen Korrekturen.

Sind die aus der Finanzbuchhaltung übernommenen Aufwendungen (–) höher als die in der Kosten- und Leistungsrechnung verrechneten Kosten (+), entsteht ein **neutraler Verlust** aus kostenrechnerischen Korrekturen. Im umgekehrten Fall ergibt sich ein **neutraler Gewinn** aus kostenrechnerischen Korrekturen.

Merke

Das Neutrale Ergebnis der Abgrenzungsrechnung umfasst

- **das Ergebnis aus unternehmensbezogenen Abgrenzungen und**
- **das Ergebnis aus kostenrechnerischen Korrekturen.**

2.2.3 Kostenrechnerische Korrekturen durch kalkulatorische Kosten

2.2.3.1 Aufgaben und Arten der kalkulatorischen Kosten

Grundkosten

Die meisten Aufwendungen der Finanzbuchhaltung können **unverändert als Kosten** in die KLR übernommen werden. In diesen Fällen spricht man von **aufwandsgleichen Kosten** oder Grundkosten.

Anderskosten

Es gibt aber auch Kosten, denen zwar ein Aufwand in der FB gegenübersteht, der jedoch **kalkulatorisch ungeeignet** ist und deshalb mit einem **anderen Wert in der KLR** angesetzt wird. Dazu rechnen z. B. **kalkulatorische Abschreibungen, kalkulatorische Zinsen auf das Fremdkapital und ein Teil der kalkulatorischen Wagnisse.** Kosten dieser Art heißen Anderskosten; sie sind **aufwandsungleiche Kosten.**

Zusatzkosten

Einigen Kosten liegt gar kein Aufwand in der FB zugrunde. Es handelt sich um aufwandslose Kosten (= Zusatzkosten). Sie dürfen in der FB nicht erfasst werden, da mit ihnen **keine Geldausgaben** verbunden sind. Zusatzkosten stellen jedoch **echten leistungsbedingten Werteverzehr** dar und müssen deshalb in der KLR „zusätzlich" berücksichtigt werden. Zu ihnen zählen der **kalkulatorische Unternehmerlohn** bei Einzelunternehmungen und Personengesellschaften und die **kalkulatorischen Zinsen**, soweit sie sich auf das **betriebsnotwendige Eigenkapital** beziehen.

<table>
<tr><th colspan="3">Aufwendungen der Finanzbuchhaltung</th><th rowspan="2" colspan="1">Ein Teil der Anderskosten und die Zusatzkosten sind keine Aufwendungen in der Finanzbuchhaltung (FB).</th></tr>
<tr><th>Neutral</th><th colspan="2">Betrieblich</th></tr>
<tr><td>Merkmale:
■ betriebsfremd
■ periodenfremd
■ außerordentlich</td><td colspan="2">Merkmal:
■ zweckgebunden</td><td></td></tr>
<tr><td rowspan="3">Neutrale Aufwendungen sind keine Kosten in der Kosten- und Leistungsrechnung (KLR).</td><th>Grundkosten</th><th>Anderskosten</th><th>Zusatzkosten</th></tr>
<tr><td>Die Aufwendungen der FB sind zugleich Kosten in der KLR:
Beispiele:
■ Wareneinsatz
■ Löhne
■ ...</td><td>Die Aufwendungen der FB werden in der KLR mit einem anderen – zumeist höheren – Wert angesetzt:
■ kalkulatorische Abschreibungen
■ kalkulatorische Zinsen</td><td>Für diese Kosten der KLR gibt es keine Aufwendungen in der FB:
■ kalkulatorischer Unternehmerlohn
■ kalkulatorische Miete</td></tr>
<tr><td colspan="3">Kosten der Kosten- und Leistungsrechnung
Merkmal:
■ betriebsbezogen</td></tr>
</table>

Zweck der kalkulatorischen Kosten

Die kalkulatorischen Kosten sorgen dafür, dass nur der Werteverzehr in die KLR eingebracht wird, der durch die Umsatzprozesse tatsächlich entstanden ist, auch wenn er in der Erfolgsrechnung der FB nicht oder in anderer Höhe angefallen ist. Dadurch wird die KLR **genauer** und ein **Kostenvergleich** mit einzelnen Perioden oder branchengleichen Betrieben ist möglich.

Ergebnisauswirkung

Die kalkulatorischen Kosten werden im Soll der Betriebsergebnisrechnung erfasst und bilden zusammen mit den Grundkosten die Grundlage der **Angebotskalkulation** (siehe S. 331 f.). Beim Verkauf der Waren **fließen sie über die Erlöse** in das Unternehmen zurück. Kalkulatorische Kosten beeinflussen also nur dann **das Betriebsergebnis,** wenn sie über die Marktpreise **nicht voll ersetzt werden.**

In der Abgrenzungsrechnung werden die kalkulatorischen Kosten als „Verrechnete Kosten" den Aufwendungen der Finanzbuchhaltung gegenübergestellt. Sie wirken sich hier als **neutraler Ertrag** aus.

Merke

- **Kalkulatorische Kosten > Aufwendungen der FB = Neutraler Gewinn**
- **Kalkulatorische Kosten < Aufwendungen der FB = Neutraler Verlust**

2.2.3.2 Kalkulatorische Abschreibungen

Bilanzmäßige Abschreibungen

In der Ergebnistabelle auf Seite 305 hat die Kern KG die bilanzmäßigen Abschreibungen in Höhe von 45.000,00 € als Kosten angesetzt. Das ist grundsätzlich korrekt, da diese Aufwendungen **betriebsbedingt** sind. Es ist allerdings zu fragen, ob diese Aufwendungen dem **tatsächlichen Werteverzehr der Anlagen** entsprechen und damit **verursachungsgerechte Kosten** wiedergeben. Da bilanzmäßige Abschreibungen **im Rahmen handelsrechtlicher Vorschriften nach gewinnpolitischen Zweckmäßigkeiten** vorgenommen werden, eignen sie sich dann nicht für die Kostenrechnung, in der u. a. die **gleichmäßige Belastung** jeder Abrechnungsperiode mit Kosten angestrebt wird (Kostenvergleich!); dies wäre nur über die lineare Abschreibung möglich.

Kalkulatorische Abschreibungen

In der Regel sind also die bilanzmäßigen Abschreibungen für die KLR **ungeeignet** und werden dort mit einem **anderen Betrag** (Anderskosten, vgl. S. 310) eingesetzt. Folgende **Gründe** sprechen für den unterschiedlichen Wertansatz von bilanzmäßigen und kalkulatorischen Abschreibungen:

- **Bilanzmäßig** abgeschrieben werden **alle** Wirtschaftsgüter des Anlagevermögens, unabhängig davon, ob sie dem eigentlichen Betriebszweck dienen oder nicht.
  Kalkulatorisch abgeschrieben werden dagegen **nur** solche **Anlagegüter, die betriebsnotwendig sind.** Als betriebsnotwendig gelten alle Anlagen, die **laufend** dem Betriebszweck und der Leistungserstellung und -verwertung dienen (einschließlich Reserveanlagen).
- **Bilanzabschreibungen** werden auf der Grundlage der **Anschaffungs- oder Herstellungskosten** des Anlagegutes vorgenommen.
  Kalkulatorische Abschreibungen werden dagegen von den **gestiegenen Wiederbeschaffungskosten** des Anlagegutes berechnet. Die Einbeziehung der kalkulatorischen Abschreibungen in den Verkaufspreis der Waren bezweckt, dass der Betrieb eines Tages in die Lage versetzt wird, über die in den Erlösen zurückgeflossenen Abschreibungsbeträge neue Anlagen zu beschaffen.
- **Bilanzmäßig** kann ein Anlagegut in der Finanzbuchhaltung nur bis zum Erinnerungswert von 1,00 € abgeschrieben werden.
  Kalkulatorische Abschreibungen werden dagegen so lange fortgesetzt, wie das betreffende Anlagegut noch im Betrieb verwendet wird, also unabhängig davon, ob es bilanziell bereits abgeschrieben ist oder nicht.
- Unterschiede zwischen der bilanzmäßigen und der kalkulatorischen Abschreibung bestehen auch in der Anwendung der **Abschreibungsmethoden:**
  In der Finanzbuchhaltung ist der Kaufmann gehalten, nach handelsrechtlichen Vorschriften abzuschreiben (z. B. linear oder degressiv).[1]
  In der Kosten- und Leistungsrechnung dagegen soll möglichst die tatsächliche Wertminderung der Anlagegüter durch die kalkulatorische Abschreibung berücksichtigt werden. Außerdem ist es hinsichtlich des Kostenvergleichs notwendig, in den Abrechnungsperioden gleiche Abschreibungsbeträge zu verrechnen. Kalkulatorisch wird daher in der Regel linear abgeschrieben.

Merke

- **Kalkulatorische Abschreibungen stellen Kosten dar, die die tatsächliche Wertminderung der Anlagen erfassen und in der Selbstkosten- und Betriebsergebnisrechnung verrechnet werden. Sofern sie höher als die bilanzmäßigen Abschreibungen sind und über die Marktpreise abgegolten werden, beeinflussen sie das Gesamtergebnis positiv.**
- **Bilanzmäßige Abschreibungen stellen Aufwand in der Gesamtergebnisrechnung der FB dar und werden nach handelsrechtlichen Gesichtspunkten bemessen. Sie beeinflussen die Wertansätze des Anlagevermögens in der Bilanz.**

1 Vgl. dazu Kapitel C, 5.3, S. 185 f.

Beispiel

Die Kern KG berechnet die kalkulatorischen Abschreibungen von den Wiederbeschaffungskosten der betrieblich genutzten Anlagegüter mit 60.000,00 €/Monat.

Erfassung der kalkulatorischen Abschreibung in der KLR

Die kalkulatorische Abschreibung wird mit 60.000,00 € in die Spalte „Kosten" der Betriebsergebnisrechnung eingesetzt und in der Spalte „Verrechnete Kosten" der Abgrenzungsrechnung gegengebucht durch die

Buchung: **Kosten** der Betriebsergebnisrechnung **60.000,00**
an **Verrechnete Kosten** der Abgrenzungsrechnung **60.000,00**

Aus der Gesamtergebnisrechnung der FB wird die dort gebuchte bilanzmäßige Abschreibung mit 45.000,00 € (vgl. S. 303) in die Aufwandsspalte der „Kostenrechnerischen Korrekturen" eingesetzt und somit von der KLR ferngehalten. **In der Abgrenzungsrechnung stehen sich nunmehr bilanzmäßige und kalkulatorische Abschreibung gegenüber.** Beide Zahlen werden zum Ergebnis aus kostenrechnerischen Korrekturen verrechnet. In diesem Fall ergibt sich ein **neutraler Ertrag in Höhe von 15.000,00 €** und ein unternehmensbezogener Aufwand von 5.000,00 €, insgesamt also ein **neutraler Gewinn von 10.000,00 €.** Das entspricht dem in der FB ausgewiesenen Gewinn von 10.000,00 €.

Ergebnistabelle

Finanzbuchhaltung			Kosten- und Leistungsrechnung					
Gesamtergebnisrechnung der FB			Abgrenzungsrechnung				Betriebsergebnisrechnung	
			Unternehmensbezogene Abgrenzungen		Kostenrechnerische Korrekturen			
Konto	Aufwendungen	Erträge	Aufwendungen	Erträge	Aufwendungen lt. FB	verrechnete Kosten lt. KLR	Kosten	Leistungen
4910	50.000 →		5.000[1] →		45.000	60.000 ←	60.000	
8010		60.000[2]						60.000[2]
	50.000	60.000	5.000	0	45.000	60.000	60.000	60.000
	10.000			**5.000**	**15.000**			**0**
	60.000	60.000	5.000	5.000	60.000	60.000	60.000	60.000

Ergebnisauswirkung der kalkulatorischen Abschreibung

In die Betriebsergebnisrechnung (und damit in die Kalkulation) geht die kalkulatorische Abschreibung mit 60.000,00 € ein. Die bilanzmäßige Abschreibung wird von der KLR ferngehalten.

In der **FB** stellt die **bilanzmäßige Abschreibung** einen **Aufwand** dar. Die **kalkulatorische Abschreibung** wird dem Unternehmen – ganz oder teilweise – über die Umsatzerlöse „erstattet"; sie ist somit ein **Ertrag** in der FB und beeinflusst das **Gesamtergebnis** mit.

Die bilanzmäßige Abschreibung wird als **neutraler Aufwand** in die **Abgrenzungsrechnung** übernommen. Ihr steht hier die kalkulatorische Abschreibung als **neutraler Ertrag** gegenüber; dieser Ertrag beeinflusst damit das **neutrale Ergebnis.**

In der **Betriebsergebnisrechnung** sind die kalkulatorischen Abschreibungen **Kosten.** Den Kosten stehen die Umsatzerlöse, in denen die kalkulatorischen Abschreibungen enthalten sind, als **Leistungen** gegenüber. Die kalkulatorische Abschreibung beeinflusst also das Betriebsergebnis, sofern ihr Ersatz über den Markt nur teilweise möglich ist oder der Unternehmer sie nur teilweise in die Kalkulation einbezieht.

1 Vgl. S. 305.
2 über die Umsatzerlöse (Warenverkauf) erstattete kalkulatorische Abschreibungen

6937312

Abschreibungskreislauf

Ein wesentliches Unternehmensziel muss die **Erhaltung der Vermögenssubstanz** sein; insbesondere geht es hierbei um die Erhaltung der im Anlagevermögen ruhenden Leistungsfähigkeit. Dies wird durch die **Ersatzbeschaffung** (= Reinvestition) **verbrauchter Anlagen** erreicht. Die **Finanzierung** solcher Anlagen hat grundsätzlich aus „verdienten“ Kosten **ohne Zuführung von Eigenkapital** zu erfolgen. Um dies zu erreichen, bedarf es des Ansatzes von Abschreibungen, und zwar

- in der **Finanzbuchhaltung** als **Aufwand**, um zu verhindern, dass in der Gewinn- und Verlustrechnung **ein zu hoher Gewinn ausgewiesen** und möglicherweise **ausgeschüttet** wird (= Gefahr der Substanzausschüttung),
- in der **Kosten- und Leistungsrechnung** als **Kosten**, um die Wertminderung der Anlagen zu erfassen und in die **Preisberechnung** einzubeziehen. In der Regel müssen dem Unternehmen im Preis für die Waren **alle Kosten** zurückerstattet werden. In den Umsatzerlösen fließen also auch die Abschreibungsbeträge **(= Abschreibungsgegenwerte)** zurück und stehen in Form flüssiger Mittel für die Erneuerung von Anlagen zur Verfügung.

So ergibt sich – unter der Voraussetzung, dass die kalkulatorischen Abschreibungen vom Markt vergütet werden – folgender **Abschreibungskreislauf:**

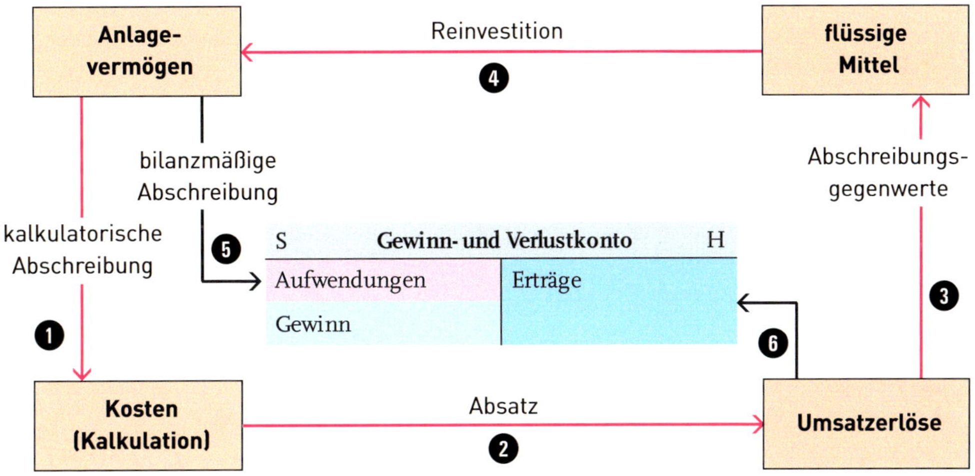

Aufgabe: *Erläutern Sie den Abschreibungskreislauf* ❶ *bis* ❻ *anhand eines Zahlenbeispiels.*

Finanzierung aus Abschreibungsgegenwerten

Die obige Darstellung macht deutlich, dass kein Unternehmen auf Abschreibungen als wesentliches Mittel der Finanzierung **(= Innenfinanzierung)** verzichten kann.

Bei der Finanzierungswirkung der Abschreibung lassen sich drei Fälle unterscheiden:

- **Bilanzmäßige Abschreibungen und kalkulatorische Abschreibungen stimmen überein.** In diesem Fall findet eine **Vermögensumschichtung** vom Anlagevermögen zum Umlaufvermögen statt. Auf Dauer wird die Substanz nur **nominell** erhalten.
- **Bilanzmäßige Abschreibungen sind höher als kalkulatorische Abschreibungen.** In diesem Fall führt der gebuchte Mehraufwand zu einer **verdeckten Finanzierung aus dem Gewinn.** Auf Dauer wird die Substanz aufgezehrt.
- **Bilanzmäßige Abschreibungen sind niedriger als kalkulatorische Abschreibungen.** In diesem Fall führt der erzielte Mehrerlös zu einer **offenen Finanzierung aus dem Gewinn.** Dem Unternehmen stehen zusätzliche Mittel zur Finanzierung zur Verfügung.

Merke

Die mit den Umsatzerlösen in das Unternehmen zurückfließenden kalkulatorischen Abschreibungen stehen als flüssige Finanzierungsmittel zur Verfügung. Sie werden durch die als Aufwand gebuchten bilanzmäßigen Abschreibungen vor der Ausschüttung bewahrt.

2.2.3.3 Kalkulatorische Zinsen

Fremdkapitalzinsen als Kosten

In der Ergebnistabelle auf Seite 305 hat die Kern KG die in der Finanzbuchhaltung gebuchten Fremdkapitalzinsen in Höhe von 35.000,00 € als Kosten in die Kosten- und Leistungsrechnung übernommen. Das ist grundsätzlich richtig, da die Fremdkapitalzinsen einen **betrieblichen Aufwand** darstellen. Es stellt sich aber die Frage nach der Zweckmäßigkeit dieses Kostenansatzes. Die Kern KG wird danach streben, dass ihr in den Umsatzerlösen auch eine angemessene **Verzinsung des eingesetzten Eigenkapitals** zufließt. Um das zu erreichen, werden in der Kostenrechnung Zinsen für das **gesamte bei der Leistungserstellung und -verwertung erforderliche Kapital** angesetzt. Dadurch werden alle Handelsbetriebe in der Selbstkosten- und Betriebsergebnisrechnung vergleichbar gemacht, unabhängig davon, in welchem Verhältnis sie mit Eigen- und Fremdkapital ausgestattet sind. Außerdem wird die Kostenrechnung von zufälligen Schwankungen befreit, die durch die Änderungen der Zinssätze für aufgenommene Kredite entstehen.

Betriebsnotwendiges Kapital

In der Kosten- und Leistungsrechnung werden somit anstelle der tatsächlich gezahlten Zinsen **kalkulatorische Zinsen** angesetzt und verrechnet. Sie werden auf der Grundlage des **betriebsnotwendigen Kapitals** ermittelt. Der kalkulatorische Zinssatz richtet sich meist nach dem im betreffenden Zeitraum üblichen Zinssatz für langfristige Darlehen.

Beispiel

Die Kern KG ermittelt auf der Grundlage ihrer Bilanzen das folgende **betriebsnotwendige Kapital**, das mit **9 %/Jahr** kalkulatorisch verzinst werden soll:

	Anlagevermögen (nach kalkulatorischen Restwerten, ohne vermietete Gebäude)	2.000.000,00 €
+	Umlaufvermögen (nach kalkulatorischen Mittelwerten, ohne Wertpapiere)	3.850.000,00 €
=	Betriebsnotwendiges Vermögen	5.850.000,00 €
–	Abzugskapital (Lieferantenkredite ohne Skontierung, Rückstellungen)	250.000,00 €
=	**Betriebsnotwendiges Kapital**	**5.600.000,00 €**
	Die **kalkulatorischen Zinsen** für das Jahr betragen dann: 5.600.000,00 € · 0,09 =	**504.000,00 €**
	Die kalkulatorischen Zinsen für den Monat betragen	**42.000,00 €**

Zum betriebsnotwendigen Anlagevermögen zählen nur solche Anlagegüter, die **dauernd** dem eigentlichen **Betriebszweck** dienen. Sie dürfen nicht mit den Bilanz- oder Buchwerten, sondern nur mit den **kalkulatorischen Restwerten** (= Anschaffungskosten – kalkulatorische Abschreibungen) angesetzt werden. **Nicht betriebsnotwendige Anlagen,** wie z. B. vermietete Gebäude, stillgelegte Anlagen u. a., bleiben **außer Ansatz.** Reserveanlagen (z. B. Reservetransporteinrichtungen) gehören stets zum betriebsnotwendigen Anlagevermögen, da sie für die Aufrechterhaltung der Betriebsbereitschaft erforderlich sind.

Das betriebsnotwendige Umlaufvermögen ist nach Ausgliederung der nicht betriebsbedingten Posten (z. B. Wertpapierbestände) mit den Beträgen anzusetzen, die während des Abrechnungszeitraumes **durchschnittlich** im Umlaufvermögen gebunden sind (sog. kalkulatorische Mittelwerte).

Das Abzugskapital besteht aus Kapitalposten, die dem Unternehmen **zinslos** zur Verfügung stehen, wie z. B. Anzahlungen von Kunden, Rückstellungen, Lieferantenkredite, sofern keine Skontierungsmöglichkeit hierfür besteht.

Strittig ist, ob ein Abzugskapital vom betriebsnotwendigen Vermögen überhaupt subtrahiert werden sollte. Für einen Abzug spricht, dass dadurch eine doppelte Anrechnung von Zinskosten verhindert wird. So ist z. B. in Lieferantenkrediten (= Verbindlichkeiten a. LL.) der Zins bereits im Warenpreis enthalten und Kundenanzahlungen beinhalten eine Abzinsung – und damit einen Zinsvorteil für den Lieferanten – für eine erst später fällige Forderung. Lässt man

6937314

das Abzugskapital aus der Berechnung heraus, so wird dadurch verhindert, dass die Höhe des betriebsnotwendigen Kapitals von Finanzierungsvorgängen beeinflusst wird. Wir haben uns hier entschieden, das Abzugskaptal anzusetzen.

Erfassung der kalkulatorischen Zinsen in der KLR

Die kalkulatorischen Zinsen werden mit 42.000,00 € (vgl. Beispiel S. 314) in die Spalte „Kosten" der Betriebsergebnisrechnung eingesetzt und wie bei den kalkulatorischen Abschreibungen in der Spalte „Verrechnete Kosten" der „Kostenrechnerischen Korrekturen" **gegengebucht.** Aus der FB werden die dort als Aufwand gebuchten Fremdkapitalzinsen (vgl. S. 305) in die Spalte „Aufwendungen lt. FB" der „Kostenrechnerischen Korrekturen" übertragen. Hier stehen sich Fremdkapitalzinsen und kalkulatorische Zinsen gegenüber und können zum **Ergebnis aus kostenrechnerischen Korrekturen** verrechnet werden. In diesem Fall ergibt sich ein **neutraler Gewinn von 7.000,00 €.** Er stimmt mit dem in der FB ausgewiesenen Gewinn **bei vollem Kostenersatz durch die Umsatzerlöse** überein.

Ergebnistabelle							
Finanzbuchhaltung			**Kosten- und Leistungsrechnung**				
Gesamtergebnisrechnung der FB			**Abgrenzungsrechnung**			**Betriebsergebnisrechnung**	
			Unterneh.-bezogene Abgrenz.	**Kostenrechnerische Korrekturen**			
Konto	Aufwendungen	Erträge		Aufwdg. lt. FB	verrechnete Kosten lt. KLR	Kosten	Leistungen
2110	35.000 →		→	**35.000**	**42.000** ←	42.000	
8010		42.000[1]					42.000[1]
	35.000	42.000		35.000	42.000	42.000	42.000
	7.000			**7.000**			**0**
	42.000	42.000		42.000	42.000	42.000	42.000

Merke

- **Kalkulatorische Zinsen stellen Kosten für die Nutzung des betriebsnotwendigen Kapitals dar. Ihre Einbeziehung in die KLR ermöglicht eine gleichmäßige Belastung der Abrechnungsperioden mit Zinskosten. In den Umsatzerlösen werden die Zinsen dem Unternehmen in der Regel vergütet.**
- **Die gezahlten Fremdkapitalzinsen stellen Aufwand in der Finanzbuchhaltung dar. In der Abgrenzungsrechnung werden sie den verrechneten kalkulatorischen Zinsen gegenübergestellt.**

Aufgabe 355

Ein Großhandelsbetrieb verfügt über folgende betriebsnotwendige Vermögenswerte:

Anlagevermögen:	Gebäude	750.000,00
	Maschinelle Anlagen	220.000,00
	Betriebs- und Geschäftsausstattung	170.000,00
	Fuhrpark	260.000,00
Umlaufvermögen:	Waren	530.000,00
	Kundenforderungen	280.000,00
	Zahlungsmittel	190.000,00

Das Abzugskapital besteht aus Lieferantenkrediten in Höhe von 200.000,00 €.

Der kalkulatorische Zinssatz wird mit 9 % angesetzt.

Die tatsächlich gezahlten Fremdkapitalzinsen betragen im Geschäftsjahr 135.000,00 €.

1. *Ermitteln Sie das betriebsnotwendige Kapital sowie die jährlichen und monatlichen kalkulatorischen Zinsen.*
2. *Erstellen Sie die Ergebnistabelle bei vollem Kostenersatz.*

1 über die Umsatzerlöse (Warenverkauf) erstattete kalkulatorische Zinsen

2.2.3.4 Kalkulatorische Lagerzinsen

Die Kosten für die Lagerung der Waren fallen entweder als tatsächliche Aufwendungen an und sind dann unter den Kostenarten der Kontenklasse 4 erfasst oder werden über die „Kalkulatorischen Kosten“ in Ansatz gebracht. So werden z. B. die kalkulatorischen Zinsen aus dem betriebsnotwendigen Kapital berechnet, in dem auch das in den Warenvorräten durchschnittlich gebundene Kapital enthalten ist. Somit **entfällt in der Regel** die gesonderte Verrechnung kalkulatorischer Zinsen für das durch die gelagerten Waren gebundene Kapital. Nur bei **besonders langer Lagerdauer** einer Warengruppe können kalkulatorische Lagerzinsen für diese Warengruppe Eingang in die Kostenrechnung finden. Die kalkulatorischen Lagerzinsen werden dann als Einzelkosten direkt dem Kostenträger (Warengruppe) zugerechnet.

Beispiel

Die Papiergroßhandlung Kern KG führt neben den gängigen Papieren auch spezielle Vliesstoffe mit längerer Lagerdauer. In dieser Warengruppe wurde im letzten Jahr ein Umsatz zu Einstandspreisen in Höhe von 315.000,00 € erzielt. Die Lagerstatistik weist einen durchschnittlichen Lagerbestand von 140.000,00 € aus. Der Einstandspreis einer Rolle Vliesstoff beträgt 1.250,00 €.

1. Zunächst wird festgestellt, wie oft der Lagerbestand umgesetzt wurde:

$$\textbf{Umschlagshäufigkeit} = \frac{\textbf{Umsatz}}{\textbf{Lagerbestand}} = \frac{315.000\text{ €}}{140.000\text{ €}} = \textbf{2,25}$$

2. Mithilfe der Umschlagshäufigkeit lässt sich die durchschnittliche Lagerdauer ermitteln:

$$\textbf{Durchschnittliche Lagerdauer} = \frac{360\text{ Tage}}{2{,}25} = \textbf{160 Tage}$$

3. Bei einem angenommenen Jahreszinssatz von 9 % ergibt sich der Lagerzinssatz für die Warengruppe nach folgender Rechnung:

$$360\text{ Tage} \mathrel{\hat{=}} 9\,\%$$
$$160\text{ Tage} \mathrel{\hat{=}} x\,\%$$

$$x\,\% = \frac{9\,\% \cdot 160}{360} = \textbf{4 % Lagerzinssatz}$$

4. Einrechnung der Lagerzinsen in den Einstandspreis:

	Einstandspreis einer Rolle Vliesstoff	**1.250,00 €**
+	**4 % Lagerzinsen**	**50,00 €**
=	**Verzinster Einstandspreis**	**1.300,00 €**

Merke

Kalkulatorische Lagerzinsen werden in der Regel nicht gesondert als Kosten angesetzt. Bei Waren mit besonders langer Lagerdauer rechnet man sie als Einzelkosten in den Einstandspreis ein.

Aufgabe 356

1. *Warum erübrigt sich in der Regel die gesonderte Einrechnung von Lagerzinsen in den Einstandspreis einer Ware?*
2. *Wie hoch ist der Lagerzinssatz?*

Warenanfangsbestand	420.000,00
Warenendbestand	280.000,00
Jahresumsatz zu Einstandspreisen	1.400.000,00
Banküblicher Zinssatz	10 %

6937316

2.2.3.5 Kalkulatorischer Unternehmerlohn

In Kapitalgesellschaften beziehen die Vorstandsmitglieder der AG und die Geschäftsführer der GmbH **Gehälter**, die als **Kosten** in die Selbstkosten- und Betriebsergebnisrechnungen dieser Unternehmensformen eingehen.

In Einzelunternehmungen (e. K.) und **Personengesellschaften** (OHG, KG) dagegen erhalten die **mitarbeitenden** Inhaber oder Gesellschafter keine Gehälter. Ihre Arbeitsleistung wird durch den Gewinn abgegolten. Der **Gewinn** ist in diesen Unternehmungsformen das Entgelt sowohl für die Tätigkeit des Unternehmers **(Arbeitsleistungsanteil)** als auch für den Einsatz des Eigenkapitals **(Kapitalverzinsung)** und für das übernommene allgemeine Unternehmerrisiko.

Kalkulatorischer Unternehmerlohn

Die Kosten- und Leistungsrechnung hat **sämtliche** Kosten zu erfassen, die durch die Umsatzprozesse verursacht werden. Dazu zählt auch die Nutzung der **Arbeitskraft des mitarbeitenden Unternehmers.** Deshalb muss ein kalkulatorischer Unternehmerlohn als Entgelt für die Arbeitsleistung des Unternehmers in die Kosten einbezogen werden. Im Übrigen würde der Unternehmer bei der Leitung eines fremden Unternehmens ebenfalls ein kalkulierbares Gehalt beziehen. Außerdem werden ja auch für das Eigenkapital, das der Unternehmer für die Erfüllung der Betriebszwecke zur Verfügung stellt, kalkulatorische Zinsen als Kosten verrechnet.

Kostenvergleich

Durch die Einrechnung des kalkulatorischen Unternehmerlohns in die Kosten wird erreicht, dass sowohl Kapitalgesellschaften als auch Personengesellschaften und Einzelunternehmungen in der Selbstkosten- und Betriebsergebnisrechnung **gleichgestellt** sind.

Höhe

Die Höhe des kalkulatorischen Unternehmerlohns richtet sich nach dem Gehalt eines leitenden Angestellten in **vergleichbarer** Position.

In § 202 Bewertungsgesetz (BewG) wird die Berechnung wie folgt beschrieben: „Die Höhe des Unternehmerlohns wird nach der Vergütung bestimmt, die eine nicht beteiligte Geschäftsführung erhalten würde." Und ein mit dieser Thematik befasstes BGH-Urteil verlangt, dass der kalkulatorische Unternehmerlohn individuell zu berechnen ist.

Zusatzkosten

Der kalkulatorische Unternehmerlohn wird als Kostenbestandteil in die Kosten- und Leistungsrechnung eingebracht; er darf aber nicht – wie z. B. die Gehälter leitender Angestellter – in der Finanzbuchhaltung gebucht werden, da er nicht zu Aufwendungen und Ausgaben führt. Kosten mit dieser Eigenschaft heißen Zusatzkosten (vgl. S. 310).

Beispiel

Der Unternehmerlohn wird in der Kern KG, Köln, mit monatlich 8.000,00 € angesetzt.

Dieser Betrag wird in der Ergebnistabelle unter der Spalte „Kosten" (–) der Betriebsergebnisrechnung erfasst und in der Spalte „Kostenrechnerische Korrekturen" (+) der Abgrenzungsrechnung gegengebucht. Als Kostenfaktor geht dieser Betrag in die Kalkulation ein und wird in den Erlösen vom Markt vergütet. In der Abgrenzungsrechnung steht dem verrechneten kalkulatorischen Unternehmerlohn kein vergleichbarer Aufwand aus der Finanzbuchhaltung gegenüber. Der verrechnete Unternehmerlohn wird somit als **neutraler Ertrag** ausgewiesen.

Aufgabe: *Verdeutlichen Sie sich die Zusammenhänge des obigen Beispiels anhand einer Ergebnistabelle.*

Merke

Bei Einzelunternehmungen und Personengesellschaften wird für die mitarbeitenden Inhaber oder Gesellschafter ein angemessener Unternehmerlohn in die Selbstkosten- und Betriebsergebnisrechnungen einbezogen. Damit sind diese Unternehmungsformen hinsichtlich der Personalkosten den Kapitalgesellschaften gleichgestellt (Kostenvergleich!)

2.2.3.6 Kalkulatorische Wagnisse

Arten

Jede unternehmerische und betriebliche Tätigkeit ist mit Wagnissen oder Risiken verbunden und kann daher zu Verlusten führen. Diese Wagnisverluste lassen sich in ihrer Höhe und in ihrem zeitlichen Eintreten nicht vorhersehen. Man unterscheidet zwischen dem **allgemeinen Unternehmerwagnis** und den **Einzelwagnissen.**

Das allgemeine Unternehmerwagnis betrifft Verluste, die das Unternehmen als Ganzes gefährden. Dazu zählen Wagnisverluste, die sich insbesondere aus der gesamtwirtschaftlichen Entwicklung ergeben, wie z. B. **Beschäftigungsrückgang, plötzliche Nachfrageverschiebung, technischer Fortschritt.** Das allgemeine Unternehmerrisiko ist **kein** Kostenbestandteil. Es wird im **Gewinn abgegolten.**

Einzelwagnisse stehen dagegen im unmittelbaren Zusammenhang mit der Beschaffung, der Lagerung und dem Absatz der Waren. Da sie voraussehbar und aufgrund von **Erfahrungswerten** berechenbar sind, haben sie grundsätzlich **Kostencharakter.**

Zu den Einzelwagnissen zählen:

- **Anlagewagnis:** Verluste an Anlagegütern durch besondere Schadensfälle (Brand), Gefahr des vorzeitigen Ausfalls von Anlagen, z. B. durch technischen Fortschritt.
- **Beständewagnis:** Verluste an Waren durch Schwund, Verderb, Diebstahl, Veralten oder Preissenkungen.
- **Gewährleistungswagnis:** Garantieleistungen, z. B. kostenlose Ersatzlieferung, Preisnachlass wegen Mängelrüge.
- **Vertriebswagnis:** Ausfälle und Währungsverluste bei Kundenforderungen.

Eingetretene Wagnisverluste

Die tatsächlichen Wagnisverluste fallen **zeitlich unregelmäßig** und in **unterschiedlicher Höhe** an und sind damit für die Kostenrechnung ungeeignet. Sie werden **als Aufwand** in der Erfolgsrechnung der Finanzbuchhaltung erfasst.

Kalkulatorische Wagnisse

Anstelle der tatsächlich eingetretenen Wagnisverluste werden in der Kosten- und Leistungsrechnung kalkulatorische Wagniszuschläge für die betreffenden **Einzelrisiken** ermittelt und verrechnet. Die Verrechnung von konstanten kalkulatorischen Wagniszuschlägen führt zu einer **gleichmäßigen und anteiligen Belastung der Abrechnungsperioden** mit Wagnisverlusten und eliminiert somit die Zufallseinflüsse aus der Selbstkosten- und Betriebsergebnisrechnung.

Fremdversicherungen

Soweit die Einzelwagnisse bereits durch den Abschluss von entsprechenden Versicherungen gedeckt sind, werden in der Regel **keine** kalkulatorischen Wagniszuschläge verrechnet. In diesem Fall sind die **Versicherungsprämien** als **Kosten** zu berücksichtigen.

Merke

- **Die Verrechnung von konstanten kalkulatorischen Wagniszuschlägen trägt dazu bei, dass die Selbstkosten- und Betriebsergebnisrechnungen von Zufallsschwankungen befreit werden.**
- **Das allgemeine Unternehmerwagnis darf kalkulatorisch nicht erfasst werden.**
- **Die durch Fremdversicherungen abgedeckten Einzelwagnisse gehen in der Regel als Kosten in die Kosten- und Leistungsrechnung ein.**

6937318

Je nach Wagnisart ist die Berechnungsgrundlage unterschiedlich:

Berechnungsgrundlagen für Wagnisse

Wagnis	Berechnungsgrundlage
■ Anlagewagnis →	■ Anschaffungskosten
■ Beständewagnis →	■ Einstandspreise der Waren
■ Gewährleistungswagnis →	■ Umsatz zu Selbstkosten
■ Vertriebswagnis →	■ Umsatz zu Selbstkosten

Die Höhe der kalkulatorischen Wagniszuschläge richtet sich nach entsprechenden Erfahrungswerten. In der Regel wird aus den betreffenden Wagnisverlusten der letzten fünf Jahre ein **Durchschnittswert in Prozent** ermittelt.

Beispiel

Ermittlung des kalkulatorischen Zuschlagssatzes für das Beständewagnis: Der Verlust an Warenvorräten durch Schwund, Verderb u. a. betrug in den letzten fünf Jahren durchschnittlich 300.000,00 €. Für den gleichen Zeitraum wurde ein durchschnittlicher Wareneinsatz von 10.000.000,00 € ermittelt.

$$\textbf{Kalkulatorischer Beständewagniszuschlag} = \frac{\textbf{Verlust} \cdot \textbf{100}}{\textbf{Wareneinsatz}} = \frac{300.000{,}00\ € \cdot 100}{10.000.000{,}00\ €} = \textbf{3 \%}$$

Das bedeutet, dass auf die gekauften Waren 3 % Wagniskosten zu verrechnen sind.

Der Wareneinsatz im Monat September betrug 1.296.000,00 € (vgl. S. 305). Der kalkulatorische Wagniszuschlag ist auf 3 % festgesetzt.

$$\textbf{Kalkulatorischer Wagniszuschlag} = \frac{1.296.000{,}00\ € \cdot 3\ \%}{100\ \%} = \textbf{38.880,00 €}$$

Erfassung in der KLR

Dieser Betrag wird in der Ergebnistabelle unter der Spalte „Kosten“ der Betriebsergebnisrechnung erfasst und in der Spalte „Kostenrechnerische Korrekturen“ der Abgrenzungsrechnung gegengebucht. Hier stehen ihm die tatsächlichen Wagnisverluste aus der FB gegenüber.

Geringfügige Verluste – wie sie bei den Warenvorräten auftreten können – werden durch die (monatliche) Inventur aufgedeckt und durch die Buchung „3010 Wareneingang an 3900 Warenbestände“ ausgeglichen. In diesen Fällen erübrigt sich ein Wagniszuschlag.

Aufgabe 357

Wie hoch sind:
a) das jährliche Wagnis in Prozent,
b) der Wagniszuschlag für das 6. Geschäftsjahr aufgrund der Wagnisse der letzten fünf Jahre?

	eingetretene Risiken	Umsatz zu Selbstkosten
1. Jahr	15.000,00	1.200.000,00
2. Jahr	28.000,00	1.400.000,00
3. Jahr	27.000,00	1.500.000,00
4. Jahr	17.500,00	1.250.000,00
5. Jahr	37.400,00	1.700.000,00

Aufgabe 358

1. Aus welchen Gründen werden kalkulatorische Wagnisse verrechnet?
2. Stellen kalkulatorische Wagniskosten Anders- oder Zusatzkosten dar?
3. Unterscheiden Sie zwischen Unternehmerrisiko und Einzelwagnis.

2.2.3.7 Kalkulatorische Miete

Mietwert für die gemieteten Gebäude

In der Mehrzahl betreiben Einzelkaufleute und Personengesellschaften ihre Gewerbe **in gemieteten Gebäuden.** In diesem Fall werden die tatsächlich gezahlten Mieten oder Pachten als betrieblicher Aufwand auf dem Konto 4100 Mietaufwendungen gebucht und als Kosten in die KLR übernommen.

Mietwert für die betriebseigenen Gebäude

Sofern ein Unternehmer sein Gewerbe in **betriebseigenen Gebäuden** betreibt, zahlt er keine Miete. In diesem Fall ist es aus betriebswirtschaftlicher Vergleichbarkeit heraus sinnvoll, in der Betriebsergebnisrechnung für die eigengenutzten Gebäude eine kalkulatorische Miete anzusetzen, deren Höhe sich nach dem örtlichen Mietspiegel richtet. Für die betriebseigenen Gebäude entstehen jedoch Aufwendungen, die ein Mieter mit seiner Miete begleicht, z. B. Gebäudeabschreibungen, Darlehenszinsen, Grundsteuern, Grundbesitzabgaben. Diese Gebäudeaufwendungen können in der Kostenrechnung nicht zusätzlich zu der kalkulatorischen Miete auch noch als Kosten angesetzt werden. Die Gebäudeaufwendungen müssen daher von der kalkulatorischen Miete abgegrenzt werden (Kostenrechnerische Korrektur).

Weichen die tatsächlichen Gebäudeaufwendungen **nicht** wesentlich von der kalkulatorischen Miete ab oder werden wesentliche Teile der Gebäude- und Grundstücksaufwendungen durch die kalkulatorischen Abschreibungen und die kalkulatorischen Zinsen in der KLR bereits berücksichtigt, **entfällt in der Regel die Verrechnung** einer besonderen kalkulatorischen Miete für die betriebseigenen Gebäude. Die dann noch nicht in den kalkulatorischen Kostenansätzen enthaltenen Gebäudeaufwendungen gehen als Kosten in die Betriebsergebnisrechnung ein.

Mietwert betrieblich genutzter Privaträume

Wenn ein Einzelunternehmer oder Personengesellschafter dem Betrieb unentgeltlich Privaträume zur Verfügung stellt, sollte die kalkulatorische Miete als fester Kostenbestandteil verrechnet werden. In diesem Fall setzt das Unternehmen die ortsübliche Miete als kalkulatorischen Mietwert an.

Merke

- **Für die Nutzung der betriebseigenen Gebäude wird in der Regel kein kalkulatorischer Mietwert verrechnet.**
- **Für die betriebliche Nutzung von unentgeltlich zur Verfügung gestellten Privaträumen ist ein kalkulatorischer Mietwert als Kostenbestandteil zu verrechnen.**

2.2.4 Erfassung der Leistungen

Handelsleistung

Die Leistung eines Großhandelsbetriebes besteht im Absatz von Handelswaren. Die Handelswaren verursachen durch den Einkauf, die Lagerung und den Verkauf Waren- und Handlungskosten, die zusammen mit dem Gewinn und etwaigen Verkaufszuschlägen die **Verkaufspreise** der jeweiligen Waren ausmachen. Aus dem Verkaufspreis der Wareneinheit und der abgesetzten Menge errechnet sich der **Wert der Handelsleistung,** nämlich die **Umsatzerlöse.** Die Umsatzerlöse werden – nach Warengruppen getrennt – in der Kontenklasse 8 der Finanzbuchhaltung gebucht und in jeder Abrechnungsperiode mit ihrem Nettowert, d. h. nach Abzug von Skonti, Rücksendungen und Gutschriften sowie der Einrechnung von Anschaffungsnebenkosten (z. B. Frachten), in die Kosten- und Leistungsrechnung übernommen.

Merke

Die Nettoumsatzerlöse einer Abrechnungsperiode sind Ausdruck der Leistung eines Großhandelsbetriebes. Sie gehen in die KLR ein.

Zu den Leistungen des Handelsbetriebes gehören auch die unentgeltliche Entnahme von Waren durch den Inhaber (vgl. Konto 8710) sowie die unentgeltliche Entnahme von sonstigen Gegenständen und Leistungen (vgl. Konto 2780), also die Nutzung von Gegenständen des Betriebsvermögens für private Zwecke (z. B. regelmäßige Nutzung eines dem Unternehmensvermögen zugerechneten Fahrzeugs für private Zwecke, sog. gemischt genutztes Fahrzeug).

6937320

Aufgabe 359

1. *Erklären Sie die Grundsätze der nominellen und substanziellen Kapitalerhaltung.*
2. *Nennen Sie die Auswirkungen der bilanzmäßigen und der kalkulatorischen Abschreibung auf das Betriebsergebnis, das Neutrale Ergebnis und das Gesamtergebnis.*

Aufgabe 360

Auf einen Lkw mit Anschaffungskosten von 120.000,00 € werden 12,5 % bilanzmäßig linear abgeschrieben. Die verbrauchsbedingte kalkulatorische Abschreibung beträgt 15 % von den Wiederbeschaffungskosten in Höhe von 140.000,00 €.

1. *Stellen Sie den Vorgang in einer Ergebnistabelle dar.*
2. *Welche Auswirkung auf das Gesamtergebnis haben die kalkulatorischen Abschreibungen (bei vollem Kostenersatz)?*

Aufgabe 361

Die in der Finanzbuchhaltung für das Jahr .. erfassten Fremdkapitalzinsen betragen 72.000,00 €. Die kalkulatorischen Zinsen werden in der Kosten- und Leistungsrechnung mit 90.000,00 € verrechnet und über die Umsatzerlöse voll erstattet.

1. *Um wie viel € übersteigen die monatlichen Zusatzkosten, die durch die Verrechnung der kalkulatorischen Zinsen entstehen, die monatlichen Fremdkapitalzinsen?*
2. *Welche Zinsen beeinflussen in welcher Höhe*
   a) das Gesamtergebnis der Unternehmung,
   b) das Betriebsergebnis,
   c) das Neutrale Ergebnis?

Aufgabe 362

In der Großhandlung Barthke KG wird für die Warengruppe Werkzeugmaschinen ein Umsatz zu Einstandspreisen von 930.000,00 € erzielt. Der durchschnittliche Lagerbestand beträgt 372.000,00 €.

Wie hoch ist der in der Kalkulation anzusetzende Lagerzinssatz bei einem Jahreszinssatz von 12 %?

Aufgabe 363

Der Einzelunternehmer Eberhard Naumann e. K. berechnet für seine Arbeitsleistung in seinem Großhandelsbetrieb einen kalkulatorischen Unternehmerlohn von 12.000,00 € monatlich.

1. *Wie wird der Vorgang in der Ergebnistabelle erfasst?*
2. *Zeigen Sie anhand der Ergebnistabelle auf, wie sich der kalkulatorische Unternehmerlohn auf die Kosten des Betriebs und auf das Gesamtergebnis der Unternehmung auswirkt, wenn voller Kostenersatz über die Umsatzerlöse möglich ist.*
3. *Weshalb bezeichnet man den kalkulatorischen Unternehmerlohn auch als Zusatzkosten?*

Aufgabe 364

Ein Unternehmen hat aufgrund der angespannten Wirtschaftslage im abgelaufenen Jahr seine Waren unter Selbstkosten verkauft. Folgende Angaben aus der Finanzbuchhaltung und der Kosten- und Leistungsrechnung liegen vor:

Umsatzerlöse (Warenverkauf)	1.140.000,00
Kosten (ohne Abschreibungen und Zinsen)	1.030.000,00
Bilanzmäßige Abschreibungen	33.000,00
Gezahlte Fremdkapitalzinsen	39.000,00
Kalkulatorische Abschreibungen	90.000,00
Kalkulatorische Zinsen	56.000,00

1. *Erstellen Sie die Ergebnistabelle.*
2. *Begründen Sie, warum trotz eines Betriebsverlustes ein Unternehmungsgewinn entsteht.*

2.2.5 Erstellung und Auswertung der endgültigen Ergebnistabelle

Um die Kosten und Leistungen **vollständig und periodengerecht** zu erfassen, wird auf der Basis der vorläufigen Ergebnistabelle von Seite 305 und unter Einbeziehung der kalkulatorischen Kosten (vgl. S. 311–320) folgende endgültige Ergebnistabelle erstellt.

Ergebnistabelle								
Finanzbuchhaltung			**Kosten- und Leistungsrechnung**					
Gesamtergebnisrechnung der FB			**Abgrenzungsrechnung**				**Betriebsergebnisrechnung**	
			Unternehmensbezogene Abgrenzungen		**Kostenrechnerische Korrekturen**			
Konto	Aufwendungen	Erträge	Aufwendungen	Erträge	Aufwendungen lt. FB	verrechnete Kosten lt. KLR	Kosten	Leistungen
2080	40.000		40.000					
2110	35.000				35.000	42.000	42.000	
2421		26.000		26.000				
2610		5.000		5.000				
2700		25.000		25.000				
2760		13.000		13.000				
3010	1.296.000						1.296.000	
4010	180.000						180.000	
4020	300.000						300.000	
4040	50.000						50.000	
4100	60.000						60.000	
42..	55.000		3.000				52.000	
4260	5.000						5.000	
4400	40.000						40.000	
4500	20.000						20.000	
4620	80.000						80.000	
4710	60.000						60.000	
4910	50.000		5.000		45.000	60.000	60.000	
8010		2.490.000						2.490.000
8710		6.000						6.000
U.-Lohn						8.000	8.000	
	2.271.000	2.565.000	48.000	69.000	80.000	110.000	2.253.000	2.496.000
	294.000		**21.000**		**30.000**		**243.000**	
	2.565.000	2.565.000	69.000	69.000	110.000	110.000	2.496.000	2.496.000
Gesamtergebnis		=	**Neutrales Ergebnis**			+	**Betriebsergebnis**	

Abstimmung der Ergebnisse:

1. Gesamtergebnis der FB		**(+) 294.000,00 €**
2. Ergebnis aus unternehmensbezogenen Abgrenzungen ...	(+) 21.000,00 €	
3. Ergebnis aus kostenrechnerischen Korrekturen	(+) 30.000,00 €	
4. Betriebsergebnis	(+) 243.000,00 €	
5. Gesamtergebnis der KLR		**(+) 294.000,00 €**

6937322

Gesamtergebnis, Neutrales Ergebnis, Betriebsergebnis

Die Teilergebnisse in der KLR der nebenstehenden Ergebnistabelle zeigen dem Unternehmer sehr deutlich die Zusammensetzung des in der Finanzbuchhaltung (GuV-Konto) ausgewiesenen Gesamtergebnisses. Es lässt sich ablesen, dass die unternehmensbezogenen Erträge höher sind als die unternehmensbezogenen Aufwendungen; der **Gewinn aus unternehmensbezogenen Abgrenzungen beträgt 21.000,00 €.**

Das Ergebnis aus kostenrechnerischen Korrekturen besagt, dass die Kern KG in den Posten „Abschreibungen", „Zinsen" und „Unternehmerlohn" so hohe kalkulatorische Wertansätze zugrunde gelegt hat, dass ein Überschuss von 30.000,00 € über die Aufwendungen der Finanzbuchhaltung erzielt wird. Dieser Überschuss wird auch – so zeigt es das Betriebsergebnis – verwirklicht.

Der Neutrale Gewinn beträgt insgesamt 51.000,00 €.

Das Betriebsergebnis ist **positiv:** Das Unternehmen Kern KG hat es geschafft, über die Umsatzerlöse **alle Kosten** – einschließlich **der gesamten kalkulatorischen Kosten** – zu „verdienen" und noch einen Überschuss von 243.000,00 € zu erwirtschaften. Da der Unternehmerlohn und die Verzinsung des Eigenkapitals in den Kosten bereits berücksichtigt wurden, stellt dieser Überschuss einen **Restgewinn** dar, durch den die Kern KG das **allgemeine Unternehmerrisiko** abdecken kann.

Inwieweit die Höhe des erzielten Betriebsgewinns angemessen ist, muss durch Vergleiche mit Vergangenheitswerten (Vorperioden) oder mit Branchenwerten analysiert werden.

Rentabilität und Wirtschaftlichkeit

Der ausgewiesene **Gesamtgewinn** kann zur Bestimmung der **Rentabilität**, d. h. zur Bestimmung der Ertragskraft des Unternehmens (= Eigenkapitalrentabilität, Umsatzrentabilität), und zur Berechnung der **Wirtschaftlichkeit** herangezogen werden.

Beispiel 1

Für seine Mitarbeit im Unternehmen setzt Herr Kern einen Unternehmerlohn von monatlich 8.000,00 € an. Das durchschnittlich über das Jahr im Unternehmen gebundene Eigenkapital soll 16.000.000,00 € betragen.

Wie hoch ist die Verzinsung des eingesetzten Eigenkapitals?

	Gesamtgewinn (Monat September)	294.000,00 €
–	Unternehmerlohn (je Monat)	8.000,00 €
=	Restgewinn (zur Verzinsung des Eigenkapitals)	286.000,00 €

$$\textbf{Eigenkapitalrentabilität} = \frac{\textbf{Restgewinn} \cdot \textbf{100}}{\textbf{Eigenkapital}} = \frac{286.000{,}00\ € \cdot 100}{16.000.000{,}00\ €} = \textbf{1,79 \% (je Monat)}$$

Im Vergleich zu einer langfristigen Geldanlage (= ca. 2 % bis 5 %/Jahr) ist die verrechnete Verzinsung des Eigenkapitals (= 12 · 1,79 % = 21,48 %) sehr gut.

Beispiel 2

Anhand der Wirtschaftlichkeit soll festgestellt werden, ob die Kern KG mit den eingesetzten Faktoren sparsam umgegangen ist bzw. ob der Ertrag (= Leistungen) in einem günstigen Verhältnis zum Aufwand (= Kosten) steht.

$$\textbf{Wirtschaftlichkeit} = \frac{\textbf{Leistungen}}{\textbf{Kosten}} = \frac{2.496.000{,}00\ €}{2.253.000{,}00\ €} = \textbf{1,11}$$

Die Wirtschaftlichkeitszahl 1,11 besagt, dass das Unternehmen Kern KG für je 1,00 € Kosten Leistungen von 1,11 € geschaffen hat. Ob dies ein angemessenes Verhältnis ist, kann nur im Vergleich mehrerer Jahre oder im Vergleich mit ähnlichen Handelsunternehmen festgestellt werden.

Aufgabe 365

Ermitteln Sie die kalkulatorischen Wagniszuschläge für die laufende Abrechnungsperiode:

a) Beständewagnis:	2 % vom Wareneinsatz 800.000,00 €
b) Gewährleistungswagnis:	3 % des Umsatzes zu Selbstkosten von 4.200.000,00 €
c) Vertriebswagnis:	1 % des Umsatzes zu Selbstkosten von 4.200.000,00 €

Aufgabe 366

Der Summenbilanz eines Großhandelsbetriebes sind folgende Angaben entnommen:

0310 Technische Anlagen und Maschinen (Buchwert)	675.000,00
0330 Betriebs- und Geschäftsausstattung (Buchwert)	274.400,00

Abschlussangaben

1. Bilanzmäßige Abschreibungen: geometrisch-degressiv[1]
   15 % auf 0310 vom Buchwert
   25 % auf 0330 vom Buchwert
2. Kalkulatorische Abschreibungen: linear

10 % auf 0310 von den Wiederbeschaffungskosten	1.240.000,00
15 % auf 0330 von den Wiederbeschaffungskosten	830.000,00

Erstellen Sie die Ergebnistabelle.

Aufgabe 367

Die FB der Eisenwarengroßhandlung K. Barth e. K., Stuttgart, hat für den Monat September folgende Aufwendungen, Erträge und Bestände erfasst:

2080 Anlagenabgänge	15.000,00
2110 Zinsaufwendungen	22.000,00
2310 Abschreibungen auf Forderungen	26.000,00
2421 Mieterträge	9.000,00
2610 Zinserträge	5.000,00
2700 Erlöse aus Anlagenabgängen	8.000,00
3010 Wareneingang	840.000,00
4010 Löhne	195.000,00
4020 Gehälter	530.000,00
4040 Gesetzliche soziale Aufwendungen	170.000,00
4100 Mietaufwendungen	80.000,00
42.. Betriebsteuern	70.000,00
4620 Ausgangsfrachten	10.000,00
48.. Allgemeine Verwaltung	20.000,00
4910 Abschreibungen auf Sachanlagen	160.000,00
8010 Umsatzerlöse (Warenverkauf)	2.180.000,00

Angaben aus der KLR

Die kalkulatorischen Abschreibungen betragen monatlich	120.000,00
Die kalkulatorischen Zinsen sind noch für den Monat September zu ermitteln und zu verrechnen:	
Betriebsnotwendiges Kapital	7.000.000,00
Kalkulatorischer Zinssatz (pro Jahr)	7 %
Der kalkulatorische Unternehmerlohn beträgt monatlich	10.000,00
Kalkulatorische Wagniskosten (Vertrieb) werden monatlich verrechnet mit	7.500,00
Der kalkulatorische Mietwert für betrieblich genutzte Privaträume des Unternehmers beträgt	1.500,00

1. *Ermitteln Sie das Betriebsergebnis in der Ergebnistabelle.*
2. *Errechnen Sie die Handlungskosten für den Abrechnungsmonat.*
3. *Werten Sie die Ergebnistabelle aus (durchschnittliches Eigenkapital 8.500.000,00 €).*

1 Siehe S. 187 f.

Aufgabe 368

In der Finanzbuchhaltung eines Betriebes wurden im abgelaufenen Jahr Kosten (ohne kalkulatorische Abschreibungen) in Höhe von 1.620.000,00 € gebucht. Die Erlöse betrugen 2.110.000,00 €. Die Anlagen (Buchwert 525.000,00 €) werden mit 25 % geometrisch-degressiv[1] abgeschrieben. In der Kostenrechnung veranschlagt man die tatsächliche Wertminderung dieser Anlagen mit 15 % linear von den Wiederbeschaffungskosten von 560.000,00 €.

Erstellen Sie eine Ergebnistabelle und ermitteln Sie das Betriebsergebnis, das Neutrale Ergebnis und das Gesamtergebnis.

Aufgabe 369

Der Summenbilanz eines Großhandelsbetriebes sind folgende Angaben entnommen:

0310 TA und Maschinen .... 960.000,00 €
0330 Betriebs- und Geschäftsausstattung .... 340.000,00 €

Abschlussangaben

1. Bilanzmäßige Abschreibungen:
   25 % auf 0310 vom Buchwert[1] .... (siehe oben)
   15 % auf 0330 von den Anschaffungskosten .... 500.000,00 €
2. Kalkulatorische Abschreibungen:
   15 % auf 0310 von den Wiederbeschaffungskosten .... 1.240.000,00 €
   10 % auf 0330 von den Wiederbeschaffungskosten .... 540.000,00 €

Erstellen Sie die Ergebnistabelle.

Aufgabe 370

Auszug aus der Summenbilanz eines Unternehmens für den Monat Juli		Soll	Haben
03..	Anlagen	240.000,00	–
0610	Eigenkapital	–	450.000,00
0820	Verbindlichkeiten gegenüber Banken	–	50.000,00
10../15..	Finanzkonten	860.000,00	570.000,00
2110	Zinsaufwendungen	28.500,00	–
2310	Abschreibungen auf Forderungen	40.000,00	–
2421	Mieterträge	–	12.300,00
3010	Wareneingang	740.000,00	–
3910	Warenbestand (AB)	175.000,00	–
4010/4020	Löhne/Gehälter	150.000,00	–
4100	Mietaufwendungen	13.800,00	–
42..	Betriebsteuern	60.000,00	–
4260	Versicherungen	20.000,00	–
4400	Werbe- und Reisekosten	30.000,00	–
4910	Abschreibungen auf Sachanlagen	–	–
8010	Umsatzerlöse (Warenverkauf)	–	1.275.000,00
		2.357.300,00	2.357.300,00

Abschlussangaben

1. Bilanzmäßige Abschreibungen auf Anlagen 20.000,00
   Kalkulatorische Abschreibungen auf Anlagen 17.000,00
2. Verrechnung der Miete für die vom Betrieb genutzten Privaträume des Unternehmers 1.000,00
3. Kalkulatorische Zinsen auf das betriebsnotwendige Kapital 30.000,00
4. Kalkulatorischer Unternehmerlohn 15.000,00
5. Kalkulatorisches Vertriebswagnis 25.000,00
6. Endbestand an Waren 160.000,00

1. Erstellen Sie die Ergebnistabelle und geben Sie das Betriebsergebnis an.
2. Ermitteln Sie die Handlungskosten für den Abrechnungsmonat.
3. Werten Sie die Ergebnistabelle aus (durchschnittliches Eigenkapital 425.000,00 €).

1 Siehe S. 187 f.

Aufgabe 371

Die Buchhaltung der Mayer KG schließt mit folgenden Aufwendungen und Erträgen ab:

2050 Verluste aus dem Abgang von Vermögensgegenständen (UV)	12.000,00
2080 Anlagenabgänge	19.000,00
2110 Zinsaufwendungen	4.900,00
2310 Abschreibungen auf Forderungen	85.000,00
2421 Mieterträge	7.100,00
2610 Zinserträge	5.100,00
2700 Erlöse aus Anlagenabgängen	53.000,00
3010 Wareneingang	395.000,00
3910 Warenbestand (AB)	78.000,00
4010 Löhne	135.000,00
4020 Gehälter	295.000,00
4040 Gesetzliche soziale Aufwendungen	98.000,00
4100 Mietaufwendungen	56.000,00
4910 Abschreibungen auf Sachanlagen	130.000,00
8010 Umsatzerlöse (Warenverkauf)	1.250.000,00
Warenendbestand lt. Inventur	53.000,00
Kalkulatorische Abschreibungen auf Sachanlagen betragen	115.000,00
Kalkulatorischer Unternehmerlohn wird angesetzt mit	20.000,00
Als kalkulatorische Zinsen sind zu verrechnen	15.000,00
Kalkulatorische Abschreibungen auf Forderungen betragen	25.000,00

Führen Sie die Gesamtergebnisrechnung, die Abgrenzungsrechnung und die Betriebsergebnisrechnung in der Ergebnistabelle durch.

Aufgabe 372

Die Gewinn- und Verlustrechnung eines Großhandelsbetriebes weist folgende Beträge aus:

2050 Verluste aus dem Abgang von Vermögensgegenständen (UV)	8.900,00
2080 Anlagenabgänge	62.000,00
2110 Zinsaufwendungen	1.890,00
2310 Abschreibungen auf Forderungen	18.600,00
2421 Mieterträge	15.100,00
2500 Erträge aus Wertpapieren	9.800,00
2610 Zinserträge	14.130,00
2700 Erlöse aus Anlagenabgängen	57.300,00
2760 Erträge aus der Auflösung von Rückstellungen	21.400,00
3010 Wareneingang	243.100,00
3910 Warenbestand (AB)	62.000,00
4010 Löhne	91.200,00
4020 Gehälter	134.300,00
4040 Gesetzliche soziale Aufwendungen	51.600,00
4210 Gewerbesteuer	24.100,00
4260 Versicherungen	21.200,00
4910 Abschreibungen auf Sachanlagen	81.500,00
8010 Umsatzerlöse (Warenverkauf)	883.000,00
8710 Entnahme von Waren	32.100,00
Der Warenendbestand beträgt	45.700,00
Die Warenaufwendungen werden in der KLR wegen schwankender Anschaffungskosten zu Verrechnungspreisen angesetzt	250.000,00
Der kalkulatorische Unternehmerlohn beträgt	65.000,00
Die kalkulatorischen Zinsen belaufen sich auf	19.700,00
Die kalkulatorischen Abschreibungen auf Sachanlagen betragen	75.600,00
Die kalkulatorischen Abschreibungen auf Forderungen betragen	6.000,00

Ermitteln Sie in der Ergebnistabelle das Gesamtergebnis der Unternehmung, das Neutrale Ergebnis und das Betriebsergebnis.

6937326

2.2.6 Gliederung der Kostenarten in der Kostenrechnung

2.2.6.1 Einzel- und Gemeinkosten

Weiterverrechnung der Kosten

In Großhandelsbetrieben mit **wenig gegliedertem Warensortiment** können die Handlungskosten der Ergebnistabelle **ohne Umgliederung** zur Berechnung der Selbstkosten und der kostendeckenden Verkaufspreise verwendet werden. Hierzu sind die Handlungskosten zu addieren und den Warenaufwendungen zuzurechnen (vgl. Kapitel „Handlungskostensatz", S. 336).

In mittleren und großen Unternehmen mit **gefächertem Warensortiment** reicht die undifferenzierte Übernahme der Handlungskosten nicht aus, um eine Kalkulation aufzustellen, die die Kosten **verursachungsgerecht** einzelnen Warengruppen zuweist und eine Kontrolle der Kostenentwicklung in den einzelnen Abteilungen ermöglicht. In diesem Fall sind die Handlungskosten in **Einzel- und Gemeinkosten** aufzuteilen (vgl. Kapitel „Kalkulation auf der Grundlage der Kostenstellenrechnung", S. 358 f.).

Einzelkosten

Einzelkosten können für den **einzelnen Kostenträger** (z. B. Warengruppe), der die Kosten verursacht hat, **unmittelbar erfasst** und diesem **zugerechnet** werden.

Zu den **Einzelkosten** gehören:

- **verschiedene Kostenarten der Kontenklasse 4**, soweit sie von den Waren oder Warengruppen **direkt** verursacht wurden, z. B. Gehälter und Löhne, Lagerzinsen (siehe S. 316), Provisionen, Transportkosten, Werbekosten,
- **Wareneinstand der Kontenklasse 3**,
- **Warenbezugskosten.**

Merke

Einzelkosten werden von den Kostenträgern (= Waren oder Warengruppen) unmittelbar verursacht. Sie gehen deshalb direkt in die Preisberechnung ein.

Gemeinkosten

Gemeinkosten lassen sich nicht für den einzelnen Kostenträger (= Ware oder Warengruppe) feststellen, weil sie für **alle Artikelgruppen oder Abteilungen** des Unternehmens **insgesamt angefallen** sind. Sie werden **zunächst** nach Belegen oder Verrechnungsschlüsseln den **Abteilungen zugerechnet**, in denen sie **verursacht** wurden (= Kostenkontrolle) und **dann** erst auf die **Kostenträger** (z. B. Warengruppen) **umgeschlüsselt** (vgl. Kapitel „Kalkulation auf der Grundlage der Kostenstellenrechnung", S. 358 f.).

Zu den **Gemeinkosten** gehören u. a. folgende Kostenarten der Kontenklasse 4 sowie die **kalkulatorischen Kosten:**

- **Gehälter** der Geschäftsleitung und der Angestellten in der Verwaltung,
- **Soziale Aufwendungen,**
- **Mieten** und sonstige Sachkosten für Geschäftsräume, **Pachten,**
- **Steuern, Beiträge, Versicherungen,**
- **Energie, Betriebsstoffe,**
- **Kosten der Warenabgabe,**
- **Betriebskosten, Instandhaltung,**
- **Allgemeine Verwaltung.**

Merke

- **Gemeinkosten fallen für alle Warengruppen insgesamt an. Sie lassen sich nicht direkt den Kostenträgern zurechnen.**
- **Die verursachungsgerechte Verteilung der Handlungskosten auf Abteilungen und Warengruppen zum Zweck der Kostenkontrolle und Preisermittlung setzt die Einteilung der Kostenarten in Einzel- und Gemeinkosten voraus.**

2.2.6.2 Variable Kosten und fixe Kosten

Abhängigkeit der Kosten vom Leistungsumfang (Beschäftigungsgrad) des Großhandelsbetriebes

Eine moderne Kostenrechnung bildet nicht nur die Grundlage für die **Kalkulation der Verkaufspreise** unter **Einrechnung aller Kosten**, sondern liefert auch die Daten für **markt- und absatzorientierte Entscheidungen** unter **Einrechnung der beschäftigungsabhängigen Kosten** (vgl. Kapitel „Deckungsbeitragsrechnung", S. 371 f.).

Variable Kosten haben die Eigenschaft, dass sie von der **Beschäftigung** (= Umsatz, Absatz) **abhängig** sind. Die wichtigsten variablen Kosten im Großhandelsbetrieb sind z. B. die Warenaufwendungen, die Verpackungs- und Transportkosten, Provisionen. Sie steigen mit zunehmender Beschäftigung und sinken mit abnehmender Beschäftigung. **Einzelkosten und ein Teil der Gemeinkosten sind variable Kosten.**

Variable Kosten als proportionale Kosten

Variable Kosten können in unterschiedlicher Weise vom Leistungsumfang abhängen. Sie können sich bei Veränderung des Absatzes **überproportional, proportional oder unterproportional** verändern. Aus Vereinfachungsgründen wird hier nur die **proportionale** Veränderung dargestellt.

Beispiel

Die Kern KG packt die bestellten Küchenrollen (vgl. S. 118 f.) in handelsübliche 4er-Packungen ab und kalkuliert die dabei anfallenden Verpackungskosten mit 0,10 € je Packung. Bei unterschiedlichen Absatzmengen ergeben sich folgende Verpackungskosten:

Zahl der Packungen	0	1 000	2 000	3 000	4 000	5 000	6 000	7 000
Variable Stückkosten	–	0,10	0,10	0,10	0,10	0,10	0,10	0,10
Variable Kosten	0,00	100,00	200,00	300,00	400,00	500,00	600,00	700,00

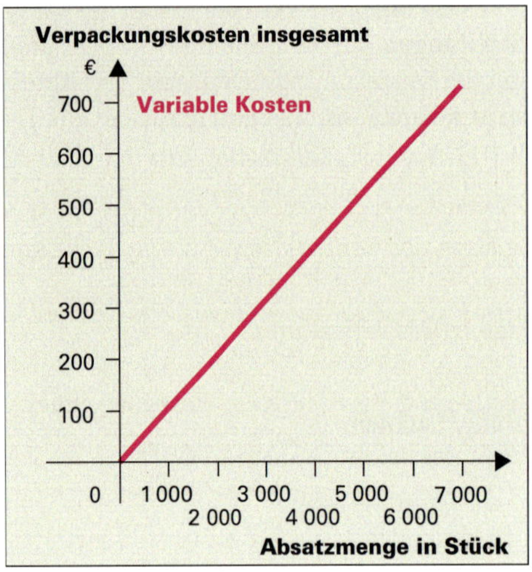

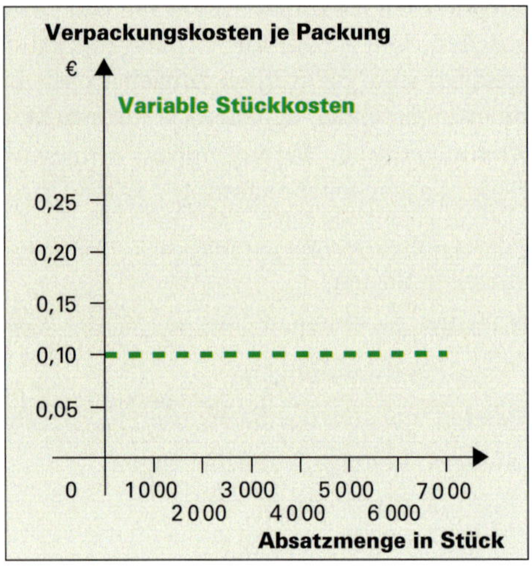

Merke

- **Die Verpackungskosten nehmen mit steigender Absatzmenge insgesamt proportional zu. Sie verringern sich im gleichen Verhältnis, wie die Absatzmenge zurückgeht.**
- **Die auf eine Packung umgerechneten Verpackungskosten bleiben bei schwankender Beschäftigung konstant.**
- **Einzelkosten und ein Teil der Gemeinkosten sind variable Kosten.**

6937328

Fixe Kosten

Alle Kosten, die von Abrechnungsperiode zu Abrechnungsperiode bei unveränderter Betriebsgröße in annähernd **gleicher Höhe unabhängig vom Leistungsumfang** anfallen, heißen **fixe Kosten** oder **Kosten der Betriebsbereitschaft.** Der überwiegende Teil der **Gemeinkosten gehört zu den fixen Kosten,** so z. B. Personalkosten, Mieten, Steuern, Beiträge, kalkulatorische Abschreibungen. Fixe Kosten ändern sich sprunghaft, wenn die Betriebsgröße verändert wird.

Beispiel

Der in der Papiergroßhandlung Kern KG eingesetzte LKW wird monatlich mit 3.600,00 € kalkulatorisch abgeschrieben. Dieser Betrag soll gleichmäßig auf die mit dem LKW transportierten Verpackungseinheiten verteilt werden.

Absatzmenge (Verpackungen in Stück)	Fixe Kosten	Fixe Stückkosten
1	3.600,00	3.600,00
100	3.600,00	36,00
200	3.600,00	18,00
300	3.600,00	12,00
400	3.600,00	9,00
500	3.600,00	7,20
600	3.600,00	6,00
.	.	.
.	.	.

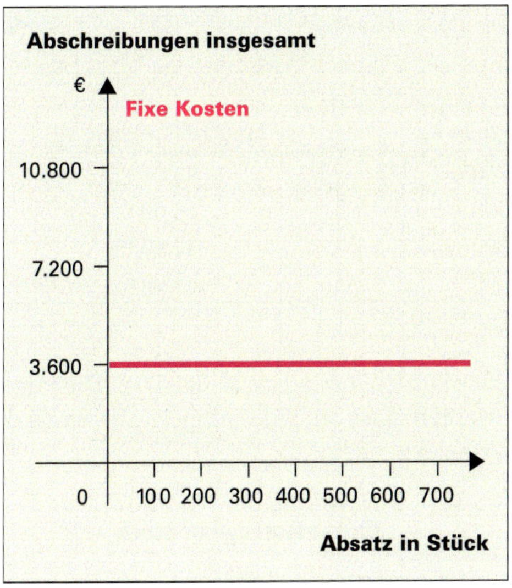

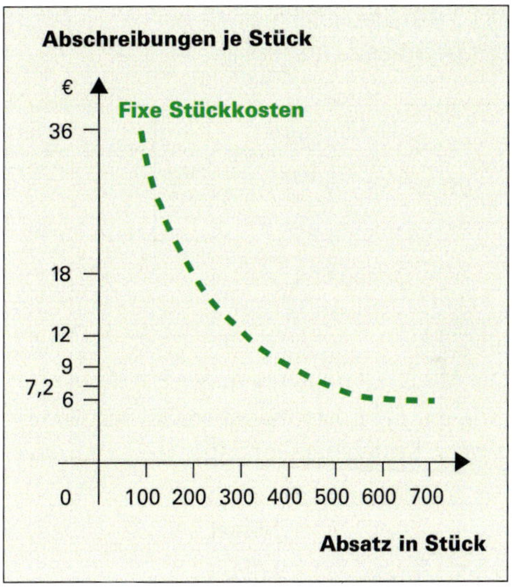

Merke

- **Die Abschreibungen verändern sich mit steigendem oder sinkendem Absatz nicht. Sie treten in jeder Abrechnungsperiode unverändert auf.**
- **Die auf ein Stück umgerechneten Abschreibungen verringern sich mit steigendem Absatz und erhöhen sich bei rückläufigem Absatz.**
- **Gemeinkosten sind überwiegend fixe Kosten.**

Aufgabe 373

1. *Unterscheiden Sie Einzel- und Gemeinkosten voneinander.*
2. *Erläutern Sie die Aussage: „Einzelkosten sind variable Kosten, Gemeinkosten sind überwiegend fixe Kosten."*
3. *Warum ist es richtig, das Gehalt eines Angestellten im Lager als fixe Kosten zu betrachten?*
4. *Ordnen Sie folgende Kostenarten den variablen und/oder fixen Kosten zu: Kalkulatorische Abschreibungen, Gewerbesteuer, freiwillige soziale Aufwendungen, Energiekosten, Telekommunikationskosten, Transportkosten, Werbekosten, Ausgangsfrachten.*
5. *Begründen Sie, warum Lohnkosten nicht eindeutig zu den variablen Kosten zu rechnen sind.*
6. *Unterscheiden Sie Lohnarten, die zu den Einzelkosten gehören, von solchen, die zu den Gemeinkosten zählen.*
7. *Aus welchem Grund können die fixen Kosten nicht direkt auf den einzelnen Kostenträger (Ware) umgerechnet werden?*
8. Ein Betrieb mit hohem Anteil der variablen Kosten an den Gesamtkosten kann sich einer veränderten Beschäftigung leicht anpassen. *Begründen Sie diese Aussage.*
9. *Warum wird ein Großhandelsbetrieb mit hohem Anteil der fixen Kosten an den Gesamtkosten darauf achten, dass stets mit guter Auslastung der Anlagen gearbeitet wird?*

Aufgabe 374

Der Wareneinsatz soll in der Kostenrechnung zum festen Verrechnungspreis angesetzt werden.

Der Verrechnungspreis ist als gewogener Durchschnittspreis aus folgenden Lieferungen des vergangenen Quartals zu bestimmen:

Lieferdatum	Liefermenge in kg	Einstandspreis je kg
..-01-15	12 500	80,00 €
..-01-23	8 500	76,00 €
..-02-18	10 000	82,00 €
..-03-05	7 000	85,00 €

Aufgabe 375

Die Abschreibungen betragen in einem Großhandelsbetrieb monatlich 36.000,00 €. Die Verteilung auf die Kostenträger soll so vorgenommen werden, dass auf jedes eingekaufte Stück der gleiche Kostenanteil entfällt:

Monat	Einkaufsmenge in Stück
August	32 000
September	30 000
Oktober	38 000

Bestimmen Sie für jeden Monat den auf ein Stück entfallenden Abschreibungsbetrag und stellen Sie die Abhängigkeit der Abschreibung von der Menge grafisch dar.

Aufgabe 376

Ein Unternehmer kalkuliert mit variablen Stückkosten von 35,00 €/Stück und fixen Kosten von insgesamt 65.000,00 €/Periode.

Wie viel Stück muss er in einer Periode mindestens absetzen, um bei einem Verkaufspreis von 61,00 €/Stück keinen Verlust zu erleiden?

3 Kalkulation mit einheitlichem Handlungskostensatz

3.1 Grundlagen

Kalkulation

Eine wichtige Aufgabe der Kostenrechnung ist die Berechnung der **Einstands- und Verkaufspreise** der Waren. Diese Rechnung geschieht auf der Grundlage der für eine Abrechnungsperiode in der Ergebnistabelle erfassten Kosten. Werden diese Kosten auf einzelne Waren oder Warengruppen (= Kostenträger) verteilt, so spricht man von **Kostenträgerstückrechnung oder Kalkulation.**

Angebotsvergleich

Einstandspreise (= Anschaffungskosten) werden berechnet, um die Angebote mehrerer Lieferanten vergleichen zu können. Mit ihrer Hilfe lässt sich das preisgünstigste Angebot bestimmen (vgl. S. 118 f.).

Die Verkaufskalkulation in der Form der **Zuschlagskalkulation** hat das Ziel, den Preis einer Ware zu bestimmen, der unter Einrechnung **aller anteiligen Handlungskosten** (vgl. S. 336) und eines **angemessenen Gewinns** vom Kunden zu fordern wäre. Dieser Preis stellt somit sicher, dass dem Unternehmen über die Umsatzerlöse alle Kosten und ein Gewinn zur Abdeckung des allgemeinen Unternehmerrisikos zurückfließen. Von der Konkurrenzsituation auf dem jeweiligen Absatzmarkt hängt es ab, ob dieser Preis auch tatsächlich gefordert werden kann. Auf jeden Fall hat dieser Preis eine **Kontrollfunktion:** Wird er unterschritten, so muss auf einen Teil des Gewinnes verzichtet werden. Bis zu welcher unteren Grenze eine Preissenkung vorgenommen werden kann, ist ggf. mithilfe der **Deckungsbeitragsrechnung** (vgl. S. 371 f.) zu bestimmen.

Kalkulationsverfahren

Vom Sortiment des Großhändlers und vom gewünschten Ziel der Kalkulation hängt es ab, welches Kalkulationsverfahren zur Anwendung gelangt.

Einfache Zuschlagskalkulation

Für den – ungewöhnlichen – Fall, dass eine Großhandlung nur **eine Warengruppe** führt, reicht es zur Preisermittlung aus, wenn auf die Einstandspreise der einzelnen Waren dieser Warengruppe ein **einheitlicher Gesamtzuschlag** kalkuliert wird. Dieser **Gesamtzuschlag enthält** dann den **Kosten- und Gewinnanteil**, der auf die einzelne Ware entfällt.

Beispiel

Auf der Grundlage der Ergebnistabelle von Seite 322 soll ein Gesamtzuschlag berechnet werden.

Der **Wareneinsatz** beträgt hiernach 1.296.000,00 €.

Die **gesamten Handlungskosten und der Gewinn** machen zusammen 1.200.000,00 € aus.

Bezieht man die Handlungskosten und den Gewinn prozentual auf den Wareneinsatz, so ergibt sich der **Zuschlagssatz, den jede Ware anteilig zu tragen hat**, um alle Kosten und den Gewinn zu erfassen.

$$\textbf{Gesamtzuschlag} = \frac{\textbf{Handlungskosten + Gewinn}}{\textbf{Wareneinsatz}} = \frac{\textbf{1.200.000,00 € · 100}}{\textbf{1.296.000,00 €}} = \textbf{92,6 \%}$$

Eine Ware mit einem Einstandspreis von **0,52 €** (vgl. S. 119) hat damit einen **kostendeckenden Verkaufspreis** von

$$\textbf{0,52 € + (0,52 € · 0,926) = 1,00 €.}$$

Merke

- **Die Kalkulation hat die Aufgabe, kostendeckende Preise und Preisuntergrenzen für einzelne Kostenträger zu bestimmen.**
- **Die im Großhandel üblichen Kalkulationsverfahren sind die Zuschlagskalkulation (Vollkostenrechnung) und die Deckungsbeitragsrechnung (Teilkostenrechnung).**

3.2 Mehrstufige Zuschlagskalkulation

Die mehrstufige Zuschlagskalkulation begnügt sich nicht mit der Zurechnung von Kosten und Gewinn auf den Kostenträger über einen **Gesamtzuschlag.** Sie ist unterteilt in die **Bezugs- und die Verkaufskalkulation.**

Die Bezugskalkulation ist für jede Ware getrennt durchzuführen, sofern die Ware zu abweichenden Konditionen (Einkaufspreis, Bezugskosten, Skonti) eingekauft wird.

In der Verkaufskalkulation kann mit einem **einheitlichen Zuschlagssatz für die Handlungskosten** kalkuliert werden,

- wenn der Großhandelsbetrieb nur **wenige Warengruppen** führt, und
- wenn diese Warengruppen die Betriebsabteilungen (= Kostenstellen, vgl. S. 358 f.) **annähernd gleich stark mit Kosten belasten,** sodass sich eine Aufteilung der Handlungskosten auf die Betriebsabteilungen (vgl. BAB, S. 361) und auf mehrere Warengruppen (= Kostenträger) erübrigt. Die Kalkulation der Verkaufspreise für einzelne Waren wird hierdurch stark vereinfacht.

Prozentuale Zuschlagssätze

In der Kalkulation wird in der Regel mit prozentualen Zuschlagssätzen gerechnet. Dadurch werden die im Unternehmen entstandenen Gemeinkosten **anteilmäßig** in den Preis der zu kalkulierenden Ware eingerechnet. Zudem kann das Kalkulationsschema mit den entsprechenden Zuschlagssätzen auf beliebige Waren einer Warengruppe angewandt werden.

Kalkulationsschema

Das in der Handelskalkulation übliche Kalkulationsschema für die Zuschlagskalkulation hat folgendes Aussehen:

	Listeneinkaufspreis	**Bezugskalkulation**
–	Liefererrabatt	
=	**Zieleinkaufspreis**	
–	Liefererskonto	
=	**Bareinkaufspreis**	
+	Bezugskosten	
=	**Einstandspreis** (Bezugspreis)	
+	Handlungskosten	**Selbstkosten- und Verkaufskalkulation**
=	**Selbstkostenpreis**	
+	Gewinn	
=	**Barverkaufspreis**	
+	Kundenskonto	
+	Vertriebsprovision	
=	**Zielverkaufspreis** (Rechnungspreis)	
+	Kundenrabatt	
=	**Angebotspreis** (Nettoverkaufspreis)	

Umsatzsteuer

Die Umsatzsteuer beim Wareneinkauf und Warenverkauf ist **nicht Gegenstand der Kalkulation.** Sie wird erst in der Rechnung gesondert ausgewiesen. Bei Rechnungen über Kleinbeträge bis 150,00 € können Entgelt und Umsatzsteuerbetrag in einer Summe angegeben werden. Es genügt dann die Angabe des Steuersatzes.

Merke

Die Handelskalkulation wird in der Regel als Zuschlagskalkulation nach einem festen Kalkulationsschema durchgeführt.

6937332

3.2.1 Bezugskalkulation

Aufgabe

Durch die Bezugskalkulation wird der **Einstandspreis einer Ware** ermittelt. Damit ist als Basis für den **Angebotsvergleich** der Preis gemeint, der nach Berücksichtigung aller **Abzüge** (= Nachlässe[1]) und **Zurechnungen** (= Bezugskosten[2]) aufgewendet werden muss, bis die Ware im Lager des Käufers eingetroffen ist. **Die Bezugskalkulation wird ausführlich auf den Seiten 116 bis 119 dargestellt. Wir verweisen auf das dort stehende Beispiel.** Zur Erweiterung bieten wir im Folgenden ein Beispiel mit Zoll- und Versicherungsberechnung an.

3.2.1.1 Kalkulation des Einkaufspreises

Abzüge und Zuschläge

Die Einkaufskalkulation geht vom Listenpreis aus. Der Listenpreis ist der vom Lieferer kalkulierte **Warenwert je Mengeneinheit.** Je nach der gekauften Menge, der Warenart und dem Vertriebssystem können Abzüge auf die Warenmenge (= **Mengenabzüge**[1]) oder auf den Warenwert (= **Wertabzüge**[1]) gewährt werden, oder es werden **Wertzuschläge**[2] eingerechnet. Nach Berücksichtigung aller Abzüge und Zuschläge ergibt sich der **Einkaufspreis.**

Beispiel

Ein Weingroßhändler erhält folgendes Angebot durch seinen Handelsvertreter: Mindestabnahme 10 000 l französischer Rotwein, Leckage 2,5 %, zu 235,00 € je 100 l, 10 % Liefererrabatt, 2 % Liefererskonto. Der Handelsvertreter beansprucht eine Provision von 4 %.

Wie viel € beträgt der Einkaufspreis für 100 l?

	Bruttomenge 10 000 l	
–	2,5 % Leckage 250 l	
=	**Warenmenge 9 750 l** · 2,35 €/l	**22.912,50 €**
–	10 % Liefererrabatt	2.291,25 €
=	**Zieleinkaufspreis**	**20.621,25 €**
–	2 % Liefererskonto	412,43 €
=	**Bareinkaufspreis**	**20.208,82 €**
+	4 % Vertriebsprovision (vom Ziel-EKP)	824,85 €
=	**aufzuwendender Einkaufspreis für 9 750 l**	**21.033,67 €**
	aufzuwendender Einkaufspreis für 100 l	**215,73 €**

$$\textbf{Leckage} = \frac{10\,000\text{ l} \cdot 2{,}5\,\%}{100\,\%} = 250\text{ l}$$

$$\textbf{Liefererrabatt} = \frac{22.912{,}50\text{ €} \cdot 10\,\%}{100\,\%} = 2.291{,}25\text{ €}$$

$$\textbf{Liefererskonto} = \frac{20.621{,}25\text{ €} \cdot 2\,\%}{100\,\%} = 412{,}43\text{ €}$$

$$\textbf{Vertriebsprovision} = \frac{20.621{,}25\text{ €} \cdot 4\,\%}{100\,\%} = 824{,}85\text{ €}$$

$$\textbf{Einkaufspreis für 100 l} = \frac{21.033{,}67\text{ €} \cdot 100\text{ l}}{9\,750\text{ l}} = 215{,}73\text{ €}$$

Merke

- **Die Reihenfolge der Abzüge und Zuschläge ist stets einzuhalten.**
- **Die Berechnung der Abzüge und Zuschläge erfolgt von den im Kalkulationsschema angegebenen Preisen oder Gewichten.**

1 Vgl. S. 116. 2 Vgl. S. 117.

3.2.1.2 Kalkulation des Bezugspreises

Einfache Bezugskalkulation

Nach der **gesetzlichen** Regelung beim Handelskauf ist der Käufer verpflichtet, die Waren **auf seine Kosten** beim Lieferer abzuholen oder abholen zu lassen. Sofern im Kaufvertrag keine von der gesetzlichen Regelung abweichenden Vereinbarungen getroffen werden, **erhöht sich der Einkaufspreis** für den Käufer **um die Kosten für Frachten, Versicherungen, Zölle usw.** Rechnet er in den aufzuwendenden Einkaufspreis die Nebenkosten (= Bezugskosten, vgl. S. 117) ein, so erhält er den **Einstandspreis** oder **Bezugspreis** (vgl. auch Angebotsvergleich, S. 118).

Beispiel 1

Der im Beispiel auf Seite 333 genannte Großhändler rechnet mit folgenden Nebenkosten: Transportversicherung und Lkw-Fracht 1.391,50 €.

Wie hoch ist der Bezugspreis für 100 l Wein?

	Aufzuwendender Einkaufspreis für 9 750 l	**21.033,67 €**
+	Bezugskosten: Transportversicherung, Fracht	1.391,50 €
=	**Einstandspreis (Bezugspreis) für 9 750 l**	**22.425,17 €**
	Einstandspreis für 100 l	**230,00 €**

Beispiel 2

Der im Beispiel auf Seite 333 genannte Großhändler bezieht eine Sendung tunesischen Tafelwein zu 90,00 € je 100 l, CIF Marseille. Einkaufskonditionen: 3 % Leckage; 10,5 % Liefererrabatt bei Abnahme von 15 000 l. An Bezugskosten fallen an: Umladegebühren in Marseille 120,00 €, Lkw-Fracht in Frankreich einschl. Grenzabfertigung 1.430,00 €, Frachtkosten in der Bundesrepublik Deutschland 402,75 € (alle Kosten netto), Zoll 10 % vom Zollwert, Transportversicherung 0,75 % vom Versicherungswert (erwarteter Gewinn 25 %).

Wie hoch ist der Einstandspreis für 100 l?

	Bruttomenge 15 000 l	
–	3 % Leckage 450 l	
=	**Nettomenge** 14 550 l · 0,90 €	**13.095,00 €**
–	10,5 % Liefererrabatt	1.375,00 €
=	**Zieleinkaufspreis**	**11.720,00 €**
+	Umladegebühren	120,00 €
+	Lkw-Fracht, Grenzabfertigung	1.832,75 €
+	10 % Zoll von 13.270,00 €	1.327,00 €
+	0,75 % Transportversicherung von 16.700,00 €	125,25 €
=	**Bezugspreis für 14 550 l**	**15.125,00 €**
	Bezugspreis für 100 l	**103,95 €**

Berechnung des Zollwertes und der Zollabgabe:

	Rechnungspreis (Zieleinkaufspreis)	11.720,00 €
+	Gebühren, Transportkosten bis Grenze	1.550,00 €
=	**Zollwert**	**13.270,00 €**
	davon 10 %	**1.327,00 €**

Berechnung des Versicherungswertes und der Prämie:

	Rechnungspreis (Zieleinkaufspreis)	11.720,00 €
+	Gebühren, Fracht	1.952,75 €
+	erwarteter Gewinn (25 % vom Rechnungspreis)	2.930,00 €
=	**Versicherungswert**	16.602,75 €
	gerundeter Versicherungswert	**16.700,00 €**
	davon 0,75 %	**125,25 €**

 6937334

Aufgabe 377

Eine Großhandlung bezieht 12 400 kg Düngemittel zum Listenpreis von 12,00 € je 50 kg.

Berechnen Sie den Einstandspreis für 50 kg, wenn 15 % Liefererrabatt und 2 % Liefererskonto gewährt werden und die Bezugskosten 55,00 € je t betragen.

Aufgabe 378

Eine Großhandlung für Autozubehör hat zwei Angebote über Radzierkappen vorliegen:

1. 4 000 Stück Radzierkappen, Listenpreis 26,00 € je Satz (vier Stück); 12,5 % Liefererrabatt; 1,5 % Liefererskonto; 500,00 € Fracht insgesamt.
2. 4 000 Stück Radzierkappen, Listenpreis 28,00 € je Satz (vier Stück); 15 % Liefererrabatt; 2 % Liefererskonto; 540,00 € Fracht insgesamt.

Berechnen Sie den Einstandspreis für einen Satz Zierkappen.

Aufgabe 379

Ein Fahrradgroßhändler bezieht 50 Herrensporträder zum Listenpreis von 180,00 € je Fahrrad und 50 Damensporträder zum Listenpreis von 165,00 € je Fahrrad. Der Einkaufsrabatt beträgt 12 %. Für Zahlung innerhalb der vereinbarten Frist werden 2 % Liefererskonto gewährt. Die Verpackung für die gesamte Sendung wird mit 320,00 € in Rechnung gestellt. Für Bahnfracht und Hausfracht fallen insgesamt 580,00 € an.

Berechnen Sie den Einstandspreis für ein Herren- und ein Damensportrad.

Aufgabe 380

Ein Großhändler für Elektronikbauteile erwirbt von einem deutschen Hersteller 50 000 Speichermodule für PCs. Der Lieferant berechnet einen Stückpreis von 26,50 € und gewährt einen Mengenrabatt von 18 %. Bei Zahlung innerhalb von 15 Tagen nach Rechnungseingang können 2,5 % Skonto abgezogen werden. Für Nebenkosten stellt der Lieferant pauschal 4 % in Rechnung.

Berechnen Sie den Einstandspreis für ein Modul.

Aufgabe 381

Ein Obstimporteur erhält die Rechnung des italienischen Lieferanten: 12 000 kg Weintrauben zum Listenpreis von 0,1965 € je kg. Tara 2 %, Refaktie 3 %. Die Rechnung wird unter Abzug von 1,5 % Skonto beglichen. Der Spediteur berechnet an Transportkosten 1.500,00 € und an Kosten für die Nachbeeisung 155,00 €.

Berechnen Sie den Bezugspreis für 100 kg Weintrauben.

Aufgabe 382

Der Listenpreis einer Lieferung von 100 elektronischen Schachspielen aus den USA beträgt 74.000,00 US-$. Da die Lieferung FOB New York erfolgt, muss der Importeur folgende Spediteurrechnungen bezahlen: Hafenspediteur New York 65,00 US-$, Seefracht New York – Hamburg 1.100,00 US-$, Lkw-Fracht 450,00 €. Die Zollabgabe beträgt 6 %. Die Transportversicherung macht 0,5 % des Versicherungswertes (unter Einrechnung von 10 % erwartetem Gewinn) aus. Die Rechnung wird unter Abzug von 2 % Skonto beglichen.

Berechnen Sie den Einstandspreis für ein Schachspiel bei einem Devisenkassamittelkurs von 1,367 US-$/€.

Aufgabe 383

Ein Weingroßhändler bezieht von einer Winzergenossenschaft 10 000 Flaschen Wein der Qualität „Kabinett" zu je 2,25 € mit 15 % Rabatt und 5 000 Flaschen Wein der Qualität „Spätlese" zu je 3,20 € mit 10 % Rabatt. Zahlungsbedingungen: Zahlbar innerhalb von zehn Tagen mit 2 % Skonto oder innerhalb von 30 Tagen ohne Abzug. Gewicht der Sendung: „Kabinett" 10 200 kg, „Spätlese" 5 800 kg. Die Frachtkosten für die gesamte Sendung betragen 2.400,00 € netto. Für die Transportversicherung sind 1 % des Versicherungswertes (unter Einrechnung von 20 % erwartetem Gewinn vom Rechnungspreis) anzusetzen.

Berechnen Sie die Einstandspreise für je einen Karton (= sechs Flaschen) Wein.

3.2.2 Handlungskostensatz

Kostenträger

Im Großhandelsbetrieb hat jede Ware oder Warengruppe die Kosten zu übernehmen, die durch sie bei der Beschaffung, bei der Lagerung, bei der Verwaltung und beim Absatz **verursacht** wurden. Die Ware oder Warengruppe ist somit in der Regel **Kostenträger.** Über den für die Ware errechneten Verkaufspreis müssen mindestens diese Kosten in das Unternehmen zurückfließen. Anderenfalls ist die Existenz des Unternehmens gefährdet.

Merke

Kostenträger im Großhandelsbetrieb sind in der Regel die Waren oder Warengruppen.

Verteilung der Kosten auf die Kostenträger

Die im Großhandelsbetrieb anfallenden Kosten lassen sich nicht immer direkt und genau auf die einzelne Ware oder Warengruppe verteilen:

- Der **Wareneinsatz** lässt sich eindeutig einer bestimmten Ware oder Warengruppe zuordnen, da er als **Einzelkosten** (vgl. S. 327) für eine bestimmte Ware angefallen ist. Er wird in der Buchhaltung innerhalb der Kontenklasse 3 erfasst und bildet die Grundlage zur Berechnung des Handlungskostensatzes.
- Die **Handlungskosten** lassen sich meist nicht eindeutig einer bestimmten Ware oder Warengruppe zuordnen, da sie überwiegend als **Gemeinkosten** (vgl. S. 327) für alle Waren insgesamt oder für den Betrieb angefallen sind. Sie werden innerhalb der Kontenklassen 2 und 4 erfasst. Um sie dennoch einer bestimmten Ware oder Warengruppe zurechnen zu können, setzt man sie in ein **Prozentverhältnis zu den Wareneinsätzen der Warengruppen.**

Handlungskostensatz

Der Handlungskostensatz gibt an, **wie viel Prozent die Handlungskosten** einer Abrechnungsperiode **bezogen auf den Wareneinsatz** dieser Abrechnungsperiode betragen. Dadurch ist es möglich, jede Ware oder Warengruppe mit genau dem Teil der Handlungskosten zu belasten, der ihrem Anteil am Wareneinsatz entspricht.

Beispiel

Die Ergebnistabelle der Kern KG (vgl. S. 322) zeigt zum Ende des Abrechnungsmonats folgende Kosten und Leistungen:

Kosten			Leistungen	
Wareneinsatz		1.296.000,00	**Umsatzerlöse (Warenverkauf)**	2.490.000,00
Handlungskosten:			**Entnahmen (Waren)**	6.000,00
Löhne	180.000,00			
Gehälter	300.000,00			
Soz. Aufwend.	50.000,00			
Mieten	60.000,00			
Steuern	52.000,00			
Versicherungen	5.000,00			
Werbe-/Reisekosten	40.000,00			
Provisionen	20.000,00			
Frachten	80.000,00			
Instandhaltung	60.000,00			
Kalk. Kosten	110.000,00	957.000,00		
Kosten insgesamt		**2.253.000,00**	**Leistungen insgesamt**	**2.496.000,00**

6937336

Wareneinsatz der Rechnungsperiode: 1.296.000,00 €

Handlungskosten der Rechnungsperiode: 957.000,00 €

Zuschlagssatz für Handlungskosten (Handlungskostensatz)

$$= \frac{\textbf{Handlungskosten} \cdot \textbf{100}}{\textbf{Wareneinsatz}}$$

$$= \frac{957.000,00\ € \cdot 100}{1.296.000,00\ €} = \mathbf{73,84\ \%}$$

Der Einstandspreis für eine **Doppelrolle** Küchenpapier beträgt 1,04 € (vgl. S. 119; 2 · 0,52 € = 1,04 €). *Wie hoch sind bei einem Handlungskostensatz von 73,84 % die auf eine Doppelrolle entfallenden anteiligen Handlungskosten?*

Einstandspreis für eine Doppelrolle	**1,04 €**
darauf 73,84 % Handlungskosten	**0,77 €**

Merke

Der Handlungskostensatz drückt das Prozentverhältnis der Handlungskosten zum Wareneinsatz aus. Mit seiner Hilfe lassen sich für jede Ware die anteiligen Handlungskosten berechnen.

Aufgabe 384

Die Elektrogroßhandlung Krüger KG, Rosenheim, bezieht 50 Heizlüfter mit Thermostat zum Bezugspreis von 45,00 € je Stück.

Ermitteln Sie den Handlungskostensatz aus der Ergebnistabelle des vergangenen Geschäftsjahres und die anteiligen Handlungskosten für einen Heizlüfter.

Kosten		Leistungen	
Wareneinsatz	1.750.000,00	Umsatzerlöse (Warenverkauf)	2.294.000,00
Gehälter	130.000,00		
Soziale Aufwendungen	47.500,00		
Mieten und Pachten	36.500,00		
Steuern/Abgaben	54.000,00		
Reise/Werbung	65.000,00		
Abschreibungen	26.000,00		

Aufgabe 385

Errechnen Sie die Handlungskostensätze und korrigieren Sie die früheren Handlungskostensätze.

Früherer Zuschlagssatz	Wareneinsätze	Handlungskosten	Neuer Zuschlagssatz
a) 30,5 %	980.500,00	313.760,00	?
b) 40,0 %	1.045.000,00	438.900,00	?
c) 29,0 %	1.312.000,00	367.360,00	?
d) 34,5 %	2.080.000,00	748.800,00	?
e) 36,8 %	2.460.000,00	947.100,00	?
f) 39,4 %	3.530.000,00	1.447.300,00	?

Aufgabe 386

Aufgrund der angespannten Wirtschaftslage gehen die Einkäufe und damit der Wareneinsatz für einen Artikel um 10 % zurück.

Welche Auswirkungen hat diese Entwicklung bei unveränderten Handlungskosten auf den Handlungskostenzuschlag?

3.2.3 Selbstkostenkalkulation

Handlungskosten

Die im Unternehmen anfallenden Handlungskosten werden dem Einstandspreis **anteilmäßig** zugerechnet. Im Wesentlichen umfassen die Kosten folgende **Kostenarten:** Personalkosten, Mietkosten, Steuern, Abgaben, Werbe- und Reisekosten, Kosten der Warenabgabe, Allgemeine Verwaltungskosten, Abschreibungen u. a. (vgl. Beispiel S. 336).

Selbstkostenpreis

Aus der Summe von Einstandspreis und anteiligen Handlungskosten ergibt sich der Selbstkostenpreis einer Ware:

	Einstandspreis
+	**anteilige Handlungskosten**
=	**Selbstkostenpreis**

Beispiel

Der Einstandspreis für eine Doppelrolle Küchenpapier (vgl. S. 119, S. 337) beträgt 1,04 €.

Wie hoch ist bei einem Handlungskostensatz von 73,84 % der Selbstkostenpreis?

	Einstandspreis für eine Doppelrolle	**1,04 €**
+	**73,84 % Handlungskosten**	**0,77 €**
=	**Selbstkostenpreis**	**1,81 €**

Merke

Nach Einrechnung der anteiligen Handlungskosten in den Einstandspreis einer Ware ergibt sich der Selbstkostenpreis.

Lagerzinsen

Im Handlungskostensatz sind die anteiligen kalkulatorischen Zinsen für das im Lager gebundene Kapital bereits enthalten. Ein **besonderer Zuschlag für Lagerzinsen** kann nur dann angesetzt werden, wenn für eine Warengruppe eine **besonders lange Lagerdauer** festgestellt wurde (vgl. S. 316).

Beispiel

Die Papiergroßhandlung Kern KG hat für alle Warengruppen eine durchschnittliche Lagerdauer von 40 Tagen errechnet. Die Warengruppe „Vliesstoffe" fällt mit einer Lagerdauer von 160 Tagen deutlich aus dem Durchschnitt heraus. Für die zusätzliche Lagerdauer dieser Warengruppe von 120 Tagen soll ein Lagerzinszuschlag von 4 % (vgl. S. 316) kalkuliert werden.

Wie hoch ist der Selbstkostenpreis für eine Rolle Vliesstoff bei einem Einstandspreis von 1.250,00 € je Rolle und einem Handlungskostensatz von 73,84 %?

	Einstandspreis	**1.250,00 €**
+	**4 % Lagerzinsen**	**50,00 €**
=	**verzinster Einstandspreis**	**1.300,00 €**
+	**73,84 % Handlungskosten**	**959,92 €**
=	**Selbstkostenpreis**	**2.259,92 €**

Berechnung der Lagerzinsen:

$$4\,\%\text{ von }1.250{,}00\,€ = \frac{1.250{,}00\,€ \cdot 4\,\%}{100\,\%} = 50{,}00\,€$$

Berechnung der Handlungskosten:

$$73{,}84\,\%\text{ von }1.300{,}00\,€ = \frac{1.300{,}00\,€ \cdot 73{,}84\,\%}{100\,\%} = 959{,}92\,€$$

6937338

Aufgabe 387

Errechnen Sie die Selbstkosten für die gesamte Sendung und für eine Einheit.

Menge	Listenpreis	Rabatt	Skonto	Bezugskosten	Handlungskosten
a) 200 Stück	35,00 € je Stück	10 %	3 %	280,00 €	32 %
b) 3 850 kg	7,85 € je kg	5 %	–	4,5 %	26 %
c) 3 200 t	445,80 € je t	25 %	2 %	48,50 € je t	38 %
d) 400 Stück	8.400,00 € gesamt	18 %	2,5 %	736,30 € gesamt	40 %
e) 2 000 m	210,00 € je m	40 %	1 %	17,25 € je m	35 %
f) 800 kg	16.600,00 € gesamt	16 %	–	2 %	44 %
g) 12 000 Stück	5,50 € je Stück	12 %	3 %	0,18 € je Stück	30 %
h) 824 m^3	182,00 € je m^3	–	2 %	frei Haus	48 %
i) 360 hl	238,00 € je hl	–	–	4 %	54 %
j) 125 m	42.400,00 € gesamt	33 %	1 %	2.040,00 € gesamt	76 %

Aufgabe 388

Die Lederwarengroßhandlung Merger KG, Köln, bezieht 100 Aktenkoffer der Marke „Senator“, schwarz, aus Offenbach zum Stückpreis von 98,00 €.

Einkaufsbedingungen: Mengenrabatt 30 %; Skonto 2,5 %; Bezugskosten 240,00 €; Handlungskosten 35 %.

Errechnen Sie die Selbstkosten insgesamt und je Stück.

Aufgabe 389

Die Farbengroßhandlung Berger OHG, Osnabrück, kauft 5 000 Dosen Holzschutzmittel zu 8,30 € je Dose.

Einkaufsbedingungen: Mengenrabatt 35 %; Skonto 2,5 %; Bezugskosten 2.400,00 € für die gesamte Sendung.

Aus der FB und der KLR werden folgende Zahlen übernommen:

Aufwendungen: Wareneinsatz 1.350.000,00 €; Gehälter 220.000,00 €; Mietaufwendungen 45.000,00 €; Steuern/Abgaben 30.500,00 €; Betriebskosten 26.000,00 €; Allgemeine Verwaltungskosten 36.800,00 €; Werbungskosten 24.000,00 €; kalkulatorische Abschreibungen 18.000,00 €, kalkulatorische Zinsen 10.200,00 €.

Erträge: Mieterträge 31.500,00 €, Umsatzerlöse 1.940.000,00 € .

Errechnen Sie die Selbstkosten für eine Dose.

Aufgabe 390

Eine Großhandlung bezog zwei Waren in einer Sendung:

Ware I: Bruttogewicht 4 200 kg, Tara 5 %, Listenpreis 12,00 € je kg.
Ware II: Bruttogewicht 3 200 kg, Tara 4 %, Listenpreis 9,00 € je kg.

Einkaufsbedingungen: 8 % Wiederverkäuferrabatt, 2 % Einkaufsskonto.

Die Bezugskosten für die gesamte Sendung beliefen sich auf 1.050,00 € Gewichtsspesen und 660,00 € Wertspesen. Die Gewichtsspesen sind nach den Bruttogewichten, die Wertspesen nach den Listeneinkaufspreisen zu verteilen.

Wie hoch sind die Selbstkostenpreise für 1 kg jeder Ware, wenn der Großhändler mit 40 % Handlungskosten kalkuliert?

3.2.4 Verkaufskalkulation

Aufgabe

Durch die Verkaufskalkulation wird der **kostendeckende Verkaufspreis** einer Ware ermittelt. Dieser Preis ergibt sich aus dem Selbstkostenpreis und der **stufenweisen Einrechnung** des **angemessenen Gewinns** und der anfallenden **Verkaufskosten.** Es ist nicht immer möglich, diesen kalkulierten Verkaufspreis auf dem Markt durchzusetzen. Preiskorrekturen sind erforderlich, wenn die Konkurrenzprodukte zu einem günstigeren Preis angeboten werden.

Kalkulatorischer Gewinn

Der unternehmerische Erfolg spiegelt sich im Betriebsgewinn wider. Dieser Gewinn muss so hoch ausfallen, dass er das **allgemeine Unternehmerrisiko** abdeckt. **Eigenkapitalverzinsung und Unternehmerlohn** werden in der Regel als **Teil der Handlungskosten kalkuliert** (vgl. S. 314/317). Sie sind damit anteilig im Handlungskostenzuschlag enthalten. Der kalkulatorische Gewinn lässt sich wie folgt bestimmen:

Beispiel 1

Die Gewinn- und Verlustrechnungen der Kern KG haben für die zurückliegenden Monate einen durchschnittlichen Umsatz in Höhe von 2.500.000,00 € ausgewiesen. Der Unternehmer strebt eine Risikoprämie von 9 % des Umsatzes an.

Wie hoch ist der angestrebte durchschnittliche Monatsgewinn?

Angestrebter durchschnittlicher Monatsgewinn (9 % von 2.500.000,00 €) = 225.000,00 €

Gewinnzuschlag

Jede verkaufte Ware soll über den Erlös ihren Anteil zum Betriebsgewinn beitragen. Dies wird dadurch erreicht, dass bei der Kalkulation des Verkaufspreises ein Gewinnzuschlag in den Selbstkostenpreis eingerechnet wird. Als Zuschlagssatz wird entweder der branchenübliche Zuschlag oder der kalkulatorisch ermittelte Zuschlag verwendet, der zu dem angestrebten Monatsgewinn führt (vgl. oben).

Beispiel 2

Aus den Ergebnistabellen der Kern KG sind für die zurückliegenden Monate folgende Zahlen errechnet worden:

durchschnittlicher Wareneinsatz	1.260.000,00 €/Monat,
durchschnittliche Handlungskosten	970.000,00 €/Monat.

Der Gewinnzuschlag ist bei einem angestrebten Monatsgewinn von 225.000,00 € zu berechnen.

	durchschnittlicher Wareneinsatz	**1.260.000,00 €**
+	**durchschnittliche Handlungskosten**	**970.000,00 €**
=	**durchschnittliche Selbstkosten der Periode**	**2.230.000,00 €**

Zuschlagssatz für Gewinn:

$$\frac{\textbf{Gewinn} \cdot \textbf{100}}{\textbf{Selbstkosten}} = \frac{225.000,00\ € \cdot 100}{2.230.000,00\ €} = 10,09\ \% \approx \mathbf{10\ \%}$$

Merke

Zuschlagsgrundlage für den kalkulatorischen Gewinnzuschlag sind die durchschnittlichen Selbstkosten mehrerer Abrechnungsperioden.

6937340

Der tatsächlich erzielte Betriebsgewinn ist als Monatsgewinn oder als Jahresgewinn aus den monatlich und jährlich aufgestellten Ergebnistabellen zu ersehen. Er ist – über den tatsächlichen Gewinnzuschlag – mit dem kalkulatorischen Gewinnzuschlag zu vergleichen.

Beispiel 3

In der Ergebnistabelle der Kern KG für den Monat September (vgl. S. 322) wird der Betriebsgewinn mit 243.000,00 € ausgewiesen. Aus den Zahlen der Ergebnistabelle lässt sich der Gewinnzuschlag wie folgt errechnen:

$$\frac{243.000{,}00\ € \cdot 100}{2.253.000{,}00\ €} = 10{,}78\ \%$$

Hieraus wird deutlich, dass der tatsächlich erzielte Gewinn den kalkulatorischen im betreffenden Monat übersteigt.

Der kalkulatorische Gewinn ist eine **Planungsgröße** des Unternehmers. Er wird **grundsätzlich in die Kalkulation eingesetzt.** In der Regel weicht der tatsächlich erzielte vom kalkulatorischen Gewinn ab, da die Marktpreise aufgrund unternehmerischer Entscheidungen festgesetzt werden oder durch die Marktsituation vorgegeben sind und nicht unbedingt mit den kalkulierten Verkaufspreisen übereinstimmen.

Merke

Im kalkulatorischen Gewinn wird das allgemeine Unternehmerrisiko abgedeckt. Er ist Vergleichsgröße für den tatsächlich erzielten Gewinn.

Barverkaufspreis

Durch Einrechnung des Gewinns in den Selbstkostenpreis wird sichergestellt, dass jede Ware ihren Anteil am Gewinn erbringt. Die Summe aus Selbstkostenpreis und Gewinn ist der Barverkaufspreis. In der Kalkulation ist somit folgendes Rechenschema zu verwenden:

	Selbstkostenpreis
+	**... % Gewinn**
=	**Barverkaufspreis**

Beispiel 4

Der Selbstkostenpreis für eine Doppelrolle Küchenpapier (vgl. Beispiel S. 338) beträgt 1,81 €.

Wie hoch ist der Barverkaufspreis für die Ware bei einem Gewinnzuschlag von 10 %?

	Selbstkostenpreis	1,81 €
+	10 % Gewinn	0,18 €
=	Barverkaufspreis	1,99 €

Nebenkosten beim Warenverkauf

Sofern beim Warenverkauf Kosten entstehen, die sich unmittelbar der Ware zurechnen lassen (z. B. Ausgangsfrachten, Transportkosten, Verpackungsmaterial, Vertriebsprovision), werden diese Kosten in den Barverkaufspreis eingerechnet. Sie gehen nicht zulasten des Verkäufers. In manchen Fällen müssen die Nebenkosten zunächst über entsprechende Prozentzuschläge ausgerechnet werden (z. B. Transportversicherung, Vertriebsprovision). Hierbei ist zu beachten, dass die Zuschlagsgrundlage (≙ 100 %) für die genannten Kosten der **Zielverkaufspreis** ist, nicht aber der Barverkaufspreis: Der Vertreter z. B. beansprucht seine Provision vom vereinbarten Rechnungspreis (= Zielverkaufspreis).

Zielverkaufspreis

	Barverkaufspreis
+	**Nebenkosten (z. B. Vertriebsprovision)**
=	**Zielverkaufspreis**

Beispiel 5

Der Barverkaufspreis für eine Doppelrolle Küchenpapier beträgt 1,99 € (vgl. Beispiel 4, S. 341). Die Vertriebsprovision beträgt 6 %.

Vertriebsprovision und Zielverkaufspreis sind zu berechnen.

	Barverkaufspreis	**1,99 €**	≙	**94 %**
+	**Vertriebsprovision (i. H.)**	**0,13 €**	≙	**6 %**
=	**Zielverkaufspreis**	**2,12 €**	≙	**100 %** ↓

Lösung über Dreisatz:

94 % ≙ 1,99 €
6 % ≙ x €

$$x\,€ = \frac{1{,}99\,€ \cdot 6\,\%}{94\,\%} = \mathbf{0{,}13\,€}\ \text{Vertriebsprovision}$$

Kundenskonto und Kundenrabatt stellen Verkaufszuschläge dar, die vom Verkäufer entweder für Zahlung innerhalb bestimmter Fristen (Kundenskonto) oder für die Abnahme bestimmter Warenmengen (Mengenrabatt) gewährt werden. Sie sollen dem Kunden nur unter den genannten Bedingungen zugute kommen und gehen nicht zulasten des Verkäufers.

Angebotspreis

Kundenskonto wird bei der Vorwärtskalkulation in den Barverkaufspreis eingerechnet, Kundenrabatt in den Zielverkaufspreis. Zu beachten ist hierbei, dass die Zuschlagsgrundlage (≙ 100 %) für **Kundenskonto** der **Zielverkaufspreis** ist, da der Kunde Skonto vom Rechnungspreis (= Zielverkaufspreis) abzieht. Die Zuschlagsgrundlage für **Kundenrabatt** ist der **Nettoverkaufspreis** (= Angebotspreis): Sofortrabatte werden bereits vor der Rechnungslegung vom Verkäufer in Abzug gebracht.

Da Kundenskonto und Vertriebsprovision jeweils vom Zielverkaufspreis berechnet werden, sind sie zu einem **gemeinsamen Zuschlagssatz** zusammenzufassen.

Beispiel 6

Die Kern KG kalkuliert den Einstandspreis für eine Doppelrolle Küchenpapier mit 1,04 € (vgl. S. 337). Die Handlungskosten werden mit 73,84 % eingerechnet (vgl. S. 337 f.), der Gewinn mit 10 % (vgl. S. 341). Bei der Kalkulation des Angebotspreises sollen 2 % Kundenskonto, 6 % Vertriebsprovision und 10 % Kundenrabatt berücksichtigt werden.

Wie hoch ist der Angebotspreis für eine Doppelrolle?

	Einstandspreis	**1,04 €**		
+	**73,84 % Handlungskosten**	**0,77 €**		
=	**Selbstkostenpreis**	**1,81 €**		
+	**10 % Gewinn**	**0,18 €**		
=	**Barverkaufspreis**	**1,99 €**	≙ 92 %	
+	**2 % Kundenskonto**	**0,04 €**	≙ 8 % (gemeinsam)	
+	**6 % Vertriebsprovision**	**0,13 €**		
=	**Zielverkaufspreis**	**2,16 €**	≙ 100 % ↓	≙ 90 %
+	**10 % Kundenrabatt**	**0,24 €**		≙ 10 %
=	**Angebotspreis**	**2,40 €**		≙ 100 % ↓

Der Angebotspreis wird auf 2,40 € je Doppelrolle festgesetzt.

6937342

Berechnung der Zuschläge:

Kundenskonto: 92 % ≙ 1,99 €
2 % ≙ x €

$$x\,€ = \frac{1{,}99\,€ \cdot 2\,\%}{92\,\%} = \mathbf{0{,}04\,€}$$

Vertriebsprovision: 92 % ≙ 1,99 €
6 % ≙ x €

$$x\,€ = \frac{1{,}99\,€ \cdot 6\,\%}{92\,\%} = \mathbf{0{,}13\,€}$$

Kundenrabatt: 90 % ≙ 2,16 €
10 % ≙ x €

$$x\,€ = \frac{2{,}16\,€ \cdot 10\,\%}{90\,\%} = \mathbf{0{,}24\,€}$$

Merke

- **Zuschlagsgrundlage für die Berechnung des Kundenskontos und der Vertriebsprovision ist der Zielverkaufspreis.**
- **Zuschlagsgrundlage für die Berechnung des Kundenrabatts ist der Nettoverkaufspreis (Angebotspreis).**

Aufgabe 391

Die Selbstkosten für 200 000 m Verpackungsfolie betragen 610.000,00 €. Das Angebot an einen Kunden wird mit 12 % Gewinn, 3 % Kundenskonto und 20 % Mengenrabatt kalkuliert.

Wie hoch ist der Angebotspreis insgesamt und für 100 m Folie?

Aufgabe 392

Errechnen Sie die Angebotspreise insgesamt und für eine Einheit.

Menge	Selbstkosten in €	Gewinn	Verkaufsskonto	Verkaufsrabatt
a) 600 Stück	21.600,00	12 %	2 %	10 %
b) 200 m	9.000,00	15 %	1 %	20 %
c) 12,5 t	175.000,00	20 %	3 %	12,5 %
d) 320 Stück	11.200,00	22 %	2,5 %	25 %
e) 4 500 kg	30.500,00	18 %	2 %	15 %
f) 3 000 m	45.000,00	10 %	3 %	8 %

Aufgabe 393

Der Barverkaufspreis einer Ware beträgt 316,00 €.

Wie hoch ist der Angebotspreis, wenn 6 % Vertriebsprovision, 3 % Skonto und 15 % Rabatt kalkuliert werden?

Aufgabe 394

Der Barverkaufspreis für eine Ware wurde mit 316,50 € kalkuliert. Der Großhändler gewährt bei einer Abnahme von mindestens zehn Stück in einem Auftrag 40 % Wiederverkäuferrabatt.

Berechnen Sie den Listenverkaufspreis (= Angebotspreis) für ein Stück, wenn zusätzlich 2 % Verkaufsskonto berücksichtigt werden sollen.

Aufgabe 395

Eine Großhandlung bietet repräsentative Keramikvasen aus Italien an. Den Einstandspreis hat sie mit 34,50 € je Vase kalkuliert.

Berechnen Sie den Angebotspreis unter Berücksichtigung folgender Zuschläge: 42 % Handlungskosten, 10 % Gewinn, 35 % Verkaufsrabatt bei einer Mindestabnahme von 50 Stück, 3 % Verkaufsskonto.

3.2.5 Zusammenfassung der Kalkulationsschritte

Bisher wurde die Zuschlagskalkulation in ihrem stufenweisen Aufbau als Bezugs-, Selbstkosten- und Verkaufskalkulation dargestellt. Das nachfolgende Beispiel zeigt die Kalkulation eines Artikels vom Listenpreis bis zum Angebotspreis auf der Grundlage des Kalkulationsschemas von Seite 330.

Beispiel

Die Papiergroßhandlung Kern KG kalkuliert auf der Grundlage des Angebotes der Zendermühle AG **(vgl. S. 119)** den Angebotspreis für eine Doppelrolle Küchenpapier. Als innerbetriebliche Zuschläge sind zu berücksichtigen: 73,84 % Handlungskosten, 10 % Gewinn, 2 % Kundenskonto, 6 % Vertriebsprovision, 10 % Kundenrabatt.

Listenpreis	1,25 €			
– 20 % Liefererrabatt	0,25 €			
= Zieleinkaufspreis	1,00 €			
– 2,5 % Liefererskonto	0,03 €			
= Bareinkaufspreis	0,97 €			
+ Bezugskosten (700 : 10 000 =)	0,07 €			
= Einstandspreis je Doppelrolle	1,04 €			
+ 73,84 % Handlungskosten	0,77 €			
= Selbstkostenpreis	1,81 €			
+ 10 % Gewinn	0,18 €			
= Barverkaufspreis	1,99 €	≙ 92 %		
+ 2 % Kundenskonto	0,04 €	≙ 8 %		
+ 6 % Vertriebsprovision	0,13 €			
= Zielverkaufspreis	2,16 €	≙ 100 % ↓	≙ 90 %	
+ 10 % Kundenrabatt	0,24 €		≙ 10 %	
= Angebotspreis für eine Doppelrolle	2,40 €		≙ 100 % ↓	

Der Angebotspreis wird auf 2,40 € je Doppelrolle festgesetzt.

Aufgabe 396

Der Einstandspreis für 5 000 m Markisenstoff beträgt 132.500,00 €. Das Angebot an einen Kunden wird mit 68 % Handlungskosten, 12 % Gewinn, 3 % Kundenskonto und 20 % Mengenrabatt kalkuliert.

Wie hoch ist der Angebotspreis insgesamt und für 100 m Stoff?

Aufgabe 397

Eine Großhandlung bietet ihren Kunden kunsthandwerkliche Bodenvasen aus Italien an. Der Hersteller gewährt auf den Listeneinkaufspreis von 46,20 € je Vase einen Liefererrabatt von 8 %.

Berechnen Sie den Angebotspreis unter Berücksichtigung folgender Zuschläge: 42 % Handlungskosten, 10 % Gewinn, 35 % Verkaufsrabatt bei einer Mindestabnahme von 50 Stück, 3 % Verkaufsskonto.

Aufgabe 398

Aus der Ergebnistabelle einer Großhandlung sind die folgenden Zahlen entnommen worden:

Wareneinsatz der Rechnungsperiode	425.000,00
Handlungskosten	255.000,00
Gewinn	153.000,00

1. *Berechnen Sie die Zuschlagssätze für die Handlungskosten und den Gewinn.*
2. *Kalkulieren Sie auf der Grundlage dieser Zuschlagssätze den Angebotspreis für folgenden Artikel: Zieleinkaufspreis 820,00 €; 2,5 % Einkaufsskonto; 10,50 € Bezugskosten; 3 % Verkaufsskonto; 4 % Vertriebsprovision; 5 % Verkaufsrabatt.*

6937344

Aufgabe 399

Eine Lebensmittelgroßhandlung beschließt das Geschäftsjahr mit folgenden Kosten und Erlösen:

Kosten	**Auszug aus der Ergebnistabelle**		Leistungen
Warenaufwendungen	800.000,00	Umsatzerlöse (Warenverkauf)	1.620.000,00
Personalkosten	265.000,00		
Miete	60.000,00		
Kalkulatorische Zinsen	12.000,00		
Werbekosten	45.000,00		
Transportkosten	33.000,00		
Betriebskosten	74.000,00		
Allgemeine Verwaltungskosten	21.000,00		
Kalkulator. Abschreibungen	130.000,00		
Betriebsgewinn	180.000,00		
	1.620.000,00		1.620.000,00

1. *Berechnen Sie den Handlungskosten- und den Gewinnzuschlag.*
2. Der Großhändler hat im abgelaufenen Geschäftsjahr mit einem Handlungskostenzuschlag von 75 % und einem Gewinnzuschlag von 15 % kalkuliert. *Vergleichen Sie in einer Gegenüberstellung die mit den bisherigen und den aktuellen Zuschlagssätzen kalkulierten Barverkaufspreise. (Gehen Sie von einem Einstandspreis von 100,00 € aus.)*
3. Im folgenden Geschäftsjahr sollen die aktuellen Zuschlagssätze verwendet werden. *Kalkulieren Sie den Angebotspreis für eine neu ins Sortiment aufzunehmende Ware: Listenpreis 420,00 €, 8 % Einkaufsrabatt, 2 % Einkaufsskonto, 12,50 € Bezugskosten, 1 % Kundenskonto, 5 % Kundenrabatt.*

Aufgabe 400

Im Monat Juni zeigten die Warenkonten einer Großhandlung folgende Bewegungen:

1. Anfangsbestand:	Waren Sorte A	300.000,00
	Waren Sorte B	350.000,00
2. Verkäufe:	Waren Sorte A, netto	223.680,00
	Waren Sorte B, netto	204.000,00
3. Einkäufe:	Waren Sorte A, Warenwert	40.000,00
	Waren Sorte B, Warenwert	60.000,00
4. Bezugskosten:	Waren Sorte A, netto	2.500,00
	Waren Sorte B, netto	3.500,00
5. Rücksendungen von Waren Sorte A an Lieferer, Warenwert		5.000,00
6. Rücksendungen von Waren Sorte B von Kunden, Warenwert		4.000,00
7. Lieferer gewährt Preisnachlass für Waren Sorte B, netto		6.000,00
8. Kunde erhält Preisnachlass für Waren Sorte A, netto		8.000,00
9. Schlussbestand:	Waren Sorte A	237.500,00
	Waren Sorte B	287.500,00

1. *Führen Sie die Warenkonten und schließen Sie sie über das GuV-Konto ab.*
2. *Bestimmen Sie die Wareneinsätze der Waren Sorte A und B und den gemeinsamen Handlungskostenzuschlag, wenn die gesamten Kosten der Rechnungsperiode 140.400,00 € betragen.*
3. *Berechnen Sie den Gewinn in Prozent der Selbstkosten.*
4. *Kalkulieren Sie einen Artikel der Sorte A, der zum Listenpreis von 415,00 € mit 12 % Liefererrabatt, 2 % Liefererskonto sowie 13,50 € Bezugskosten eingekauft wird. Für Kundenskonto sind 1,5 % einzurechnen.*

Aufgabe 401

Die aufbereitete Ergebnistabelle eines Großhandelsbetriebes weist für die abgelaufene Rechnungsperiode folgende Zahlen aus:

Auszug aus der Ergebnistabelle (KLR-Bereich)		
Wareneinsatz	420.000,00 €	–
gesamte Handlungskosten	168.000,00 €	–
Umsatzerlöse (Warenverkauf)	–	676.200,00 €
	588.000,00 €	676.200,00 €
Betriebsgewinn	88.200,00 €	
	676.200,00 €	676.200,00 €

1. *Berechnen Sie den Handlungskosten- und den Gewinnzuschlag.*
2. *Kalkulieren Sie auf dieser Grundlage den Angebotspreis einer Ware unter Berücksichtigung folgender Angaben:*

   260,00 € Listenpreis, 15 % Liefererrabatt, 2 % Bezugskosten, 3 % Kundenskonto, 10 % Kundenrabatt.

Aufgabe 402

Für einen Taschenrechner, der vom Hersteller zum Listenpreis von 35,00 € je Stück angeboten wird, kalkuliert ein Großhändler den Angebotspreis aufgrund folgender Angaben:

8 % Liefererrabatt, 2 % Liefererskonto, 3 % Bezugskosten, 65 % Handlungskosten, 12 % Gewinn, 1,5 % Kundenskonto, 5 % Kundenrabatt.

Wie hoch ist der Angebotspreis?

Aufgabe 403

Der Einstandspreis einer Ware beläuft sich auf 136,00 €. Die innerbetrieblichen Kalkulationszuschläge betragen:

55 % Handlungskosten, 16 % Gewinn, 2 % Kundenskonto, 4 % Vertriebsprovision, 5 % Kundenrabatt.

Berechnen Sie den Angebotspreis.

Aufgabe 404

Der MAGRO-Markt bezieht vom Erzeugergroßmarkt Speisekartoffeln im Bruttogewicht von 25 000 kg, Tara 4 %. Der Preis für 100 kg beträgt 8,00 €.

Kalkulieren Sie den Angebotspreis für einen 25-kg-Sack unter Berücksichtigung folgender Angaben:

5 % Liefererrabatt, 2 % Liefererskonto, 65 % Handlungskostenzuschlag, 8 % Gewinnzuschlag, 10 % Verkaufsrabatt, 2 % Verkaufsskonto.

Aufgabe 405

Ein Werkzeugmaschinen-Großhändler bietet eine Drehbank nach folgenden Angaben an:

Einstandspreis 35.000,00 €, 2 % Lagerzinszuschlag, 40 % Handlungskosten, 15 % Gewinn, 2 % Verkaufsskonto, 5 % Vertriebsprovision.

Berechnen Sie den Angebotspreis.

Aufgabe 406

Eine Ladenkette importiert aus Japan 150 Camcorder, Listenpreis 3.780.000 Yen. Mengenrabatt: 8 %. Devisenkassamittelkurs 115,15 Yen/€. Die Lieferung erfolgt CIF Hamburg. Der Lkw-Spediteur berechnet für den Transport aus dem Freihafen bis zum Empfänger 775,00 € Fracht. Es sind 10 % Zoll zu entrichten. Der Rechnungsausgleich erfolgt nach 10 Tagen mit 2 % Skontoabzug.

a) *Wie hoch ist der Bezugspreis für einen Camcorder?*

b) *Wie hoch ist der Ladenpreis (einschl. 19 % Umsatzsteuer auf den Zielverkaufspreis) für einen Camcorder, wenn 55 % Handlungskosten, 10 % Gewinn und 2 % Verkaufsskonto zu berücksichtigen sind?*

6937346

3.2.6 Kalkulationszuschlag und Kalkulationsfaktor

Vereinfachung der Verkaufskalkulation

Das bisher gezeigte Verfahren der Zuschlagskalkulation für einzelne Waren setzt voraus, dass man von Kalkulationsstufe zu Kalkulationsstufe jeweils Zwischenergebnisse bilden muss.

Sofern die Verkaufspreise mehrerer Waren oder Warengruppen mit **gleichen Zuschlagssätzen** kalkuliert werden, lässt sich die Preisberechnung dadurch vereinfachen, dass man die einzelnen Zuschlagssätze **zu einem einzigen Zuschlagssatz** zusammenfasst, der die unmittelbare Berechnung des Verkaufspreises zulässt.

Kalkulationszuschlag

Der aus den Einzelzuschlägen gebildete Zuschlagssatz heißt Kalkulationszuschlag. Er enthält nur die **innerbetrieblich anfallenden Zuschläge** für Handlungskosten, Gewinn und Verkaufskosten (Kundenskonto, Vertriebsprovision, Kundenrabatt). Die Bezugskalkulation ist auch bei diesem vereinfachten Kalkulationsverfahren für jede Ware oder Warengruppe gesondert durchzuführen, da sie in der Regel auf unterschiedlichen Einkaufsbedingungen beruht.

Berechnung des Kalkulationszuschlags

Der Kalkulationszuschlag ergibt sich aus der Differenz von Einstandspreis und Nettoverkaufspreis, ausgedrückt in Prozenten des Einstandspreises. Man kann ihn auch durch eine besondere Kalkulation, bei der man von 100,00 € Einstandspreis ausgeht, berechnen. Es wäre falsch, ihn durch Addition der Einzelzuschläge bestimmen zu wollen.

Beispiel

Die Kern KG kalkuliert die Verkaufspreise ihrer verschiedenen Warengruppen mit folgenden Einzelzuschlägen: 73,84 % Handlungskosten, 10 % Gewinn, 2 % Kundenskonto, 6 % Vertriebsprovision, 10 % Kundenrabatt.

Ausgehend von einem ***angenommenen Einstandspreis von 100,00 €*** *ist der Kalkulationszuschlag zu berechnen.*

	Einstandspreis	**100,00 €**
+	**73,84 % Handlungskosten**	**73,84 €**
=	**Selbstkostenpreis**	**173,84 €**
+	**10 % Gewinn**	**17,38 €**
=	**Barverkaufspreis**	**191,22 €**
+	**2 % Kundenskonto**	**4,16 €**
+	**6 % Vertriebsprovision**	**12,47 €**
=	**Zielverkaufspreis**	**207,85 €**
+	**10 % Kundenrabatt**	**23,09 €**
=	**Angebotspreis**	**230,94 €**

$$\text{Kalkulationszuschlag} = \frac{(\text{Angebotspreis} - \text{Einstandspreis}) \cdot 100}{\text{Einstandspreis}}$$

$$= \frac{(230{,}94\,€ - 100{,}00\,€) \cdot 100}{100{,}00\,€} = 130{,}94\,\% \approx 131\,\%$$

Für eine Doppelrolle Küchenpapier sind der Einstands- und der Angebotspreis bekannt: Einstandspreis 1,04 €; Angebotspreis 2,40 € (vgl. S. 344).

Der Kalkulationszuschlag ist zu berechnen.

$$\text{Kalkulationszuschlag} = \frac{(\text{Angebotspreis} - \text{Einstandspreis}) \cdot 100}{\text{Einstandspreis}}$$

$$= \frac{(2{,}40\,€ - 1{,}04\,€) \cdot 100}{1{,}04\,€} = 130{,}77\,\% \approx 131\,\%$$

Merke

Der Kalkulationszuschlag ist die Differenz zwischen Einstandspreis und Angebotspreis, ausgedrückt in Prozenten des Einstandspreises. Er wird entweder durch eine besondere Kalkulation (ausgehend von 100,00 € Einstandspreis) ermittelt oder aus vorgegebenem Einstands- und Nettoverkaufspreis berechnet.

Anwendung

Ist für eine Warengruppe der Kalkulationszuschlag ermittelt worden, lässt sich die Verkaufskalkulation mit **einer** Prozentrechnung durchführen.

Beispiel

Für die Warengruppe „Hygienepapiere" ist ein Kalkulationszuschlag von 131 % ermittelt worden. Der Einstandspreis für Küchenrollen beträgt 1,04 € je Doppelrolle.

Der Angebotspreis ist zu berechnen.

	Einstandspreis	**1,04 €**	≙ 100 %
+	**131 % Kalkulationszuschlag**	**1,36 €**	≙ 131 %
=	**Angebotspreis**	**2,40 €**	≙ 231 %

100 % ≙ 1,04 €
131 % ≙ x €

$$x\,€ = \frac{1{,}04\,€ \cdot 131\,\%}{100\,\%} = 1{,}36\,€$$

Kalkulationsfaktor

Die Anwendung des Kalkulationsfaktors stellt beim heute üblichen Arbeiten mit Kalkulationssoftware eine weitere Vereinfachung der Warenkalkulation dar. Während bei der Verwendung des Kalkulationszuschlags ein prozentualer Zuschlag auszurechnen und zum Einstandspreis zu addieren ist, wird beim Rechnen mit dem Kalkulationsfaktor der Verkaufspreis **durch eine einzige Multiplikation** ermittelt.

Beispiel

Berechnung des Kalkulationsfaktors: (vgl. S. 347)

Einstandspreis	100,00 €
Kalkulationszuschlag	131 %

	Einstandspreis (angenommen)	**100,00 €**
+	**Kalkulationszuschlag**	**131,00 €**
=	**Angebotspreis**	**231,00 €**

$$\textbf{Kalkulationsfaktor} = \frac{\textbf{Angebotspreis}}{\textbf{Einstandspreis}} = \frac{231{,}00\,€}{100{,}00\,€} = 2{,}31$$

Merke

Der Kalkulationsfaktor ist die Zahl, mit der der Einstandspreis multipliziert werden muss, um den Angebotspreis zu erhalten.

Anwendung

Der Einstandspreis einer Doppelrolle Küchenpapier beträgt 1,04 €. Der Angebotspreis ergibt sich unter Anwendung des Kalkulationsfaktors unmittelbar aus folgender Rechnung:

Einstandspreis	·	**Kalkulationsfaktor**	=	**Nettoverkaufspreis**
1,04 €	·	**2,31**	=	**2,40 €**

6937348

Aufgabe 407

Begründen Sie, warum der Kalkulationszuschlag nicht durch Addition der Einzelzuschläge berechnet werden kann.

Aufgabe 408

Berechnen Sie zu den Aufgaben 402–405, Seite 346, jeweils den Kalkulationszuschlag und den Kalkulationsfaktor.

Aufgabe 409

Ein Kaufmann kalkuliert mit folgenden innerbetrieblichen Zuschlägen:

Handlungskosten: 44 %; Gewinn: 16 %; Kundenskonto: 2 %.

Berechnen Sie den Kalkulationszuschlag und den Kalkulationsfaktor.

Aufgabe 410

In den drei Hauptabteilungen eines Großhandelsunternehmens wird mit folgenden Zuschlägen kalkuliert:

Abteilung	Handlungs-kosten	Gewinn	Kunden-skonto	Vertriebs-provision	Kundenrabatt
A	65 %	12 %	2 %	4 %	10 %
B	48 %	15 %	–	3 %	15 %
C	54 %	18 %	1 %	5 %	20 %

1. *Berechnen Sie jeweils den Kalkulationszuschlag und den Kalkulationsfaktor.*
2. In das Sortiment der Abteilung A wird ein Küchengerät zum Listenpreis von 74,00 € aufgenommen. Der Liefererrabatt beträgt 15 %, der Liefererskonto 2 % und die Bezugskosten 3,40 € je Gerät.

   Bestimmen Sie mithilfe des Kalkulationsfaktors den Nettoverkaufspreis (Angebotspreis).
3. In das Sortiment der Abteilung C soll ein Gerät aufgenommen werden, das zum Einstandspreis von 145,00 € eingekauft und aus Konkurrenzgründen zum Nettoverkaufspreis von 326,25 € an den Einzelhandel abgegeben wird.

   Überprüfen Sie, ob der für die Abteilung C errechnete Kalkulationszuschlag erreicht wird.

Aufgabe 411

Ein neuer Artikel, der zum empfohlenen Richtpreis von 365,00 € verkauft werden soll, kann zum Listenpreis von 150,00 € mit 10 % Liefererrabatt, 2 % Liefererskonto und 14,70 € Bezugskosten eingekauft werden. Im Unternehmen wird mit einem Kalkulationsfaktor von 1,45 kalkuliert.

Überprüfen Sie, ob dieser Artikel unter Beibehaltung der innerbetrieblichen Zuschläge in das Sortiment aufgenommen werden kann.

Aufgabe 412

In einem Großhandelsbetrieb soll die Zuschlagskalkulation auf die einfachere Kalkulation mit dem Kalkulationszuschlag umgestellt werden.

Es wurde bisher mit folgenden Einzelzuschlägen gerechnet:

34 % Handlungskosten, 8 % Gewinn, 2 % Kundenskonto, 3 % Vertriebsprovision, 15 % Kundenrabatt.

1. *Berechnen Sie den Kalkulationszuschlag.*
2. *Ermitteln Sie den Angebotspreis für eine Ware, die zum Listenpreis von 345,00 € mit 12 % Liefererrabatt, 3 % Liefererskonto und 21,50 € Bezugskosten eingekauft wurde.*

3.2.7 Rückwärtskalkulation

Aufwendbarer Einkaufspreis

Die Marktlage, in der sich der Händler befindet, ist in der Regel dadurch gekennzeichnet, dass er den **Verkaufspreis seiner Waren nicht frei festsetzen** kann. Die Konkurrenzsituation, die vom Hersteller vorgegebenen Richtpreise oder behördliche Preisfestsetzungen legen die Verkaufspreise **nach oben** fest. Eine Unterschreitung der Verkaufspreise ist nur bei besonders günstiger Kostenlage gegenüber der Konkurrenz oder durch Anwendung der Preisdifferenzierung (vgl. Kapitel „Deckungsbeitragsrechnung", S. 371 f.) möglich.

Für den Händler ergibt sich hieraus die Notwendigkeit, vor der Aufnahme einer Ware in das Sortiment zu prüfen, wie hoch der **aufwendbare Einkaufspreis** sein darf, wenn die kalkulatorischen Zuschläge in voller Höhe abgedeckt werden sollen.

Rückwärtsrechnung

Bei der Durchführung dieser Kontrollrechnung werden in das Kalkulationsschema für die Zuschlagskalkulation zunächst der vorgegebene Verkaufspreis (z. B. Angebotspreis) und die innerbetrieblichen Kalkulationszuschläge eingetragen. Die Rechnung erfolgt dann stufenweise rückwärts.

Beispiel

Die Kern KG kalkuliert den Angebotspreis für die neu ins Sortiment aufgenommenen Küchenrollen nach dem auf Seite 344 dargestellten Rechenschema.

Ein Kunde ist bereit, eine größere Menge an Küchenrollen zu einem Angebotspreis von **2,20 € je Doppelrolle** abzunehmen.

Zu welchem Preis müsste die Kern KG die Küchenrollen einkaufen, um alle Kalkulationszuschläge berücksichtigen zu können? Die Bezugskosten sind mit (700,00 € : 10 000 =) 0,07 € anzusetzen; vgl. S. 119.

			€		
	Listenpreis		**1,13**		100 % ↑
−	**Lief.-Rabatt**	20,0 %	**0,23**		+ 20 %
=	**Zieleink.-Preis**		**0,90**		100,0 % ↑ 80 %
−	**Lief.-Skonto**	2,5 %	**0,02**		+ 2,5 %
=	**Bareink.-Preis**		**0,88**		97,5 %
+	**Bezugskosten**		**0,07**		
=	**Einstandspreis**		**0,95**		100,00 % ↑
+	**Handlungsk.**	73,84 %	**0,70**		− 73,84 %
=	**Selbstk.-Preis**		**1,65**		100 % ↑ 173,84 %
+	**Gewinn**	10,0 %	**0,17**		− 10 %
=	**Barverk.-Preis**		**1,82**		92 % ↑ 110 %
+	**Kundensk.**	2,0 %	**0,04**		} − 8 %
+	**Vertr.-Prov.**	6,0 %	**0,12**		
=	**Zielverk.-Preis**		**1,98**	≙ 90 % ↑	100 %
+	**Kundenrab.**	10,0 %	**0,22**	≙ 10 %	
=	**Angebotspreis**		**2,20**	≙ 100 %	

Merke

Die Rückwärtskalkulation wird zur Berechnung des aufwendbaren Einkaufspreises eingesetzt. Sie geht vom bekannten Verkaufspreis aus und rechnet stufenweise auf den Einkaufspreis (Listenpreis) zurück. Hierbei ist zu beachten, dass alle Zuschläge, die in der Vorwärtskalkulation vom verminderten Grundwert berechnet werden, nunmehr vom Grundwert zu berechnen sind. Alle in der Vorwärtskalkulation vom Grundwert zu berechnenden Zuschläge werden nun vom vermehrten Grundwert berechnet.

6937350

Aufgabe 413

Aus Konkurrenzgründen muss der Angebotspreis für ein Küchengerät von 64,00 € auf 58,00 € gesenkt werden.

Bisher wurde mit 3 % Verkaufsskonto, 8 % Gewinn und 24 % Handlungskosten kalkuliert.

Wie hoch darf der neue Bezugspreis höchstens sein, wenn auch auf einen Gewinn verzichtet wird?

Aufgabe 414

Eine Großhandlung verkauft an eine Winzergenossenschaft 20 000 Probiergläser mit Werbeaufdruck zu 40,00 € je 100 Stück unter folgenden Bedingungen:

Einkaufsrabatt 20 %, Einkaufsskonto 2 %, Bezugskosten 15,00 € je 1 000 Stück. Handlungskosten 32 %, Gewinn 12 %, Vertriebsprovision 5 %, Verkaufsrabatt 8 %, Verkaufsskonto 1,5 %.

Errechnen Sie den Listeneinkaufspreis für ein Glas.

Aufgabe 415

Ein Personalcomputer soll dem Büromaschineneinzelhandel zu 1.200,00 € angeboten werden.

Zu welchem Zieleinkaufspreis muss ein Büromaschinengroßhändler den Computer beim Hersteller einkaufen, wenn er seiner Kalkulation folgende Abzüge und Zuschläge zugrunde legt:

Einkaufsskonto 3 %, Bezugskosten 4,5 %, Handlungskosten 20 %, Gewinn 15 %, Verkaufsskonto 2 %, Verkaufsrabatt 15 %?

Aufgabe 416

Eine Möbelgroßhandlung erweitert ihr Sortiment um das exklusive Jugendzimmer „Studio" und gibt ihren Kunden folgende Preisempfehlung einschließlich USt:

für das Etagenbett 370,00 €,
für den Kleiderschrank 420,00 €,
für einen Schreibtisch 185,00 €,
für einen Stuhl 64,50 €.

Wie hoch darf der Einstandspreis für die Einzelteile höchstens sein, wenn 10 % Gewinn erzielt werden sollen und folgende Zuschläge zu berücksichtigen sind:

Kundenrabatt 20 %, Kundenskonto 3 %, Handlungskosten 42 %?

Aufgabe 417

Eine Großhandlung verkauft ihren Kunden Tablet-PCs, deren empfohlener Verkaufspreis 478,00 € beträgt, zu 345,00 €.

Welchen Listeneinkaufspreis muss der Händler erzielen, wenn folgende Bedingungen zu berücksichtigen sind:

Gewinn 12,5 %, Einkaufsrabatt 20 %, Einkaufsskonto 3 %, Bezugskosten 8,40 € je Stück, Handlungskosten 32 %?

Aufgabe 418

Ein Großhändler kalkuliert die Nettoverkaufspreise der Waren in der Warengruppe „Dekorationsstoffe" mit einem Kalkulationszuschlag von 80 %. Unter den Artikeln dieser Warengruppe befinden sich auch Vorhangstoffe, die er zu einem Nettoverkaufspreis von 29,70 € je Meter an die Einzelhändler verkaufen will.

Zu welchem Zieleinkaufspreis dürfte er diese Stoffe höchstens beim Hersteller ordern, wenn 1 % Bezugskosten und 2 % Liefererskonto zu berücksichtigen sind?

Aufgabe 419

Fachgroßhändler Konzel kalkuliert Büromaschinen mit folgenden Abzügen und Zuschlägen: 8 % Liefererrabatt, 1 % Liefererskonto, 1,5 % Bezugskosten, 45 % Handlungskosten, 15 % Gewinn, 2 % Kundenskonto. Den Laserdrucker „PERFEKT" des Herstellers Osyria will er aus Konkurrenzgründen zum Zielverkaufspreis von 360,00 € je Gerät an den Einzelhandel abgeben.

Zu welchem Listenpreis müsste Konzel die Geräte vom Hersteller beziehen, um konkurrenzfähig zu sein?

3.2.8 Handelsspanne

Vereinfachung der Rückwärtskalkulation

Bei vorgegebenem Angebotspreis ist es zur Bestimmung des aufwendbaren Einstandspreises vorteilhaft, die Handelsspanne anzuwenden und nicht eine stufenweise Rückwärtsrechnung durchzuführen. Mithilfe der Handelsspanne lässt sich – ausgehend vom Angebotspreis – der Einstandspreis in einem Rechenschritt ermitteln.

Beispiel

Berechnung der Handelsspanne: (vgl. S. 347)

Die Kern KG kalkuliert mit folgenden Einzelzuschlägen: 73,84 % Handlungskosten, 10 % Gewinn, 2 % Kundenskonto, 6 % Vertriebsprovision, 10 % Kundenrabatt. Aus Konkurrenzgründen soll eine Doppelrolle Küchenpapier zum Angebotspreis von 2,40 € verkauft werden.

Wie viel Prozent beträgt die Handelsspanne?

	Einstandspreis	**1,04 €**
(+)	**73,84 % Handlungskosten**	**0,77 €**
=	**Selbstkostenpreis**	**1,81 €**
(+)	**10 % Gewinn**	**0,18 €**
=	**Barverkaufspreis**	**1,99 €**
(+)	**2 % Kundenskonto**	**0,04 €**
(+)	**6 % Vertriebsprovision**	**0,13 €**
=	**Zielverkaufspreis**	**2,16 €**
(+)	**10 % Kundenrabatt**	**0,24 €**
=	**Angebotspreis**	**2,40 €**

$$\text{Handelsspanne} = \frac{(\text{Angebotspreis} - \text{Einstandspreis}) \cdot 100}{\text{Angebotspreis}}$$

$$= \frac{(2{,}40\,€ - 1{,}04\,€) \cdot 100}{2{,}40\,€} = 56{,}7\,\%$$

Die Handelsspanne kann auch aus dem Kalkulationszuschlag und dem Kalkulationsfaktor berechnet werden (vgl. S. 347 f.):

$$\text{Handelsspanne} = \frac{\text{Kalkulationszuschlag}}{\text{Kalkulationsfaktor}} = \frac{131\,\%}{2{,}31} = 56{,}7\,\%$$

Merke

Die Handelsspanne ist die Differenz zwischen dem Angebotspreis und dem Einstandspreis, ausgedrückt in Prozenten des Angebotspreises. Mithilfe der Handelsspanne lässt sich die Rückwärtskalkulation vereinfachen. Sie dient darüber hinaus durch Vergleich mit branchenüblichen Handelsspannen zur Kontrolle der Leistungsfähigkeit des Unternehmens.

Beispiel

Die Kern KG bietet dem Einzelhandel Küchenrollen zum Angebotspreis von 2,40 € an. Sie kalkuliert mit einer Handelsspanne von 56,7 %.

Wie hoch darf der Einstandspreis sein?

	Einstandspreis	**1,04 €**
(+)	**56,7 % Handelsspanne**	**1,36 €**
=	**Angebotspreis**	**2,40 €**

$$\text{Handelsspanne in €} = \frac{2{,}40\,€ \cdot 56{,}7\,\%}{100\,\%} = 1{,}36\,€$$

6937352

Aufgabe 420

Kalkulationszuschlag in %	Handelsspanne in %
20	?
25	?
?	25
50	?
?	50

1. *Vervollständigen Sie die Übersicht.*
2. *Welcher Zusammenhang besteht zwischen Kalkulationszuschlag und Handelsspanne?*

Aufgabe 421

Ein Großhändler kalkuliert mit folgenden Einzelzuschlägen:

35 % Handlungskosten, 18 % Gewinn, 2 % Kundenskonto, 4 % Vertriebsprovision, 5 % Kundenrabatt.

Welchen Kalkulationszuschlag und welche Handelsspanne müsste er in Ansatz bringen?

Aufgabe 422

Der Bezugspreis einer Ware beträgt 819,00 €, der kalkulierte Angebotspreis 1.260,00 €.

1. *Mit welcher Handelsspanne rechnet der Großhändler?*
2. *Wie hoch ist der Kalkulationszuschlag?*

Aufgabe 423

In der Warengruppe „Haushaltsporzellan“ kalkulierte ein Großhändler bisher mit einer Handelsspanne von 50 %.

Aufgrund verschärfter Konkurrenz sollen die Angebotspreise dieser Warengruppe um 10 % gesenkt werden.

Mit welcher Handelsspanne ist nunmehr zu kalkulieren?

Aufgabe 424

Ein Großhändler kalkuliert mit einem Kalkulationsfaktor von 1,85. Der Angebotspreis einer Ware wird aus Konkurrenzgründen auf 407,00 € festgesetzt.

1. *Zu welchem Einstandspreis muss die Ware eingekauft werden?*
2. *Mit welcher Handelsspanne kalkuliert der Großhändler?*

Aufgabe 425

Die Warengruppe A wird in einer Großhandlung mit einer Handelsspanne von 60 % kalkuliert. Nach Erhöhung der Einstandspreise in dieser Warengruppe um 10 % soll die Handelsspanne bei unverändertem Angebotspreis der neuen Situation angepasst werden.

1. *Mit welcher Handelsspanne ist nach der Erhöhung der Einstandspreise zu kalkulieren?*
2. Nach Erhöhung der Einstandspreise um 10 % setzt der Großhändler die Angebotspreise um 5 % herauf. *Welche Auswirkung hat diese Maßnahme auf die Handelsspanne?*

Aufgabe 426

Ein Textilgroßhändler kalkuliert in der Warengruppe „Herrenoberbekleidung“ mit einem Kalkulationszuschlag von 80 %. Er bietet dem Einzelhändler Anzüge zum Preis von 240,00 € an. Die Erhöhung der Einstandspreise um 8 % will der Großhändler auf den Einzelhändler abwälzen.

Mit welchem Kalkulationsfaktor und mit welcher Handelsspanne muss er nach der Preiserhöhung kalkulieren?

3.2.9 Differenzkalkulation

Kalkulation auf der Basis vorgegebener Einkaufs- und Verkaufspreise

Die Kalkulationsfreiheit des Händlers wird durch die gleichzeitige Vorgabe des Einkaufs- und des Verkaufspreises noch weitgehender eingeschränkt, als dies bei der Vorgabe des Verkaufspreises bereits der Fall ist. In der Praxis liegen vor der Aufnahme einer Ware in das Sortiment mehrere Angebote mit bestimmten Listenpreisen vor; zugleich wird der Verkaufspreis nur in geringem Umfang beeinflussbar sein.

Tatsächlich erzielbarer Gewinn

In dieser Situation obliegt es der **Beschaffungsabteilung**, auf der Basis der Einstandspreise das **günstigste Angebot** zu ermitteln. Aufgabe der **Kalkulationsabteilung** ist es, den **tatsächlich erzielbaren** Gewinn zu bestimmen. Hierzu wird zunächst im Schema der Zuschlagskalkulation der Selbstkostenpreis berechnet und danach – ausgehend vom Angebotspreis – durch Rückwärtskalkulation der Barverkaufspreis ermittelt. Die Differenz zwischen dem Selbstkostenpreis und dem Barverkaufspreis ergibt den **Gewinn (Barverkaufspreis > Selbstkostenpreis)** oder den **Verlust (Barverkaufspreis < Selbstkostenpreis)** beim Verkauf einer Wareneinheit. Die Geschäftsleitung hat zu entscheiden, ob ein errechneter Gewinn angemessen ist, sodass die Ware in das Sortiment aufgenommen werden kann.

Beispiel

Die Kern KG bezieht Küchenrollen von der Zendermühle AG zu den auf der Seite 118 f. genannten Bedingungen. Ein Kunde der Kern KG ist bereit, eine größere Menge an Küchenrollen zu einem Angebotspreis von **2,20 € je Doppelrolle** abzunehmen.

Mithilfe der Differenzkalkulation soll festgestellt werden, ob sich die Annahme des Auftrags lohnt, wenn alle Kalkulationszuschläge berücksichtigt werden.

			€			
	Listenpreis		1,25	≙ 100 %		
–	Liefererrabatt	20,0 %	0,25	≙ 20 %		
=	Zieleinkaufspreis		1,00	≙ 80 % ↓	≙ 100,0 %	
–	Liefererskonto	2,5 %	0,03		≙ 2,5 %	
=	Bareinkaufspreis		0,97		≙ 97,5 % ↓	
+	Bezugskosten		0,07	(700,00 € : 10 000 Rollen = 0,07 €)		
=	Einstandspreis		1,04			100,00 %
+	Handlungskosten	73,84 %	0,77			≙ 73,84 %
=	Selbstkostenpreis		1,81			≙ 173,84 % ↓
+	Gewinn		0,01			
=	Barverkaufspreis		1,82			≙ 92 % ↑
–	Kundenskonto	2,0 %	0,04			} ≙ 8 %
–	Vertriebsprovision	6,0 %	0,12			
=	Zielverkaufspreis		1,98		≙ 90 % ↑	≙ 100 %
–	Kundenrabatt	10,0 %	0,22		≙ 10 %	
=	Angebotspreis		2,20		≙ 100 %	

Die Annahme des Auftrags empfiehlt sich, obwohl nur ein Gewinn von 0,01 € je Doppelrolle eintritt. Entscheidend hierbei ist, dass der Auftrag **alle Kosten** – einschließlich der kalkulatorischen Kosten – deckt. Darüber hinaus wird noch ein Gewinn zur Abdeckung des allgemeinen Unternehmerrisikos erzielt (vgl. S. 340).

Merke

Liegen bei einer Ware der Einkaufs- und der Verkaufspreis fest, so wird mithilfe der Differenzkalkulation der erzielbare Gewinn berechnet. Grundsätzlich lohnt sich die Annahme eines Auftrags, wenn durch ihn alle Kosten gedeckt werden.

6937354

Aufgabe 427

Überprüfen Sie, ob das folgende Angebot für den Großhändler Gewinn bringend ist:

420,00 € Listenpreis, 10 % Liefererrabatt, 2 % Liefererskonto, 10,60 € Bezugskosten. Aus Konkurrenzgründen muss die Ware zu einem Angebotspreis von 680,00 € an den Einzelhandel abgegeben werden.

Der Großhändler kalkuliert mit einer Handelsspanne von 45 %.

Aufgabe 428

Der Angebotspreis eines Taschenrechners liegt mit 42,00 € fest. Auf diesen Preis gewährt der Hersteller dem Großhändler einen Wiederverkäuferrabatt von 55 %.

Berechnen Sie den erzielbaren Gewinn in € und Prozent je Taschenrechner, wenn 2 % Liefererskonto abgerechnet werden, Bezugskosten in Höhe von 0,80 € je Taschenrechner anfallen und der Händler mit 35 % Handlungskosten, 2 % Kundenskonto sowie 30 % Kundenrabatt kalkuliert.

Aufgabe 429

Für eine Digitalkamera legt der Hersteller einen unverbindlichen Richtpreis von 120,00 € fest. Beim Verkauf an den Großhändler gewährt der Hersteller auf den Richtpreis 50 % Rabatt mit der Maßgabe, dem Einzelhändler einen Wiederverkäuferrabatt in Höhe von 25 % (des Richtpreises) einzuräumen.

Der Großhändler kalkuliert mit 2,50 € Bezugskosten je Gerät, 40 % Handlungskosten und 3 % Kundenskonto. Er ist bereit, dieses Gerät in das Sortiment aufzunehmen, wenn er mindestens 5 % Gewinn erzielt.

Lohnt sich für den Großhändler die Aufnahme dieses Gerätes in das Sortiment?

Aufgabe 430

Zur Abrundung seines Sortiments will ein Großhändler einen zusätzlichen Gerätetyp auf Lager nehmen. Ihm liegen die Angebote von drei Herstellern vor:

	Angebot A	Angebot B	Angebot C
Unverbindlicher Richtpreis	1.250,00 €	1.180,00 €	1.310,00 €
Wiederverkäuferrabatt	40 %	35 %	45 %
Liefererskonto	1 %	–	2 %
Bezugskosten	15,00 € je Gerät	2 % auf Bareinkaufspreis	18,00 € je Gerät
Handlungskosten	30 %		
Kundenskonto	2 %		
Kundenrabatt	20 %		

1. *Wählen Sie das Angebot mit dem niedrigsten Einstandspreis je Gerät aus.*
2. *Berechnen Sie den bei diesem Angebot erzielbaren Stückgewinn in € und Prozent.*
3. *Zu welchem Angebotspreis könnte der Händler das Gerät an den Einzelhandel weitergeben, wenn er seiner Kalkulation einen Gewinn von 5 % zugrunde legt?*

Aufgabe 431

Ein Großhändler kalkuliert mit folgenden innerbetrieblichen Zuschlägen: 38 % Handlungskosten, 16 % Gewinn, 2 % Kundenskonto.

Einen Artikel, den er zum Listenpreis von 235,00 € mit 6 % Liefererrabatt, 1,5 % Liefererskonto und 3,40 € Bezugskosten vom Hersteller beziehen kann, will er zum Zielverkaufspreis von 350,00 € an den Einzelhandel weitergeben.

Wie hoch ist der tatsächlich erzielbare Gewinn in € und Prozent?

3.3 Abhängigkeit des Handlungskostensatzes von der Beschäftigung

Vorkalkulation

In den bisherigen Betrachtungen wurde der Handlungskostensatz aus den **vergangenheitsbezogenen Zahlen** der Ergebnistabelle bestimmt und den Kalkulationen zugrunde gelegt. Bei Kundenanfragen ist es jedoch erforderlich, dass der Großhändler **im Voraus** Kalkulationen erstellt, um Preisangaben machen zu können. Für diese **Vorkalkulationen** werden Handlungskostensätze benötigt, die sich auf die erwartete oder geplante Beschäftigung des Großhandelsbetriebes beziehen. Es soll im Folgenden untersucht werden, ob eine Beschäftigungsänderung – wegen der teilweisen Abhängigkeit der Kosten von der Beschäftigung (vgl. S. 328 f.) – Einfluss auf die Höhe des Handlungskostensatzes hat.

Beschäftigung

Unter Beschäftigung ist die **tatsächliche Ausnutzung des Leistungsvermögens je Zeiteinheit** (z. B. je Monat oder pro Jahr) zu verstehen, die ein Großhandelsbetrieb aufgrund des Personal- und Betriebsmittelbestandes (= Maximalkapazität) hat. Die Beschäftigung wird durch den Wareneinsatz ausgedrückt. Jeder Großhandelsbetrieb verfügt über eine **Normalbeschäftigung,** bei der das Leistungsvermögen **wirtschaftlich ausgeschöpft** ist (= unter wirtschaftlichem Gesichtspunkt höchstmöglicher Wareneinsatz).

Beschäftigungsgrad

Das prozentuale Verhältnis aus tatsächlicher Beschäftigung (= nachgewiesene Warenaufwendungen einer Abrechnungsperiode) und der Normalbeschäftigung wird als **Beschäftigungsgrad** bezeichnet:

$$\textbf{Beschäftigungsgrad} = \frac{\textbf{tatsächliche Beschäftigung}}{\textbf{Normalbeschäftigung}}$$

Merke **Maßzahl für die Kapazität ist im Großhandelsbetrieb der Wareneinsatz.**

Beispiel 1

Die Kern KG verzeichnete im Vormonat einen Wareneinsatz in Höhe von 1.296.000,00 € (vgl. S. 322). Die Normalbeschäftigung soll mit 1.525.000,00 € Wareneinsatz ermittelt worden sein.

Wie hoch ist der Beschäftigungsgrad des Unternehmens?

$$\textbf{Beschäftigungsgrad} = \frac{\textbf{1.296.000,00 €} \cdot \textbf{100}}{\textbf{1.525.000,00 €}} = \textbf{85 \%}$$

Einfluss des Beschäftigungsgrades auf den Handlungskostensatz

In der oben dargestellten Situation wird der Großhandelsbetrieb bestrebt sein, den Beschäftigungsgrad zu erhöhen, z. B. auf 90 % ≙ 1.372.500,00 € Wareneinsatz. Dies wäre nur mit höheren Handlungskosten als 957.000,00 € (vgl. S. 336) zu erreichen. Ob die veränderte Situation auch zu einem anderen Handlungskostensatz als 73,84 % (vgl. S. 337) führt, hängt davon ab, wie sich die Handlungskosten bei der geplanten Beschäftigungsänderung verhalten; sie können fix oder variabel sein (vgl. S. 328 f.).

Beispiel 2

Die Kern KG hat aufgrund einer Kostenuntersuchung festgestellt, dass die Handlungskosten zu 50 % fix und zu 50 % variabel sind und dass sich die variablen Kosten proportional zur Beschäftigung ändern.

Wie hoch sind aufgrund des Beispiels von Seite 336 die zu erwartenden Handlungskosten bei einem Beschäftigungsgrad von 90 %?

Die Erhöhung des Beschäftigungsgrades von 85 % auf 90 % entspricht einer prozentualen Erhöhung um **5,88 %.** Die fixen Kosten verändern sich hierdurch nicht, die variablen steigen um 5,88 %.

	Beschäftigungsgrad	
	85 %	90 %
variable Kosten (50 % von 957.000,00 €) **fixe Kosten** (50 % von 957.000,00 €)	478.500,00 € 478.500,00 €	506.636,00 € 478.500,00 €
Handlungskosten insgesamt	957.000,00 €	985.136,00 €
Wareneinsatz	1.296.000,00 €	1.372.500,00 €
Handlungskostensatz	**73,84 %**	**71,78 %**

Auswertung: Die Erhöhung des Beschäftigungsgrades würde unter den aufgestellten Bedingungen zu einer Erhöhung der variablen Kosten um (5,88 % von 478.500,00 € =) 28.136,00 € führen. Die fixen Kosten bleiben von der Beschäftigungsänderung unberührt. Das hat zur Folge, dass sich die fixen Kosten nunmehr auf eine größere Absatzmenge verteilen. Auf die einzelne Wareneinheit umgerechnet, ergäbe sich eine **geringere Fixkostenbelastung** bei 90 % Beschäftigungsgrad gegenüber der früheren 85%igen Beschäftigung. Da sich die variablen Kosten proportional verändern, werden die Durchschnittskosten (= variable und fixe Kosten je Wareneinheit) bei der höheren Beschäftigung ebenfalls **niedriger** ausfallen.

Beispiel 3

Die Kern KG kalkuliert den Selbstkostenpreis für eine Doppelrolle (Einstandspreis 1,04 €) bei unterschiedlichen Beschäftigungsgraden.

	Beschäftigungsgrad			
	85 %		90 %	
Einstandspreis		1,04 €		1,04 €
+ **Handlungskosten**	73,84 %	0,77 €	71,78 %	0,75 €
= **Selbstkostenpreis**		**1,81 €**		**1,79 €**

Würde nach dem obigen Beispiel verfahren, so ergäben sich nicht marktgerechte Handlungsweisen des Unternehmers:

- In Zeiten der Vollbeschäftigung mit hohen Beschäftigungsgraden aufgrund einer guten Auftragslage müsste der Großhändler Preissenkungen vornehmen, obwohl Preiserhöhungen angezeigt wären, um die Marktchancen zu nutzen und die überschäumende Absatzlage zu dämpfen.
- In Zeiten schwächerer Auftragslagen mit entsprechend geringeren Beschäftigungsgraden müsste der Großhändler nach Aussage seiner Kalkulation Preiserhöhungen vornehmen, obwohl zur Stabilisierung des Absatzes Preissenkungen notwendig wären.

Die Unsinnigkeit einer solchen Kalkulation, die **alle Kosten** einrechnet (= Vollkostenkalkulation), rührt daher, dass sich die auf eine Wareneinheit umgerechneten fixen Kosten mit **steigender Beschäftigung verringern** (weil ein fester Kostenbetrag dann auf eine größere Menge verteilt wird) und mit **sinkender Beschäftigung erhöhen** (weil ein fester Kostenbetrag dann auf eine kleinere Menge verteilt wird). Bei der Preisgestaltung auf der Grundlage der Vollkostenkalkulation muss diese Eigenart beachtet werden, um zu vernünftigen Ergebnissen zu gelangen. Marktgerechtere Entscheidungen sind auf der Basis der Deckungsbeitragsrechnung möglich (vgl. S. 371 f.).

Merke

Die Vollkostenkalkulation führt bei unterschiedlichen Beschäftigungsgraden zu nicht marktgerechten Preisempfehlungen.

4 Kalkulation auf der Grundlage der Kostenstellenrechnung

4.1 Grundlagen

In Großhandelsbetrieben mit einem breiten und/oder tiefen Sortiment aus mehreren Warengruppen ergeben sich für die Kostenrechnung folgende Probleme:

Handlungskostenzuschlag je Warengruppe (= Kostenträger, vgl. S. 367)

Jede Warengruppe darf aus Gründen einer „gerechten" Preisermittlung nur mit den durch sie verursachten Kosten belastet werden. Dies kann nicht durch einen einheitlichen Zuschlagssatz für Handlungskosten (vgl. Kapitel 3) erreicht werden, sondern nur durch die für jede Warengruppe gesondert ermittelten Zuschlagssätze.

Kostenkontrolle

Die Kosten bedürfen hinsichtlich ihrer Verursachung und ihrer Höhe einer eingehenden Kontrolle. Dies kann nur begrenzt über die Erfassung nach Kostenarten in der Ergebnistabelle geschehen. Aussagefähiger ist die Erfassung der Kosten an den Stellen (= Abteilungen, Warengruppen), an denen sie entstanden sind.

Zur Lösung dieser Probleme bietet sich folgendes Vorgehen an:

Übersicht über den Zusammenhang zwischen Kostenarten, Kostenstellen und Kostenträgern

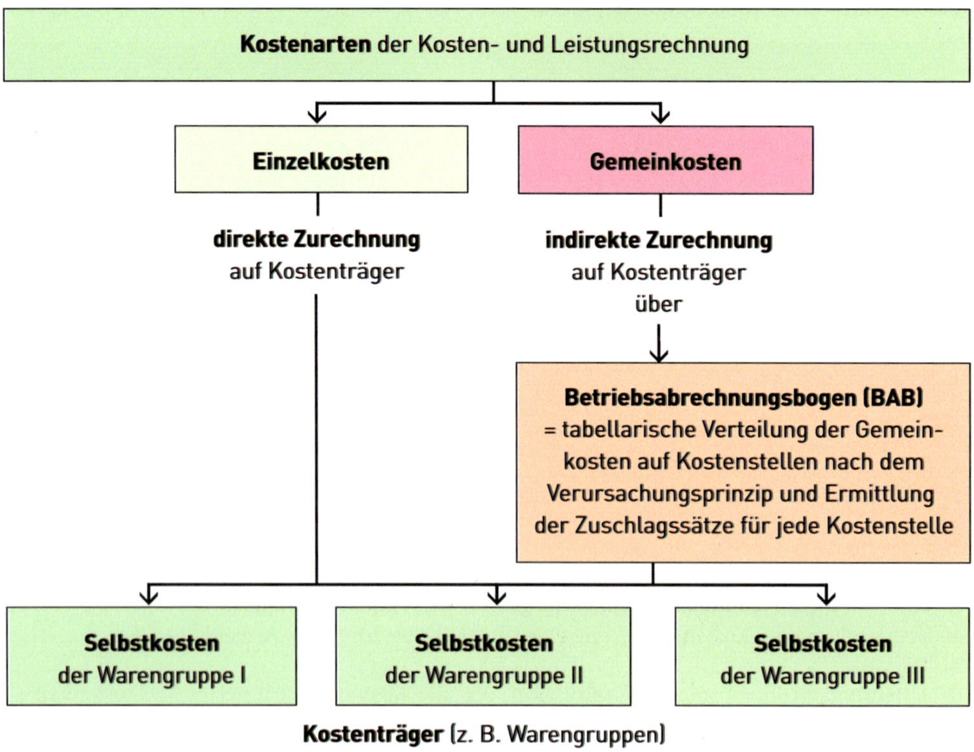

Einzelkosten

Einzelkosten (vgl. S. 327) – insbesondere die Wareneinsätze – sind für einzelne Waren oder Warengruppen unmittelbar feststellbar und diesen zurechenbar.

Gemeinkosten

Gemeinkosten (vgl. S. 327) fallen für alle Waren, Warengruppen, Abteilungen oder für das Unternehmen insgesamt an (z. B. Abschreibungen auf die betrieblich genutzten Gebäude) und lassen sich daher nicht für einzelne Waren oder Warengruppen unmittelbar erfassen. Sie können nur indirekt – auf dem Umweg über Kostenstellen (z. B. nach Warengruppen geordnete Verkaufsabteilungen) – den Warengruppen (= Kostenträgern) zugerechnet werden, um so die Selbstkosten für jeden Kostenträger zu bestimmen.

6937358

Kostenstellen nach Funktionen

Um die Gemeinkosten – zur Kostenkontrolle und zur Verteilung auf die Kostenträger – an den Orten, an denen sie entstanden sind, zu erfassen, ist es zweckmäßig, Betriebsabteilungen, die aufgrund einheitlicher Tätigkeit oder Funktion eine organisatorische Einheit bilden, zu Kostenstellen zusammenzufassen. Die Gliederung des Großhandelsbetriebes in Kostenstellen ist nach folgenden Gesichtspunkten möglich:

Kostenstellen im Großhandelsbetrieb		
Verursachungsbereiche	**Kostenstellen**	**Bezeichnung**
Verkaufsabteilungen	nach Warengruppen geordnete Verkaufsabteilungen	**Hauptkostenstellen**
Betriebliche Teilbereiche	Einkauf, Vertrieb, Lager, Verwaltung u. a.	**Hilfskostenstellen**
Allgemeine Bereiche	Geschäftsführung, Fuhrpark, Sozialeinrichtungen, EDV u. a.	**Allgemeine Kostenstellen**

Kostenträger als Hauptkostenstellen

Da für jeden Kostenträger (vgl. S. 367) ein eigener Handlungskostenzuschlag ermittelt werden soll, ist es sinnvoll, die Hauptkostenstellen nach den Kostenträgern (z. B. Warengruppen) auszurichten und die Handlungskosten sowie die Zuschlagssätze für jede Hauptkostenstelle zu ermitteln (vgl. Beispiel S. 360 f.).

Hilfskostenstellen

Die Hilfskostenstellen stimmen in der Regel mit den Betriebsabteilungen überein, die den Hauptkostenstellen Hilfsdienste leisten.

Allgemeine Kostenstellen

Die Allgemeinen Kostenstellen üben Funktionen für den Gesamtbetrieb aus. Die hier anfallenden Kosten lassen sich keiner zuvor genannten Kostenstelle ausschließlich zuordnen.

Betriebsabrechnungsbogen (BAB)

Der Betriebsabrechnungsbogen (BAB, vgl. Beispiel S. 360) ist das tabellarische Hilfsmittel zur Durchführung der Kostenstellenrechnung. Mit dem Einsatz des BAB kann die Kostenstellenrechnung folgende Aufgaben erfüllen:

Aufgaben der Kostenstellenrechnung (BAB)

- **Verteilung der Gemeinkosten** der Ergebnistabelle nach dem Verursachungsprinzip auf die Kostenstellen (vgl. Beispiel S. 360 f.),
- **Umlegung der** in den Allgemeinen Kostenstellen und in den Hilfskostenstellen **erfassten Gemeinkosten** auf die Hauptkostenstellen (vgl. Beispiel S. 360 f.),
- **Ermittlung des Handlungskostenzuschlags** für jede **Hauptkostenstelle** (S. 360 f.),
- **Überwachung der Kosten** in den einzelnen Betriebsabteilungen (= Kostenkontrolle).

Die für die **Kalkulation wesentliche Aufgabe** des BAB besteht in der Ermittlung des **Handlungskostenzuschlags für jede Hauptkostenstelle.** Durch die Einrichtung **räumlich getrennter Warenabteilungen als Hauptkostenstellen** sind mithilfe dieser Handlungskostenzuschläge **differenzierte Kalkulationen** möglich.

Merke

- **Kostenstellen sind Verkaufs- und Betriebsabteilungen, die Gemeinkosten verursachen.**
- **Es lassen sich Hauptkostenstellen, Hilfskostenstellen und Allgemeine Kostenstellen unterscheiden.**
- **Hauptkostenstellen werden in der Regel nach Kostenträgern ausgerichtet.**

Betriebsabrechnungsbogen

der Papiergroßhandlung Kern KG, Köln, für den Abrechnungsmonat September ..

Kostenarten (Einzel- und Gemeinkosten)	Zahlen der Ergebnis-tabelle	Verteilungs-schlüssel	Allgem. Kosten-stelle: Fuhrpark	Hilfskostenstellen				Hauptkostenstellen (= Kostenträger)				Summe
				Einkauf	Vertrieb	Lager	Verwal-tung	Spezial-papiere	Hygiene-papiere	Verp.-Folien	Einschl.-Papiere	
Einzelkosten:												
WG Spezialpapiere	300.000,00							300.000,00	–	–	–	
WG Hygienepapiere	401.000,00							–	401.000,00	–	–	
WG Verpackungsfolien	300.000,00							–	–	300.000,00	–	
WG Einschlagpapiere	295.000,00							–	–	–	295.000,00	
Summe Einzelkosten	**1.296.000,00**							**300.000,00**	**401.000,00**	**300.000,00**	**295.000,00**	**1.296.000,00**
Gemeinkosten:												
Frachten	80.000,00	Rechnungen	2.000,00	8.000,00	66.000,00	3.000,00	1.000,00	–	–	–	–	
Provisionen	20.000,00	Rechnungen	–	–	20.000,00	–	–	–	–	–	–	
Instandhaltung	60.000,00	Rechnungen	60.000,00	–	–	–	–	–	–	–	–	
Personalkosten	480.000,00	Lohn-/Gehaltslisten	30.000,00	45.000,00	40.000,00	25.000,00	140.000,00	50.000,00	90.000,00	30.000,00	30.000,00	
Soziale Aufwendg.	50.000,00	Lohn-/Gehaltslisten	–	–	–	–	–	15.000,00	10.000,00	20.000,00	5.000,00	
Mieten/Pachten	60.000,00	Raumgröße	4.000,00	3.000,00	4.000,00	10.000,00	3.000,00	10.000,00	10.000,00	11.000,00	5.000,00	
Werbe-/Reisekosten	40.000,00	Rechnungen	–	–	20.000,00	–	–	5.000,00	4.000,00	5.000,00	6.000,00	
Steuern/Versicherung.	57.000,00	Schlüssel	4.000,00	4.000,00	8.000,00	4.000,00	16.000,00	4.000,00	8.000,00	5.000,00	4.000,00	
Kalkulatorische Kosten	110.000,00	2 : 1 : 1 : 1 : 2 : 1 : 1 : 1 : 1	20.000,00	10.000,00	10.000,00	10.000,00	20.000,00	10.000,00	10.000,00	10.000,00	10.000,00	
Summe Gemeinkosten	**957.000,00**		**120.000,00**	**70.000,00**	**168.000,00**	**52.000,00**	**180.000,00**	**94.000,00**	**132.000,00**	**81.000,00**	**60.000,00**	
Umlage: Fuhrpark		1 : 4 : 1 : 5 : 1 : 1 : 1 : 1	→	8.000,00	32.000,00	8.000,00	40.000,00	8.000,00	8.000,00	8.000,00	8.000,00	
Zwischensumme				78.000,00	200.000,00	60.000,00	220.000,00	102.000,00	140.000,00	89.000,00	68.000,00	
Umlage: Einkauf		1 : 2 : 2 : 1		→				13.000,00	26.000,00	26.000,00	13.000,00	
Umlage: Vertrieb		1 : 3 : 2 : 2			→			25.000,00	75.000,00	50.000,00	50.000,00	
Umlage: Lager		1 : 4 : 3 : 2				→		6.000,00	24.000,00	18.000,00	12.000,00	
Umlage: Verwaltung		2 : 3 : 3 : 3					→	40.000,00	60.000,00	60.000,00	60.000,00	
Summe der Handlungskosten								**186.000,00**	**325.000,00**	**243.000,00**	**203.000,00**	**957.000,00**
Handlungskostenzuschlag je Kostenträger (vgl. S. 336)								**62 %**	**81,05 %**	**81 %**	**68,8 %**	

Beachten Sie: Gegenüber dem für alle Warengruppen gemeinsamen (durchschnittlichen) Zuschlagssatz für die Handlungskosten von **73,84 %** (vgl. S. 336 f.) weisen die für jede Warengruppe getrennt berechneten Handlungskostenzuschläge im obigen BAB deutliche Abweichungen auf. Auf der Grundlage dieser Zuschlagssätze sind differenziertere Kalkulationen, die die Kostenverursachung berücksichtigen, möglich.

6937360

4.2 Betriebsabrechnungsbogen

Beispiel

Der vorstehende Betriebsabrechnungsbogen ist aus folgenden Angaben erstellt worden:

Die Papiergroßhandlung Kern KG, Köln, führt in ihrer Kostenrechnung die Warengruppen (= Abteilungen) „Spezialpapiere“, „Hygienepapiere“, „Verpackungsfolien“ und „Einschlagpapiere“. Diese Warengruppen bilden zugleich die **Hauptkostenstellen** im BAB. Zusätzlich sind folgende Abteilungen als **Hilfskostenstellen** eingerichtet: Einkauf, Vertrieb, Lager, Verwaltung. Die Abteilung „Fuhrpark“ ist **Allgemeine Kostenstelle.**

Im Monat September .. sind nach den Aufzeichnungen in der Ergebnistabelle (vgl. S. 322) folgende Wareneinsätze und Handlungskosten angefallen:

Wareneinsätze (= Einzelkosten):		
30 Warengruppe Spezialpapiere	300.000,00	
31 Warengruppe Hygienepapiere	401.000,00	
32 Warengruppe Verpackungsfolien	300.000,00	
33 Warengruppe Einschlagpapiere	295.000,00	1.296.000,00

Handlungskosten (= Gemeinkosten):		
Frachten	80.000,00	
Provisionen	20.000,00	
Instandhaltung	60.000,00	
Personalkosten (Löhne, Gehälter)	480.000,00	
Soziale Aufwendungen	50.000,00	
Mieten, Pachten	60.000,00	
Werbe- und Reisekosten	40.000,00	
Steuern/Versicherungen	57.000,00	
Kalkulatorische Kosten insges.	110.000,00	957.000,00

Die **Nettoumsatzerlöse** für die einzelnen Warengruppen betrugen im Monat September ..:		
80 Warengruppe Spezialpapiere	558.000,00	
81 Warengruppe Hygienepapiere	796.000,00	
82 Warengruppe Verpackungsfolien	638.000,00	
83 Warengruppe Einschlagpapiere	498.000,00	2.490.000,00

Der Betriebsabrechnungsbogen (BAB) stellt eine Kontrollrechnung dar. Er wird gewöhnlich **monatlich nachträglich** aus den Zahlen der Ergebnistabelle aufgestellt und ist senkrecht nach Kostenarten und waagerecht nach Kostenstellen gegliedert. Am Ende eines Monats übernimmt er in den linken Spalten die Kostenarten und Kostenbeträge aus der Betriebsergebnisrechnung der Ergebnistabelle und verteilt die Gemeinkosten in waagerechter Anordnung auf die Kostenstellen, in denen sie entstanden sind.

Merke

Die tabellarische Kostenstellenrechnung heißt Betriebsabrechnungsbogen (BAB). Der BAB wird in der Regel monatlich aufgestellt. Er ist eine nachträgliche Kostenkontrollrechnung.

Die Verteilung der Gemeinkosten auf die einzelnen Kostenstellen geschieht meist **direkt aufgrund von Belegen**, z. B. Lohnlisten, Gehaltslisten, Eingangsrechnungen, Reisekostenabrechnungen u. a. Die Belege weisen nicht nur die **Beträge**, sondern auch **die zu belastenden Kostenstellen** aus.

Andere Gemeinkostenarten lassen sich nicht – oder nur auf sehr unwirtschaftliche Weise – direkt für die Kostenstellen erfassen und verrechnen. Sie können nur **indirekt mithilfe von**

bestimmten Schlüsseln auf die Kostenstellen umgelegt werden. So lassen sich z. B. die Kosten für **Miete**, Reinigung und Heizung nach der **beanspruchten Raumfläche**, die **freiwilligen sozialen Aufwendungen** nach der **Zahl der Beschäftigten**, die **Abschreibungen** nach den **Anlagewerten** verteilen. In der richtigen Ermittlung dieser Verteilungsschlüssel liegt die Schwierigkeit der Kostenstellenrechnung.

Merke

Die Einzelkosten werden direkt den Kostenträgern zugerechnet. Die Gemeinkosten bedürfen einer Aufteilung auf die Kostenstellen, in denen sie verursacht wurden.

Ergebnis der Kostenstellenrechnung

Im Beispiel (S. 360) wird **zunächst** die **direkte und indirekte Verteilung der Gemeinkosten auf die Kostenstellen** gezeigt. In jeder Kostenstelle ergibt sich nach der Verteilung ein bestimmter Kostenbetrag (= Stellengemeinkosten), der einem Vergleich mit den Abrechnungen der vorhergehenden Monate unterzogen wird (= Kostenkontrolle).

In einem **weiteren Schritt** sind die **Kosten der Allgemeinen Kostenstelle und der Hilfskostenstellen auf die Hauptkostenstellen umzulegen**, da nur für die Hauptkostenstellen Handlungskostenzuschläge ermittelt werden. Die Umlage geschieht mithilfe von **Verteilungsschlüsseln**, die angeben, in welchem Verhältnis die abgebende Kostenstelle Leistungen für die anderen Kostenstellen erbracht hat. Im Beispiel wird angenommen, dass die **Allgemeine Kostenstelle** „Fuhrpark“ von allen anderen Kostenstellen in Anspruch genommen wurde, und zwar im Verhältnis 1 : 4 : 1 : 5 : 1 : 1 : 1 : 1. Nach diesem Schlüssel ist der Kostenbetrag von 120.000,00 € aufzuteilen und umzulegen. Werden in einem Betrieb weitere Allgemeine Kostenstellen geführt, so sind deren Kosten entsprechend abzuwälzen.

Erst nachdem die Kosten aller Allgemeinen Kostenstellen an die nachgeordneten Kostenstellen abgegeben worden sind, können die **Kostenbeträge der Hilfskostenstellen auf die Hauptkostenstellen umgelegt werden.**

Somit weist der BAB nach der Umlage aller Kosten aus der Allgemeinen Kostenstelle und den Hilfskostenstellen auf die Hauptkostenstellen die **gesamten Handlungskosten eines jeden Kostenträgers** aus. **Aus den Handlungskosten** und den im BAB verzeichneten **Wareneinsätzen** lassen sich mithilfe der bereits bekannten Rechnung (vgl. S. 337) die **Ist-Handlungskostenzuschläge** für die Warengruppen bestimmen. Im Beispiel betragen die Handlungskostenzuschläge:

62 % für die Warengruppe „Spezialpapiere“,
81,05 % für die Warengruppe „Hygienepapiere“,
81 % für die Warengruppe „Verpackungsfolien“,
68,8 % für die Warengruppe „Einschlagpapiere“.

Auf der Grundlage dieser Zuschlagssätze sind **differenzierte Kalkulationen** möglich.

Merke

- **Im BAB werden zunächst die Gemeinkosten auf die Kostenstellen verteilt.**
- **Die Kosten der Allgemeinen Kostenstellen sind sodann auf die übrigen Kostenstellen zu verteilen, danach die Kosten der Hilfskostenstellen auf die Hauptkostenstellen.**
- **Der BAB weist nach der Kostenumlage die Handlungskosten für jeden Kostenträger aus.**
- **Aus den Handlungskosten und den Wareneinsätzen wird für jeden Kostenträger ein gesonderter Handlungskostenzuschlag berechnet.**

6937362

Aufgabe 432

1. *Welche Aufgaben hat die Kostenstellenrechnung?*
2. *Unterscheiden Sie: Allgemeine Kostenstellen – Hilfskostenstellen – Hauptkostenstellen.*
3. *Nennen Sie Beispiele für Allgemeine Kostenstellen, Hilfskostenstellen und Hauptkostenstellen*
   a) in einer Textilgroßhandlung,
   b) in einer Möbelgroßhandlung,
   c) in einer Lebensmittelgroßhandlung.
4. *Unterscheiden Sie Einzel- und Gemeinkosten voneinander.*
5. *Wie geschieht im Betriebsabrechnungsbogen die Umlage der Kosten aus den Allgemeinen Kostenstellen und aus den Hilfskostenstellen auf die Hauptkostenstellen?*
6. *Warum ist es in einem Großhandelsbetrieb üblich, die nach Warengruppen geordneten Abteilungen als Hauptkostenstellen auszuweisen?*
7. *Nennen Sie Beispiele für Gemeinkosten,*
   a) die sich direkt auf die Kostenstellen verteilen lassen,
   b) die nur indirekt auf die Kostenstellen verteilt werden können.
8. *Wie ist der Betriebsabrechnungsbogen aufgebaut?*
9. *Wie werden die Handlungskostenzuschläge für einzelne Kostenträger berechnet?*
10. *Wie erfolgt die Zurechnung der Einzel- und Gemeinkosten auf die Kostenträger?*
11. *Was ist unter Kostenstellen zu verstehen?*
12. *Welche Abhängigkeit besteht zwischen Handlungskostensatz und Beschäftigungsgrad?*
13. Bei einem Beschäftigungsgrad von 80 % ermittelt ein Großhändler den Wareneinsatz mit 845.000,00 €, die variablen Handlungskosten mit 320.000,00 € und die fixen Handlungskosten mit 360.000,00 €.
   a) Berechnen Sie die Handlungskostenzuschläge bei 80 %, 90 % und 100 % Beschäftigungsgrad.
   b) Begründen Sie die Abweichungen.

Aufgabe 433

Im Betriebsabrechnungsbogen (BAB) wurden für den Monat Juli bereits verteilt.

Kostenarten	Zahlen Ergebnistabelle	Hilfskostenstellen		Hauptkostenstellen		
		Lager	Verwaltung	W.-Gruppe 1	W.-Gruppe 2	W.-Gruppe 3
Löhne	8.000,00	1.000,00	4.200,00	1.000,00	1.000,00	800,00
Gehälter	35.000,00	4.000,00	20.000,00	4.000,00	4.000,00	3.000,00
Werbung	6.000,00	–	6.000,00	–	–	–
AVK	45.000,00	4.000,00	20.000,00	9.000,00	6.000,00	6.000,00

Die übrigen Gemeinkosten (Mieten: 12.000,00 und kalkulatorische Abschreibungen: 10.000,00) müssen aufgrund nachfolgender Daten im BAB verteilt werden.

Kostenarten	Verteilungsgrundlage	Hilfskostenstellen		Hauptkostenstellen		
		Lager	Verwaltung	W.-Gruppe 1	W.-Gruppe 2	W.-Gruppe 3
Mieten	Raumgröße	450 m²	300 m²	300 m²	450 m²	300 m²
Kalk. Abschr.	Anlagenwerte	450.000	300.000	150.000	300.000	300.000
HKS Lager	Schlüssel			2	2	1
HKS Verwalt.	Schlüssel			4	2	2

Die Wareneinsätze betrugen WG 1 = 104.375,00 €, WG 2 = 79.000,00 €, WG 3 = 60.700,00 €.

Ermitteln Sie im BAB die Handlungskosten und die Handlungskostenzuschläge für jede Warengruppe.

Aufgabe 434

Zur Aufstellung des BAB werden in einem Möbelhaus im Monat Februar folgende Zahlen der Ergebnistabelle entnommen:

Kostenarten	€-Betrag	Verteilungsgrundlage
Löhne	40.000,00	Lohnlisten
Gehälter	170.000,00	Gehaltslisten
Soz. Aufwendungen	35.000,00	Lohn-/Gehaltslisten
Mietaufwendungen	15.000,00	Raumgröße
Steuern/Versicherungen	24.000,00	Beschäftigtenzahl
Werbung/Reise	56.000,00	Artikelgruppen
Betriebskosten	12.000,00	Artikelgruppen
Allgemeine Verwaltungskosten	88.000,00	Rechnungen
Kalk. Abschreibungen	75.000,00	Anlagewerte
	515.000,00	

Der Betrieb hat nachstehende Kostenstellen eingerichtet:

Allgemeine Kostenstellen: 1. Fuhrpark, 2. Geschäftsleitung

Hilfskostenstellen: 3. Einkauf, 4. Lager, 5. Allgemeine Verwaltung, 6. Verkauf

Hauptkostenstellen: 7. Küchenmöbel, 8. Wohnmöbel, 9. Schlafzimmer, 10. Kleinmöbel

1. *Stellen Sie den BAB für die 10 Kostenstellen nach folgenden Angaben auf:*

Kostenarten	Allg. K.-St.		Hilfskostenstellen				Hauptkostenstellen			
	1	2	3	4	5	6	7	8	9	10
Löhne	10.000	–	–	25.000	5.000	–	–	–	–	–
Gehälter	5.000	60.000	20.000	10.000	45.000	11.000	4.000	5.000	5.000	5.000
Soz. Aufw.	–	6.000	5.000	5.000	19.000	–	–	–	–	–
Mietaufw.	3.000	1.500	–	3.000	1.000	–	1.500	3.000	1.500	500
Steuern	2 :	1 :	1 :	2 :	3 :	1 :	3 :	5 :	4 :	2
Werbung	–	–	–	–	–	40.000	4.000	6.000	4.000	2.000
Betriebsk.	12.000	–	–	–	–	–	–	–	–	–
Allg. Verw.		3 :	1 :	1 :	4 :	2 :	1 :	2 :	1 :	1
Kalk. Abschr. **von den Anlagewerten**	*100.000*	*50.000*	*50.000*	*150.000*	*50.000*	*50.000*	*50.000*	*100.000*	*100.000*	*50.000*

2. *Legen Sie die Gemeinkosten der Allg. Kostenstelle „Fuhrpark" auf die anderen Kostenstellen im Verhältnis 1 : 2 : 3 : 2 : 2 : 3 : 4 : 3 : 1 um.*
   Legen Sie danach die Gemeinkosten der Allg. Kostenstelle „Geschäftsleitung" auf die anderen Kostenstellen im Verhältnis 4 : 2 : 5 : 2 : 3 : 3 : 2 : 2 um.
3. *Die Gemeinkosten der Hilfskostenstellen sind nach folgenden Schlüsseln auf die Hauptkostenstellen umzulegen:*
   Umlage Einkauf: 2 : 3 : 2 : 1, *Umlage Allg. Verwaltung: 3 : 2 : 2 : 1,*
   Umlage Lager: 3 : 3 : 3 : 1, *Umlage Verkauf: 4 : 3 : 2 : 1.*
4. Die Wareneinsätze betrugen im Abrechnungsmonat:

Warengruppe	Wareneinsätze
Küchenmöbel	350.000,00
Wohnmöbel	400.000,00
Schlafzimmer	430.000,00
Kleinmöbel	137.000,00

5. *Errechnen Sie für jede Hauptkostenstelle die Handlungskosten und die Handlungskostenzuschlagssätze.*

6937364

4.3 Normalgemeinkosten

Istkostenrechnung

In der Regel werden die mithilfe der Stellengemeinkosten und der Zuschlagsgrundlagen im BAB **errechneten Ist-Zuschlagssätze von Periode zu Periode schwanken**, da sich durch Preisänderungen bei den Waren, durch Lohn- und Gehaltserhöhungen oder aufgrund unterschiedlicher Auftragslagen **(Preis-, Beschäftigungs- und/oder Verbrauchsabweichungen)** auch die Stellengemeinkosten und die Zuschlagsgrundlagen ändern. Die **Vorkalkulation** (Angebotskalkulation) würde durch dieses ständige Schwanken ihre feste Grundlage verlieren. Für die **Nachkalkulation** (Kostenkontrolle) hat die Ist-Kostenrechnung ihre Bedeutung.

Merke

- **Die Ist-Kostenrechnung eignet sich nicht für Angebotskalkulationen, weil sie mit Vergangenheitswerten und mit schwankenden Zuschlägen arbeitet.**
- **Die Ist-Kostenrechnung ist die Grundlage für die Nachkalkulation.**

Normalkostenrechnung

Für die **zukunftsorientierte** und **über einen längeren Zeitabschnitt konstante Angebotskalkulation** (vgl. auch S. 118 f.) werden sog. **Normalkosten** verwendet. Normalkosten sind **Durchschnittskosten**, die aus den Istkosten oder den Istkostenzuschlagssätzen der Vergangenheit errechnet werden.

Festlegung der Normalzuschlagssätze

In der Normalkostenrechnung wird **für jede Hauptkostenstelle ein Normalzuschlagssatz** für die Handlungskosten festgelegt. In der Regel wird hierbei aus den Ist-Zuschlägen mehrerer Betriebsabrechnungsbögen das arithmetische Mittel als Normalzuschlag gebildet.

Beispiel

Die Kern KG legt folgende **Normalzuschlagssätze** unter Beachtung der Tendenz und unter dem Vorbehalt der späteren Korrektur für die Handlungskosten (Vorkalkulation) fest:

Hauptkostenstelle „Spezialpapiere“	**60 %**
Hauptkostenstelle „Hygienepapiere“	**80 %**
Hauptkostenstelle „Verpackungsfolien“	**82 %**
Hauptkostenstelle „Einschlagpapiere“	**70 %**

Vorkalkulation

Auf der Grundlage der obigen Normalzuschlagssätze lässt sich nunmehr eine **differenzierte Selbstkostenkalkulation (= Vorkalkulation)** durchführen.

Beispiel

Die Kern KG kalkuliert den Selbstkostenpreis für eine Doppelrolle Küchenpapier (vgl. auch S. 338) mithilfe des **Normal**zuschlagssatzes von 80 %.

	Einstandspreis je Doppelrolle	1,04 €
+	**80 %** Handlungskosten	0,83 €
=	**Selbstkostenpreis** je Doppelrolle	**1,87 €**

Gegenüber der Kalkulation mit einheitlichem Zuschlagssatz (vgl. S. 338) ergibt sich eine Abweichung um 0,06 €.

Merke

Normalzuschlagssätze werden aus den Ist-Zuschlagssätzen der Vergangenheit als Mittelwert errechnet. Sie sind die Grundlage der Vorkalkulation (= Angebotskalkulation).

4.4 Kostenüberdeckung und Kostenunterdeckung

Beispiel

Für das Unternehmen Kern KG ist es wichtig festzustellen, ob die durch die Umsatzprozesse tatsächlich entstandenen Kosten von den in die Preise eingerechneten (vorkalkulierten) Normalkosten mindestens gedeckt werden und wie hoch die Über- oder Unterdeckung der Kosten ausgefallen ist. Zu diesem Zweck wird der BAB (vgl. S. 360) um die Normalgemeinkosten ergänzt.

Auszug aus dem Betriebsabrechnungsbogen mit Normalgemeinkosten

Gemeinkostenarten	**HKSt. I** Spezial-papiere	**HKSt. II** Hygiene-papiere	**HKSt. III** Verpack.-Folien	**HKSt. IV** Einschlag-papiere	**Summe**
Wareneinsätze	300.000,00	401.000,00	300.000,00	295.000,00	1.296.000,00
Handlungskosten **(Ist)**	186.000,00	325.000,00	243.000,00	203.000,00	957.000,00
Handlungskostenzuschlag **(Ist)**	62 %	81,05 %	81 %	68,8 %	
Handlungskostenzuschlag **(Normal)**	60 %	80 %	82 %	70 %	
Handlungskosten **(Normal)**	180.000,00	320.800,00	246.000,00	206.500,00	953.300,00
Kostenüber-/-unterdeckung	– 6.000,00	– 4.200,00	+ 3.000,00	+ 3.500,00	**– 3.700,00**

Im vorstehenden BAB werden in den Hauptkostenstellen I „Spezialpapiere" und II „Hygienepapiere" Kostenunterdeckungen in Höhe von – 6.000,00 € bzw. – 4.200,00 € ausgewiesen. In diesen Kostenstellen decken die vorkalkulierten Normalkosten nicht die tatsächlich angefallenen Handlungskosten. Dafür zeigen sich in den Hauptkostenstellen III „Verpackungsfolien" und IV „Einschlagpapiere" Kostenüberdeckungen von + 3.000,00 € bzw. + 3.500,00 €. Insgesamt ergibt sich eine Kostenunterdeckung von – 3.700,00 €. Die Kern KG hätte in dieser Situation noch keinen Anlass, die Normalzuschlagssätze zu ändern, müsste aber die Entwicklung in den Hauptkostenstellen I und II sorgfältig im Auge behalten.

„Verdiente" Kosten

Die Angebotskalkulationen werden auf Normalkostenbasis erstellt. **Somit werden dem Unternehmen über die Umsatzerlöse Normalkosten erstattet.**

Kostenüber- und -unterdeckung

Selbstverständlich muss am Ende des Monats festgestellt werden, ob die verrechneten Normalgemeinkosten die tatsächlich entstandenen Gemeinkosten decken. Da Normal- und Istkosten nur selten übereinstimmen, ergibt sich in der Regel eine Über- oder Unterdeckung.

Bei einer Überdeckung liegen die **verrechneten Normalkosten über den Istkosten.** Die Normal-Selbstkosten sind **höher** als die tatsächlichen Selbstkosten.

Bei einer Unterdeckung liegen die **verrechneten Normalkosten unter den Istkosten.** Die tatsächlich angefallenen Kosten sind **höher** als die Normalkosten.

Es ist zweckmäßig, die Über- oder Unterdeckung im BAB auszuweisen. Die verrechneten Normalgemeinkosten werden in den BAB eingetragen, und zwar unterhalb der in den einzelnen Stellen ermittelten Istgemeinkosten. Die Über- oder Unterdeckung ergibt sich dann durch Saldierung.

Merke

- **Normalkosten > Istkosten = Überdeckung**
- **Normalkosten < Istkosten = Unterdeckung**

6937366

4.5 Kostenträgerrechnung

Kostenträger

Die in einer Abrechnungsperiode **abgesetzten Waren** (je Warengruppe) sind im Großhandelsbetrieb in der Regel die **Kostenträger.** Sie übernehmen sowohl die unmittelbar in den Verkaufsabteilungen als auch die in den übrigen Betriebsabteilungen angefallenen Einzel- und Gemeinkosten einer Abrechnungsperiode. Die Kostenträger können auch nach **Absatzgebieten** oder nach **Kundengruppen** geordnet werden.

Aufgaben der Kostenträgerrechnung

In enger Verbindung und Ergänzung zur Kostenstellenrechnung werden in der Kostenträgerrechnung der **Betriebserfolg ermittelt (= Kostenträgerzeitrechnung)** und die **Kalkulationen durchgeführt (= Kostenträgerstückrechnung).** Die Kostenträgerrechnung hat folgende Aufgaben:

- **Ermittlung der Selbstkosten** insgesamt und für jede Warengruppe. Sie ist damit die Grundlage für die **Kontrolle der Wirtschaftlichkeit** der einzelnen Warengruppen.
- **Ermittlung des betrieblichen Erfolges** einer Abrechnungsperiode durch Gegenüberstellung der Selbstkosten und der Umsatzerlöse insgesamt und für jede Warengruppe. Sie ist damit die Grundlage einer **kurzfristigen Erfolgsrechnung.**
- **Berechnung des Zuschlagssatzes** für den **Betriebsgewinn.** In der Nachkalkulation ist eine Kontrolle und ggf. Korrektur des verwendeten Zuschlagssatzes möglich.
- **Bestimmung des Selbstkosten- und Verkaufspreises** für einzelne Waren.

4.5.1 Kostenträgerzeitrechnung

Beispiel

Auf der Grundlage der im Unternehmen Kern KG festgelegten Normalzuschlagssätze für die Handlungskosten (vgl. S. 365), der angefallenen Wareneinsätze, der für jeden Kostenträger ausgewiesenen Umsatzerlöse (vgl. S. 361) sowie der im BAB auf Seite 366 ausgewiesenen Kostenunterdeckung wird das nachfolgende Kostenträgerblatt **auf Normalkostenbasis** zur Ermittlung der Selbstkosten und des Betriebsgewinnes aufgestellt.

Kostenträgerblatt auf Normalkostenbasis

Kalkulationsschema	Warengruppe Spezialpapier	Warengruppe Hygienepapier	Warengruppe Verp.-Folien	Warengruppe Einschlagpapier	Kostenträger insgesamt
Wareneinsätze	300.000,00 €	401.000,00 €	300.000,00 €	295.000,00 €	1.296.000,00 €
+ Handlg.-Kosten (Normal)	60 % 180.000,00 €	80 % 320.800,00 €	82 % 246.000,00 €	70 % 206.500,00 €	953.300,00 €
= Selbstkosten der Periode	480.000,00 €	721.800,00 €	546.000,00 €	501.500,00 €	2.249.300,00 €
Umsatzerlöse	558.000,00 €	796.000,00 €	638.000,00 €	498.000,00 €	2.490.000,00 €
Umsatzergebnis	78.000,00 €	74.200,00 €	92.000,00 €	– 3.500,00 €	240.700,00 €
– Kostenunterdeckung (BAB)					– 3.700,00 €
= Betriebsgewinn					237.000,00 €
Gewinnzuschläge in % (vgl. S. 340)	16,25 %	10,28 %	16,85 %	(– 0,7 %)	10,5 %

Merke

Mithilfe der Kostenträgerzeitrechnung können ermittelt werden:

- **die Selbstkosten der einzelnen Warengruppen (= Kostenträger),**
- **der Anteil der einzelnen Kostenträger am Umsatzergebnis,**
- **das monatliche Betriebsergebnis (= kurzfristige Erfolgsrechnung),**
- **die Gewinnzuschläge für jeden Kostenträger.**

4.5.2 Kostenträgerstückrechnung

Die Kostenträgerstückrechnung im Großhandel basiert auf der Zuschlagskalkulation (vgl. S. 332 f.). Sie dient vor allem

- **der Berechnung der Selbstkosten und Angebotspreise** für **einzelne** Kostenträger,
- **der Kostenkontrolle,**
- **der Entscheidung über die Annahme von Aufträgen** zu festen Marktpreisen.

Merke

Rechnerische Grundlage der Kostenträgerstückrechnung ist die mehrstufige Zuschlagskalkulation.

Vorkalkulation

Die im Unternehmen festgelegten Normalzuschlagssätze für die Handlungskosten und für den Gewinn bilden die Grundlage für die Angebotskalkulationen nach dem im Kapitel 3 „Kalkulation mit einheitlichem Handlungskostensatz" dargelegten Verfahren.

Nachkalkulation

Die zur Angebotsabgabe aufgestellten Vorkalkulationen müssen nach Ablauf der Abrechnungsperiode (z. B. monatlich) auf der Basis der tatsächlich erzielten Ergebnisse überprüft werden. Hierzu dienen die Nachkalkulationen, die – auf den im BAB ermittelten Ist-Zuschlagssätzen für die Handlungskosten aufbauend – den Vorkalkulationen gegenübergestellt werden.

Beispiel

Die Kern KG kalkuliert den Angebotspreis für eine Doppelrolle Küchenpapier aufgrund folgender Angaben:

Einstandspreis je Doppelrolle	1,04 € (vgl. S. 118 f.),
Normalzuschlag für Handlungskosten	80 % (vgl. S. 365),
Gewinnzuschlag lt. BAB	10 % (abgerundet, vgl. S. 340).

In der Nachkalkulation sind folgende Änderungen zu berücksichtigen:

Wegen des nicht ausgenutzten Skontoabzugs beim Einkauf erhöhte sich der Einstandspreis auf 1,07 € je Doppelrolle.

Der tatsächliche Handlungskostenzuschlag lt. BAB beträgt 81,05 % (vgl. S. 360).

Der Barverkaufspreis ist dem Kunden verbindlich zugesagt worden und muss deshalb der Nachkalkulation zugrunde gelegt werden.

Wie hoch ist der tatsächlich erzielte Gewinn (in € und %) je Doppelrolle?

Kalkulationsschema	Vorkalkulation		Nachkalkulation	
Einstandspreis		1,04 €		1,07 € ↓
+ Handlungskosten	80,0 %	0,83 €	81,05 %	0,87 € ↓
= Selbstkostenpreis		1,87 €		1,94 € ↓
+ Gewinn	10,0 %	0,19 €	6,2 %	0,12 € ↑
= Barverkaufspreis		**2,06 €**	⟶	2,06 € ↑

Das Beispiel zeigt, dass aufgrund der nicht eingehaltenen Vorgaben der tatsächliche Gewinn um 0,07 € niedriger ausfällt als der vorkalkulierte Gewinn, was sich auch in einem Absinken des Gewinnzuschlags von 10 % auf 6,2 % ausdrückt.

Merke

- **Vorkalkulationen werden aufgrund der Normalzuschlagssätze durchgeführt. Sie dienen der Berechnung des Angebotspreises.**
- **Nachkalkulationen sind Kontrollrechnungen, mit denen überprüft wird, ob die in den Vorkalkulationen eingesetzten Normalzuschläge eingehalten werden konnten. Mit ihrer Hilfe werden insbesondere die tatsächlich erzielten Stückgewinne ermittelt.**

Aufgabe 435

Auf der Grundlage des Betriebsabrechnungsbogens von Aufgabe 433, Seite 363, sowie der angegebenen Nettoumsatzerlöse sind folgende Aufgaben zu lösen:

Warengruppe	Nettoumsatzerlöse
WG 1	185.370,00 €
WG 2	142.042,00 €
WG 3	103.797,00 €

1. Die Normalzuschlagssätze für die Handlungskosten betragen 50 %, 45 % und 45 %. *Stellen Sie im BAB die Kostenüber- und Kostenunterdeckung fest.*
2. *Berechnen Sie die Normal-Selbstkosten des Abrechnungsmonats für jede Warengruppe und insgesamt.*
3. *Bestimmen Sie den Betriebsgewinn für jede Warengruppe und insgesamt sowie die Gewinnzuschlagssätze für jede Warengruppe.*
4. *Ermitteln Sie die Normal-Kalkulationszuschläge für die drei Warengruppen, wenn der Großhändler in allen Warengruppen mit 2 % Verkaufsskonto und 5 % Verkaufsrabatt kalkuliert.*
5. a) *Kalkulieren Sie mit den Normal-Zuschlagssätzen den Barverkaufspreis für einen Artikel der Warengruppe 1, den der Großhändler zum Einstandspreis von 34,00 € gekauft hat.*
   b) *Stellen Sie eine Nachkalkulation zur Ermittlung des tatsächlichen Gewinns unter folgenden Bedingungen auf:*
   Der Einstandspreis konnte aufgrund günstigerer Konditionen auf 33,85 € gesenkt werden.
   Der Ist-Zuschlag für Handlungskosten ist dem BAB zu entnehmen.

Aufgabe 436

Auf der Grundlage des Betriebsabrechnungsbogens von Aufgabe 434, Seite 364, sowie der angegebenen Nettoumsatzerlöse sind folgende Aufgaben zu lösen:

Warengruppe	Nettoumsatzerlöse
I Küchenmöbel	598.850,00 €
II Wohnmöbel	672.000,00 €
III Schlafzimmer	642.850,00 €
IV Kleinmöbel	246.600,00 €

1. Die Vorkalkulationen werden aufgrund folgender Normalzuschlagssätze für die Handlungskosten durchgeführt: I 40 %, II 40 %, III 35 %, IV 50 %.
   Stellen Sie die Kostenüber- und Kostenunterdeckung im BAB fest.
2. *Ermitteln Sie den Betriebsgewinn für jede Warengruppe und insgesamt nach dem Schema von Seite 365.*
3. *Bestimmen Sie die Gewinnzuschlagssätze.*
4. *Ermitteln Sie die Normal-Kalkulationszuschläge für die vier Warengruppen, wenn der Großhändler einheitlich mit 1,5 % Verkaufsskonto und 6 % Verkaufsrabatt kalkuliert.*
5. *Kalkulieren Sie mit den Normalzuschlagssätzen den Angebotspreis für ein Schlafzimmer, das der Großhändler zum Einstandspreis von 4.250,00 € beziehen kann.*
6. Eine Einbauküche kann vom Großhändler zum Einstandspreis von 3.500,00 € bezogen werden. Aus Konkurrenzgründen wird diese Küche zum Barverkaufspreis von 6.000,00 € an den Einzelhandel veräußert.
   Prüfen Sie, ob die im BAB ermittelten Zuschlagssätze eingehalten wurden.

Aufgabe 437

Eine Textilgroßhandlung führt in ihrer Kostenrechnung die nach Warengruppen gegliederten Abteilungen „Herrenoberbekleidung“ (HOB), „Damenoberbekleidung“ (DOB), „Kinderbekleidung“ (KB) als Hauptkostenstellen. Zusätzlich sind die Abteilungen Einkauf, Lager und Verwaltung als Hilfskostenstellen eingerichtet. Die Abteilung Fuhrpark ist Allgemeine Kostenstelle. Für den Monat Mai liegen folgende Zahlen vor:

Wareneinsätze: HOB = 329.600,00 €, DOB = 466.000,00 €, KB = 220.000,00 €

Die Handlungskosten sind im BAB bereits zum Teil verteilt:

Kosten-arten	Zahlen der Ergebnistab.	Fuhr-park	Hilfskostenstellen			Hauptkostenstellen		
			Einkauf	Lager	Verwtg.	HOB	DOB	KB
Frachten	25.000,00	–	2.000	12.000	8.000	1.000	1.000	1.000
Personalkosten	240.000,00	20.000	30.000	20.000	110.000	20.000	30.000	10.000
Werbung	40.000,00	–	–	–	40.000	–	–	–
Steuern/Vers.	88.000,00	14.000	12.500	4.000	46.000	3.500	5.500	2.500
Betr.-Kosten	12.000,00	12.000	–	–	–	–	–	–
Kalk. Zinsen	15.000,00	3.000	1.000	6.000	2.000	1.000	1.000	1.000

Die übrigen Gemeinkosten (Instandhaltung: 40.000,00, Mieten: 30.000,00 und kalkulatorische Abschreibungen: 70.000,00) sowie die Allgemeine Kostenstelle und die Hilfkostenstellen müssen aufgrund nachfolgender Daten im BAB verteilt werden.

Kosten-arten	Verteilungs-grundlage	Fuhr-park	Hilfskostenstellen			Hauptkostenstellen		
			Einkauf	Lager	Verwalt.	HOB	DOB	KB
Instandhaltung	Schlüssel	2	3	2	6	1	1	1
Mieten	Raumgröße	450 m^2	150 m^2	600 m^2	300 m^2	300 m^2	300 m^2	150 m^2
Kalk. Abschr.	Anlagenwerte	200.000	50.000	150.000	100.000	50.000	100.000	50.000
Allg. K.-stelle	Schlüssel		4	4	5	1	1	1
Einkauf	Schlüssel					3	3	2
Lager	Schlüssel					3	4	2
Verwaltung	Schlüssel					2	2	1

Die **Nettoumsatzerlöse** betrugen im Abrechnungszeitraum:

	Herrenoberbekleidung	Damenoberbekleidung	Kinderbekleidung
Nettoumsatzerlöse	602.550,00	838.800,00	426.250,00

1. *Ermitteln Sie im BAB die Ist-Handlungskosten für jede Warengruppe und die zugehörigen Handlungskostenzuschläge in Prozent.*
2. Das Unternehmen kalkuliert mit folgenden Normalzuschlagssätzen für Handlungskosten: HOB 60 %, DOB 52 %, KB 55 %. *Berechnen Sie die Normal-Handlungskosten für jede Warengruppe und insgesamt sowie die Kostenüber-/-unterdeckung.*
3. *Stellen Sie die Kostenträgerzeitrechnung auf und bestimmen Sie den Betriebsgewinn für jede Warengruppe und insgesamt sowie die Gewinnzuschlagssätze für jede Warengruppe.*
4. *Führen Sie für den Artikel „Herrenoberhemd“ eine Vor- und Nachkalkulation mit den im BAB ermittelten Zuschlagssätzen durch: Einstandspreis für ein Hemd: 12,50 €.*
5. *Führen Sie eine Angebotskalkulation für ein Damenkleid durch, das vom Hersteller zum Einstandspreis von 98,00 € angeboten wird.* Beim Großhändler fallen zusätzlich 2 % Verkaufsskonto und 10 % Verkaufsrabatt an.

5 Deckungsbeitragsrechnung

Nachteile der Vollkostenrechnung

Die zuvor dargestellte Vollkostenrechnung hat ihre Aufgaben in der Ermittlung des Betriebsergebnisses, in der innerbetrieblichen Kostenkontrolle und in der Kalkulation von Verkaufspreisen. Sobald jedoch **kurzfristig** Entscheidungen im Rahmen der **Preispolitik** (Preissenkung, Preisuntergrenze) oder der **Sortimentpolitik** (Einengung, Umgruppierung, Vergrößerung des Sortimentes) zur Anpassung an veränderte Marktpositionen getroffen werden müssen, kann die Vollkostenrechnung **keine zuverlässigen** Unterlagen liefern. Das hat folgende **Gründe:**

- Sowohl in der Kostenstellenrechnung als auch in der Kostenträgerrechnung werden die **Gemeinkosten**, die **zumeist fixe Kosten** darstellen, mithilfe fester Verteilungsschlüssel auf die Kostenstellen und Kostenträger verteilt. Das Kostenrechnungssystem wird hierdurch starr und **verhindert die Anpassung an veränderte Marktlagen.**
- Da die **Handlungskosten überwiegend fix** und somit **absatzunabhängig** sind, führt die Vollkostenrechnung bei Absatzveränderungen zu unsinnigen Ergebnissen: Bei sinkenden Absatzzahlen verteilen sich die in unveränderter Höhe anfallenden Kosten auf eine geringere Menge und erhöhen dadurch die Selbstkostenpreise der Waren, während in einer solchen Situation Preissenkungen angezeigt wären (vgl. S. 356 f.).

Merke

- **Für kurzfristig zu treffende marktorientierte Entscheidungen liefert die Vollkostenrechnung keine geeigneten Unterlagen.**
- **Langfristig ist die Vollkostenrechnung die notwendige Grundlage für die Kostenkontrolle und die Betriebsergebnisrechnung.**

Teilkostenrechnung

Die Teilkostenrechnung verzichtet darauf, **alle** Kosten auf die betrieblichen Leistungen (= Kostenträger) zu verrechnen. **Sie beschränkt sich auf die Verrechnung der variablen Kosten** (Einzelkosten und variable Gemeinkosten, vgl. S. 328 f.), stellt diese variablen Kosten den tatsächlich erzielten Umsatzerlösen gegenüber und prüft, ob die verbleibende Differenz **(= Deckungsbeitrag)** zur Deckung der nicht zurechenbaren Kosten (≙ fixe Kosten) und zur Erzielung eines angemessenen Gewinnes ausreicht. Der Name „Teilkostenrechnung" rührt also daher, dass **nur ein Teil** der gesamten Handlungskosten auf die Kostenträger umgelegt wird.

Das Grundschema der Deckungsbeitragsrechnung in einem Großhandelsbetrieb mit mehreren Warengruppen sieht folgendermaßen aus:

Kalkulationsschema	Warengruppe I	Warengruppe II	Warengruppe III	Summe
Nettoumsatzerlöse – Wareneinsätze (Einzelkosten)				
= Warenrohgewinn – variable Gemeinkosten				
= Deckungsbeitrag – fixe Kosten				
= Betriebserfolg				

Erläuterungen

Die Nettoumsatzerlöse ergeben sich aus der Summe aller Einzelumsätze jeder Warengruppe. Sie können den Konten der Kontengruppen 80, 81, 82 usw. entnommen werden.

Vermindert man die Nettoumsatzerlöse um die beim Einkauf der Waren angefallenen Wareneinsätze (= Warenaufwendungen), so erhält man den Warenrohgewinn, auch **Bruttoerfolg** genannt, jeder Warengruppe und insgesamt.

Vom Warenrohgewinn sind die den Warengruppen direkt zurechenbaren (= variablen) Handlungskosten zu subtrahieren, um die Deckungsbeiträge jeder Warengruppe zu erhalten. Die Deckungsbeiträge geben an, mit wie viel Euro jede Warengruppe zur Deckung der fixen Kosten und zur Erzielung von Gewinn beiträgt.

Das Unternehmen erzielt einen **Betriebsgewinn,** wenn die Summe der Deckungsbeiträge größer ist als die Summe der nicht direkt zurechenbaren (= fixen) Handlungskosten. Im umgekehrten Fall entsteht ein **Betriebsverlust.**

Merke

- **Nettoumsatzerlöse jeder Warengruppe**
  – Wareneinsätze jeder Warengruppe (Einzelkosten)
  = Warenrohgewinn jeder Warengruppe
  – variable Gemeinkosten jeder Warengruppe
  = Deckungsbeitrag jeder Warengruppe
- **Summe der Deckungsbeiträge > fixe Kosten = Betriebsgewinn**
  Summe der Deckungsbeiträge < fixe Kosten = Betriebsverlust

Kostenauflösung in variable und fixe Kosten (vgl. S. 328 f.)

Voraussetzung zur Anwendung der hier vorgestellten Form der Deckungsbeitragsrechnung ist die möglichst genaue Aufteilung der Handlungskosten in variable und fixe Kosten.

Die **variablen Kosten** lassen sich **direkt** den einzelnen Waren oder Warengruppen zurechnen. Sie verändern sich mit der Veränderung des Absatzes. Die **fixen Kosten** sind in der Regel **Kosten der Betriebsbereitschaft** und damit teils der Warengruppe, teils dem Sortiment und teilweise nur dem Betrieb zurechenbar. Sie fallen auch bei Absatzveränderungen in unveränderter Höhe an.

Da nun aber die in der Ergebnistabelle erfassten Gemeinkosten nicht einfach in variable und fixe Kosten unterschieden werden können – das trifft nur in Ausnahmefällen zu –, müssten die Kosten einer jeden Gemeinkostenart in einen variablen und einen fixen Kostenbestandteil aufgelöst werden. In dieser Kostenauflösung liegen die Schwierigkeiten bei der Handhabung der Deckungsbeitragsrechnung. Zufrieden stellend kann diese Schwierigkeit nur in einer **Kostenplanung** gelöst werden. In den folgenden Beispielen wird jeweils von **vorgegebenen variablen und fixen Kosten** ausgegangen.

Merke

Voraussetzung für die Anwendung der Deckungsbeitragsrechnung ist die Aufteilung der Handlungskosten in variable und fixe Kostenbestandteile.

Variable und fixe Kosten im Großhandelsbetrieb

Neben den Wareneinsätzen gelten folgende Handlungskosten als **variable Kosten:** Provisionen, Ausgangsfrachten, Abschreibungen auf Forderungen.

Als **fix** können folgende Handlungskosten angesehen werden: Gehälter, Mieten, Abgaben und Pflichtbeiträge, Abschreibungen auf Sachanlagen.

Darüber hinaus gibt es eine Reihe von Kostenarten, in denen teilweise fixe und variable Kostenteile enthalten sind, z. B. Steuern, Löhne, Wartungskosten, Büromaterial, Werbe- und Reisekosten, Betriebskosten.

6937372

5.1 Deckungsbeitragsrechnung als Kostenträgerstückrechnung

Die folgenden Ausführungen beruhen auf der Annahme, dass der Großhändler den **Deckungsbeitrag je Verkaufseinheit** (z. B. Stück) eines bestimmten Artikels ermitteln will, um daraus **preispolitische Entscheidungen** ableiten zu können.

Beispiel

Aus Konkurrenzgründen sieht sich die Kern KG gezwungen, den Listenverkaufspreis einer Großrolle Spezialpapier auf 1.500,00 € festzusetzen. Sie gewährt ihren Kunden 20 % Verkaufsrabatt und 2 % Verkaufsskonto. Beim Einkauf der Rolle waren zu berücksichtigen: 600,00 € Listeneinkaufspreis, 10 % Einkaufsrabatt, 1 % Einkaufsskonto, anteilige Bahnfracht und Verpackung 25,40 €. Die auf eine Rolle zurechenbaren Handlungskosten (= variable Stückkosten, vgl. S. 328) für Provision, Anlieferung, Löhne u. a. betragen 166,00 €.

Der Deckungsbeitrag ist zu ermitteln.

	Listenverkaufspreis				**1.500,00 €**
–	**20 % Verkaufsrabatt**				**300,00 €**
=	**Zielverkaufspreis**				**1.200,00 €**
–	**2 % Verkaufsskonto**				**24,00 €**
=	**Barverkaufspreis**				**1.176,00 €**
–	**Wareneinsatz:**		Listenpreis	600,00 €	
		–	10 % Einkaufsrabatt	60,00 €	
		=	Zieleinkaufspreis	540,00 €	
		–	1 % Einkaufsskonto	5,40 €	
		=	Bareinkaufspreis	534,60 €	
		+	Bezugskosten	25,40 €	
		=	Einstandspreis	560,00 € →	**560,00 €**
=	**Warenrohgewinn**				**616,00 €**
–	**variable Stückkosten**				**166,00 €**
=	**Deckungsbeitrag je Rolle**				**450,00 €**

Preisuntergrenze

Aus dem obigen Beispiel ergibt sich, dass jede verkaufte Großrolle einen Beitrag von 450,00 € zur Deckung der fixen Kosten und zur Erzielung von Gewinn leistet. Geht man davon aus, dass die fixen Kosten auch dann in unveränderter Höhe anfallen, wenn sich die Auftragslage verschlechtert, so bedeutet ein **positiver Deckungsbeitrag** eine wenigstens teilweise Deckung der ohnehin anfallenden fixen Kosten. Der Großhändler könnte also – **vorübergehend** – den Verkaufspreis der Rolle so weit senken, dass der Umsatzerlös gerade die Warenaufwendungen und die variablen Stückkosten deckt. Im obigen Beispiel entspricht das einem Preis von 726,00 € (= 560,00 € + 166,00 €). Gegenüber dem vorherigen Barverkaufspreis in Höhe von 1.176,00 € wäre das eine Preissenkung um (1.176,00 € – 726,00 € =) 450,00 €. Mit anderen Worten: Der Preis der Rolle kann so weit gesenkt werden, bis der **Deckungsbeitrag je Stück gleich null** ist. In dieser Situation ist die **absolute Preisuntergrenze** erreicht. Es ist jedoch zu beachten, dass der Betrieb **langfristig alle Kosten** über den Preis abdecken muss.

Merke

- **Deckungsbeitrag je Stück > 0 = Verbesserung des Betriebserfolgs**
- **Deckungsbeitrag je Stück = 0 = Preisuntergrenze**
- **Deckungsbeitrag je Stück < 0 = Verschlechterung des Betriebserfolgs**

Preissenkung zur Umsatzsteigerung und zur Verbesserung des Betriebserfolgs

Die Preissenkung bei einem Artikel kann Auslöser für eine so große Absatzsteigerung dieses Artikels sein, dass hierdurch erhöhte Umsätze und größere Gewinne erzielt werden.

Beispiel

Die Kern KG senkt den Deckungsbeitrag für die Großrolle Spezialpapier von 450,00 € auf 200,00 € je Rolle. Sie rechnet mit einer so großen Absatzsteigerung, dass es nicht zu einer Umsatzeinbuße kommt.

Wie hoch muss die Absatzsteigerung mindestens ausfallen, damit der Erfolg nicht geschmälert wird?

Um das gleiche Ergebnis wie zuvor jetzt mit dem neuen Deckungsbeitrag zu erreichen, ist eine **Vervielfachung des Absatzes** erforderlich:

$$x \cdot 200{,}00\text{ €} = 450{,}00\text{ €} \iff \mathbf{x} = \frac{450{,}00\text{ €}}{200{,}00\text{ €}} = \mathbf{2{,}25}$$

Die Absatzsteigerung muss mindestens das **2,25-Fache des früheren Absatzes** erreichen. Das entspricht einer **prozentualen Zunahme des Absatzes** um:

$$\frac{(450{,}00\text{ €} - 200{,}00\text{ €}) \cdot 100}{200{,}00\text{ €}} = \mathbf{125\ \%\ Absatzsteigerung}$$

Merke

- **Die Preissenkung bei einem bestimmten Artikel kann über eine entsprechend größere Absatzmenge dieses Artikels zur Verbesserung des Betriebsergebnisses beitragen.**
- **Aus der Rechnung $\frac{\text{früherer Deckungsbeitrag/Stück}}{\text{jetziger Deckungsbeitrag/Stück}}$ ergibt sich die erforderliche Vervielfachung des Absatzes.**
- **Die prozentuale Absatzsteigerung errechnet sich aus:**

$$\frac{(\text{früherer Deckungsbeitrag} - \text{neuer Deckungsbeitrag}) \cdot 100}{\text{neuer Deckungsbeitrag}}$$

Aufgabe 438

Ein Großhändler bietet exklusive Badewannenarmaturen zum Preis von 85,00 € je Stück an. Er gewährt dem Einzelhändler 15 % Verkaufsrabatt.

Beim Einkauf sind zu berücksichtigen:

45,00 € Listeneinkaufspreis je Stück, 10 % Einkaufsrabatt, 2 % Einkaufsskonto, Bezugskosten je Stück 0,31 €. Die direkt zurechenbaren Handlungskosten betragen 18,00 €.

1. *Berechnen Sie den Deckungsbeitrag je Stück.*
2. *Um wie viel Prozent ließe sich der Barverkaufspreis senken, sodass gerade noch die variablen Handlungskosten gedeckt werden?*
3. Der Großhändler plant zur Steigerung des Absatzes eine Senkung des Preises um 8,00 € je Stück. *Wie viel Stück müsste er zusätzlich verkaufen, um das gleiche Ergebnis wie zuvor zu erreichen?*
4. Der Großhändler setzt zur Verbesserung der Absatzlage den Deckungsbeitrag auf 12,00 € je Stück fest. Er rechnet dadurch mit einer Absatzsteigerung von 60 Stück auf 85 Stück je Monat. *Um wie viel € erhöht sich dadurch der gesamte Deckungsbeitrag dieser Armatur?*

6937374

Aufgabe 439

Ein Großhändler kann eine Ledertasche zu folgenden Bedingungen einkaufen: Listeneinkaufspreis 54,00 € je Stück, Einkaufsrabatt 20 %, Einkaufsskonto 2,5 %, Bezugskosten je Stück 0,88 €.

Der Großhändler gewährt seinen Kunden auf den Listenverkaufspreis (= 90,00 €) 10 % Rabatt und 2 % Verkaufsskonto. Die variablen Stückkosten betragen 13,00 €.

1. *Bestimmen Sie den Deckungsbeitrag je Stück.*
2. *Um wie viel Prozent kann der Barverkaufspreis gesenkt werden, wenn vorübergehend der Preis in Höhe der absoluten Preisuntergrenze festgesetzt werden soll?*
3. Durch eine Preissenkung auf den Barverkaufspreis von 65,00 € erwartet der Händler eine so große Absatzsteigerung, dass das Betriebsergebnis insgesamt nicht verändert wird. *Um wie viel Prozent müsste sich der Absatz steigern?*
4. Es wurden vor der Preissenkung monatlich zehn Ledertaschen verkauft. *Wie viel Stück müssten nach der Preissenkung abgesetzt werden?*

Aufgabe 440

Ein Maschinengroßhändler führt u. a. in der Warengruppe „Handwerkerbedarf" Bohrmaschinen, Bohrständer und Zubehör. In der folgenden Übersicht sind die Deckungsbeiträge und Absatzmengen für zwei aufeinander folgende Monate dargestellt:

	Januar		**Februar**	
	Deckungsbeitrag je Stück	**Absatzmenge**	**Deckungsbeitrag je Stück**	**Absatzmenge**
Handbohrmaschinen	44,00	50	20,00	90
Bohrständer	22,00	20	22,00	40
Zubehör	8,00	40	8,00	70

Die fixen Kosten betragen in beiden Monaten je 1.400,00 €.

1. *Berechnen Sie den Deckungsbeitrag für jede Ware in beiden Monaten.*
2. *Worauf führen Sie die Verbesserung des Betriebsergebnisses zurück?*
3. *Wie viel Prozent und wie viel Stück hätte die Absatzsteigerung beim Artikel „Handbohrmaschinen" betragen müssen, wenn die Erfolgssituation hätte gleich bleiben sollen?*

Aufgabe 441

1. *Was versteht man unter „absoluter Preisuntergrenze"?*
2. *Wie kann trotz Preissenkung bei einem Artikel eine Verbesserung des Betriebserfolgs erreicht werden?*
3. Ein Großhändler senkt den Deckungsbeitrag einer Ware von 34,00 € auf 26,00 € und rechnet dadurch mit einer Absatzsteigerung von 120 Stück auf 210 Stück. *Reicht diese Absatzsteigerung aus, um den gleichen Warengewinn zu erzielen wie zuvor?*
4. *Wie wird der Deckungsbeitrag je Stück berechnet?*
5. *Welche Auswirkung auf den Betriebserfolg ergibt sich,*
   a) wenn der Deckungsbeitrag je Stück größer als null ist,
   b) wenn der Deckungsbeitrag je Stück kleiner als null ist?
6. Durch eine Senkung des Deckungsbeitrags um 33 $^1/_3$ % soll eine Vergrößerung des Absatzes erreicht werden. *Um wie viel Prozent muss der Absatz mindestens steigen, um den Betriebserfolg zu verbessern?*
7. Zur Steigerung des Absatzes senkt ein Großhändler den Deckungsbeitrag einer Ware von 16,50 € je Stück auf 11,00 € je Stück. *Wie groß muss die Vervielfachung des Absatzes sein, um den Betriebserfolg zu halten?*

5.2 Deckungsbeitragsrechnung als Kostenträgerzeitrechnung zur Sortimentgestaltung

Die Deckungsbeitragsrechnung wenden Großhandelsbetriebe mit einem breiten Sortiment an. In diesen Bereichen kann sie gezielt Informationen für Sortiment- oder Preisentscheidungen bei einzelnen Waren oder Warengruppen liefern.

5.2.1 Sortimententscheidung bei einstufiger Deckungsbeitragsrechnung

Die Pflege des Sortimentes ist im Großhandelsbetrieb von entscheidender Bedeutung für den Betriebserfolg. Die Deckungsbeitragsrechnung hat das Zahlenmaterial zur Verfügung zu stellen, aus dem ersichtlich wird, welche Artikel im Sortiment verstärkt angeboten und welche aus dem Sortiment herausgenommen werden sollen.

Im Beispiel auf Seite 367 ergab sich für die Artikelgruppe „Einschlagpapiere" ein Verlust von –3.500,00 €. Diese Situation könnte bei vordergründiger Betrachtung zur Herausnahme dieser Artikelgruppe aus dem Sortiment führen: Man hätte dadurch einen um 3.500,00 € höheren Betriebsgewinn erzielt!

Diese Schlussfolgerung ist falsch, weil sie davon ausgeht, dass **alle** Handlungskosten der Hauptkostenstelle „Einschlagpapiere" **in vollem Umfang** abgebaut werden können. Dies trifft nur auf die variablen Kosten, nicht aber auf die fixen Kosten zu.

Merke

Ohne Kenntnis der in den Handlungskosten enthaltenen variablen und fixen Kostenanteile ist eine Entscheidung über Sortimentsveränderungen nicht möglich.

Beispiel

Die Angaben auf Seite 361 sollen unter folgenden vereinfachten Annahmen auf die Deckungsbeitragsrechnung umgestellt werden:

1. Die Einzelkosten sind in vollem Umfang variabel.
2. Unter den Gemeinkostenarten sind die Provisionen und die Frachten variable Kostenarten.
3. Die Personalkosten sollen zu 8 % und die Instandhaltungskosten zu 8,5 % variabel sein.
4. Die übrigen Gemeinkosten sind in vollem Umfang fixe Kosten.

An variablen Gemeinkosten sind somit angefallen:

Provisionen ...	**20.000,00 €**
Frachten ...	**80.000,00 €**
8,0 % der Personalkosten ...	**38.400,00 €**
8,5 % der Instandhaltung ...	**5.100,00 €**
Summe der variablen Gemeinkosten ...	**143.500,00 €[1]**

Der Prozentanteil der variablen Gemeinkosten an den gesamten Gemeinkosten beträgt:

$$\frac{143.500,00\,€ \cdot 100}{957.000,00\,€} = 14,99\ \% \approx \mathbf{15\ \%}$$

Es soll angenommen werden, dass die auf die Hauptkostenstellen (= Kostenträger) umgelegten Handlungskosten jeweils zu **15 % variabel** sind (vgl. BAB, S. 360).

Variable Kosten der Kostenträger

Hauptkostenstellen				
Spezialpapiere	**Hygienepapiere**	**Verpack.-Folien**	**Einschlagpapiere**	**Summe**
15 % von 186.000,00 **= 27.900,00**	15 % von 325.000,00 **= 48.750,00**	15 % von 243.000,00 **= 36.450,00**	15 % von 203.000,00 **= 30.450,00**	15 % von 957.000,00 **= 143.550,00[1]**

1 Die Differenz von 50,00 € ergibt sich aus dem aufgerundeten Zuschlagssatz.

An **fixen Gemeinkosten** verbleiben also:

	Gemeinkosten insgesamt	**957.000,00 €**
–	**variable Gemeinkosten**	**143.550,00 €**
=	**fixe Gemeinkosten**	**813.450,00 €**

Die fixen Gemeinkosten sollen nicht weiter auf ihre Zurechenbarkeit zu den Artikelgruppen untersucht werden.

Ergebnisrechnung bei Herausnahme der Artikelgruppe „Einschlagpapiere" aus dem Sortiment

Ergebnisrechnung	Artikelgruppen				Summe
	Spezial-papiere	Hygiene-papiere	Verpack.-Folien	Einschlag-papiere	
Nettoumsatzerlöse	558.000,00	796.000,00	638.000,00		1.992.000,00
– variable Kosten:					
Einzelkosten	300.000,00	401.000,00	300.000,00		1.001.000,00
variable Gemeinkosten	27.900,00	48.750,00	36.450,00		113.100,00
= Deckungsbeiträge	230.100,00	346.250,00	301.550,00		877.900,00
– fixe Kosten					813.450,00
= Betriebsgewinn					**64.450,00**

Die Gesamtkosten der Abrechnungsperiode können also nur um die variablen Kosten der Artikelgruppe „Einschlagpapiere" (= 295.000,00 € Einzelkosten + 30.450,00 € variable Gemeinkosten, vgl. S. 367/376) verringert werden. Die fixen Kosten in Höhe von 813.450,00 € bleiben auch beim Ausscheiden der Artikelgruppe „Einschlagpapiere" **in voller Höhe** bestehen. Die im Sortiment verbleibenden Artikelgruppen haben allein die fixen Gesamtkosten zu tragen. Der Gewinn sinkt deutlich auf 64.450,00 €.

Ergebnisrechnung bei Weiterführung der Artikelgruppe „Einschlagpapiere"

Ergebnisrechnung	Artikelgruppen				Summe
	Spezial-papiere	Hygiene-papiere	Verpack.-Folien	Einschlag-papiere	
Nettoumsatzerlöse	558.000,00	796.000,00	638.000,00	498.000,00	2.490.000,00
– variable Kosten:					
Einzelkosten	300.000,00	401.000,00	300.000,00	295.000,00	1.296.000,00
variable Gemeinkosten	27.900,00	48.750,00	36.450,00	30.450,00	143.550,00
= Deckungsbeiträge	230.100,00	346.250,00	301.550,00	172.550,00	1.050.450,00
– fixe Kosten					813.450,00
= Betriebsgewinn					**237.000,00**

Die Umsatzerlöse der Artikelgruppe „Einschlagpapiere" liegen um 172.550,00 € über den variablen Kosten. Dieser Deckungsbeitrag kann zur Deckung der fixen Kosten und zur Erzielung von Gewinn herangezogen werden.

Merke

Solange eine Artikelgruppe einen positiven Deckungsbeitrag erzielt, trägt sie zur Deckung der fixen Kosten und/oder zur Erzielung von Gewinn bei und bleibt grundsätzlich im Sortiment.

5.2.2 Sortimententscheidung bei mehrstufiger Deckungsbeitragsrechnung

In der mehrstufigen Deckungsbeitragsrechnung werden die fixen Kosten so genau wie möglich

- den **Artikelgruppen** **als artikelgruppenfixe** Kosten,
- den **Sortimentgruppen** **als sortimentgruppenfixe** Kosten,
- dem **Unternehmen** **als unternehmensfixe** (unverteilbare) Kosten

zugerechnet. Man gelangt auf diese Weise zu einer **verfeinerten und damit aussagefähigeren Deckungsbeitragsrechnung.**

Deckungsbeitrag I

Die um die variablen Kosten verminderten Umsatzerlöse einer jeden Artikelgruppe heißen Deckungsbeiträge I.

Deckungsbeitrag II

In der Regel lässt sich ein Teil der fixen Kosten auf die einzelnen Artikelgruppen **verursachungsgerecht** umlegen, so z. B. Teile der Personalkosten, der Miete, der Werbe- und Reisekosten, der Wagniskosten. Dieser Teil der fixen Kosten heißt **artikelgruppenfixe Kosten.** Subtrahiert man die artikelgruppenfixen Kosten von den Deckungsbeiträgen I, so erhält man die Deckungsbeiträge II. Sie geben an, in welcher Höhe die einzelnen Artikelgruppen zur Deckung der restlichen fixen Kosten beitragen.

Deckungsbeitrag III

Sofern fixe Kosten nicht für eine bestimmte Artikelgruppe, sondern für mehrere Artikelgruppen zugleich innerhalb eines Sortimentes angefallen sind, lassen sich diese fixen Kosten nur dem Sortiment (oder der Sortimentgruppe) zurechnen. Man spricht dann von **sortimentgruppenfixen Kosten.** Beispiele für sortimentgruppenfixe Kosten können sein: Teile der Personalkosten, der Miete, der Abschreibungen, der Betriebskosten. Vermindert man die Deckungsbeiträge II um die sortimentgruppenfixen Kosten, so erhält man die Deckungsbeiträge III. Sie geben an, mit welchen Beträgen bestimmte Sortimentgruppen zur Deckung der noch verbleibenden fixen Kosten (= unternehmensfixe Kosten) und zur Erzielung von Gewinn beitragen.

Unternehmensfixe Kosten sind die **nicht weiter aufteilbaren fixen Kosten,** die für das Unternehmen insgesamt anfallen (z. B. Kosten der Geschäftsführung und der Gebäudeverwaltung) und die als **Block** von der Summe der Deckungsbeiträge III subtrahiert werden. Die Differenz ist das **Betriebsergebnis der Rechnungsperiode.**

Beispiel

Die fixen Kosten in Höhe von 813.450,00 € (vgl. S. 377) sollen wie folgt aufteilbar sein:

	Spezialpapiere	Hygienepapiere	Verpack.-Folien	Einschlagpapiere	Summe
artikelgruppenfixe Kosten	80.000,00	132.000,00	145.000,00	93.000,00	450.000,00
unternehmensfixe Kosten					363.450,00

Es werden keine sortimentgruppenfixen Kosten gebildet.

 6937378

Ergebnisrechnung mit stufenweiser Fixkostendeckung (vgl. S. 377)

	Spezial-papiere	Hygiene-papiere	Verpack.-Folien	Einschlag-papiere	Summe
Umsatzerlöse	558.000,00	796.000,00	638.000,00	498.000,00	2.490.000,00
– variable Kosten	327.900,00	449.750,00	336.450,00	325.450,00	1.439.550,00
= Deckungsbeiträge I	230.100,00	346.250,00	301.550,00	172.550,00	1.050.450,00
– artikelgrupenfixe Kosten	80.000,00	132.000,00	145.000,00	93.000,00	450.000,00
= Deckungsbeiträge II	150.100,00	214.250,00	156.550,00	79.550,00	600.450,00
– unternehmensfixe Kosten					363.450,00
= Betriebsgewinn der Rechnungsperiode					**237.000,00**

Die Ergebnisrechnung zeigt, dass die Artikelgruppe „Einschlagpapiere“ den geringsten Deckungsbeitrag II, die Artikelgruppe „Hygienepapiere“ den höchsten Deckungsbeitrag II erwirtschaftet hat. Für die Unternehmensleitung ergibt sich hieraus die Überlegung, ob die Artikelgruppe „Einschlagpapiere“ nicht zugunsten eines höheren Absatzes bei anderen Gruppen aus dem Sortiment herausgenommen werden soll. Der höhere Absatz – insbesondere in der Artikelgruppe „Hygienepapiere“ – müsste dann allerdings einen Zuwachs der Deckungsbeiträge um mindestens 79.550,00 € erbringen.

Merke

- **Die Deckungsbeitragsrechnung mit stufenweiser Fixkostendeckung zeigt im Deckungsbeitrag II und Deckungsbeitrag III, in welcher Höhe die Umsatzerlöse der einzelnen Artikelgruppen oder einzelner Sortimentgruppen über den von ihnen verursachten variablen und fixen Kosten liegen.**
- **Die Deckungsbeiträge II und III sind für Sortimententscheidungen von großer Bedeutung, da sie Einblick in die abbaubaren fixen Kosten geben.**

Aufgabe 442

In einer Großhandlung werden die drei Warengruppen A, B und C geführt. Im Monat Juni wurden folgende Umsatzerlöse und Kosten ermittelt:

	Warengruppen		
	A	B	C
Nettoumsatzerlöse	124.000,00	165.000,00	84.000,00
Wareneinsätze	77.500,00	110.000,00	60.000,00
variable Gemeinkosten	15.500,00	16.500,00	15.000,00
fixe Gemeinkosten insgesamt	28.000,00		

Bestimmen Sie die Deckungsbeiträge jeder Warengruppe und insgesamt sowie das Betriebsergebnis.

Aufgabe 443

In einer Großhandlung mit vier Warengruppen wurden im Monat August folgende Erlöse und Kosten ermittelt. *Bestimmen Sie die Deckungsbeiträge I und II sowie das Betriebsergebnis.*

	WG I	WG II	WG III	WG IV
Nettoumsatzerlöse	210.000,00	184.000,00	244.000,00	112.000,00
Wareneinsätze	130.000,00	118.000,00	168.000,00	81.000,00
variable Gemeinkosten	28.000,00	16.500,00	34.000,00	12.000,00
artikelgruppenfixe Kosten	4.000,00	8.500,00	6.000,00	7.500,00
unternehmensfixe Kosten	41.400,00			

5.2.3 Optimale Sortimentgestaltung

Unter optimaler Sortimentgestaltung versteht man die Ausrichtung des gesamten Warenangebotes auf die **ertragskräftigsten Artikelgruppen**, wobei sich die Rangfolge, in der die Artikelgruppen langfristig im Sortiment vertreten sind, nach der **Höhe der Deckungsbeiträge** richtet.

Beispiel

Im vorhergehenden Beispiel (vgl. S. 379) waren folgende Deckungsbeiträge II ermittelt worden:

	Spezial-papiere	Hygiene-papiere	Verpack.-Folien	Einschlag-papiere
Deckungsbeiträge II	150.100,00	214.250,00	156.550,00	79.550,00

Aus diesen Angaben sollen die Artikelgruppen nach ihrer Ertragskraft geordnet werden.

Sortimentgestaltung nach absoluten Deckungsbeiträgen

Die Sortimentgestaltung nach absoluten Deckungsbeiträgen hat danach die folgende Rangordnung aufzustellen:

1. Rang: Artikelgruppe „Hygienepapiere" mit .... 214.250,00 €,
2. Rang: Artikelgruppe „Verpackungsfolien" mit .... 156.550,00 €,
3. Rang: Artikelgruppe „Spezialpapiere" mit .... 150.100,00 €,
4. Rang: Artikelgruppe „Einschlagpapiere" mit .... 79.550,00 €.

Die Absatzmengen der in den vorderen Rängen stehenden Artikelgruppen sind zu erhöhen; die ertragsschwächeren Artikelgruppen verbleiben nur zur Abrundung im Sortiment.

Merke

Die Deckungsbeiträge eignen sich zur Festlegung des optimalen Sortiments.

Diese Entscheidung ist aber **unsicher**, da in der Festlegung der Rangfolge **die Absatzmengen** nicht berücksichtigt wurden (sie wären in diesem Beispiel auch nur bedingt vergleichbar). Es könnte durchaus sein, dass der Deckungsbeitrag in Artikelgruppe „Einschlagpapiere" mit einer erheblich geringeren Absatzmenge erzielt wurde als derjenige in der Artikelgruppe „Hygienepapiere". Genauere Ergebnisse liefern also die **Deckungsbeiträge je Mengeneinheit.**

Sortimentgestaltung nach relativen Deckungsbeiträgen

Wegen der Schwierigkeit, **vergleichbare Mengen** bei der Festlegung des optimalen Sortimentes zu berücksichtigen, legt man die **Rangfolge nach Deckungsbeitragsprozentsätzen** fest. Hierbei werden für jede Artikelgruppe **aus den Deckungsbeiträgen II und den Umsätzen Prozentzahlen** ermittelt, die die Ertragskraft der Artikelgruppen vergleichbar machen.

Beispiel

	Spezial-papiere	Hygiene-papiere	Verpack.-Folien	Einschlag-papiere
Deckungsbeitrag II	150.100,00	214.250,00	156.550,00	79.550,00
Umsatz (vgl. S. 377)	558.000,00	796.000,00	638.000,00	498.000,00
Deckungsbeiträge in % des Umsatzes	$\frac{150.100 \cdot 100}{558.000}$ **= 26,90 %**	$\frac{214.250 \cdot 100}{796.000}$ **= 26,92 %**	$\frac{156.550 \cdot 100}{638.000}$ **= 24,54 %**	$\frac{79.550 \cdot 100}{498.000}$ **= 15,97 %**

6937380

Die auf einen möglichst hohen Ertrag ausgerichtete Sortimentgestaltung hätte nach relativen Deckungsbeiträgen die folgenden Ränge zu berücksichtigen:

1. Rang: Artikelgruppe „Hygienepapiere“ mit .... **26,92 %**
2. Rang: Artikelgruppe „Spezialpapiere“ mit .... **26,90 %**
3. Rang: Artikelgruppe „Verpackungsfolien“ mit .... **24,54 %**
4. Rang: Artikelgruppe „Einschlagpapiere“ mit .... **15,97 %**

Gegenüber der Sortimentgestaltung nach absoluten Deckungsbeiträgen ergibt sich eine Verschiebung im 2. und 3. Rang.

Merke

- **Maßstab für Sortimententscheidungen sind relative Deckungsbeiträge.**
- **Relativer Deckungsbeitrag** $= \frac{\text{Deckungsbeitrag II} \cdot 100}{\text{Umsatz}}$

Aufgabe 444

1. *Worin besteht der Vorteil der Deckungsbeitragsrechnung gegenüber der Vollkostenrechnung?*
2. *Was versteht man unter „Deckungsbeitrag“?*
3. *Unterscheiden Sie variable Kosten und fixe Kosten voneinander.*
4. *Nennen Sie Beispiele für variable und fixe Handlungskosten.*
5. *Warum ist es grundsätzlich vorteilhaft, einen Artikel nicht aus dem Sortiment herauszunehmen, wenn er einen positiven Deckungsbeitrag erzielt?*
6. *Unterscheiden Sie „Deckungsbeitrag I“ und „Deckungsbeitrag II“ voneinander.*
7. *Was versteht man unter „Sortimentgestaltung nach relativen Deckungsbeiträgen“?*
8. *Wann ist ein Sortiment „optimal“ gestaltet?*
9. *Erläutern Sie den Begriff „stufenweise Fixkostendeckung“.*

Aufgabe 445

Geben Sie zu den Aufgaben 442 und 443 auf Seite 379 die optimale Sortimentgestaltung

a) nach absoluten Deckungsbeiträgen,

b) nach relativen Deckungsbeiträgen an.

Aufgabe 446

Der Betriebserfolg wird in einem Großhandelsbetrieb für zwei Warengruppen I und II innerhalb eines Sortiments nach der Deckungsbeitragsrechnung ermittelt. Folgende Erlös- und Kostensituation liegt vor:

	Warengruppe I		Warengruppe II		
	Ware A	Ware B	Ware C	Ware D	Ware E
Umsatzerlöse	86.000,00	74.000,00	56.500,00	68.400,00	44.200,00
Erlösberichtigungen	4.500,00	–	2.100,00	–	6.800,00
Wareneinsätze	61.400,00	46.250,00	37.200,00	49.500,00	31.500,00
variable Handlungskosten	6.300,00	8.750,00	3.700,00	6.400,00	7.400,00
artikelgruppenfixe Kosten	7.800,00		8.600,00		
sortimentfixe Kosten	9.500,00				

1. *Berechnen Sie den Deckungsbeitrag I für jede Ware und insgesamt.*
2. *Bestimmen Sie die Deckungsbeiträge II und III (= Betriebserfolg).*
3. *Machen Sie einen Vorschlag zur Verbesserung der Erfolgslage.*
4. *Geben Sie die Rangordnung des optimalen Sortiments nach relativen Deckungsbeiträgen an.*

Aufgabe 447

Eine Textilgroßhandlung hat aufgrund ihrer Vollkostenrechnung für den Monat April in den drei Warengruppen Herrenoberbekleidung, Damenoberbekleidung und Kinderbekleidung folgende Erlöse und Kosten festgestellt:

	Herrenober-bekleidung	Damenober-bekleidung	Kinder-bekleidung	insgesamt
Nettoumsatzerlöse	602.550,00	838.800,00	426.250,00	1.867.600,00
Wareneinsätze	329.600,00	466.000,00	220.000,00	1.015.600,00
Handlungskosten	180.000,00	280.000,00	100.000,00	560.000,00

Aufgrund einer Kostenanalyse ist festgestellt worden, dass 20 % der Handlungskosten variable Gemeinkosten sind. Die restlichen Gemeinkosten gelten als unternehmensfixe Kosten.

1. *Berechnen Sie den Deckungsbeitrag für jede Warengruppe und insgesamt.*
2. *Bestimmen Sie den Betriebsgewinn.*
3. *Legen Sie die optimale Sortimentgestaltung nach relativen Deckungsbeiträgen fest.*

Aufgabe 448

In einer Großhandlung mit den drei Warengruppen I, II und III wurden für den Monat November .. folgende Erlöse und Kosten ermittelt:

Wareneinsätze:	30 Warengruppe I	220.000,00
	31 Warengruppe II	340.000,00
	32 Warengruppe III	180.000,00
Umsatzerlöse:	80 Warengruppe I	365.000,00
	81 Warengruppe II	510.000,00
	82 Warengruppe III	250.000,00

Die Handlungskosten betrugen im Monat November insgesamt 350.000,00 €. Sie verteilen sich aufgrund der durchgeführten Kostenstellenrechnung wie folgt auf die einzelnen Warengruppen:

	Warengruppe I	Warengruppe II	Warengruppe III
Handlungskosten	100.000,00	160.000,00	90.000,00

25 % der Handlungskosten gelten als variable Gemeinkosten.

30 % der Handlungskosten gelten als artikelfixe Kosten.

Der Rest der Handlungskosten ist unternehmensfix.

1. *Ermitteln Sie die Deckungsbeiträge I und II für jede Warengruppe und insgesamt sowie das Betriebsergebnis.*
2. *Berechnen Sie die relativen Deckungsbeiträge für jede Artikelgruppe und geben Sie die optimale Sortimentgestaltung an.*

Aufgabe 449

Zur Untersuchung der Kosten- und Ertragssituation ist aus drei Warengruppen je eine Ware repräsentativ ausgewählt worden. Für diese Waren wurden folgende Angaben ermittelt:

	Ware A	Ware B	Ware C
Einstandspreis je Stück	36,00	46,50	26,00
Variable Handlungskosten je Stück	21,00	26,00	12,00
Barverkaufspreis je Stück	63,00	75,00	42,00
Artikelgruppenfixe Kosten	4.200,00	2.400,00	1.840,00
Unternehmensfixe Kosten		4.100,00	

6937382

1. *Bestimmen Sie den Deckungsbeitrag je Stück für jede Ware.*
2. *Wie viel Stück sind von jeder Ware zu verkaufen, damit die artikelfixen Kosten durch die Deckungsbeiträge gedeckt werden?*
3. Von der Ware A können monatlich 1 250 Stück und von der Ware C 1 480 Stück abgesetzt werden.

   Wie viel Stück müssten von der Ware B verkauft werden, damit auch die unternehmensfixen Kosten gedeckt werden und noch ein Gewinn von 10.000,00 € erzielt wird?

Aufgabe 450

Ein Hobby- und Baumarkt führt eine selbstständige Abteilung mit den Warengruppen „Gartengeräte" und „Gartenmöbel". Für den abgelaufenen Monat liegen aus der Buchführung und der Kostenrechnung folgende Zahlen vor:

	Warengruppe Gartengeräte	Warengruppe Gartenmöbel
Umsatzerlöse	70.000,00	48.000,00
Erlösberichtigungen	2.500,00	1.200,00
Frachten (Einzelkosten)	600,00	300,00
Wareneinsätze	38.100,00	25.600,00
variable Handlungskosten	8.500,00	5.100,00
artikelgruppenfixe Kosten	10.400,00	5.600,00
abteilungsfixe Kosten	6.600,00	

1. *Berechnen Sie die Deckungsbeiträge I, II und III für jede Warengruppe und insgesamt.*
2. Wegen des nicht zufrieden stellenden Verkaufs bei dem Artikel „Gartenmöbel" sollen die abteilungsfixen Kosten in voller Höhe durch die Deckungsbeiträge der Warengruppe „Gartengeräte" gedeckt und die Verkaufspreise für Gartenmöbel so weit gesenkt werden, dass die Umsatzerlöse gerade noch zur Deckung der artikelgruppenfixen Kosten ausreichen.

   Um wie viel Prozent könnten die Preise gesenkt werden?
3. Zur Steigerung des Absatzes sollen die Preise für Gartenmöbel so weit gesenkt werden, dass die Umsatzerlöse nur noch die variablen Einzel- und Gemeinkosten decken.

   Wie hoch müssten dann die Umsatzerlöse sein? Wie viel Prozent beträgt in diesem Fall die Preissenkung?

Aufgabe 451

In einer Großhandlung wird der monatliche Betriebserfolg für vier Warengruppen mithilfe der Deckungsbeitragsrechnung ermittelt. Für den Monat September liegen folgende Zahlen vor:

	Warengruppe A	Warengruppe B	Warengruppe C	Warengruppe D
Einstandspreis/Stück	80,00	64,00	124,00	48,00
Barverkaufspreis/Stück	144,00	105,00	190,00	84,00
Absatz in Stück	240	320	180	460

Die Handlungskosten betragen nach den Aufzeichnungen in der Ergebnistabelle insgesamt 33.000,00 €. 40 % der Handlungskosten sind als variable Handlungskosten anzusetzen. Der Rest der Handlungskosten ist unternehmensfix.

1. *Berechnen Sie den Deckungsbeitrag für jede Warengruppe und insgesamt.*
2. *Auf wie viel € kann der Barverkaufspreis für Warengruppe C gesenkt werden, wenn der Deckungsbeitrag nur zur Deckung der variablen Kosten ausreichen soll?*

5.2.4 Deckungsbeitragsrechnung als Kostenträgerzeitrechnung im Einproduktunternehmen

Um den Betriebserfolg im Einproduktunternehmen zu ermitteln, werden die fixen Kosten einer Rechnungsperiode **in einer Summe** vom gesamten Deckungsbeitrag subtrahiert.

Beispiel

Es soll angenommen werden, die Kern KG verkauft in der Geschäftsstelle Duisburg nur Großrollen Spezialpapiere. Maximal können 500 Rollen je Monat verkauft werden. Die fixen Kosten betragen 100.000,00 € je Abrechnungsperiode. Die variablen Kosten (Wareneinsatz) belaufen sich auf 1.000,00 € je Rolle. Diese Rolle wird zum Barverkaufspreis von 1.500,00 € je Stück abgesetzt. Im vergangenen Monat betrug der Absatz 450 Rollen.

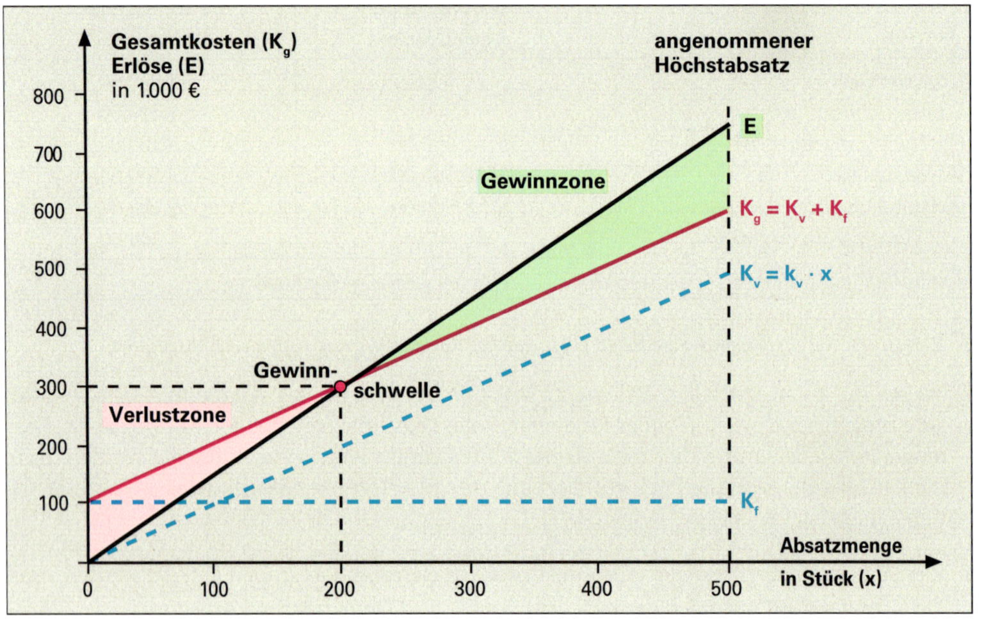

Erläuterung zur Grafik:

Die variablen Kosten der Abrechnungsperiode (K_v) werden durch Multiplikation der variablen Stückkosten (k_v) mit der Absatzmenge (x) errechnet.

Variable Gesamtkosten (K_v) = variable Stückkosten (k_v) · Menge (x)

Da für jede zusätzlich verkaufte Rolle der Kostenzuwachs im Beispiel 1.000,00 € beträgt, ergibt sich die Abhängigkeit der variablen Gesamtkosten von der Absatzmenge nach der Funktionsgleichung:

$K_v = 1.000\,x$

Der Graph dieser Funktion verläuft linear – vom Ursprung des Koordinatennetzes ausgehend – mit dem Anstieg m = 1.000.

Die Gesamtkosten der Abrechnungsperiode (K_g) ergeben sich aus der Summe von variablen Kosten und fixen Kosten.

Gesamtkosten (K_g) = variable Kosten (K_v) + fixe Kosten (K_f)

6937384

Unabhängig von der Absatzmenge werden im Beispiel die variablen Kosten um jeweils 100.000,00 € fixe Kosten erhöht. In der Grafik sind die Gesamtkosten parallel zu den variablen Kosten im Abstand der fixen Kosten zu zeichnen.

$$K_g = 1.000\,x + 100.000$$

Die Erlösgerade (E) verdeutlicht die bei einer bestimmten Absatzmenge erzielbaren Nettoumsatzerlöse. Sie sagt aus, dass für jedes abgesetzte Stück 1.500,00 € Erlöse entstehen. Bei einem Absatz von 100 Stück sind das 100 · 1.500,00 € = 150.000,00 €, bei dem Absatz von 200 Stück entsprechend 200 · 1.500,00 € = 300.000,00 € Erlöse usw., also

$$E = 1.500\,x$$

Der Graph dieser Funktion verläuft linear – vom Ursprung des Koordinatennetzes ausgehend – mit dem Anstieg m = 1.500.

Auswertung:

Deckungsbeitrag und Betriebsergebnis der Abrechnungsperiode

Erlöse der Abrechnungsperiode (E)	= 450 · 1.500,00 (p)	= 675.000,00 €
– variable Kosten der Periode (K_v)	= 450 · 1.000,00 (kv)	= 450.000,00 €
= Deckungsbeitrag der Periode (DB)	= 450 · 500,00 (db)	= 225.000,00 €
– fixe Kosten der Periode (K_f)		= 100.000,00 €
= Betriebsgewinn der Abrechnungsperiode		**= 125.000,00 €**

Gewinnschwelle (Break-even-Point)

Die Gewinnschwelle kennzeichnet die Absatzmenge, bei der die Summe der erwirtschafteten Stückdeckungsbeiträge (db) gerade ausreicht, um die fixen Kosten zu decken.

Der Stückdeckungsbeitrag beläuft sich im Beispiel auf 500,00 € (= 1.500,00 € – 1.000,00 €), die fixen Kosten betragen 100.000,00 €; also:

$$db \cdot x = K_f$$
$$500 \cdot x = 100.000$$
$$x = \frac{100.000}{500} = \textbf{200 Stück (Gewinnschwellenmenge)}$$

Merke

$$\textbf{Gewinnschwellenmenge} = \frac{\textbf{fixe Kosten } (K_f)}{\textbf{Stückdeckungsbeitrag (db)}}$$

Grafisch wird die Gewinnschwellenmenge im **Schnittpunkt** von Erlösgerade und Gesamtkostengerade erreicht. Bei dieser Menge sind Erlöse und Gesamtkosten gleich hoch **(Erlöse = Kosten)**.

Gewinnzone

Setzt das Unternehmen **mehr als 200 Stück** ab, so arbeitet es mit Gewinn **(Erlöse > Kosten)**.

Verlustzone

Setzt das Unternehmen **weniger als 200 Stück** ab, so gerät es in die Verlustzone **(Erlöse < Kosten)**.

Merke

- **Deckungsbeitrag > fixe Kosten = Betriebsgewinn,**
- **Deckungsbeitrag < fixe Kosten = Betriebsverlust.**

Aufgabe 452

Machen Sie sich die Auswirkungen von Kostensenkungen im Bereich der fixen und variablen Kosten sowie die Auswirkungen von Preissenkungen auf die Gewinnschwellenmenge an selbst gewählten Beispielen deutlich.

Aufgabe 453

Bei einem Absatz von 3 000 Stück, Gesamtkosten in Höhe von 75.000,00 €, darunter fixe Kosten in Höhe von 30.000,00 €, ergab sich in einem Unternehmen ein Verlust von 12.000,00 €.

Ermitteln Sie rechnerisch und grafisch die Gewinnschwelle.

Aufgabe 454

Aus den Zahlen der Kostenrechnung ergibt sich, dass für den Absatz des Tischrechners „Minitron" fixe Kosten in Höhe von 400.000,00 € je Rechnungsperiode anfallen und die variablen Kosten nach folgender Abhängigkeit von der Beschäftigung verlaufen.

Absatz in Stück	variable Kosten in €
5 000	125.000,00
6 000	150.000,00
7 000	175.000,00
8 000	200.000,00
9 000	225.000,00
10 000	250.000,00

1. *Errechnen Sie die Gesamt- und Stückkosten für die einzelnen Absatzmengen.*
2. *Bestimmen Sie den Deckungsbeitrag und den Betriebserfolg für die unterschiedlichen Absatzmengen bei einem Barverkaufspreis von 80,00 € je Stück.*
3. *Berechnen Sie die Gewinnschwellenmenge.*
4. *Stellen Sie die Gesamtkosten und die Umsatzerlöse in einem grafischen Bild dar.*
5. *Welche Auswirkung hat eine Preissenkung um 5,00 € je Stück auf die Gewinnschwellenmenge?*

Aufgabe 455

Die Kosten- und Leistungsrechnung eines Großhandelsunternehmens weist folgende Zahlen aus:

Rechnungsperiode	Absatz in Stück	Gesamtkosten	variable Stückkosten	Barverkaufspreis
Oktober	20 000	700.000,00	25,00	40,00
November	24 000	800.000,00	25,00	40,00

1. *Berechnen Sie die variablen Gesamtkosten, die fixen Gesamtkosten und die fixen Stückkosten für die Monate Oktober und November.*
2. *Ermitteln Sie den Betriebserfolg für die Monate Oktober und November.*
3. *Bestimmen Sie rechnerisch und grafisch die Gewinnschwelle.*
4. *Welche Auswirkung auf die Gewinnschwellenmenge hat eine Erhöhung der variablen Stückkosten auf 30,00 €?*
5. Eine geplante Erweiterungsinvestition verursacht zusätzliche fixe Kosten in Höhe von 40.000,00 €.

   Wie viele Artikel müssen zusätzlich abgesetzt werden, um bei 25,00 € variablen Stückkosten das Betriebsergebnis des Monats November zu halten?

6937386

H Statistik im Großhandelsbetrieb

1 Grundlagen der Statistik

Im vorliegenden Lehrbuch **werden sachlich zusammengehörende Themen** geschlossen behandelt. Aus diesem Grunde wurden wesentliche Gebiete der Betriebsstatistik bereits in den vorhergehenden Kapiteln dargestellt. So finden sich z. B. die Kennzahlen zur Rentabilität und Wirtschaftlichkeit im Kapitel „G, 2 Kostenartenrechnung“ auf Seite 323. Die Aufbereitung und Auswertung von Bilanzen sowie Gewinn- und Verlustrechnungen sind im Kapitel „F Auswertung des Jahresabschlusses“, Seite 278 f., enthalten. Die Grundzüge der Kostenstatistik sind in das Kapitel „G Kosten- und Leistungsrechnung“, Seite 294 f., eingearbeitet.

In den folgenden Abschnitten werden **Aufgaben, Grundlagen** und **Sachgebiete** der Betriebsstatistik kurz dargestellt.

Aufgaben der Statistik

Die Statistik im Großhandelsbetrieb befasst sich mit dem **Sammeln, Aufbereiten** und **Auswerten von Größen** (= benannten Zahlen), die für die **Überwachung des Betriebsgeschehens** sowie für die **Vorbereitung unternehmerischer Entscheidungen** wichtig sind.

Hierzu

- stellt die Statistik aus den Istzahlen der Vergangenheit Ergebnisse fest und wertet sie aus. Sie ist damit die **Grundlage für Dispositionen.**
- vergleicht die Statistik die ermittelten Istzahlen mit vorgegebenen Soll- oder Planzahlen. Sie ist damit die **Grundlage der Betriebskontrolle.**

Merke

Die Betriebsstatistik ist eine Vergleichsrechnung. Sie stellt Zahlenwerte des Rechnungswesens für die Überwachung des Betriebsgeschehens und für die Vorbereitung unternehmerischer Entscheidungen zur Verfügung.

Grundlagen der Statistik sind innerbetrieblich und außerbetrieblich anfallende Größen, die aufgrund einer vorgegebenen Zielsetzung nach bestimmten Merkmalen geordnet und mithilfe statistischer Methoden aufbereitet werden. Gegenstand statistischer Betrachtungen sind nicht Einzelerscheinungen, sondern **häufig wiederkehrende Ereignisse,** die sich entweder auf einen bestimmten Zeitpunkt oder einen bestimmten Zeitraum beziehen:

Zeitpunktbezogene Statistik (Bestandsrechnung)	Zeitraumbezogene Statistik (Bewegungsrechnung)
■ Bilanzanalyse	■ Beschaffungsstatistik
■ Analyse der GuV-Rechnung	■ Absatzstatistik
■ Lagerstatistik	■ Kostenstatistik

Die wesentlichen Sachgebiete der Statistik sind in der obigen Aufstellung genannt. Sie können je nach der Zielsetzung auf andere Bereiche ausgedehnt werden, z. B. Personalstatistik, Werbeanalyse, Investitionsanalyse u. a.

Merke

Die Statistik geht von innerbetrieblich und außerbetrieblich anfallenden Größen aus. Sie fasst gleichartige Größen zusammen und ordnet sie nach bestimmten Merkmalen.

Die Vorgehensweise der Statistik wird in folgender Übersicht verdeutlicht:

❶ Sammeln und Ordnen der Größen

aus innerbetrieblichen Quellen		aus außerbetrieblichen Quellen	
Interne Erhebung	**Aufbereitung vorhandener Zahlen**	**Betriebswirtschaftliche Statistik**	**Volkswirtschaftliche Statistik**
Ausnahmsweise können betriebsinterne Erhebungen durch Beobachtung und Befragung für statistische Zwecke durchgeführt werden.	In der Regel werden die für andere Zwecke gesammelten Größen der Betriebsstatistik zugeführt. Quellen sind: – Finanzbuchhaltung, – Kosten- und Leistungsrechnung, – Betriebsabteilungen.	Das für überbetriebliche Statistiken erstellte Material wird für Betriebszwecke verwendet: – Statistik der Fachverbände, – Statistik der IHK, – Statistik der Fachzeitungen.	Volkswirtschaftliche Statistiken werden für betriebsinterne Vergleiche herangezogen: – Statistische Jahrbücher, – Monatsberichte der Deutschen Bundesbank, – Statistische Beihefte der Deutschen Bundesbank.

❷ Aufbereiten der Größen

durch Mittelwerte (= repräsentativer Wert einer Zahlenreihe)		durch Verhältniszahlen (= Beziehung zwischen zwei Größen)			durch Trend (= dynamischer Mittelwert)
Arithmetisches Mittel	**Gewogenes arithmetisches Mittel**	**Gliederungszahlen**	**Beziehungszahlen**	**Indexzahlen**	
Einfacher Durchschnitt Beispiele: – durchschnittl. Kapital, – durchschnittl. Lagerbestand.	Gewogener Durchschnitt Beispiele: – Verteilung der Handlungskosten im BAB, – Verrechnungspreise.	= Verhältnis einer Teilgröße zur Gesamtgröße. Beispiele: – Kennzahlen zur Finanzierung, – Kennzahlen zum Vermögensaufbau.	= Verhältniszahlen zwischen unterschiedlichen Größen. Beispiele: – Kennzahlen zur Investierung, Liquidität, Rentabilität, – Zuschlagssätze für Handlungskosten und Gewinn.	= Verhältniszahlen zwischen gleichen Größen im Zeitablauf. Beispiele: – Kennzahlen zur Preis- und Absatzentwicklung.	Positive oder negative Entwicklungsrichtung von Zahlenreihen im Zeitablauf. Beispiel: – Umsatzentwicklung

❸ Veranschaulichen der Größen

tabellarisch	grafisch		
Statistische Tabelle (z. B. BAB, Bilanz)	**Kurvendiagramm** (vgl. Kostenverläufe)	**Histogramm** = Darstellung in Balkenform	**Sonstige Diagramme:** Block-, Kreisdiagramm

❹ Auswerten der Größen

durch zeitpunktbezogene Analyse (= inner- und zwischenbetrieblicher Vergleich)	durch zeitraumbezogene Analyse (= Vergleich der Größen im Zeitablauf)	
– Bilanzanalyse – Analyse der Gewinn- und Verlustrechnung	– Bewegungsbilanz – Absatzanalyse	– Kostenanalyse – Personalanalyse

6937388

2 Statistische Tabellen

Sammeln und Ordnen statistischer Zahlen

Die Finanzbuchhaltung sowie die Kosten- und Leistungsrechnung stellen die wichtigsten innerbetrieblichen Quellen dar, aus denen die Betriebsstatistik ihre Zahlen gewinnt. Die dort erfassten Größen, z. B. die in der Kontenklasse 8 gebuchten Einzelumsätze, eignen sich in der Regel nicht für Auswertungen zur Betriebskontrolle und zur Vorbereitung unternehmerischer Entscheidungen, da sie in **großer Häufigkeit** auftreten und deswegen **unübersichtlich** sind. Typische und markante Erscheinungen lassen sich erst durch **Zusammenfassung gleichartiger Größen** (z. B. Umsätze je Monat) und durch **Ordnung nach bestimmten Merkmalen** (z. B. Umsätze nach Artikelgruppen) erkennen. Das Ergebnis der so zusammengefassten und geordneten Zahlen ist die **statistische Tabelle.**

Beispiel

Die Papiergroßhandlung Kern KG, Köln (vgl. S. 361), hat im Jahr .. in den einzelnen Artikelgruppen folgende auf 1.000,00 € gerundete Monatsumsätze erzielt.

Umsätze nach Artikelgruppen und Monaten für das Jahr ..

Monate	Artikelgruppen				Summe
	Spezial-papiere	Hygiene-papiere	Verpack.-Folien	Einschlag-papiere	
Januar	640.000	430.000	642.000	710.000	2.422.000
Februar	560.000	415.000	636.000	740.000	2.351.000
März	530.000	440.000	612.000	635.000	2.217.000
April	510.000	480.000	603.000	648.000	2.241.000
Mai	475.000	545.000	584.000	630.000	2.234.000
Juni	460.000	624.000	618.000	680.000	2.382.000
Juli	480.000	650.000	615.000	620.000	2.365.000
August	510.000	683.000	590.000	570.000	2.353.000
September	558.000	796.000	638.000	498.000	2.490.000
Oktober	540.000	648.000	645.000	610.000	2.443.000
November	580.000	535.000	683.000	633.000	2.431.000
Dezember	620.000	490.000	714.000	785.000	2.609.000
Summe je Artikelgruppe	**6.463.000**	**6.736.000**	**7.580.000**	**7.759.000**	**28.538.000**

Statistische Tabellen

Eine statistische Tabelle ist durch die Zahlenanordnung in Spalten und Zeilen gekennzeichnet. Der Inhalt der Spalten (im Beispiel: Umsätze der einzelnen Artikelgruppen in den jeweiligen Monaten) wird durch den sog. **Tabellenkopf** erläutert. Der Inhalt der Zeilen (im Beispiel: monatliche Umsätze der einzelnen Artikelgruppen) wird durch die sog. **Vorspalte** benannt. Der Platz, der für die einzelne Tabelleneintragung (im Beispiel: Monatsumsatz) vorgesehen ist, heißt **Tabellenfach** oder **Tabellenfeld.**

Überschrift

Kopf zur Vorspalte		Tabellenkopf				
		1	2	3	4	←
Vorspalte	1	Tabellenfeld				←
	2					← Zeilen
	3					←
	4					←
		↑	↑	↑	↑	

Spalten

Anforderungen an statistische Tabellen

Ihre Aufgabe erfüllen Tabellen nur dann, wenn bei ihrer Erstellung die folgenden wesentlichen Gesichtspunkte beachtet werden:

- **klare Überschriften** im Tabellenkopf und in der Vorspalte,
- möglichst **wenige Einteilungsmerkmale**, damit die Übersichtlichkeit gewahrt bleibt,
- **zweckmäßiger Aufbau**, damit das Lesen der Tabelle erleichtert wird.

Auswertung statistischer Tabellen

Anhand der Tabelle im vorstehenden Beispiel lassen sich zwei grundsätzliche Auswertungen vornehmen:

Dynamische Betrachtung (zeitraumbezogen)

Hierbei wird die Umsatzentwicklung der einzelnen Warengruppen im Ablauf der Monate Januar bis Dezember analysiert.

Beispiel

Bei der Artikelgruppe „Spezialpapiere" ist der Umsatz in den Sommermonaten rückläufig und in den Wintermonaten ansteigend. Dies kann – sofern Vergleichszahlen aus den Vorjahren herangezogen werden – auf eine saisonale Schwankung hindeuten.

Statische Betrachtung (zeitpunktbezogen)

Hierbei steht der Umsatzvergleich einzelner Warengruppen in bestimmten Monaten im Vordergrund.

Beispiel

Im Monat Januar ist die Umsatzhöhe der einzelnen Artikelgruppen im Vergleich zueinander sehr verschieden von der Umsatzhöhe im Monat Juli, obwohl der Gesamtumsatz nahezu gleich hoch ist. Der Anteil eines Artikels am Gesamtumsatz ist u. a. ein Hinweis auf seine Bedeutung für das Sortiment.

Merke

- **Grundlage statistischen Arbeitens bildet das sog. Urmaterial, das zunächst nach bestimmten Gesichtspunkten zusammengefasst, geordnet und zu einer statistischen Tabelle verdichtet wird.**
- **Statistische Tabellen sind nach Tabellenkopf und Vorspalte übersichtlich gestaltet.**

Aufgabe 456

Der mengenmäßige Lagerumschlag für fünf Warengruppen belief sich in einer Baustoffgroßhandlung in zwei aufeinander folgenden Jahren auf:

	Vorjahr	Berichtsjahr
Zement	38 000 kg	50 500 kg
Kalk	22 200 kg	18 700 kg
Fertigputz	14 500 kg	20 400 kg
Fertigmörtel	9 700 kg	12 300 kg
Fugenmörtel	3 600 kg	4 600 kg

1. *Stellen Sie eine Tabelle mit den Umschlagszahlen der beiden Jahre und den Abweichungen bei den einzelnen Warengruppen auf.*
2. *Erläutern Sie die Veränderungen bei den einzelnen Warengruppen.*

6937390

3 Statistische Zahlen

Aufbereitung statistischer Größen

Statistische Tabellen geben das Urmaterial in verdichteter Form wieder. Sie schaffen Ordnung und Übersicht, lassen aber keine gezielte und vertiefte Auswertung zu. Erst durch die Verknüpfung statistischer Größen gewinnt man aussagefähige Zahlen.

Beispiele

1. Der Betriebsabrechnungsbogen (vgl. S. 360) gibt zunächst nur die auf die einzelnen Kostenstellen verteilten Gemeinkosten an. Die für die Kalkulation wichtigen Zuschlagssätze sind statistische Zahlen, die aus der Verknüpfung von jeweils zwei unterschiedlichen statistischen Größen berechnet werden.
2. Der Unternehmer ist nicht nur an einer Umsatzstatistik (vgl. S. 389) interessiert. Er möchte auch etwas über die durchschnittlichen Umsätze, die Prozentanteile der einzelnen Artikelgruppen am Gesamtumsatz, die Umsatzentwicklung u. Ä. wissen.

   Diese Zusatzinformationen gewinnt man aus statistischen Zahlen.

Merke

Statistische Zahlen ergeben sich aus der mathematischen Verknüpfung geeigneter statistischer Größen. Sie sind die Grundlage für Auswertungen.

3.1 Mittelwerte

Eine wichtige Gruppe statistischer Zahlen stellen die Mittelwerte dar. Mittelwerte werden als **charakteristische Stellvertreter** für viele gleiche Einzelerscheinungen verwendet.

Beispiel

Soll eine Aussage über die monatliche Umsatzhöhe getroffen werden, so ist es in der Regel nicht erforderlich, die einzelnen Monatsumsätze aufzuzählen. Es genügt, stellvertretend für zwölf Einzelumsätze den „mittleren“ Umsatz zu bestimmen.

Merke

Mittelwerte sind charakteristische Stellvertreter für mehrere gleichartige statistische Größen.

3.1.1 Arithmetisches Mittel (Einfacher Durchschnitt)

Beispiel

Um den Lagerumschlag der Warenbestände beurteilen zu können, benötigt man u. a. den durchschnittlichen Lagerbestand. Die Lagerbuchführung weist folgende Warenbestände an Hygienepapieren aus:

Datum	Warenbestand in €	Datum	Warenbestand in €
1. Januar ..	194.000,00	30. Juni ..	171.000,00
31. Januar	205.000,00	31. Juli	138.000,00
28. Februar	203.000,00	31. August	145.000,00
31. März	196.000,00	30. September	152.000,00
30. April	185.000,00	31. Oktober	128.000,00
31. Mai	162.000,00	30. November	149.000,00
		31. Dezember	130.000,00

1. Ein Mittelwert, der die Schwankungen des Warenbestandes während des ganzen Jahres berücksichtigt, ergibt sich, wenn der Inventurbestand vom 1. Januar und die zwölf Monatsendbestände addiert und durch die Anzahl der Posten (= 13) dividiert werden:

$$\textbf{durchschnittlicher Lagerbestand}\ \bar{x} = \frac{194.000{,}00\,€ + 205.000{,}00\,€ + \ldots + 130.000{,}00\,€}{13}$$

$$\bar{x} = \frac{2.158.000{,}00\,€}{13} = \mathbf{166.000{,}00\,€}$$

2. Sofern nur die Inventurwerte am 1. Januar und am 31. Dezember vorliegen, lässt sich der durchschnittliche Lagerbestand vereinfacht so berechnen:

$$\textbf{durchschnittlicher Lagerbestand}\ \bar{x} = \frac{194.000{,}00 + 130.000{,}00}{2} = \frac{324.000{,}00}{2} = \mathbf{162.000{,}00\,€}$$

In diesem Mittelwert sind die während des Jahres auftretenden Schwankungen der Lagerbestände nicht berücksichtigt. Er weicht deshalb vom zuvor berechneten Wert ab.

Merke

Das arithmetische Mittel (einfacher Durchschnitt) ergibt sich aus der Gleichung:

$$\bar{x} = \frac{\text{Summe der Einzelgrößen}}{\text{Anzahl der Einzelgrößen}} \quad \text{oder} \quad \bar{x} = \frac{a_1 + a_2 + a_3 + \ldots + a_n}{n}$$

3.1.2 Gewogenes arithmetisches Mittel (Gewogener Durchschnitt)

Beispiel

Der Lagerbestand an Doppelrollen Küchenpapier beträgt am 1. Januar .. 5 000 Stück zu 1,04 € je Stück (Einstandspreis). Am 15. März .. werden 12 000 Stück zum Einstandspreis von 1,07 € je Stück auf Lager genommen.

Für die Kalkulation ist der durchschnittliche Einstandspreis der gelagerten Doppelrollen zu berechnen.

Bestand in Stück		Wert in €
5 000 Stück zu je 1,04 €		5.200,00
+ 12 000 Stück zu je 1,07 €		12.840,00
17 000 Stück	≙	18.040,00
1 Stück	≙	$\frac{18.040{,}00}{17\,000\text{ Stück}}$ = **1,06 €/Doppelrolle**

Merke

Das gewogene arithmetische Mittel (gewogener Durchschnitt) ergibt sich aus der Gleichung

$$\bar{x} = \frac{\text{gewogene Summe der Einzelgrößen}}{\text{Anzahl der Einzelgrößen}} \quad \text{oder}$$

$$\bar{x} = \frac{a_1 \cdot b_1 + a_2 \cdot b_2 + \ldots + a_n \cdot b_n}{a_1 + a_2 + \ldots + a_n}$$

Aufgabe 457

1. *Welche Anforderungen werden an eine statistische Tabelle gestellt?*
2. *Nennen Sie die wichtigsten Aufgaben der Betriebsstatistik.*
3. *Unterscheiden Sie Gliederungszahlen, Beziehungszahlen und Indexzahlen voneinander.*

Aufgabe 458

Ein Großhandelsunternehmen hat in den ersten sechs Monaten des vergangenen Jahres folgenden Personalbestand in den Bereichen Verwaltung, Verkauf und Lager gehabt:

	Verwaltung	Verkauf	Lager
Januar	12	40	8
Februar	12	38	8
März	10	35	7
April	10	36	7
Mai	14	41	8
Juni	14	44	10

1. *Erstellen Sie eine aussagefähige Tabelle.*
2. *Berechnen Sie, wie viel Arbeitnehmer durchschnittlich in den einzelnen Abteilungen und insgesamt beschäftigt waren.*

Aufgabe 459

Nachstehend sind die durchschnittlichen Bruttomonatsverdienste von Arbeitnehmern in ausgewählten Wirtschaftsbereichen dargestellt:

Wirtschaftsbereiche	Durchschnittlicher Bruttoverdienst
Energiewirtschaft	2.041,00 €
Bergbau	2.033,00 €
Produktionsgüterindustrie	2.004,00 €
Baugewerbe	1.830,00 €
Banken/Versicherungen	1.755,00 €
Handel	1.554,00 €
Land- und Forstwirtschaft	1.379,00 €

1. *Berechnen Sie den Durchschnittsverdienst der Arbeitnehmer.*
2. *Wie viel Prozent liegt der Verdienst im Handel unter dem Durchschnitt?*

Aufgabe 460

Eine Textilgroßhandlung will ihren Kunden folgende Restposten zu einem einheitlichen Preis anbieten:

250 Damenblusen, bisheriger Verkaufspreis 22,00 € je Bluse,
300 Damenblusen, bisheriger Verkaufspreis 26,00 € je Bluse,
180 Damenblusen, bisheriger Verkaufspreis 28,00 € je Bluse,
120 Damenblusen, bisheriger Verkaufspreis 32,00 € je Bluse.

Berechnen Sie den einheitlichen Verkaufspreis.

Aufgabe 461

Eine Baustoffgroßhandlung erteilte im 2. Quartal .. für eine Ware folgende Bestellungen:

3. April: 3 500 kg zu 4,80 €/kg,
2. Mai: 3 800 kg zu 4,90 €/kg,
28. Mai: 4 200 kg zu 4,60 €/kg,
17. Juni: 3 200 kg zu 4,75 €/kg.

Berechnen Sie den durchschnittlichen Einkaufspreis je kg.

3.2 Verhältniszahlen

Verhältniszahlen entstehen, wenn zwei gleiche oder ungleiche Größen zu Quotienten verbunden werden. Vielfach drückt man die Quotienten als **Prozentzahlen** aus. Durch dieses Vorgehen werden statistische Größen **vergleichbar** gemacht. Sie lassen somit **Entwicklungen erkennen** und **ermöglichen Beurteilungen.**

Beispiele

1. Die auf den Seiten 280 f. dargestellten **Bilanzkennzahlen** sind Verhältniszahlen, durch die die Struktur der Bilanz verdeutlicht wird **(= Gliederungszahlen).**
2. Auf der Seite 323 werden **Kennzahlen zur Rentabilität und Wirtschaftlichkeit** aufgeführt. Durch sie lässt sich der Betriebsprozess kontrollieren. Sie entstehen aus dem Verhältnis von jeweils zwei unterschiedlichen Größen **(= Beziehungszahlen).**
3. Soll die **Umsatzentwicklung** über mehrere Jahre verdeutlicht werden, so bildet man Verhältniszahlen aus den Umsätzen der einzelnen Jahre in Bezug auf den Umsatz des ersten Jahres (= **Indexzahlen**, vgl. S. 397).

Merke

- **Durch Verhältniszahlen werden statistische Größen aufgegliedert, zueinander in Beziehung gesetzt oder in ihrer Entwicklung durchschaubar gemacht.**
- **Die in der Analyse und Kritik des Jahresabschlusses verwendeten Kennzahlen sind üblicherweise Verhältniszahlen.**

3.2.1 Gliederungszahlen

Gliederungszahlen sind **Bruchzahlen aus gleichartigen Größen.** Die Aufteilung einer Gesamtgröße in mehrere Teilgrößen ist in der Regel wenig aussagekräftig. Erst durch die Berechnung der Brüche, die die Teilgrößen mit der Gesamtgröße bilden, werden die Größen vergleichbar. Es ist üblich, die Gliederungszahlen als **Prozentzahlen** anzugeben.

Beispiel

Aus den Zahlen der Tabelle (vgl. S. 389) soll berechnet werden, mit wie viel Prozent die Umsätze der einzelnen Artikelgruppen am gesamten Jahresumsatz (= 100 %) beteiligt sind.

Artikelgruppe	Prozentanteil am Jahresumsatz
Spezialpapiere	$\frac{6.463.000 \cdot 100\,\%}{28.538.000} \approx$ **22,6 %**
Hygienepapiere	$\frac{6.736.000 \cdot 100\,\%}{28.538.000} \approx$ **23,6 %**
Verpackungsfolien	$\frac{7.580.000 \cdot 100\,\%}{28.538.000} \approx$ **26,6 %**
Einschlagpapiere	$\frac{7.759.000 \cdot 100\,\%}{28.538.000} \approx$ **27,2 %**

Statische Betrachtung

Die ermittelten Prozentzahlen zeigen, dass zum Jahresende die Umsatzanteile der einzelnen Artikelgruppen in einem bestimmten Umfang voneinander abweichen. So liegen z. B. zwischen der umsatzschwächsten und der umsatzstärksten Artikelgruppe 4,6 Prozentpunkte Unterschied.

Prozentanteile in dynamischer Betrachtung

Aus der Tabelle (S. 389) lässt sich zusätzlich zu der vorherigen statischen Betrachtung der Umsatzanteile einzelner Artikelgruppen am Gesamtumsatz auch eine dynamische Betrachtung ableiten, wenn man die **Umsatzanteile einzelner Monate am Jahresumsatz** berechnet. Dies kann sowohl für einzelne Artikelgruppen als auch für den Gesamtumsatz geschehen. Weiterhin lassen sich die **Prozentanteile von Monat zu Monat „fortschreiben“**, d. h., man summiert die Prozentanteile von Monat zu Monat.

Beispiel

Für die beiden Artikelgruppen „Spezialpapiere“ und „Hygienepapiere“ werden die Prozentanteile der Monatsumsätze am jeweiligen Jahresumsatz und die summierten Prozentanteile berechnet:

Prozentanteile der Monatsumsätze am Jahresumsatz bei „Spezialpapiere“

	Jan.	Febr.	März	April	Mai	Juni	Juli	Aug.	Sept.	Okt.	Nov.	Dez.	Summe
%-Anteile	9,9	8,7	8,2	7,9	7,3	7,1	7,4	7,9	8,6	8,4	9,0	9,6	100
Summierte %-Anteile	9,9	18,6	26,8	34,7	42,0	49,1	56,5	64,4	73,0	81,4	90,4	100	–

Prozentanteile der Monatsumsätze am Jahresumsatz bei „Hygienepapiere“

	Jan.	Febr.	März	April	Mai	Juni	Juli	Aug.	Sept.	Okt.	Nov.	Dez.	Summe
%-Anteile	6,4	6,2	6,5	7,1	8,1	9,3	9,7	10,1	11,8	9,6	7,9	7,3	100
Summierte %-Anteile	6,4	12,6	19,1	26,2	34,3	43,6	53,3	63,4	75,2	84,8	92,7	100	–

Auswertung: Die dynamische Betrachtung zeigt, wie stark sich die Umsatzanteile von Monat zu Monat verändern. Sie weist auf umsatzstarke und umsatzschwache Monate hin. Die summierten Prozentanteile lassen erkennen, ob z. B. bereits innerhalb der ersten sechs Monate die Hälfte (= 50 %) des Jahresumsatzes erzielt wird. Die Artikelgruppe „Hygienepapiere“ ist in den ersten drei Monaten mit 19,1 % und in den ersten sechs Monaten mit 43,6 % recht umsatzschwach, hat aber innerhalb der ersten neun Monate mit 75,2 % genau $^3/_4$ des Jahresumsatzes erreicht.

Merke

Gliederungszahlen sind Bruchzahlen. Sie geben die Anteile mehrerer Teilgrößen an einer Gesamtgröße an und werden vielfach als Prozentzahlen geschrieben.

$$\text{Gliederungszahl} = \frac{\text{Teilgröße}}{\text{Gesamtgröße}} \quad \text{oder} \quad \text{Prozentzahl} = \frac{\text{Teilgröße} \cdot 100}{\text{Gesamtgröße}}$$

Aufgabe 462

Aktiva **Aufbereitete Bilanz** Passiva

Aktiva			Passiva		
Anlagevermögen	24.500.000,00	? %	Eigenkapital	29.200.000,00	? %
Umlaufvermögen	39.400.000,00	? %	Fremdkapital	34.700.000,00	? %
Gesamtvermögen	63.900.000,00	100 %	Gesamtkapital	63.900.000,00	100 %

1. *Wie hoch sind die prozentualen Anteile des Anlage- und Umlaufvermögens am Gesamtvermögen und des Eigen- und Fremdkapitals am Gesamtkapital?*
2. *Welche Schlussfolgerungen ziehen Sie daraus?*

3.2.2 Beziehungszahlen

Beziehungszahlen sind **Bruchzahlen**, die aus der **sinnvollen Verknüpfung unterschiedlicher Größen** entstehen. Beziehungszahlen helfen Betriebsabläufe und Arbeitsweisen zu kontrollieren und die Ergebnisse betrieblicher Tätigkeiten zu vergleichen. Typische Beispiele für Beziehungszahlen sind Kennzahlen zur Wirtschaftlichkeit und Produktivität (vgl. S. 323) sowie die Kalkulationszuschlagssätze.

Beispiel

In der Kern KG wird über mehrere Jahre die Produktivität der Mitarbeiter anhand folgender Zahlen kontrolliert:

	1. Jahr	2. Jahr	3. Jahr	4. Jahr
Warenumsatz in T€	28.538	30.120	30.810	32.460
Anzahl der Mitarbeiter	45	45	42	50

	1. Jahr	2. Jahr	3. Jahr	4. Jahr
Produktivität in € je Mitarbeiter:	$\frac{28.538.000}{45}$	$\frac{30.120.000}{45}$	$\frac{30.810.000}{42}$	$\frac{32.460.000}{50}$
	= 634.178,00	**= 669.333,00**	**= 733.571,00**	**= 649.200,00**

Auswertung: Die Produktivität nimmt in den ersten drei Jahren stetig zu. Es gelingt dem Unternehmen sogar, im 3. Jahr bei verringertem Personalbestand den Umsatz zu erhöhen. Im 4. Jahr wird die Einstellung von acht weiteren Mitarbeitern erforderlich, was im Vergleich mit dem 3. Jahr zu einem Rückgang der Produktivität führt. Verglichen mit dem 1. Jahr ist dennoch eine Steigerung der Produktivität feststellbar.

Merke

- **Beziehungszahlen sind Bruchzahlen, die aus der sinnvollen Verknüpfung unterschiedlicher wirtschaftlicher Größen entstehen.**
- **Beziehungszahlen finden insbesondere als betriebliche Kennzahlen Verwendung.**

Aufgabe 463

In einer Großhandlung werden für drei Warengruppen folgende Zahlen ermittelt:

	Warengruppe I	Warengruppe II	Warengruppe III	gesamt
Wareneinsätze in €	2.400.000,00	3.550.000,00	1.600.000,00	?
Handlungskosten in €	1.020.000,00	1.633.000,00	816.000,00	?
Umsatzerlöse in €	3.847.500,00	5.908.620,00	2.319.360,00	?
Personalbestand	–	–	–	45

1. *Bestimmen Sie folgende Kennzahlen: Handlungskostenzuschläge, Gewinnzuschläge, Umsatzrentabilität der einzelnen Warengruppen und insgesamt, Wirtschaftlichkeit der einzelnen Warengruppen und insgesamt sowie die Produktivität.*
2. *Erläutern Sie die Ergebnisse.*

Aufgabe 464

In einer Großhandlung wird die Wirtschaftlichkeit von Kleinaufträgen unter 500,00 € untersucht. Folgende Zahlen liegen vor:

	1. Quartal	2. Quartal	3. Quartal	4. Quartal	gesamt
Selbstkosten	420.000,00	445.000,00	470.000,00	430.000,00	?
Umsatzerlöse	430.500,00	456.125,00	441.800,00	421.400,00	?

1. *Berechnen Sie die Wirtschaftlichkeit in den einzelnen Quartalen und insgesamt.*
2. *Erläutern Sie die Ergebnisse.*

6937396

3.2.3 Indexzahlen

Vergangenheitsorientierte Entwicklung

Die Veränderung einer Größe im Verlauf mehrerer Monate oder Jahre wird durch Indexzahlen ausgedrückt.

Eine Möglichkeit, die Entwicklung einer Größe zu veranschaulichen, geht von der Überlegung aus, **das erste Jahr als Basisjahr (≙ 100 %) zu setzen** und die Größen der folgenden Jahre auf das Basisjahr zu beziehen.

Indexzahlen erleichtern die **Interpretation**, z. B. der Umsatzentwicklung: Ein Index **größer als 100 %** bedeutet immer eine **Umsatzsteigerung**, ein Index **kleiner als 100 %** einen **Umsatzrückgang** – jeweils bezogen auf das Basisjahr. Zudem gibt der Index eine vergleichbare Zahl für die Umsatzsteigerung oder den Umsatzrückgang an. Der Index **150 % nach sieben Jahren** (vgl. Beispiel) lässt auf eine **Umsatzsteigerung um 50 % innerhalb von sieben Jahren** schließen.

Indexzahlen finden in **volkswirtschaftlichen Statistiken** sehr häufig Anwendung, so z. B. als Index der Lebenshaltungskosten, als Index der industriellen Erzeugerpreise, der Großhandelsverkaufspreise, als Index der Wertpapierkurse u. a.

Beispiel

Aus den nachfolgenden Umsatzzahlen der Kern KG ist die Entwicklung des Gesamtumsatzes über sieben Jahre mithilfe von Indexzahlen darzustellen.

Indexzahlen zur Umsatzentwicklung für die Jahre .. bis ..

Jahr	Jahresumsatz in €	Indexzahlen (1. Jahr = Basisjahr)	Berechnung der Indexzahlen
1.	19.020.000,00	100,0 %	$\frac{\text{Umsatz des jeweiligen Jahres} \cdot 100}{\text{Umsatz des Basisjahres}}$
2.	18.790.000,00	98,8 %	
3.	20.020.000,00	105,3 %	
4.	22.260.000,00	117,0 %	
5.	24.450.000,00	128,5 %	
6.	26.415.000,00	138,9 %	
7.	28.538.000,00	150,0 %	

Auswertung: Gegenüber dem Basisjahr zeigt sich nach anfänglicher Schwankung eine von Jahr zu Jahr recht gleichmäßige Umsatzzunahme.

Beachten Sie, dass die hier gezeigte Indexberechnung stark vereinfacht wurde; sie berücksichtigt keine Preis- und Mengenänderungen.

Merke

Indexzahlen geben die Entwicklung von Preisen, Mengen, Umsätzen u. a. im Zeitablauf bezüglich eines Basisjahres an.

Aufgabe 465

Stellen Sie für vier Geschäftsjahre die Indexzahlen der Umsatzentwicklung in den drei Filialen fest (Basisjahr 01; auf volle Zahlen runden).

Umsätze der Filialen in €

Jahr	Köln	Bonn	Düsseldorf
01	3.400.000,00	3.200.000,00	1.900.000,00
02	3.600.000,00	2.900.000,00	2.100.000,00
03	3.900.000,00	3.000.000,00	2.300.000,00
04	3.750.000,00	3.050.000,00	2.420.000,00

3.3 Trend

Zukunftsorientierte Entwicklung

Für unternehmerische Planungen und Prognosen ist es wichtig zu wissen, ob die zu planenden Größen in den zurückliegenden Jahren eine bestimmte **Entwicklungsrichtung** gezeigt haben. Aus der vorhergehenden Darstellung der Indexzahlen wird eine solche Entwicklungsrichtung deutlich (= positive und gleichmäßige Umsatzentwicklung bezüglich des Basisjahres); allerdings ist diese Aussage zu stark vergangenheitsbezogen. Mithilfe des Trends soll eine in Schwankungen ablaufende Entwicklung durch **gleitende Durchschnitte** ersetzt werden, um Aussagen für **zukünftige Entwicklungen** zu gewinnen.

Gleitender Durchschnitt

Die hier gezeigte Trendberechnung basiert auf den gleitenden Durchschnitten. Hierbei bestimmt man in der Regel aus jeweils drei aufeinander folgenden Größen den Durchschnitt dieser drei Größen und setzt ihn an die Stelle der mittleren Größe. Die Durchschnittswerte werden so gebildet, dass die ursprünglichen Größen ineinandergreifen.

Beispiel

Aus den Umsatzzahlen von sieben Jahren sollen die gleitenden Durchschnitte so gebildet werden, dass jeweils drei Umsatzzahlen ineinandergreifend einen Durchschnittswert ergeben (vgl. S. 397).

Berechnung der gleitenden Durchschnittsumsätze

Jahr	Jahresumsätze in €	Durchschnittsberechnung	Gleitender Durchschnittsumsatz in €
1.	19.020.000,00		
2.	18.790.000,00	57.830.000,00 : 3 =	19.276.667,00
3.	20.020.000,00		
4.	22.260.000,00	66.730.000,00 : 3 =	22.243.333,00
5.	24.450.000,00		
6.	26.415.000,00	79.403.000,00 : 3 =	26.467.667,00
7.	28.538.000,00		

Auswertung: Die gleitenden Durchschnitte zeigen eine Zunahme des Umsatzes mit steigender Tendenz an. Unter Beachtung des Trends ist für die nächsten Jahre mit einem Durchschnittsumsatz von ca. 31.000.000,00 € zu rechnen.

Merke

Der Trend gibt die Entwicklungsrichtung von statistischen Größen im Zeitablauf an. Er wird aus gleitenden Durchschnittsgrößen bestimmt.

Aufgabe 466

Die Personalzusatzkosten (Sozialversicherungsbeiträge der Arbeitgeber, bezahlte Feiertage, Lohnfortzahlung im Krankheitsfall, Sonderzahlungen, Vermögensbildung, betriebliche Altersversorgung u. a.) haben sich in sechs ausgewählten Jahren wie folgt entwickelt:

	1. Jahr	2. Jahr	3. Jahr	4. Jahr	5. Jahr	6. Jahr
Personalzusatzkosten für je 100,00 € Lohn	43,40	54,60	62,80	73,10	75,20	79,40

1. *Berechnen Sie die Veränderung der Personalzusatzkosten in Prozent von Jahr zu Jahr.*
2. *Berechnen Sie die Indexzahlen zur Personalzusatzkostenentwicklung auf der Grundlage des 1. Jahres.*
3. Aus den Zahlen der zurückliegenden Jahre soll ein Trend als gleitender Durchschnitt aus jeweils drei aufeinander folgenden Jahren gebildet werden.
   Errechnen Sie die gleitenden Durchschnitte und geben Sie eine Prognose für die Zukunft.

6937398

4 Darstellungsformen für statistische Zahlen

Statistische Größen und Zahlen lassen sich darstellen in

- statistischen **Tabellen** (vgl. S. 389),
- statistischen **Diagrammen.**

Statistisches Diagramm

Das statistische Diagramm hat gegenüber der statistischen Tabelle den Vorteil, anschaulich und schnell zu informieren. Der Nachteil gegenüber der Tabelle besteht darin, dass die genauen Daten nicht abgelesen werden können.

Diagrammformen

Unter den verschiedenen Diagrammformen kommen in der Statistik häufig vor:

- das **Kurvendiagramm,**
- das **Balkendiagramm** (Histogramm),
- das **Kreisdiagramm.**

Merke

Statistische Diagramme dienen der anschaulichen und schnellen Information.

4.1 Kurvendiagramm

Beispiel

Die Umsatzentwicklung für die Artikelgruppe „Spezialpapiere" und die Artikelgruppe „Hygienepapiere" soll in je einem Kurvendiagramm dargestellt werden. Aus den Zahlen der Tabelle (S. 389) ergibt sich das folgende Bild:

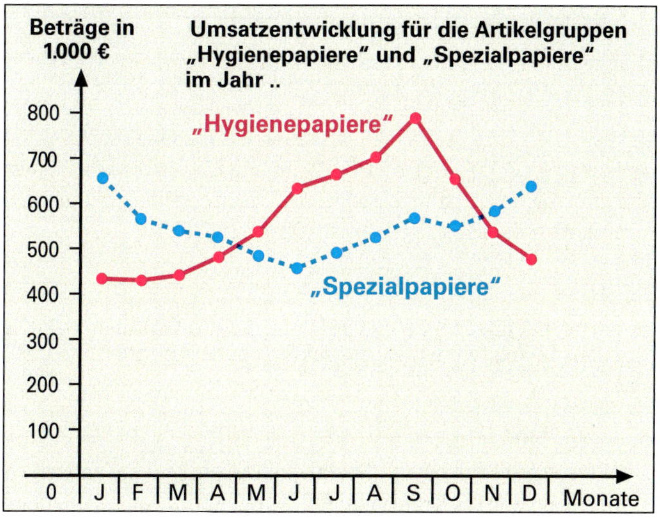

Kurvendiagramme werden aus zwei senkrecht zueinander stehenden Achsen (= Koordinatensystem) entwickelt. Üblicherweise teilt man die waagerechte Achse in Zeitabschnitte ein (hier: Monate des Jahres), die senkrechte Achse in passende Mengen- oder Werteinheiten (hier: Umsätze in €). In den Schnittpunkten der senkrecht verlängerten Zeitabstände mit den jeweils zugehörigen waagerecht verlängerten Werteinheiten liegen die Punkte der zu entwickelnden Kurve. Bei der Festlegung der Punkte ist zu beachten, dass die Monatsumsätze jeweils **über die Mitte der ihnen zugeordneten Zeitintervalle** zu zeichnen sind: Der Januarumsatz bei Artikelgruppe „Spezialpapiere" in Höhe von 640.000,00 € ist also in die Mitte des für den Monat Januar festgelegten Abschnittes bei „640.000" zu zeichnen. Im Kurvendiagramm ist es üblich, die einzelnen Punkte geradlinig zu verbinden.

Die jahreszeitliche Umsatzschwankung wird im Kurvendiagramm besonders deutlich.

Bewegen sich die auf der senkrechten Achse abzutragenden Zahlen auf einem hohen Niveau und/oder in einer begrenzten Streuungsbreite, so kann die senkrechte Achse in ihrem **unteren Bereich verkürzt** werden.

Beispiel

Die auf Seite 398 berechneten gleitenden Durchschnittsumsätze sind in einer Trendkurve darzustellen.

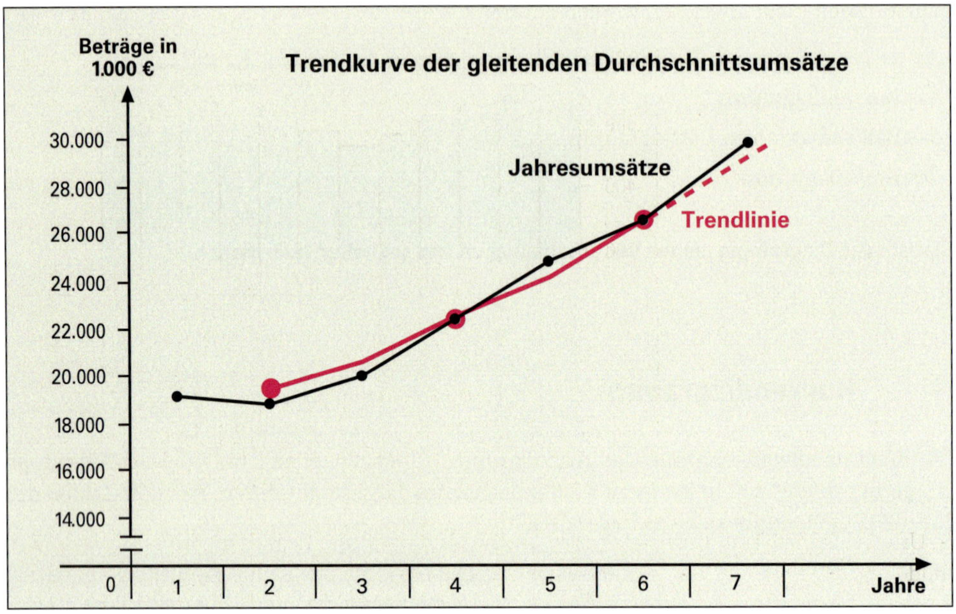

Aufgabe 467

In den vergangenen sechs Jahren konnten von einer Ware folgende Mengen abgesetzt werden:

Jahr	01	02	03	04	05	06
Stück	5 000	10 000	22 000	20 000	15 000	12 000

Die Entwicklung des Absatzes ist in einem Kurvendiagramm darzustellen.

Aufgabe 468

Für die einzelnen Monate des abgelaufenen Geschäftsjahres liegen folgende Umsätze in € vor:

Januar	1.100.000,00	Mai	1.160.000,00	September	1.110.000,00
Februar	980.000,00	Juni	1.180.000,00	Oktober	890.000,00
März	1.120.000,00	Juli	1.150.000,00	November	870.000,00
April	1.140.000,00	August	1.150.000,00	Dezember	980.000,00

Stellen Sie ein Kurvendiagramm auf, aus dem der Umsatzverlauf deutlich wird.

6937400

4.2 Balkendiagramm (Histogramm)

Beispiel

Die Umsatzentwicklung für die Artikelgruppe „Spezialpapiere" soll in einem Balkendiagramm (Histogramm) dargestellt werden. Grundlage hierfür sind die Umsatzzahlen aus der Tabelle von Seite 389.

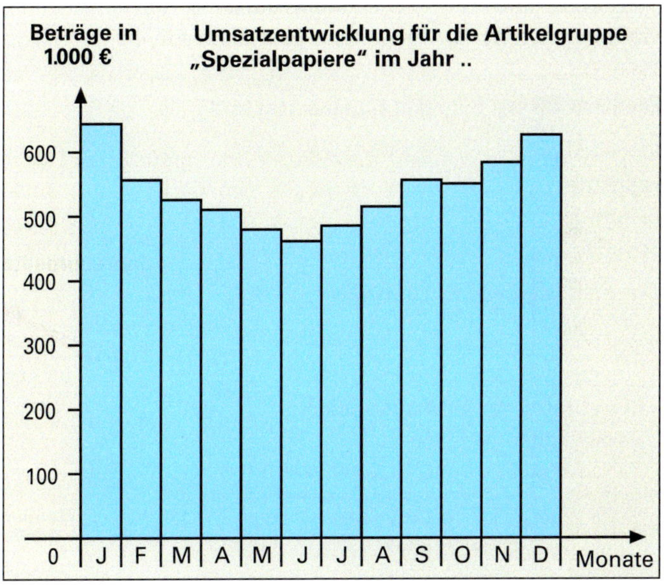

Balkendiagramm

Die Umsatzentwicklung lässt sich außer im Kurvendiagramm auch in einem aus Rechtecken gebildeten Balkendiagramm darstellen. Ein Balkendiagramm wird **Histogramm** genannt, wenn die einzelnen Rechtecke **unmittelbar aneinander** anschließen und die Rechteckflächen **proportional** zu den darzustellenden Größen (hier: Monatsumsätze in €) stehen. Hierzu wird die Balkenbreite gleich 1 gesetzt. Die Balkenhöhe entspricht der darzustellenden Größe.

Aufgabe 469

1. *Erstellen Sie ein Balkendiagramm für die Umsatzentwicklung der Artikelgruppe „Hygienepapiere" aus der Tabelle von Seite 389.*
2. *Stellen Sie die Monatsumsätze der Artikelgruppen „Verpackungsfolien" und „Einschlagpapiere" für das Jahr .. jeweils in Balkendiagrammen dar und interpretieren Sie die Umsatzentwicklung (vgl. Tabelle S. 389).*

Aufgabe 470

Aus der Buchhaltung einer Großhandlung sind für das zweite Halbjahr .. der Wareneinsatz und die Nettoumsatzerlöse für eine Warengruppe entnommen worden:

	Wareneinsatz	Nettoumsatzerlöse
Juli	150.000,00	240.000,00
August	165.000,00	254.000,00
September	150.000,00	225.000,00
Oktober	170.000,00	238.000,00
November	175.000,00	280.000,00
Dezember	160.000,00	248.000,00

1. *Stellen Sie den Wareneinsatz und die Umsatzerlöse in einem gemeinsamen Balkendiagramm dar und interpretieren Sie die Ergebnisse.*
2. *Errechnen Sie die prozentualen Veränderungen des Wareneinsatzes und der Umsatzerlöse und stellen Sie beide Zahlenreihen in getrennten Balkendiagrammen dar.*
3. *Berechnen Sie die Wirtschaftlichkeitskennzahlen.*

4.3 Kreisdiagramm

Das Kreisdiagramm wird zur Darstellung von **Gliederungszahlen** eingesetzt. Jede Teilgröße wird durch einen Kreissektor (Kreisausschnitt) dargestellt. Die Größe des Sektors wird über den Umfangswinkel bestimmt. Der Vollkreis (≙ 360°) entspricht der Gesamtgröße. Für die Teilgrößen sind über die Umfangswinkel die entsprechenden Kreissektoren zu ermitteln. Grundsätzlich werden die statistischen Zahlen in die jeweiligen Sektoren eingetragen.

Beispiel

Die Kern KG hat folgende Kundenstruktur:

Einzelhandel	1 000 Kunden,
Industrie	500 Kunden,
Handwerk	300 Kunden,
Sonstige	200 Kunden.

Das Kreisdiagramm ist zu erstellen.

Berechnung der Umfangswinkel:

2 000 Kunden	≙	360°		
1 Kunde	≙	360° : 2 000	=	0,18°
1 000 Kunden	≙	0,18° · 1 000	=	180°
500 Kunden	≙	0,18° · 500	=	90°
300 Kunden	≙	0,18° · 300	=	54°
200 Kunden	≙	0,18° · 200	=	36°

Kundenstruktur

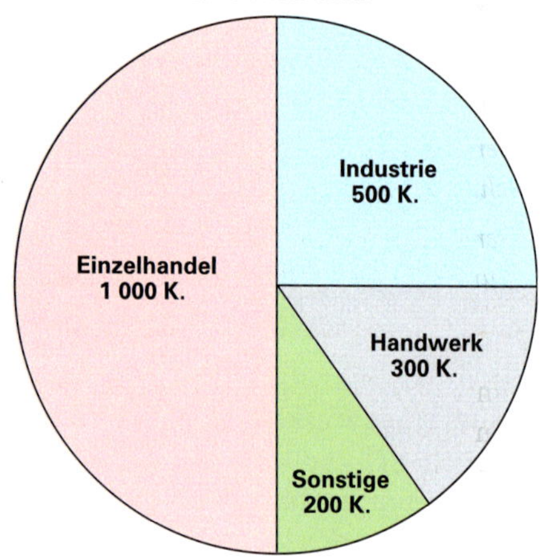

Aufgabe 471

Der Gesamtumsatz von 20 Mio. € setzte sich im letzten Geschäftsjahr wie folgt zusammen: Artikelgruppe I: 4 Mio. €, Artikelgruppe II: 6 Mio. €, Artikelgruppe III: 3 Mio. €, Artikelgruppe IV: 7 Mio. €.

Stellen Sie das Kreisdiagramm auf.

Aufgabe 472

Im Monat Dezember hat eine Großhandlung in den fünf Warengruppen A bis E folgende Umsatzerlöse erzielt:

Warengruppe A	144.000,00 €
Warengruppe B	108.000,00 €
Warengruppe C	216.000,00 €
Warengruppe D	90.000,00 €
Warengruppe E	162.000,00 €
insgesamt	720.000,00 €

1. *Rechnen Sie die Umsatzzahlen in Prozentzahlen um* (Gesamtumsatz ≙ 100 %).
2. *Erstellen Sie mithilfe der Prozentzahlen ein Kreisdiagramm.* (Es gilt die Beziehung 360° ≙ 100 %.)
3. *Stellen Sie die Umsätze in einem Histogramm dar.* (Maßstab für die senkrechte Achse: 1 cm ≙ 10.000,00 €.)
4. *Erläutern Sie, warum das Kreisdiagramm in diesem Fall eine höhere Aussagekraft besitzt als das Histogramm.*

Aufgabe 473

In einem Großhandelsbetrieb werden für mehrere Jahre die Handlungskosten und die Umsatzerlöse ermittelt und statistisch ausgewertet:

	Handlungskosten	Umsatzerlöse
1. Jahr	265.000,00	1.060.000,00
2. Jahr	290.000,00	1.020.000,00
3. Jahr	275.000,00	990.000,00
4. Jahr	310.000,00	1.170.000,00
5. Jahr	340.000,00	1.105.000,00
6. Jahr	325.000,00	1.170.000,00
7. Jahr	360.000,00	1.400.000,00

1. *Stellen Sie die Handlungskosten und die Umsatzerlöse in einem gemeinsamen Kurvendiagramm dar und interpretieren Sie den Verlauf der Kurven.*
2. *Errechnen Sie die prozentualen Veränderungen der Handlungskosten und der Umsatzerlöse und stellen Sie beide Zahlenreihen in getrennten Kurvendiagrammen dar.*
3. *Berechnen Sie die Trendzahlen für die Handlungskosten und die Umsatzerlöse als gleitende Durchschnitte aus jeweils drei aufeinander folgenden Größen.*
4. *Berechnen Sie die Wirtschaftlichkeitskennzahlen (vgl. S. 323) und stellen Sie diese in einem Kurvendiagramm dar. Lässt sich aus den Wirtschaftlichkeitskennzahlen ein Trend herauslesen?*

Aufgabe 474

In einer Großhandlung haben sich die Wareneinsätze und die Warenumsätze in den vergangenen Jahren wie folgt entwickelt:

	Warengruppe A		Warengruppe B		insgesamt	
	Wareneinsätze	Warenumsatz	Wareneinsätze	Warenumsatz	Wareneinsätze	Warenumsatz
1. Jahr	360.000,00	575.000,00	140.000,00	210.000,00	500.000,00	785.000,00
2. Jahr	380.000,00	570.000,00	160.000,00	240.000,00	540.000,00	810.000,00
3. Jahr	340.000,00	525.000,00	110.000,00	175.000,00	450.000,00	700.000,00
4. Jahr	290.000,00	465.000,00	90.000,00	140.000,00	380.000,00	605.000,00
5. Jahr	350.000,00	595.000,00	150.000,00	210.000,00	500.000,00	805.000,00
6. Jahr	380.000,00	625.000,00	170.000,00	270.000,00	550.000,00	895.000,00
7. Jahr	400.000,00	700.000,00	200.000,00	290.000,00	600.000,00	990.000,00
8. Jahr	375.000,00	650.000,00	225.000,00	320.000,00	600.000,00	970.000,00

1. *Stellen Sie die Wareneinsätze und die Warenumsätze jeder Warengruppe in Histogrammen dar.*
2. *Errechnen Sie die Prozentveränderungen der Wareneinsätze und der Warenumsätze und stellen Sie diese Zahlenreihen in Kurvendiagrammen dar.*
3. *Berechnen Sie die Indexzahlen zur Entwicklung der Wareneinsätze und der Warenumsätze und stellen Sie diese Zahlenreihen in Kurvendiagrammen dar.*
4. *Berechnen Sie die gleitenden Durchschnittsumsätze aus jeweils drei aufeinander folgenden Umsätzen und stellen Sie die Trendkurve dar. Interpretieren Sie diese Darstellung.*

Aufgabe 475

1. *Was versteht man unter Indexzahlen?*
2. *Welche Bedeutung haben Indexzahlen für die Beurteilung einer Zahlenreihe?*
3. *Worin liegt die Bedeutung von Trendzahlen?*
4. *Wie werden Trendzahlen berechnet?*

I Aufgaben zur Wiederholung und Vertiefung

Aufgabe 476

Welcher der folgenden Geschäftsfälle führt zu 1. einem Aktivtausch, 2. einem Passivtausch, 3. einer Aktiv-Passivmehrung, 4. einer Aktiv-Passivminderung?

a) Wareneinkauf auf Ziel
b) Warenverkauf auf Ziel
c) Banküberweisung an Lieferer zum Rechnungsausgleich
d) Unser Kunde überweist fällige Rechnung durch Banküberweisung.
e) Banküberweisung der Gehälter
f) Zinsgutschrift der Bank
g) Kauf eines Pkw-Anhängers gegen Bankscheck
h) Kapitaleinlage des Geschäftsinhabers durch Bankeinzahlung
i) Abschreibung auf Betriebs- und Geschäftsausstattung
j) Banküberweisung der Umsatzsteuerzahllast
k) Umwandlung einer Liefererschuld in eine Darlehensschuld

Aufgabe 477

Welcher der in der vorstehenden Aufgabe genannten Geschäftsfälle bewirkt

1. eine Erhöhung der Bilanzsumme,
2. eine Verminderung der Bilanzsumme,
3. keine Veränderung der Bilanzsumme?

Aufgabe 478

Was bedeutet der Buchungssatz „Warenbestand an Wareneingang“?

1. Zum Jahresschluss ergibt sich ein Minderbestand an Waren.
2. Zum Jahresschluss ergibt sich ein Mehrbestand an Waren.
3. Zum Jahresschluss liegt keine Bestandsveränderung an Waren vor.

Aufgabe 479

Wie wirkt sich eine Warenbestandsminderung auf den Jahreserfolg aus?

1. Sie erhöht den Jahresgewinn.
2. Sie vermindert den Jahresgewinn.
3. Sie erhöht den Jahresverlust.
4. Sie vermindert den Jahresverlust.
5. Sie hat keine Auswirkungen auf den Jahreserfolg.

Aufgabe 480

Die Möbelgroßhandlung Peter Schreiner e. K. hat am 5. Januar . . beim Autohaus Tiborius KG einen Lkw gekauft und folgende Rechnung (verkürzt) erhalten:

ER 306:	Lkw S 404	82.500,00 €
	+ Werbeaufschrift	3.720,00 €
	+ Zulassungskosten	180,00 €
		86.400,00 €
	+ 19 % Umsatzsteuer	16.416,00 €
		102.816,00 €

Die Anlagenkarteikarte des o. g. Lkw ist zu ergänzen:

Konto-Nr.: 0340/23		**Bezeichnung der Anlage:** Lkw S 404		**Standort:** Fuhrpark
Lieferer: Autohaus Tiborius KG		**Anschaffungskosten:** ?		
Nutzungsdauer: 8 Jahre		**AfA-Satz:** ?		**AfA-Methode:** linear
Datum	**Beleg**	**Zugang in €**	**AfA/Abgang in €**	**Bestand in €**
. .-01-05	ER 306	?	?	?

1. *Ermitteln Sie*
   a) die Anschaffungskosten des Lkw,
   b) den Abschreibungsbetrag für das Anlagenverzeichnis,
   c) den Buchwert am Ende des ersten Nutzungsjahres.
2. *Bilden Sie die Buchungssätze*
   a) zur Erfassung der Eingangsrechnung ER 306,
   b) zur Erfassung der Abschreibung,
   c) zum Abschluss des Kontos Abschreibungen auf Sachanlagen,
   d) zum Abschluss des Kontos Fuhrpark.

Aufgabe 481

Ergänzen Sie:

a) Erträge > Aufwendungen = ?
b) Vorsteuer > Umsatzsteuer = ?
c) Warenverkaufserlöse > Wareneinsatz = ?
d) Aufwendungen > Erträge = ?
e) Umsatzsteuer > Vorsteuer = ?
f) Wareneinsatz > Warenverkaufserlöse = ?
g) Warenanfangsbestand > Warenschlussbestand = Gewinnauswirkung: + oder –?
h) Warenanfangsbestand < Warenschlussbestand = Gewinnauswirkung: + oder –?

Aufgabe 482

Bei den nachstehenden Geschäftsfällen ist zu prüfen, ob sie

1. den Jahresgewinn erhöhen.
2. den Jahresgewinn vermindern.
3. den Jahresverlust erhöhen.
4. den Jahresverlust vermindern.
5. keinen Einfluss auf das Jahresergebnis haben.
6. eine Bilanzverkürzung bewirken.
7. eine Bilanzverlängerung bewirken.

Beachten Sie: Es können mehrere Ergebnisse zutreffen.

a) Kauf einer Verpackungsmaschine auf Ziel
b) Zahlung der Darlehenszinsen
c) Abschreibung auf Betriebs- und Geschäftsausstattung
d) Banküberweisung an den Lieferer abzüglich Skonto
e) Aufnahme eines Darlehens bei der Bank
f) Lastschrift der Bank für Zinsen
g) Zinsgutschrift der Bank
h) Barentnahme aus der Geschäftskasse für Privatzwecke

Aufgabe 483

Der Möbelgroßhändler Peter Schreiner e. K. hat von einer Geschäftsreise folgende Belege zu buchen:

HOTEL HUBERTUS
Landhotel

26160 Bad Zwischenahn-Dreibergen
Tel. 04403 8376
Fax 04403 8377
Steuer-Nr. 065 113 22869

Beleg Nr. 167

Rechnung 1 205 Datum: ..-06-28

4 Übernachtungen je 90,00 €	360,00 €
+ 7 % Umsatzsteuer	25,20 €
Rechnungsbetrag	385,20 €

Betrag durch Kreditkarte dankend erhalten.

TANK-STATION ILKA PETZOLD E. K.
RAIFFEISENSTR. 52, 26180 RASTEDE
TEL. 04402 82545
Steuer-Nr. 065 234 66257

Beleg Nr. 168

*SUPER BLEIFREI 100,15 EUR *
* ZP 2 65,5 l *

ZWISCHENSUMME 100,15

UST-BRUTTOUMS. 100,15
19,00 % UST
BAR 100,15

BON	DATUM	BED	KASS
0282	..-06-29	0002	0001

Nennen Sie die erforderlichen Buchungen.

Aufgabe 484

Die Umsatzsteuerkonten der Möbelgroßhandlung Peter Schreiner e. K. weisen zum 31. Dezember folgende Summen aus:

Auszug aus der Summenbilanz	Soll	Haben
1410 Vorsteuer	120.500,00	88.300,00
1810 Umsatzsteuer	143.450,00	163.400,00
9400 Schlussbilanzkonto	–	–

1. Übertragen Sie die Summen auf die entsprechenden Konten.
2. Führen Sie den kontenmäßigen Abschluss der Steuerkonten durch.
3. Bilden Sie den Abschlussbuchungssatz.

Aufgabe 485

Woraus setzt sich der Jahresabschluss der Einzelunternehmen und Personengesellschaften zusammen? Welche Aussagen sind a) falsch und b) richtig?

1. Der Jahresabschluss umfasst das Inventar, die Schlussbilanz und die Gewinn- und Verlustrechnung.
2. Die Schlussbilanz bildet den Jahresabschluss.
3. Der Jahresabschluss besteht aus Eröffnungsbilanz, Schlussbilanz und GuV-Rechnung.
4. Schlussbilanz und GuV-Rechnung bilden den Jahresabschluss.

Aufgabe 486

In der Möbelgroßhandlung Peter Schreiner e. K. befinden sich zum 31. Dezember noch 100 Tische am Lager, die für je 200,00 € angeschafft wurden. Zum Bilanzstichtag beträgt der Tagespreis 240,00 € je Tisch.

Mit welchem Wert sind die Tische in Inventar und Schlussbilanz einzusetzen?

1. Zum jetzigen Tageswert von 24.000,00 €.
2. In Höhe der Anschaffungskosten von 20.000,00 €.
3. Zum Durchschnittspreis von 22.000,00 €.
4. Zum Anschaffungswert von 20.000,00 € abzüglich einer üblichen Abschreibung.

Aufgabe 487

Der folgende Kontoauszug der Möbelgroßhandlung Peter Schreiner e. K. ist auszuwerten:

Kontoauszug Sparkasse Nürnberg

Konto-Nr.	Datum	Ausz.-Nr.	Blatt	Buchungstag	PN-Nr.	Wert	Umsatz
119 233 815	..-12-30	68	1				
GUTSCHRIFT				12-30	8744	12-30	9.621,15 H

MÖBELEINKAUFSCENTER NÜRNBERG
RE 4 541 VOM 22. DEZ. .. - 2 % SKONTO
(KONTO 10 004)

PETER SCHREINER E. K.
MÖBELGROSSHANDEL
HERZOGSTRASSE 56
90451 NÜRNBERG

Alter Saldo: H 258.549,40 EUR
Neuer Saldo: H 268.170,55 EUR

1. a) Ermitteln Sie aus dem Überweisungsbetrag den Rechnungsbetrag der Ausgangsrechnung sowie den Warenwert und die Umsatzsteuer.
b) Bilden Sie den Buchungssatz zur Erfassung der Ausgangsrechnung.
c) Ermitteln Sie die Steuerkorrektur aufgrund der Skontoausnutzung.
d) Buchen Sie die Bankgutschrift bei Nettobuchung des Skontos.

2. Nennen Sie die entsprechenden Buchungen in der Finanzbuchhaltung des Möbeleinkaufscenters Nürnberg.

6937406

Aufgabe 488

Die Zahlungsbedingungen in der Ausgangsrechnung an das Möbeleinkaufscenter Nürnberg (siehe vorhergehende Aufgabe) lauteten: „Zahlbar innerhalb von zehn Tagen mit 2 % Skonto oder nach spätestens 30 Tagen ohne Abzug."

Ermitteln Sie den Jahreszinssatz, der dem gewährten Skonto entspricht.

Aufgabe 489

Auf welchen Konten werden die folgenden Geschäftsfälle im Haben gebucht?

a) Zielverkauf von Waren.
b) Kunde erhält Preisnachlass wegen Mängelrüge.
c) Unser Kunde löst Barscheck für Umsatzbonus ein.
d) Lastschrift unseres Lieferers wegen unberechtigten Skontoabzugs.
e) Unentgeltliche Entnahme von Waren.
f) Wareneinkauf auf Ziel.
g) Zum 31. Dezember ergibt sich ein Vorsteuerüberhang.
h) Unser Lieferer gewährt Preisnachlass wegen Mängelrüge.
i) Wir erhalten Provision durch Banküberweisung.
j) Zum 31. Dezember ergibt sich eine Umsatzsteuerzahllast.

Aufgabe 490

Man unterscheidet Ausgaben, Aufwendungen und Kosten.

Nennen Sie je ein Beispiel für

a) Kosten, die kein Aufwand sind,
b) Ausgaben, die keine Kosten sind,
c) Ausgaben, die sowohl Aufwendungen als auch Kosten sind.

Aufgabe 491

Die Finanzbuchhaltung der Großhandlung P. Zechner OHG weist für das 1. Quartal .. folgende Aufwendungen und Erträge aus:

2080 Anlagenabgänge	2.200,00
2421 Mieterträge	30.000,00
2520 Erträge aus Wertpapieren	8.200,00
2610 Zinserträge	7.800,00
2700 Erlöse aus Anlagenabgängen	24.800,00
2760 Erträge aus der Auflösung von Rückstellungen	22.500,00
2780 Entnahme von sonstigen Gegenständen und Leistungen	5.200,00
3010 Wareneingang, Warengruppe 1	225.000,00
3110 Wareneingang, Warengruppe 2	168.500,00
4010 Löhne	335.000,00
4020 Gehälter	310.000,00
4040 Gesetzliche soziale Aufwendungen	165.000,00
4050 Freiwillige soziale Aufwendungen	13.200,00
4060 Aufwendungen für Altersversorgung	28.400,00
4100 Mietaufwendungen	21.200,00
4210 Gewerbesteuer	33.900,00
4220 Kfz-Steuer (Betrieb)	8.400,00
4400 Werbe- und Reisekosten	36.100,00
4710 Instandhaltung	39.600,00
4910 Abschreibungen auf Sachanlagen	42.800,00
8010 Umsatzerlöse (Warenverkauf), Warengruppe 1	981.500,00
8110 Umsatzerlöse (Warenverkauf), Warengruppe 2	414.200,00

Es sind keine Bestandsveränderungen bei Waren zu berücksichtigen.

1. *Erstellen Sie die Ergebnistabelle.*
2. *Beurteilen Sie die Erfolgssituation des Unternehmens.*

Aufgabe 492

Die Gehaltsliste der Möbelgroßhandlung Peter Schreiner e. K. weist für Januar folgende Summen aus:

Bruttogehälter	Steuerabzüge	Sozialversicherung	Verrechnete Vorschüsse	Auszahlung (Bank)	Arbeitgeberanteil zur SV
17.897,00	2.467,89	3.245,67	800,00	11.383,44	3.216,46

Das Konto „1160 Forderungen an Mitarbeiter" weist einen Bestand von 4.800,00 € aus.

1. *Bilden Sie die Buchungssätze*
   a) für den SV-Bankeinzug durch die gesetzliche Krankenkasse,
   b) für die Zahlung der Gehälter durch Banküberweisung,
   c) für die Erfassung des Arbeitgeberanteils zur Sozialversicherung.
2. *Ermitteln Sie die gesamten Personalkosten des Monats Januar.*
3. *Buchen Sie aufgrund des folgenden Belegs die Überweisung der einbehaltenen Lohnsteuer, Solidaritätszuschläge und Kirchensteuer.*

Kontoauszug — Sparkasse Nürnberg

Konto-Nr.	Datum	Ausz.-Nr.	Blatt	Buchungstag	PN-Nr.	Wert	Umsatz
119 233 815	..-02-12	9	1				

FA NÜRNBERG,
STEUER-NR. 065 136 34887 — 02-12 — 8744 — 02-12 — 2.467,89 S
LT. LST-ANMELDUNG JANUAR ..

PETER SCHREINER E. K.
MÖBELGROSSHANDEL
HERZOGSTRASSE 56
90451 NÜRNBERG

Alter Saldo: H 214.966,40 EUR
Neuer Saldo: H 212.498,51 EUR

Aufgabe 493

Man unterscheidet Einnahmen, Erträge und Leistungen.

Nennen Sie je ein Beispiel für

a) Einnahmen, die sowohl Erträge als auch Leistungen darstellen,
b) Einnahmen, die weder Erträge noch Leistungen sind,
c) Erträge, die keine Leistungen darstellen.

Aufgabe 494

Wie wirkt sich eine „Passive Rechnungsabgrenzung" auf den Erfolg des Abschlussjahres aus?

a) Der Jahresgewinn erhöht sich.
b) Der Jahresgewinn wird vermindert.
c) Der Jahresverlust erhöht sich.
d) Der Jahresverlust wird vermindert.

Aufgabe 495

Welche Aussage kennzeichnet zutreffend die Folge einer nicht durchgeführten zeitlichen Abgrenzung in Form der „Aktiven Rechnungsabgrenzung"?

a) Die Erträge im alten Jahr sind zu niedrig.
b) Die Aufwendungen im alten Jahr sind zu niedrig.
c) Die Erträge im alten Jahr sind zu hoch.
d) Die Aufwendungen im alten Jahr sind zu hoch.

Aufgabe 496

Kennzeichnen Sie richtige Aussagen über die „Abschreibungen auf Sachanlagen" mit einer 1, falsche Aussagen mit einer 9:

1. Die Bilanzsumme verringert sich.
2. Der Jahresgewinn wird beeinflusst.
3. Die Anschaffungskosten werden über die Nutzungsjahre verteilt.
4. Die Abschreibung bewirkt eine Aktiv-Passivminderung.
5. Stille Reserven werden aufgelöst.
6. Die Bilanzsumme erhöht sich.
7. Die Vermögenswerte in der Bilanz werden berichtigt.

6937408

Aufgabe 497

Bilden Sie die Buchungssätze für folgende Belege:

1. Eingangsrechnung: Warenwert	50.000,00 €	
– 10 % Mengenrabatt	5.000,00 €	
+ Fracht	850,00 €	
+ Verpackung	450,00 €	46.300,00 €
+ 19 % Umsatzsteuer		8.797,00 €
		55.097,00 €
2. Ausgangsrechnung: Warenwert	28.000,00 €	
– 5 % Mengenrabatt	1.400,00 €	
+ verauslagte Frachtkosten	2.450,00 €	29.050,00 €
+ 19 % Umsatzsteuer		5.519,50 €
		34.569,50 €
3. Briefbeleg: Gutschrift des Lieferers (Fall 1) für Rücksendung beschädigter Waren, netto	1.200,00 €	
+ 19 % Umsatzsteuer	228,00 €	1.428,00 €
4. Eingangsrechnung des Spediteurs: Warentransport an verschiedene Kunden	1.880,00 €	
+ 19 % Umsatzsteuer	357,20 €	2.237,20 €
5. Briefbeleg: 5 % Preisnachlass an Kunden (Fall 2) wegen Mängelrüge, netto	1.330,00 €	
+ 19 % Umsatzsteuer	252,70 €	1.582,70 €

Aufgabe 498

Ein Großhandelsunternehmen setzte im Januar 52 000 Stück eines Artikels zum Preis von 6,50 € ab. Die variablen Kosten betrugen 119.600,00 €, die fixen Kosten 130.000,00 €.

Ermitteln Sie

1. den Deckungsbeitrag je Stück,
2. den Erfolg aus dem Verkauf dieses Artikels im Januar,
3. die Absatzmenge, bei der die Gewinnschwelle erreicht wird,
4. die Kosten an der Gewinnschwelle.

Aufgabe 499

Das nachstehende Gewinn- und Verlustkonto einer Werkzeuggroßhandlung ist abzuschließen und auszuwerten.

Soll — **Gewinn- und Verlustkonto (in T€)** — Haben

Soll		Haben	
Wareneingang	13.400	Warenverkauf	29.560
Personalkosten	6.200	Zinserträge	110
Raumkosten	1.800		
Betriebliche Steuern	1.150		
Versicherungen	250		
Werbe- und Reisekosten	1.350		
Kosten der Warenabgabe	120		
Allgem. Verwaltungskosten	130		
Abschreibungen	280		
Außerordentlicher Aufwand	40		

1. *Ermitteln Sie*
   a) den Rohgewinn,
   b) das neutrale Ergebnis,
   c) das Betriebsergebnis,
   d) das Gesamtergebnis (Jahreserfolg),
   e) den durchschnittlichen Kalkulationszuschlagssatz,
   f) die Rentabilität des Eigenkapitals (12.000 T€ Eigenkapital zum 1. Jan.),
   g) das Eigenkapital zum Jahresschluss.
2. *Bilden Sie die Buchungssätze für den Abschluss der Konten*
   a) Gewinn und Verlust,
   b) Eigenkapital.

Aufgabe 500

Ergänzen Sie:

1. Deckungsbeitrag je Stück > 0 = ?
2. Deckungsbeitrag je Stück = 0 = ?
3. Deckungsbeitrag je Stück < 0 = ?
4. Summe der Deckungsbeiträge > fixe Kosten = ?
5. Summe der Deckungsbeiträge < fixe Kosten = ?

Aufgabe 501

Ein Unternehmen hat aufgrund der angespannten Wirtschaftslage im abgelaufenen Jahr seine Waren unter Selbstkosten verkauft. Folgende Angaben aus der Finanzbuchhaltung und der Kosten- und Leistungsrechnung liegen vor:

Umsatzerlöse (Warenverkauf)	949.800,00
Kosten (ohne Abschreibungen und Zinsen)	864.700,00
Bilanzmäßige Abschreibungen	27.600,00
Gezahlte Fremdkapitalzinsen	32.700,00
Kalkulatorische Abschreibungen	75.000,00
Kalkulatorische Zinsen	46.800,00

1. *Erstellen Sie die Ergebnistabelle.*
2. *Begründen Sie, warum trotz eines Betriebsverlustes ein Unternehmungsgewinn entsteht.*

Aufgabe 502

Bilden Sie die Buchungssätze für die Umbuchungen/Vorbereitenden Abschlussbuchungen zum Jahresschluss aufgrund der folgenden Buchungsanweisung.

Buchungsanweisung Datum: ..-12-31 Beleg-Nr.: 4932

Betreff: Umbuchungen/Vorbereitende Abschlussbuchungen | Gebucht: Datum:

Buchungstext	Soll Konto	Soll Betrag	Haben Konto	Haben Betrag
1410 Vorsteuerübertragung...				
1610 Privatentnahmen........				
3060 Nachlässe von Lieferern				
3080 Liefererskonti.........				
3910 Warenmehrbestand.......				
8060 Nachlässe an Kunden....				
8080 Kundenskonti...........				

Aufgabe 503

Die Möbelgroßhandlung Peter Schreiner e. K. hat von der Möbelfabrik Heider OHG folgendes Angebot erhalten:

Esszimmertisch, rund, Ø 1,20 m, Eichefurnier. Listenpreis 710,00 €. 10 % Mengenrabatt bei Abnahme von 40 Stück. Lieferpauschale 400,00 €. 2 % Skonto bei Zahlung innerhalb von 14 Tagen.

1. *Ermitteln Sie für den Möbelgroßhandel Peter Schreiner e. K.*
   a) den Bezugspreis für einen Tisch,
   b) den Listenverkaufspreis bei 50 % Handlungskosten,
   20 % Gewinn,
   2 % Skonto,
   10 % Einführungsrabatt.
2. *Ermitteln Sie aus den obigen Angaben*
   a) den Kalkulationszuschlag,
   b) den Kalkulationsfaktor.

Aufgabe 504

Die Möbelgroßhandlung Wacker OHG verkaufte in einem Geschäftsjahr 16 900 Beistelltische Modell BT 404 zum Stückpreis von 127,00 €. Die variablen Stückkosten betragen 82,00 €. Die fixen Kosten im Geschäftsjahr betrugen 558.900,00 €.

Ermitteln Sie
a) den Stückdeckungsbeitrag,
b) die Gewinnschwellenmenge,
c) den Gewinn aus dem Verkauf der Tische insgesamt,
d) die absolute Preisuntergrenze.

Aufgabe 505

Auszug aus der Summenbilanz	Soll	Haben
3910 Warenbestände	980.000,00	–
3010 Wareneingang	15.200.000,00	350.000,00
3020 Warenbezugskosten	780.000,00	–
3060 Nachlässe von Lieferern	–	430.000,00
8010 Warenverkauf	210.000,00	22.800.000,00
8060 Nachlässe an Kunden	112.000,00	–

Der Warenschlussbestand lt. Inventur beträgt 540.000,00 €.

1. *Bilden Sie die Buchungssätze*
   a) zum Abschluss der Konten aa) 3020 Warenbezugskosten,
   ab) 3060 Nachlässe von Lieferern,
   ac) 8060 Nachlässe an Kunden;
   b) zur Erfassung der Warenbestandsveränderung;
   c) zum Abschluss der Konten ca) 3010 Wareneingang,
   cb) 8010 Warenverkauf.

2. *Ermitteln Sie*
   a) den Wareneinsatz,
   b) die Nettoverkaufserlöse,
   c) den Rohgewinn,
   d) den durchschnittlichen Lagerbestand,
   e) die Umschlagshäufigkeit,
   f) die durchschnittliche Lagerdauer,
   g) die Rentabilität des Eigenkapitals, wenn der Unternehmerlohn 120.000,00 €, der Unternehmungsgewinn 780.000,00 € und das Anfangseigenkapital 3.500.000,00 € betragen.

Aufgabe 506

Buchungsanweisung Datum: ..-12-31 Beleg-Nr.: 4933				
Betreff: Zeitliche Abgrenzungen	Gebucht: Datum:			
Buchungstext	Soll		Haben	
	Konto	Betrag	Konto	Betrag
1. Geschätzte Kosten einer im Januar n. J. notwendigen Gebäudereparatur 56.000,00 €.				
2. Unsere bereits für Januar n. J. gezahlte Lagermiete beträgt 7.500,00 €.				
3. Für das dem Kunden Hax GmbH gewährte Darlehen von 20.000,00 € werden die Zinsen (8 %) jeweils halbjährlich am 31. März und 30. September im Voraus gezahlt.				
4. Der Bonus eines Lieferers für das letzte Quartal steht noch aus: 5.800,00 €.				

J HGB-Bilanzrecht

1 Wesentliche Änderungen des HGB-Bilanzrechts durch MicroBilG im Überblick

Mit dem **Kleinstkapitalgesellschaften-Bilanzrechtsänderungsgesetz (MicroBilG) vom 20. Dezember 2012** sind nach der umfangreichen Reform des HGB-Bilanzrechts durch das Bilanzrechtsmodernisierungsgesetz[1] (BilMoG) aus dem Jahr 2009 erneut Änderungen in den Rechnungslegungsvorschriften des HGB vorgenommen worden. Diese betreffen im Wesentlichen Kleinstbetriebe in der Rechtsform einer Kapitalgesellschaft oder einer Personenhandelsgesellschaft ohne natürliche Person als Vollhafter.

Das **Hauptziel** des MicroBilG ist die **Entlastung der Kleinstkapitalgesellschaften** sowie der entsprechenden haftungsbeschränkten Personenhandelsgesellschaften durch die Befreiung von einigen genau bezeichneten Rechnungslegungsanforderungen. Dabei handelt es sich zum einen um Aufstellungserleichterungen für den Jahresabschluss durch eine verkürzte Bilanz und Gewinn- und Verlustrechnung sowie den Verzicht auf die Erstellung eines Anhangs. Zum anderen können diese Kleinstunternehmen die Veröffentlichung der Bilanz unterlassen, wenn die Bilanz bei dem Betreiber des elektronischen Bundesanzeigers hinterlegt wird.

Das Kleinstkapitalgesellschaften-Bilanzrechtsänderungsgesetz ist **erstmals auf Einzelabschlüsse zum 31. Dezember 2012 anwendbar.**

§§ HGB	Auswahl wichtiger MicroBilG-bedingter Vorschriften
§ 264 [1]	**Kleinstkapitalgesellschaften werden von der Aufstellung eines Anhangs befreit,** wenn sie folgende Angaben unter der Bilanz machen: Haftungsverhältnisse gemäß § 251 und § 268 [7] HGB, Vorschüsse und Kredite an Mitglieder der Geschäftsführung, des Aufsichtsrats oder ähnlicher Einrichtungen nach § 285 Nr. 9c HGB sowie Bestand eigener Aktien gemäß § 160 [1] S. 1 Nr. 2 AktG, wenn die Kleinstkapitalgesellschaft eine AG oder KGaA ist.
§ 266 [1]	**Kleinstkapitalgesellschaften brauchen nur eine verkürzte Bilanz aufzustellen,** die nur die in § 266 [2, 3] HGB mit Buchstaben bezeichneten Posten enthält.
§ 267a	Kapitalgesellschaften und Personenhandelsgesellschaften ohne natürliche Person als Vollhafter gelten als **Kleinstkapitalgesellschaften, wenn mindestens zwei der drei folgenden Merkmale nicht überschritten werden:** **1. 350.000 Euro Bilanzsumme, 2. 700.000 Euro Umsatzerlöse, 3. zehn Arbeitnehmer im Jahresdurchschnitt.** Die für kleine Kapitalgesellschaften geltenden HGB-Vorschriften sind auch auf Kleinstkapitalgesellschaften anwendbar, wenn keine abweichende Regelung besteht.
§ 275 [5]	**Kleinstkapitalgesellschaften dürfen eine verkürzte Gewinn- und Verlustrechnung aufstellen,** die nur folgende Posten enthalten muss: Umsatzerlöse, sonstige Erträge, Materialaufwand, Personalaufwand, Abschreibungen, sonstige Aufwendungen, Steuern, Jahresüberschuss/Jahresfehlbetrag.
§ 326 [2]	**Die Verpflichtung zur Offenlegung des Jahresabschlusses** können Kleinstkapitalgesellschaften auch **durch Hinterlegung der Bilanz bei dem Betreiber des elektronischen Bundesanzeigers** erfüllen. Eine Veröffentlichung im Internet ist nicht erforderlich. Interessierte Dritte erhalten auf Antrag an das elektronische Unternehmensregister eine Kopie der Bilanz.

1 Einen Überblick zu den wesentlichen Änderungen des HGB-Bilanzrechts durch das BilMoG finden Sie unter www.winklers.de.

6937412

2 HGB-Rechnungslegungsvorschriften

Das Handelsgesetzbuch enthält in seinem Dritten Buch „Handelsbücher" eine geschlossene Darstellung der handelsrechtlichen Rechnungslegungsvorschriften. Sie gliedern sich (siehe auch Seite 10) in sechs Abschnitte:

- 1. Abschnitt: **Vorschriften für alle Kaufleute:** §§ 238 – 263 HGB
- 2. Abschnitt: **Vorschriften für Kapitalgesellschaften und bestimmte Personenhandelsgesellschaften:** §§ 264 – 335b HGB
- 3. Abschnitt: **Vorschriften für eingetragene Genossenschaften:** §§ 336 – 339 HGB
- 4. Abschnitt: **Vorschriften für Unternehmen bestimmter Geschäftszweige:** §§ 340 – 341p HGB
- 5. und 6. Abschnitt: **Privates Rechnungslegungsgremium; Rechnungslegungsbeirat; Prüfstelle für Rechnungslegung**: §§ 342 – 342e HGB

Wesentliche Vorschriften des ersten und zweiten Abschnitts, die im Lehrbuch in den entsprechenden Kapiteln zugrunde gelegt und auf den folgenden Seiten **zusammengestellt** werden, sollen den Lernerfolg mit dem Lehrbuch rechtlich noch vertiefen.[1]

Erster Abschnitt: Vorschriften für alle Kaufleute

§ 238 Buchführungspflicht

(1) Jeder Kaufmann ist verpflichtet, Bücher zu führen und in diesen seine Handelsgeschäfte und die Lage seines Vermögens nach den Grundsätzen ordnungsmäßiger Buchführung ersichtlich zu machen. Die Buchführung muss so beschaffen sein, dass sie einem sachverständigen Dritten innerhalb angemessener Zeit einen Überblick über die Geschäftsvorfälle und über die Lage des Unternehmens vermitteln kann. Die Geschäftsvorfälle müssen sich in ihrer Entstehung und Abwicklung verfolgen lassen.
(2) Der Kaufmann ist verpflichtet, eine mit der Urschrift übereinstimmende Wiedergabe der abgesandten Handelsbriefe (Kopie, Abdruck, Abschrift oder sonstige Wiedergabe des Wortlauts auf einem Schrift-, Bild- oder anderen Datenträger) zurückzubehalten.

§ 239 Führung der Handelsbücher

(1) Bei der Führung der Handelsbücher und bei den sonst erforderlichen Aufzeichnungen hat sich der Kaufmann einer lebenden Sprache zu bedienen. Werden Abkürzungen, Ziffern, Buchstaben oder Symbole verwendet, muss im Einzelfall deren Bedeutung eindeutig festliegen.
(2) Die Eintragungen in Büchern und die sonst erforderlichen Aufzeichnungen müssen vollständig, richtig, zeitgerecht und geordnet vorgenommen werden.
(3) Eine Eintragung oder eine Aufzeichnung darf nicht in einer Weise verändert werden, dass der ursprüngliche Inhalt nicht mehr feststellbar ist. Auch solche Veränderungen dürfen nicht vorgenommen werden, deren Beschaffenheit es ungewiss lässt, ob sie ursprünglich oder erst später gemacht worden sind.
(4) Die Handelsbücher und die sonst erforderlichen Aufzeichnungen können auch in der geordneten Ablage von Belegen bestehen oder auf Datenträgern geführt werden, soweit diese Formen der Buchführung einschließlich des dabei angewandten Verfahrens den Grundsätzen ordnungsmäßiger Buchführung entsprechen. Bei der Führung der Handelsbücher und der sonst erforderlichen Aufzeichnungen auf Datenträgern muss insbesondere sichergestellt sein, dass die Daten während der Dauer der Aufbewahrungsfrist verfügbar sind und jederzeit innerhalb angemessener Frist lesbar gemacht werden können. Absätze 1 bis 3 gelten sinngemäß.

§ 240 Inventar

(1) Jeder Kaufmann hat zu Beginn seines Handelsgewerbes seine Grundstücke, seine Forderungen und Schulden, den Betrag seines baren Geldes sowie seine sonstigen Vermögensgegenstände genau zu verzeichnen und dabei den Wert der einzelnen Vermögensgegenstände und Schulden anzugeben.
(2) Er hat demnächst für den Schluss eines jeden Geschäftsjahrs ein solches Inventar aufzustellen. Die Dauer des Geschäftsjahrs darf zwölf Monate nicht überschreiten. Die Aufstellung

1 Einige Vorschriften können aus Platzgründen nur gekürzt wiedergegeben werden. Empfehlung: Handelsgesetzbuch: HGB, Beck-Texte im dtv.

des Inventars ist innerhalb der einem ordnungsmäßigen Geschäftsgang entsprechenden Zeit zu bewirken.
(3) Vermögensgegenstände des Sachanlagevermögens sowie Roh-, Hilfs- und Betriebsstoffe können, wenn sie regelmäßig ersetzt werden und ihr Gesamtwert für das Unternehmen von nachrangiger Bedeutung ist, mit einer gleich bleibenden Menge und einem gleich bleibenden Wert angesetzt werden, sofern ihr Bestand in seiner Größe, seinem Wert und seiner Zusammensetzung nur geringen Veränderungen unterliegt. Jedoch ist in der Regel alle drei Jahre eine körperliche Bestandsaufnahme durchzuführen.
(4) Gleichartige Vermögensgegenstände des Vorratsvermögens sowie andere gleichartige oder annähernd gleichwertige bewegliche Vermögensgegenstände und Schulden können jeweils zu einer Gruppe zusammengefasst und mit dem gewogenen Durchschnittswert angesetzt werden.

§ 241 Inventurvereinfachungsverfahren

(1) Bei der Aufstellung des Inventars darf der Bestand der Vermögensgegenstände nach Art, Menge und Wert auch mithilfe anerkannter mathematisch-statistischer Methoden aufgrund von Stichproben ermittelt werden. Das Verfahren muss den Grundsätzen ordnungsmäßiger Buchführung entsprechen. Der Aussagewert des auf diese Weise aufgestellten Inventars muss dem Aussagewert eines aufgrund einer körperlichen Bestandsaufnahme aufgestellten Inventars gleichkommen.
(2) Bei der Aufstellung des Inventars für den Schluss eines Geschäftsjahrs bedarf es einer körperlichen Bestandsaufnahme der Vermögensgegenstände für diesen Zeitpunkt nicht, soweit durch Anwendung eines den Grundsätzen ordnungsmäßiger Buchführung entsprechenden anderen Verfahrens gesichert ist, dass der Bestand der Vermögensgegenstände nach Art, Menge und Wert auch ohne die körperliche Bestandsaufnahme für diesen Zeitpunkt festgestellt werden kann.
(3) In dem Inventar für den Schluss eines Geschäftsjahrs brauchen Vermögensgegenstände nicht verzeichnet zu werden, wenn

1. der Kaufmann ihren Bestand aufgrund einer körperlichen Bestandsaufnahme oder aufgrund eines nach Absatz 2 zulässigen anderen Verfahrens nach Art, Menge und Wert in einem besonderen Inventar verzeichnet hat, das für einen Tag innerhalb der letzten drei Monate vor oder der ersten beiden Monate nach dem Schluss des Geschäftsjahrs aufgestellt ist, und
2. aufgrund des besonderen Inventars durch Anwendung eines den Grundsätzen ordnungsmäßiger Buchführung entsprechenden Fortschreibungs- oder Rückrechnungsverfahrens gesichert ist, dass der am Schluss des Geschäftsjahrs vorhandene Bestand der Vermögensgegenstände für diesen Zeitpunkt ordnungsgemäß bewertet werden kann.

§ 241 a Befreiung von der Pflicht zur Buchführung und Erstellung eines Inventars

Einzelkaufleute, die an den Abschlussstichtagen von zwei aufeinander folgenden Geschäftsjahren nicht mehr als 500.000,00 Euro Umsatzerlöse und 50.000,00 Euro Jahresüberschuss aufweisen, brauchen die §§ 238 bis 241 nicht anzuwenden. Im Fall der Neugründung treten die Rechtsfolgen schon ein, wenn die Werte des Satzes 1 am ersten Abschlussstichtag nach der Neugründung nicht überschritten werden.

§ 242 Pflicht zur Aufstellung der Eröffnungsbilanz und des Jahresabschlusses

(1) Der Kaufmann hat zu Beginn seines Handelsgewerbes und für den Schluss eines jeden Geschäftsjahrs einen das Verhältnis seines Vermögens und seiner Schulden darstellenden Abschluss (Eröffnungsbilanz, Bilanz) aufzustellen. Auf die Eröffnungsbilanz sind die für den Jahresabschluss geltenden Vorschriften entsprechend anzuwenden, soweit sie sich auf die Bilanz beziehen.
(2) Er hat für den Schluss eines jeden Geschäftsjahrs eine Gegenüberstellung der Aufwendungen und Erträge des Geschäftsjahrs (Gewinn- und Verlustrechnung) aufzustellen.
(3) Die Bilanz und die Gewinn- und Verlustrechnung bilden den Jahresabschluss.
(4) Die Absätze 1 bis 3 sind auf Einzelkaufleute im Sinn des §241a nicht anzuwenden. Im Fall der Neugründung treten die Rechtsfolgen nach Satz 1 schon ein, wenn die Werte des §241a Satz 1 am ersten Abschlussstichtag nach der Neugründung nicht überschritten werden.

6937414

§ 243 Aufstellungsgrundsatz

(1) Der Jahresabschluss ist nach den Grundsätzen ordnungsmäßiger Buchführung aufzustellen.
(2) Er muss klar und übersichtlich sein.
(3) Der Jahresabschluss ist innerhalb der einem ordnungsmäßigen Geschäftsgang entsprechenden Zeit aufzustellen.

§ 244 Sprache. Währungseinheit

Der Jahresabschluss ist in deutscher Sprache und in Euro aufzustellen.

§ 245 Unterzeichnung

Der Jahresabschluss ist vom Kaufmann unter Angabe des Datums zu unterzeichnen. Sind mehrere persönlich haftende Gesellschafter vorhanden, so haben sie alle zu unterzeichnen.

§ 246 Vollständigkeit. Verrechnungsverbot

(1) Der Jahresabschluss hat sämtliche Vermögensgegenstände, Schulden, Rechnungsabgrenzungsposten sowie Aufwendungen und Erträge zu enthalten, soweit gesetzlich nichts anderes bestimmt ist. [...]
(2) Posten der Aktivseite dürfen nicht mit Posten der Passivseite, Aufwendungen nicht mit Erträgen, Grundstücksrechte nicht mit Grundstückslasten verrechnet werden. [...]

§ 247 Inhalt der Bilanz

(1) In der Bilanz sind das Anlage- und das Umlaufvermögen, das Eigenkapital, die Schulden sowie die Rechnungsabgrenzungsposten gesondert auszuweisen und hinreichend aufzugliedern.
(2) Beim Anlagevermögen sind nur die Gegenstände auszuweisen, die bestimmt sind, dauernd dem Geschäftsbetrieb zu dienen.

§ 249 Rückstellungen

(1) Rückstellungen sind für ungewisse Verbindlichkeiten und für drohende Verluste aus schwebenden Geschäften zu bilden. Ferner sind Rückstellungen zu bilden für
1. im Geschäftsjahr unterlassene Aufwendungen für Instandhaltung, die im folgenden Geschäftsjahr innerhalb von drei Monaten nachgeholt werden,
2. Gewährleistungen, die ohne rechtliche Verpflichtung erbracht werden.

(2) Für andere als die in Absatz 1 bezeichneten Zwecke dürfen Rückstellungen nicht gebildet werden. Rückstellungen dürfen nur aufgelöst werden, soweit der Grund hierfür entfallen ist.

§ 250 Rechnungsabgrenzungsposten

(1) Als Rechnungsabgrenzungsposten sind auf der Aktivseite Ausgaben vor dem Abschlussstichtag auszuweisen, soweit sie Aufwand für eine bestimmte Zeit nach diesem Tag darstellen.
(2) Auf der Passivseite sind als Rechnungsabgrenzungsposten Einnahmen vor dem Abschlussstichtag auszuweisen, soweit sie Ertrag für eine bestimmte Zeit nach diesem Tag darstellen.
(3) Ist der Erfüllungsbetrag einer Verbindlichkeit höher als der Ausgabebetrag, so darf der Unterschiedsbetrag in den Rechnungsabgrenzungsposten auf der Aktivseite aufgenommen werden. Der Unterschiedsbetrag ist durch planmäßige jährliche Abschreibungen zu tilgen, die auf die gesamte Laufzeit der Verbindlichkeit verteilt werden können.

§ 251 Haftungsverhältnisse

Unter der Bilanz sind, sofern sie nicht auf der Passivseite auszuweisen sind, Verbindlichkeiten aus der Begebung und Übertragung von Wechseln, aus Bürgschaften, Wechsel- und Scheckbürgschaften und aus Gewährleistungsverträgen sowie Haftungsverhältnisse aus der Bestellung von Sicherheiten für fremde Verbindlichkeiten zu vermerken; sie dürfen in einem Betrag angegeben werden. Haftungsverhältnisse sind auch anzugeben, wenn ihnen gleichwertige Rückgriffsforderungen gegenüberstehen.

§ 252 Allgemeine Bewertungsgrundsätze

(1) Bei der Bewertung der im Jahresabschluss ausgewiesenen Vermögensgegenstände und Schulden gilt insbesondere Folgendes:
1. Die Wertansätze in der Eröffnungsbilanz des Geschäftsjahrs müssen mit denen der Schlussbilanz des vorhergehenden Geschäftsjahrs übereinstimmen.

2. Bei der Bewertung ist von der Fortführung der Unternehmenstätigkeit auszugehen, sofern dem nicht tatsächliche oder rechtliche Gegebenheiten entgegenstehen.
3. Die Vermögensgegenstände und Schulden sind zum Abschlussstichtag einzeln zu bewerten.
4. Es ist vorsichtig zu bewerten, namentlich sind alle vorhersehbaren Risiken und Verluste, die bis zum Abschlussstichtag entstanden sind, zu berücksichtigen, selbst wenn diese erst zwischen dem Abschlussstichtag und dem Tag der Aufstellung des Jahresabschlusses bekannt geworden sind; Gewinne sind nur zu berücksichtigen, wenn sie am Abschlussstichtag realisiert sind.
5. Aufwendungen und Erträge des Geschäftsjahrs sind unabhängig von den Zeitpunkten der entsprechenden Zahlungen im Jahresabschluss zu berücksichtigen.
6. Die auf den vorhergehenden Jahresabschluss angewandten Bewertungsmethoden sollen beibehalten werden.

(2) Von den Grundsätzen des Absatzes 1 darf nur in begründeten Ausnahmefällen abgewichen werden.

§ 253 Zugangs- und Folgebewertung

(1) Vermögensgegenstände sind höchstens mit den Anschaffungs- oder Herstellungskosten, vermindert um die Abschreibungen nach den Absätzen 3 bis 5, anzusetzen. Verbindlichkeiten sind zu ihrem Erfüllungsbetrag und Rückstellungen in Höhe des nach vernünftiger kaufmännischer Beurteilung notwendigen Erfüllungsbetrages anzusetzen. [...]

(2) Rückstellungen mit einer Restlaufzeit von mehr als einem Jahr sind mit dem ihrer Restlaufzeit entsprechenden durchschnittlichen Marktzinssatz der vergangenen sieben Geschäftsjahre abzuzinsen. Abweichend von Satz 1 dürfen Rückstellungen für Altersversorgungsverpflichtungen oder vergleichbare langfristig fällige Verpflichtungen pauschal mit dem durchschnittlichen Marktzinssatz abgezinst werden, der sich bei einer angenommenen Restlaufzeit von 15 Jahren ergibt. Die Sätze 1 und 2 gelten entsprechend für auf Rentenverpflichtungen beruhende Verbindlichkeiten, für die eine Gegenleistung nicht mehr zu erwarten ist. Der nach den Sätzen 1 und 2 anzuwendende Abzinsungszinssatz wird von der Deutschen Bundesbank nach Maßgabe einer Rechtsverordnung ermittelt und monatlich bekannt gegeben. In der Rechtsverordnung nach Satz 4, die nicht der Zustimmung des Bundesrates bedarf, bestimmt das Bundesministerium der Justiz im Benehmen mit der Deutschen Bundesbank das Nähere zur Ermittlung der Abzinsungszinssätze, insbesondere die Ermittlungsmethodik und deren Grundlagen, sowie die Form der Bekanntgabe.

(3) Bei Vermögensgegenständen des Anlagevermögens, deren Nutzung zeitlich begrenzt ist, sind die Anschaffungs- oder die Herstellungskosten um planmäßige Abschreibungen zu vermindern. Der Plan muss die Anschaffungs- oder Herstellungskosten auf die Geschäftsjahre verteilen, in denen der Vermögensgegenstand voraussichtlich genutzt werden kann. Ohne Rücksicht darauf, ob ihre Nutzung zeitlich begrenzt ist, sind bei Vermögensgegenständen des Anlagevermögens bei voraussichtlich dauernder Wertminderung außerplanmäßige Abschreibungen vorzunehmen, um diese mit dem niedrigeren Wert anzusetzen, der ihnen am Abschlussstichtag beizulegen ist. Bei Finanzanlagen können außerplanmäßige Abschreibungen auch bei voraussichtlich nicht dauernder Wertminderung vorgenommen werden.

(4) Bei Vermögensgegenständen des Umlaufvermögens sind Abschreibungen vorzunehmen, um diese mit einem niedrigeren Wert anzusetzen, der sich aus einem Börsen- oder Marktpreis am Abschlussstichtag ergibt. Ist ein Börsen- oder Marktpreis nicht festzustellen und übersteigen die Anschaffungs- oder Herstellungskosten den Wert, der den Vermögensgegenständen am Abschlussstichtag beizulegen ist, so ist auf diesen Wert abzuschreiben.

(5) Ein niedrigerer Wertansatz nach Absatz 3 Satz 3 oder 4 und Absatz 4 darf nicht beibehalten werden, wenn die Gründe dafür nicht mehr bestehen. Ein niedrigerer Wertansatz eines entgeltlich erworbenen Geschäfts- oder Firmenwertes ist beizubehalten.

§ 255 Bewertungsmaßstäbe

(1) Anschaffungskosten sind die Aufwendungen, die geleistet werden, um einen Vermögensgegenstand zu erwerben und ihn in einen betriebsbereiten Zustand zu versetzen, soweit sie

dem Vermögensgegenstand einzeln zugeordnet werden können. Zu den Anschaffungskosten gehören auch die Nebenkosten sowie die nachträglichen Anschaffungskosten. Anschaffungspreisminderungen sind abzusetzen.
(2) Herstellungskosten sind die Aufwendungen, die durch den Verbrauch von Gütern und die Inanspruchnahme von Diensten für die Herstellung eines Vermögensgegenstands, seine Erweiterung oder für eine über seinen ursprünglichen Zustand hinausgehende wesentliche Verbesserung entstehen. Dazu gehören die Materialkosten, die Fertigungskosten und die Sonderkosten der Fertigung sowie angemessene Teile der Materialgemeinkosten, der Fertigungsgemeinkosten und des Werteverzehrs des Anlagevermögens, soweit dieser durch die Fertigung veranlasst ist. Bei der Berechnung der Herstellungskosten dürfen angemessene Teile der Kosten der allgemeinen Verwaltung sowie angemessene Aufwendungen für soziale Einrichtungen des Betriebs, für freiwillige soziale Leistungen und für die betriebliche Altersversorgung einbezogen werden, soweit diese auf den Zeitraum der Herstellung entfallen. Forschungs- und Vertriebskosten dürfen nicht einbezogen werden.
(2 a) Herstellungskosten eines selbst geschaffenen immateriellen Vermögensgegenstands des Anlagevermögens sind die bei dessen Entwicklung anfallenden Aufwendungen nach Absatz 2. Entwicklung ist die Anwendung von Forschungsergebnissen oder von anderem Wissen für die Neuentwicklung von Gütern oder Verfahren oder die Weiterentwicklung von Gütern oder Verfahren mittels wesentlicher Änderungen. Forschung ist die eigenständige und planmäßige Suche nach neuen wissenschaftlichen oder technischen Erkenntnissen oder Erfahrungen allgemeiner Art, über deren technische Verwertbarkeit und wirtschaftliche Erfolgsaussichten grundsätzlich keine Aussagen gemacht werden können. Können Forschung und Entwicklung nicht verlässlich voneinander unterschieden werden, ist eine Aktivierung ausgeschlossen.
(3) Zinsen für Fremdkapital gehören nicht zu den Herstellungskosten. Zinsen für Fremdkapital, das zur Finanzierung der Herstellung eines Vermögensgegenstands verwendet wird, dürfen angesetzt werden, soweit sie auf den Zeitraum der Herstellung entfallen; in diesem Falle gelten sie als Herstellungskosten des Vermögensgegenstands.
(4) Der beizulegende Zeitwert entspricht dem Marktpreis. Soweit kein aktiver Markt besteht, anhand dessen sich der Marktpreis ermitteln lässt, ist der beizulegende Zeitwert mithilfe allgemein anerkannter Bewertungsmethoden zu bestimmen. Lässt sich der beizulegende Zeitwert weder nach Satz 1 noch nach Satz 2 ermitteln, sind die Anschaffungs- oder Herstellungskosten gemäß § 253 Abs. 4 fortzuführen. Der zuletzt nach Satz 1 oder 2 ermittelte beizulegende Zeitwert gilt als Anschaffungs- oder Herstellungskosten im Sinn des Satzes 3.

§ 256 Bewertungsvereinfachungsverfahren

Soweit es den Grundsätzen ordnungsmäßiger Buchführung entspricht, kann für den Wertansatz gleichartiger Vermögensgegenstände des Vorratsvermögens unterstellt werden, dass die zuerst oder dass die zuletzt angeschafften oder hergestellten Vermögensgegenstände zuerst verbraucht oder veräußert worden sind. § 240 Abs. 3 und 4 ist auch auf den Jahresabschluss anwendbar.

§ 256 a Währungsumrechnung

Auf fremde Währung lautende Vermögensgegenstände und Verbindlichkeiten sind zum Devisenkassamittelkurs am Abschlussstichtag umzurechnen. Bei einer Restlaufzeit von einem Jahr oder weniger sind § 253 Abs. 1 Satz 1 und § 252 Abs. 1 Nr. 4 Halbsatz 2 nicht anzuwenden.

§ 257 Aufbewahrung von Unterlagen. Aufbewahrungsfristen

(1) Jeder Kaufmann ist verpflichtet, die folgenden Unterlagen geordnet aufzubewahren:
1. Handelsbücher, Inventare, Eröffnungsbilanzen, Jahresabschlüsse, Einzelabschlüsse nach § 325 Abs. 2a, Lageberichte, Konzernabschlüsse, Konzernlageberichte sowie die zu ihrem Verständnis erforderlichen Arbeitsanweisungen und sonstigen Organisationsunterlagen,
2. die empfangenen Handelsbriefe,
3. Wiedergaben der abgesandten Handelsbriefe,
4. Belege für Buchungen in den von ihm nach § 238 Abs. 1 zu führenden Büchern (Buchungsbelege).

(2) Handelsbriefe sind nur Schriftstücke, die ein Handelsgeschäft betreffen.

(3) Mit Ausnahme der Eröffnungsbilanzen und Abschlüsse können die in Absatz 1 aufgeführten Unterlagen auch als Wiedergabe auf einem Bildträger oder auf anderen Datenträgern aufbewahrt werden, wenn dies den Grundsätzen ordnungsmäßiger Buchführung entspricht und sichergestellt ist, dass die Wiedergabe oder die Daten

1. mit den empfangenen Handelsbriefen und den Buchungsbelegen bildlich und mit den anderen Unterlagen inhaltlich übereinstimmen, wenn sie lesbar gemacht werden,
2. während der Dauer der Aufbewahrungsfrist verfügbar sind und jederzeit innerhalb angemessener Frist lesbar gemacht werden können.

Sind Unterlagen aufgrund des § 239 Abs. 4 Satz 1 auf Datenträgern hergestellt worden, können statt des Datenträgers die Daten auch ausgedruckt aufbewahrt werden; die ausgedruckten Unterlagen können auch nach Satz 1 aufbewahrt werden.

(4) Die in Absatz 1 Nr. 1 und 4 aufgeführten Unterlagen sind zehn Jahre, die sonstigen in Absatz 1 aufgeführten Unterlagen sechs Jahre aufzubewahren.

(5) Die Aufbewahrungsfrist beginnt mit dem Schluss des Kalenderjahrs, in dem die letzte Eintragung in das Handelsbuch gemacht, das Inventar aufgestellt, die Eröffnungsbilanz oder der Jahresabschluss festgestellt, der Einzelabschluss nach § 325 Abs. 2a oder der Konzernabschluss aufgestellt, der Handelsbrief empfangen oder abgesandt worden oder der Buchungsbeleg entstanden ist.

§ 258 Vorlegung im Rechtsstreit

(1) Im Laufe eines Rechtsstreits kann das Gericht auf Antrag oder von Amts wegen die Vorlegung der Handelsbücher einer Partei anordnen.

Zweiter Abschnitt: Ergänzende Vorschriften für Kapitalgesellschaften sowie bestimmte Personenhandelsgesellschaften

§ 264 Pflicht zur Aufstellung des Jahresabschlusses und des Lageberichtes

(1) Die gesetzlichen Vertreter einer Kapitalgesellschaft haben den Jahresabschluss (§ 242) um einen Anhang zu erweitern, der mit der Bilanz und der Gewinn- und Verlustrechnung eine Einheit bildet, sowie einen Lagebericht aufzustellen. Die gesetzlichen Vertreter einer kapitalmarktorientierten Kapitalgesellschaft, die nicht zur Aufstellung eines Konzernabschlusses verpflichtet ist, haben den Jahresabschluss um eine Kapitalflussrechnung und einen Eigenkapitalspiegel zu erweitern, die mit der Bilanz, Gewinn- und Verlustrechnung und dem Anhang eine Einheit bilden; sie können den Jahresabschluss um eine Segmentberichterstattung erweitern. Der Jahresabschluss und der Lagebericht sind von den gesetzlichen Vertretern in den ersten drei Monaten des Geschäftsjahrs für das vergangene Geschäftsjahr aufzustellen. Kleine Kapitalgesellschaften (§ 267 Abs. 1) brauchen den Lagebericht nicht aufzustellen; sie dürfen den Jahresabschluss auch später aufstellen, wenn dies einem ordnungsgemäßen Geschäftsgang entspricht; jedoch innerhalb der ersten sechs Monate des Geschäftsjahrs. Kleinstkapitalgesellschaften (§ 267a) brauchen den Jahresabschluss nicht um einen Anhang zu erweitern, wenn sie

1. die in § 251 und die in § 268 Absatz 7 genannten Angaben,
2. die in § 285 Nummer 9 Buchstabe c genannten Angaben und
3. im Falle einer Aktiengesellschaft oder Kommanditgesellschaft auf Aktien die in § 160 Absatz 1 Satz 1 Nummer 2 des Aktiengesetzes genannten Angaben unter der Bilanz angeben.

(2) Der Jahresabschluss der Kapitalgesellschaft hat unter Beachtung der Grundsätze ordnungsmäßiger Buchführung ein den tatsächlichen Verhältnissen entsprechendes Bild der Vermögens-, Finanz- und Ertragslage der Kapitalgesellschaft zu vermitteln. Führen besondere Umstände dazu, dass der Jahresabschluss ein den tatsächlichen Verhältnissen entsprechendes Bild im Sinne des Satzes 1 nicht vermittelt, so sind im Anhang zusätzliche Angaben zu machen. Macht eine Kleinstkapitalgesellschaft von der Erleichterung nach Absatz 1 Satz 5 Gebrauch, sind nach Satz 2 erforderliche zusätzliche Angaben unter der Bilanz zu machen. Es wird vermutet, dass ein unter Berücksichtigung der Erleichterungen für Kleinstkapitalgesellschaften aufgestellter Jahresabschluss den Erfordernissen des Satzes 1 entspricht. [...]

6937418

§ 265 Allgemeine Grundsätze für die Gliederung

(1) Die Form der Darstellung, insbesondere die Gliederung der aufeinander folgenden Bilanzen und Gewinn- und Verlustrechnungen, ist beizubehalten, soweit nicht in Ausnahmefällen wegen besonderer Umstände Abweichungen erforderlich sind. Die Abweichungen sind im Anhang anzugeben und zu begründen.

(2) In der Bilanz sowie in der Gewinn- und Verlustrechnung ist zu jedem Posten der entsprechende Betrag des vorhergehenden Geschäftsjahrs anzugeben. [...]

(5) Eine weitere Untergliederung der Posten ist zulässig; dabei ist jedoch die vorgeschriebene Gliederung zu beachten. Neue Posten dürfen hinzugefügt werden, wenn ihr Inhalt nicht von einem vorgeschriebenen Posten gedeckt wird.

§ 266 Gliederung der Bilanz

(1) Die Bilanz ist in Kontoform aufzustellen. Dabei haben große und mittelgroße Kapitalgesellschaften (§ 267 Abs. 3, 2) auf der Aktivseite die in Absatz 2 und auf der Passivseite die in Absatz 3 bezeichneten Posten gesondert und in der vorgeschriebenen Reihenfolge auszuweisen. Kleine Kapitalgesellschaften (§ 267 Abs. 1) brauchen nur eine verkürzte Bilanz aufzustellen, in die nur die in den Absätzen 2 und 3 mit Buchstaben und römischen Zahlen bezeichneten Posten gesondert und in der vorgeschriebenen Reihenfolge aufgenommen werden. Kleinstkapitalgesellschaften (§ 267a) brauchen nur eine verkürzte Bilanz aufzustellen, in die nur die in den Absätzen 2 und 3 mit Buchstaben bezeichneten Posten gesondert und in der vorgeschriebenen Reihenfolge aufgenommen werden.

(2) Gliederung der **Aktivseite**
(3) Gliederung der **Passivseite** } **siehe Rückseite des Kontenrahmens (Faltblatt).**

§ 267 Umschreibung der Größenklassen

(1) Kleine Kapitalgesellschaften sind solche, die mindestens zwei der drei nachstehenden Merkmale nicht überschreiten:

1. 4.840.000 Euro Bilanzsumme nach Abzug eines auf der Aktivseite ausgewiesenen Fehlbetrags (§ 268 Abs. 3).
2. 9.680.000 Euro Umsatzerlöse in den zwölf Monaten vor dem Abschlussstichtag.
3. Im Jahresdurchschnitt fünfzig Arbeitnehmer.

(2) Mittelgroße Kapitalgesellschaften sind solche, die mindestens zwei der drei in Absatz 1 bezeichneten Merkmale überschreiten und jeweils mindestens zwei der drei nachstehenden Merkmale nicht überschreiten:

1. 19.250.000 Euro Bilanzsumme nach Abzug eines auf der Aktivseite ausgewiesenen Fehlbetrags (§ 268 Abs. 3).
2. 38.500.000 Euro Umsatzerlöse in den zwölf Monaten vor dem Abschlussstichtag.
3. Im Jahresdurchschnitt zweihundertfünfzig Arbeitnehmer.

(3) Große Kapitalgesellschaften sind solche, die mindestens zwei der drei in Absatz 2 bezeichneten Merkmale überschreiten. Eine Kapitalgesellschaft im Sinn des § 264d gilt stets als große.

(4) Die Rechtsfolgen der Merkmale nach den Absätzen 1 bis 3 Satz 1 treten nur ein, wenn sie an den Abschlussstichtagen von zwei aufeinander folgenden Geschäftsjahren über- oder unterschritten werden. Im Falle der Umwandlung oder Neugründung treten die Rechtsfolgen schon ein, wenn die Voraussetzungen des Absatzes 1, 2 oder 3 am ersten Abschlussstichtag nach der Umwandlung oder Neugründung vorliegen.

§ 267a Kleinstkapitalgesellschaften

(1) Kleinstkapitalgesellschaften sind kleine Kapitalgesellschaften, die mindestens zwei der drei nachstehenden Merkmale nicht überschreiten:

1. 350.000 Euro Bilanzsumme nach Abzug eines auf der Aktivseite ausgewiesenen Fehlbetrags (§ 268 Abs. 3);
2. 700.000 Euro Umsatzerlöse in den zwölf Monaten vor dem Abschlussstichtag;
3. im Jahresdurchschnitt zehn Arbeitnehmer.

[...]

(2) Die in diesem Gesetz für kleine Kapitalgesellschaften (§ 267 Abs. 1) vorgesehenen besonderen Regelungen gelten für Kleinstkapitalgesellschaften entsprechend, soweit nichts anderes geregelt ist.

§ 268 Vorschriften zu einzelnen Posten der Bilanz. Bilanzvermerke

(1) Die Bilanz darf auch unter Berücksichtigung der vollständigen oder teilweisen Verwendung des Jahresergebnisses aufgestellt werden. Wird die Bilanz unter Berücksichtigung der teilweisen Verwendung des Jahresergebnisses aufgestellt, so tritt an die Stelle der Posten „Jahresüberschuss/Jahresfehlbetrag" und „Gewinnvortrag/Verlustvortrag" der Posten „Bilanzgewinn/Bilanzverlust"; ein vorhandener Gewinn- oder Verlustvortrag ist in den Posten „Bilanzgewinn/Bilanzverlust" einzubeziehen und in der Bilanz oder im Anhang gesondert anzugeben.
(2) In der Bilanz oder im Anhang ist die Entwicklung der einzelnen Posten des Anlagevermögens darzustellen. Dabei sind, ausgehend von den gesamten Anschaffungs- und Herstellungskosten, die Zugänge, Abgänge, Umbuchungen und Zuschreibungen des Geschäftsjahrs sowie die Abschreibungen in ihrer gesamten Höhe gesondert aufzuführen. Die Abschreibungen des Geschäftsjahrs sind entweder in der Bilanz bei dem betreffenden Posten zu vermerken oder im Anhang in einer der Gliederung des Anlagevermögens entsprechenden Aufgliederung anzugeben.
(3) Ist das Eigenkapital durch Verluste aufgebraucht und ergibt sich ein Überschuss der Passivposten über die Aktivposten, so ist dieser Betrag am Schluss der Bilanz auf der Aktivseite gesondert unter der Bezeichnung „Nicht durch Eigenkapital gedeckter Fehlbetrag" auszuweisen.
(4) Der Betrag der Forderungen mit einer Restlaufzeit von mehr als einem Jahr ist bei jedem gesondert ausgewiesenen Posten zu vermerken. Werden unter dem Posten „sonstige Vermögensgegenstände" Beträge für Vermögensgegenstände ausgewiesen, die erst nach dem Abschlussstichtag rechtlich entstehen, so müssen Beträge, die einen größeren Umfang haben, im Anhang erläutert werden.
(5) Der Betrag der Verbindlichkeiten mit einer Restlaufzeit bis zu einem Jahr ist bei jedem gesondert ausgewiesenen Posten zu vermerken. Erhaltene Anzahlungen auf Bestellungen sind, soweit Anzahlungen auf Vorräte nicht von dem Posten „Vorräte" offen abgesetzt werden, unter den Verbindlichkeiten gesondert auszuweisen. Sind unter dem Posten „Verbindlichkeiten" Beträge für Verbindlichkeiten ausgewiesen, die erst nach dem Abschlussstichtag rechtlich entstehen, so müssen Beträge, die einen größeren Umfang haben, im Anhang erläutert werden.
(6) Ein nach § 250 Abs. 3 in den Rechnungsabgrenzungsposten auf der Aktivseite aufgenommener Unterschiedsbetrag ist in der Bilanz gesondert auszuweisen oder im Anhang anzugeben.
(7) Die in § 251 bezeichneten Haftungsverhältnisse sind jeweils gesondert unter der Bilanz oder im Anhang unter Angabe der gewährten Pfandrechte und sonstigen Sicherheiten anzugeben. [...]

§ 271 Beteiligungen. Verbundene Unternehmen

(1) Beteiligungen sind Anteile an anderen Unternehmen, die bestimmt sind, dem eigenen Geschäftsbetrieb durch Herstellung einer dauernden Verbindung zu jenen Unternehmen zu dienen. Dabei ist es unerheblich, ob die Anteile in Wertpapieren verbrieft sind oder nicht. Als Beteiligung gelten im Zweifel Anteile an einer Kapitalgesellschaft, die insgesamt den fünften Teil des Nennkapitals dieser Gesellschaft überschreiten. [...]

§ 272 Eigenkapital

(1) Gezeichnetes Kapital ist das Kapital, auf das die Haftung der Gesellschafter für die Verbindlichkeiten der Kapitalgesellschaft gegenüber den Gläubigern beschränkt ist. Es ist mit dem Nennbetrag anzusetzen. Die nicht eingeforderten ausstehenden Einlagen auf das gezeichnete Kapital sind von dem Posten „Gezeichnetes Kapital" offen abzusetzen; der verbleibende Betrag ist als Posten „Eingefordertes Kapital" in der Hauptspalte der Passivseite auszuweisen; der eingeforderte, aber noch nicht eingezahlte Betrag ist unter den Forderungen gesondert auszuweisen und entsprechend zu bezeichnen.

(2) Als Kapitalrücklage sind auszuweisen

1. der Betrag, der bei der Ausgabe von Anteilen einschließlich von Bezugsanteilen über den Nennbetrag oder, falls ein Nennbetrag nicht vorhanden ist, über den rechnerischen Wert hinaus erzielt wird;

6937420

2. der Betrag, der bei der Ausgabe von Schuldverschreibungen für Wandlungsrechte und Optionsrechte zum Erwerb von Anteilen erzielt wird;
3. der Betrag von Zuzahlungen, die Gesellschafter gegen Gewährung eines Vorzugs für ihre Anteile leisten;
4. der Betrag von anderen Zuzahlungen, die Gesellschafter in das Eigenkapital leisten.

(3) Als Gewinnrücklagen dürfen nur Beträge ausgewiesen werden, die im Geschäftsjahr oder in einem früheren Geschäftsjahr aus dem Ergebnis gebildet worden sind. Dazu gehören aus dem Ergebnis zu bildende gesetzliche oder auf Gesellschaftsvertrag oder Satzung beruhende Rücklagen und andere Gewinnrücklagen.

(4) Für Anteile an einem herrschenden oder mit Mehrheit beteiligten Unternehmen ist eine Rücklage zu bilden. In die Rücklage ist ein Betrag einzustellen, der dem auf der Aktivseite der Bilanz für die Anteile an dem herrschenden oder mit Mehrheit beteiligten Unternehmen angesetzten Betrag entspricht. Die Rücklage, die bereits bei der Aufstellung der Bilanz zu bilden ist, darf aus vorhandenen frei verfügbaren Rücklagen gebildet werden. Die Rücklage ist aufzulösen, soweit die Anteile an dem herrschenden oder mit Mehrheit beteiligten Unternehmen veräußert, ausgegeben oder eingezogen werden oder auf der Aktivseite ein niedrigerer Betrag angesetzt wird.

§ 274 Latente Steuern

(1) Bestehen zwischen den handelsrechtlichen Wertansätzen von Vermögensgegenständen, Schulden und Rechnungsabgrenzungsposten und ihren steuerlichen Wertansätzen Differenzen, die sich in späteren Geschäftsjahren voraussichtlich abbauen, so ist eine sich daraus insgesamt ergebende Steuerbelastung als passive latente Steuern (§ 266 Abs. 3 E.) in der Bilanz anzusetzen. Eine sich daraus insgesamt ergebende Steuerentlastung kann als aktive latente Steuern (§ 266 Abs. 2 D.) in der Bilanz angesetzt werden. Die sich ergebende Steuerbe- und die sich ergebende Steuerentlastung können auch unverrechnet angesetzt werden. Steuerliche Verlustvorträge sind bei der Berechnung aktiver latenter Steuern in Höhe der innerhalb der nächsten fünf Jahre zu erwartenden Verlustverrechnung zu berücksichtigen.

(2) Die Beträge der sich ergebenden Steuerbe- und -entlastung sind mit den unternehmensindividuellen Steuersätzen im Zeitpunkt des Abbaus der Differenzen zu bewerten und nicht abzuzinsen. Die ausgewiesenen Posten sind aufzulösen, sobald die Steuerbe- oder -entlastung eintritt oder mit ihr nicht mehr zu rechnen ist. Der Aufwand oder Ertrag aus der Veränderung bilanzierter latenter Steuern ist in der Gewinn- und Verlustrechnung gesondert unter dem Posten „Steuern vom Einkommen und vom Ertrag“ auszuweisen.

§ 275 Gliederung der Gewinn- und Verlustrechnung

(1) Die Gewinn- und Verlustrechnung ist in Staffelform nach dem Gesamtkostenverfahren oder dem Umsatzkostenverfahren aufzustellen. Dabei sind die in Absatz 2 oder 3 bezeichneten Posten in der angegebenen Reihenfolge gesondert auszuweisen.

(2) Gliederung nach dem **Gesamtkostenverfahren** } **siehe Rückseite des Kontenrahmens**
(3) Gliederung nach dem **Umsatzkostenverfahren** } **(Faltblatt).**

(4) Veränderungen der Kapital- und Gewinnrücklagen dürfen in der Gewinn- und Verlustrechnung erst nach dem Posten „Jahresüberschuss/Jahresfehlbetrag“ ausgewiesen werden.

(5) Kleinstkapitalgesellschaften (§ 267a) können anstelle der Staffelungen nach den Absätzen 2 und 3 die Gewinn- und Verlustrechnung wie folgt darstellen:

1. Umsatzerlöse,
2. sonstige Erträge,
3. Materialaufwand,
4. Personalaufwand,
5. Abschreibungen,
6. sonstige Aufwendungen,
7. Steuern,
8. Jahresüberschuss/Jahresfehlbetrag.

§ 284 Anhang: Erläuterung der Bilanz und der Gewinn- und Verlustrechnung

(1) In den Anhang sind diejenigen Angaben aufzunehmen, die zu den einzelnen Posten der Bilanz oder der Gewinn- und Verlustrechnung vorgeschrieben oder die im Anhang zu machen sind, weil sie in Ausübung eines Wahlrechts nicht in die Bilanz oder in die Gewinn- und Verlustrechnung aufgenommen wurden.

(2) Im Anhang müssen
1. die auf die Posten der Bilanz und der Gewinn- und Verlustrechnung angewandten Bilanzierungs- und Bewertungsmethoden angegeben werden; [...]
3. Abweichungen von Bilanzierungs- und Bewertungsmethoden angegeben und begründet werden; deren Einfluss auf die Vermögens-, Finanz- und Ertragslage ist gesondert darzustellen; [...]

§ 289 Lagebericht

(1) Im Lagebericht sind zumindest der Geschäftsverlauf [...] und die Lage der Kapitalgesellschaft so darzustellen, dass ein den tatsächlichen Verhältnissen entsprechendes Bild vermittelt wird. [...] Ferner ist im Lagebericht die voraussichtliche Entwicklung mit ihren wesentlichen Chancen und Risiken zu beurteilen und zu erläutern; zugrunde liegende Annahmen sind anzugeben. [...]
(2) Der Lagebericht soll auch eingehen auf:
1. Vorgänge besonderer Bedeutung, die nach Schluss des Geschäftsjahrs eingetreten sind;
2. a) die Risikomanagementziele und -methoden der Gesellschaft [...], sowie
   b) die Preisänderungs-, Ausfall- und Liquiditätsrisiken sowie die Risiken aus Zahlungsstromschwankungen, denen die Gesellschaft ausgesetzt ist,
   jeweils in Bezug auf die Verwendung von Finanzinstrumenten durch die Gesellschaft und sofern dies für die Beurteilung der Lage oder der voraussichtlichen Entwicklung von Belang ist;
3. den Bereich Forschung und Entwicklung;
4. bestehende Zweigniederlassungen der Gesellschaft; [...]

§ 316 Pflicht zur Prüfung

(1) Der Jahresabschluss und der Lagebericht von Kapitalgesellschaften, die nicht kleine im Sinne des § 267 Abs. 1 sind, sind durch einen Abschlussprüfer zu prüfen. Hat keine Prüfung stattgefunden, so kann der Jahresabschluss nicht festgestellt werden.
(2) Der Konzernabschluss und der Konzernlagebericht von Kapitalgesellschaften sind durch einen Abschlussprüfer zu prüfen. [...]

§ 318 Bestellung und Abberufung des Abschlussprüfers

(1) Der Abschlussprüfer des Jahresabschlusses wird von den Gesellschaftern gewählt; den Abschlussprüfer des Konzernabschlusses wählen die Gesellschafter des Mutterunternehmens.

§ 320 Vorlagepflicht. Auskunftsrecht

(1) Die gesetzlichen Vertreter der Kapitalgesellschaft haben dem Abschlussprüfer den Jahresabschluss und den Lagebericht unverzüglich nach der Aufstellung vorzulegen. Sie haben ihm zu gestatten, Bücher und Schriften der Kapitalgesellschaft sowie Vermögensgegenstände und Schulden, namentlich die Kasse und die Bestände an Wertpapieren und Waren, zu prüfen.

§ 325 Offenlegung

(1) Die gesetzlichen Vertreter von Kapitalgesellschaften haben für diese den Jahresabschluss beim Betreiber des elektronischen Bundesanzeigers elektronisch einzureichen. Er ist unverzüglich nach seiner Vorlage an die Gesellschafter, jedoch spätestens vor Ablauf des zwölften Monats des dem Abschluss-Stichtag nachfolgenden Geschäftsjahrs, mit dem Bestätigungsvermerk oder dem Vermerk über dessen Versagung einzureichen. Gleichzeitig sind der Lagebericht, der Bericht des Aufsichtsrats, die nach § 161 des Aktiengesetzes vorgeschriebene Erklärung und, soweit sich dies aus dem eingereichten Jahresabschluss nicht ergibt, der Vorschlag für die Verwendung des Ergebnisses und der Beschluss über seine Verwendung unter Angabe des Jahresüberschusses oder Jahresfehlbetrags elektronisch einzureichen. [...] Werden zur Wahrung der Frist nach Satz 2 oder Absatz 4 Satz 1 der Jahresabschluss und der Lagebericht ohne die anderen Unterlagen eingereicht, sind der Bericht und der Vorschlag nach ihrem Vorliegen, die Beschlüsse nach der Beschlussfassung und der Vermerk nach der Erteilung unverzüglich einzureichen. [...]

6937422

Sachregister

6937424

Steuerbuchungen (Überblick)

Die buchhalterische Behandlung der Steuern richtet sich zum einen danach, ob das **Unternehmen oder** der **Unternehmer** persönlich durch die betreffende Steuerart belastet wird, und zum anderen danach, ob die Steuer **abzugsfähig** oder **nicht abzugsfähig** ist. Man unterscheidet deshalb:

	Konten
→ **Abzugsfähige Steuern**, die den **Gewinn** des Unternehmens **mindern**, da sie in der Buchhaltung als Aufwand erfasst werden und steuerlich als **Betriebsausgabe** absetzbar sind. Dazu zählen vor allem:	
– die **Kraftfahrzeugsteuer** für alle Kraftfahrzeuge, die zum Betriebsvermögen gehören,	**4220 Kfz-Steuer**
– die **Grundsteuer** für bebaute und unbebaute betrieblich genutzte Grundstücke und	**4230 Grundsteuer**
– sonstige Betriebsteuern wie Verbrauchsteuern auf bestimmte verbrauchsteuerpflichtige Waren.	**4240 Sonstige Betriebsteuern**
→ **Nichtabzugsfähige Steuern**, die **keine Betriebsausgabe** darstellen und somit den **steuerpflichtigen Gewinn nicht mindern** dürfen. Sie werden vom Gewinn vor Steuer oder vom Vermögen berechnet und sind vom Unternehmen oder vom Unternehmer **persönlich** zu tragen, und zwar	
– **Steuern vom Einkommen und Ertrag**, die zunächst auf Aufwandskonten erfasst werden. Dazu gehören	
• die **Gewerbesteuer** auf den Gewerbeertrag von Gewerbebetrieben, wie gewerblich tätigen Einzelunternehmen, Personengesellschaften, Kapitalgesellschaften, Genossenschaften,	**4210 Gewerbesteuer**
• die **Körperschaftsteuer** mit Solidaritätszuschlag auf den zu versteuernden Gewinn von juristischen Personen wie Kapitalgesellschaften, Genossenschaften, Vereine,	**2210 Körperschaftsteuer**
• die **Kapitalertragsteuer** (25%) mit Solidaritätszuschlag auf Erträge aus betrieblichen Kapitalanlagen,	**2230 Kapitalertragsteuer**
– **Privatsteuern** bei Einzelunternehmern und Gesellschaftern von Personengesellschaften (OHG, KG), die als Privatentnahme über das Privatkonto gebucht werden. Darunter fallen	**1610 Privatentnahmen**
• die **Einkommensteuer mit Solidaritätszuschlag und Kirchensteuer** auf das Einkommen natürlicher Personen,	
• **die Kapitalertagsteuer** (25%) mit Solidaritätszuschlag auf Erträge aus privaten Kapitalanlagen und	
• **die Erbschaft- und Schenkungsteuer** auf Vermögensübergänge von Todes wegen oder unter Lebenden.	
→ **Aktivierungspflichtige Steuern und Abgaben,** die als **Anschaffungsnebenkosten** dem Anschaffungspreis hinzuzurechnen sind und deshalb auf dem entsprechenden Aktivkonto zu buchen (aktivieren) sind. Dazu zählen	**0210 Grundstücke** **0230 Gebäude** **Diverse Aktivkonten**
– die **Grunderwerbsteuer**, die beim Erwerb von inländischen Grundstücken und Gebäuden zu entrichten ist, und	
– **Zölle** bei der Einfuhr von Gütern aus Nicht-EU-Staaten.	
→ **Durchlaufende Steuern**, die das Unternehmen aufgrund gesetzlicher Vorschriften einziehen bzw. einbehalten und an das Finanzamt abführen muss: **Umsatzsteuer, Lohn- und Kirchensteuer sowie Solidaritätszuschlag** der Arbeitnehmer.	**1410 Vorsteuer** **1810 Umsatzsteuer** **1910 Verbindlichkeiten aus Steuern**

Kontenrahmen für den Groß- und Außenhandel[1]

Kontenklassen

0 Anlage- und Kapitalkonten

00 Ausstehende Einlagen

01 Immaterielle Vermögensgegenstände (z. B. Firmenwert)

02 Grundstücke und Gebäude
- 0210 Grundstücke
- 0230 Gebäude

03 Anlagen, Maschinen, Betriebs- und Geschäftsausstattung
- 0310 Technische Anlagen und Maschinen
- 0330 Betriebs- und Geschäftsausstattung (BGA)
- 0340 Fuhrpark
- 0350 Geleistete Anzahlungen
- 0360 Anlagen im Bau
- 0370 Geringwertige Wirtschaftsgüter (GWG)
- 0371 GWG-Sammelposten

04 Finanzanlagen
- 0430 Beteiligungen
- 0450 Wertpapiere des Anlagevermögens
- 0460 Sonstige Ausleihungen (Darlehen)

05 Wertberichtigungen
- 0510 Wertberichtigungen bei Sachanlagen
- 0520 Wertberichtigungen bei Forderungen
  - 0521 Einzelwertberichtigungen (EWB)
  - 0522 Pauschalwertberichtigungen (PWB)

06 Eigenkapital
- 0610 Gezeichnetes Kapital oder Eigenkapital
- 0620 Kapitalrücklagen
- 0630 Gewinnrücklage
  - 0631 Gesetzliche Rücklagen
  - 0633 Satzungsmäßige Rücklagen
  - 0634 Andere Gewinnrücklagen
- 0640 Gewinnvortrag, Verlustvortrag
- 0650 Jahresüberschuss, Jahresfehlbetrag
- 0660 Bilanzgewinn, Bilanzverlust
- 0670 Ergebnisverwendung

07 Sonderposten mit Rücklageanteil und Rückstellungen
- 0710 Sonderposten mit Rücklageanteil
- 0720 Rückstellungen
  - 0721 Rückstellungen für Pensionen
  - 0722 Steuerrückstellungen
  - 0724 Sonstige Rückstellungen

08 Verbindlichkeiten
- 0820 Verbindlichkeiten gegenüber Kreditinstituten (z. B. Darlehen)

1 Finanzkonten

10 Forderungen
- 1010 Forderungen a. LL
- 1020 Zweifelhafte Forderungen
- 1030 Nachnahmeforderungen

11 Sonstige Vermögensgegenstände
- 1130 Sonstige Forderungen
- 1140 Geleistete Anzahlungen auf Vorräte
- 1150 Forderungen an Gesellschafter
- 1160 Forderungen an Mitarbeiter
- 1170 SV-Vorauszahlung

12 Wertpapiere des Umlaufvermögens

13 Banken
- 1310 Kreditinstitute (= Bank)
- 1320 Postbank

14 Vorsteuer
- 1410 Vorsteuer (19 %)
  - 1411 Vorsteuer für i. E.[2]
- 1420 Vorsteuer (7 %)
- 1430 Einfuhrumsatzsteuer

15 Zahlungsmittel
- 1510 Kasse
- 1520 Schecks
- 1530 Wechselforderungen (Besitzwechsel)
- 1540 Protestwechsel

16 Privatkonten
- 1610 Privatentnahmen
- 1620 Privateinlagen

17 Verbindlichkeiten
- 1710 Verbindlichkeiten a. LL
- 1750 Erhaltene Anzahlungen auf Bestellungen
- 1760 Wechselverbindlichkeiten (Schuldwechsel)

18 Umsatzsteuer
- 1810 Umsatzsteuer (19 %)
  - 1811 Umsatzsteuer für i. E.[2]
- 1820 Umsatzsteuer (7 %)

19 Sonstige Verbindlichkeiten
- 1910 Verbindlichkeiten aus Steuern
- 1930 Verbindlichkeiten gegenüber Gesellschaftern
- 1940 Sonstige Verbindlichkeiten
- 1950 Verbindlichkeiten aus Vermögensbildung
- 1980 Zollverbindlichkeiten

2 **i. E. = innergemeinschaftliche Erwerbe**

Fortsetzung Kontenklasse 0

09 Rechnungsabgrenzungsposten
- 0910 Aktive Rechnungsabgrenzungsposten
- 0920 Disagio
- 0930 Passive Rechnungsabgrenzungsposten

2 Abgrenzungskonten

20 Außerordentliche und sonstige Aufwendungen
- 2010 Außerordentliche Aufwendungen
- 2020 Betriebsfremde Aufwendungen
- 2030 Periodenfremde Aufwendungen
- 2040 Verluste aus dem Abgang von AV
- 2050 Verluste aus dem Abgang von UV (außer Vorräte)
- 2060 Sonstige Aufwendungen
- 2070 Spenden[3]
- 2080 Anlagenabgänge

21 Zinsen und ähnliche Aufwendungen
- 2110 Zinsaufwendungen
- 2130 Diskontaufwendungen
- 2140 Zinsähnliche Aufwendungen
- 2150 Aufwendungen aus Kursdifferenzen

22 Steuern vom Einkommen
- 2210 Körperschaftsteuer sowie SolZ[3]
- 2230 Kapitalertragsteuer
- 2250 Steuernachzahlungen – Vorjahre[3]
- 2251 Steuererstattungen – Vorjahre[3]

23 Forderungsverluste
- 2310 Übliche Abschreibungen auf Forderungen
- 2320 Außergewöhnliche Abschreibungen auf Forderungen
- 2330 Zuführungen zu Einzelwertberichtigungen
- 2340 Zuführungen zu Pauschalwertberichtigungen

24 Außerordentliche und sonstige Erträge
- 2410 Außerordentliche Erträge
- 2420 Betriebsfremde Erträge
  - 2421 Mieterträge
- 2430 Periodenfremde Erträge
- 2460 Sonstige Erträge

25 Erträge aus Beteiligungen, Wertpapieren und Ausleihungen des Finanzanlagevermögens
- 2510 Erträge aus Beteiligungen
- 2520 Erträge aus Wertpapieren des AV

26 Sonstige Zinsen und ähnliche Erträge
- 2610 Zinserträge
- 2630 Diskonterträge
- 2640 Zinsähnliche Erträge
- 2650 Erträge aus Kursdifferenzen

27 Sonstige betriebliche Erträge
- 2700 Erlöse aus Anlagenabgängen
- 2710 Erträge a. d. Abgang von AV

3 Diese Konten sind im AKA-Kontenplan nicht enthalten, da sie nur für Kapitalgesellschaften gelten.

3 Wareneinkaufskonten Warenbestandskonten

30 Warengruppe I
- 3010 Wareneingang
- 3020 Warenbezugskosten
- 3030 Leihemballagen
- 3050 Rücksendungen an Lieferer
- 3060 Nachlässe von Lieferern
- 3070 Liefererboni
- 3080 Liefererskonti

31 Warengruppe II
- 3110 Wareneingang
- 3120 Warenbezugskosten
- 3130 Leihemballagen
- 3150 Rücksendungen an Lieferer
- 3160 Nachlässe von Lieferern
- 3170 Liefererboni
- 3180 Liefererskonti

32 Warengruppe III

33 Warengruppe IV

37 Wareneingang aus i. E.[2]

38 Wareneinfuhr (aus Drittländern)

39 Warenbestände
- 3910 Warengruppe I
- 3920 Warengruppe II
- 3930 Warengruppe III
- 3940 Warengruppe IV

Fortsetzung Kontenklasse 2

- 2720 Erträge aus dem Abgang von UV (außer Vorräte)
- 2730 Erträge aus Zuschreibungen
- 2731 Zuschreibungen im AV
- 2732 Zuschreibungen im UV
- 2740 Erträge aus abgeschriebenen Forderungen
- 2750 Erträge aus der Auflösung von Wertberichtigungen zu Forderungen
  - 2751 Auflösung von Einzelwertberichtigungen (EWB)
  - 2752 Auflösung von Pauschalwertberichtigungen (PWB)
- 2760 Erträge aus der Auflösung von Rückstellungen
- 2770 Sonstige betriebliche Erträge
- 2780 Entnahme von sonstigen Gegenständen und Leistungen

28 Verrechnete kalkulatorische Kosten[4]

29 Abgrenzung innerhalb des Geschäftsjahres[4]

4 **Kalkulatorische Kosten und innerperiodische Abgrenzungen** werden in der Praxis nicht buchhalterisch, sondern stets **tabellarisch** in der **Abgrenzungsrechnung der KLR** berücksichtigt.

4 Konten der Kostenarten

40 Personalkosten
- 4010 Löhne
- 4020 Gehälter
- 4030 Aushilfslöhne
- 4040 Gesetzliche soziale Aufwendungen
- 4050 Freiwillige soziale Aufwendungen
- 4060 Aufwendungen für Altersversorgung
- 4070 Vermögenswirksame Leistungen

41 Mieten, Pachten, Leasing

42 Steuern, Beiträge, Versicherungen
- 4210 Gewerbesteuer
- 4211 Gewerbesteuernachzahlungen – Vorjahre
- 4212 Gewerbesteuererstattungen – Vorjahre
- 4220 Kfz-Steuer
- 4230 Grundsteuer
- 4240 Sonstige Betriebsteuern
- 4250 Betriebsteuernachzahlungen – Vorjahre
- 4251 Betriebsteuererstattungen – Vorjahre
- 4260 Versicherungen
- 4270 Beiträge
- 4280 Gebühren und sonstige Abgaben

43 Energie, Betriebsstoffe

44 Werbe- und Reisekosten

45 Provisionen

46 Kosten der Warenabgabe
- 4610 Verpackungsmaterial
- 4620 Ausgangsfrachten
- 4630 Gewährleistungen

47 Betriebskosten, Instandhaltung
- 4710 Instandhaltung
- 4730 Sonstige Betriebskosten

48 Allgemeine Verwaltung
- 4810 Bürobedarf
- 4820 Porto- und Telekommunikationskosten
  - 4821 Portokosten
  - 4822 Kosten der Telekommunikation
- 4830 Kosten der Datenverarbeitung
- 4840 Rechts- und Beratungskosten
- 4850 Personalbeschaffungskosten
- 4860 Kosten des Geldverkehrs
- 4890 Diverse Aufwendungen

49 Abschreibungen
- 4910 Abschreibungen auf Sachanlagen
- 4911 Abschreibungen auf GWG-Sammelposten
- 4920 Außerplanmäßige Abschreibungen
- 4930 Abschreibungen auf Finanzanlagen des AV
- 4940 Abschreibungen auf Wertpapiere des UV

5 Konten der Kostenstellen[5]

Für die Konten der Kostenstellen sind betriebs- und branchenbedingt unterschiedliche Aufteilungen möglich. Die nachfolgende Untergliederung nach Funktionen ist beispielhaft aufgeführt:
- Einkauf
- Lager
- Vertrieb
- Verwaltung
- Fuhrpark
- Be-/Verarbeitung

5 **Anmerkung:** Die **Kostenstellenrechnung** wird in der Praxis stets **tabellarisch** und nicht kontenmäßig durchgeführt. Die Kontenklasse 5 bleibt deshalb in der Regel frei.

6 Konten für Umsatzkostenverfahren[6]

6 **Anmerkung:** Diese Kontenklasse bleibt in der Regel frei, da Großhandelsunternehmen ihre GuV-Rechnung meist nach dem **Gesamtkostenverfahren** erstellen.

7 Freie Kontenklasse

8 Warenverkaufskonten (Umsatzerlöse)

80 Warengruppe I
- 8010 Warenverkauf
- 8050 Rücksendungen von Kunden
- 8060 Nachlässe an Kunden
- 8070 Kundenboni
- 8080 Kundenskonti

81 Warengruppe II
- 8110 Warenverkauf
- 8150 Rücksendungen von Kunden
- 8160 Nachlässe
- 8170 Kundenboni
- 8180 Kundenskonti

82 Warengruppe III

83 Warengruppe IV

87 Sonstige Erlöse aus Warenverkäufen
- 8710 Entnahme von Waren
- 8720 Provisionserträge

88 Außenhandelserlöse
- 8810 Erlöse aus innergemeinschaftlicher Lieferung
- 8820 Erlöse aus Warenausfuhr (in Drittländer)

9 Abschlusskonten

- **9100 Eröffnungsbilanzkonto**
- **9150 Saldenvorträge** (Sammelkonto)
- **9200 Warenabschlusskonto**
- **9300 Gewinn- und Verlustkonto**
- **9400 Schlussbilanzkonto**

1 Auf der Grundlage des vom **Bundesverband des Groß- und Außenhandels (BGA),** Bonn 1988, und unter voller Berücksichtigung des von der **Aufgabenstelle für kaufmännische Abschlussprüfungen (AKA),** IHK Nürnberg, herausgegebenen Großhandelskontenrahmens (1988).
Die Konten **8818** und **8828 Kundenskonto** sind im Kontenrahmen nicht aufgeführt, ebenso wie die **Unterkonten** der **Kontengruppen 37 und 38.** Sie entsprechen **den Unterkonten** der **Kontengruppen 30 und 80.**

Gliederung der Jahresbilanz

mittelgroßer und großer Kapitalgesellschaften[1]

nach § 266 Abs. 2 und 3 Handelsgesetzbuch mit Kontenzuordnung[2]

Aktiva

A. Anlagevermögen

I. Immaterielle Vermögensgegenstände (01)
1. Selbstgeschaffene gewerbliche Schutzrechte und ähnliche Rechte und Werte;
2. entgeltlich erworbene Konzessionen, gewerbliche Schutzrechte und ähnliche Rechte und Werte sowie Lizenzen an solchen Rechten und Werten
3. Geschäfts- oder Firmenwert
4. geleistete Anzahlungen

II. Sachanlagen (02–03)
1. Grundstücke, grundstücksgleiche Rechte und Bauten einschließlich der Bauten auf fremden Grundstücken (0210, 0230)
2. technische Anlagen und Maschinen (0310)
3. andere Anlagen, Betriebs- und Geschäftsausstattung (0330, 0340, 0370, 0371)
4. geleistete Anzahlungen und Anlagen im Bau (0350, 0360)

III. Finanzanlagen (04)
1. Anteile an verbundenen Unternehmen
2. Ausleihungen an verbundene Unternehmen
3. Beteiligungen (0430)
4. Ausleihungen an Unternehmen, mit denen ein Beteiligungsverhältnis besteht
5. Wertpapiere des Anlagevermögens (0450)
6. sonstige Ausleihungen (0460)

B. Umlaufvermögen

I. Vorräte
1. Roh-, Hilfs- und Betriebsstoffe
2. unfertige Erzeugnisse
3. fertige Erzeugnisse und Waren (39)
4. geleistete Anzahlungen (1140)

II. Forderungen und sonstige Vermögensgegenstände
1. Forderungen aus Lieferungen und Leistungen (1010, 1020, 1030, 1530)
2. Forderungen gegen verbundene Unternehmen
3. Forderungen gegen Unternehmen, mit denen ein Beteiligungsverhältnis besteht
4. sonstige Vermögensgegenstände (1130–1170)

III. Wertpapiere (12)
1. Anteile an verbundenen Unternehmen
2. sonstige Wertpapiere

IV. Kassenbestand, Bundesbankguthaben, Guthaben bei Kreditinstituten und Schecks (1310, 1320, 1510)

C. Rechnungsabgrenzungsposten (0910, 0920)

D. Aktive latente Steuern

E. Aktiver Unterschiedsbetrag aus der Vermögensverrechnung

Passiva

A. Eigenkapital

I. Gezeichnetes Kapital (0610)

II. Kapitalrücklage (0620)

III. Gewinnrücklagen
1. gesetzliche Rücklage (0631)
2. Rücklage für Anteile an einem herrschenden oder mehrheitlich beteiligten Unternehmen
3. satzungsmäßige Rücklagen (0633)
4. andere Gewinnrücklagen (0634)

IV. Gewinnvortrag/Verlustvortrag[3] (0640)

V. Jahresüberschuss/Jahresfehlbetrag[3] (0650, 0660)

B. Rückstellungen (0720)
1. Rückstellungen für Pensionen und ähnliche Verpflichtungen (0721)
2. Steuerrückstellungen (0722)
3. sonstige Rückstellungen (0724)

C. Verbindlichkeiten
1. Anleihen davon konvertibel
2. Verbindlichkeiten gegenüber Kreditinstituten (0820)
3. erhaltene Anzahlungen auf Bestellungen (1750)
4. Verbindlichkeiten aus Lieferungen und Leistungen (1710)
5. Verbindlichkeiten aus der Annahme gezogener Wechsel und der Ausstellung eigener Wechsel (1760)
6. Verbindlichkeiten gegenüber verbundenen Unternehmen
7. Verbindlichkeiten gegenüber Unternehmen, mit denen ein Beteiligungsverhältnis besteht
8. sonstige Verbindlichkeiten (1930, 1940, 1950, 1980)
   - davon aus Steuern (18, 1910)
   - davon im Rahmen der sozialen Sicherheit

D. Rechnungsabgrenzungsposten (0930)

E. Passive latente Steuern

1 **§ 266 (1) HGB:** Kleine Kapitalgesellschaften (§ 267[1] HGB) brauchen nur eine verkürzte Bilanz aus den mit Buchstaben und römischen Zahlen bestehenden Posten aufzustellen. Kleinstkapitalgesellschaften (§ 267a HGB) dürfen ebenfalls eine verkürzte Bilanz aufstellen, die nur die mit Buchstaben bezeichneten Posten enthalten muss.

2 nach dem Kontenrahmen für den Groß- und Außenhandel

3 **§ 268 (1) HGB:** Die Bilanz darf auch nach vollständiger oder teilweiser Verwendung des Jahresergebnisses aufgestellt werden. Wird die Bilanz nach teilweiser Verwendung des Jahresergebnisses (z. B. Zuführung von 50 % des Jahresgewinns in eine Gewinnrücklage) aufgestellt, so tritt an die Stelle des Postens „Jahresüberschuss/Jahresfehlbetrag" und „Gewinnvortrag/Verlustvortrag" der Posten **„Bilanzgewinn/Bilanzverlust";** ein vorhandener Gewinn- oder Verlustvortrag ist in den Posten „Bilanzgewinn/Bilanzverlust" einzubeziehen und in der Bilanz oder im Anhang gesondert anzugeben.

Gliederung der Gewinn- und Verlustrechnung in Staffelform[1]

nach § 275 Handelsgesetzbuch mit Kontenzuordnung[2]

(1) Die Gewinn- und Verlustrechnung ist in Staffelform nach dem Gesamtkostenverfahren oder dem Umsatzkostenverfahren aufzustellen. Dabei sind die in Absatz 2 oder 3 bezeichneten Posten in der angegebenen Reihenfolge gesondert auszuweisen.

(2) Bei Anwendung des **Gesamtkostenverfahrens** sind auszuweisen:

1. Umsatzerlöse (8010, 8710, 8810, 8820)
2. Erhöhung oder Verminderung des Bestands an fertigen und unfertigen Erzeugnissen
3. andere aktivierte Eigenleistungen
4. sonstige betriebliche Erträge (2420, 2430, 2460, 2650, 2710, 2720, 2730, 2740, 2750, 2760, 2780, 8720)
5. Materialaufwand:
   a) Aufwendungen für Roh-, Hilfs- und Betriebsstoffe und für bezogene Waren (3010, 3710, 3810)
   b) Aufwendungen für bezogene Leistungen
6. Personalaufwand:
   a) Löhne und Gehälter (4010, 4020, 4030, 4070)
   b) soziale Abgaben und Aufwendungen für Altersversorgung und für Unterstützung, davon für Altersversorgung (4040, 4050, 4060)
7. Abschreibungen:
   a) auf immaterielle Vermögensgegenstände des Anlagevermögens und Sachanlagen (4910)
   b) auf Vermögensgegenstände des Umlaufvermögens, soweit diese die in der Kapitalgesellschaft üblichen Abschreibungen überschreiten (2320)
8. sonstige betriebliche Aufwendungen (2020,2030, 2040, 2050, 2060, 2070, 2150, 2310, 2320, 2330, 2340, 4100, 4260, 4270, 4280, 4300, 4400, 4500, 4610, 4620, 4630, 4710, 4730, 4810, 4820, 4830, 4840, 4850, 4860)
9. Erträge aus Beteiligungen (2510)
   – davon aus verbundenen Unternehmen
10. Erträge aus anderen Wertpapieren und aus Ausleihungen des Finanzanlagevermögens (2520)
    – davon aus verbundenen Unternehmen
11. sonstige Zinsen und ähnliche Erträge (2610, 2630, 2640)
    – davon aus verbundenen Unternehmen
12. Abschreibungen auf Finanzanlagen und auf Wertpapiere des Umlaufvermögens (4930, 4940)
13. Zinsen und ähnliche Aufwendungen (2110, 2130, 2140)
    – davon an verbundene Unternehmen
14. **Ergebnis der gewöhnlichen Geschäftstätigkeit (Saldo)**
15. außerordentliche Erträge (2410)
16. außerordentliche Aufwendungen (2010)
17. **außerordentliches Ergebnis (Saldo)**
18. Steuern vom Einkommen und vom Ertrag (2210, 2230, 2250, 4210)
19. sonstige Steuern (2250, 4220, 4230, 4240)
20. **Jahresüberschuss/Jahresfehlbetrag (Saldo)**

(3) Bei Anwendung des **Umsatzkostenverfahrens** sind auszuweisen:

1. Umsatzerlöse
2. Herstellungskosten der zur Erzielung der Umsatzerlöse erbrachten Leistungen
3. Bruttoergebnis vom Umsatz
4. Vertriebskosten
5. allgemeine Verwaltungskosten
6. sonstige betriebliche Erträge
7. sonstige betriebliche Aufwendungen
8. Erträge aus Beteiligungen,
   – davon aus verbundenen Unternehmen
9. Erträge aus anderen Wertpapieren und Ausleihungen des Finanzanlagevermögens,
   – davon aus verbundenen Unternehmen
10. sonstige Zinsen und ähnliche Erträge,
    – davon aus verbundenen Unternehmen
11. Abschreibungen auf Finanzanlagen und auf Wertpapiere des Umlaufvermögens
12. Zinsen und ähnliche Aufwendungen,
    – davon an verbundene Unternehmen
13. **Ergebnis der gewöhnlichen Geschäftstätigkeit**
14. außerordentliche Erträge
15. außerordentliche Aufwendungen
16. **außerordentliches Ergebnis**
17. Steuern vom Einkommen und Ertrag
18. sonstige Steuern
19. **Jahresüberschuss/Jahresfehlbetrag**

(4) Veränderungen der Kapital- und Gewinnrücklagen dürfen in der Gewinn- und Verlustrechnung erst **nach** dem Posten **„Jahresüberschuss/Jahresfehlbetrag"** ausgewiesen werden.

1 **§ 275[5] HGB:** Kleinstkapitalgesellschaften (§ 267a HGB) dürfen eine verkürzte GuV-Rechnung aufstellen, die nur die Posten Umsatzerlöse, sonstige Erträge, Materialaufwand, Personalaufwand, Abschreibungen, sonstige Aufwendungen, Steuern und Jahresüberschuss/Jahresfehlbetrag enthält. **§ 276 HGB:** Kleine und mittelgroße Kapitalgesellschaften (§ 267 HGB) dürfen die Posten § 275 Abs. 2 Nr. 1 bis 5 oder Abs. 3 Nr. 1 bis 3 und 6 zu einem Posten **„Rohergebnis"** zusammenfassen.

2 nach dem Kontenrahmen für den Groß- und Außenhandel

Anmerkungen zum Jahresabschluss der Kapitalgesellsch

1. Der **Jahresabschluss einer Kapitalgesellschaft** besteht nach § 264 [1] HGB (§ 266 HGB), der **Gewinn- und Verlustrechnung** (§ 275 HGB) und dem **Anha** rungsbericht (§ 284 HGB). Ergänzend zum Jahresabschluss ist ein **Lageberich** aufzustellen, der Auskunft über Lage, Entwicklung und Risiken des Unternehm

2. Kapitalgesellschaften unterliegen der **Prüfungs- und Offenlegungspflicht.** Ja und Lagebericht sowie die Buchführung sind von unabhängigen **Abschlussprü** (§ 316 HGB) und im elektronischen **Bundesanzeiger** zu veröffentlichen (§ 325 H

3. Die **Größe der Kapitalgesellschaft bestimmt den Umfang der Aufstellung, Offenlegung** des Jahresabschlusses und des Lageberichtes. Nach § 267 und 267 scheidet man **Kleinst-, kleine, mittelgroße** und **große** Kapitalgesellschaften. F nung müssen jeweils zwei der drei **Schwellenwerte** (Bilanzsumme, Umsatz, E zahl) vorliegen. Die folgende Übersicht ermöglicht die entsprechende Zuordnu den Umfang der Offenlegung und Prüfung deutlich:

Beachten Sie: Unabhängig von den Schwellenwerten gilt eine Aktiengesellschaft st Kapitalgesellschaft, wenn ihre Aktien an einer Börse der EU zugelassen sind (§ 267

4. Besondere Vorschriften:

- Beachten Sie die **Fußnoten** zur nebenstehenden Bilanz (§ 266 HGB) und der G Verlustrechnung (§ 275 HGB), die in Staffelform zu veröffentlichen ist.
- Zu jedem Posten der zu veröffentlichenden Bilanz und GuV-Rechnung ist auc **jahresbetrag** anzugeben (§ 265 [2] HGB).
- **Forderungen** mit einer **Restlaufzeit** von über einem Jahr und **Verbindlichke** einem Jahr sind betragsmäßig gesondert zu vermerken (§ 268 [4 und 5] HGB).
- **Besondere Haftungsverhältnisse** nach § 251 HGB (z. B. aus weitergegebenen Bürgschaften) sind wie auch bei allen Personenunternehmen unter der Bilanz anzugeben. Kapitalgesellschaften dürfen sie allerdings auch im Anhang auswei [7] HGB).
- In der Bilanz oder im Anhang von mittelgroßen und großen Kapitalgesellschaf **Entwicklung** der Posten des Anlagevermögens durch einen **Anlagenspiegel** da Dabei ist von den ursprünglichen Anschaffungs- und Herstellungskosten auszu 268 [2] HGB):

Posten des Anlagevermögens	Anschaffungs-, Herstellungskosten 1. Jan.